MS 경영PC활용

MS Office 2010을 활용한 비즈니스 보고서 작성

Word / Excel / PowerPoint / Outlook

홍진원 · 김상곤 · 서우종

비앤엠북스

서문

오늘날 조직에서 일하고 있는 지식근로자들은 이른 아침부터 늦은 밤까지 사무실에서 컴퓨터를 가지고 열심히 어떤 작업을 하고 있거나 또는 회의실에서 다른 직원들과 뭔가를 열심히 논의하고 있는 모습으로 묘사될 수 있다. 이러한 모습을 좀 더 가까이 가서 들여다보면, 그들의 컴퓨터 화면에는 주로 워드프로세서, 엑셀, 파워포인트 등과 같은 사무용 소프트웨어들(종종 생산성 향상 소프트웨어라고도 불리는)이 떠 있다. 물론 거기에 회사의 정보시스템 화면이 떠 있는 경우도 종종 목격되지만, 그렇다고 해서 그들이 사무용 소프트웨어를 이용하여 어떤 산출물을 만들어 내는 작업을 안 해도 되는 경우는 거의 없다. 즉, 사무용 소프트웨어는 지식근로자들의 필수적인 작업 도구인 것이다.

마침 최근 출간된『밖에서 아는 삼성, 안에서 배운 삼성』(조승표 지음, 북스앤드, 2013)에서 '엑파워(엑셀, 파워포인트, 워드프로세서)'를 강조하는 대목이 눈길을 끈다. 이 책을 보고, 저자들의 입장을 이렇게 잘 대변해 주는 책이 또 있을까 하는 생각에 반가움을 금할 수 없었다. 이 책에서 전하는 삼성의 생생한 모습 몇 가지를 꼽자면, 직급이 높아질수록 워드프로세서를 사용한 보고서 작성의 빈도가 높아진다는 점, 외국 업체와 공유해야 하는 문서는 MS워드를 사용해야 한다는 점, 그리고 해외 거래선들 앞에선 파워포인트 문서를 이용하여 프리젠테이션을 한다는 점 등이 있지만, 특히 엑셀에 관한 언급이 인상적이다. 이 책의 지은이가 처음 배치받았던 매출관리 부서에서는 업무의 80%가 엑셀로 처리되고 있었는데, 그는 각종 공식과 함수로 가득 찬 엑셀 문서들을 처음 보았을 때 입을 다물 수 없을 정도로 충격적이었다고 한다. 심지어 그 부서에서는 엑셀을 얼마나 자유자재로 다루는가에 따라 직원의 능력을 판단하는 경향도 있다면서 '엑파워'를 '국영수'에 비유하고 부서 고과에서 1등을 하고 싶은 사람은 꼭 엑파워 능력을 향상시키라고 당부하고 있다. 우리 저자들은 삼성을 예로 엑파워의 중요성을 얘기했지만, 이는 비단 삼성에만 국

한된 사실이 아님을 독자들은 충분히 이해하리라 믿는다.

MS Office와 같은 사무용 소프트웨어에 대한 활용 능력은 데이터 분석을 통한 비즈니스 분석의 효율성과 각종 보고서와 같은 업무 산출물의 품질에 직접적으로 영향을 미친다. 그 책에서는, 특히 엑셀 활용 능력에 따라 10시간 걸릴 일을 1시간 또는 10분 만에 처리하는 경우도 있다는 점을 강조하고 있는데, 이는 지식근로자들이 결코 대충 넘어갈 수 없는 중요한 포인트이다. 한편, 비즈니스 보고서와 같이 중요한 업무 산출물의 품질을 높이기 위해서는 무엇보다도 내용의 논리성 및 타당성과 같은 내용적 측면이 강조되어야 할 것이다. 그러나 비즈니스 문서나 보고서는 기본적으로 이해관계자들을 대상으로 전달 또는 공유를 목적으로 만들어진다는 점을 고려할 때, 산출물의 표현적 측면에 대한 가치가 결코 무시되어서는 안 될 것이다. 산출물의 유용성을 극대화하기 위해서는 산출물의 형식적 요소들이 일정한 논리 체계하에서 일관되고 세련된 형태로 표현되고, 콘텐츠 요소들은 전달 효과가 극대화될 수 있는 방식으로 표현되어야 할 것이다. 이러한 관점을 바탕으로, 지식근로자들이 MS Office라는 세계적으로 가장 지명도가 높은 사무용 소프트웨어를 활용하여 자신들의 업무 효율성과 산출물 품질을 극대화할 수 있는 능력을 갖출 수 있도록 도와주기 위해 만들어진 책이 바로 이 책이다.

이 책의 특징은 크게 두 가지로 정리할 수 있다. 이들 특징이 이미 시중에 나와 있는 유사 서적들에 대해 이 책을 차별화하는 역할을 하리라 기대한다.

첫째, BestPortal이라는 가상 기업의 사례를 중심으로 한 설명 전개

이 책은 거의 모든 장에서 BestPortal이라는 가상의 포털 기업 사례를 중심으로 MS Office를 어떻게 활용할 수 있는지 설명함으로써, 독자들이 실제 업무 상황에서 유용하게 사용할 수 있는 기능들을 실감나게 배울 수 있도록 설명하고 있다. 이러한 특징은 MS Office의 메뉴 기능을 나열식으로 설명하고 있는 기존의 관련 서적들과 차별화되는 장점으로 볼 수 있다. 사실 MS Office의 워드, 엑셀, 파워포인트 소프트웨어들의 모든 기능들은 한 권의 책으로 설명하는 것이 불가능할 정도로 그 양이 방대하다. 따라서 시간 대비 효과성을 고려할 때, 실제 발생할 가능성이 높은 상황에 초점을 맞춰 이에 필요한 기능들을 익혀 나가는 방법이 가장 효과적일 것이다.

둘째, 학습 효율성을 높일 수 있는 부속 자료 제공

이 책의 내용을 확실히 익히기 위해서는 직접 실습을 해 봐야 한다. 그런데 이 책의 내용을 실습하기 위해서는 많은 부속 자료들이 필요하다. 실습을 할 때, 이러한 부속 자료들을 일일이 작성하다보면, 정작 이 책의 내용에서 초점을 두는 부분에 관한 실습에만 집중할 수 없을 것이다. 따라서 이 책 전체에 걸쳐 내용과 관련된 모든 부속 자료들을 독자들에게 무료로 제공하고자 한다. 이러한 서비스는 이 책을 교재로 사용하는 강사의 입장에서는 강의의 효율성을 높이고 혼자 학습하는 독자의 입장에서는 효율적으로 진도를 나가는 데 큰 도움이 될 것이다. 부속 자료는 비앤엠북스(www.대학교재.net)에서 다운로드를 할 수 있다.

이 책의 주요 독자층으로는 지식근로자 외에도 자신의 미래를 위해 열심히 학업과 자기개발에 힘쓰고 있는 대학생들을 빼 놓을 수 없다. 대학생들의 경우, 이 책은 수업에서 요구하는 다양한 보고서 작성뿐만 아니라 경력개발을 위한 각종 공모전 준비, 그리고 졸업 및 취업을 위한 MS Office 관련 자격증 시험 준비 등에도 유용하게 활용될 수 있을 것으로 기대한다. 그리고 궁극적으로는 이들이 미래의 직장에서 자신의 역량을 최대한 발휘하는 데 이 책이 밑거름이 되리라고 기대한다. 모쪼록 이 책이 독자들에게 많은 도움이 될 수 있기를 바라며, 앞으로 독자들의 지적에 귀 기울여 이 책을 계속 발전시켜 나가고자 한다.

2014년 7월

저자 일동

차례

경영 PC 활용: MS Office 2010을 활용한 비즈니스 보고서 작성

1장 MS Office 공통 기능: 기초 중의 기초 배우기

Contents

MS Office 2010

1장

MS Office 공통 기능: 기초 중의 기초 배우기

MS Office는 여러 가지 제품(소프트웨어)들로 구성되어 있는데, 이 제품들은 각기 다른 목적으로 활용되지만 기본적인 기능들은 사용법이 동일한 것이 특징이다. 이 장은 첫 번째 장인만큼 우선 MS Office를 구성하고 있는 제품들에 대해 간단히 소개하고 난 뒤, MS Office Word 2010(이하 MS Word)을 이용하여 MS Office 2010의 공통 기능들에 대해 자세히 설명한다. MS Word를 실행시키기 위해서는 "시작"–"모든 프로그램"–"Microsoft Office"–"MS Office Word 2010"을 선택한다.

1 MS Office 제품군 소개

MS Office Word

모든 종류의 문서를 만들 수 있는 워드 프로세싱 프로그램

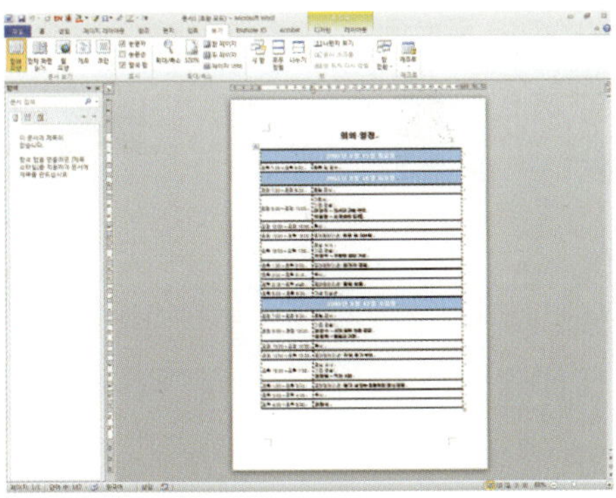

MS Office PowerPoint

발표를 위한 슬라이드를 작성할 수 있는 프로그램

MS Office Excel

다양한 계산과 데이터 관리/분석을 수행할 수 있는 워크시트 프로그램

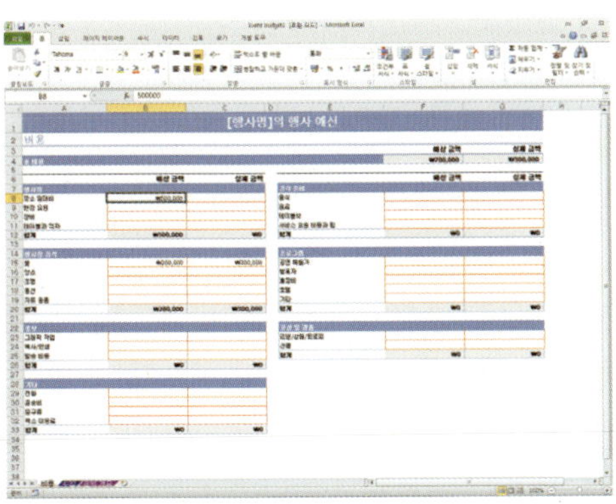

MS Office Outlook

이메일, 연락처, 일정, 작업을 관리할 수 있는 프로그램

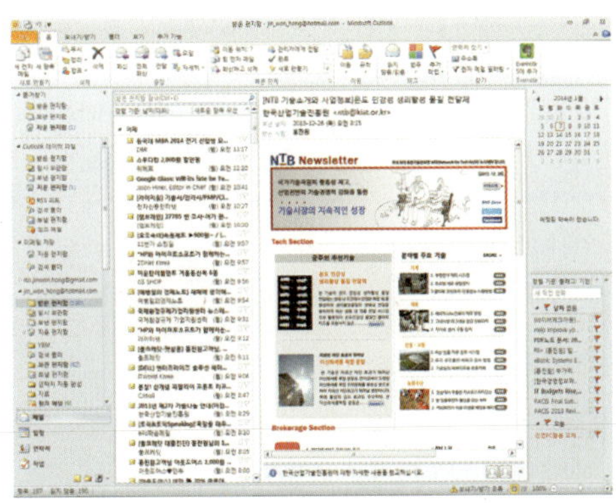

MS Office Access

관계형 데이터베이스를 관리하는 프로그램

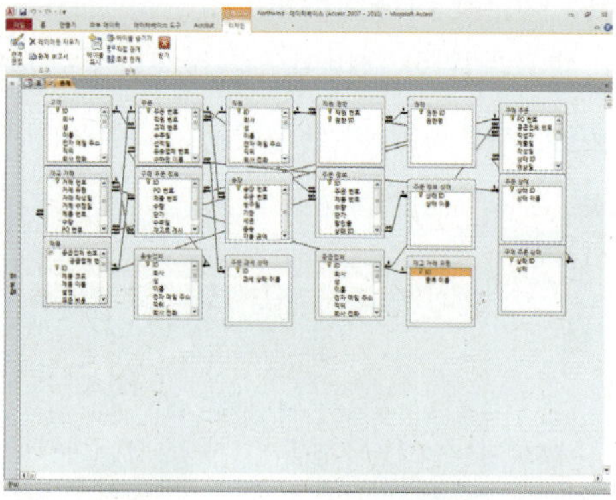

MS Office Publisher

인쇄물 작성을 위한 데스크탑 출판 프로그램

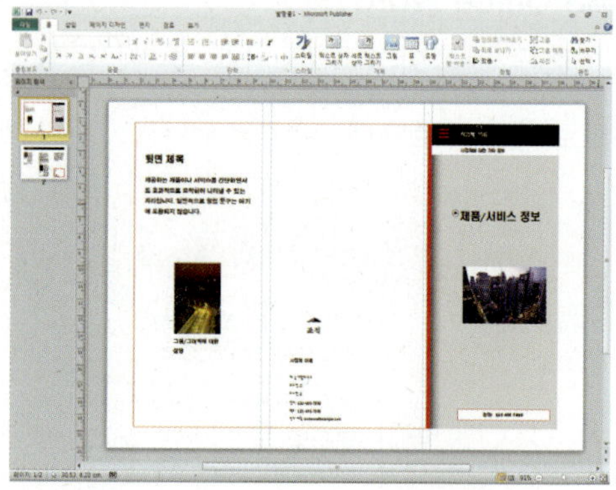

MS Office Visio

다양하고 복잡한 그림이나 도식을 그리도록 도와주는 프로그램

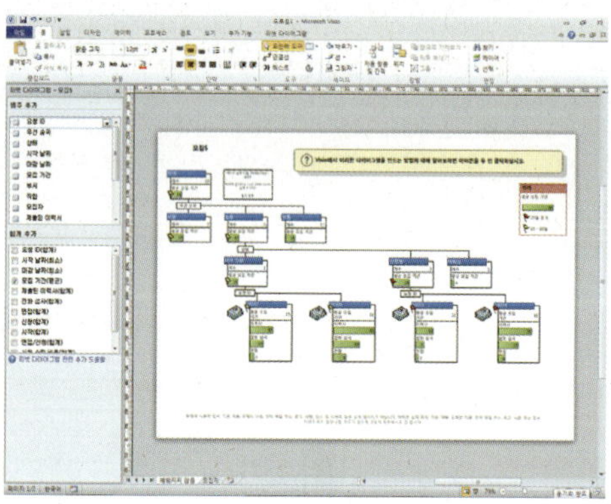

2 화면 구성

2.1 시작 화면

새로운 문서를 만들거나 기존에 작성한 문서를 실행하면 아래와 같은 첫 화면이 나타납니다. 화면의 가장 상단에는 다양한 편집 기능을 제공하는 리본 메뉴가 나타나고, 화면의 가운데에는 문서를 작성할 수 있는 편집 구역이 나타납니다. 그리고 화면 왼쪽에는 문서의 구조를 보여 주고 원하는 특정 단어, 그림, 표, 수식, 각주/미주, 메모를 검색할 수 있는 탐색창이 나타납니다.

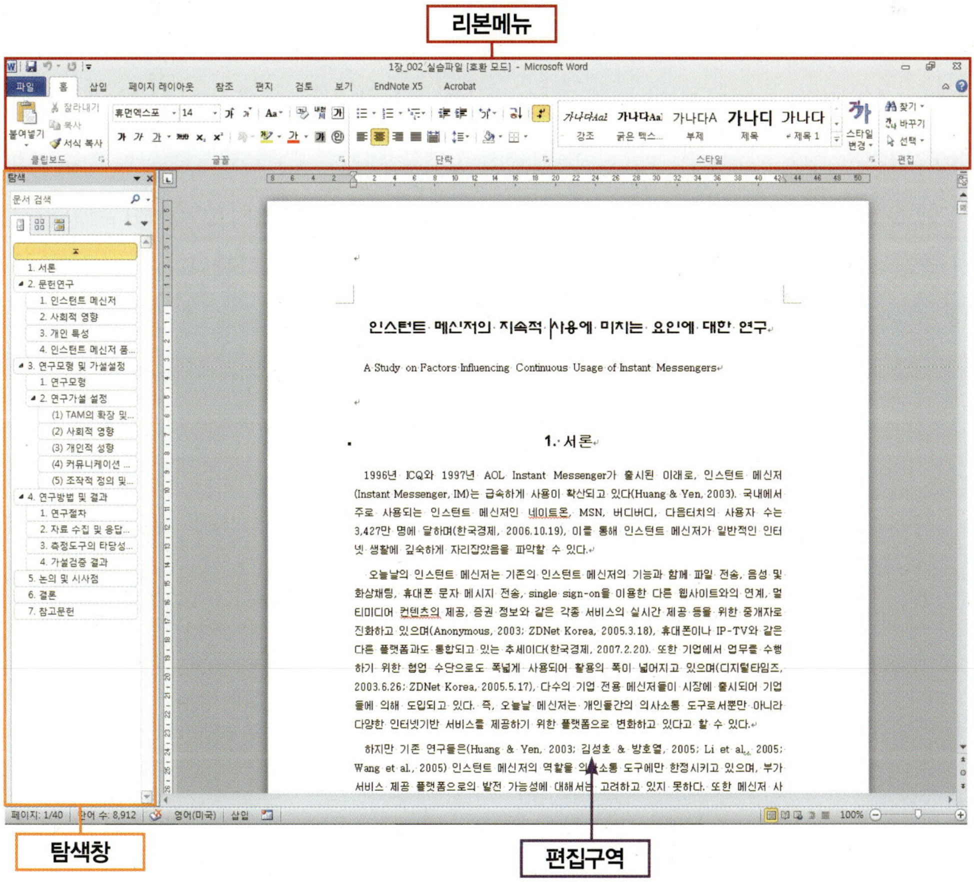

2.2 리본 메뉴

MS Office 2010에서는 모든 기능들이 리본 메뉴를 통해 표시됩니다. 리본 메뉴는 사용자의 모니터 해상도에 따라 크기가 다를 수 있는데, 그 구성은 MS Office 프로그램마다 조금씩 차이가 있습니다. 일반적으로 리본 메뉴는 크게 탭, 메뉴, 확장 아이콘으로 구성되어 있습니다.

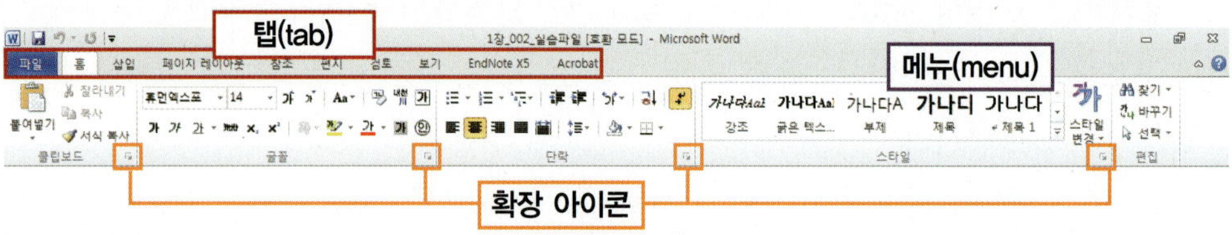

만약 모니터의 크기가 작아 편집 구역과 리본 메뉴를 한 화면에서 보는 것이 불편한 경우, 임의의 탭을 더블클릭하면 리본 메뉴에서 탭을 제외한 다른 부분들은 숨겨집니다. 이 상태에서는 탭을 클릭할 경우에만 리본 메뉴의 메뉴와 확장 아이콘이 나타납니다. 다시 리본 메뉴 전체를 화면에 나타내고 싶으면 임의의 탭을 더블클릭합니다.

메뉴 숨기기(임의의 탭 더블클릭)

메뉴 나타내기(임의의 탭 더블클릭)

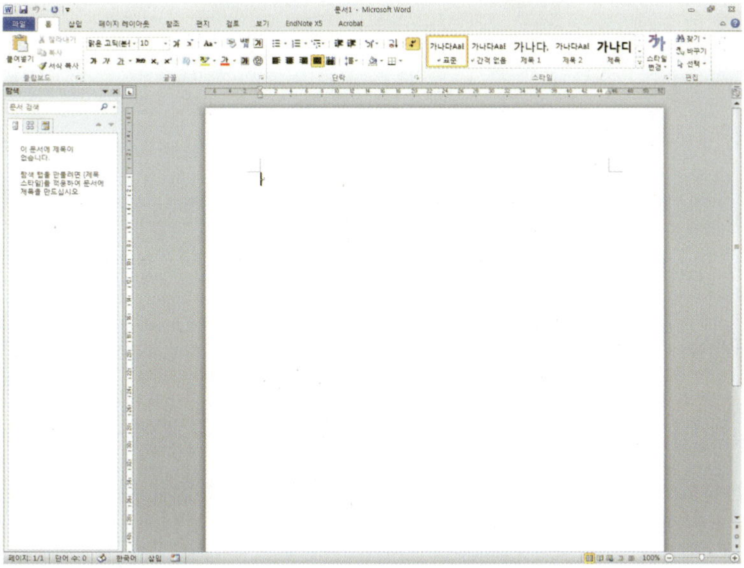

확장 아이콘을 클릭하면 옵션의 설정이 가능합니다. 예를 들어, **홈** 탭의 **글꼴** 그룹에 있는 확장 아이콘을 클릭하면, "글꼴" 대화상자가 나타납니다.

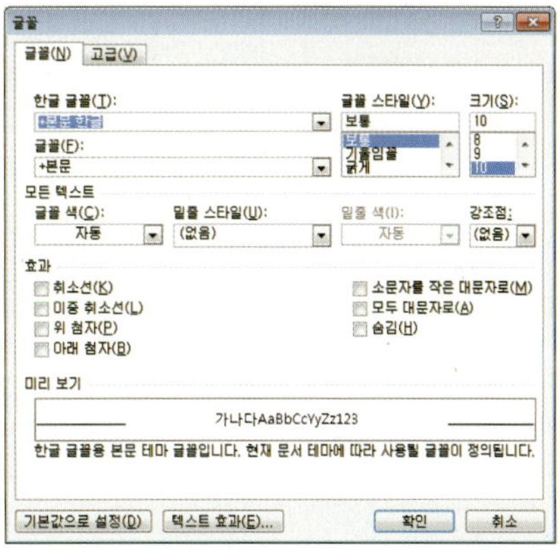

MS Office는 기본적으로 제공하는 탭 이외에 추가적인 기능을 설치할 경우 추가 기능에 대한 탭을 생성하여 보여 줍니다. 또한 표나 그림을 삽입하거나 클릭할 경우에도 이에 해당하는 상황별 도구를 보여 줍니다. 다음 그림에서 EndNote X5 와 Acrobat 이라는 탭은 사용자가 추가적으로 설치했기 때문에 나타나는 탭입니다. 또한 **표 도구** 와 이에 포함된 **디자인**, **레이아웃** 탭은 표를 삽입했기 때문에 나타나는 상황별 도구입니다.

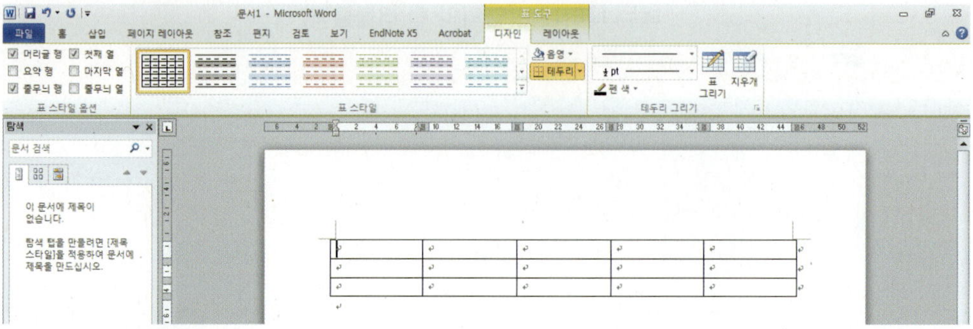

2.3 파일 메뉴

리본 메뉴의 가장 좌측에 있는 파일 메뉴를 클릭하면 파일 관리 및 문서 인쇄와 관련된 메뉴들을 선택할 수 있습니다. 파일 메뉴에 대한 자세한 설명은 다음 표와 같습니다.

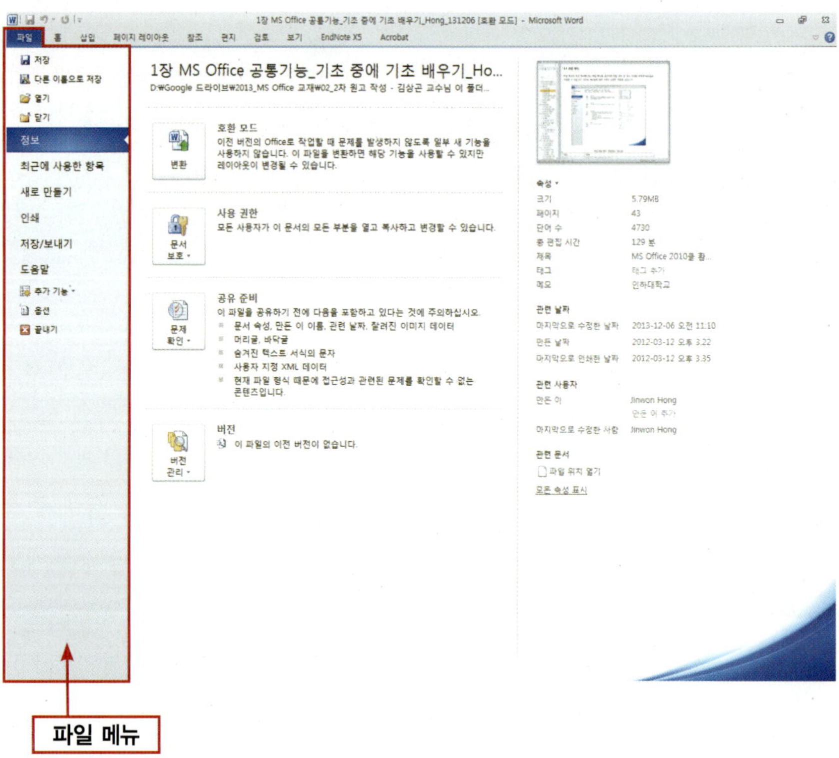

파일 메뉴에서 제공하는 상세 메뉴들

상세 메뉴	설명
저장	현재 문서를 저장할 때 사용
다른 이름으로 저장	현재 문서를 다른 파일 이름 또는 문서 포맷으로 저장할 때 사용
열기	기존 문서를 불러올 때 사용
닫기	현재 작성 중인 문서를 닫을 때 사용. 여러 개의 문서를 열어 놓은 경우 해당 문서만 닫힘
정보	현재 작성 중인 문서에 대한 정보 및 이전 버전의 MS Office와의 호환성을 확인하거나 문서의 사용 권한을 설정할 때 사용
새로 만들기	새 문서를 만들 때 사용
인쇄	인쇄 또는 인쇄 미리보기를 하고 싶을 때 사용
저장/보내기	전자메일, 웹, SharePoint, 블로그에 저장하거나, 다른 포맷의 파일(예: PDF)로 문서를 저장할 때 사용. 현재 문서를 이메일이나 팩스로 다른 사람에게 전송하고자 할 때에는 사전에 이메일 관리 프로그램인 Outlook이 설치되어 있거나 인터넷 팩스 서비스에 가입되어 있어야 함
도움말	MS Office의 사용법을 검색 및 조회할 때 사용
추가 기능	추가로 설치한 소프트웨어(Acrobat 등)를 활용할 때 사용
옵션	MS Office의 설정을 변경하고자 할 때 사용
끝내기	오피스 프로그램을 종료함

2.4 빠른 실행 도구 모음

빠른 실행 도구 모음에는 기본적으로 저장, 실행 취소, 다시 실행 명령만이 있습니다. 만약 자주 사용하는 메뉴가 있다면 빠른 실행 도구 모음에 추가할 수 있습니다.

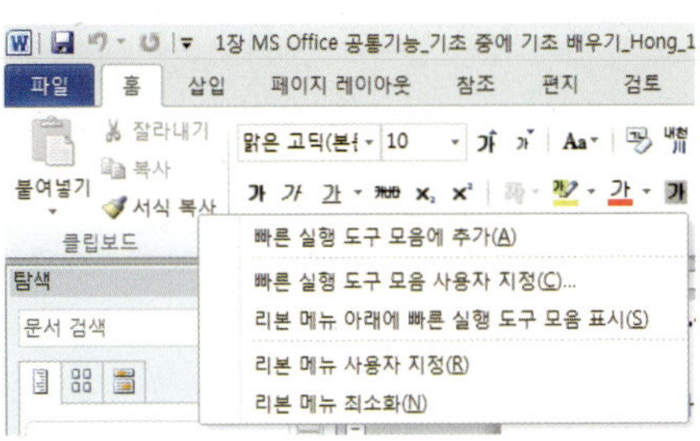

예를 들어, **홈** 탭의 **클립보드** 그룹에 있는 서식복사 메뉴를 빠른 실행 도구 모음에 추가하고 싶다면, 해당 메뉴를 마우스 오른쪽 버튼으로 클릭한 후, **빠른 실행 도구 모음에 추**

가 를 클릭합니다.

한번에 여러 개의 메뉴를 추가하고 싶으면, 빠른 실행 도구 모음 오른쪽에 있는 화살표를 클릭하고, **기타 명령** 을 클릭합니다. 화면에 나타나는 "옵션" 대화상자에서 추가를 원하는 메뉴를 선택한 후, **추가** 버튼을 눌러 주면 선택한 메뉴가 빠른 실행 도구 모음에 추가됩니다. 또한 빠른 실행 도구 모음을 초기 상태로 돌리고 싶은 경우 "옵션" 대화상자에서 **원래대로** 버튼을 클릭합니다.

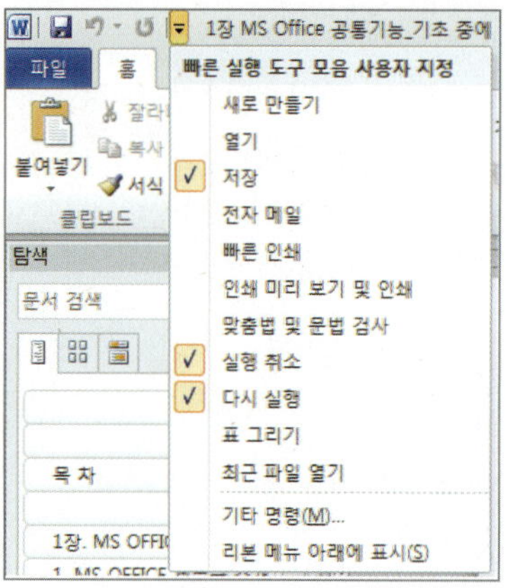

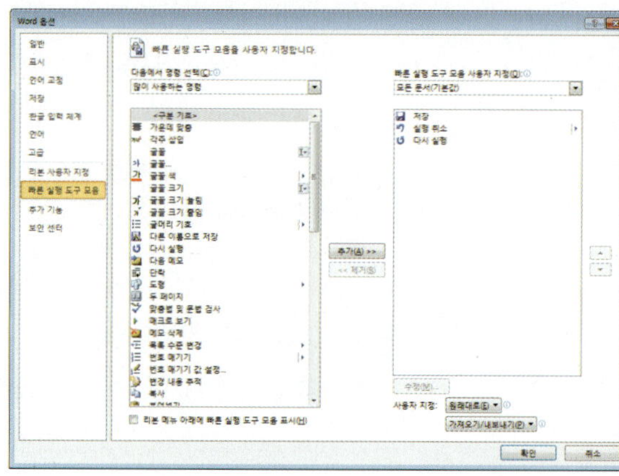

2.5 화면 보기 및 확대/축소

MS Office는 여러 가지 화면 보기 메뉴와 화면 확대/축소 기능을 제공하고 있습니다. MS Office의 **보기** 탭을 보면 제품별로 각각 **(문서/ 통합문서/프레젠테이션) 보기** 그룹이 있습니다.

MS Word

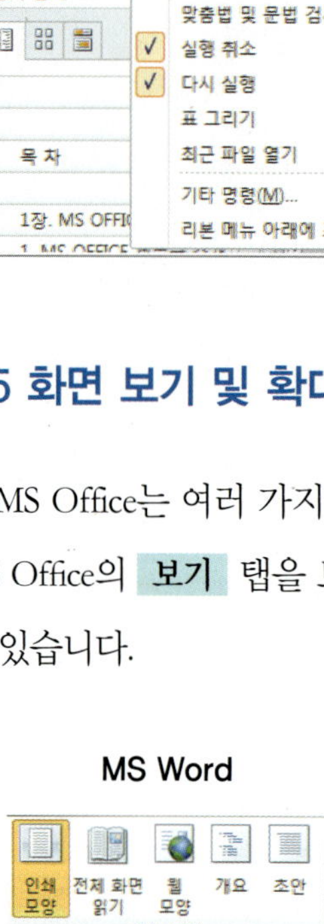

MS Excel

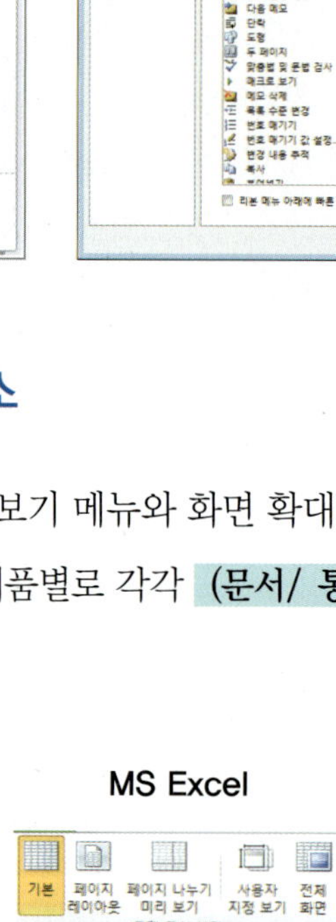

MS PowerPoint

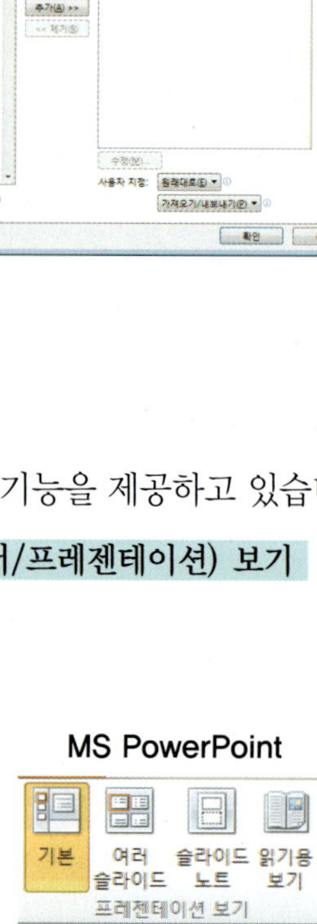

MS Office의 **보기** 탭을 보면 각각 **확대/축소** 그룹이 있습니다. 이 그룹에 있는 메뉴

들을 이용하면 원하는 크기로 화면을 확대/축소할 수 있습니다. 또한 Ctrl 키를 누른 상태에서 마우스 휠을 위로 움직이면 화면이 확대되고, 아래로 움직이면 화면이 축소됩니다.

MS Word

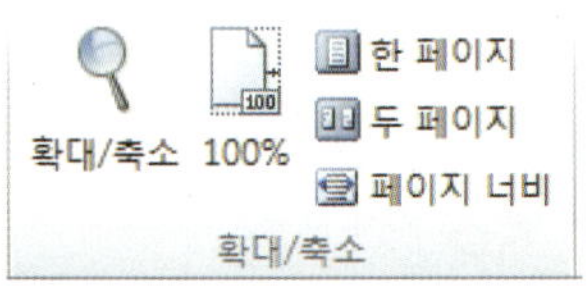

Excel

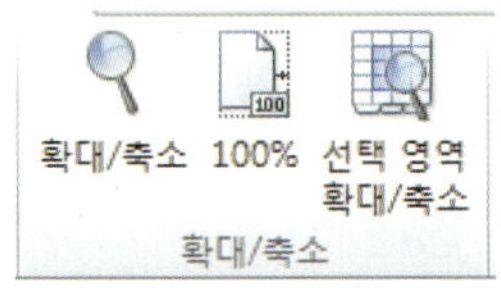

PowerPoint

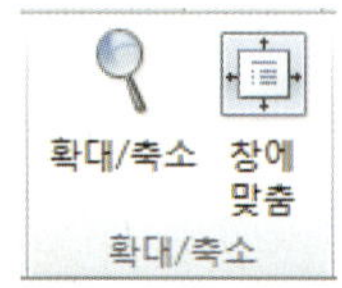

3 새 문서 만들기

MS Word를 처음 실행시키면 새 문서를 만들 수 있는 상태가 됩니다. 추가로 새 문서를 작성하고 싶은 경우에는 MS Word 왼쪽 상단에 위치한 **파일** 탭을 클릭하고, 화면 왼쪽 부분에 있는 **새로 만들기** 메뉴를 클릭합니다. 그러면 MS Word에 미리 설정되어 있는 다양한 문서 서식들이 나타납니다.

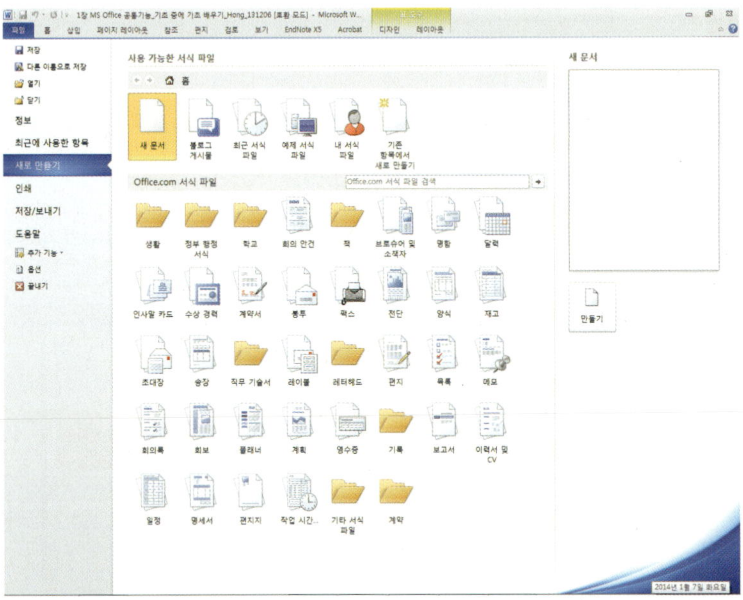

1. **사용 가능한 서식 파일** 영역에 나타난 서식 파일 유형 중 가장 상단의 좌측에 위치한 **새 문서** 를 클릭하면 아무런 서식이 적용되지 않은 새로운 문서가 만들어집니다.

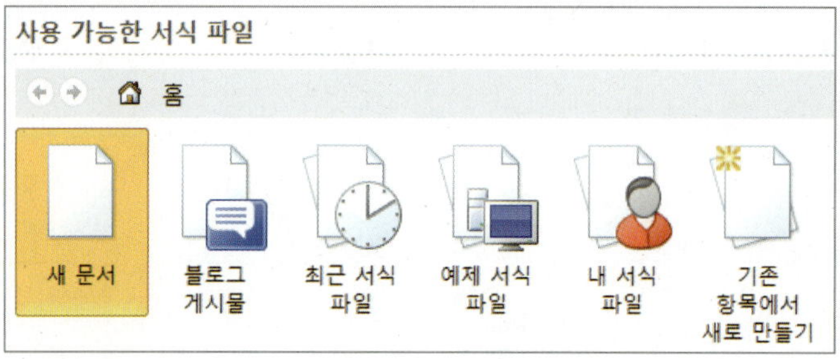

2. **사용 가능한 서식 파일** 영역에서 **예제 서식 파일** 을 클릭하면 MS Office에 미리 저장되어 있는 서식 파일을 이용할 수 있습니다. 다음의 오른쪽 그림은 **보고서(균형)** 를 선택한 경우 사용할 수 있는 문서 서식을 보여 줍니다. 이와 같이 MS Office는 문서 표지

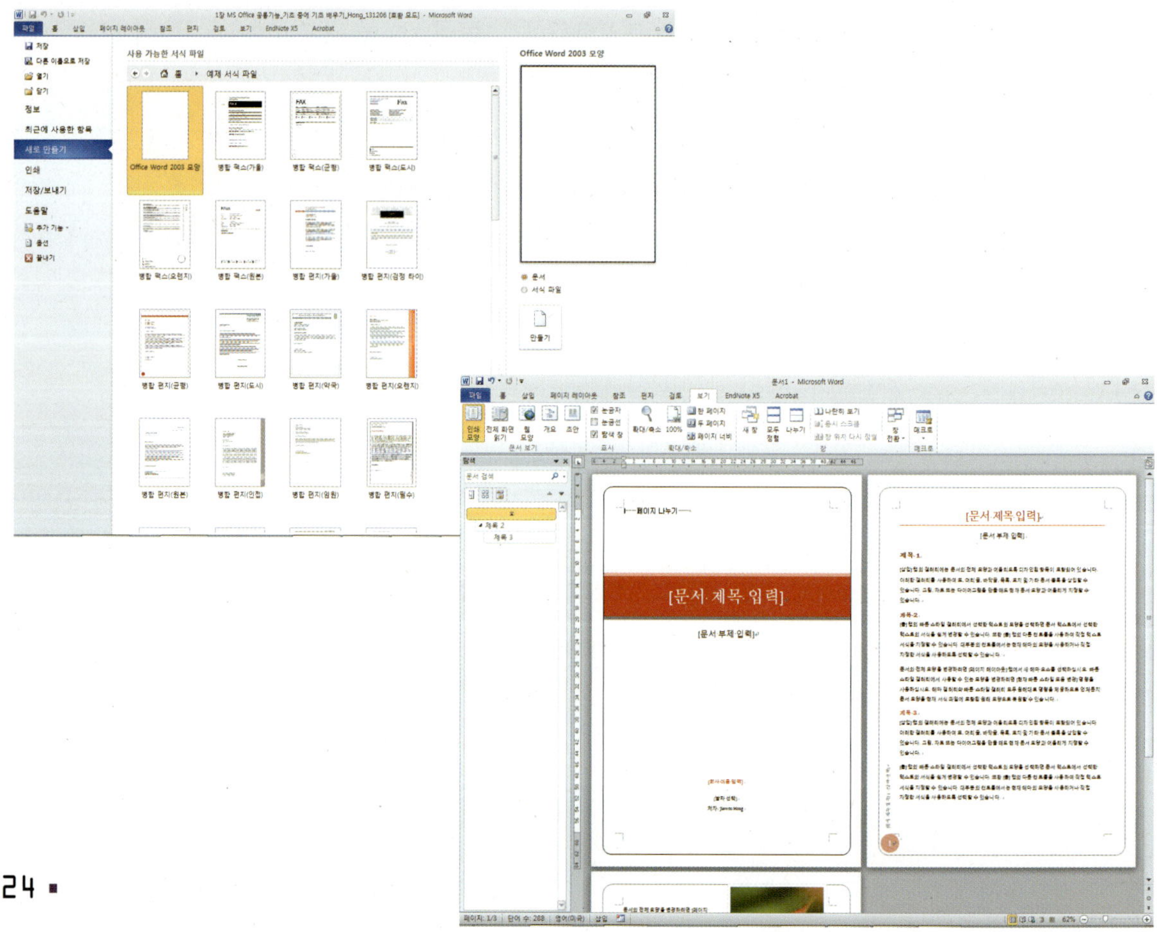

와 문서 본문에 대한 서식이 미리 설정되어 있어 서식에 대한 고민 없이 빠르게 문서 작성을 시작할 수 있게 지원합니다.

3. **Office.com 서식 파일** 영역에서 원하는 서식 파일 유형을 선택하면 Office.com에서 제공하는 다양한 서식 파일들을 인터넷을 통해 다운로드 받아 사용할 수 있습니다. 다만 이 기능은 인터넷이 연결되어 있을 때에만 사용이 가능합니다.

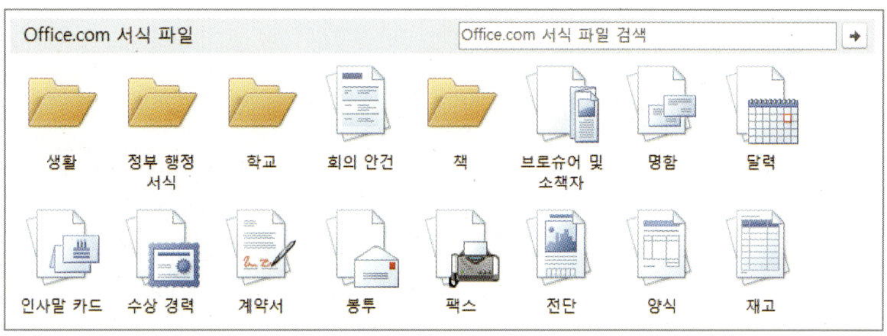

4 파일 열기

우선 윈도우 탐색기에서 워드 파일을 더블클릭하면 파일을 열 수 있습니다.

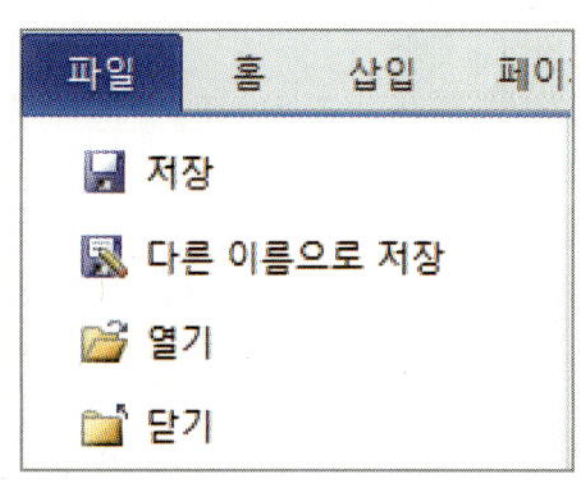

MS Word에서 파일을 열 경우 **파일** 탭을 클릭하면 오른쪽에 **최근 문서** 가, 왼쪽에는 **열기** 메뉴가 보입니다(오른쪽 그림은 왼쪽 부분만 보여 주고 있음). **최근 문서** 에는 최근에 작업한 문서들의 목록이 나타나고, 이 목록에서 원하는 파일을 바로 열 수 있습니다.

열기 메뉴를 클릭하면 "열기" 대화상자가 나타납니다. "열기" 대화상자의 파일 탐색창을 이용해 원하는 파일을 찾고 더블클릭하면 원하는 파일이 열립니다. 또한 **파일 형식** 을 이용하면 Word 문서뿐만 아니라 다른 형식으로 작성된 문서들도 MS Word로 불러올 수 있습니다. 여기에서는 **1장_001 실습파일.docx** 를 열어 보도록 합시다.

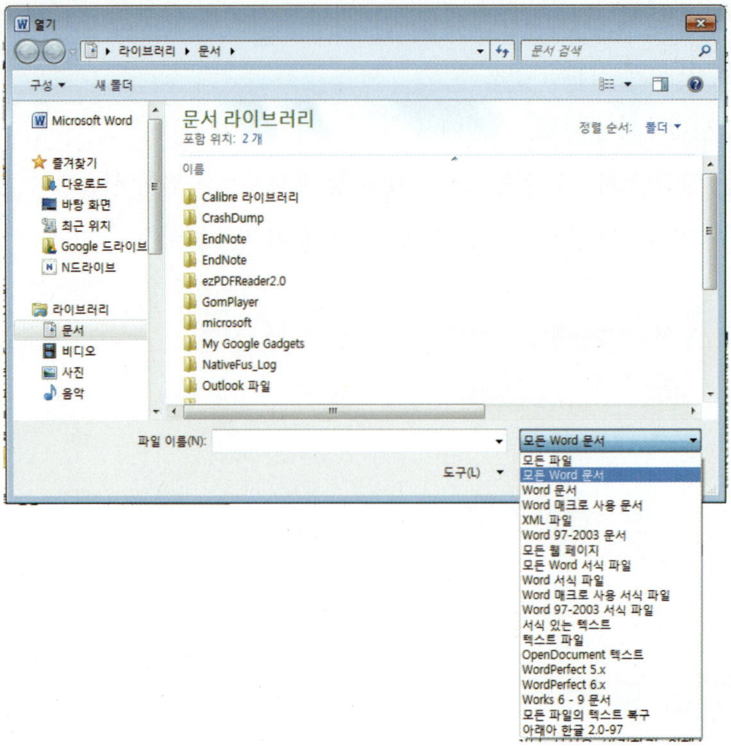

5 텍스트 편집

5.1 텍스트 선택

텍스트를 이동 또는 복사하거나 서식을 변경하기 위해서는 우선 텍스트를 선택해야 합니다. 마우스를 이용해 텍스트를 선택하는 방법은 다음과 같습니다.

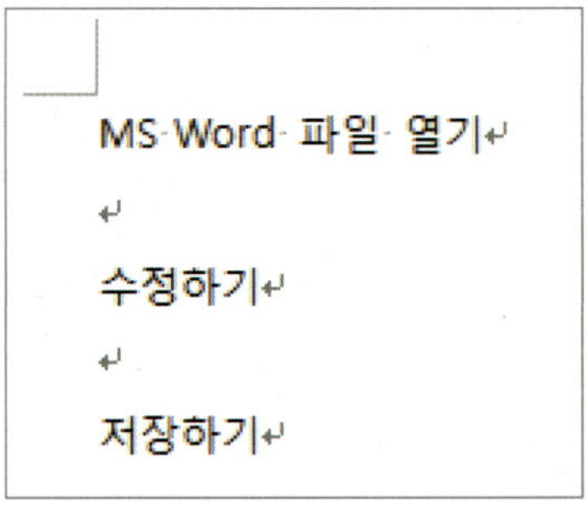

1. 선택을 원하는 텍스트의 시작 지점을 마우스 왼쪽 버튼으로 클릭한 후, 마우스 왼쪽 버튼을 누른 상태로 원하는 부분까지 드래그합니다.

2. 행 전체를 선택할 경우에는 해당 행의 왼쪽 여백 부분을 클릭합니다. 선택을 해제할 때는 선택된 행의 오른쪽 여백 부분을 클릭합니다.

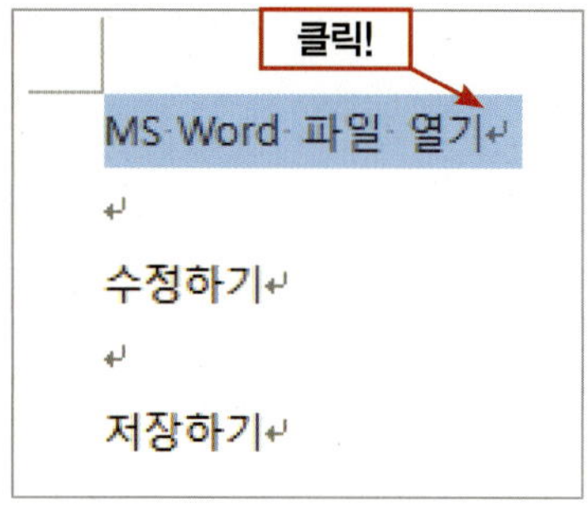

3. 한번에 여러 행을 선택할 때는 Ctrl 키를 누른 상태에서 선택을 원하는 행들을 클릭합니다. 선택된 행들 중 선택 해제를 원하는 행이 있는 경우에는 그 행의 오른쪽 여백 부분을 클릭합니다.

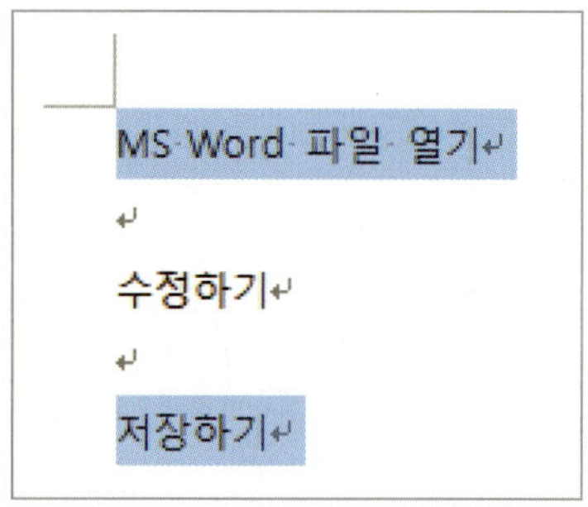

4. 여러 행을 연속적으로 선택할 때는 Shift 키를 누른 상태로 시작되는 행의 왼쪽 여백 부분을 클릭하고, 마지막 행의 왼쪽 여백 부분을 클릭합니다. 또는 선택을 원하는 시작 행부터 마지막 행까지 마우스로 드래그합니다.

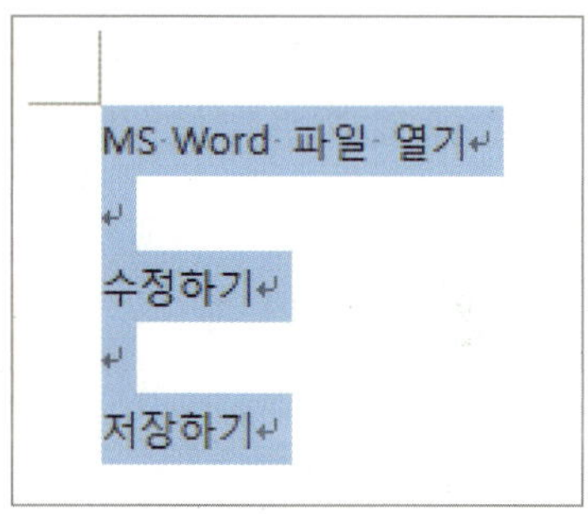

마우스가 아닌 키보드를 이용해 텍스트를 선택할 수 있습니다. 키보드의 Shift 키를 누른 상태에서 방향키를 누르면 텍스트가 선택됩니다. 또한 Shift 키를 누른 상태에서 Home 키를 누르면 커서 위치에서 왼쪽 방향 전체가 선택되고, Shift 키를 누른 상태에서 End 키를 누르면 커서 위치에서 오른쪽 방향 전체가 선택됩니다.

5.2 텍스트 복사, 잘라내기, 붙여넣기

텍스트 복사와 붙여넣기는 단축키를 사용하는 것이 편리합니다. 텍스트 복사는 원하는 구역을 마우스나 키보드로 선택한 후 Ctrl + C 키를 누르면 실행됩니다. 붙여넣기는 복사한 텍스트를 붙여넣고 싶은 위치에 커서를 위치시킨 후 Ctrl + V 키를 누르면 실행됩니다.

예제 텍스트의 첫 번째 행에서 "MS Word"를 선택해 복사하고, 세 번째 행과 다섯 번째 행의 앞 부분에 붙여넣기를 해 봅시다.

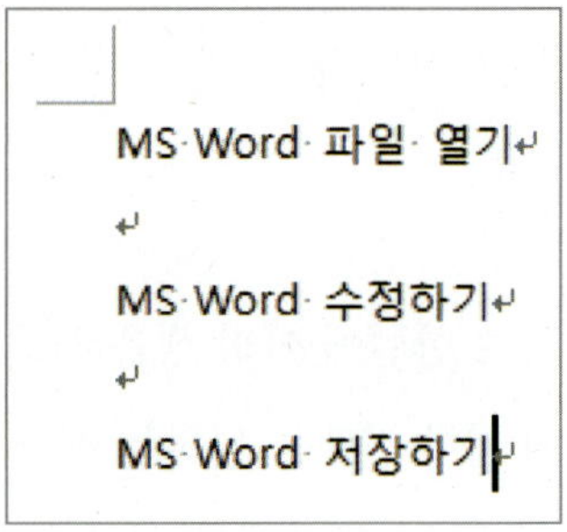

텍스트 잘라내기는 원하는 구역을 선택한 후 Ctrl + X 키를 눌러 줍니다. 예제 텍스트에서 세 번째 행의 "MS Word 수정하기"를 선택하고, Ctrl + X 키를 눌러 잘라 낸 후, 첫 번째 행의 끝 부분에 붙여넣기(Ctrl + C)를 해 봅시다.

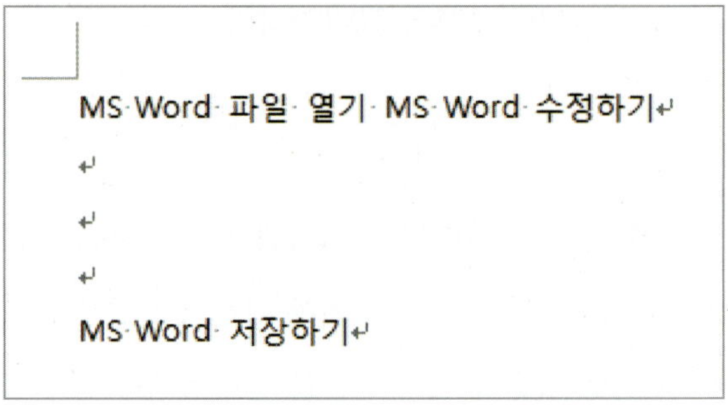

5.3 텍스트 이동하기

텍스트 이동하기는 이동을 원하는 텍스트 부분을 선택한 후, 그것을 마우스 왼쪽 버튼으로 클릭하여 원하는 위치에 끌어 놓으면(Drag & Drop) 이동이 완료됩니다.

예제 텍스트에서 다섯 번째 행의 "MS Word 저장하기"를 선택한 후, 세 번째 행으로 이동시켜 봅시다.

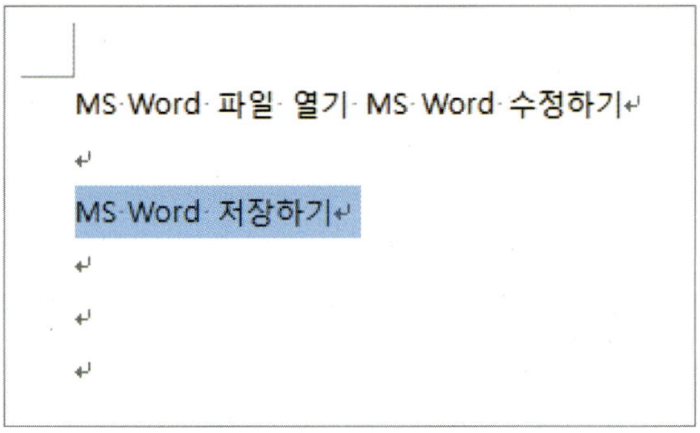

6 텍스트 서식 기초

MS Office에서 텍스트 서식의 변경은 **홈** 탭의 **글꼴** 및 **단락** 그룹에 있는 메뉴를 이용하거나, 마우스 오른쪽 버튼을 클릭하면 나타나는 **미니 서식 도구 모음** 을 이용해 수행할 수 있습니다.

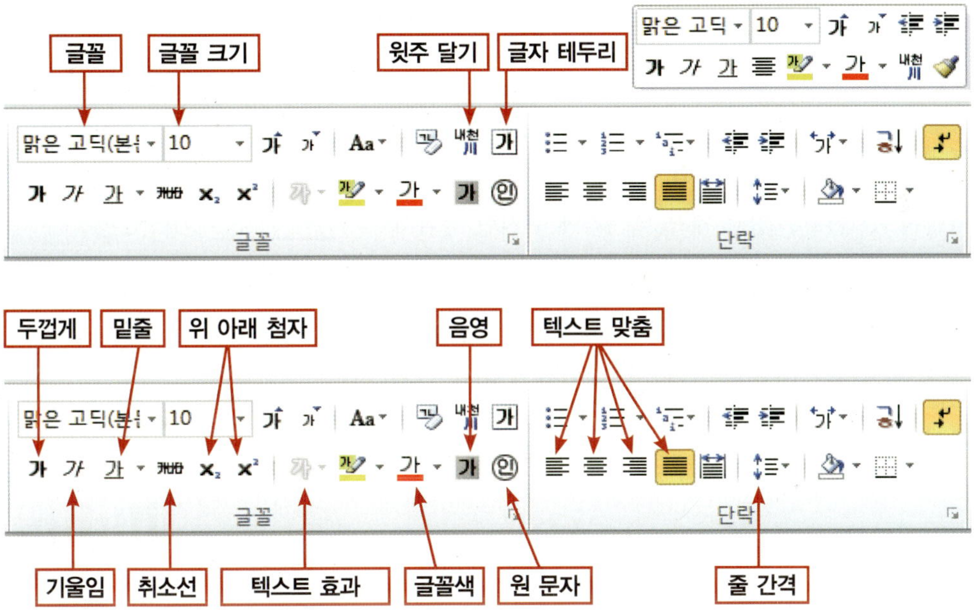

6.1 윗주 달기

윗주 달기 메뉴를 이용하면 텍스트의 상단에 작은 글씨로 부가적인 설명을 입력할 수 있습니다.

1. 워드에 "대한민국"이라고 입력하고, 입력한 텍스트를 영역 선택한 후, **윗주 달기** 메뉴를 클릭합니다.
2. 텍스트 "대"의 오른쪽에 위치한 "윗주"에 "대"를 입력하고, 키보드의 한자 키를 눌러

적절한 한자를 선택합니다. 동일한 방식으로 나머지 텍스트에도 한자를 입력합니다. 입력이 완료된 후 **확인** 버튼을 클릭합니다.

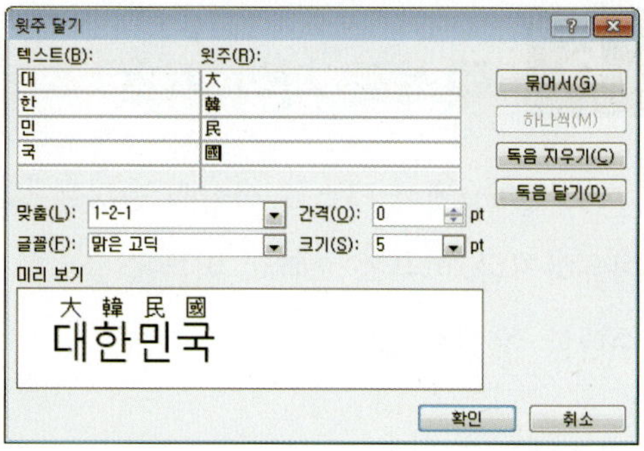

6.2 밑줄

밑줄 메뉴를 이용하면 입력한 텍스트에 밑줄을 입력할 수 있습니다. 밑줄 메뉴 오른쪽에 위치한 역삼각형 부분을 클릭하면 다양한 밑줄 형태가 나타나며, 이때 **밑줄 색** 메뉴를 클릭하여 밑줄 색을 별도로 설정할 수 있습니다. 단축키를 이용할 경우에는 밑줄을 입력하고 싶은 구역을 선택하고 Ctrl + U 키를 눌러 줍니다.

6.3 대/소문자 바꾸기

영어로 입력된 텍스트의 경우 구역을 선택하고 **대소문자 바꾸기** 기능을 적용하면 일괄적으로 대문자를 소문자로 바꾸거나 문장의 첫 글자만 대문자로 바꾸는 것이 가능합니다.

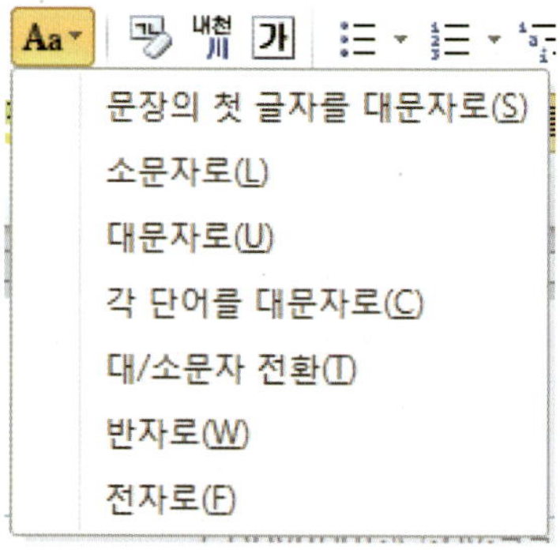

7 실행 취소, 다시 실행

실행 취소와 다시 실행은 단축키를 사용하는 것이 편리합니다. 실행 취소의 단축키는 Ctrl + Z, 다시 실행의 단축키는 Ctrl + Y입니다. 예제 파일에서 실행 취소와 다시 실행을 실행해 봅시다.

8 찾기 및 바꾸기

8.1 찾기

문서에서 원하는 단어나 구문을 찾고자 하는 경우가 있습니다. 이 경우 찾기 기능을 이용하는 것이 편리합니다. 찾기는 탐색창이 열려 있으면 탐색창에 바로 검색어를 입력하면 실행됩니다. 그러나 탐색창이 닫혀 있으면 Ctrl + F 키를 누르거나, 리본 메뉴의 **홈** 탭에서 **편집** 그룹에 있는 **찾기** 메뉴를 이용하거나, **보기** 탭에서 **표시** 그룹에 있는 **탐색창** 메뉴를 이용합니다. 또는 "찾기 및 바꾸기" 대화상자를 이용하여 원하는 내용을 찾거나 특정 단어/구문을 원하는 단어/구문으로 변경할 수도 있습니다.

8.1.1 탐색창을 이용하는 경우

1. **1장_002_실습파일.docx** 파일을 엽니다.

2. 탐색창의 "문서 검색"이라고 표기되어 있는 검색어 입력창에 "개인적 특성"을 입력하고 엔터 키를 누릅니다. 그러면 "개인적 특성"이라는 단어가 있는 부분으로 문서가 자동 이동되고, 해당 단어는 노란색으로 활성화됩니다.

3. 탐색창의 문서 구조에서 노란색으로 활성화된 장/절은 "개인적 특성"이라는 단어를 포함하고 있는 절입니다.

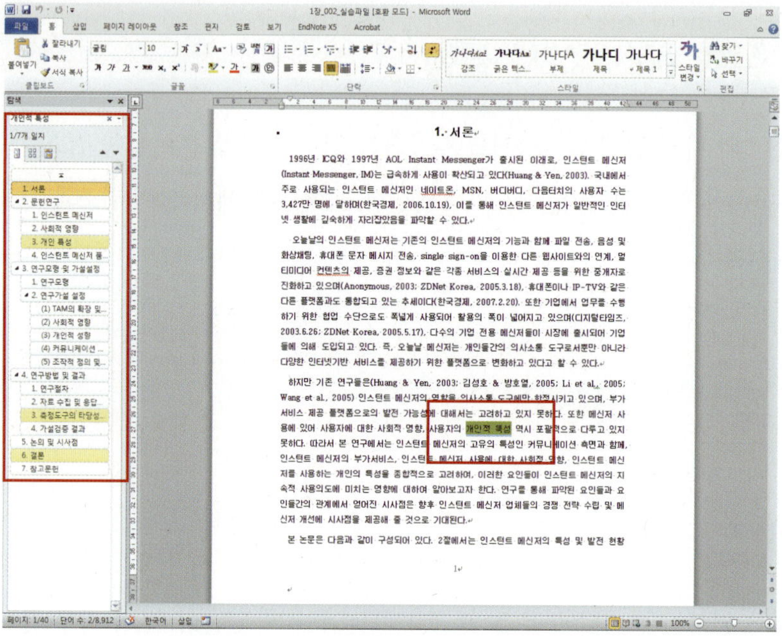

탐색창의 검색어 입력창 바로 하단에는 아래와 같이 검색 결과를 문서 제목, 페이지, 검색 결과로 볼 수 있도록 한 탭이 있습니다. 각각의 탭을 선택함에 따라 탐색창에 검색 결과가 다르게 표시되며, 이를 이용해 보다 빠르게 자신이 원하는 내용이 있는 부분을 찾아 이동할 수 있습니다.

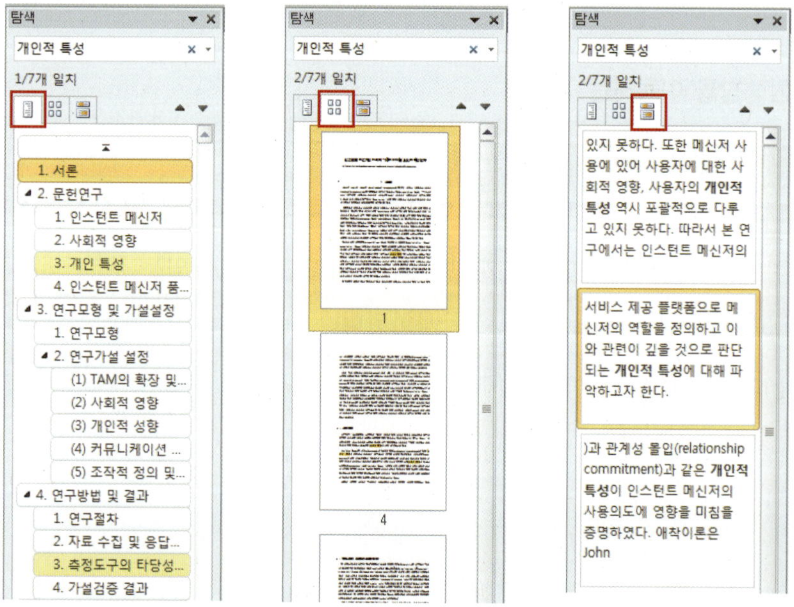

검색어 입력창의 우측에 있는 아래쪽 방향 삼각형을 클릭하면 상세 메뉴가 나타납니다. 우선 **옵션** 메뉴를 클릭하면 검색 옵션을 변경할 수 있고, **고급 찾기** 나 **바꾸기** 메뉴를 클릭하면 별도의 창에서 단어/구문을 찾거나 변경할 수 있습니다.

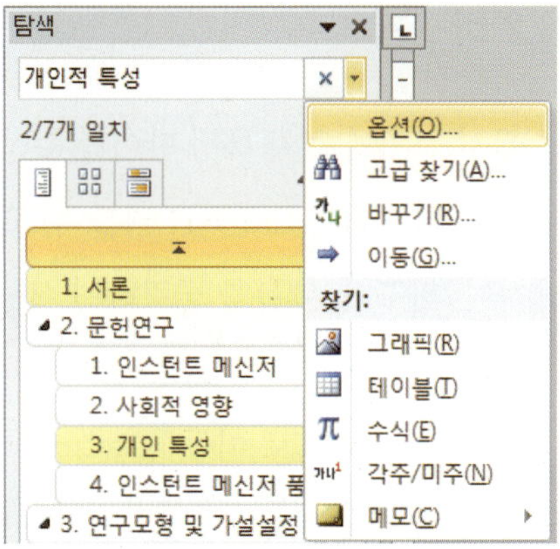

하단의 **찾기** 영역에 있는 메뉴들을 이용하면 텍스트에 포함된 그림, 표, 수식, 각주/미주, 메모를 처음부터 차례대로 이동하면서 조회할 수 있습니다. **찾기** 영역의 메뉴들을 이용한 경우에는 **X** 메뉴를 클릭해야 검색어 입력창의 내용이 삭제됩니다.

8.1.2 "찾기 및 바꾸기" 대화상자를 이용하는 경우

1. 탐색창의 검색어 입력창에서 상세 메뉴를 선택하고, **고급 찾기** 메뉴를 클릭합니다. 그러면 아래와 같은 "찾기 및 바꾸기" 대화상자가 나타납니다. **찾을 내용** 에 검색을 원하는 단어/구문을 입력하고 엔터 키를 누르면 해당 단어/구문이 있는 부분으로 커서가 자동 이동됩니다. 이때 해당 단어/구문은 회색으로 활성화됩니다.

2. "찾기 및 바꾸기" 대화상자의 **간단히**, **강조 표시**, **찾을 위치**, **다음 찾기** 등의 메뉴를 이용해 사용자가 원하는 형태로 검색을 수행해 봅시다.

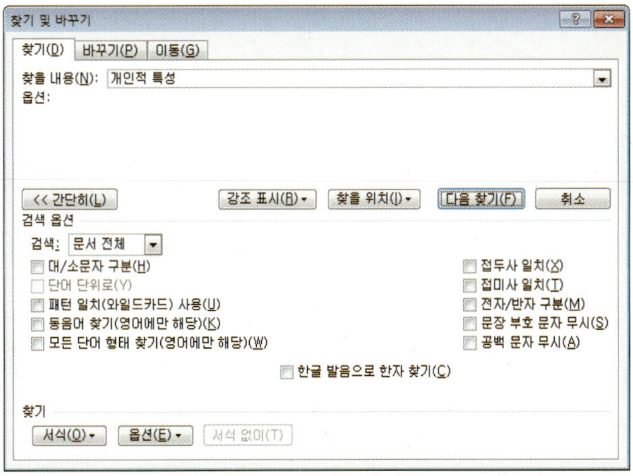

8.2 바꾸기

문서 전체에 걸쳐 특정 단어를 수정하고자 할 때는 바꾸기 기능을 이용하는 것이 편리합니다. 바꾸기는 Ctrl + H 키를 누르거나, 탐색창의 검색어 입력창에서 상세 메뉴를 선택하여 **바꾸기** 메뉴를 클릭하면 실행됩니다.

1. 문서 맨 앞으로 이동하고(Ctrl + Home), 실습 파일에서 Ctrl + H 키를 눌러 "찾기 및 바꾸기" 대화상자가 나타나도록 합니다.

2. **찾을 내용** 에 "인스턴트 메신저"를 입력하고, **바꿀 내용** 에 "인터넷 메신저"를 입력합니다.

3. 한 글자씩 확인하며 바꾸기를 원하면 **바꾸기** 버튼을, 문서 전체에 걸쳐 일괄적을 바꾸기를 원하면 **모두 바꾸기** 버튼을 클릭합니다. 여기에서는 **모두 바꾸기** 를 클릭해 봅시다.

4. 문서에서 몇 개의 항목이 바뀌었는지를 알려주는 대화상자가 나타납니다. 이때는 대화상자의 **확인** 버튼을 클릭해 줍니다.

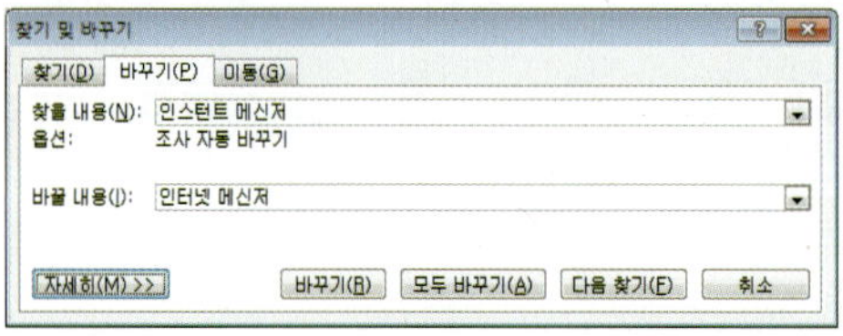

9 서식 복사하기

서식 복사를 이용하면 텍스트, 도형, 슬라이드에 설정되어 있는 서식을 다른 텍스트, 도형, 슬라이드에 간단히 적용할 수 있습니다. 여기서는 예제 파일의 제목 서식을 다른 텍스트에 복사하도록 해 봅시다.

1. 제목 행의 임의의 위치를 클릭하고, 리본 메뉴의 **홈** 탭의 **클립보드** 그룹에 있는 **서식 복사** 아이콘을 클릭합니다. 그러면 마우스 포인터가 서식 복사 모양으로 변경됩니다.

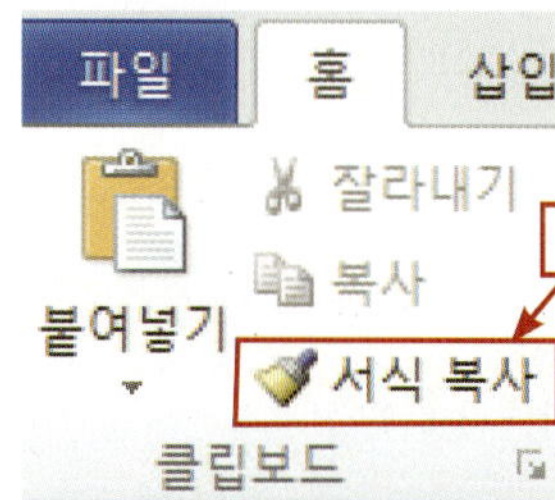

2. 1의 상태에서 복사된 서식의 적용을 원하는 부분을(제목 바로 다음 행) 마우스 왼쪽 버튼을 누른 상태로 드래그하면, 제목 행의 서식이 적용됩니다. 또는 페이지 왼쪽 여백 부분을 클릭하여 행 단위로 적용할 수도 있습니다.

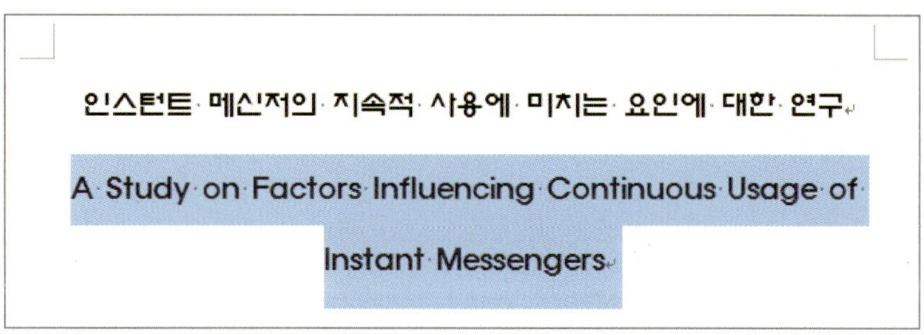

10 파일 저장하기

새 문서를 만든 후에는 바로 저장을 하는 것이 좋습니다. 또한 문서 작성 중에도 혹시 모를 상황에 대비해 수시로 문서를 저장하는 것이 좋습니다. 새 문서의 저장은 다음과 같은 방식으로 수행될 수 있습니다. 저장은 단축키(Ctrl + S)를 이용하거나, **파일** 탭의 **저장** 메뉴를 클릭하면 실행됩니다.

TIP

문서를 저장할 때 문서명은 다음의 예처럼 작성일, 문서명, 작성자 순으로 지정하는 것이 효과적입니다.
예1) "20140211_경영PC활용 강의안_홍진원.docx"
예2) "20140213_경영PC활용 강의안_홍진원작성_서우종검토.docx"

1. 새 문서의 경우 저장 명령을 실행하면 "다른 이름으로 저장" 대화상자가 나타납니다.

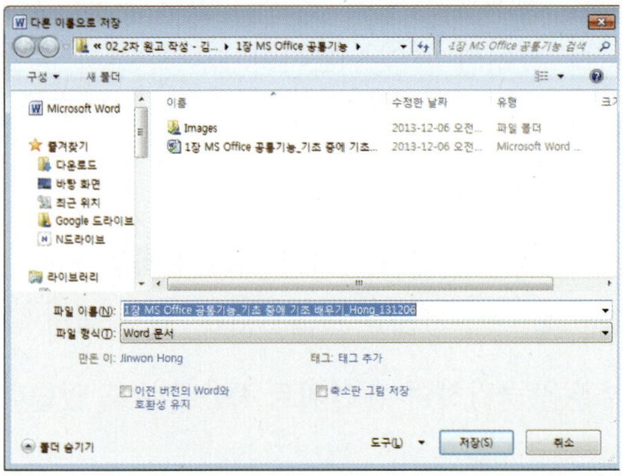

2. **파일 이름(N)** 에 파일명을 입력하고, **파일 형식(T)** 에서 원하는 파일 형식을 선택합니다. MS Word의 기본 파일 형식은 ".docx" 확장자이지만, MS Word 2003과 같은 하위 버전에서 문서를 볼 가능성이 있을 때는 "MS Word 97-2003 문서 (*.doc)"를 선택하는 것이 좋습니다.

3. 새 문서를 "작성일_문서명_작성자"의 형식을 갖춘 제목으로 저장해 봅시다.

문서 작성 중 많은 부분을 삭제하거나 구성을 변경하고자 할 경우에는 새로운 버전으로 문서를 저장하는 것이 좋습니다. 이때는 **파일** 버튼의 **다른 이름으로 저장** 메뉴를 클릭해, 파일 이름의 작성일자 부분을 변경해 저장해 줍니다. 나중에라도 기존의 파일을 다시 참조할 수 있으므로, 삭제하지 말고 저장해 두도록 합시다.

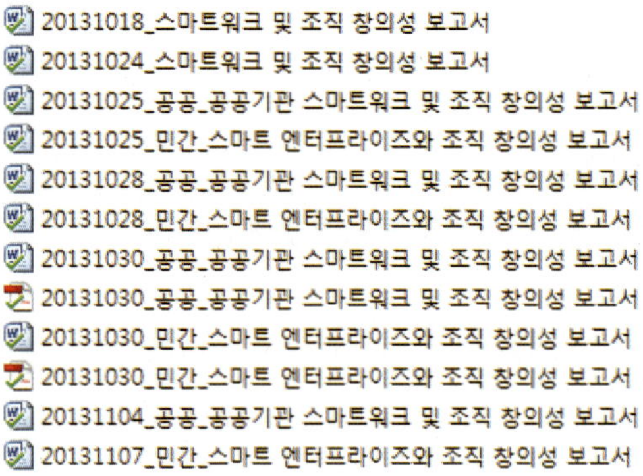

11 기호, 한자 삽입하기

11.1 기호 삽입하기

1장_002_실습파일.docx 문서의 제목 부분에 기호를 삽입해 봅시다. 키보드에 없는 기호를 삽입하는 경우 MS Word는 **삽입** 탭의 **기호** 그룹에 있는 **기호** 메뉴를 사용하도록 합니다. MS PowerPoint나 MS Excel의 경우 **삽입** 탭의 **텍스트** 그룹에 **기호** 메뉴가 있습니다.

기호를 삽입할 때는 원하는 위치에 커서를 위치시킨 후, **삽입** 탭의 **기호** 그룹에 있는 **기호** 메뉴를 클릭합니다. 그러면 일반적으로 많이 사용되는 기호의 목록이 나타납니다. 원하는 기호를 클릭하면 커서의 위치에 기호가 삽입됩니다.

만약 목록에 원하는 기호가 없을 경우에는 **다른 기호** 메뉴를 클릭합니다. "기호" 대화상자에서 삽입하고자 하는 기호를 찾아 더블클릭하면 커서의 위치에 기호가 삽입됩니다. 기호 삽입을 마친 후에는 **닫기** 버튼을 클릭합니다.

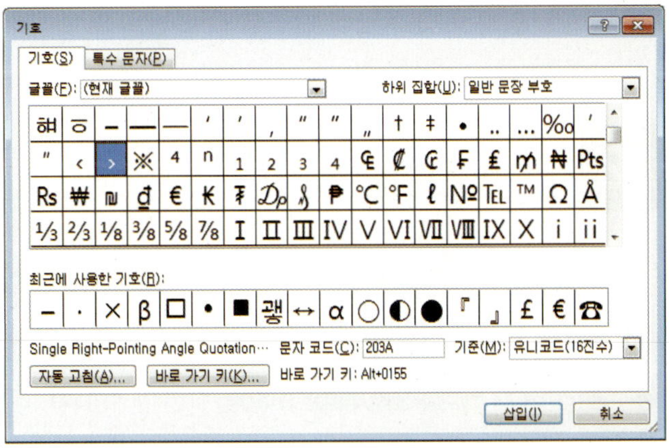

"기호" 대화상자의 **글꼴** 메뉴에서 선택하는 글꼴에 따라 삽입할 수 있는 기호의 종류는 달라집니다. 특히 글꼴 중 "Wingdings" 글꼴은 특수기호만으로 구성되어 있습니다.

또한 "기호" 대화상자의 테두리 부분을 클릭하고 마우스를 움직이면 대화상자의 크기를 조절할 수 있습니다.

11.2 한자 삽입하기

한자를 입력하려면 우선 한글을 입력한 후, 한자로 변환해야 합니다.

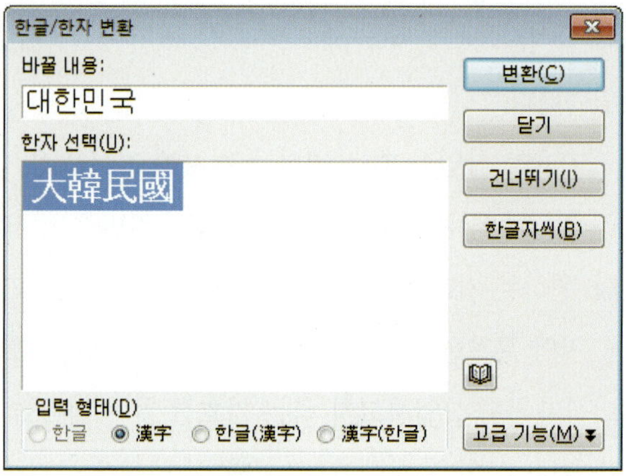

1. 화면에 "대한민국"을 입력하고 영역을 선택합니다.
2. 키보드의 한자 키를 누르면 "한글/한자 변환" 대화상자가 나타납니다. 대화상자에서 원하는 한자를 선택합니다.
3. **입력 형태** 영역에서 입력형태를 선택한 후, **변환** 버튼을 클릭합니다.
4. 단어 단위가 아니라 글자 단위로 한자 변환을 할 수도 있습니다.

12 그림 삽입하기

이제 **1장_003_실습파일.pdf**와 같은 문서를 작성해 봅시다. 문서에 그림을 삽입하면 보다 효과적이고 재미있게 문서 내용을 전달할 수 있습니다. 여기에서는 **1장_004_실습파일.docx** 파일에 **1장_005_실습파일.jpg** 이미지 파일을 삽입해 봅시다.

1. **1장_004_실습파일.docx** 파일을 엽니다.
2. 그림을 삽입하고자 하는 위치에 커서를 위치시킵니다.

3. 리본 메뉴의 **삽입** 탭의 **일러스트레이션** 그룹에 있는 **그림** 메뉴를 클릭합니다.

4. "그림 삽입" 대화상자가 나타나면 삽입을 원하는 이미지 파일을 찾고, **삽입** 버튼을 클릭합니다.

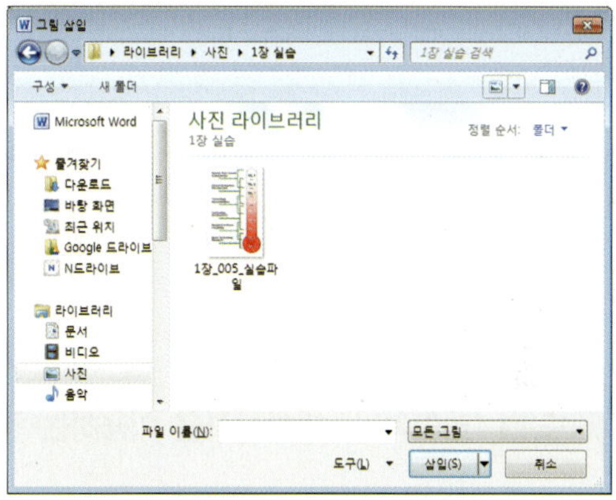

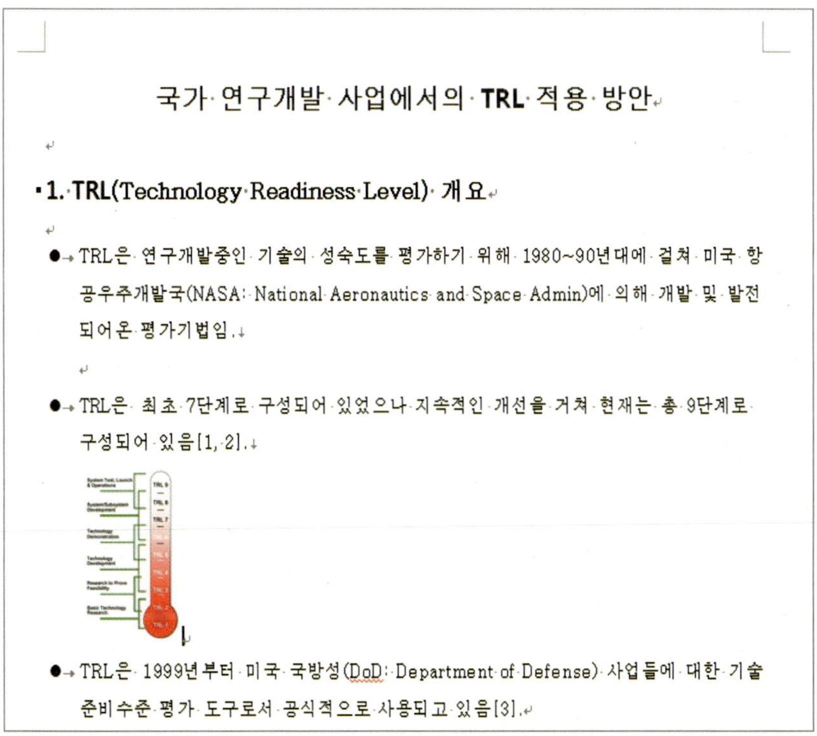

국가 연구개발 사업에서의 **TRL** 적용 방안

1. TRL(Technology Readiness Level) 개요

- TRL은 연구개발중인 기술의 성숙도를 평가하기 위해 1980~90년대에 걸쳐 미국 항공우주개발국(NASA: National Aeronautics and Space Admin)에 의해 개발 및 발전되어온 평가기법임.

- TRL은 최초 7단계로 구성되어 있었으나 지속적인 개선을 거쳐 현재는 총 9단계로 구성되어 있음[1, 2].

- TRL은 1999년부터 미국 국방성(DoD: Department of Defense) 사업들에 대한 기술준비수준 평가 도구로서 공식적으로 사용되고 있음[3].

위와 같이 문서에 그림이 삽입되면 리본 메뉴에 **그림 도구** – **서식** 탭이 추가로 활성화됩니다. 현재 삽입된 그림은 문서에 잘 어울리지 않으므로 서식을 변경할 필요가 있습니다. 여기에서는 (1) 그림 크기 조정, (2) 텍스트 배치 조정, (3) 그림 스타일 꾸미기를 적용해 봅시다.

12.1 그림 크기 조정

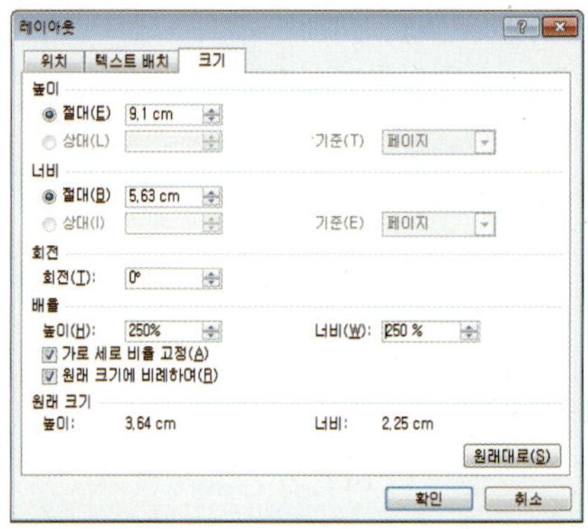

12.1.1 "레이아웃" 대화상자를 이용하는 경우

1. 삽입된 그림을 클릭한 후, 마우스 오른쪽 버튼을 클릭하면 나타나는 메뉴에서 **크기 및 위치**를 선택합니다.

2. "레이아웃" 대화상자에서 **높이**와 **너비**를 "250%"로 고치고 **확인** 버튼을 클릭합니다.

3. **그림도구** – **서식** 탭의 가장 우측에 위치한 **높이** 및 **너비**를 이용해 크기를 바꿀 수도 있습니다.

12.1.2 크기 조절 핸들을 이용하는 경우

1. 그림을 클릭하면 그림의 상하좌우 및 모서리에 원형의 크기 조절 핸들이 생성됩니다.

2. 이 핸들을 마우스 왼쪽 버튼으로 드래그하면 크기가 조절됩니다.

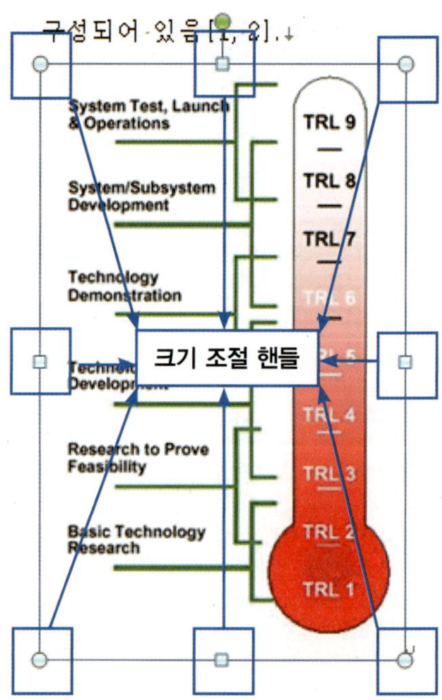

3. 그림의 모서리에 위치한 크기 조절 핸들을 이용하면 그림의 가로와 세로 비율을 유지한 상태로 크기를 조절할 수 있습니다.

12.2 그림의 배치 조정

그림, 클립 아트, WordArt와 같은 그래픽 개체들을 이용하면 텍스트와 그래픽 개체 간의 배치 스타일을 지정할 수 있습니다. 텍스트 배치 유형은 다음과 같습니다.

텍스트 배치 유형	설명
텍스트 줄 안	기본값이며, 그래픽 개체를 하나의 문자로 인식합니다.
정사각형	그래픽 개체를 정사각형으로 인식하여, 주위에 텍스트를 자유롭게 배치할 수 있습니다.
빽빽하게	그래픽 개체가 사각형이 아닌 경우(클립 아트나 WordArt), 그래픽 개체 외부에 텍스트를 빽빽하게 배치합니다.
투과하여	기본적으로 '빽빽하게'와 같으며, 그래픽 개체에 열려 있는 부분이 있는 경우 그 부분에도 텍스트를 배치합니다.
위/아래	그래픽 개체를 텍스트 사이에 한 줄로 배치하여, 위아래에는 텍스트가 있으나 좌우에는 텍스트가 없도록 배치합니다.
텍스트 뒤	그래픽 개체를 텍스트 뒤로 배치합니다.
텍스트 앞	그래픽 개체를 텍스트 앞에 배치합니다.

텍스트 배치는 다음과 같은 순서로 수행합니다.

1. 삽입된 그림을 클릭한 후, 마우스 오른쪽 버튼을 클릭하면 나타나는 메뉴 중 **텍스트 줄 바꿈** 을 클릭합니다.

2. 원하는 텍스트 배치 유형을 클릭합니다. 여기에서는 **정사각형** 을 선택해 봅시다.

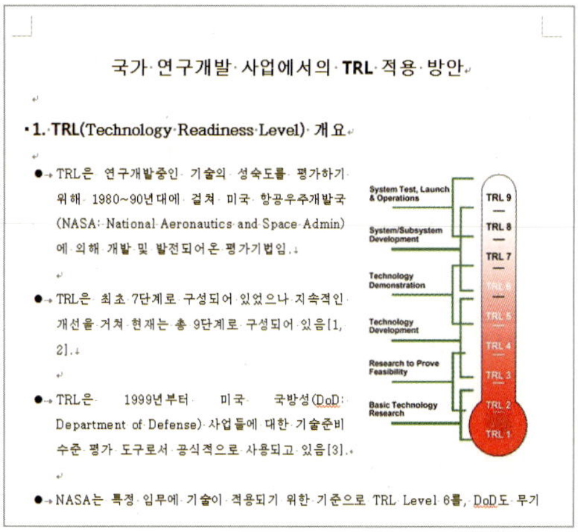

국가 연구개발 사업에서의 **TRL** 적용 방안

1. TRL(Technology Readiness Level) 개요

- TRL은 연구개발중인 기술의 성숙도를 평가하기 위해 1980~90년대에 걸쳐 미국 항공우주개발국(NASA: National Aeronautics and Space Admin)에 의해 개발 및 발전되어온 평가기법임.
- TRL은 최초 7단계로 구성되어 있었으나 지속적인 개선을 거쳐 현재는 총 9단계로 구성되어 있음[1, 2].
- TRL은 1999년부터 미국 국방성(DoD: Department of Defense) 사업들에 대한 기술준비 수준 평가 도구로서 공식적으로 사용되고 있음[3].
- NASA는 특정 임무에 기술이 적용되기 위한 기준으로 TRL Level 6를, DoD도 무기

3. 이미지를 마우스 왼쪽 버튼으로 클릭한 상태에서 원하는 위치로 이동시킨 후, 마우스 왼쪽 버튼을 놓습니다.

12.3 그림 스타일 꾸미기

그림 스타일 꾸미기는 MS Office 2007 버전부터 지원되는 기능입니다. 그림 스타일 꾸미기 기능을 이용하면 포토샵과 같은 프로그램을 이용하지 않고도 그림에 다양한 효과를 적용할 수 있습니다.

1. 리본 메뉴의 **그림 도구** - **서식** 탭의 **그림 스타일** 그룹에서 **자세히** 아이콘을 클릭합니다. 그러면 적용 가능한 효과들의 전체 목록이 나타납니다.
2. 그림 스타일 목록에서 **입체원근감(왼쪽), 흰색** 을 선택합니다.

지금까지 설명한 **그림 삽입하기** 기능들로 완성된 문서는 다음과 같습니다.

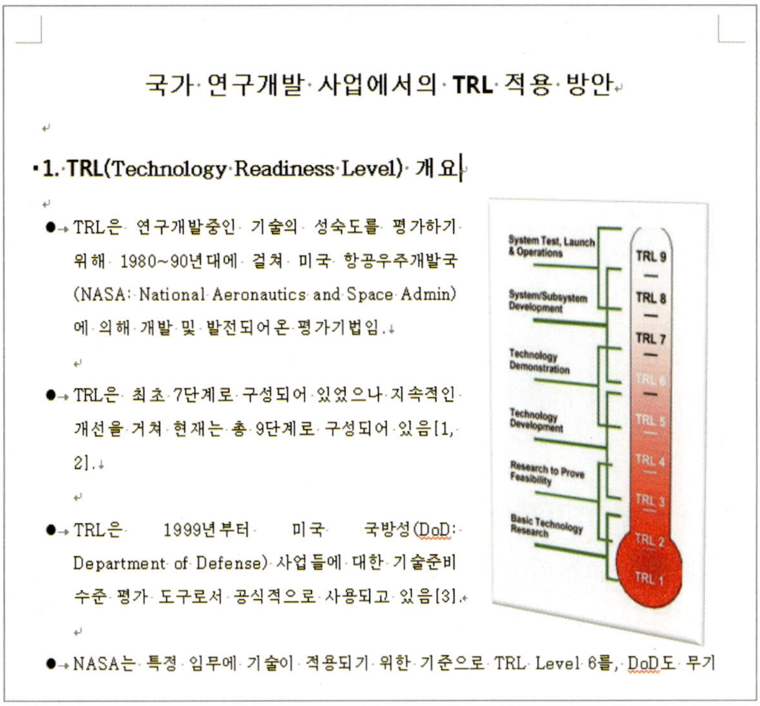

국가 연구개발 사업에서의 TRL 적용 방안

1. TRL(Technology Readiness Level) 개요

● TRL은 연구개발중인 기술의 성숙도를 평가하기 위해 1980~90년대에 걸쳐 미국 항공우주개발국 (NASA: National Aeronautics and Space Admin)에 의해 개발 및 발전되어온 평가기법임.

● TRL은 최초 7단계로 구성되어 있었으나 지속적인 개선을 거쳐 현재는 총 9단계로 구성되어 있음[1, 2].

● TRL은 1999년부터 미국 국방성(DoD: Department of Defense) 사업들에 대한 기술준비 수준 평가 도구로서 공식적으로 사용되고 있음[3].

● NASA는 특정 임무에 기술이 적용되기 위한 기준으로 TRL Level 6를, DoD도 무기

13 표 추가하기

13.1 새 표 만들기

표는 이미지와 함께 문서에서 가장 많이 사용되는 요소 중 하나입니다. 12절의 그림 삽입하기에 이어 **1장_004_실습파일.docx** 파일에 2개의 표를 추가해 봅시다. 우선 "<표 1> TRL 각 수준에 대한 정의" 바로 밑에 1번째 표를 삽입해 봅시다. 기본적인 형태의 표를 삽입할 경우 다음과 같은 단계를 따릅니다.

1. 표를 삽입하고 싶은 위치에 커서를 위치시킵니다.
2. 리본 메뉴의 **삽입** 탭의 **표** 그룹에서 **표** 아이콘을 클릭합니다.
3. 표의 크기를 지정합니다.

a. 10열 8행의 표는 왼쪽 그림과 같은 바둑판 모양의 부분에서 원하는 크기를 마우스로 드래그해 선택한 후 클릭합니다.

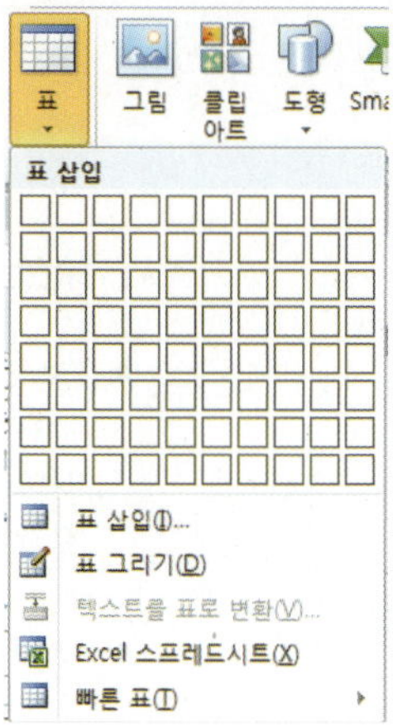

b. 실습하는 표는 2열 10행이므로 위의 방식을 적용할 수 없습니다. 이러한 경우에는 **표 삽입** 메뉴를 이용합니다.

4. "표 삽입" 대화상자에서 **열 개수**는 "2", **행 개수**는 "10"을 입력하고 **확인** 버튼을 클릭하면 해당 위치에 2열 10행의 표가 삽입됩니다.

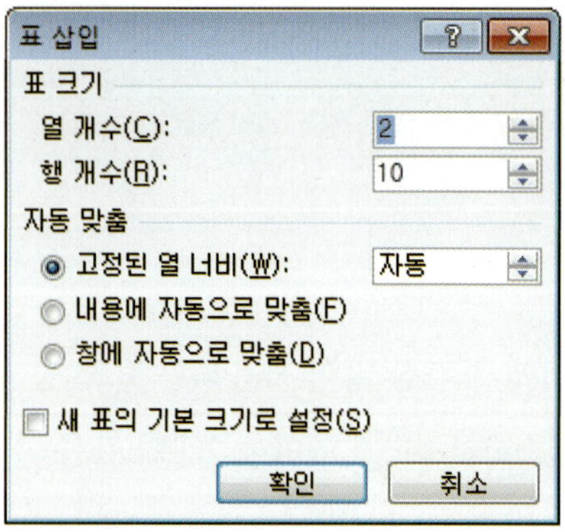

입력된 표에 다음 그림과 같이 텍스트를 입력해 봅시다. 텍스트를 입력할 때 오른쪽 방향의 다음 셀로 이동하려면 Tab 키를, 왼쪽 방향의 이전 셀로 이동하려면 Shift + Tab 키를 눌러 줍니다.

수준	정의
수준 1	최저 기술준비수준으로서 기초과학적 연구가 시작되고 응용 연구개발로 전환되기 시작하는 수준
수준 2	기초적 원리가 정립되어 실제적 응용이 시도되나, 응용은 추론적인 상태로서 가정을 확증할만한 구체적 해석이나 증거가 없는 상태
수준 3	적극적인 연구개발 활동이 시작되어 해석적 연구와 실험실적 연구를 통해, 기술을 구성하는 개별 요소들에 대한 해석적 예측을 물리적으로 확인하는 단계
수준 4	기본적 기술 구성품들이 조립되어 작동되는 단계로서, 최종 체계 관점에서 볼 때 상대적으로 "저충실도(Low Fidelity)" 상태
수준 5	기본적 기술 구성품들이 실제에 가까운 주변 요소와 조립되어 유사환경(relevant environment)에서 시험되는 단계로서 상대적인 "고충실도(High Fidelity)" 상태
수준 6	공학모델 또는 시제품(engineering model or prototype)이 유사환경에서 시험되는, 기술시범 준비가 본격화된 단계(TRL 5 보다 현저하게 높은 수준)
수준 7	실체계(actual system)와 동등 수준의 시제품이 운용환경(operational environment)에서 시범되는 단계
수준 8	기술이 최종 형상으로 요구조건에서 입증된 상태로서 대부분의 경우 실체계 개발의 완료 수준을 의미
수준 9	기술이 최종형상으로 임무조건에서 실제

13.2 셀 크기 변경하기

위의 삽입된 표에서 "수준" 열은 셀 너비가 너무 넓고, "정의" 열은 셀 너비가 너무 좁습니다. 또한 제목 행은 셀의 높이를 좀 더 높게 변경하면 시각적으로 더 좋게 보일 것입니다. 우선 셀의 너비를 변경해 봅시다.

1. 너비를 변경하고자 하는 열과 열 사이(수준 열과 정의 열 사이)에 마우스 포인터를 위치시키면 마우스 포인터가 오른쪽 그림과 같이 좌우 화살표 형태로 바뀝니다.

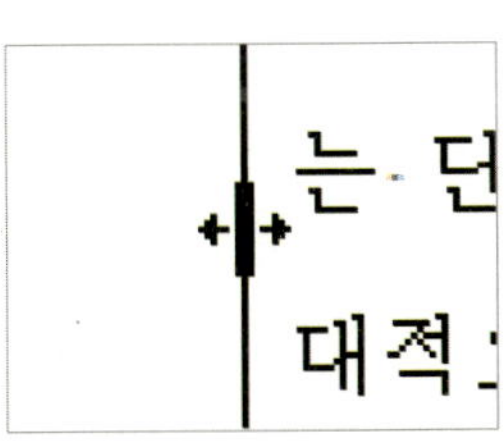

2. 1의 상태에서 마우스 왼쪽 버튼을 클릭하고 마우스를 좌우로 움직여 셀의 너비를 조절합니다.

수준	정의
수준 1	최저 기술준비수준으로서 기초과학적 연구가 시작되고 응용 연구개발로 전환되기 시작하는 수준
수준 2	기초적 원리가 정립되어 실제적 응용이 시도되나, 응용은 추론적인 상태로서 가정을 확증할만한 구체적 해석이나 증거가 없는 상태

3. 조절이 끝나면 마우스 왼쪽 버튼을 놓습니다.

수준	정의
수준 1	최저 기술준비수준으로서 기초과학적 연구 가 시작되고 응용 연구개발로 전환되기 시작하는 수준
수준 2	기초적 원리가 정립되어 실제적 응용이 시도되나, 응용은 추론적인 상태로서 가정을 확증할만한 구체적 해석이나 증거가 없는 상태
수준 3	적극적인 연구개발 활동이 시작되어 해석적 연구와 실험실적 연구를 통해, 기술을 구성하는 개별 요소들에 대한 해석적 예측을 물리적으로 확인하는 단계

셀의 높이도 마찬가지 방법으로 변경할 수 있습니다.

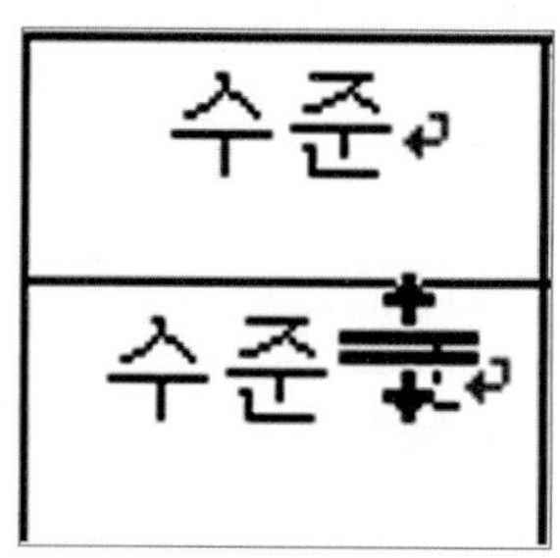

1. 높이를 변경하고자 하는 행과 행 사이(1번째 행과 2번째 행 사이)에 마우스 포인터를 위치시키면 마우스 포인터가 오른쪽 그림과 같이 상하 화살표 형태로 바뀝니다.

2. 1의 상태에서 마우스 왼쪽 버튼을 클릭하고 마우스를 상하로 움직여 셀의 높이를 조절합니다.

3. 조절이 끝나면 마우스 왼쪽 버튼을 놓습니다.

수준	정의
수준 1	최저 기술준비수준으로서 기초과학적 연구 가 시작되고 응용 연구개발로 전환되기 시작하는 수준
수준 2	기초적 원리가 정립되어 실제적 응용이 시도되나, 응용은 추론적인 상태로서 가정을 확증할만한 구체적 해석이나 증거가 없는 상태
수준 3	적극적인 연구개발 활동이 시작되어 해석적 연구와 실험실적 연구를 통해, 기술을 구성하는 개별 요소들에 대한 해석적 예측을 물리적으로 확인하는 단계

13.3 텍스트 배치

지금 만들어진 표를 보면 셀에 입력된 텍스트들이 셀 상단을 기준으로 배치되어 있습니다. 이번에는 텍스트가 셀의 가운데에 배치되도록 조정해 봅시다.

1. 표 전체를 드래그하여 모든 셀을 선택합니다.
2. 마우스 오른쪽 버튼을 누르고 **셀 맞춤** 메뉴를 클릭한 다음, **정가운데** 를 클릭합니다.

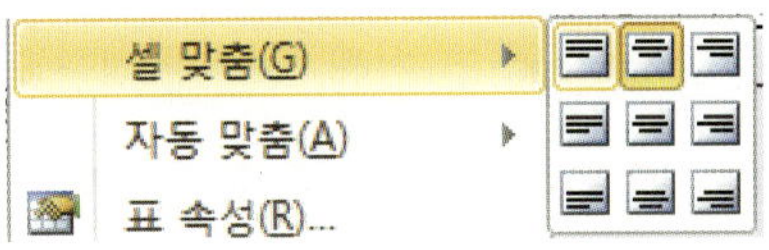

3. 아래와 같이 표에 입력한 텍스트들이 재배치된 것을 확인할 수 있습니다.

수준	정의
수준 1	최저 기술준비수준으로서 기초과학적 연구 가 시작되고 응용 연구개발로 전환되기 시작하는 수준
수준 2	기초적 원리가 정립되어 실제적 응용이 시도되나, 응용은 추론적인 상태로서 가정을 확증할만한 구체적 해석이나 증거가 없는 상태
수준 3	적극적인 연구개발 활동이 시작되어 해석적 연구와 실험실적 연구를 통해, 기술을 구성하는 개별 요소들에 대한 해석적 예측을 물리적으로 확인하는 단계

텍스트 배치는 표 전체뿐만 아니라 각 셀 별로 또는 일부 셀에 대해서도 적용 가능합니다. "정의" 열의 2번째 행부터 마지막 행까지 **양쪽 맞춤** 으로 텍스트를 재배치해 봅시다.

수준	정의
수준 1	최저 기술준비수준으로서 기초과학적 연구 가 시작되고 응용 연구개발로 전환되기 시작하는 수준
수준 2	기초적 원리가 정립되어 실제적 응용이 시도되나, 응용은 추론적인 상태로서 가정을 확증할만한 구체적 해석이나 증거가 없는 상태
수준 3	적극적인 연구개발 활동이 시작되어 해석적 연구와 실험실적 연구를 통해, 기술을 구성하는 개별 요소들에 대한 해석적 예측을 물리적으로 확인하는 단계

13.4 행, 열 삽입 및 삭제하기

예제 파일의 "수준 8"행과 "수준 9"행 사이에 새로운 행을 삽입해 봅시다. "수준 8"행의 임의의 셀을 클릭하고, 마우스 오른쪽 버튼을 클릭한 후, **삽입** - **아래에 행 삽입** 을 클릭하면 "수준 8"행 아래에 새로운 행이 삽입됩니다. 같은 방식으로 원하는 위치에 새로운 행이나 열을 삽입할 수 있습니다.

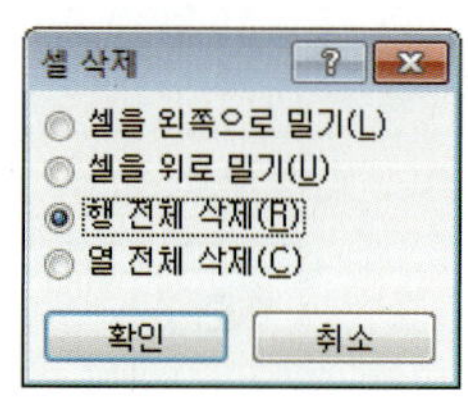

행이나 열을 삭제하려면 마우스 오른쪽 버튼을 클릭하여 나타난 메뉴에서 **셀 삭제** 를 클릭합니다. 그리고 "셀 삭제" 대화상자에서 행을 삭제하려면 **행 전체 삭제** 를, 열을 삭제하려면 **열 전체 삭제** 를 선택하고, **확인** 버튼을 클릭합니다.

위와 같은 작업들은 표를 선택하면 추가적으로 나타나는 **표 도구** - **레이아웃** 탭의 **행 및 열** 그룹에 있는 메뉴들을 이용해 수행할 수도 있습니다.

13.5 셀 병합 및 분할하기

"<표 2> TRL 모델 개발 세부 일정" 바로 밑에 4열 10행의 표를 삽입합니다. 그리고 다음과 같이 입력합니다.

<표 2> TRL 모델 개발 세부 일정

프로세스	세부 활동	기간	설명
측정체계 초안 개발	TRL 수준 정의	08.12	NASA 및 DoD의 TRL 수준을 기반으로 지리정보산업에 적합한 TRL 수준 정의
	TRL 측정 문항 개발	08.12	각각의 TRL 수준에 대한 정의를 기반으로 구체적인 TRL 측정 문항 개발
내부 전문가 집단 검토	총괄과제별 TRL 개발 활용 방향 조사	09.1	총괄과제별로 TRL 개발 시 예상되는 활용 방향 조사
	TRL 측정 문항 1차 검증 (정성적 평가)	09.1	사업단 내부 교수/전문 연구자들을 대상으로 측정 문항에 대한 1차 검증 수행
델파이 방법 적용	표본집단 파악	09.2	TRL 적용 대안에 따라 표본집단 파악
	설문 수행	09.2	웹기반으로 설문 수행(
	통계 분석	09.2	측정문항 신뢰성(cronbach a test) 및 타당성(factor analysis) 테스트
시범과제 적용 및 개선	시범과제 선정	09.3	TRL 적용 대안에 따라 시범과제 선정
	시범과제 적용 및 TRL 개선	09.3-09.6	TRL 적용 및 개선
	TRL 운영 프	09.3-09.6	지리정보 R&D 사업에서의 TRL 적용 목

"<표 2>"에서 1열 2행의 "측정체계 초안 개발" 셀과 1열 3행의 공백 셀을 병합해 봅시다.

1. 두 셀을 마우스 왼쪽 버튼으로 드래그하여 선택합니다.
2. 마우스 오른쪽 버튼을 클릭하여 나타난 메뉴에서 **셀 병합** 메뉴를 클릭하면, 두 셀이 하나의 셀로 병합됩니다.

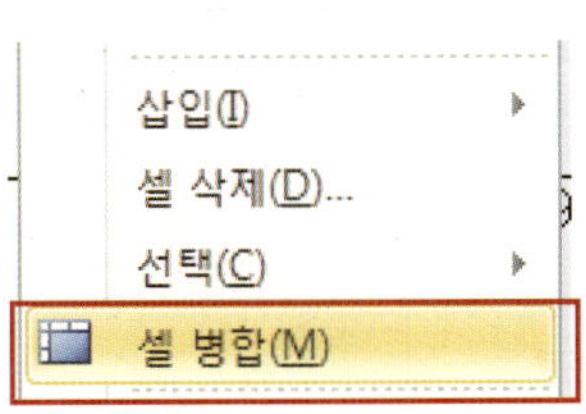

이번에는 병합한 셀을 원래대로 분할해 봅시다.

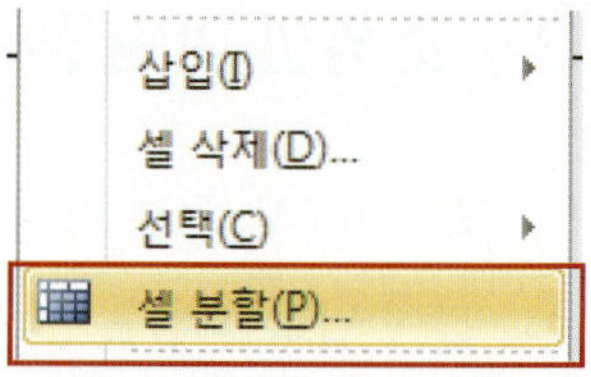

1. 1열 2행의 "측정체계 초안 개발" 셀을 클릭한 후 마우스 오른쪽 버튼을 클릭하여 나타난 메뉴에서 **셀 분할** 을 클릭합니다.

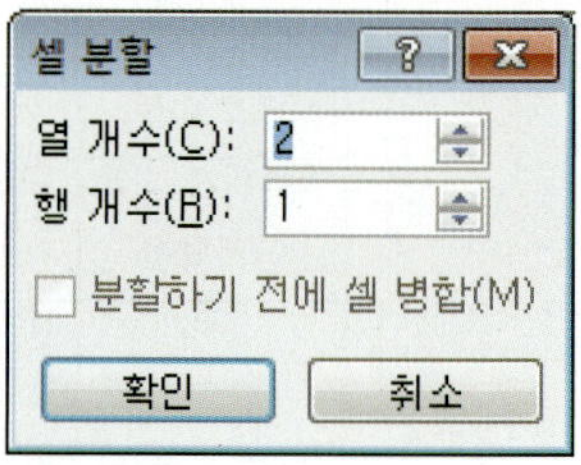

2. "셀 분할" 대화상자에 분할을 원하는 열 및 행의 수를 입력하고 **확인** 버튼을 클릭합니다.

위의 내용을 실습한 후에는 분할한 셀을 다시 한 번 병합해 봅시다.

13.6 셀 테두리 서식 변경하기

표를 선택하면 나타나는 **표 도구** - **디자인** 탭의 **테두리 그리기** 및 **표 스타일** 그룹에 있는 메뉴를 이용하면 셀 테두리 서식을 변경할 수 있습니다.

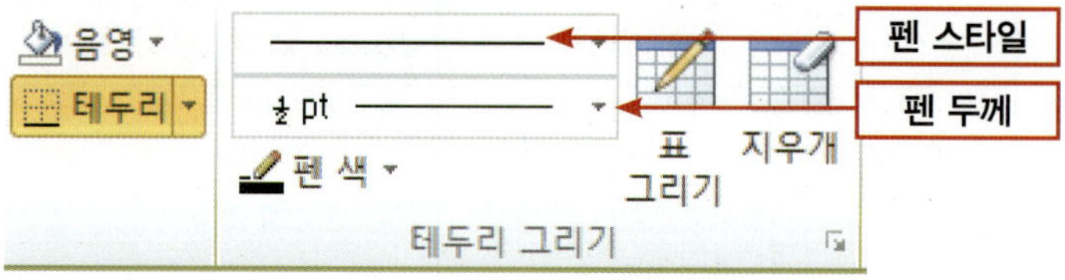

13.6.1 "표 그리기" 메뉴를 이용하는 경우

"<표 1>"의 1행과 2행 사이의 셀 테두리 서식을 아래와 같이 변경해 봅시다.

수준	정의
수준 1	최저 기술준비수준으로서 기초과학적 연구가 시작되고 응용 연구개발로 전환되기 시작하는 수준

수준	정의
수준 1	최저 기술준비수준으로서 기초과학적 연구가 시작되고 응용 연구개발로 전환되기 시작하는 수준

1. **표 도구** - **디자인** 탭의 **테두리 그리기** 그룹에 있는 **펜 스타일**, **펜 두께**, **펜 색** 메뉴를 이용하여 원하는 셀 테두리 서식을 설정합니다.

2. **표 그리기** 메뉴를 클릭하고, 마우스 포인터가 펜 모양으로 바뀌면, 표에서 셀 테두리 서식을 변경하는 부분을 마우스 왼쪽 버튼을 누른 상태로 그려 줍니다.

3. 셀 테두리를 다 그린 후에는 키보드의 Esc 키를 눌러 줍니다.

13.6.2 "테두리" 메뉴를 이용하는 경우

"<표 1>"에서 표의 좌우 테두리선을 삭제해 봅시다.

1. **표 도구** - **디자인** 탭의 **테두리 그리기** 그룹에 있는 **펜 스타일**에서 **테두리 없음**을 클릭하고 Esc 키를 눌러 줍니다.

2. "<표 1>" 전체를 선택한 후, "표 스타일" 그룹에 있는 **테두리** 메뉴에서 아래 방향의 삼각형 화살표를 클릭하고, **왼쪽 테두리**와 **오른쪽 테두리**를 한 번씩 클릭합니다.

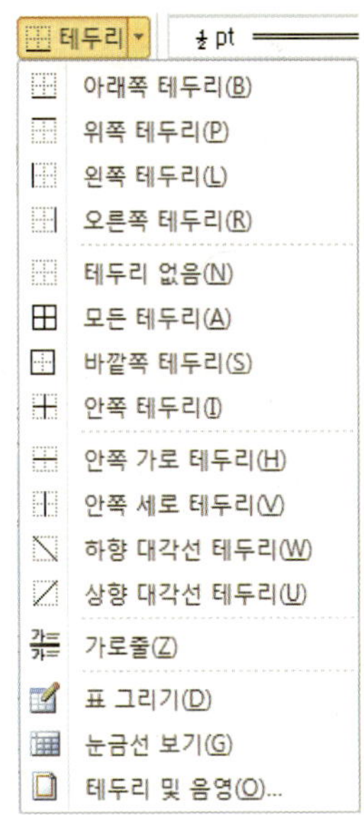

수준	정의
수준 1	최저 기술준비수준으로서 기초과학적 연구가 시작되고 응용 연구개발로 전환되기 시작하는 수준
수준 2	기초적 원리가 정립되어 실제적 응용이 시도되나, 응용은 추론적인 상태로서 가정을 확증할만한 구체적 해석이나 증거가 없는 상태

13.6.3 "테두리 및 음영" 메뉴를 이용하는 경우

"<표 2>"에서 표의 좌우 테두리선을 변경해 봅시다.

1. "<표 2>" 전체를 선택한 후, 마우스 오른쪽 버튼을 클릭하여 나타난 메뉴에서 **테두리 및 음영**을 선택하거나, **테두리 그리기** 그룹의 오른쪽 하단에 있는 **테두리 및 음영** 확장 아이콘을 클릭합니다.

2. “테두리 및 음영” 대화상자의 **테두리** 탭에서 **선 스타일**, **색**, **두께**를 선택하고, 미리 보기에 있는 8개의 버튼을 이용해 테두리 서식을 설정합니다. 버튼이 눌려져 있는 상태에서는 선이 그려지고, 버튼이 눌려지지 않은 상태에서는 선이 지워집니다.

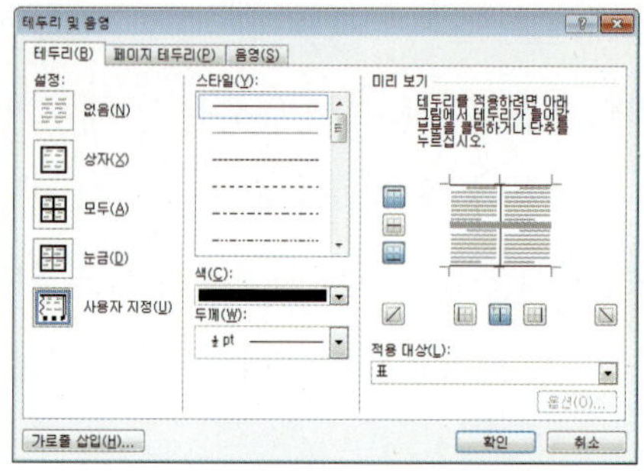

표 전체에 서식을 적용할 때는 **적용 대상**을 “표”로, 특정 셀을 대상으로 할 때는 **적용 대상**을 “셀”로 선택합니다.

13.7 셀 배경 서식 변경하기

셀 배경 서식은 표를 선택하면 나타나는 **표 도구** – **디자인** 탭의 **표 스타일** 그룹에 있는 메뉴들을 이용해 변경할 수 있습니다.

13.7.1 자동 표 스타일 사용하기

“<표 1>”에 자동 서식을 적용해 봅시다.

1. “<표 1>”의 임의의 위치에 커서를 위치시킵니다.

2. **표 도구** – **디자인** 탭의 **표 스타일** 그룹에 있는 표 스타일 중 원하는 것을 선택합니다. 이때 특정 표 스타일에 마우스 포인터를 위치시키면 자동으로 미리 보기가 실행됩니다.

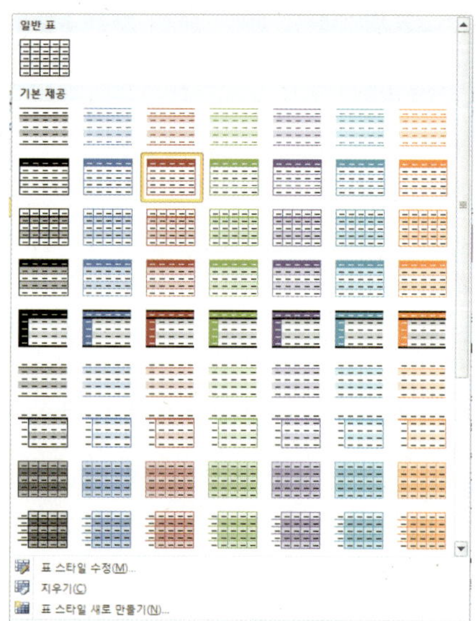

수준	정의
수준 1	최저 기술준비수준으로서 기초과학적 연구가 시작되고 응용 연구개발로 전환되기 시작하는 수준
수준 2	기초적 원리가 정립되어 실제적 응용이 시도되나, 응용은 추론적인 상태로서 가정을 확증할만한 구체적 해석이나 증거가 없는 상태

13.7.2 "음영" 메뉴 이용하기

"<표 2>"에서 1행의 배경 색을 변경해 봅시다.

1. "<표 2>"의 1행 전체를 드래그해 구역 지정을 합니다.
2. **표 도구** - **디자인** 탭의 **표 스타일** 그룹에 있는 **음영** 메뉴에서 아래 방향의 삼각형 화살표를 클릭합니다.
3. "테마 색" 대화상자에서 원하는 색을 선택합니다. 원하는 색이 없으면 **다른 색** 메뉴를 클릭해 원하는 색을 선택할 수 있습니다.

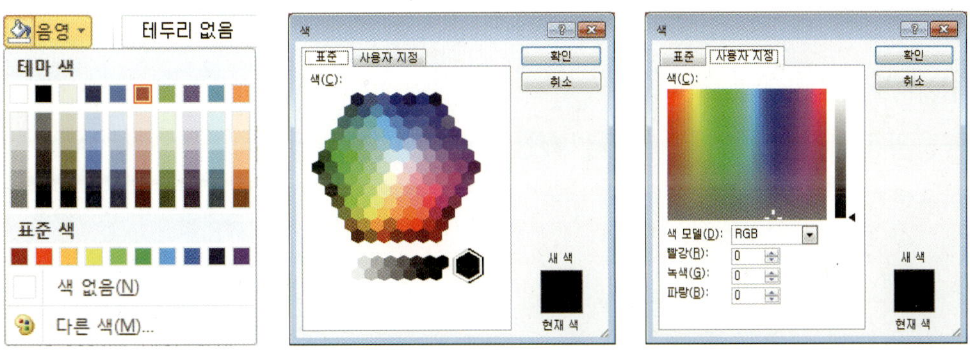

프로세스	세부 활동	기간	설명
측정체계 초안 개발	TRL 수준 정의	08.12	NASA 및 DoD의 TRL 수준을 기반으로 지리정보산업에 적합한 TRL 수준 정의
	TRL 측정 문항 개발	08.12	각각의 TRL 수준에 대한 정의를 기반으로 구체적인 TRL 측정 문항 개발

14 도형 그리기

도형은 **삽입** 탭의 **일러스트레이션** 그룹에 있는 **도형** 메뉴를 이용해 삽입할 수 있습니다. 여기서는 간단한 업무 프로세스 다이어그램을 그려 봅시다.

14.1 도형 삽입하기

1. 새 문서를 만들고 **도형** 메뉴를 클릭한 후, **기본 도형** 그룹에서 "직사각형" 도형을 클릭합니다.

2. 마우스 포인터가 십자 모양으로 바뀌면 원하는 위치에 마우스 포인터를 위치시키고, 마우스 왼쪽 버튼을 누른 상태로 드래그해 적당한 크기로 설정합니다.

3. 그려진 도형을 선택한 후 복사(Ctrl + C) 및 붙여넣기(Ctrl + V)를 2번 반복합니다.

4. 복사한 도형을 마우스 왼쪽 버튼으로 클릭하여 원하는 위치로 이동시킵니다.

5. 같은 방식으로 **선** 그룹에서 **꺽인 화살표 연결선**을 이용해 도형들을 연결시킵니다.

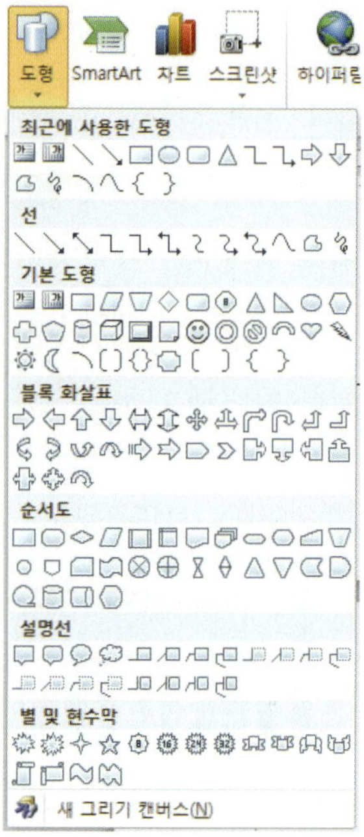

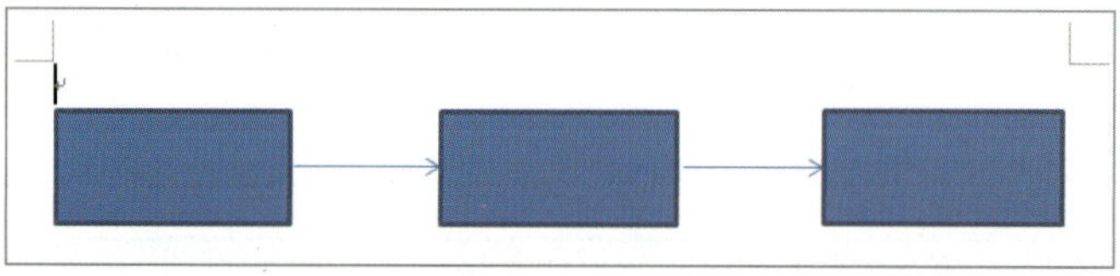

14.2 도형 선 및 채우기 색 바꾸기

삽입한 도형을 클릭하면 **그리기 도구 – 서식** 탭이 활성화됩니다. 그러면 **도형 스타일** 그룹에서 도형 서식을 변경할 수 있습니다.

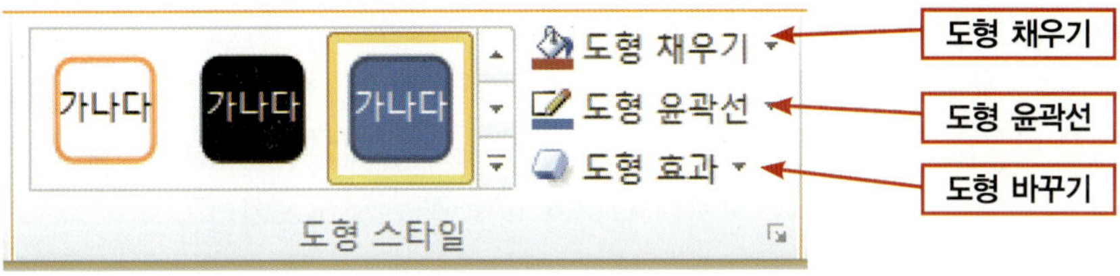

1. Ctrl 키를 누른 상태로 3개의 직사각형을 마우스 왼쪽 버튼으로 클릭해 직사각형을 모두 선택합니다.

2. **도형 윤곽선** 메뉴를 클릭하고 원하는 도형 선 색을 선택합니다.

3. 1을 다시 한 번 반복하고, **도형 채우기** 메뉴를 클릭해 원하는 도형 채우기 색을 선택합니다.

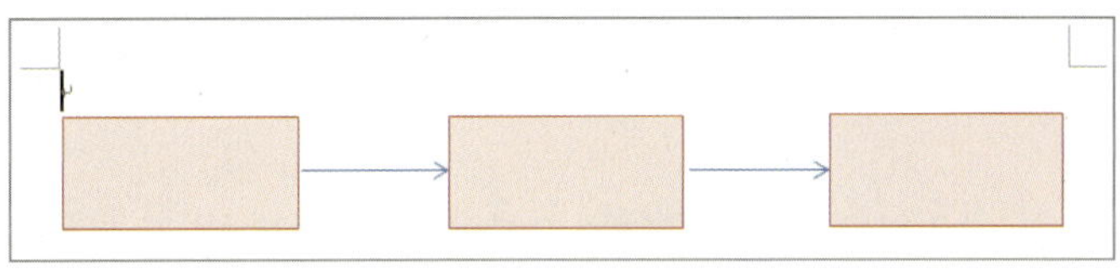

또한 **도형 스타일** 그룹에서 미리 지정된 도형 서식을 적용할 수도 있습니다.

1. Ctrl 키를 누른 상태로 3개의 직사각형을 마우스 왼쪽 버튼으로 클릭해 직사각형을 모두 선택합니다.

2. **도형 스타일** 그룹의 **빠른 스타일** 부분에서 **자세히** 버튼을 클릭하고, 원하는 스타일을 마우스 왼쪽 버튼으로 클릭합니다.

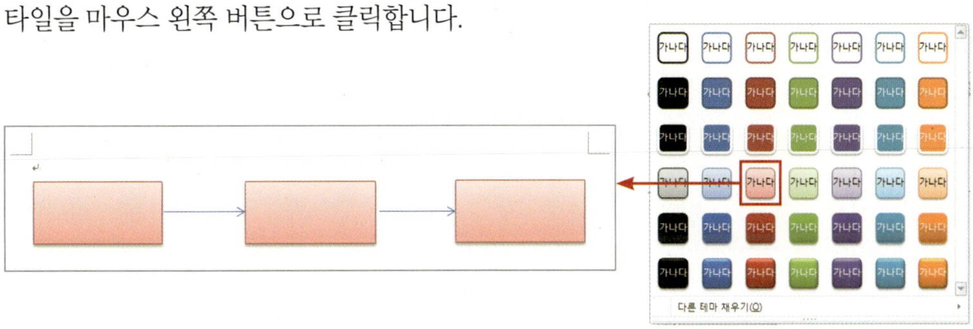

14.3 도형 회전 및 모양 변화시키기

도형을 마우스 왼쪽 버튼으로 클릭하면 나타나는 **도형 회전 핸들** 과 **도형 모양 조절 핸들** 을 이용해 도형을 회전시키거나 모양을 변화시킬 수 있습니다.

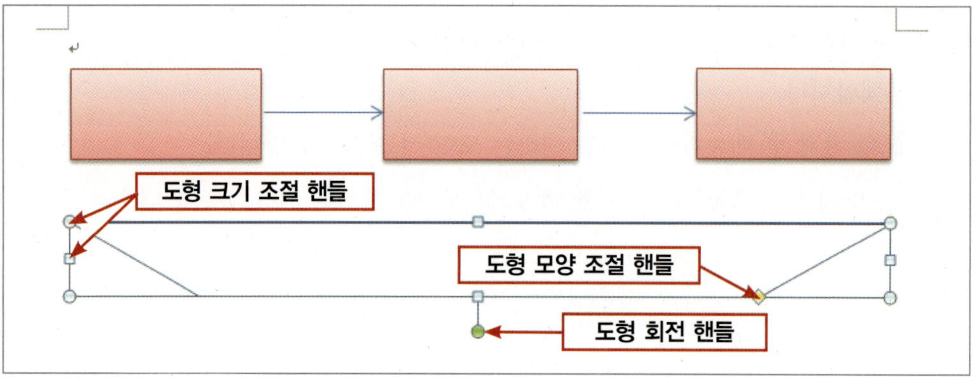

1. **도형** 메뉴를 클릭한 후, **기본 도형** 그룹에서 "사다리꼴" 도형을 선택하고, 프로세스 다이어그램 하단에 적당한 크기로 그려 줍니다.

2. **도형 회전 핸들** 을 마우스 왼쪽 버튼으로 클릭하고, 마우스를 움직여 도형을 180도 회전시킵니다.

3. **도형 모양 조절 핸들** 을 마우스 왼쪽 버튼으로 클릭하고, 왼쪽으로 움직여 마름모꼴 모양을 조절합니다.

4. **도형 스타일** 그룹의 **빠른 스타일** 부분에서 **자세히** 버튼을 클릭하고, 원하는 스타일을 마우스 왼쪽 버튼으로 클릭합니다.

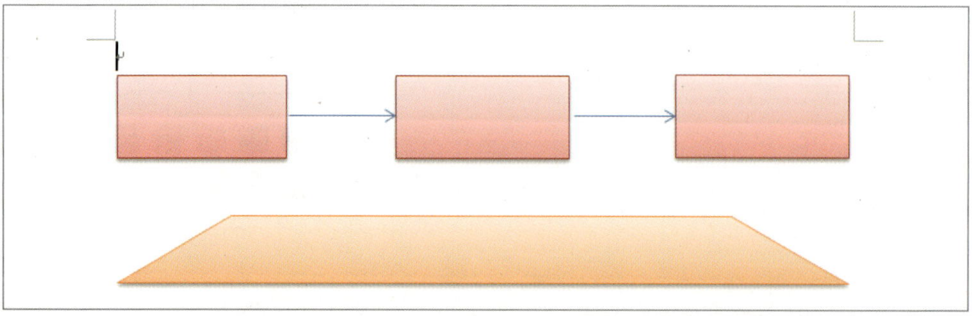

14.4 도형에 텍스트 추가하기

1. 왼쪽 1번째 직사각형을 클릭하고, 마우스 오른쪽 버튼을 누른 후, **텍스트 추가** 메뉴를 클릭하고, “계획”이라고 입력합니다. 같은 방식으로 차례대로 “실행”, “평가”를 입력합니다.

2. 텍스트 서식은 “글자크기 16”, “두껍게”, “가운데 정렬”로 설정합니다.

3. 마름모꼴 도형에 1과 같은 방식으로 “체계적 관리 프로세스”라고 입력하고, 텍스트 서식은 “글자크기 16”, “두껍게”, “가운데 정렬”로 설정합니다.

4. 텍스트가 도형에 가려서 잘 안 보이면, 도형 크기를 늘려 줍니다.

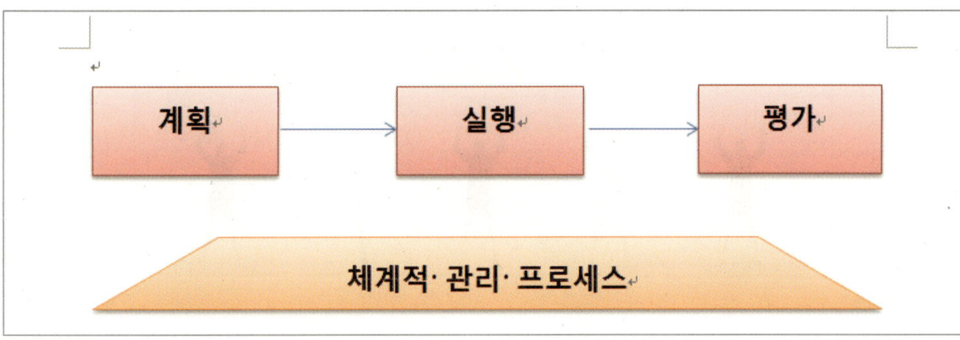

15 클립아트 추가하기

클립아트는 **삽입** 탭의 **일러스트레이션** 그룹에 있는 **클립아트** 메뉴를 이용해 추가할 수 있습니다. 위의 실습 예제와 연계해 클립아트를 추가해 봅시다.

1. **클립아트** 메뉴를 클릭합니다.

2. 화면 오른쪽에 **클립아트** 작업창이 나타나면 **검색 대상**에 “성공”을 입력하고 엔터 키를 누릅니다.

3. 검색 결과 나타나는 클립아트 중에서 원하는 클립아트를 더블클릭합니다.

4. 삽입된 클립아트를 마우스 왼쪽 버튼으로 클릭하고, 마우스 오른쪽 버튼을 클릭하여 나타난 대화상자에서 **텍스트 배치** – **정사각형**을 지정합니다.

5. 아래 그림과 같이 클립아트를 이동 및 복사합니다.

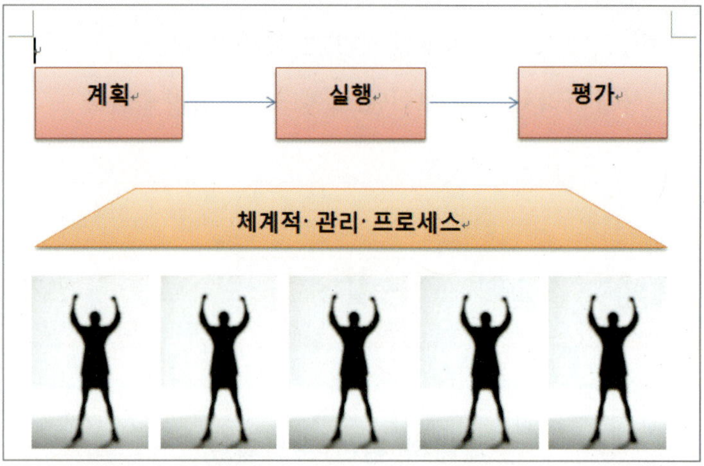

16 워드아트 삽입하기

워드아트는 **삽입** 탭의 **텍스트** 그룹에 있는 **WordArt** 메뉴를 이용해 삽입할 수 있습니다. 위의 실습 예제와 연계해 워드아트를 삽입해 봅시다.

1. 문서의 빈 공간을 클릭하고, **WordArt** 메뉴에서 원하는 서식(여기에서는 최상단 왼쪽 2번째 서식)을 클릭하면, 텍스트를 입력할 수 있는 박스가 삽입됩니다.

2. 1의 박스에 다음과 같이 입력합니다: "관리되지 못하면 경영이 아니다"

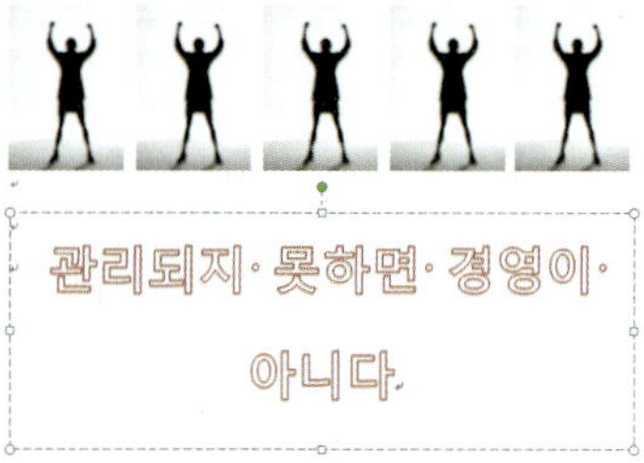

워드아트의 서식은 삽입한 워드아트를 클릭하면 나타나는 **그리기 도구** - **WordArt 스타일** 영역의 메뉴를 이용해 수정할 수 있습니다.

1. **WordArt 스타일** 영역에서 **텍스트 효과** 메뉴를 클릭합니다.
2. **변환** 메뉴에서 **위쪽 원호** 메뉴를 클릭합니다.

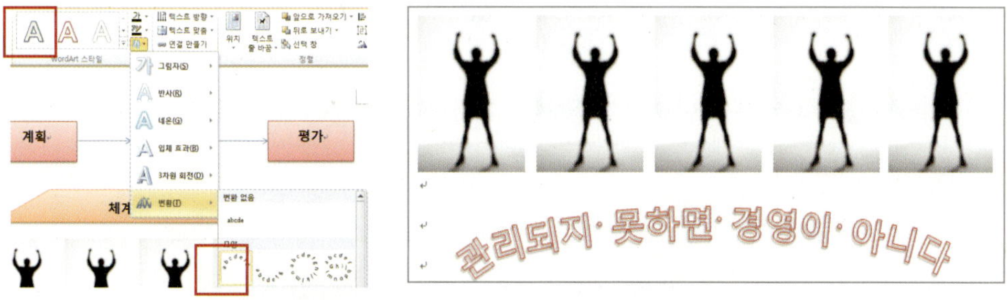

삽입한 워드아트를 마우스 왼쪽 버튼으로 클릭하고 드래그하여 아래 그림과 같이 배치시킵니다. 세밀한 위치 조절은 키보드를 이용해 수행할 수 있습니다.

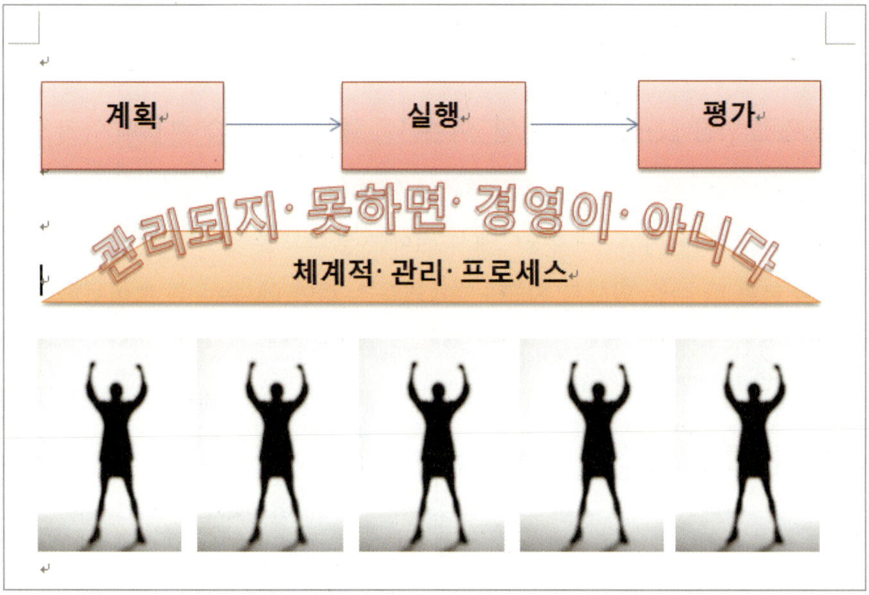

17 SmartArt 삽입하기

SmartArt를 이용하면 자주 사용되는 비즈니스 다이어그램들을 문서에 간단하게 추가할 수 있습니다. SmartArt는 **삽입** 탭의 **일러스트레이션** 그룹에 있는 **SmartArt** 메뉴를 이용해 삽입할 수 있습니다. 위의 실습 예제와 연계해 SmartArt를 추가해 봅시다.

1. **SmartArt** 메뉴를 클릭하고, **관계형** 그룹에서 **방사형 목록형**을 선택하고 **확인** 버튼을 클릭합니다.

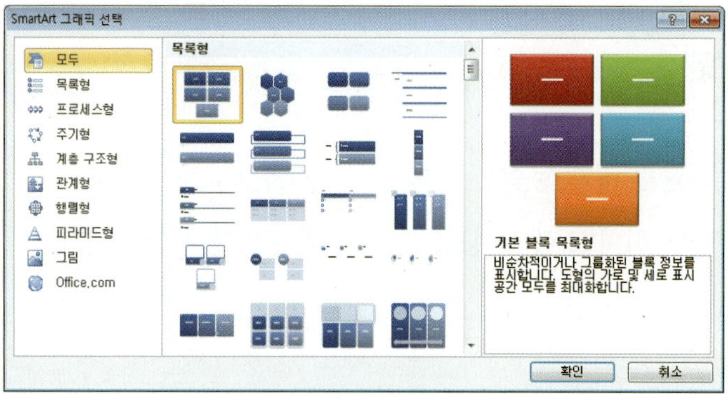

2. 가장 왼쪽의 원에는 "이미지 파일" 아이콘이 표시되어 있습니다. 이 아이콘을 더블 클릭하고, **1장. MS Office 공통기능_실습파일_004.jpg** 파일을 찾아 삽입합니다.

3. "텍스트를 입력하시오" 대화상자에서 원하는 텍스트를 입력합니다. 이때 키보드의 Tab 키를 누르면 한 수준 밑으로, Shift+Tab 키를 누르면 한 수준 위로 이동하며 텍스트

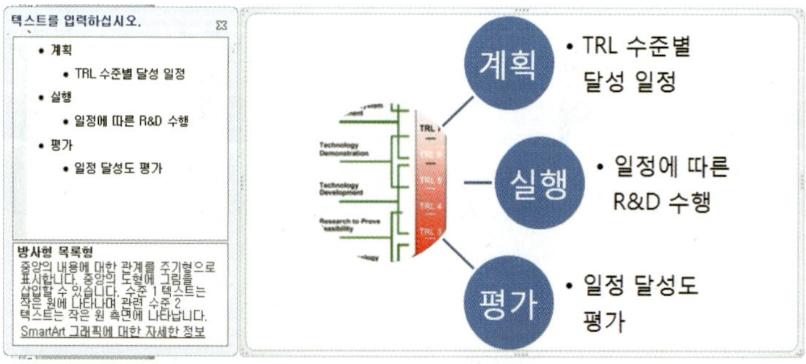

를 입력할 수 있습니다.

4. 완성된 문서는 "현재날짜_도형그리기_작성자이름.docx" 형태로 저장하도록 합니다.

18 PDF로 저장하기

MS Office 2010은 문서를 PDF(Portable Document Format) 파일로 저장할 수 있도록 지원합니다. 위에서 작성한 문서를 PDF 파일로 저장해 봅시다.

1. **파일** 탭의 **저장/보내기** 메뉴를 클릭합니다.
2. **PDF/XPS 문서 만들기** 메뉴를 더블클릭합니다.
3. "PDF 또는 XPS로 게시" 대화상자가 나타나면 파일명을 입력하고 **게시** 메뉴를 클릭합니다.

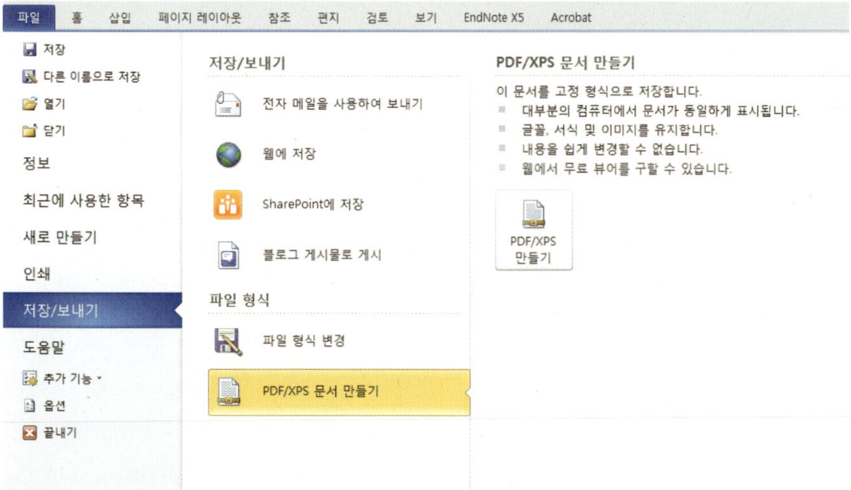

19 도움말 이용하기

MS Office를 사용하다 기능에 대한 의문점이 생겼을 경우에는 언제라도 F1 키를 눌러서 도움말 지원을 받을 수 있습니다.

경영 PC 활용: MS Office 2010을 활용한 비즈니스 보고서 작성

2장 MS Word 보고서 기본 구성: 보고서의 기본 틀 잡기

Contents

MS Office 2010

MS Word

2장

MS Word 보고서 기본 구성: 보고서의 기본 틀 잡기

이 장에서는 보고서 작성을 위해 알아 두어야 할 문서의 구성 요소와 효율적인 작성 절차에 대해 먼저 설명한다. 그리고 보고서를 구성하는 표지, 목차, 본문 등과 같은 영역들에 대해 각기 새로운 페이지 서식을 적용함으로써 보고서의 기본적인 틀을 잡는 방법에 대해 설명하고, 글머리 기호/번호 매기기, 그림 삽입, 표 삽입, 목차 작성 등과 같이 보고서 작성에 필요한 기본적인 기능들을 설명한다. 이러한 설명들은 독자들의 이해를 돕기 위한 가상의 비즈니스 보고서 작성 사례와 함께 진행된다.

1 문서의 구성 요소와 효율적인 작성 절차

1.1 문서의 구성 요소

MS Word는 1~2페이지의 짧은 보고서(예: 일일/주간 보고서, 회의록 등)부터 몇 백 페이지에 이르는 장문의 보고서(예: 최종 보고서, 제안서 등)까지 매우 다양한 유형의 문서 작성에 활용됩니다. 장문의 보고서를 작성할 경우에는 독자가 보다 쉽게 문서의 목적과 내용을 이해할 수 있도록 아래 표에서 제시된 문서의 구성 요소들을 반영하여 체계적이고 구조화된 문서를 작성해야 합니다.

문서의 구성 요소

구성 요소	작성 지침
표지	• 문서 제목, 작성 기관, 작성자, 작성일과 같은 정보 제공 • 페이지 번호 삽입 안 함
머리말	• 문서의 작성 목적 기술 • 로마자 소문자로 페이지 번호 삽입 • 짧은 문서는 생략 가능
목차, 그림 목차, 표 목차	• 문서 전체의 구조에 대한 정보 제공 • 로마자 소문자로 페이지 번호 삽입 • 짧은 문서는 생략 가능
본문	• 독자에게 제공하고자 하는 상세한 정보 기술 • 로마자 대문자로 페이지 번호 삽입 • 긴 문서는 본문을 작성하면서 용어 정의와 인덱스에 포함시킬 단어들을 파악해 두어야 함
용어집	• 본문에 사용된 용어 중에서 중요한 용어에 대한 정의 제공 • 전문적인 지식을 제공하는 문서의 경우 용어집이 꼭 필요 • 일반적인 경우 생략하거나 주석 처리 가능 • 로마자 대문자로 페이지 번호 삽입 • 짧은 문서는 생략 가능
인덱스	• 독자가 특정 단어, 주제와 관련된 정보를 빠르게 찾을 수 있도록 도와줌 • 짧은 문서는 생략 가능
서식	• 문서 전반에 걸쳐 문서 서식이 일관성 있고 통일되어 있어야 함

1.2 효율적인 문서 작성 절차

효율적으로 문서를 작성하기 위해서는 아래 표와 같은 단계와 작성 지침을 따를 필요가 있으며, 이와 관련된 기능들을 우선적으로 습득할 필요가 있습니다.

MS Word 활용 시 효율적인 문서 작성 단계

단계	작성 지침
페이지 서식 설정	• 페이지 종류(예: A4, B5 등)와 페이지 여백 설정
문서 전체에 대한 구역 설정	• 표지, 머리말, 목차 부분은 본문과 다른 서식이 적용되므로 별도의 페이지 구역으로 설정
본문 목차 구성	• 어떤 순서로 본문을 꾸릴지 결정한 상태에서 본문 작성을 시작해야 함
문서 전체에 대한 서식 설정	• 기본 텍스트 스타일 설정 • 제목 스타일 설정 • 문서의 각 구성 요소(예: 머리글, 바닥글 등)에 대한 공통 서식 설정
본문 작성	• 표와 그림은 캡션 기능을 적용해 제목 작성 • 모든 서식은 스타일 기능을 이용해 통일되고 일관성 있게 작성되어야 함 • 인용 자료에 대해서는 MS Word의 인용 관리 기능 또는 별도의 문헌 관리 소프트웨어(EndNote, RefWorks 등)를 이용해 출처를 명기하도록 함
용어 정의, 인덱스 작성	• 인덱스를 작성할 때는 색인 기능 사용
목차 작성	• 목차를 작성할 때는 자동 목차 작성 기능 사용
탈고	• 되도록 여러 사람이 함께 퇴고를 하도록 하며, 메모 기능을 이용해 문서에 대한 의견을 첨부할 수 있도록 함

2 비즈니스 보고서 사례 소개

당신은 인터넷 포털 업체인 BestPortal에 입사한 신입사원입니다. 당신은 BestPortal에서 제공하는 서비스들의 개발과 관리를 담당하는 서비스 전략팀에 배치를 받았습니다. 서비스 전략팀은 다음 표와 같은 절차를 거쳐 서비스 제공 전략을 수립하고 있으며, 현재 모든 분석을 마치고 최종 보고서를 작성하고자 합니다. 당신은 팀장으로부터 최종 보고서 초안을 작성하라는 업무지시를 받았습니다. 이와 같은 시나리오에 따라 **2장_001_실습파일.pdf** 와 같은 문서를 작성해 봅시다.

BestPortal 서비스 전략팀의 서비스 제공 전략 수립 절차[1]

수행 단계	분석 기법	
기업 전략 검토	1.1 산업환경 분석	• 산업거시환경 분석 • 경쟁세력 분석 • 경쟁위치 매트릭스 분석
	1.2 시장환경 분석	• 시장세분화 분석 • 시장위치 분석 • 시장 세부분석 및 집중화 영역 발굴
	1.3 서비스 분석	• 서비스 포트폴리오 분석
	1.4 기업 역량 분석	• SWOT 분석
고객 분석	2.1 고객 그룹 및 그룹별 니즈 도출	• 고객의 소리(VOC) 분석 • 고객 세분화
	2.2 서비스 타겟 그룹 결정	• 고객 가치 평가
서비스 도출	3.1 가치제안 도출	• 가지체안 분석
	3.2 타겟 고객별 서비스 도출	• 서비스 도출을 위한 브레인스토밍
서비스 결정	4.1 서비스 우선순위 결정	• 서비스 중요성 분석 • 서비스 제공 용이성 분석
	4.2 실행가능성 평가	• 실행가능성 분석

3 MS Word 탭 메뉴 설명

MS Word는 홈, 삽입, 페이지 레이아웃, 참조, 편지, 검토, 보기와 같은 탭 메뉴들로 구성되어 있습니다. 만약 표, 그림, 그리기 기능을 사용할 경우 관련된 추가 메뉴들이 자동적으로 나타나거나 사라집니다. 그리고 메뉴 하단에 ⧉ 아이콘이 있는 경우, 이 아이콘을 클릭하면 더 다양한 기능들을 이용할 수 있습니다.

1 설증웅·조민호(2002), 컨설팅 프랙티스: 컨설팅 수행의 길라잡이, 새로운제안; 서우종·홍진원(2008), 인터넷 포털 서비스 개선 방법론, 국제e비즈니스학회, 2008년도 경제학 공동 국제학술대회 수정 적용

홈 메뉴에서는 글꼴과 단락의 서식을 변경할 수 있습니다. 그리고 내용이나 서식을 붙여 넣거나, 원하는 내용을 찾거나 바꿀 수 있습니다.

홈 메뉴

삽입 메뉴에서는 일반적인 텍스트를 제외한 다른 여러 문서 요소들을 삽입할 수 있습니다. 예를 들어 표, 그림, 클립아트, 도형, 스마트아트, 차트, 머리글/바닥글, 수식, 기호 등 다양한 문서 요소를 문서에 삽입할 수 있습니다.

삽입 메뉴

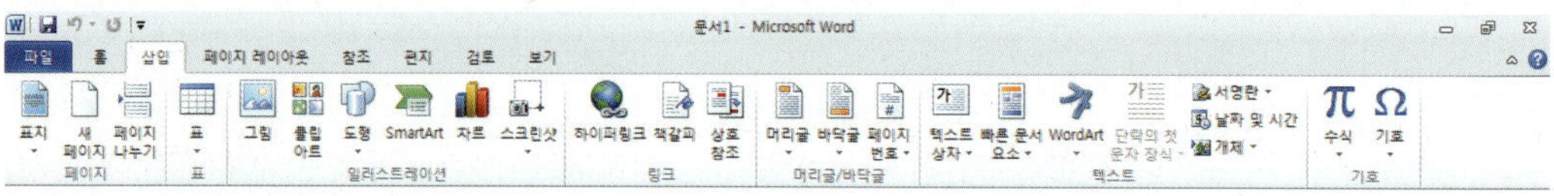

페이지 레이아웃 메뉴에서는 페이지 크기와 방향을 설정하거나, 문서에 구역을 설정할 수 있습니다. 또한 페이지 배경으로 텍스트 또는 이미지를 삽입하거나 페이지 테두리 모양을 설정할 수도 있습니다.

페이지 레이아웃 메뉴

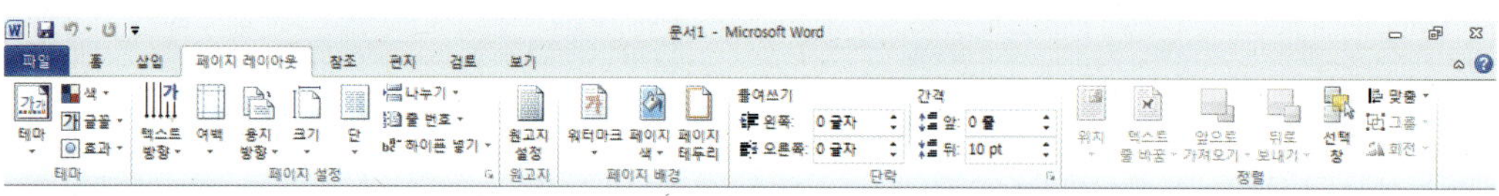

참조 메뉴에서는 문서에서 인용한 참고문헌을 관리하거나 문서와 그림/표 목차를 작성할 수 있습니다. 또한 미주/각주를 삽입할 수도 있습니다.

참조 메뉴

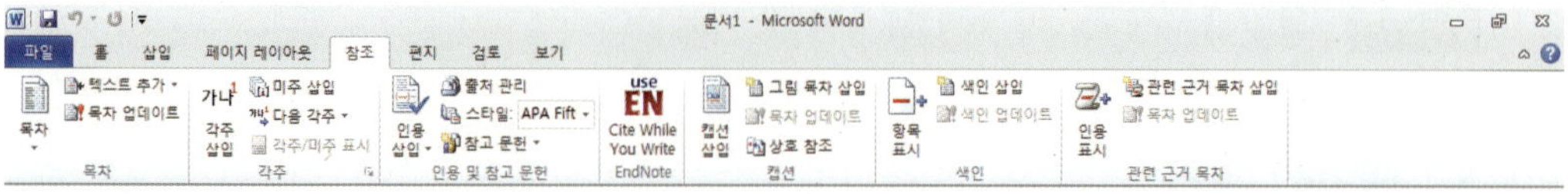

편지 메뉴에서는 MS Word에서 작성한 편지를 Outlook, MS Excel, MS Access에 저장되어 있는 주소록을 이용하여 받는 사람별로 편지의 내용을 맞춤화하거나 편지 봉투나 레이블을 만들 수 있습니다.

편지 메뉴

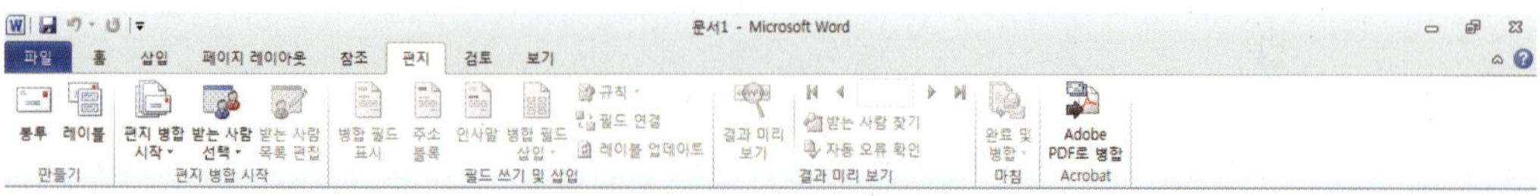

검토 메뉴에서는 작성한 문서의 특정 부분에 메모를 기입하거나, 다른 팀원이 작성한 문서의 원본을 유지하면서 문서의 내용을 수정할 수 있는 추적 기능을 사용할 수 있습니다.

검토 메뉴

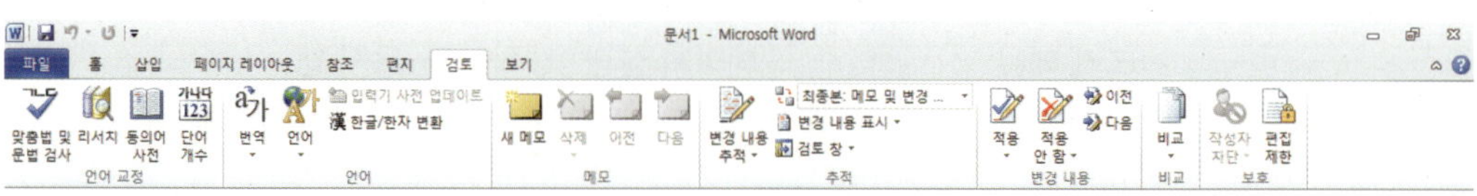

보기 메뉴에서는 문서를 작성하는 편집 구역의 보기 형태, 크기, 한 화면에 보이는 페이지의 수를 변경할 수 있습니다. 또한 들여쓰기/내어쓰기 등을 조정할 때 기준으로 활용되는 눈금자와 눈금선을 보이게 할 수 있습니다.

보기 메뉴

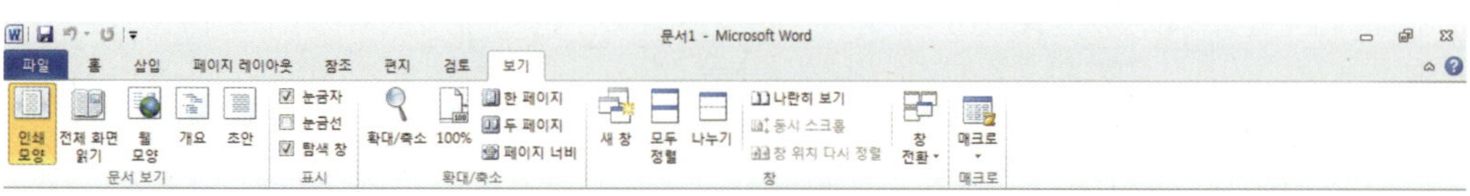

4 문서 작성을 위한 기본 설정

4.1 페이지 설정

새 문서를 만든 후에 가장 먼저 해야 할 작업은 페이지를 설정하는 것입니다. 만약 문서 작성이 완료된 후에 페이지 크기나 여백을 변경하면 기존에 작성한 표나 도형, 삽입한 그림의 서식을 모두 수정해야 하는 번거로운 상황에 직면하게 됩니다. 페이지 설정은 **페이지 레이아웃** 메뉴의 **페이지 설정** 영역에 있는 메뉴들을 이용해 수행합니다. 페이지 설정은 다음과 같은 순서로 수행하는 것이 효과적입니다.

페이지 레이아웃 탭의 페이지 설정 영역 메뉴

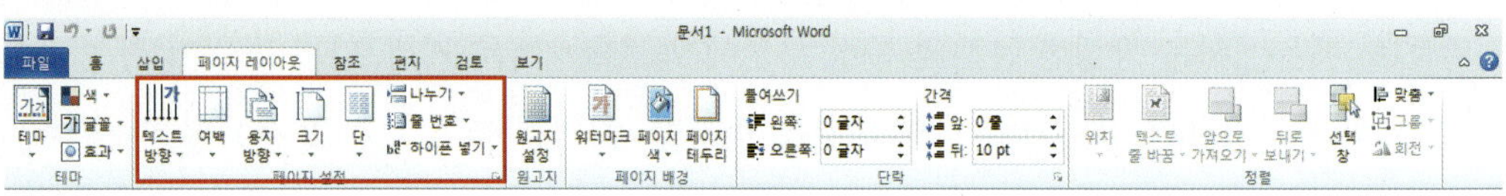

1. **크기** 메뉴를 이용해 용지 크기를 설정해 줍니다. 원하는 용지 크기가 없을 경우, **기**

크기 메뉴

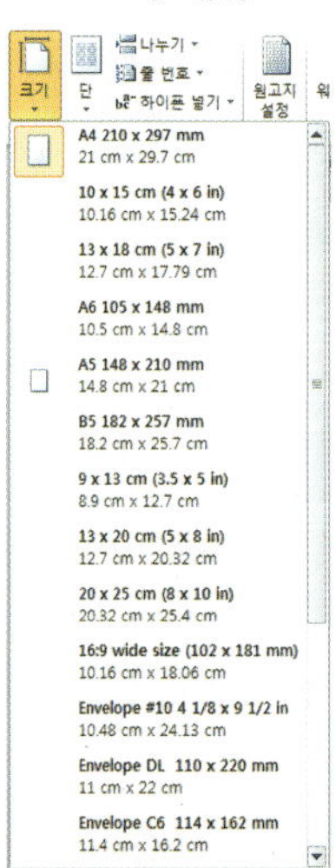

"페이지 설정" 대화상자–용지 탭

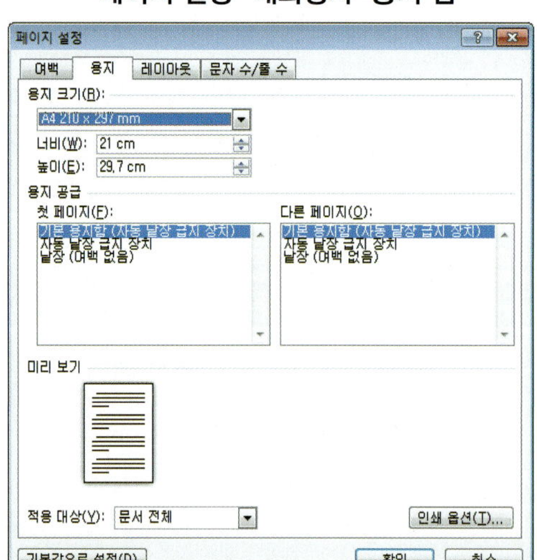

타 용지 크기 메뉴를 클릭하고, "페이지 설정" 대화상자의 **용지** 탭의 **용지 크기** 영역에서 설정하고자 하는 용지 너비와 높이를 직접 입력합니다.

2. **여백** 메뉴를 이용해 용지 여백을 설정해 줍니다. 원하는 용지 여백 설정이 없는 경우, **사용자 지정 여백** 메뉴를 클릭하고, "페이지 설정" 대화상자의 **여백** 탭의 여백 영역에서 설정하고자 하는 용지의 여백 크기를 직접 입력합니다.

여백 메뉴

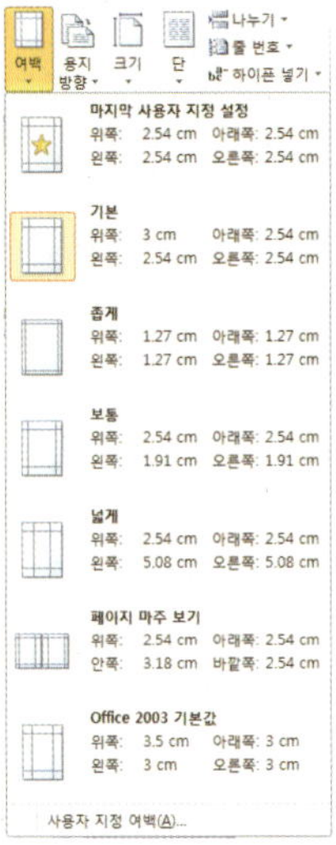

"페이지 설정" 대화상자–여백 탭

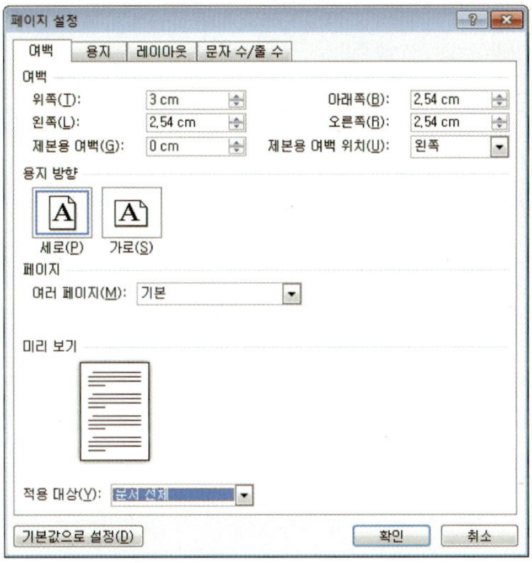

4.2 문서 구성에 따른 구역 및 페이지 나누기

프로젝트의 최종 보고서나 제안서와 같은 길이가 매우 긴 문서를 작성할 때에는 표지, 머리말, 목차, 그림 목차, 표 목차, 본문, 용어집, 인덱스와 같은 다양한 부분들로 문서를 구성하는 것이 일반적입니다. 이때, 각각의 구성 요소는 서로 다른 서식으로 작성됩니다.

예를 들어, 머리말~표 목차의 페이지 번호는 로마자 소문자로 작성되는 것이 원칙이며, 본문~인덱스의 페이지 번호는 아라비아숫자로 작성되는 것이 원칙입니다. 또한 일반적으로 문서는 세로 형태로 작성하지만 표나 그림을 삽입할 경우 특정 페이지만 가로 형태로 작성할 수 있습니다.

그러나 우리가 사용하는 MS Word는 이러한 서식의 변화를 자동으로 인식하지 못하기 때문에, 사용자가 특정 부분부터 다른 서식이 적용된다는 것을 MS Word에 명령해야 합니다. 이러한 이유로 MS Word는 "구역 나누기" 기능을 제공하고 있습니다.

"구역 나누기" 기능을 이용하면 각각의 문서 구성 요소를 개별적인 구역들로 나누고, 각각의 구역별로 서로 다른 서식을 적용할 수 있습니다. 구역 나누기는 **페이지 레이아웃** 탭의 **페이지 설정** 그룹에 있는 **나누기** 메뉴를 이용해 수행합니다.

나누기 메뉴

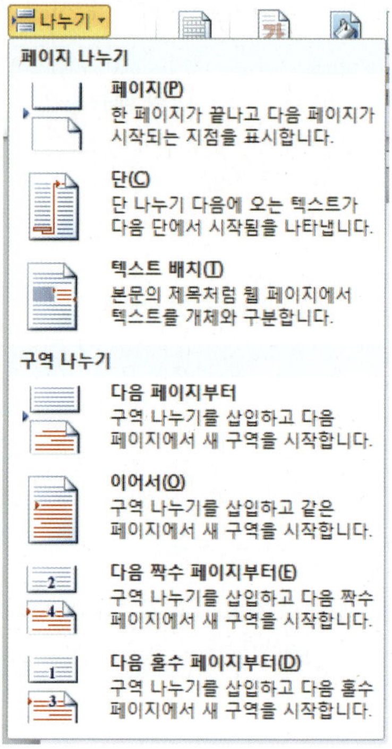

앞서 소개된 비즈니스 사례를 기반으로 문서 구성을 해 봅시다. 이 문서는 표지, 머리말, 목차(목차, 그림 목차, 표 목차), 본문으로 구성되어 있으며, 용어집과 인덱스는 생략되어 있습니다.

우선 표지 부분에는 페이지 번호가 삽입되지 않습니다. 머리말~목차 부분에는 로마자 소문자로 페이지 번호가 삽입됩니다. 마지막으로 본문에는 아라비아숫자로 페이지 번호가 삽입됩니다. 따라서 이 문서는 3개의 구역으로 구성될 필요가 있습니다.

1. "서비스 전략 최종보고서" 문서의 표지를 작성하도록 합니다. 일반적으로 표지에는 문서 제목, 문서 부제, 회사명, 부서명(작성자), 작성일과 같은 정보가 포함됩니다. 따라서 다음과 같은 내용과 서식으로 표지를 작성해 봅시다.

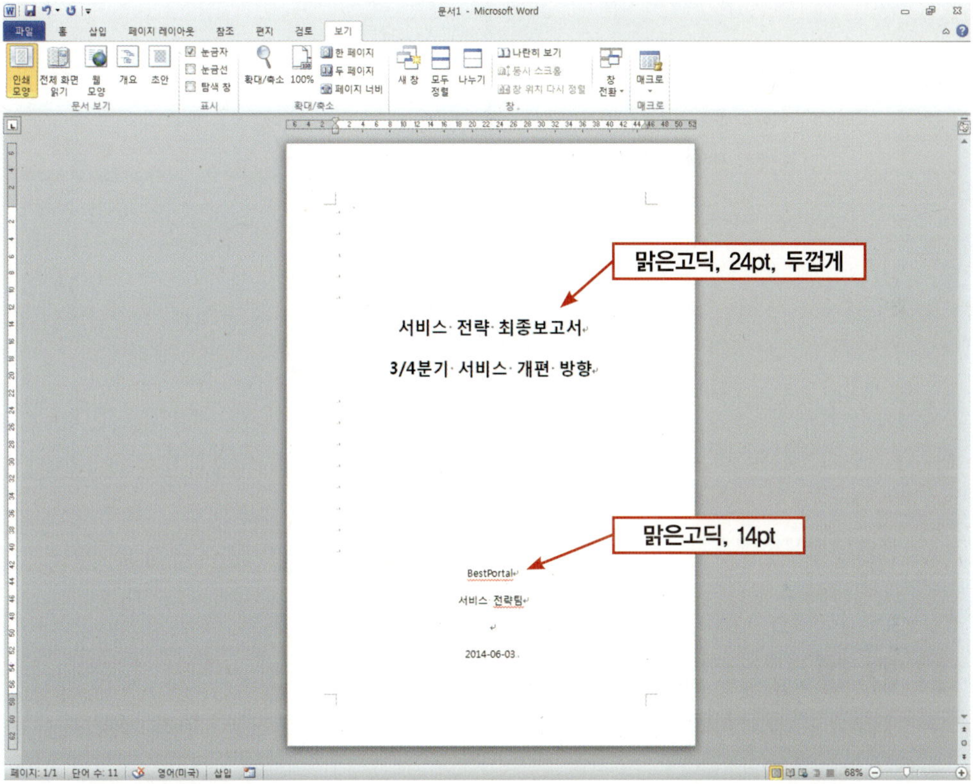

2. 표지에서 별도의 구역을 나누어 줍니다.

   a. **페이지 레이아웃** 탭의 **페이지 설정** 그룹에 있는 **나누기** 메뉴를 클릭합니다.

   b. **구역 나누기** 그룹에 있는 **다음 페이지부터** 메뉴를 클릭합니다. 그러면 다음과 같이 구역 나누기가 적용되고, 커서가 다음 페이지로 자동 이동합니다.

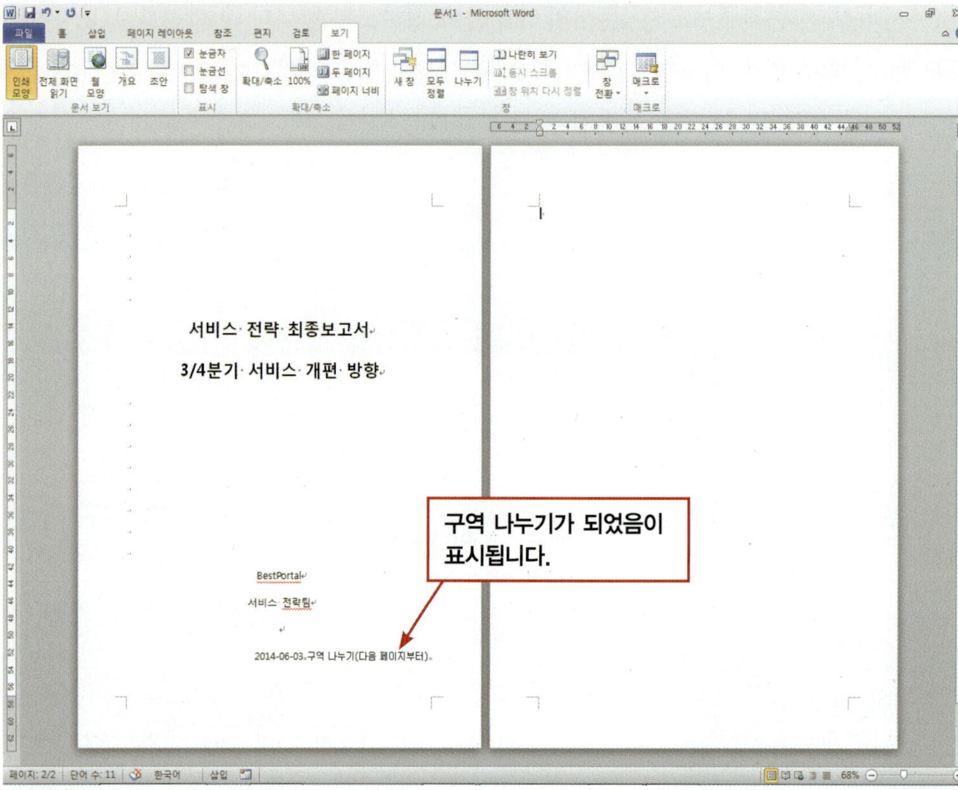

T I P

구역 나누기 표시가 보이지 않을 경우에는 **홈** 탭의 **단락** 그룹에 있는 **편집 기호/표시 숨기기** 메뉴를 클릭합니다.

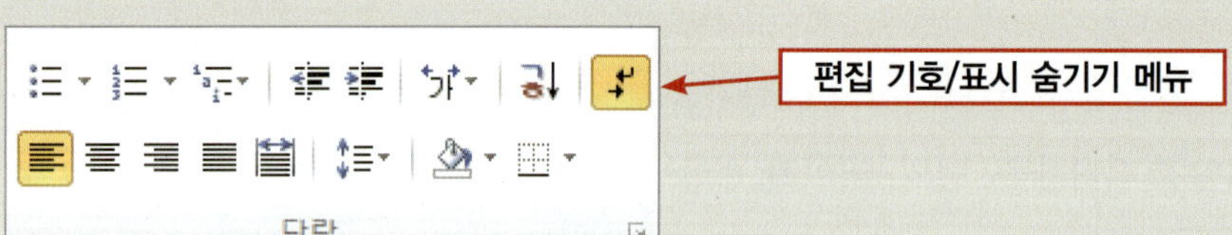

3. 다음과 같이 머리말을 작성하고 페이지를 나누어 줍니다.

   a. 머리말은 **2장_002_실습파일.txt** 파일에서 복사(Ctrl+C)해서 붙여넣도록(Ctrl+V) 합니다.

b. **페이지 레이아웃** 탭의 **페이지 설정** 그룹에 있는 **나누기** 메뉴를 클릭합니다.

c. **페이지 나누기** 그룹에 있는 **페이지** 메뉴를 클릭합니다. 그러면 아래와 같이 페이지 나누기가 적용되고, 커서가 다음 페이지로 자동 이동합니다.

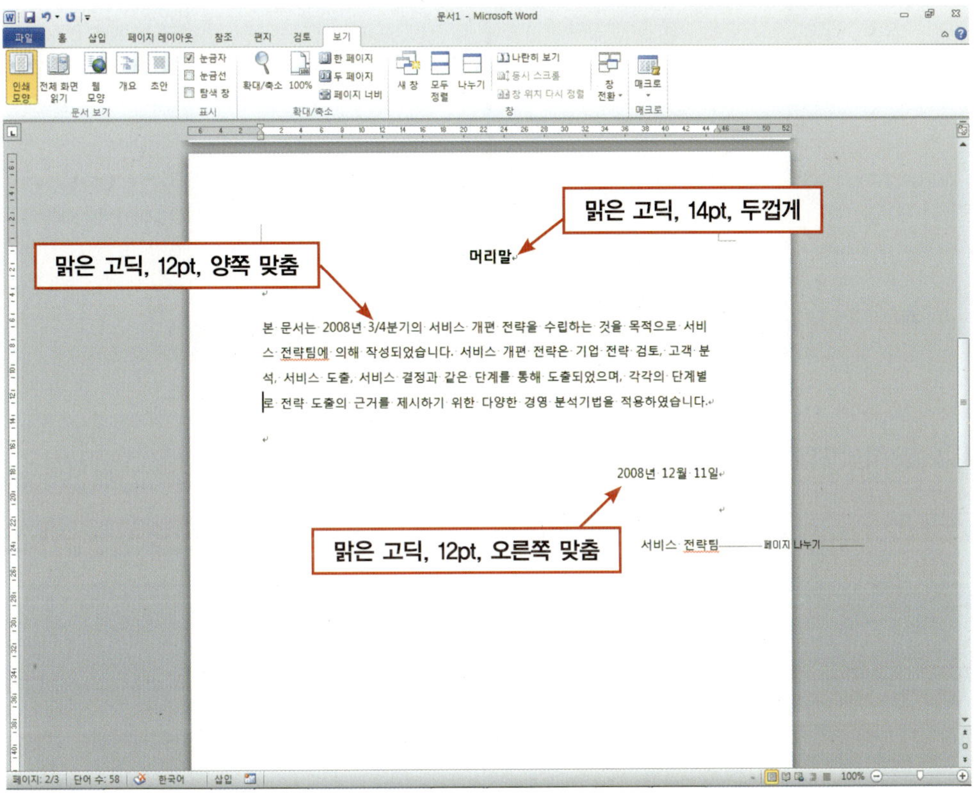

4. 보통 목차, 그림 목차, 표 목차를 만들 공간을 만들어 줍니다.

a. 문서의 3번째 페이지에 목차(서식 설정: 맑은 고딕, 14pt, 두껍게, 가운데 정렬)를 입력하고 엔터 키를 3회 누른 후, 페이지 나누기를 합니다.

b. 동일한 방식으로 그림 목차와 표 목차를 작성합니다. 표 목차를 만든 후에는 구역 나누기를 합니다.

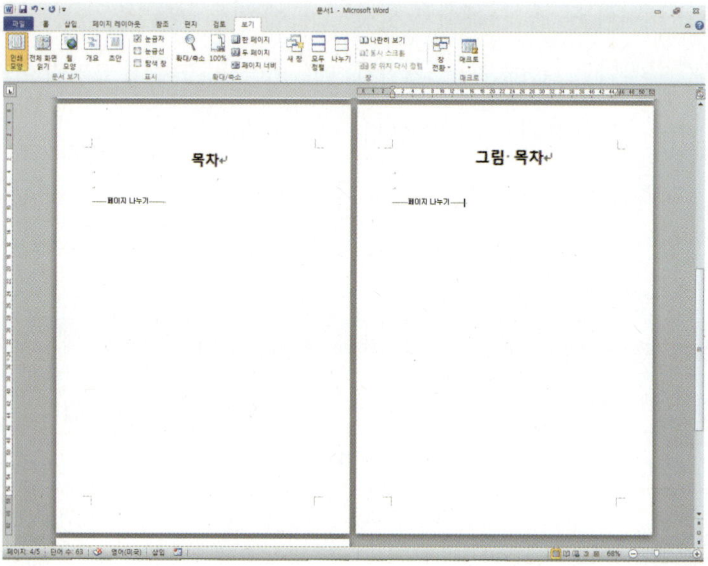

4.3 문서 전체 서식 설정

문서 구성에 따라 구역 나누기를 끝낸 후에는 문서 전체에 대한 서식을 설정합니다. 문서 서식의 설정은 크게 다음과 같은 세부 설정들을 포함합니다.

- 문서 전체에 공통적으로 적용할 텍스트 서식 설정 → 스타일 기능 이용
- 문서 구성 요소별 머리글과 바닥글 서식 설정 → 머리글, 바닥글 기능 이용

4.3.1 스타일 기능을 이용한 텍스트 서식 설정

스타일 기능은 다음과 같은 목적으로 사용됩니다.

- 반복적으로 사용되는 텍스트의 서식을 미리 저장해 두었다가 필요할 때마다 불러서 사용할 수 있도록 합니다.
- 공통된 스타일을 사용하는 부분의 서식을 한 번에 모두 변경할 수 있게 합니다.
- 자동으로 목차, 그림 목차, 표 목차를 작성할 부분을 지정해 주는 역할도 합니다.

문서의 스타일은 **홈** 메뉴의 **스타일** 영역에 포함되어 있는 메뉴들을 이용해 설정할 수 있습니다.

- **스타일 목록 스크롤** 버튼을 클릭하면 스타일들의 목록을 위아래로 스크롤하며 볼 수 있습니다.
- **스타일 목록 전체 보기** 버튼을 클릭하면 스타일 목록 전체를 한꺼번에 볼 수 있습니다.
- MS Word는 일반적으로 본문에 적용되는 "표준" 스타일, 제목 부분의 설정에 사용되는 "제목" 스타일(제목, 부제, 제목 1~4)과 같은 스타일들을 기본 스타일로서 제공하고 있습니다.
- 스타일의 서식은 수정이 가능하며, 새로운 스타일을 추가하거나 기존에 저장되어 있던 스타일들을 삭제하는 것도 가능합니다.

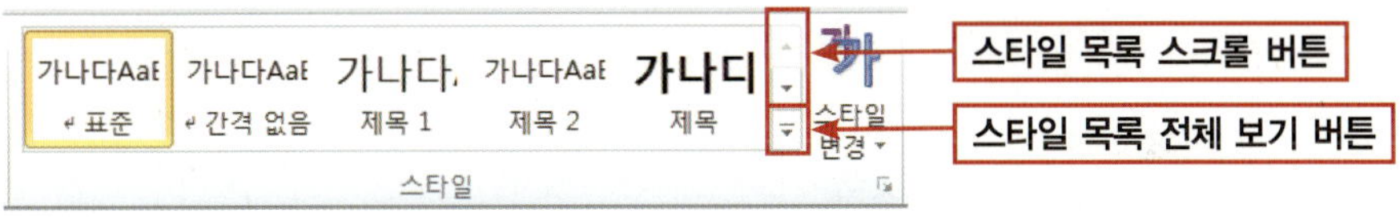

스타일 기능을 사용하기 위한 예제로서 본문 부분에 아래와 같이 본문 목차를 입력합니다. 본문 목차의 내용은 **2장_003_실습파일.txt** 파일에서 복사(Ctrl+C)해서 붙여넣도록(Ctrl+V) 합니다. 이 본문 목차의 내용을 기반으로 "표준", "제목 1"~"제목 3"의 스타일들을 설정해 봅시다. "제목 1"은 가장 상위의 제목이며, "제목 2"는 "제목 1"보다 하위 수준의 제목입니다.

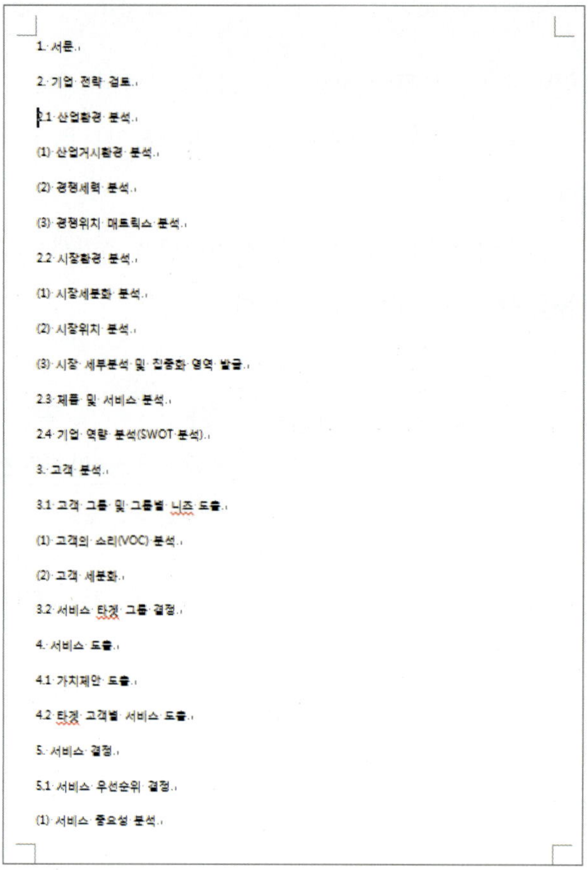
1. 서론
2. 기업 전략 검토
2.1 산업환경 분석
(1) 산업거시환경 분석
(2) 경쟁세력 분석
(3) 경쟁위치 매트릭스 분석
2.2 시장환경 분석
(1) 시장세분화 분석
(2) 시장위치 분석
(3) 시장 세부분석 및 집중화 영역 발굴
2.3 제품 및 서비스 분석
2.4 기업 역량 분석(SWOT 분석)
3. 고객 분석
3.1 고객 그룹 및 그룹별 니즈 도출
(1) 고객의 소리(VOC) 분석
(2) 고객 세분화
3.2 서비스 타겟 그룹 결정
4. 서비스 도출
4.1 가치제안 도출
4.2 타겟 고객별 서비스 도출
5. 서비스 결정
5.1 서비스 우선순위 결정
(1) 서비스 중요성 분석

1. 입력된 문서 목차 중 "1. 서문" 부분을 마우스로 드래그하거나, "1. 서문"의 바로 왼쪽 페이지 여백 부분을 클릭하여 "1. 서문" 영역을 선택해 줍니다.

2. **스타일 목록** 이나 **스타일 창** 에서 **제목 1** 스타일을 클릭해 주면 선택한 영역에

제목 1 스타일이 적용됩니다. 제목 스타일을 적용한 경우, 텍스트의 왼쪽에 검정색 사각형 점이 생기며, 이는 제목 스타일이 적용되었다는 의미입니다.

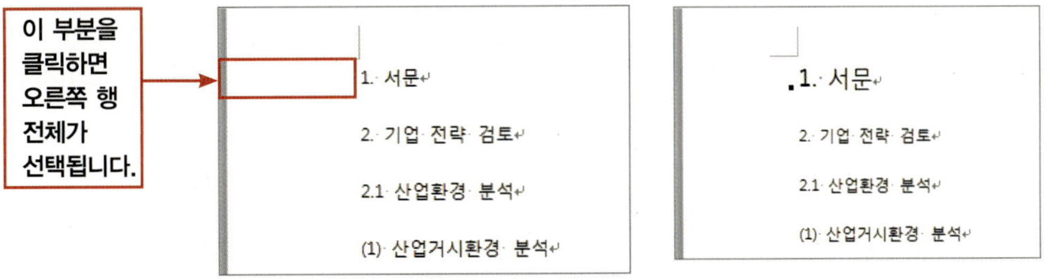

3. 스타일은 한번에 여러 행에 걸쳐 적용할 수도 있습니다.
   a. Ctrl 키를 누른 상태로 "2. 기업 전략 검토", "3. 고객 분석", "4. 서비스 도출", "5. 서비스 결정"의 왼쪽 페이지 여백 부분을 클릭하면 3행이 모두 선택됩니다.
   b. a 상태에서 제목 1 스타일을 적용하면, 3행 전체에 대해 제목 1 스타일이 적용됩니다.

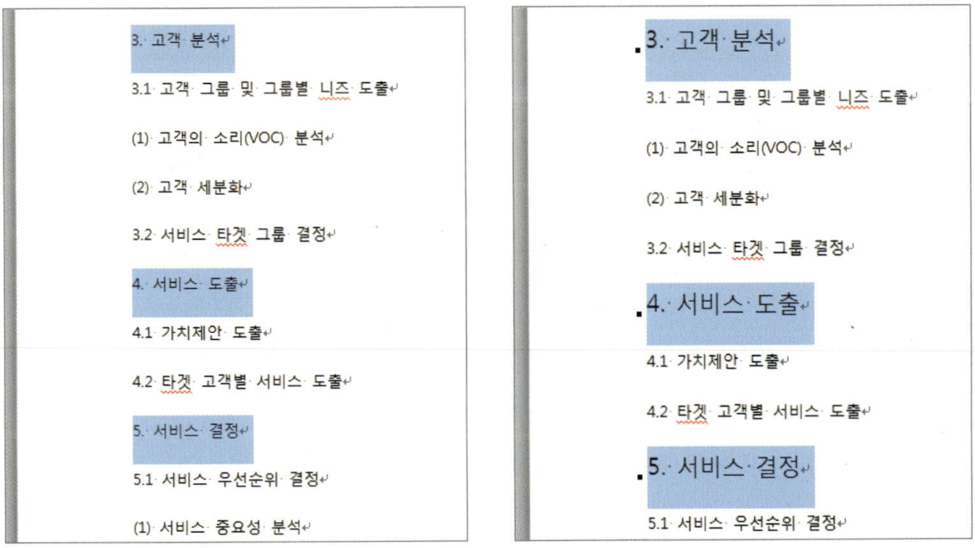

4. 동일한 방식으로 **제목 2** 스타일과 **제목 3** 스타일도 적용해 줍니다. **제목 3** 스타일은 처음에는 스타일 목록에서 보이지 않지만, **제목 2** 스타일을 사용하고 나면 자동으로 스타일 목록에 추가됩니다.

지금까지 목차에 대해 "제목 1"~"제목 3" 스타일을 적용했습니다. 그러나 현재의 서식은 문서 작성에 사용하기에는 적합하지 않습니다. 따라서 각 스타일들의 서식을 변경해 줄 필요가 있습니다.

MS Word에서 텍스트를 입력하면 기본적으로 "표준" 스타일이 적용됩니다. "표준" 스타일은 일반적으로 본문 작성 시 사용되는 스타일이며, 다른 스타일들의 기준으로 사용되는 서식입니다. 예를 들어, "표준" 스타일에 들여쓰기를 적용하면 "제목 1"과 같은 다른 서식에도 들여쓰기가 자동으로 적용됩니다. 따라서 문서 전체의 서식을 설정할 때는 "표준" 스타일을 가장 먼저 설정하고, 다른 스타일들을 설정해 주는 것이 좋습니다. "표준" 스타일 서식을 설정해 봅시다.

1. 스타일 목록에서 **표준** 스타일을 마우스 오른쪽 버튼으로 클릭하고, **수정** 메뉴를 클릭합니다.

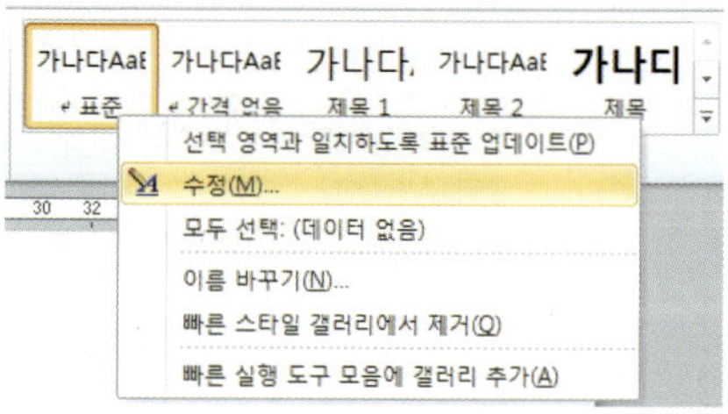

2. "스타일 수정" 대화상자가 나타나면 **서식** 영역에 있는 메뉴들을 이용해 서식을 수정할 수 있습니다.

   a. **속성** 영역에서 스타일의 **이름(N)** 이나 **다음 단락의 스타일** 을 변경할 수도 있지만 일반적으로 잘 사용하지 않습니다.

   b. "스타일 수정" 대화상자 왼쪽 하단의 **서식** 버튼을 클릭하면 더욱 세밀하게 서식을 설정할 수 있습니다.

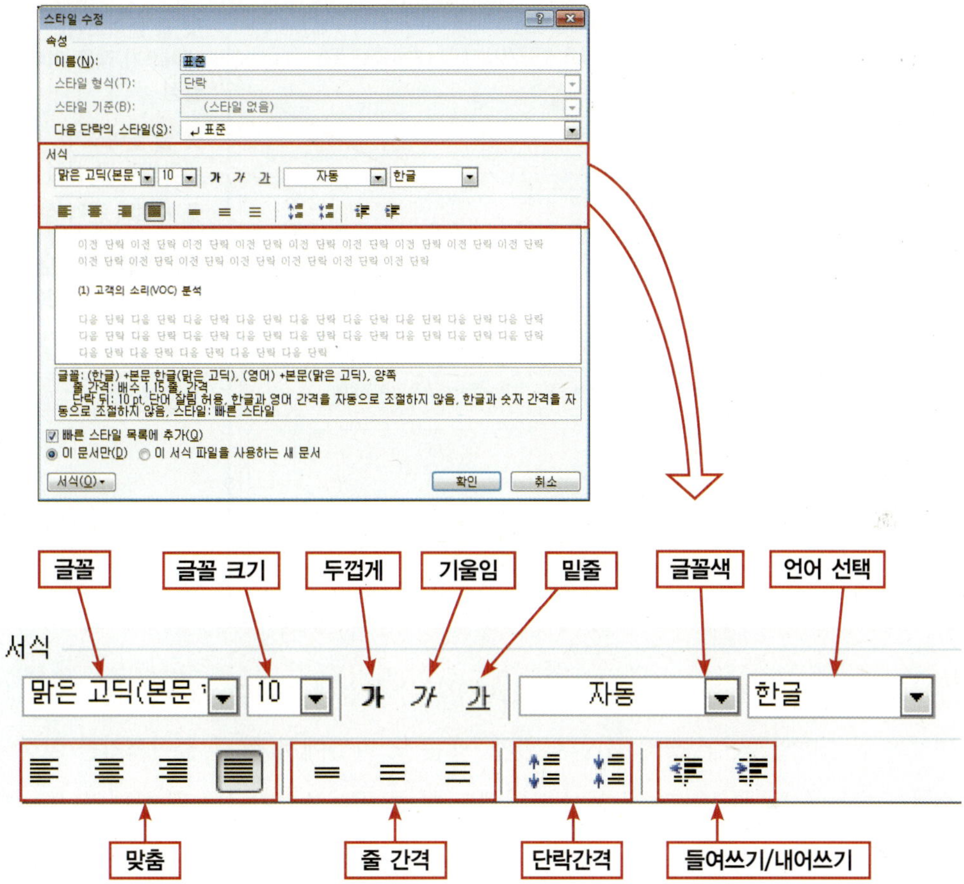

3. **서식** 영역에서 글꼴 크기를 “11”로 변경해 줍니다.
4. **서식** 버튼을 클릭하고 **단락** 메뉴를 클릭해 줍니다.
   a. **들여쓰기** 영역에서 **첫 줄**을 “첫 줄”로, **값**을 “2 글자”로 설정합니다.
   b. **간격** 영역에서 **줄 간격**을 “1.5줄”로 설정합니다.
   c. 설정을 변경할 때마다 **미리 보기** 영역에 문서가 실제로 어떻게 변화하는지 미리 확인할 수 있습니다.

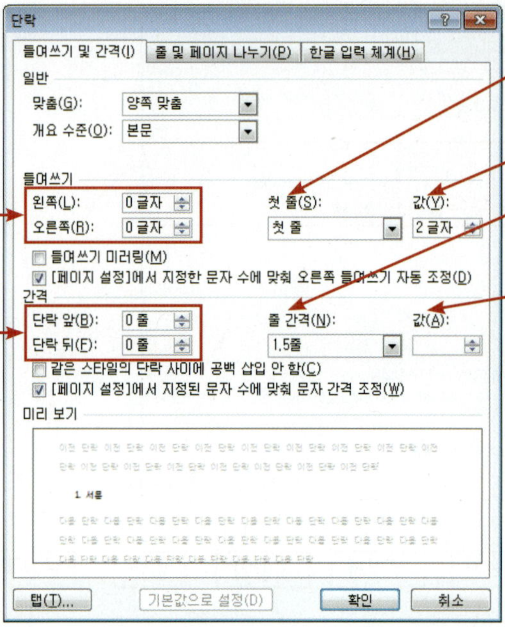

"표준" 스타일을 설정한 후에는 제목 스타일들을 설정해 줍니다. 예제에서는 "제목 1"~"제목 3" 스타일들만 설정해 봅시다. 현재 "표준" 스타일에서 첫 줄 들여쓰기를 설정해 주었기 때문에, "제목 1"~"제목 3" 스타일에도 첫 줄 들여쓰기가 설정된 상태입니다. 따라서 제목 스타일들에 대해서는 첫 줄 들여쓰기를 제거하고, 각각의 제목 수준에 적합한 제목 서식을 설정해야 합니다.

1. "표준" 스타일을 설정할 때와 마찬가지 방법으로 **제목 1** 의 **스타일 수정** 대화상자로 들어갑니다.

2. **서식** 영역에서 글꼴 크기는 "16"으로 설정하고, "두껍게"를 적용해 줍니다. 그리고 글꼴색에서 "진한 파랑, 텍스트2"를 선택해 줍니다.

3. **단락** 메뉴로 들어가 **들여쓰기** 영역의 **첫 줄** 을 "(없음)"으로 설정해, 첫 줄 들여쓰기를 제거해 줍니다. 그리고 "스타일 수정"과 "단락" 대화상자에서 **확인** 버튼을 클릭해 설정을 완료합니다.

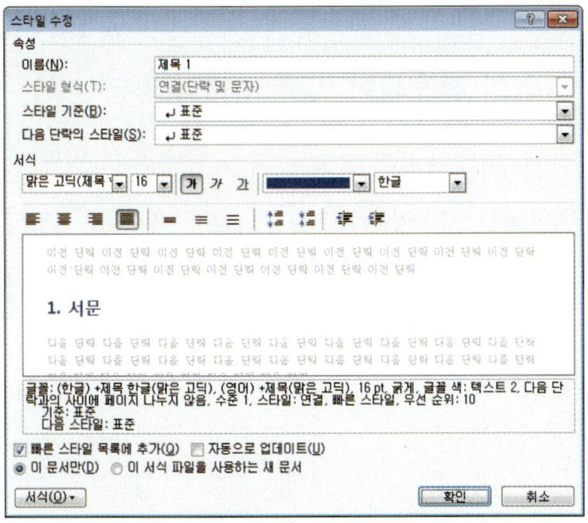

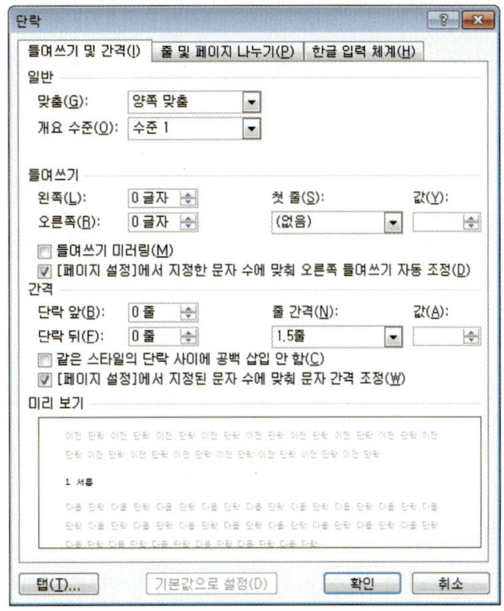

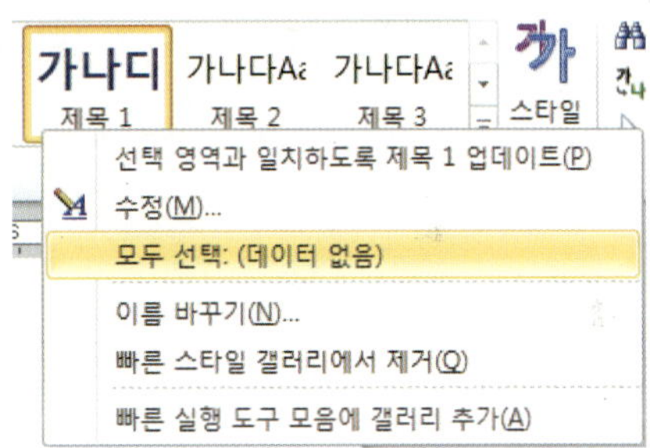

4. 스타일 목록에서 **제목 1** 스타일을 마우스 오른쪽 버튼으로 클릭하고, **같은 서식 선택** 메뉴를 클릭합니다. 그러면 **제목 1** 스타일이 적용되어 있던 5개의 영역들이 모두 선택됩니다.

5. **제목 1** 스타일을 다시 한 번 클릭하면, 기존의 **제목 1** 스타일 영역 전체에 변경된 서식이 적용됩니다.

"제목 2" 스타일도 동일한 방식으로 설정해 봅시다.

1. **제목 2** 는 글꼴 크기는 "14"로 설정하고, "두껍게"를 적용해 줍니다. 그리고 글꼴색은 "진한 파랑, 텍스트2"로 설정해 줍니다.

2. "스타일 수정" 대화상자에서 **서식** 버튼을 클릭하고, **단락** 메뉴로 들어가 **들여쓰기** 영역의 **첫 줄** 을 "(없음)"으로 설정해, 첫 줄 들여쓰기를 제거해 줍니다.

3. **스타일 목록** 에서 **제목 2** 스타일을 마우스 오른쪽 버튼으로 클릭하고, **같은 서식 선택** 메뉴를 클릭합니다. 그러면 "제목 2" 스타일이 적용되어 있던 10개의 영역이 모두 선택됩니다.

4. **제목 2** 스타일을 다시 한 번 클릭하면, 변경된 스타일 서식이 기존에 "제목 2" 스타일 서식을 적용했던 영역 전체에 적용됩니다.

마지막으로 "제목 3" 스타일도 변경해 봅시다.

1. 글꼴 크기는 "12"로 설정하고, "두껍게"를 적용해 줍니다. 그리고 글꼴색은 "진한 파랑, 텍스트2"로 설정해 줍니다.

2. "제목 3" 스타일은 "제목 1", "제목 2" 스타일과 다르게 기본적으로 "들여쓰기"와 "첫 줄 들여쓰기"가 설정되어 있습니다. 따라서 "스타일 수정" 대화상자에서 **서식** 버튼을 클릭하고, **단락** 메뉴로 들어가 **들여쓰기** 영역의 **왼쪽** 을 "0"으로, **첫 줄** 을 "(없음)"으로 설정해, 왼쪽 들여쓰기와 첫 줄 들여쓰기를 제거해 줍니다.

3. **스타일 목록** 에서 **제목 3** 스타일을 마우스 오른쪽 버튼으로 클릭하고, **같은 서식 선택** 메뉴를 클릭합니다. 그러면 "제목 3" 스타일이 적용되어 있던 10개의 영역이 모두 선택됩니다.

4. **제목 3** 스타일을 다시 한 번 클릭하면, 변경된 스타일 서식이 기존에 "제목 3" 스타일 서식을 적용했던 영역 전체에 적용됩니다.

위와 같은 과정을 거치면 스타일 기능을 이용해 텍스트 서식을 설정한 결과를 볼 수 있습니다. 이와 같이 설정을 하면 문서 전체에 걸쳐 통일된 서식을 적용할 수 있을 뿐만 아니라, 자동으로 목차, 그림 목차, 표 목차 등을 작성할 수 있습니다.

스타일 기능을 이용한 텍스트 서식 설정 적용 결과

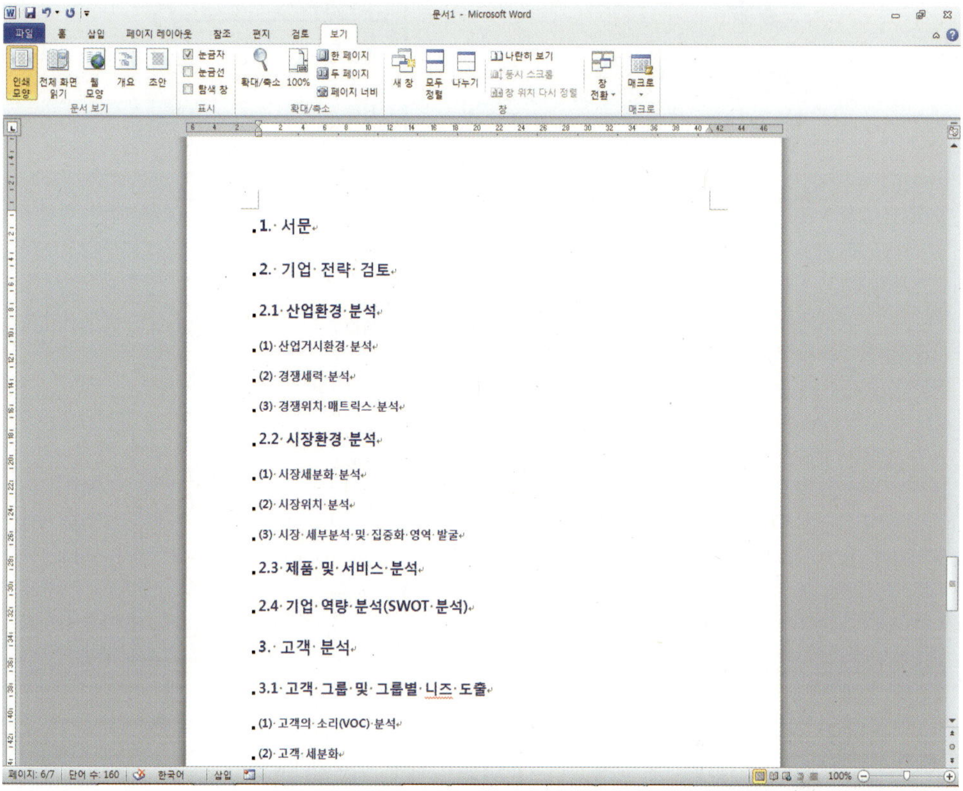

간혹 원하는 스타일이 스타일 목록에서 보이지 않는 경우가 있습니다. 예를 들어 "제목 3" 스타일의 경우 목록에서 보이지 않는 경우가 종종 있습니다. 만약 강제적으로 "제목 3" 스타일을 보이게 하려면, 몇 가지 설정을 변경해 주어야 합니다.

1. 우선 **스타일 창 표시** 버튼을 클릭합니다. 그리고 하단에 있는 **스타일 관리** 메뉴를 클릭합니다.

2. "스타일 관리" 대화상자가 나타나면 **권장** 탭으로 이동하고, 스타일 목록에서 **제목 3** 을 선택한 후, 목록 아래에 있는 버튼들 중 **표시** 버튼을 클릭합니다. 그러면 "제목 3" 스타일이 "스타일 창"에 추가된 것을 확인할 수 있습니다.

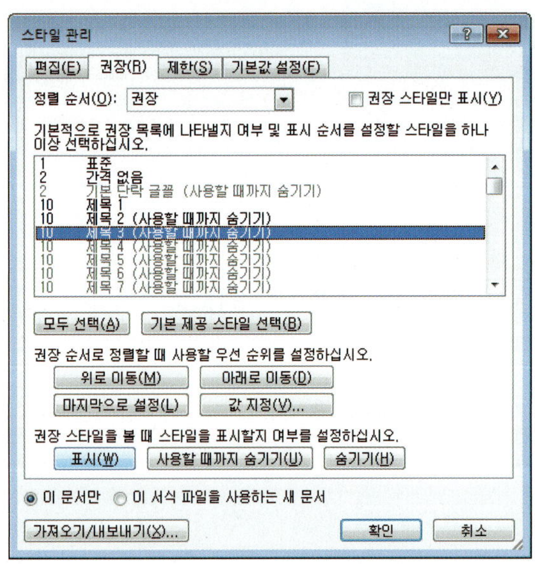

3. 스타일의 변경은 **스타일 창** 에서도 수행할 수 있습니다. **스타일 창** 에서 수정을 원하는 스타일을 마우스 오른쪽 버튼으로 클릭하고, **수정** 메뉴를 클릭하면 앞에서 "제목 1", "제목 2" 스타일을 수정했던 것과 마찬가지로 스타일을 수정할 수 있습니다.

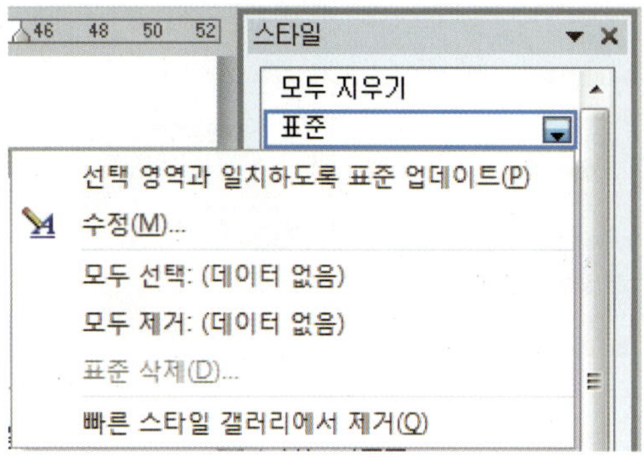

4.3.2 문서 배경 서식 설정

문서의 배경 서식은 문서의 첫 이미지를 결정짓는 중요한 요소 중 하나입니다. 따라서 문서의 목적이나 특성에 따라 적절하게 배경 서식을 설정할 필요가 있습니다. 일반적으로 문서 배경 서식과 관련해 다음과 같은 작업을 수행할 수 있습니다.

- 문서 배경 색 설정
- 머리글/바닥글 설정

문서 배경 색의 설정은 **페이지 레이아웃** 탭에서 **페이지 배경** 그룹에 있는 **페이지 색** 아이콘을 이용해 이루어집니다.

1. **페이지 색** 아이콘을 클릭하고 **테마 색** 중 "황갈색, 배경 2"를 선택해 문서의 배경 색을 변경합니다.

2. "테마 색"에 원하는 색이 없을 경우 **다른 색** 메뉴를 클릭하고, "색" 대화상자의 **표준** 이나 **사용자 지정** 탭에서 원하는 색을 선택합니다.

3. 문서 배경 색을 적용한 후에는 다시 흰색으로 배경 색을 바꾸도록 합니다.

머리글과 바닥글의 설정은 **삽입** 탭에서 **머리글/바닥글** 그룹에 있는 메뉴들을 이용해 이루어집니다. **머리글** 이나 **바닥글** 메뉴를 클릭하면 MS Word에 미리 설정되어 있는 머리글/바닥글 서식의 목록이 나타나고, 이 목록에 있는 서식들 중 마음에 드는 서식을 선택하면 문서에 서식이 적용됩니다.

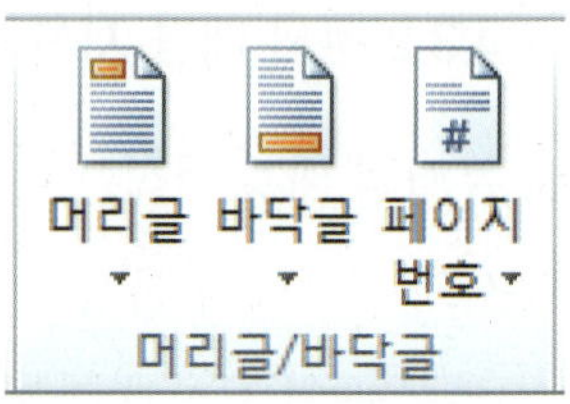

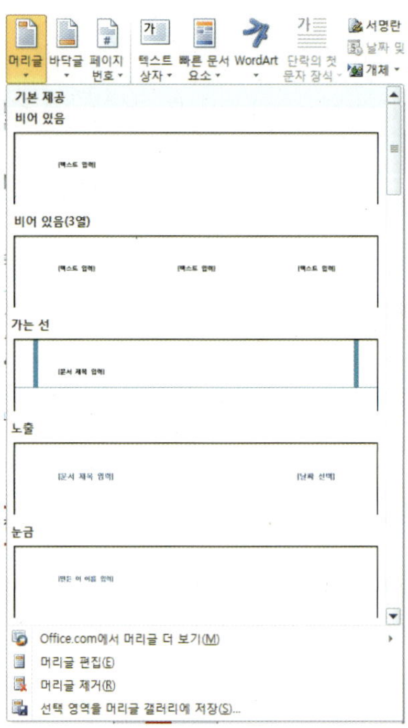

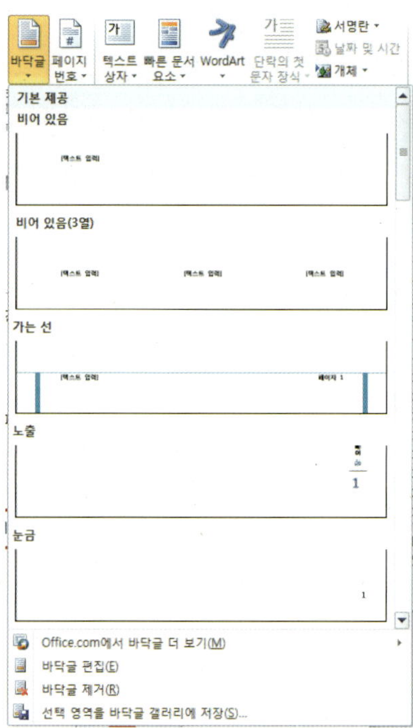

머리글/바닥글은 문서 구역별로 다르게 적용할 수 있습니다. 예를 들어, 표지에는 머리글/바닥글을 적용하지 않고, 머리글부터 목차에는 "가는 선" 머리글/바닥글 서식을, 본문에는 "노출" 머리글/바닥글 서식을 적용할 수 있습니다. 예제 파일을 이용해서 표지에는 머리글/바닥글을 적용하지 않고, 목차와 본문에만 머리글/바닥글 서식을 적용해 봅시다.

1. 앞서 스타일을 수정하는 과정에서 표지~목차 부분의 서식이 변경되어 있을 것입니다. 이 서식을 적절하게 다시 수정해 줍니다.

2. 머리말부터 머리글/바닥글이 적용되므로, 머리말 구역에 커서를 위치시킵니다.

3. 머리글 메뉴를 클릭하고, **가는 선** 머리글 서식을 클릭합니다. 그러면 문서 전체에 걸쳐 "가는 선" 머리글이 적용되고, MS Word 상단에 **머리글/바닥글 도구** – **디자인** 추가기능 탭이 나타납니다. 이 탭에 있는 기능들을 이용하면 머리글/바닥글과 관련된 옵션을 변경할 수 있습니다.

머리글/바닥글 도구 – 디자인 메뉴

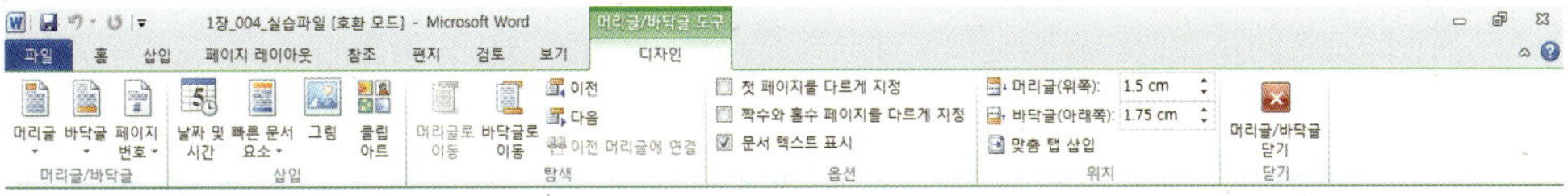

4. 먼저 표지에는 머리글이 입력되는 것을 원하지 않으므로, **머리글/바닥글 도구** – **디자인** 탭에서 **이전 머리글에 연결** 메뉴를 클릭해 줍니다.

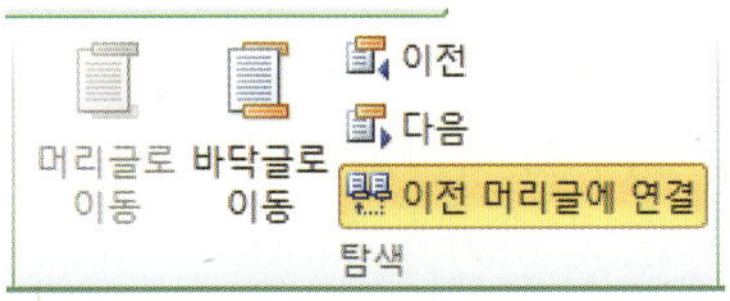

5. 표지의 머리글 부분을 클릭하고, **머리글/바닥글 도구** – **디자인** 탭에서 **머리글** 메뉴를 클릭한 후, **머리글 제거** 메뉴를 클릭해 주면 표지 부분만 머리글이 제거됩니다.

6. **머리글/바닥글 도구** – **디자인** 탭에서 **머리글** 메뉴를 클릭한 후, **머리글/바닥글 닫기** 를 클릭합니다.

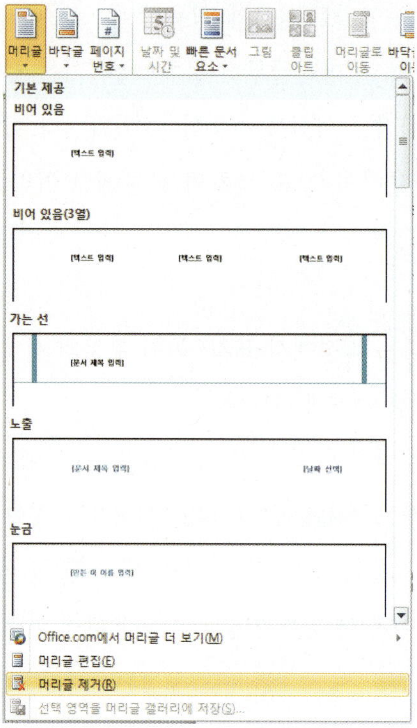

7. 동일한 방식으로 바닥글도 지정해 줍니다.

8. 머리글의 "문서 제목 입력"란에 문서 제목을 "서비스 전략 최종보고서: 3/4분기 서비스 개편 방향"으로 입력해 줍니다. 그리고 바닥글의 "텍스트 입력"란에 "서비스 전략 팀"을 입력해 줍니다.

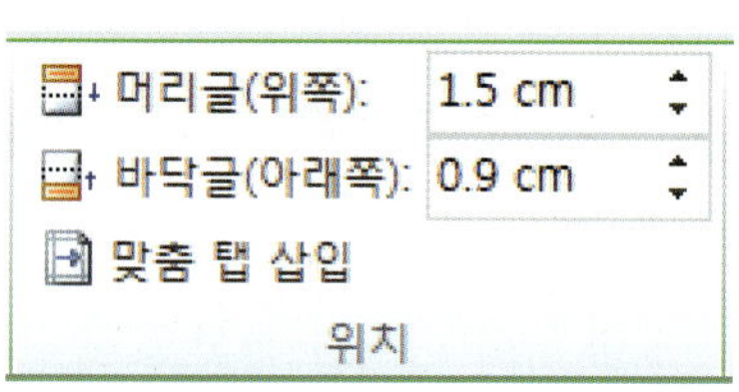

경우에 따라 바닥글의 텍스트 위치가 적절하지 않을 수 있습니다. 바닥글의 위치를 수정하기 위해서는 **머리글/바닥글 도구** – **디자인** 탭의 **위치** 그룹에서 "바닥글 위치"의 값을 변경해 줍니다. 여기에서는 바닥글 위치 값을 "0.9cm"로 입력해 봅시다. 다른 구역의 바닥글도 똑같이 수정해 보도록 합시다.

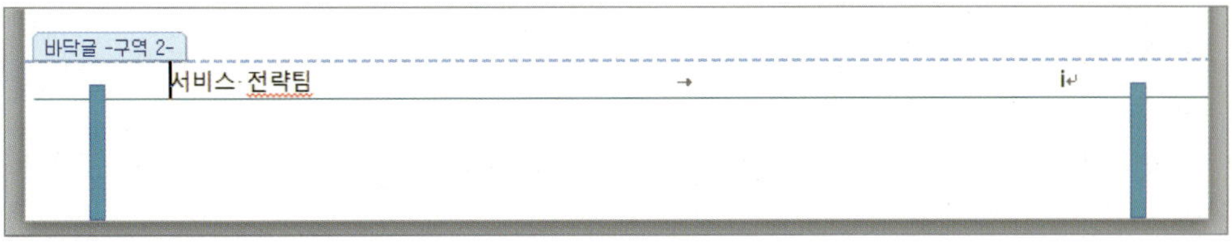

또는 아래와 같이 눈금자의 경계 부분을 조절해 텍스트 위치를 조절할 수도 있습니다. 그러나 이 방법은 구역마다 일정하게 위치를 조절하기 힘들다는 단점이 있습니다.

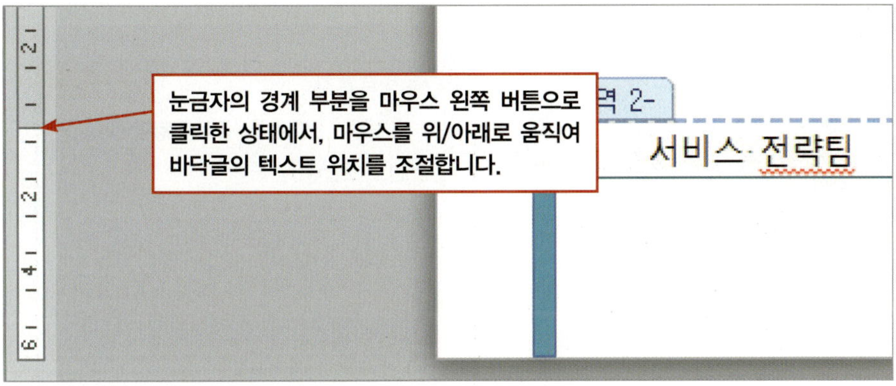

이제는 바닥글에 삽입된 페이지 번호를 수정할 차례입니다. 일반적인 페이지 번호 적용 원칙은 다음과 같습니다.

페이지 번호 적용 원칙

문서 구역	원칙
표지	페이지 번호 적용 안 함
머리글 ~ 목차	로마자 소문자로 페이지 번호 적용함
본문 ~ 인덱스	아라비아숫자로 페이지 번호 적용함

1. "머리글" 구역으로 이동을 하고, 바닥글의 "페이지" 텍스트를 삭제한 후, 바닥글 부분에 커서를 위치시킵니다.

2. **머리글/바닥글 도구** – **디자인** 탭에서 **페이지 번호** 메뉴를 클릭하고, 다시 **페이지 번호 서식** 메뉴를 클릭합니다.

3. "페이지 번호 서식" 대화상자가 나타나면, **번호 서식** 옵션에서 번호 서식을 로마자 소문자로 변경해 줍니다.

4. **페이지 번호 매기기** 옵션에서 **시작 번호**를 선택하고, **시작 번호** 값을 "i"로 입력해 줍니다.

5. **확인** 버튼을 클릭하면 페이지 번호가 변경된 것을 확인할 수 있습니다.

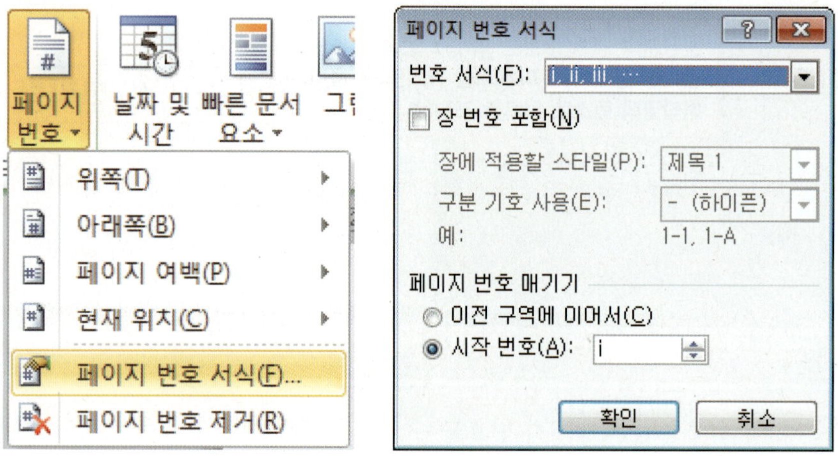

페이지 번호 수정 결과

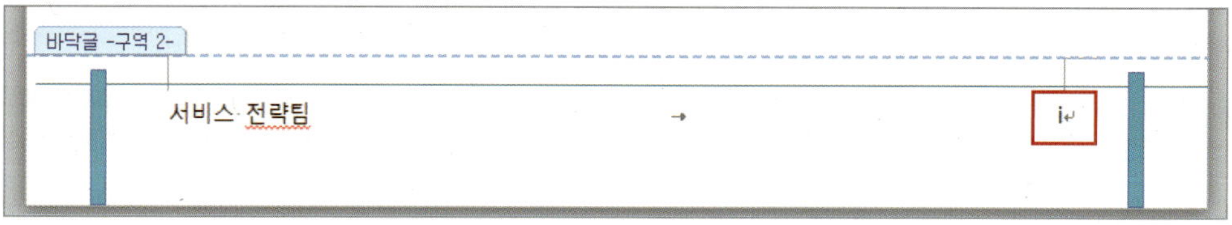

"본문" 구역의 페이지 번호는 아라비아숫자 형태의 새로운 번호로 시작되어야 합니다.

1. "본문" 구역으로 이동하고, 페이지 번호 부분을 마우스 왼쪽 버튼으로 클릭합니다.

2. **머리글/바닥글 도구** – **디자인** 탭에서 "이전 머리글에 연결" 설정을 해제해 줍니다. 이제 본문 구역은 앞의 구역에 영향을 주지 않고 서식을 적용할 수 있습니다.

3. **머리글/바닥글 도구** – **디자인** 탭에서 **페이지 번호** 메뉴를 클릭하고, 다시 **페이지 번호 서식** 메뉴를 클릭합니다.

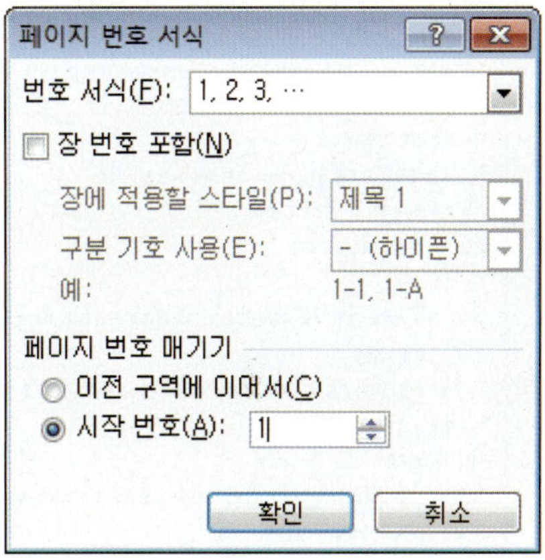

4. "페이지 번호 서식" 대화상자가 나타나면, **번호 서식** 옵션에서 번호 서식을 아라비아숫자로 변경해 줍니다.

5. **페이지 번호 매기기** 옵션에서 **시작 번호**를 선택하고, **시작 번호** 값을 "1"로 입력해 줍니다.

6. **확인** 버튼을 클릭하면 페이지 번호가 변경된 것을 확인할 수 있습니다.

현재는 이 정도 수준에서 머리글/바닥글의 설정을 마치도록 하겠습니다. 추후 MS Word의 다양한 기능들을 배우면서 더욱 화려한 머리글/바닥글을 만들 수 있게 될 것입니다.

5 글머리 기호/번호 매기기

이 절에서는 텍스트에 글머리 기호나 번호를 매기는 방법을 배우겠습니다. 글머리 기호나 번호는 여러 항목을 포함하는 목록을 작성할 때 항목 간의 구분을 명확히 할 수 있도록 해 줍니다. 우선 **2장_004_실습파일.docx** 파일을 열도록 합니다. 예제 파일 1페이지의 서문을 보면 텍스트가 입력되어 있습니다. 이 파일에 글머리 기호를 다음과 같이 적용해 봅시다.

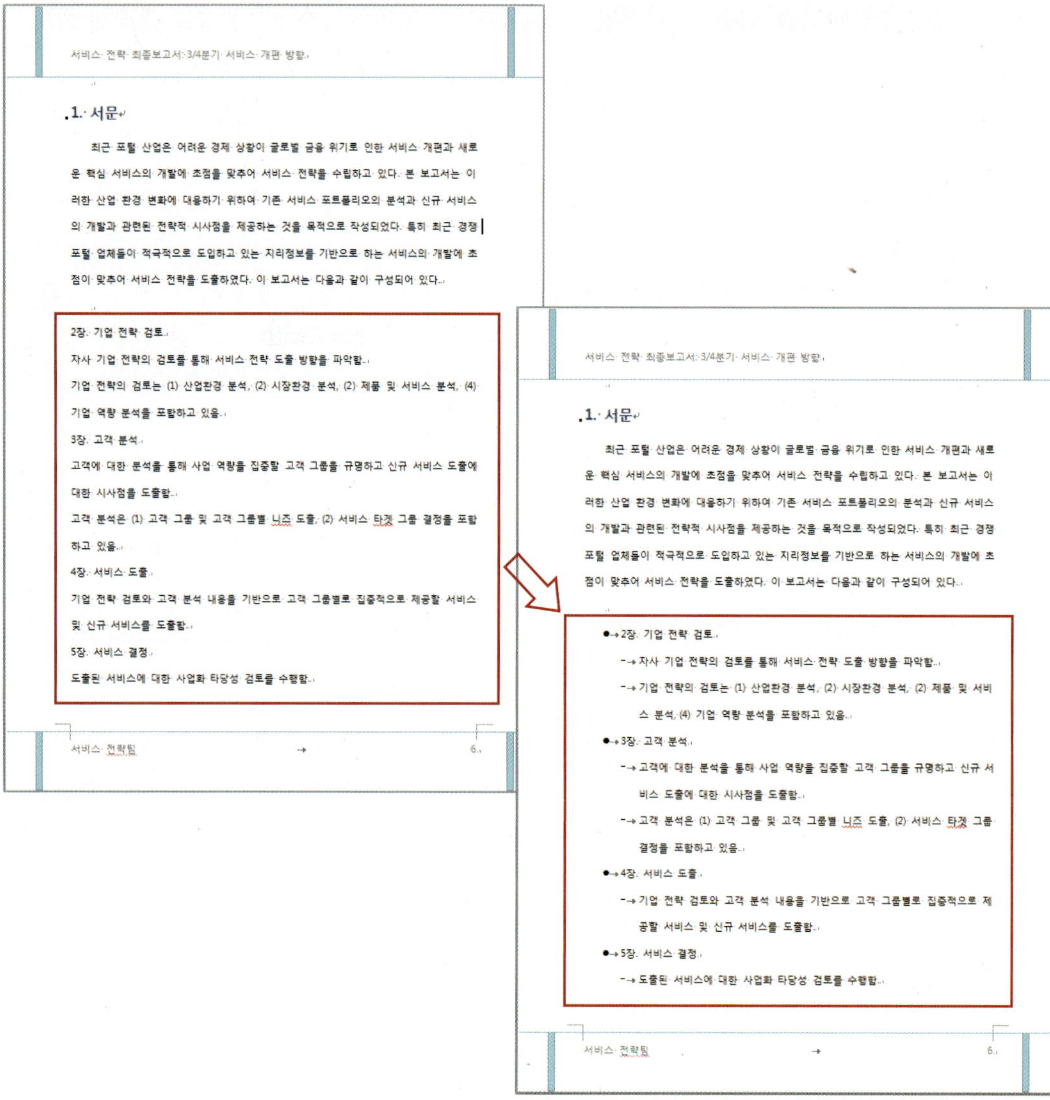

서비스 전략 최종보고서: 3/4분기 서비스 개편 방향

1. 서문

최근 포털 산업은 어려운 경제 상황이 글로벌 금융 위기로 인한 서비스 개편과 새로운 핵심 서비스의 개발에 초점을 맞추어 서비스 전략을 수립하고 있다. 본 보고서는 이러한 산업 환경 변화에 대응하기 위하여 기존 서비스 포트폴리오의 분석과 신규 서비스의 개발과 관련된 전략적 시사점을 제공하는 것을 목적으로 작성되었다. 특히 최근 경쟁 포털 업체들이 적극적으로 도입하고 있는 지리정보를 기반으로 하는 서비스의 개발에 초점이 맞추어 서비스 전략을 도출하였다. 이 보고서는 다음과 같이 구성되어 있다.

2장. 기업 전략 검토
자사 기업 전략의 검토를 통해 서비스 전략 도출 방향을 파악함.
기업 전략의 검토는 (1) 산업환경 분석, (2) 시장환경 분석, (2) 제품 및 서비스 분석, (4) 기업 역량 분석을 포함하고 있음.
3장. 고객 분석
고객에 대한 분석을 통해 사업 역량을 집중할 고객 그룹을 규명하고 신규 서비스 도출에 대한 시사점을 도출함.
고객 분석은 (1) 고객 그룹 및 고객 그룹별 니즈 도출, (2) 서비스 타겟 그룹 결정을 포함하고 있음.
4장. 서비스 도출
기업 전략 검토와 고객 분석 내용을 기반으로 고객 그룹별로 집중적으로 제공할 서비스 및 신규 서비스를 도출함.
5장. 서비스 결정
도출된 서비스에 대한 사업화 타당성 검토를 수행함.

서비스 전략팀 6

서비스 전략 최종보고서: 3/4분기 서비스 개편 방향

1. 서문

최근 포털 산업은 어려운 경제 상황이 글로벌 금융 위기로 인한 서비스 개편과 새로운 핵심 서비스의 개발에 초점을 맞추어 서비스 전략을 수립하고 있다. 본 보고서는 이러한 산업 환경 변화에 대응하기 위하여 기존 서비스 포트폴리오의 분석과 신규 서비스의 개발과 관련된 전략적 시사점을 제공하는 것을 목적으로 작성되었다. 특히 최근 경쟁 포털 업체들이 적극적으로 도입하고 있는 지리정보를 기반으로 하는 서비스의 개발에 초점이 맞추어 서비스 전략을 도출하였다. 이 보고서는 다음과 같이 구성되어 있다.

- 2장. 기업 전략 검토
  - 자사 기업 전략의 검토를 통해 서비스 전략 도출 방향을 파악함.
  - 기업 전략의 검토는 (1) 산업환경 분석, (2) 시장환경 분석, (2) 제품 및 서비스 분석, (4) 기업 역량 분석을 포함하고 있음.
- 3장. 고객 분석
  - 고객에 대한 분석을 통해 사업 역량을 집중할 고객 그룹을 규명하고 신규 서비스 도출에 대한 시사점을 도출함.
  - 고객 분석은 (1) 고객 그룹 및 고객 그룹별 니즈 도출, (2) 서비스 타겟 그룹 결정을 포함하고 있음.
- 4장. 서비스 도출
  - 기업 전략 검토와 고객 분석 내용을 기반으로 고객 그룹별로 집중적으로 제공할 서비스 및 신규 서비스를 도출함.
- 5장. 서비스 결정
  - 도출된 서비스에 대한 사업화 타당성 검토를 수행함.

서비스 전략팀 6

글머리 기호/번호 매기기는 2가지 방법으로 수행할 수 있습니다. 일반적으로 마우스 오른쪽 버튼을 이용하는 방법이 더 빠르고 편리합니다.

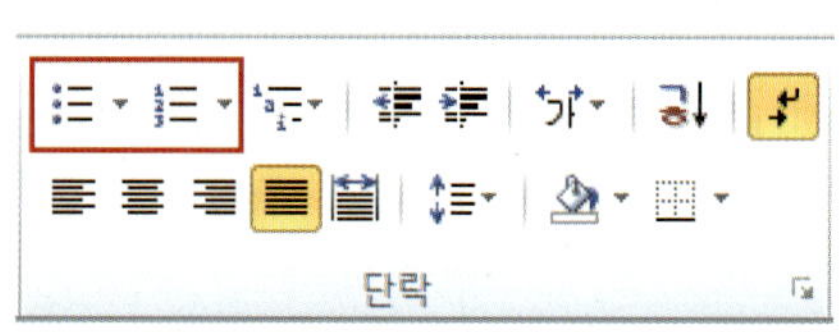

- 방법 1: **홈** 탭의 **단락** 그룹에 있는 **글머리 기호**, **번호 매기기** 메뉴 이용하기

- 방법 2: 마우스 오른쪽 버튼을 클릭하면 나타나는 **글머리 기호**, **번호 매기기** 메뉴 이용하기

5.1 기본적인 글머리 기호/번호 매기기

아무런 내용이 입력되어 있지 않은 새 문서에서 글머리 기호/번호를 매겨 봅시다.

1. 새 문서를 만듭니다.
2. 마우스 오른쪽 버튼을 클릭하고 **글머리 기호** 메뉴를 클릭하면, 자동으로 들여쓰기가 설정되면서 머리글이 입력됩니다.
3. "성공요인 1"이라고 입력하고 엔터 키를 누르면 아래줄에 새로운 머리글이 자동으로 입력됩니다.
4. 같은 방법으로 "성공요인 2", "성공요인 3"을 입력합니다.
5. 목록을 모두 만든 후에 엔터 키를 누르면 글머리 기호 입력이 중지됩니다.

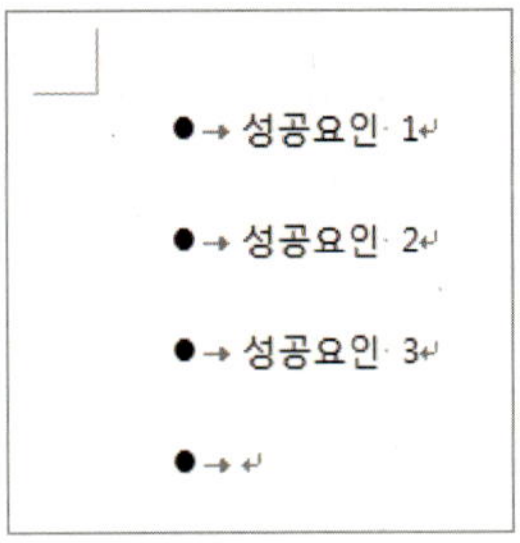

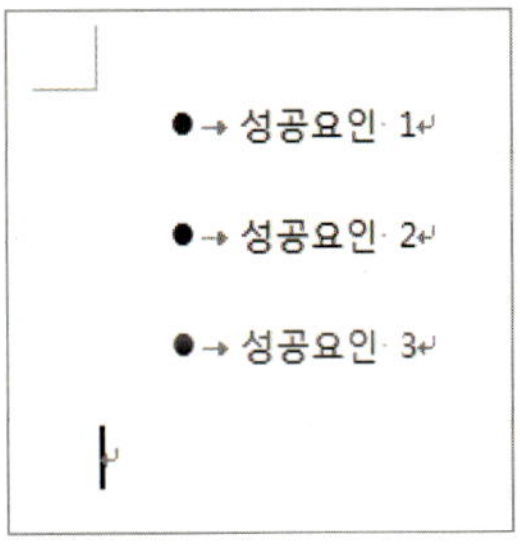

작성한 목록에 세부 항목을 추가하고 싶을 때에는 다음과 같이 합니다.

1. "성공요인 1"의 마지막 부분에 커서를 위치시키고, 엔터 키를 누릅니다.

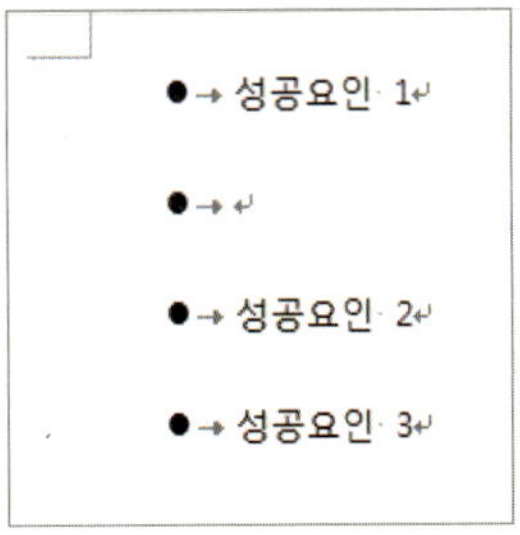

2. Tab 키 또는 **홈** 탭의 **단락** 그룹에 있는 **들여쓰기** 메뉴를 클릭합니다.

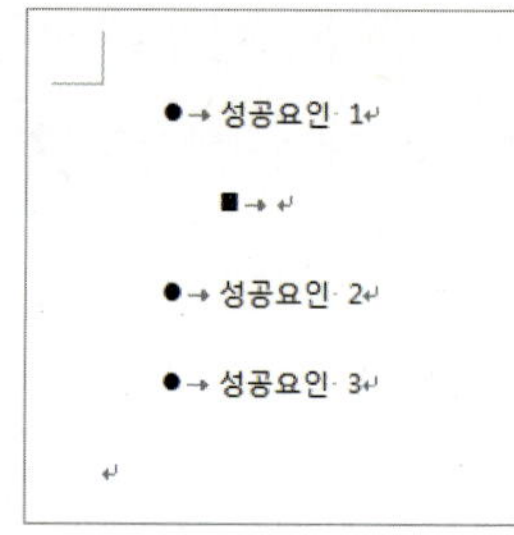

3. "성공요인 1-1"을 입력하고 엔터 키를 누릅니다.

4. Tab 키 또는 **홈** 탭의 **단락** 그룹에 있는 **들여쓰기** 메뉴를 클릭합니다.

5. "성공요인 1-1-1"을 입력하고 엔터 키를 누릅니다.

6. "성공요인 1-1-2"를 입력하고 엔터 키를 누릅니다.

7. Shift + Tab 키 또는 **홈** 탭의 **단락** 그룹에 있는 **내어쓰기** 메뉴를 클릭합니다.

8. "성공요인 1-2"를 입력하고 엔터 키를 누릅니다.

9. 위와 같은 방식을 적용하여 오른쪽과 같은 예제를 만들어 봅시다.

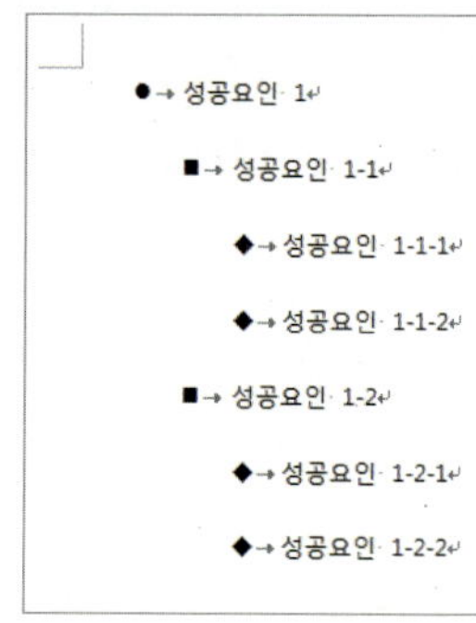

번호 매기기도 같은 방식으로 수행할 수 있습니다. 번호 매기기는 Tab 키를 누를 때마다 오른쪽 예제와 같이 여러 가지 숫자 또는 알파벳 형식으로 목록의 순서가 표시됩니다.

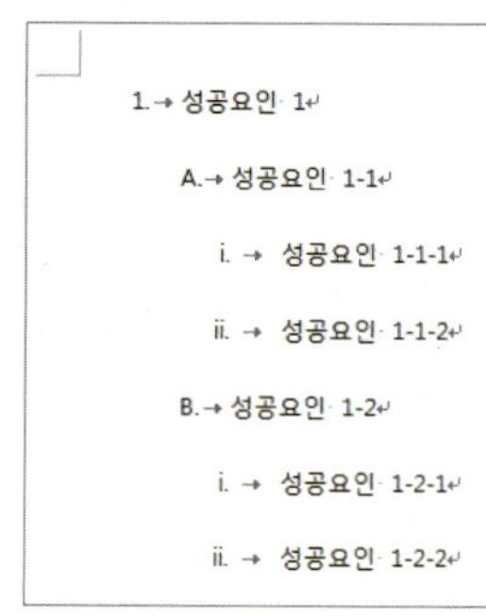

위와 같이 글머리 기호/번호 매기기를 적용한 후에도 Tab 또는 Shift + Tab 키를 이용해 들여쓰기와 내어쓰기를 조정할 수 있습니다. 그리고 여러 행을 선택하고 Tab 또는 Shift + Tab 키를 누르면 한 번에 여러 행에 글머리 기호/번호 매기기를 적용할 수 있습니다.

5.2 글머리 기호 모양 변경하기

입력된 글머리 기호의 모양을 수준별로 변경해 봅시다.

1. “성공요인 1” 행을 클릭하고, **홈** 탭의 **단락** 그룹에 있는 **번호 매기기** 메뉴의 아래쪽 방향 화살표를 클릭합니다.

2. 원하는 글머리 기호를 클릭하면 선택한 기호로 글머리 기호가 변경됩니다.

3. 만약 원하는 글머리 모양이 없으면 **새 글머리 기호 정의** 메뉴를 클릭합니다.

4. “새 글머리 기호 정의” 대화상자에서 **기호**, **그림**, **글꼴** 메뉴를 클릭해 글머리 기호를 선택할 수 있습니다.

   a. **기호**의 경우 **글꼴** 메뉴에서 “Windings”~“Windings3”에 있는 기호들이 주로 사용됩니다.

   b. **그림**의 경우 이미지 파일을 글머리 기호로 삽입할 수 있습니다. 원하는 이미지 파일이 없을 경우 **가져오기** 메뉴를 이용해 이미지 파일을 불러올 수 있습니다.

   c. **글꼴**의 경우 기호의 글자체, 색 등을 변경할 수 있습니다.

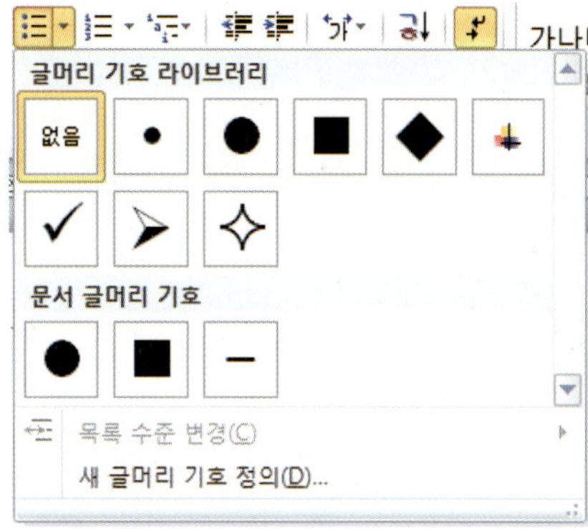

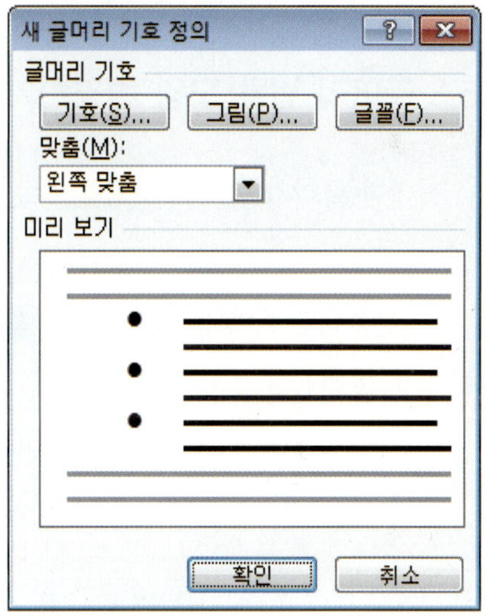

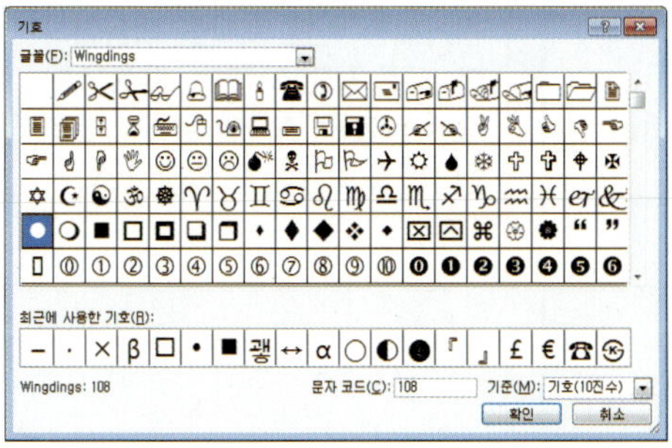

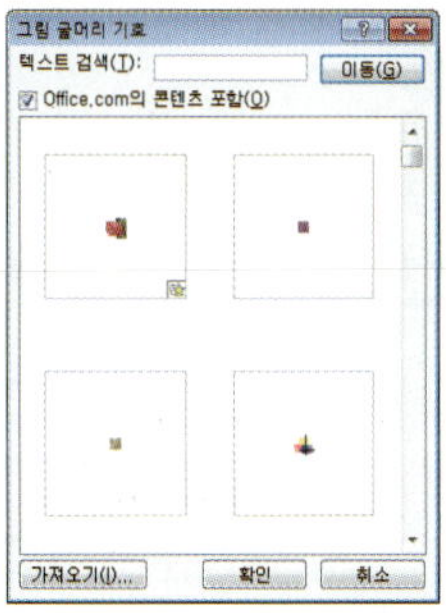

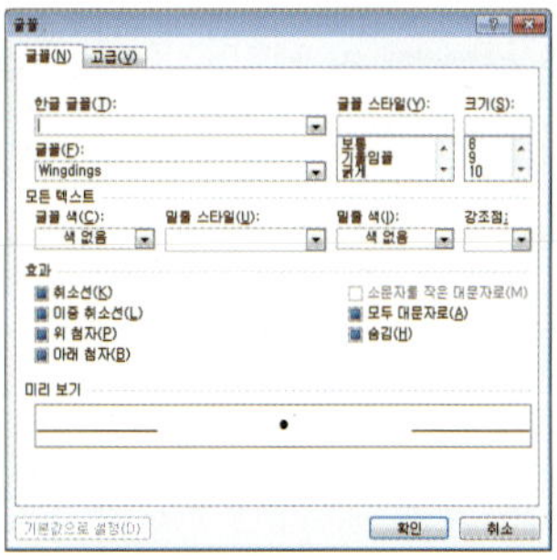

5. 오른쪽과 같이 글머리 기호를 변경해 봅시다.

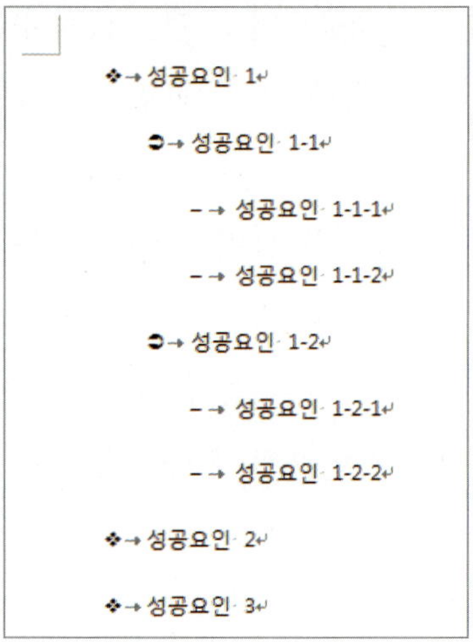

5.3 글머리 번호 모양 변경하기

입력한 글머리 번호의 모양을 수준별로 변경해 봅시다.

1. "성공요인 1" 행을 클릭하고, **홈** 탭의 **단락** 그룹에 있는 **번호 매기기** 메뉴의 아래쪽 방향 화살표를 클릭합니다.
2. 원하는 번호 스타일을 클릭하면 선택한 스타일로 글머리 번호가 변경됩니다.
3. 만약 원하는 번호 스타일이 없으면 **새 번호 서식 정의** 메뉴를 클릭합니다.

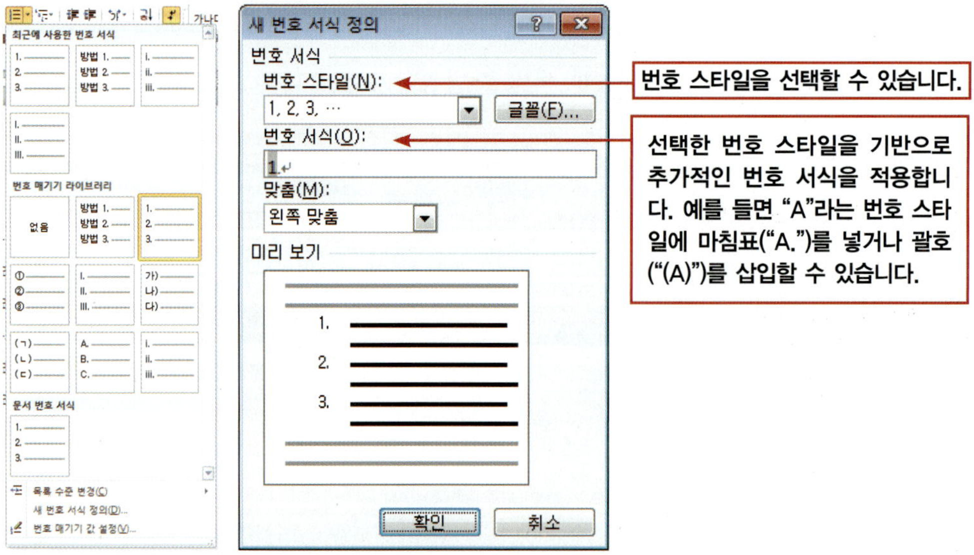

4. 오른쪽과 같이 번호 모양을 변경해 봅시다.

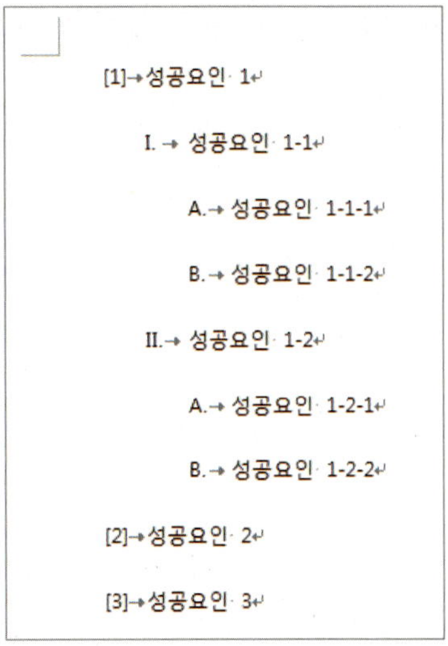

5.4 글머리 기호 위치 조정하기

아래와 같이 글머리 기호가 적용되었을 경우, 글머리 기호의 위치나 글머리 기호와 텍스트 간의 위치를 변경하고 싶을 때가 있습니다. 이 경우 눈금자의 **첫 줄 들여쓰기**, **내어쓰기** 메뉴를 이용해 위치를 변경할 수 있습니다.

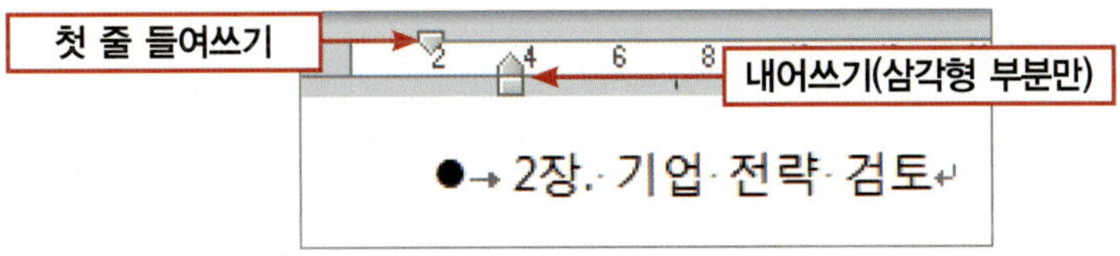

첫 줄 들여쓰기 나 **내어쓰기** 를 클릭한 상태로 마우스를 왼쪽으로 움직이면 들여쓰기와 내어쓰기가 조절됩니다.

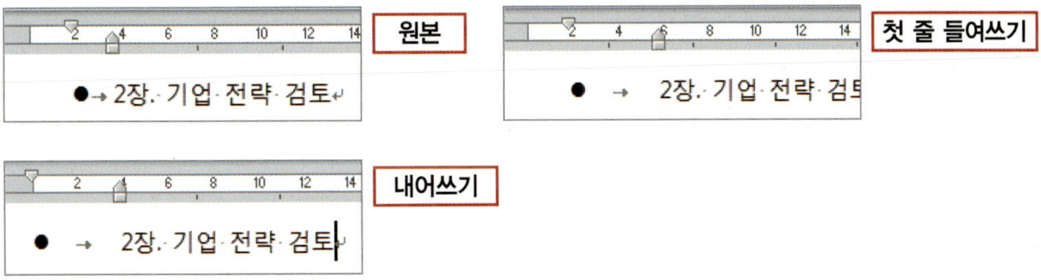

5.5 예제 문서에 적용하기

예제 문서에 글머리 기호를 적용해 봅시다.

1. "2장. 기업 전략 검토" ~ "5장. 서비스 결정"에 포함된 모든 행을 선택합니다(Ctrl 키를 누른 상태로 행 왼쪽 여백 부분을 클릭함). 그리고 원하는 글머리 기호를 적용합니다.

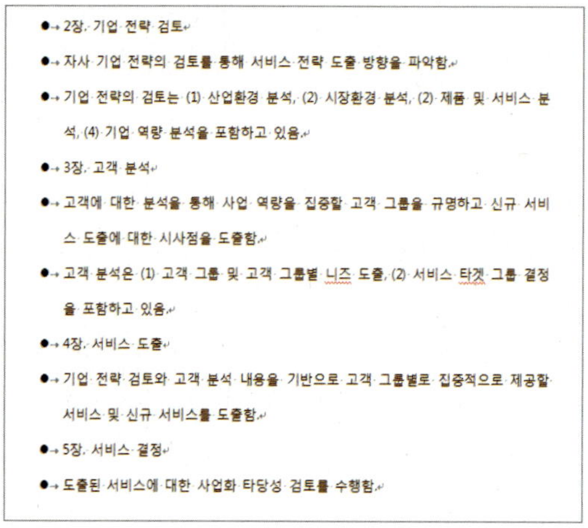

- 2장. 기업 전략 검토
- 자사 기업 전략의 검토를 통해 서비스 전략 도출 방향을 파악함.
- 기업 전략의 검토는 (1) 산업환경 분석, (2) 시장환경 분석, (2) 제품 및 서비스 분석, (4) 기업 역량 분석을 포함하고 있음.
- 3장. 고객 분석
- 고객에 대한 분석을 통해 사업 역량을 집중할 고객 그룹을 규명하고 신규 서비스 도출에 대한 시사점을 도출함.
- 고객 분석은 (1) 고객 그룹 및 고객 그룹별 니즈 도출, (2) 서비스 타겟 그룹 결정을 포함하고 있음.
- 4장. 서비스 도출
- 기업 전략 검토와 고객 분석 내용을 기반으로 고객 그룹별로 집중적으로 제공할 서비스 및 신규 서비스를 도출함.
- 5장. 서비스 결정
- 도출된 서비스에 대한 사업화 타당성 검토를 수행함.

2. 각 장에 포함된 세부 내용들만 선택하고, Tab 키를 누릅니다.

3. 하위 단위의 글머리 기호를 변경해 줍니다.

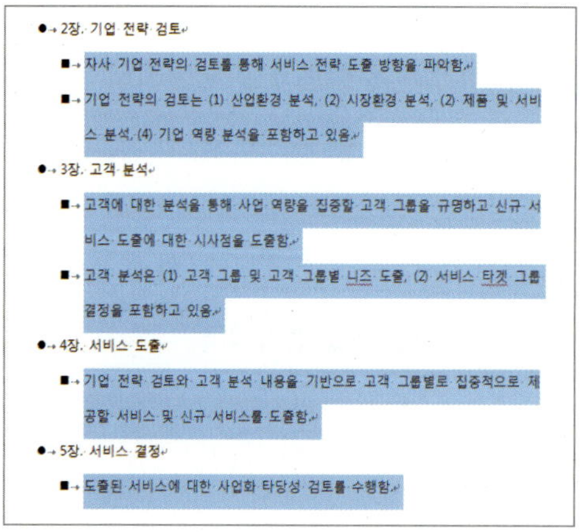

- 2장. 기업 전략 검토
  - 자사 기업 전략의 검토를 통해 서비스 전략 도출 방향을 파악함.
  - 기업 전략의 검토는 (1) 산업환경 분석, (2) 시장환경 분석, (2) 제품 및 서비스 분석, (4) 기업 역량 분석을 포함하고 있음.
- 3장. 고객 분석
  - 고객에 대한 분석을 통해 사업 역량을 집중할 고객 그룹을 규명하고 신규 서비스 도출에 대한 시사점을 도출함.
  - 고객 분석은 (1) 고객 그룹 및 고객 그룹별 니즈 도출, (2) 서비스 타겟 그룹 결정을 포함하고 있음.
- 4장. 서비스 도출
  - 기업 전략 검토와 고객 분석 내용을 기반으로 고객 그룹별로 집중적으로 제공할 서비스 및 신규 서비스를 도출함.
- 5장. 서비스 결정
  - 도출된 서비스에 대한 사업화 타당성 검토를 수행함.

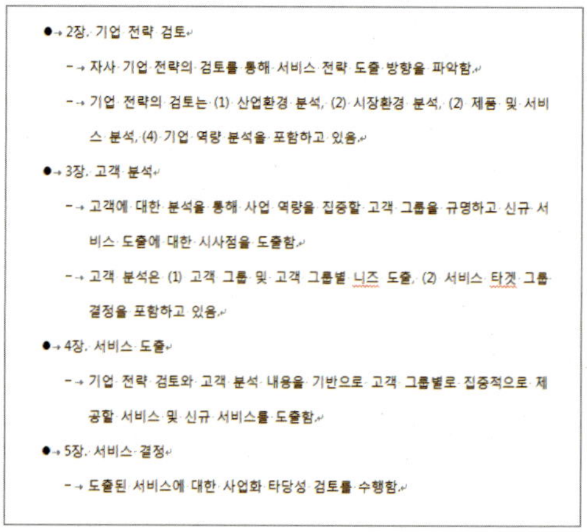

- 2장. 기업 전략 검토
  - 자사 기업 전략의 검토를 통해 서비스 전략 도출 방향을 파악함.
  - 기업 전략의 검토는 (1) 산업환경 분석, (2) 시장환경 분석, (2) 제품 및 서비스 분석, (4) 기업 역량 분석을 포함하고 있음.
- 3장. 고객 분석
  - 고객에 대한 분석을 통해 사업 역량을 집중할 고객 그룹을 규명하고 신규 서비스 도출에 대한 시사점을 도출함.
  - 고객 분석은 (1) 고객 그룹 및 고객 그룹별 니즈 도출, (2) 서비스 타겟 그룹 결정을 포함하고 있음.
- 4장. 서비스 도출
  - 기업 전략 검토와 고객 분석 내용을 기반으로 고객 그룹별로 집중적으로 제공할 서비스 및 신규 서비스를 도출함.
- 5장. 서비스 결정
  - 도출된 서비스에 대한 사업화 타당성 검토를 수행함.

예제 문서의 2페이지 내용도 같은 방식으로 작성해 봅시다.

6 그림 삽입하기

앞서 1장의 12절에서 그림을 삽입하는 방법을 배웠습니다. 실제로 문서를 작성할 때는 PowerPoint나 Excel에서 그림이나 차트를 작성한 후, Word에 삽입하는 경우가 많습니다. 그 이유는 이 소프트웨어들이 그림이나 차트를 그리는 데 더 편리한 기능과 환경을 제공하기 때문입니다. 이때 다음과 같은 기능들을 익힐 필요가 있습니다.

- PowerPoint나 Excel에서 작성된 그림이나 차트는 이미지 파일로 Word에 삽입하는 것이 좋습니다.
- 삽입된 그림에는 제목을 달아 독자들이 그림의 내용을 쉽게 이해할 수 있도록 합니다. 이때는 **캡션** 이라는 기능을 이용해 제목을 삽입하도록 합니다. **캡션** 기능을 이용하면 그림 또는 표 목차를 자동으로 작성할 수 있습니다.
- 이미지나 표를 삽입했을 때는 꼭 본문에서 그림이나 표를 언급해 주도록 합니다. 이때는 **상호 참조** 라는 기능을 이용하도록 합니다.

6.1 PowerPoint나 Excel 문서 내용을 이미지 파일로 삽입하기

예제 Word 문서는 **2장_005_실습파일.pptx** 와 **2장_006_실습파일.xlsx** 파일의 그림과 차트를 이용해 작성한 것입니다. 우선 **2장_005_실습파일.pptx** 파일의 그림을 예제 Word 문서 3페이지에 삽입해 봅시다.

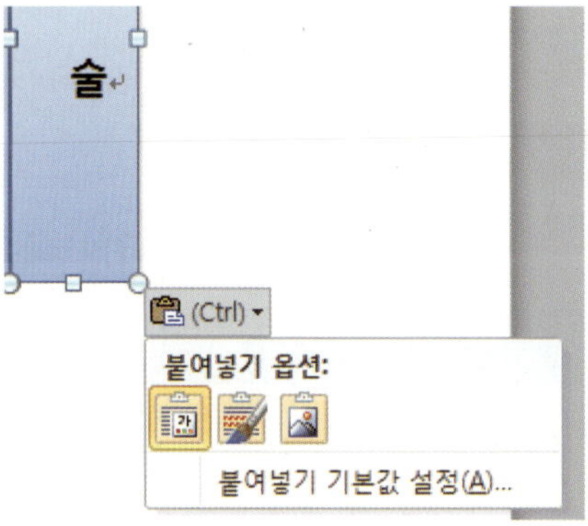

1. **2장_005_실습파일.pptx** 파일을 열고 2페이지로 이동합니다.

2. 마우스를 드래그하거나 Ctrl + A 키를 눌러 그림 전체를 선택하고, Ctrl + C 키를 눌러 그림을 복사합니다.

3. **2장_004_실습파일.docx** 파일을 열고, 3페이지의 적당한 위치에 커서를 위치시킨 후, Ctrl + V 키를 눌러 그림을 붙여넣기 합니다.

4. 그림을 붙여넣으면 오른쪽 하단에 **붙여넣기 옵션** 메뉴가 나타납니다. 이 메뉴를 클릭하고, 가장 오른쪽에 있는 **그림으로 붙여넣기** 를 선택하면 PowerPoint의 그림이 Word에 그림 형식으로 붙여넣기 됩니다.

붙여넣기 옵션 메뉴에 있는 각각의 옵션에 대한 설명은 다음과 같습니다.

- 대상 테마 사용(좌측): 현재 Word 문서의 서식대로 붙여넣기를 합니다.
- 원본 서식 유지(중앙): 원본 문서의 서식대로 붙여넣기를 합니다.
- 그림(우측): 복사한 내용을 그림 파일의 형식으로 붙여넣기를 합니다.

Excel에서 작성한 차트도 위와 동일한 방법으로 Word에 붙여넣기 할 수 있습니다. 삽입된 그림에는 "표준" 스타일이 적용되어, 2칸 들여쓰기가 되어 있습니다. 따라서 들여쓰기 서식의 조정이 필요합니다. 이때는 **눈금자** 의 **첫 줄 들여쓰기** 를 클릭한 상태로 마우스를 왼쪽으로 움직여 **내어쓰기** 와 일치시킵니다.

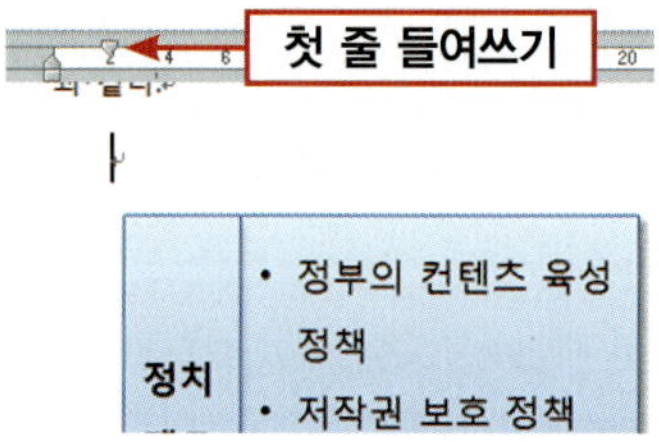

삽입된 그림은 너무 크므로 크기를 작게 조절할 필요가 있습니다. 다음과 같은 절차로 크기를 조절합니다.

1. 그림을 클릭하고 마우스 오른쪽 버튼을 눌러 **크기** 메뉴를 선택합니다.

2. "크기" 대화상자가 나타나면 **배율** 그룹의 **높이** 와 **너비** 를 모두 "70"으로 입력하고 **닫기** 를 클릭합니다.

3. 그림이 왼쪽 정렬로 되어 있어 어색하므로 "가운데 맞춤"을 적용해 줍니다.

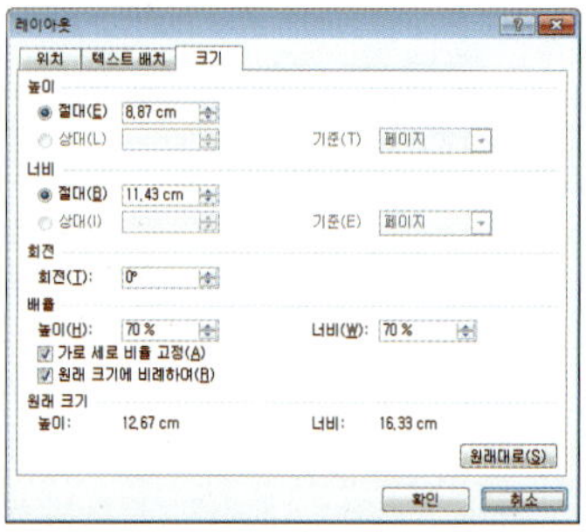

6.2 삽입된 그림에 제목 달기

삽입된 그림이나 표에는 제목을 달아 주는 것이 원칙입니다. 일반적으로 표에는 표의 상단에, 그림에는 그림의 하단에 제목을 다는 것이 원칙이지만, 경우에 따라 일괄적으로 표나 그림의 상단에 제목을 달기도 합니다. 긴 문서의 경우 **캡션** 기능을 이용해 그림이나 표에 제목을 다는 것이 좋습니다. **캡션** 기능을 사용할 경우 다음과 같은 장점이 있습니다.

- 표나 그림의 번호를 자동으로 부여해 줍니다. 표나 그림의 순서가 바뀌면 표나 그림의 번호도 자동으로 수정됩니다.
- 표나 그림 목차를 자동으로 작성할 수 있습니다.

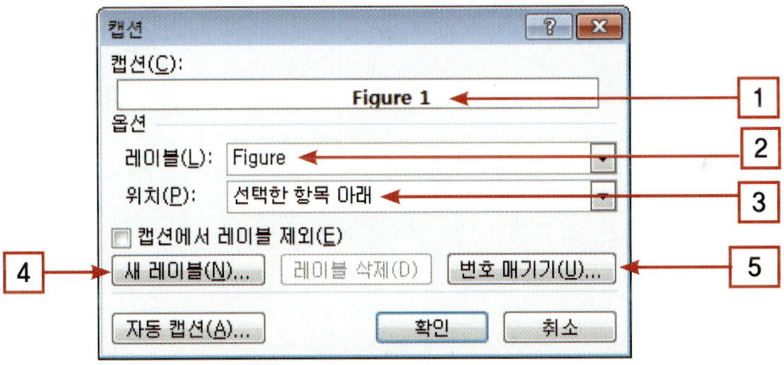

캡션기능	설명
1	그림이나 표의 제목을 입력합니다.
2	레이블(예: 그림, 표, 〈그림〉, 〈표〉)의 유형을 선택합니다. 자동으로 그림이나 표의 목차를 작성하기 위해서는 레이블의 유형을 정확히 설정해야 합니다.
3	제목이 삽입되는 위치를 지정합니다.
4	레이블 유형을 새로 지정할 때 사용합니다.
5	레이블에 삽입되는 번호 유형을 지정할 때 사용합니다.

"새 레이블" 대화상자를 이용하면 새로운 레이블 형식을 지정할 수 있습니다. 만약 레이블을 "<그림 1>"과 같은 형태로 지정하고 싶다면 "새 레이블" 대화상자에 "<그림"이라고 입력합니다. 그러면 "<그림" 다음 부분에 숫자가 자동으로 입력됩니다.

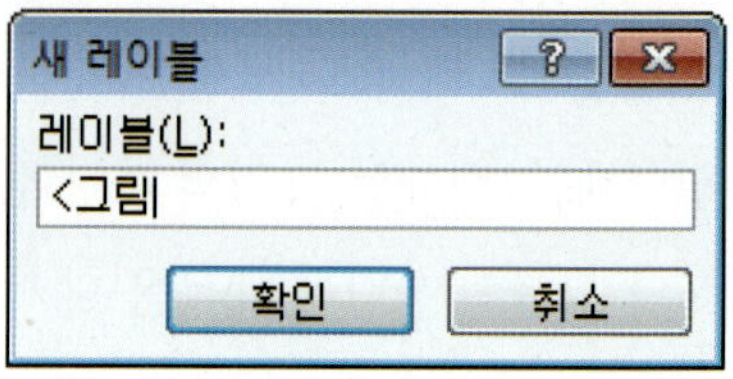

"캡션 번호 매기기" 대화상자를 이용하면 번호의 서식 설정, 장 번호를 포함시킬 것인지에 대한 설정이 가능합니다.

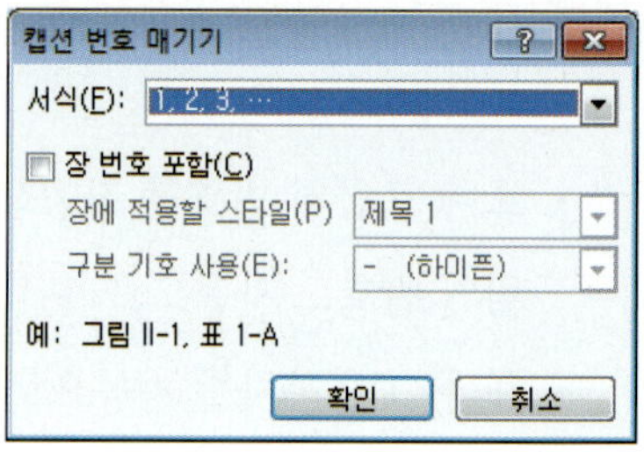

캡션 기능을 이용해 이미지에 제목을 삽입해 봅시다.

1. 이미지 파일을 클릭하고, 마우스 오른쪽 버튼을 눌러 **캡션 삽입** 메뉴를 클릭합니다.
2. 현재는 캡션 레이블이 "그림 1"로 지정되어 있습니다. 우리는 "<그림 1>"과 같은 형태로 레이블을 변경할 것이기 때문에 **새 레이블** 버튼을 클릭합니다.
3. "새 레이블" 대화상자에 "<그림"을 입력하고, **확인** 버튼을 클릭합니다.
4. 레이블 종류를 "<그림"으로 선택해 줍니다.
5. 위치를 "선택한 항목 위"로 선택해 줍니다.
6. 위와 같이 설정한 후 **확인** 버튼을 클릭하면 그림 상단에 제목이 삽입됩니다.
7. 이미지 위에 "<그림 1"이라는 텍스트가 자동으로 입력됩니다. 이 텍스트에 이어 "> 포털산업에 대한 PEST 분석결과"를 입력합니다.
8. 이전에 이미지를 "가운데 정렬"하고 "들여쓰기"를 제거했으므로, 삽입된 제목에도 같은 서식이 적용됩니다.

표의 경우에도 마찬가지 방법으로 **캡션** 기능을 이용해 제목을 삽입할 수 있습니다.

6.3 상호 참조 이용하기

6.3.1 상호 참조로 그림/표 번호 삽입하기

문서에 그림이나 표를 삽입한 경우에는 본문에서 그림이나 표를 언급하고 구체적인 설명을 해 주는 것이 좋습니다. 그러나 그림이나 표의 번호가 문서를 수정하면서 변경되는 경우가 많은데, 이 경우 본문의 번호도 함께 수정해 주는 것은 매우 귀찮은 일입니다. 상호 참조 기능을 이용하면 이러한 작업을 자동으로 수행할 수 있습니다.

앞서 삽입한 "<그림 1"의 상단을 보면 아래와 같이 "<그림 1" 부분이 회색 배경으로 표시되어 있습니다. 이는 "<그림 1"을 상호 참조 기능을 이용해 삽입했기 때문입니다.

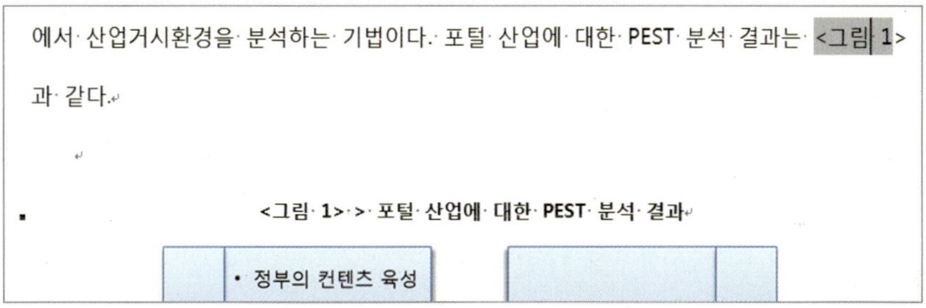

상호 참조 기능을 이용해 본문에 그림 번호를 삽입해 봅시다. 상호 참조 기능은 **삽입** 탭의 **링크** 그룹, 또는 **참조** 탭의 **캡션** 그룹에 위치해 있습니다.

1. 현재 입력되어 있는 "<그림 1"을 삭제합니다.
2. **참조** 탭의 **캡션** 그룹에 있는 **상호 참조** 메뉴를 클릭합니다.
3. "상호 참조" 대화상자의 **참조할 대상**에서 우리가 선택한 레이블 형식인 "<그림"을 선택합니다. 그러면 이에 해당하는 제목 리스트가 **사용할 캡션** 영역에 나타납니다. 원하는 캡션을 선택해 줍니다.

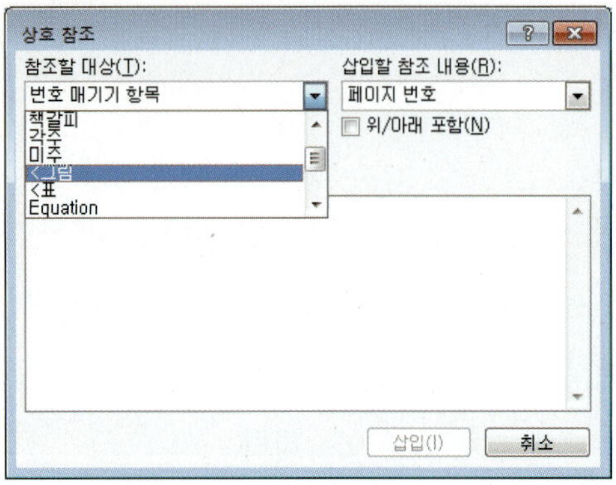

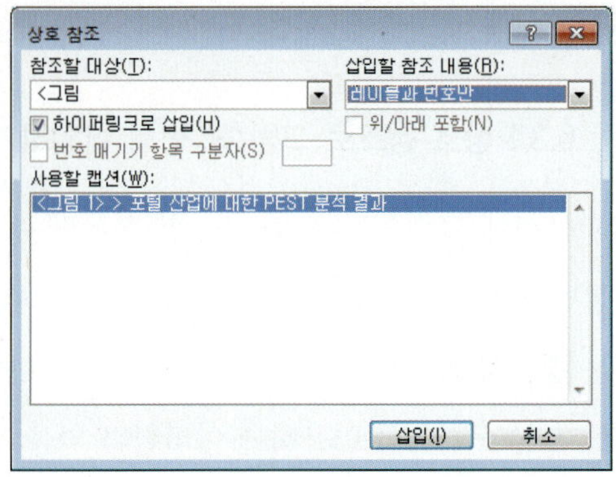

4. **삽입할 참조 내용** 에서 "레이블과 번호만"을 선택하고 **확인** 버튼을 클릭하면, 커서 위치에 그림 번호가 자동으로 삽입됩니다.

6.3.2 그림/표 번호 업데이트하기

그림이나 표 제목은 캡션 기능을 이용한 경우 자동 업데이트되지만, **상호 참조** 를 이용해 본문에 삽입한 그림이나 표의 번호는 자동 업데이트되지 않습니다. 그림/표 번호를 업데이트하는 방법은 (1) 문서 전체의 그림/표 번호를 업데이트하는 경우와, (2) 특정 그림/표 번호를 업데이트하는 경우로 나뉩니다.

- 방법 1: 문서 전체를 업데이트하는 경우

1. Ctrl + A 키를 눌러 문서 전체를 선택합니다.
2. F9 키 또는 마우스 오른쪽 버튼을 누르고 **필드 업데이트** 를 클릭합니다.

- 방법 2: 특정 그림/표 번호만 업데이트하는 경우

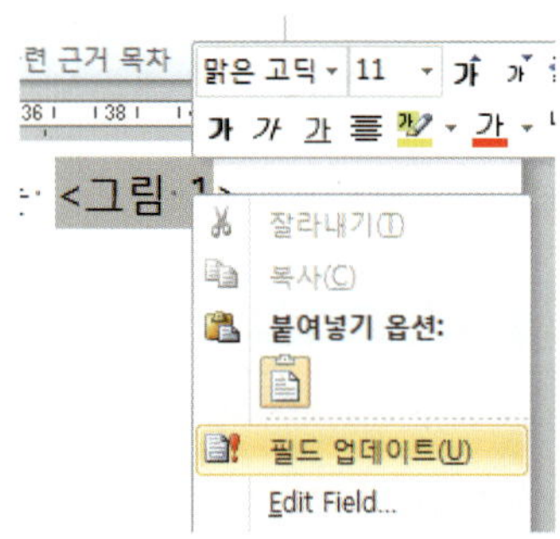

1. 업데이트를 원하는 그림/표 번호 부분을 클릭합니다.
2. 마우스 오른쪽 버튼을 누르고 **필드 업데이트** 메뉴를 클릭합니다.

7 표 작성하기

앞서 1장의 13절에서 표를 삽입하는 방법을 배웠습니다. 이 장에서는 보다 다양하고 실전적인 유형의 표들을 작성함으로써 표 작성 실력을 보다 향상시키도록 합니다.

7.1 예제 1

처음 작성할 표는 아래와 같습니다. 이 표는 R&D(연구개발) 관리의 진화 과정과 특징을 설명한 것입니다.

구분	1세대 방임형R&D	2세대 관리형 R&D	3세대 전략형 R&D	4세대 성과형 R&D
시기	1950~60년대	1970년대	1980-90년대	최근
주요 특징	일부의 결과만이 시장에 적용	사업 니즈에 대응한 단기 상품화 과제 중심	핵심역량에 집중	신사업의 창출

1. 새 문서를 하나 만듭니다.
2. 표 삽입 및 글자 서식 설정
   a. **삽입** 탭의 **표** 그룹에 있는 **표** 메뉴를 클릭해 "5열 3행"의 표를 삽입하고, 텍스트를 입력합니다.
   b. 글자 정렬은 "가운데 정렬", 글자 크기는 "10pt", 1행의 글자는 "두껍게" 서식을 적용합니다.
   c. 1열의 너비를 적당하게 줄이고, 2열부터 5열을 모두 선택한 후, 마우스 오른쪽 버튼을 누르고 **열 너비를 같게** 메뉴를 클릭합니다.
   d. 1행을 드래그하고, **표 도구 – 디자인** 탭의 **표 스타일** 그룹에 있는 **음영** 메뉴에서 "진한 파랑, 텍스트 2"를 클릭합니다.
   e. 1행을 드래그하고, 마우스 오른쪽 버튼을 눌러 글자색을 "흰색"으로 설정합니다.

3. 표 테두리 설정

a. 표 전체를 드래그해 영역을 선택하고, **표 도구** - **디자인** 탭의 **표 스타일** 그룹에 있는 **테두리** 메뉴에서 **왼쪽 테두리**, **오른쪽 테두리** 를 설정 해제합니다.

b. **표 도구** - **디자인** 탭의 **테두리 그리기** 그룹에서 **펜 색** 을 "흰색"으로 변경해 줍니다.

c. 1행을 드래그해 영역을 선택하고, **표 도구** - **디자인** 탭의 **표 스타일** 그룹에 있는 **테두리** 메뉴에서 **안쪽 테두리** 를 해제했다가 다시 설정해 주면 흰색 테두리선이 적용됩니다.

d. **표 도구** - **디자인** 탭의 **테두리 그리기** 그룹에서 **펜 색** 을 "진한 파랑, 텍스트 2" 로 변경해 줍니다.

e. 2행~3행을 드래그해 영역을 선택하고, **표 도구** - **디자인** 탭의 **표 스타일** 그룹에 있는 **테두리** 메뉴에서 **안쪽 테두리**, **아래쪽 테두리** 를 해제했다가 다시 설정해 주면 "진한 파랑, 텍스트 2" 테두리선이 적용됩니다.

f. 1행을 드래그해 영역을 선택하고, **표 도구** - **디자인** 탭의 **표 스타일** 그룹에 있는 **테두리** 메뉴에서 **위쪽 테두리** 를 해제했다가 다시 설정해 주면 "진한 파랑, 텍스트 2" 테두리선이 적용됩니다.

7.2 예제 2

두 번째로 작성할 표는 다음 페이지와 같습니다. 이 표는 비즈니스 모델을 개발할 경우 고려해야 할 구성요소들을 설명한 것입니다.

1. 표 삽입 및 글자 서식 설정

a. **삽입** 탭의 **표** 그룹에 있는 **표** 메뉴를 클릭해 "3열 11행"의 표를 삽입하고, 텍스트를 입력합니다.

b. 글자 정렬은 "가운데 정렬", 글자 크기는 "10pt", 1행의 글자는 "두껍게" 서식을 적용합니다.

구성요소	세부 구성요소	체크포인트
비즈니스 가치	시장/고객	기술을 판매할 수 있는 시장/고객은 누구인가?
	제품/서비스	시장/고객에 대해 기술은 어떠한 제품/서비스의 형태로 판매될 수 있는가?
	가치제안	제품/서비스가 시장/고객에게 제공 가능한 가치제안은 무엇인가?
	수익 구조	시장/고객에 대해 어떠한 방식으로 제품/서비스를 판매하고 수익을 창출할 수 있는가?
	경쟁자	출시하고자 하는 제품/서비스에 대한 경쟁자는 누구이며, 우리는 이러한 경쟁자들에 대해 경쟁우위를 가지고 있는가?
	행위자/파트너	시장/고객에게 가치를 제공하는 과정에 참여하는 행위자/파트너는 누구인가?
비즈니스 프로세스	파트너 가치 네트워크	시장/고객에게 제품/서비스를 전달하기 위해서 어떠한 파트너들이 필요한가?
	파트너 역할	각각의 파트너는 어떠한 역할을 수행하는가?
	파트너간 흐름	파트너간에는 어떠한 제품/서비스, 정보, 재화가 흐르는가?
정보통신기술 아키텍처		비즈니스 프로세스를 수행하기 위해 필요한 공간정보 DB, 미들웨어, 애플리케이션, 유·무선 통신 네트워크, 각종 정보기기의 아키텍처는 어떻게 구성되는가?

c. 각 열의 너비를 적당하게 조절해 줍니다.

d. 1행을 드래그하고, 가운데 정렬을 한 후, **표 도구** – **디자인** 탭의 **표 스타일** 그룹에 있는 **음영** 메뉴에서 "진한 파랑, 텍스트 2"를 클릭해 줍니다.

e. 1행을 드래그하고, 마우스 오른쪽 버튼을 눌러 글자색을 "흰색"으로 설정합니다.

2. 셀 병합

a. 1열 2행~1열 7행을 드래그하고, 마우스 오른쪽 버튼을 눌러 **셀 병합** 을 클릭합니다.

b. 1열 8행~1열 10행을 드래그하고, 마우스 오른쪽 버튼을 눌러 **셀 병합** 을 클릭합니다.

c. 1열 11행~2열 11행을 드래그하고, 마우스 오른쪽 버튼을 눌러 **셀 병합** 을 클릭합니다.

MS Word

3. 표 테두리 설정

a. 표 전체를 드래그해 영역을 선택하고, **표 도구** – **디자인** 탭의 **표 스타일** 그룹에 있는 **테두리** 메뉴에서 **왼쪽 테두리**, **오른쪽 테두리**를 설정 해제합니다.

b. **표 도구** – **디자인** 탭의 **테두리 그리기** 그룹에서 **펜 색**을 "흰색"으로 변경해 줍니다.

c. 1행을 드래그해 영역을 선택하고, **표 도구** – **디자인** 탭의 **표 스타일** 그룹에 있는 **테두리** 메뉴에서 **안쪽 테두리**를 해제했다가 다시 설정하면 흰색 테두리선이 적용됩니다.

d. **표 도구** – **디자인** 탭의 **테두리 그리기** 그룹에서 **펜 색**을 "진한 파랑, 텍스트 2" 로 변경해 줍니다.

e. 2행~11행을 드래그해 영역을 선택하고, **표 도구** – **디자인** 탭의 **표 스타일** 그룹에 있는 **테두리** 메뉴에서 **안쪽 테두리**, **아래쪽 테두리**를 해제했다가 다시 설정하면 "진한 파랑, 텍스트 2" 테두리선이 적용됩니다.

f. 1행을 드래그해 영역을 선택하고, **표 도구** – **디자인** 탭의 **표 스타일** 그룹에 있는 **테두리** 메뉴에서 **위쪽 테두리**, **아래쪽 테두리**를 해제했다가 다시 설정하면 "진한 파랑, 텍스트 2" 테두리선이 적용됩니다.

g. **표 도구** – **디자인** 탭의 **테두리 그리기** 그룹에서 "점선"을 선택해 줍니다.

h. 2열 2행~3열 7행을 드래그하고, **표 도구** – **디자인** 탭의 **표 스타일** 그룹에 있는 **테두리** 메뉴에서 **안쪽 가로 테두리**를 해제했다가 다시 설정하면 점선이 적용됩니다.

i. 2열 8행~3열 10행을 드래그하고, **표 도구** – **디자인** 탭의 **표 스타일** 그룹에 있는 **테두리** 메뉴에서 **안쪽 가로 테두리**를 해제했다가 다시 설정하면 점선이 적용됩니다.

7.3 예제 3

세 번째로 작성할 표는 다음과 같습니다. 이 표는 비즈니스 모델을 개발하기 위해 서비스를 설계한 것입니다.

<table>
<tr><th>서비스 대안 명</th><td colspan="2">아동 위치 추적 및 응급 상황 발신 서비스</td></tr>
<tr><th>세부 고객 유형</th><td colspan="2">학부모/자녀</td></tr>
<tr><th>니즈</th><td colspan="2">• 자녀의 위치를 실시간으로 파악했으면 함
• 자녀에게 문제가 생겼을 부모 및 경찰에게 보호 요청을 할 수 있도록 함</td></tr>
<tr><th>가치제안</th><td colspan="2">• 안전: 자녀의 안전을 보장해줌
• 편리함: 자녀의 위치를 언제나 장소에 상관없이 쉽게 확인할 수 있도록 해줌
• 신속성: 신속한 자녀 보호 서비스를 제공할 수 있도록 해줌</td></tr>
<tr><th>서비스 시나리오</th><td colspan="2">1. 자녀/부모는 교육 동영상을 통해 기기 이용법과 응급상황 대처법을 교육받음
2. 부모는 안심 활동 지역을 미리 설정하고, 자녀 외출 시 자녀의 신체에 발신기를 착용시킴
3. 부모는 웹사이트, 휴대폰, PDA를 이용해 자녀의 위치를 언제나 확인할 수 있음
4. 발신기가 강제로 분리되거나, 자녀가 안심 활동 지역을 벗어나거나, 자녀가 응급발신 버튼을 누르면 응급 신호가 송출됨
5. 신호는 부모들의 휴대폰으로 전달되고, 응급 상황 확인 및 해결 조치를 취하게 됨</td></tr>
<tr><th>수익 확보 방안</th><td colspan="2">• 최초 서비스 가입 시 위치 송수신 장비 판매
• 월 서비스 사용료</td></tr>
<tr><th>요구 기술/컨텐츠</th><th>요구 기술/컨텐츠 확보가능성</th><th>요구 기술/컨텐츠 확보 방법</th></tr>
<tr><td>초박형 GPS 위치 송수신 기술</td><td>가능성 높음</td><td>자체개발</td></tr>
<tr><td>무선 통신 네트워크</td><td>가능</td><td>무선통신사업자와 제휴</td></tr>
<tr><td>장비 탈착 감지 센서</td><td>가능성 높음</td><td>본 사업단 O핵심 O세부과제 O 성과와 연계</td></tr>
<tr><td>지리정보 DB</td><td>가능성 높음</td><td>OO시 기본지리정보서비스</td></tr>
</table>

1. 표 삽입 및 셀 병합

a. **삽입** 탭의 **표** 그룹에 있는 **표** 메뉴를 클릭해 "3열 11행"의 표를 삽입합니다.

b. 1행~6행까지 2열과 3열을 드래그한 후, 마우스 오른쪽 버튼을 누르고 **셀 병합** 을 클릭해 병합해 줍니다.

2. 글자 서식 설정

a. 텍스트를 입력하고, 글자 크기는 "10pt"를 적용합니다.

b. 1열 1행 ~ 1열 7행, 7행 2열 ~ 7행 3열에 글자 정렬은 "가운데 정렬", "두껍게" 서식을 적용합니다.

c. 각 열의 너비를 적당하게 조절합니다.

d. 1열 1행 ~ 1열 7행을 드래그하고, **표 도구** – **디자인** 탭의 **표 스타일** 그룹에 있는 **음영** 메뉴에서 "진한 파랑, 텍스트 2"를 클릭해 줍니다.

e. 1열 1행 ~ 1열 7행을 드래그하고, 마우스 오른쪽 버튼을 눌러 글자색을 "흰색"으로 설정합니다.

f. 7행 2열 ~ 7행 3열을 드래그하고, **표 도구** – **디자인** 탭의 **표 스타일** 그룹에 있는 **음영** 메뉴에서 "진한 파랑, 텍스트 2"를 클릭해 줍니다.

g. 7행 2열 ~ 7행 3열을 드래그하고, 마우스 오른쪽 버튼을 눌러 글자색을 "흰색"으로 설정합니다.

3. 표 테두리 설정

a. **표 도구** – **디자인** 탭의 **테두리 그리기** 그룹에서 **펜 색** 을 "진한 파랑, 텍스트 2" 로 변경해 줍니다.

b. 표 전체를 드래그해 영역을 선택하고, **표 도구** – **디자인** 탭의 **표 스타일** 그룹에 있는 **테두리** 메뉴에서 **모든 테두리** 를 클릭해 줍니다.

c. 표 전체를 드래그해 영역을 선택하고, **표 도구** – **디자인** 탭의 **표 스타일** 그룹에 있는 **테두리** 메뉴에서 **왼쪽 테두리** , **오른쪽 테두리** 를 설정 해제합니다.

d. **표 도구** – **디자인** 탭의 **테두리 그리기** 그룹에서 **펜 색**을 "흰색"으로 변경해 줍니다.

e. 1열 1행 ~ 1열 7행을 드래그하고, **표 도구** – **디자인** 탭의 **표 스타일** 그룹에 있는 **테두리** 메뉴에서 **안쪽 가로 테두리**를 해제했다가 다시 설정하면 흰색 테두리 선이 적용됩니다.

f. 7행 1열 ~ 7행 3열을 드래그하고, **표 도구** – **디자인** 탭의 **표 스타일** 그룹에 있는 **테두리** 메뉴에서 **안쪽 세로 테두리**를 해제했다가 다시 설정하면 흰색 테두리 선이 적용됩니다.

7.4 예제 4

이번에는 대각선으로 테두리 선이 들어간 표를 작성해 봅시다.

성명 / 성과지표	홍진원	박진수	김형근	하형진
강의 성실도	3	3	3	2
강의 컨텐츠	5	3	2	3
강의법	3	3	3	2
총점	11	9	8	7

1. 표 삽입

삽입 탭의 **표** 그룹에 있는 **표** 메뉴를 클릭해 "5열 5행"의 표를 삽입합니다.

2. 배경색 설정

표 도구 – **디자인** 탭의 **테두리 그리기** 그룹에서 **음영** 메뉴를 클릭해 1행과 1열의 배경 색을 "진한 빨강"으로 설정해 줍니다.

3. 대각선 삽입

- 방법 1: **표 그리기** 메뉴를 이용하는 방법
  a. **표 도구** – **디자인** 탭의 **테두리 그리기** 그룹에서 **펜 색** 메뉴를 클릭해 "흰색"으로 설정합니다.
  b. **표 도구** – **디자인** 탭의 **테두리 그리기** 그룹에서 **표 그리기** 메뉴를 선택합니다. 그러면 마우스 포인터가 펜 모양으로 변합니다.
  c. 대각선을 넣고자 하는 셀로 마우스 포인터를 이동시키고, 마우스 왼쪽 버튼을 누른 채로 원하는 방향으로 펜을 그어 주면 테두리 선이 그려집니다.
- 방법 2: **테두리** 메뉴를 이용하는 방법
  a. **표 도구** – **디자인** 탭의 **테두리 그리기** 그룹에서 **펜 색** 메뉴를 클릭해 "흰색"으로 설정합니다.
  b. 대각선 삽입을 원하는 셀을 마우스 왼쪽 버튼으로 클릭합니다.
  c. **표 도구** – **디자인** 탭의 **표 스타일** 그룹에서 **하향 대각선 테두리**를 클릭해 줍니다.

4. 테두리 선 색 설정
   a. **표 도구** – **디자인** 탭의 **테두리 그리기** 그룹에서 **펜 색** 메뉴를 클릭해 "흰색"으로 설정합니다.
   b. 1행을 드래그하고, **표 도구** – **디자인** 탭의 **표 스타일** 그룹에서 **모든 테두리**를 해제했다가 다시 설정합니다. 1열도 마찬가지로 설정해 줍니다.

5. 대각선 셀에 텍스트 입력하기
   a. 1행, 1열 셀에 "성명"을 입력하고 엔터 키를 누른 후, "성과지표"를 입력합니다.
   b. "성명" 텍스트만 선택한 후 **홈** 탭의 **단락** 그룹에 있는 **텍스트 오른쪽 맞춤** 메뉴를 클릭합니다.
   c. "성과지표" 텍스트만 선택한 후 **홈** 탭의 **단락** 그룹에 있는 **텍스트 왼쪽 맞춤** 메뉴를 클릭합니다.

d. 나머지 텍스트들을 입력해 줍니다.

7.5 예제 파일에 있는 표 삽입하기 1

예제 파일 7페이지에 있는 <표 1>을 작성해 봅시다.

1. 표 삽입

삽입 탭의 **표** 그룹에 있는 **표** 메뉴를 클릭해 "3열 8행"의 표를 삽입합니다.

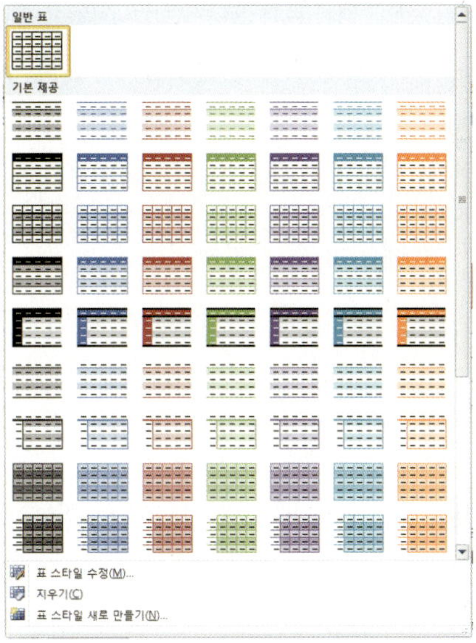

2. 자동 서식 설정

표 도구 – 디자인 탭의 **표 스타일** 에 있는 표 스타일 중 **중간 음영 1–강조색 1** 스타일을 클릭합니다.

3. 텍스트 입력 및 셀 너비 조정

a. 텍스트 내용을 입력합니다.

b. 셀 너비를 적절하게 조절해 줍니다.

c. 캡션을 이용해 제목을 달아 줍니다.

7.6 예제 파일에 있는 표 삽입하기 2

예제 파일 12페이지에 있는 <표 3>을 작성해 봅시다.

1. 표 삽입하기

a. **삽입** 탭의 **표** 그룹에 있는 표 메뉴를 클릭해 "3열 3행"의 표를 삽입합니다.

b. 텍스트를 입력하고, 셀 크기를 적절하게 조절해 줍니다.

2. 배경 색 설정하기

a. 1행을 드래그하고, **표 도구** – **디자인** 탭의 **표 스타일** 그룹에 있는 **음영** 메뉴를 클릭해 "파랑, 강조 1"을 적용해 줍니다. 1열도 마찬가지로 음영색을 지정해 줍니다.

b. 2행 2열 ~ 3행 3열을 드래그하고, **표 도구** – **디자인** 탭의 **표 스타일** 그룹에 있는 **음영** 메뉴를 클릭해 "파랑, 강조 1, 80% 더 밝게"를 적용해 줍니다.

c. 1행 1열을 클릭하고, **표 도구** – **디자인** 탭의 **표 스타일** 그룹에서 **음영** 메뉴를 클릭해 **색 없음**을 클릭하고, **테두리** 메뉴를 클릭해 **테두리 없음**을 클릭합니다.

3. 테두리 색 설정하기

a. **표 도구** – **디자인** 탭의 **테두리 그리기** 그룹에 있는 **펜 색** 메뉴를 클릭해 "흰색"을 선택합니다.

b. 1행 2열 ~ 3열을 선택하고, **표 도구** – **디자인** 탭의 **표 스타일** 그룹에 있는 **테두리** 메뉴를 클릭해서 **안쪽 세로 테두리**을 해제했다가 다시 적용해 줍니다.

c. 1열 2행 ~ 3행을 선택하고, **표 도구** – **디자인** 탭의 **표 스타일** 그룹에 있는 **테두리** 메뉴를 클릭해서 **안쪽 가로 테두리**을 해제했다가 다시 적용해 줍니다.

d. 캡션을 이용해 제목을 달아 줍니다.

7.7 예제 파일에 있는 표 삽입하기 3

예제 파일 20페이지에 있는 <표 7>을 작성해 봅시다.

1. 표 삽입하기

a. **삽입** 탭의 **표** 그룹에 있는 **표** 메뉴를 클릭하고 **표 삽입** 메뉴를 클릭합니다.

b. "열 개수"에 "11", "행 개수"에 21"을 입력하고 **확인** 버튼을 클릭합니다.

2. 제목 행 만들기

a. **표 도구** – **디자인** 탭의 **테두리 그리기** 그룹에 있는 **펜 색** 메뉴를 클릭해 "검정색"으로 설정하고, **표 그리기** 메뉴를 클릭합니다.

b 마우스 포인터가 펜 모양으로 바뀌면, 1행 3열 ~ 8열의 셀 가운데 부분을 마우스 왼쪽 버튼을 누른 상태로 그어 줍니다.

c. 제목 행의 3~5열의 첫 번째 행을 영역 선택하고, 마우스 오른쪽 버튼을 눌러 **셀 병합** 메뉴를 클릭합니다. 6~7열의 첫 번째 행도 마찬가지로 병합해 줍니다.

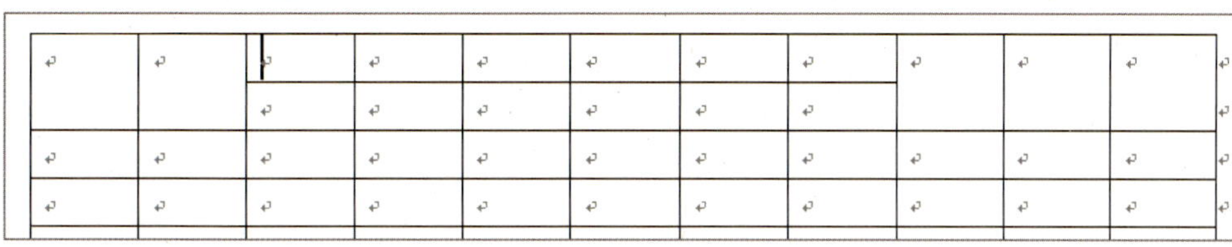

d. 텍스트를 입력합니다.

e. 제목 행 전체를 선택해 줍니다. 우선 제목 행 1열 ~ 마지막 열까지 드래그해 줍니다. 그러고 나서 Ctrl 키를 누른 상태에서 제목 행 두 번째 행의 3열 ~ 8열 다시 드래그해 주면 제목 행 전체가 선택됩니다.

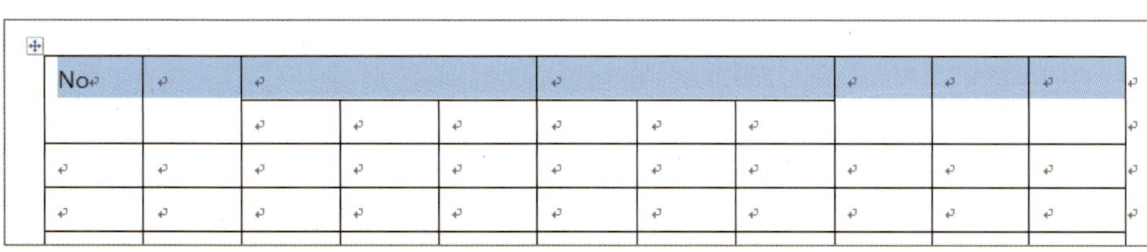

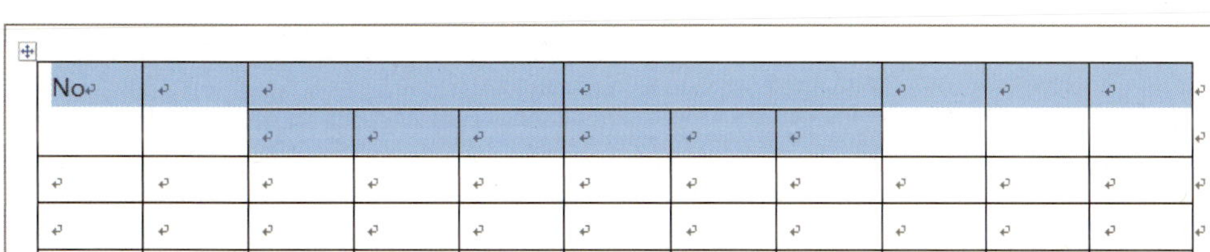

f. 제목 행 글자 서식을 설정하고(돋움, 11pt, 두껍게), 셀 너비를 적절하게 조정해 줍니다. 특히, 3열~8열은 영역 선택 후 **표 도구** – **레이아웃** 탭의 **셀 크기** 그룹에서 마우스 오른쪽 버튼을 클릭하고 **열 너비를 같게** 를 선택하여 열 너비가 동일해지도록 설정해 줍니다.

3. 배경 색 설정하기

a. 제목 행을 영역 선택하고, **표 도구** – **디자인** 탭의 **표 스타일** 그룹에 있는 **음영** 메뉴를 클릭해 "진한 파랑, 텍스트 2, 80% 더 밝게"를 적용해 줍니다.

b. 캡션 기능을 이용해 제목을 달아 줍니다.

<표 1>, <표 3>, <표 7>을 제외한 다른 표는 엑셀 파일에서 작성해 이미지 형식으로 삽입한 후, 캡션만 표 형식으로 적용해 제목을 달아 준 것입니다. 나머지 표들을 모두 삽입해 봅시다.

8 목차 작성

이제 목차 부분만 작성하면 문서 작성이 종료됩니다. 목차는 크게 문서 구조를 보여주는 일반적인 "목차"와 표, 그림, 수식에 대한 "그림 목차"로 구분됩니다. 우선 "목차"를 만들고, 그 후 "그림 목차"를 만드는 법을 알아보겠습니다.

8.1 간단히 자동 목차 만들기

예제 파일의 "ii" 페이지에 있는 일반 목차부터 작성해 봅시다.

1. "ii" 페이지의 3번째 줄에 커서를 위치시킵니다.

2. **참조** 탭의 **목차** 그룹에 있는 **목차** 메뉴를 클릭합니다.

3. **기본 제공** 목록에서 원하는 목차 유형을 선택하면 자동적으로 목차가 삽입됩니다.

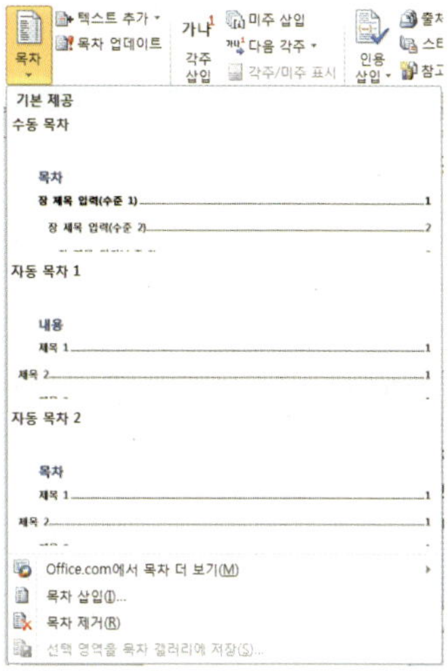

8.2 삽입된 목차 삭제하기

예제 파일의 "ii" 페이지에 삽입했던 목차를 삭제해 봅시다.

1. **참조** 탭의 **목차** 그룹에 있는 **목차** 메뉴를 클릭합니다.
2. **목차 제거** 메뉴를 클릭하면 목차가 삭제됩니다.

8.3 사용자 설정으로 목차 만들기

사용자 설정 목차 만들기는 **목차** 메뉴의 **목차 삽입** 메뉴를 클릭하면 나타나는 "목차" 대화상자의 메뉴를 이용해 수행할 수 있습니다. 또한 "목차" 대화상자의 **수정** 메뉴를 클릭하면 나타나는 **스타일** 메뉴에서 목차의 각 수준별로 서식을 상세히 설정할 수 있습니다.

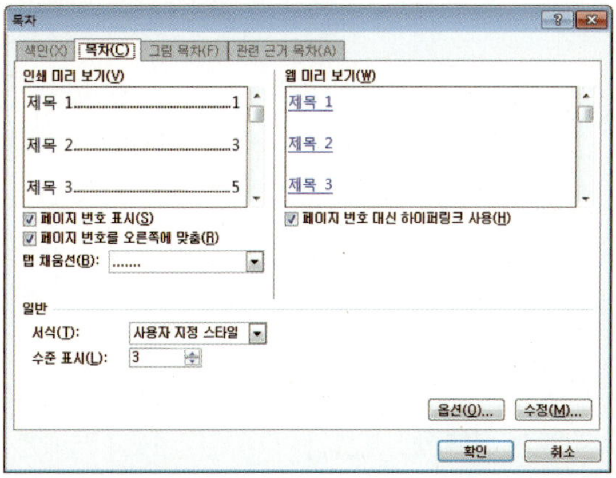

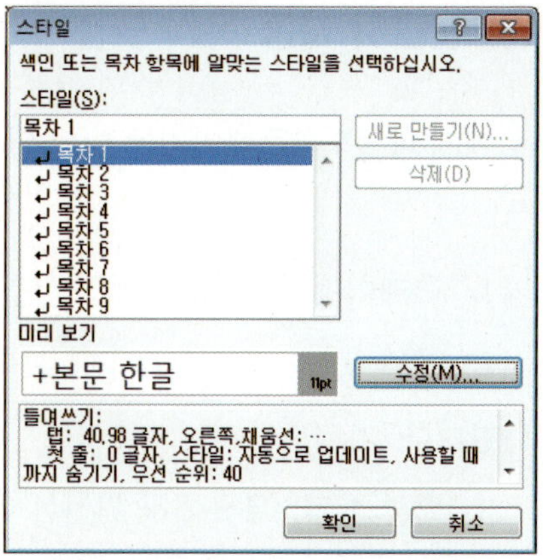

목차 기능	설명
페이지 번호 표시	목차에 자동으로 페이지 번호를 표시합니다.
페이지 번호를 오른쪽에 맞춤	페이지 번호가 화면 오른쪽에 정렬되도록 합니다.
탭 채움선	제목과 페이지 번호 사이에 삽입되는 채움선의 종류를 설정합니다.
서식	목차 서식을 선택할 수 있게 해 줍니다. "사용자 지정 스타일"을 선택하고 **수정** 메뉴를 클릭하면 각 목차 수준별로 상세한 서식을 설정할 수 있습니다.
수준 표시	"제목 1", "제목 2", "제목 3" 등으로 설정한 제목들 중 어느 수준의 제목까지 목차에 표시할 것인지 설정합니다.
수정	"스타일" 대화상자를 불러내어 목차 수준별로 상세 서식을 설정할 수 있도록 해 줍니다.

이제 상세 서식을 설정하여 목차를 만드는 방법을 알아보겠습니다.

1. **참조** 탭의 **목차** 그룹에 있는 **목차** 메뉴를 클릭하고, **목차 삽입** 메뉴를 클릭하면 "목차" 대화상자가 나타납니다.

2. **일반** 그룹의 **서식** 옵션을 "사용자 지정 스타일"로 설정합니다.

3. 제목 3단계까지 화면에 표시할 것이므로 **일반** 그룹의 **수준 표시** 옵션을 "3"으로 설정합니다.

4. **페이지 번호 표시**, **페이지 번호를 오른쪽에 맞춤**을 체크된 상태로 만들고, **탭 채**

옵션 을 원하는 모양으로 설정합니다.

5. **수정** 버튼을 클릭해 "스타일" 대화상자가 나타나게 합니다.

6. **스타일** 목록에서 **목차 1** 을 선택하고 **수정** 버튼을 클릭합니다.

7. "스타일 수정" 대화상자가 나타나면 글꼴 서식을 "12pt", "두껍게"로 적용하고 **확인** 버튼을 클릭합니다.

8. "스타일" 대화상자의 "스타일" 목록에서 **목차 2** 를 선택하고 **수정** 버튼을 클릭합니다.

9. "스타일 수정" 대화상자가 나타나면 글꼴 서식을 "10pt", "두껍게"로 적용하고 **확인** 버튼을 클릭합니다.

10. "스타일" 대화상자의 "스타일" 목록에서 **목차 3** 을 선택하고 **수정** 버튼을 클릭합니다.

11. "스타일 수정" 대화상자가 나타나면 글꼴 서식을 "10pt"로 적용하고, **서식** 버튼을 클릭한 후, **단락** 메뉴를 클릭합니다.

12. "단락" 대화상자의 **들여쓰기** 그룹에서 "왼쪽"을 "2글자"로 설정한 후, **확인** 버튼을 클릭합니다.

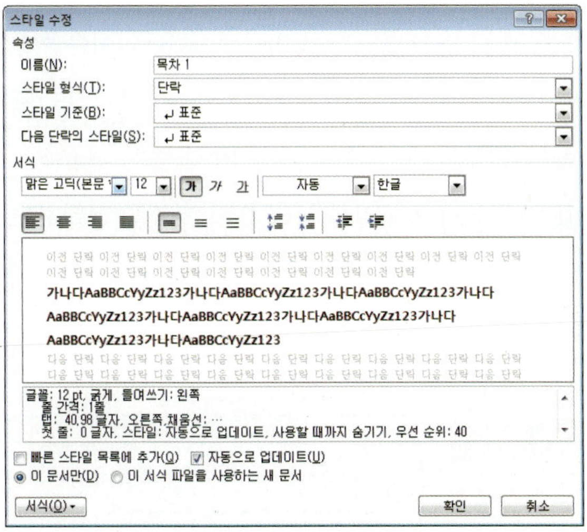

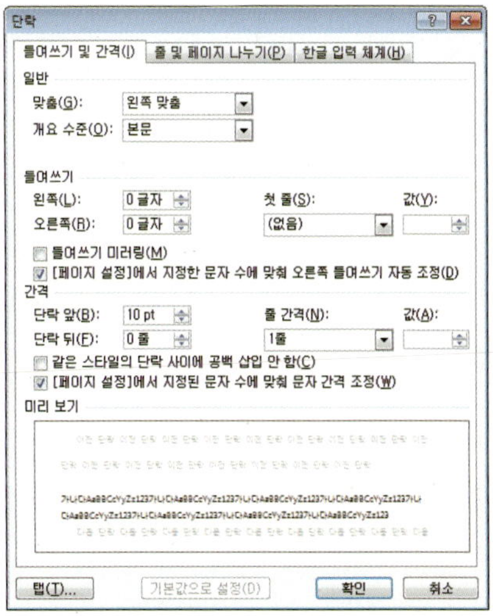

13. "스타일 수정", "스타일", "목차" 대화상자에서 모두 **확인** 버튼을 클릭하면 목차가 자동적으로 삽입됩니다.

14. 삽입된 목차를 보면 "1. 서문"이 들여쓰기 되어 있습니다. 이는 "표준" 스타일에서 "2 글자" 들여쓰기를 설정해 놓았기 때문입니다. 따라서 "눈금자"의 **첫 줄 들여쓰기** 메뉴를 마우스 왼쪽 버튼으로 클릭하고 드래그하여 들여쓰기를 없애 줍니다.

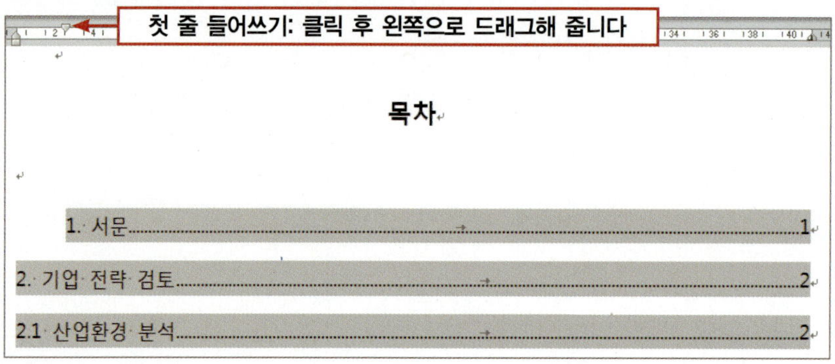

15. 목차 완성 후 본문 내용을 수정하면 목차도 수정되어야 합니다. 이때는 2가지 방법으로 목차를 업데이트할 수 있습니다.

- 방법 1(선택한 목차만 업데이트 하기): 목차 부분을 클릭하고 마우스 오른쪽 버튼을 눌러 **필드 업데이트** 버튼을 클릭합니다. "목차 업데이트" 대화상자가 나타나면 **옵션**을 선택한 후 **확인** 버튼을 클릭합니다.
- 방법 2(모든 목차 및 상호 참조 업데이트하기): Ctrl + A 키를 눌러 문서 전체를 선택하고, F9 키를 눌러 줍니다. 본문에 삽입한 목차 수 및 순서대로 "목차 업데이트" 대화상자가 나타납니다. **옵션**을 선택한 후 **확인** 버튼을 클릭하면 목차가 업데이트됩니다.

기능	설명
페이지 번호만 업데이트	목차의 페이지 번호 부분만 업데이트됩니다
목차 전체 업데이트	목차 제목과 페이지 번호 모두 업데이트됩니다

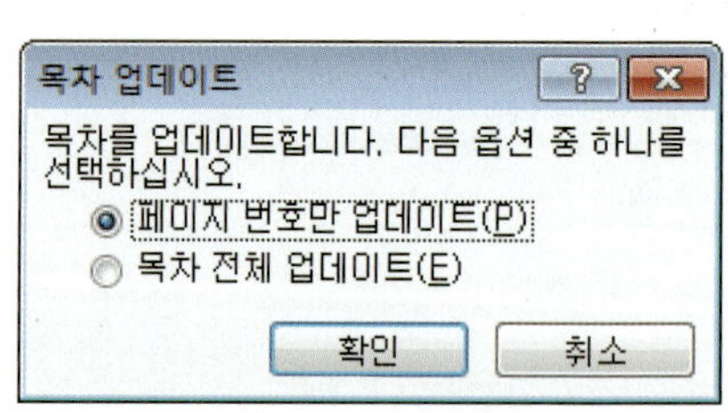

8.4 그림 목차 만들기

일반 목차를 삽입한 후 "iv" 페이지로 이동하여 그림 목차를 삽입해 봅시다. 그림 목차는 **참조** 탭의 **캡션** 그룹에 있는 **그림 목차 삽입** 메뉴를 이용해 만들 수 있습니다.

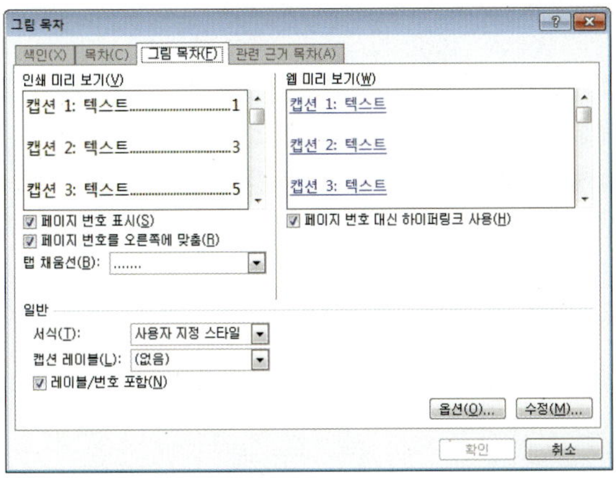

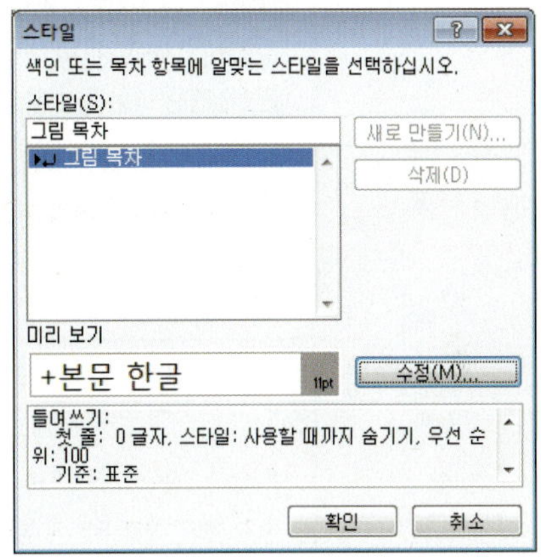

1. **참조** 탭의 **캡션** 그룹에 있는 **그림 목차 삽입** 메뉴를 클릭합니다.

2. "그림 목차" 대화상자가 나타나면, **일반** 그룹의 **캡션 레이블** 메뉴를 클릭해 캡션 레이블 종류를 선택해 줍니다. 우리는 "<그림" 캡션 레이블을 적용했으므로 이 캡션 레이블을 선택해 줍니다.

3. **페이지 번호 표시**, **페이지 번호를 오른쪽에 맞춤**을 체크된 상태로 만들고, **탭 채움선**을 원하는 모양으로 설정합니다.

4. **수정** 버튼을 클릭하면 "스타일" 대화상자가 나타납니다.

5. "스타일" 대화상자에서 **수정** 버튼을 클릭해 서식을 설정하고 **확인** 버튼을 클릭합니다.

6. "그림 목차" 대화상자에서 **확인** 버튼을 클릭하면 그림 목차가 자동으로 삽입됩니다.

7. 첫 줄과 마지막 줄이 들여쓰기 되어 있으므로, "눈금자"의 **첫 줄 들여쓰기** 메뉴를 마우스 왼쪽 버튼으로 클릭하고 드래그하여 들여쓰기를 없애 줍니다.

그림 목차

<그림 1> 포털 산업에 대한 PEST 분석 결과 3
<그림 2> 포털 산업에 대한 경쟁세력 분석 결과 5
<그림 3> 포털 산업의 경쟁위치 매트릭스 6
<그림 4> 시장위치 분석 결과 8
<그림 5> 집중화 영역 분석 결과 9
<그림 6> BCG 매트릭스 10
<그림 7> 서비스 선호도 조사 결과 14
<그림 8> 가치제안 도출 결과 17

표 목차

<표 1> 시장세분화 분석 결과 7
<표 2> SWOT 요인 도출 및 중요성 평가 결과 11
<표 3> SWOT 분석 결과 12
<표 4> 고객 세분화 결과 15
<표 5> 서비스 타겟 그룹 결정 결과 16
<표 6> 신규 서비스 도출 결과 18
<표 7> 서비스 우선순위 결정 결과 20
<표 8> 실행가능성 평가 결과 21

표 목차도 마찬가지 방법으로 삽입할 수 있습니다. 그리고 필드 업데이트 방법은 일반 목차에서 적용한 방법과 동일합니다.

경영 PC 활용: MS Office 2010을 활용한 비즈니스 보고서 작성

3장 MS Word 보고서 고급 구성: 프로페셔널한 보고서 만들기

Contents

MS Office 2010

3장

MS Word 보고서 고급 구성: 프로페셔널한 보고서 만들기

2장에서는 보고서의 기본 틀을 잡는 방법과 MS Word 기능들에 대해 공부했다. 이 장에서는 기본 틀이 잡힌 보고서를 보다 프로페셔널한 보고서로 발전시키는 데 유용한 기능들을 중점적으로 설명한다. 구체적으로, 표지, 단, 각주, 참고문헌, 워터마크, 글자 및 테두리 디자인 등과 같이 비즈니스 보고서를 프로페셔널한 수준으로 만드는 데 주요하게 고려되는 요소들뿐만 아니라 추적 기능과 같이 협력적인 문서 작성 과정을 보다 프로페셔널하게 수행하는 데 유용하게 활용될 수 있는 기능도 상세히 다루고 있다. 이러한 설명들은 앞 장에서와 마찬가지로 새로운 가상의 비즈니스 보고서 작성 사례와 함께 진행된다.

1 MS World 비즈니스 보고서 사례 소개

서비스 전략팀이 제출한 보고서를 검토한 경영진은 지리 정보 서비스와 관련된 간단한 산업 분석 보고서를 추가로 제출할 것을 요구하였습니다. 서비스 전략팀의 팀장은 당신에게 보고서 초안을 작성할 것을 지시하였고, 추후 다른 팀원 및 팀장의 검토와 보완을 거쳐 경영진에게 보고서를 제출하기로 하였습니다. 이를 위해 당신은 **3장_001_실습파일.pdf**와 같은 문서를 작성하였습니다.

2 표지 만들기

MS Word 2007 이상의 버전은 미리 정해져 있는 서식을 이용해 자동으로 표지를 작성할 수 있게 지원합니다. 표지 자동 작성 기능은 **삽입** 탭의 **페이지** 그룹에 있는 **표지** 메뉴를 이용해 수행할 수 있습니다.

1. **삽입** 탭의 **페이지** 그룹에 있는 **표지** 메뉴를 클릭하고, 기본적으로 제공되는 표지들 중 **모션**을 클릭합니다.

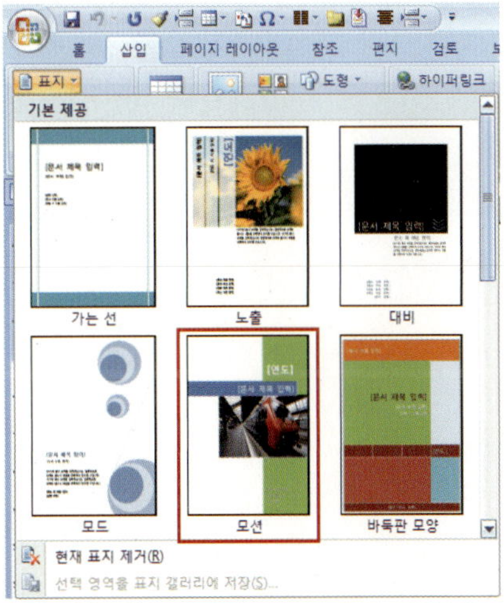

2. 각 입력 항목에 다음과 같이 입력합니다.
   a. 연도: "2014"
   b. 문서 제목 입력: "지리정보산업 분석 보고서"
   c. 만든이: "서비스 전략팀"
   d. 회사 이름 입력: "BestPortal"
   e. 날짜 선택: 현재 날짜

3 문서 구성하기

2장에서의 비즈니스 보고서 사례와 마찬가지로 전체적인 문서 구성을 완료한 후 세부적인 내용을 작성하도록 하겠습니다.

1. 문서 2페이지의 1번째 줄을 클릭하고, **페이지 레이아웃** 탭의 **페이지 설정** 그룹에 있는 **나누기** 메뉴를 클릭하고, **구역 나누기** – **이어서** 를 클릭해 줍니다. 이렇게 하면 앞서 작성한 표지와 2페이지 사이에 구역이 나누어집니다. 표지 기능을 이용해 표지를 작성한 경우에는 이와 같이 구역 나누기를 해 주는 것이 편리합니다.

2. 목차를 만들 공간을 만들고(3줄 엔터) **페이지 레이아웃** 탭의 **페이지 설정** 그룹에 있는 **나누기** 메뉴를 클릭하고, **구역 나누기** – **다음 페이지 부터** 를 클릭해 줍니다.

3. **3장_002_실습파일.txt** 를 열어 내용을 3번째 페이지에 복사한 후, 텍스트에 "제목 1" 스타일을 적용해 줍니다.

1. 지리정보 서비스의 기본 개념
2. 지리정보 서비스 산업 현황
3. 공공기관의 지리정보 서비스
4. 민간기업의 지리정보 서비스
5. 일반 개인 대상의 지리정보 서비스

부록 1. 지리정보 서비스 관련 주요 웹사이트

부록 2. 지리정보 서비스 관련 주요 기업 목록

4 머리글/바닥글 삽입하기

현재 작성 중인 비즈니스 보고서 사례에서는 바닥글만 삽입하기로 하겠습니다.

1. 2번째 페이지로 이동한 후, **삽입** 탭의 **머리글/바닥글** 그룹에 있는 **바닥글**을 클릭하고, **바둑판 모양**을 클릭해 줍니다.

2. 표지에는 바닥글이 삽입되면 안 됩니다. 표지와 2번째 페이지의 바닥글을 개별적으로 적용해 주기 위해서, **머리글/바닥글 도구 - 디자인** 탭이 나타나면, **탐색** 그룹에 있는 **이전 머리글에 연결**을 클릭해 설정 해제해 줍니다.

3. 표지 페이지로 이동해 바닥글을 선택하고 Delete 키를 눌러 표지의 바닥글을 제거해 줍니다. '바닥글 제거' 기능이 적용되지 않을 경우 이와 같이 직접 바닥글을 삭제할 수도 있습니다.

4. 바닥글의 "회사 주소 입력" 부분에 "지리정보산업 분석 보고서"를 입력합니다.

5. 목차 페이지의 바닥글을 선택하고 **머리글/바닥글 도구 - 디자인** 탭의 **머리글/바닥글** 그룹에 있는 **페이지 번호**를 클릭합니다. 그리고 **페이지 번호 서식** 메뉴를 클릭합니다.

6. **번호 서식**은 "i, ii, iii, …"를, **시작 번호**는 "i"을 입력하고 **확인** 버튼을 클릭합니다.

7. 본문 페이지로 이동해 바닥글을 선택하고, **머리글/바닥글 도구 - 디자인** 탭의 **머리글/바닥글** 그룹에 있는 **페이지 번호**를 클릭합니다. 그리고 **페이지 번호 서식** 메뉴를 클릭합니다.

8. **번호 서식**은 "1, 2, 3, …"를, **시작 번호**는 "1"을 입력하고 **확인** 버튼을 클릭합니다.

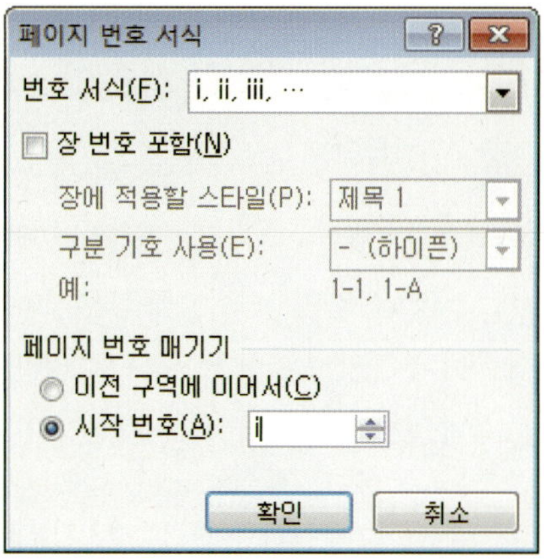

5 단 기능 이용하기

신문, 잡지, 팸플릿을 보면 문서가 여러 개의 단으로 구성되어 있습니다. 단은 문서 전체에 적용하거나, 특정 페이지에만 적용하거나, 한 페이지를 여러 개의 단으로 구성할 수 있습니다.

단 기능은 **페이지 레이아웃** 탭의 **페이지 설정** 그룹에 있는 **단** 메뉴를 이용해 수행할 수 있습니다.

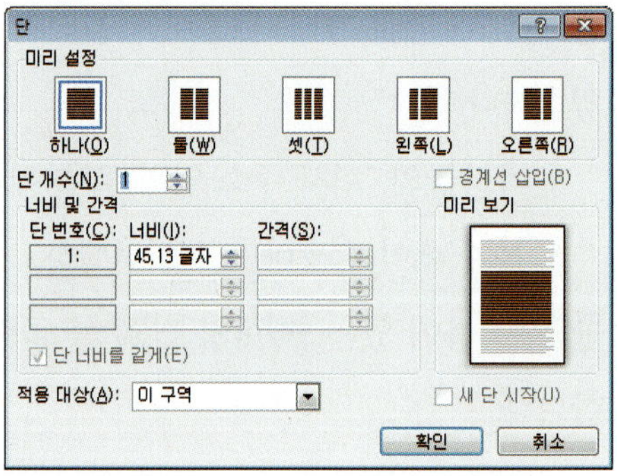

단 기능은 **단** 메뉴를 클릭하면 나타나는 **하나**, **둘**, **셋**, **왼쪽**, **오른쪽** 메뉴를 이용해 빠르고 간단하게 적용할 수 있습니다. 대부분의 경우 이 메뉴들만으로도 단 설정을 할 수 있습니다. 보다 상세한 설정이 필요한 경우에는 **단** 메뉴에 있는 **기타 단** 메뉴를 클릭하면 나타나는 "단" 대화상자를 이용합니다.

단 기능	설명
미리 설정	미리 설정되어 있는 **하나**, **둘**, **셋**, **왼쪽**, **오른쪽** 단을 선택할 수 있도록 해 줍니다.
단 개수	문서를 몇 개의 단으로 구성할지 설정할 수 있도록 해 줍니다.
경계선 삽입	단과 단 사이에 실선으로 된 경계선을 삽입해 줍니다.
너비 및 간격 – 너비	각 단의 너비를 설정할 수 있도록 해 줍니다.
너비 및 간격 – 간격	단과 단 사이의 너비를 설정할 수 있도록 해 줍니다.
적용 대상	현재의 단 설정을 문서 전체에 적용할 것인지, 커서 다음 위치부터 적용할 것인지 선택할 수 있게 해 줍니다.

5.1 문서 전체에 단 기능 적용하기

여기에서는 **3장_003_실습파일.docx** 파일을 이용해 단 기능을 배워 봅시다.

1. **페이지 레이아웃** 탭의 **페이지 설정** 그룹에 있는 **단** 메뉴를 클릭하고 **둘**을 클릭해 줍니다.
2. 단이 적용된 것을 확인한 후, Ctrl + Z 키를 눌러 설정을 원래대로 되돌립니다.

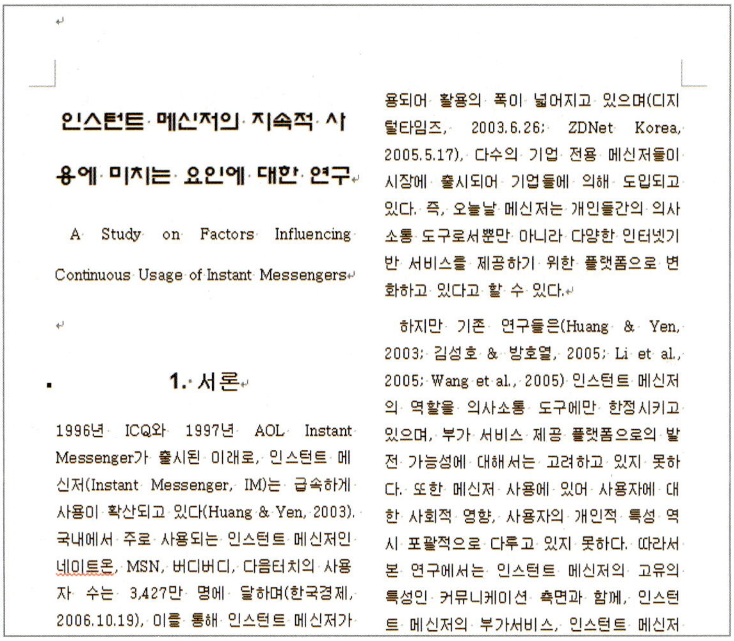

인스턴트 메신저의 지속적 사용에 미치는 요인에 대한 연구

A Study on Factors Influencing Continuous Usage of Instant Messengers

1. 서론

1996년 ICQ와 1997년 AOL Instant Messenger가 출시된 이래로, 인스턴트 메신저(Instant Messenger, IM)는 급속하게 사용이 확산되고 있다(Huang & Yen, 2003). 국내에서 주로 사용되는 인스턴트 메신저인 네이트온, MSN, 버디버디, 다음터치의 사용자 수는 3,427만 명에 달하며(한국경제, 2006.10.19), 이를 통해 인스턴트 메신저가 용되어 활용의 폭이 넓어지고 있으며(디지털타임즈, 2003.6.26; ZDNet Korea, 2005.5.17), 다수의 기업 전용 메신저들이 시장에 출시되어 기업들에 의해 도입되고 있다. 즉, 오늘날 메신저는 개인들간의 의사소통 도구로서뿐만 아니라 다양한 인터넷기반 서비스를 제공하기 위한 플랫폼으로 변화하고 있다고 할 수 있다.

하지만 기존 연구들은(Huang & Yen, 2003; 김성호 & 방호열, 2005; Li et al., 2005; Wang et al., 2005) 인스턴트 메신저의 역할을 의사소통 도구에만 한정시키고 있으며, 부가 서비스 제공 플랫폼으로의 발전 가능성에 대해서는 고려하고 있지 못하다. 또한 메신저 사용에 있어 사용자에 대한 사회적 영향, 사용자의 개인적 특성 역시 포괄적으로 다루고 있지 못하다. 따라서 본 연구에서는 인스턴트 메신저의 고유의 특성인 커뮤니케이션 측면과 함께, 인스턴트 메신저의 부가서비스, 인스턴트 메신저

5.2 특정 페이지에만 단 기능 적용하기

여기에서는 예제 문서의 2페이지에만 단 기능을 적용해 봅시다.

1. 특정 페이지에만 단 기능을 적용하려면 우선 단을 적용할 구역(단의 시작 부분과 끝 부분)을 지정해야 합니다.

a. 1페이지의 마지막 부분을 클릭하고 **페이지 레이아웃** 탭의 **페이지 설정** 그룹에 있는 **나누기** 메뉴를 클릭합니다. 그리고 **구역 나누기** – **다음 페이지부터** 메뉴를 클릭해 줍니다.

b. 2페이지의 마지막 부분을 클릭하고 **페이지 레이아웃** 탭의 **페이지 설정** 그룹에 있는 **나누기** 메뉴를 클릭합니다. 그리고 **구역 나누기** – **다음 페이지부터** 메뉴를 클릭해 줍니다.

c. 이제 2페이지만 별도의 구역으로 설정되었습니다.

2. 2페이지의 임의의 부분을 클릭한 후, **페이지 레이아웃** 탭의 **페이지 설정** 그룹에 있는 **단** 메뉴를 클릭하고 **둘**을 클릭해 줍니다.

3. Ctrl + Z 키를 계속 눌러서 설정을 구역 설정 이전의 상태로 되돌립니다.

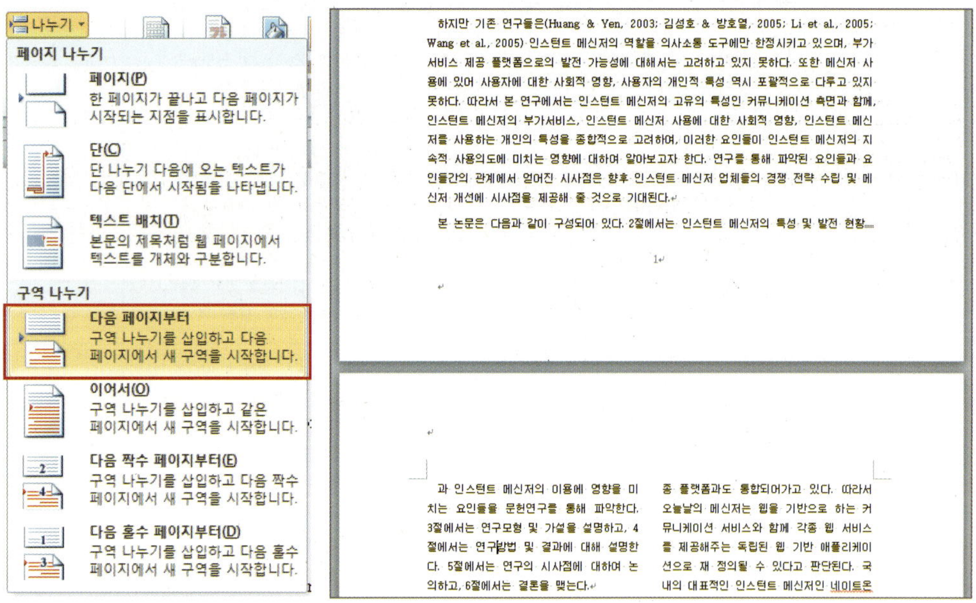

5.3 특정 영역에만 단 기능 적용하기

이번에는 예제 문서에서 제목 부분을 제외한 부분들에만 단 기능을 적용해 봅시다.

1. 서론의 텍스트만 영역을 선택해 줍니다.

2. **페이지 레이아웃** 탭의 **페이지 설정** 그룹에 있는 **단** 메뉴를 클릭하고 **둘**을 클릭해 줍니다.

3. 나머지 부분도 동일한 방식으로 단 기능을 적용합니다.

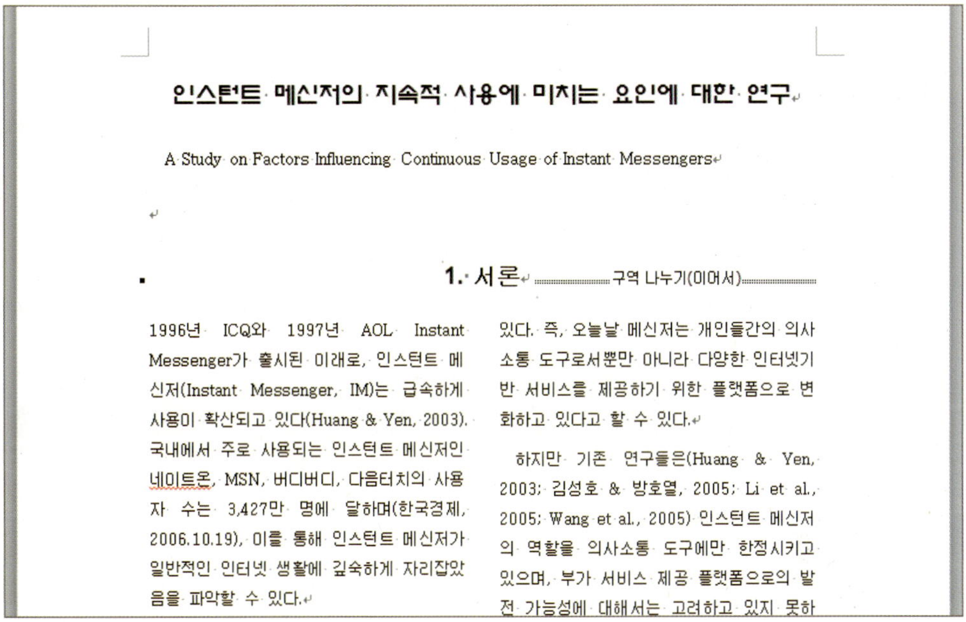

인스턴트 메신저의 지속적 사용에 미치는 요인에 대한 연구

A Study on Factors Influencing Continuous Usage of Instant Messengers

1. 서론 ....구역 나누기(이어서)..........

1996년 ICQ와 1997년 AOL Instant Messenger가 출시된 이래로, 인스턴트 메신저(Instant Messenger, IM)는 급속하게 사용이 확산되고 있다(Huang & Yen, 2003). 국내에서 주로 사용되는 인스턴트 메신저인 네이트온, MSN, 버디버디, 다음터치의 사용자 수는 3,427만 명에 달하며(한국경제, 2006.10.19), 이를 통해 인스턴트 메신저가 일반적인 인터넷 생활에 깊숙하게 자리잡았음을 파악할 수 있다. 즉, 오늘날 메신저는 개인들간의 의사소통 도구로서뿐만 아니라 다양한 인터넷기반 서비스를 제공하기 위한 플랫폼으로 변화하고 있다고 할 수 있다.

하지만 기존 연구들은(Huang & Yen, 2003; 김성호 & 방호열, 2005; Li et al., 2005; Wang et al., 2005) 인스턴트 메신저의 역할을 의사소통 도구에만 한정시키고 있으며, 부가 서비스 제공 플랫폼으로의 발전 가능성에 대해서는 고려하고 있지 못하

5.4 비즈니스 사례에 단 기능 적용하기

5.4.1 1장 부분에 단 설정하기

1. **3장_004_실습파일.docx** 파일을 엽니다.

2. 이미지 삽입

   a. 본문 1번째 페이지의 "2. 지리정보 서비스 산업 현황"의 윗줄을 클릭해 줍니다.

   b. **삽입** 탭의 **일러스트레이션** 그룹에 있는 **그림** 메뉴를 이용해 **3장_005_실습파일.jpg** 이미지를 삽입해 줍니다.

3. 이미지 크기 설정

a. 이미지를 클릭하고 마우스 오른쪽 버튼을 눌러 **크기** 메뉴를 클릭합니다.

b. 높이에 "20"을 입력하고 **닫기** 버튼을 클릭합니다.

4. 2단 적용

a. 2번째 줄("지리정보는 GPS~")부터 삽입된 이미지 파일을 드래그해 영역을 설정해 줍니다.

b. **페이지 레이아웃** 탭의 **페이지 설정** 그룹에 있는 **단** 메뉴를 클릭하고 **오른쪽**을 클릭해 줍니다.

5.4.2 2장 부분에 단 설정하기

1. 이미지 삽입

a. 본문 1번째 2장의 1번째 글머리 기호의 끝 부분에서 엔터 키를 3번 눌러서 이미지가 삽입될 공간을 만들어 줍니다.

b. **삽입** 탭의 **일러스트레이션** 그룹에 있는 **그림** 메뉴를 이용해 **3장_006_실습파일.jpg** 이미지를 삽입해 줍니다.

2. 삽입된 이미지의 크기 설정

a. 이미지를 클릭하고 마우스 오른쪽 버튼을 눌러 **크기** 메뉴를 클릭합니다.

b. 높이에 "50"을 입력하고 **닫기** 버튼을 클릭합니다.

3. 텍스트 입력

삽입된 이미지 바로 아래 줄에 다음과 같이 입력합니다: "출처: Daratech, Inc.,. (2006). GIS/Geospatial Markets & Opportunities. Retrieved Oct, 8, 2008, from http://www.daratech.com."

4. 2단 적용

a. 이미지와 이미지 하단의 출처 부분을 드래그해 영역을 설정해 줍니다.

b. **페이지 레이아웃** 탭의 **페이지 설정** 그룹에 있는 **단** 메뉴를 클릭하고 **오른쪽**을 클릭해 줍니다.

5.4.3 3장 부분에 단 설정하기 및 이미지 삽입하기

1. 2단 적용
   a. 첫 번째 글머리 기호의 하위 항목들을 드래그해 영역을 설정해 줍니다.
   b. **페이지 레이아웃** 탭의 **페이지 설정** 그룹에 있는 **단** 메뉴를 클릭하고 **둘**을 클릭해 줍니다.
2. 이미지 삽입하기
   a. **삽입** 탭의 **일러스트레이션** 그룹에 있는 **그림** 메뉴를 이용해 **3장_007_실습파일.jpg** 이미지를 삽입해 줍니다.
3. 삽입된 이미지의 크기 설정
   a. 이미지를 클릭하고 마우스 오른쪽 버튼을 눌러 **크기** 메뉴를 클릭합니다.
   b. 높이에 "60"을 입력하고 **닫기** 버튼을 클릭합니다.
4. 이미지 배치 설정하기
   a. 이미지를 클릭하고 마우스 오른쪽 버튼을 눌러 **텍스트 배치** – **빽빽하게**를 클릭해 줍니다.
   b. 이미지를 마우스 왼쪽 버튼으로 클릭하고 드래그해 위치를 적절하게 조절해 줍니다.

5.4.4 4장 부분에 단 설정하기

1. 2단 적용
   a. 첫 번째 글머리 기호의 하위 항목들을 드래그해 영역을 설정해 줍니다.
   b. **페이지 레이아웃** 탭의 **페이지 설정** 그룹에 있는 **단** 메뉴를 클릭하고 **둘**을 클릭해 줍니다.

5.4.5 5장 부분에 단 설정하기

1. 첫 번째 이미지 삽입
   a. 1번째 글머리 기호와 2번째 글머리 기호 사이를 클릭합니다.

b. **삽입** 탭의 **일러스트레이션** 그룹에 있는 **그림** 메뉴를 이용해 **3장_008_실습파일.jpg** 이미지를 삽입하고, 엔터 키를 한 번 눌러 줍니다.

2. 삽입된 이미지의 크기 설정

a. 이미지를 클릭하고 마우스 오른쪽 버튼을 눌러 **크기** 메뉴를 클릭합니다.

b. 높이에 "60"을 입력하고 **닫기** 버튼을 클릭합니다.

3. 2단 적용

a. 1번째 글머리 기호 하위 목록과 삽입된 이미지를 드래그해 영역을 설정해 줍니다.

b. **페이지 레이아웃** 탭의 **페이지 설정** 그룹에 있는 **단** 메뉴를 클릭하고 **둘**을 클릭해 줍니다.

4. 두 번째 이미지 삽입

a. 2번째 글머리 기호 하단을 클릭합니다.

b. **삽입** 탭의 **일러스트레이션** 그룹에 있는 **그림** 메뉴를 이용해 **3장_009_실습파일.jpg** 이미지를 삽입하고, 엔터 키를 한 번 눌러 줍니다.

5. 삽입된 이미지의 크기 설정

a. 이미지를 클릭하고 마우스 오른쪽 버튼을 눌러 **크기** 메뉴를 클릭합니다.

b. 높이에 "69"를 입력하고 **닫기** 버튼을 클릭합니다.

6. 텍스트 입력

a. 삽입된 이미지 바로 아래 줄에 다음과 같이 입력합니다: "블로그의 경우 사용자의 개인 경험과 지리정보를 결합하여 UCC를 작성할 수 있도록 지원함으로써, 더욱 의미 있는 정보 창출과 경험의 공유를 촉진하고 있음"

b. 텍스트 서식은 "10pt", "두껍게"를 적용해 줍니다

7. 2단 적용

a. 이미지와 이미지 하단의 출처 부분을 드래그해 영역을 설정해 줍니다.

b. **페이지 레이아웃** 탭의 **페이지 설정** 그룹에 있는 **단** 메뉴를 클릭하고 **오른쪽**을 클릭해 줍니다.

부록 1과 부록 2는 **삽입** 탭의 **페이지** 그룹에 있는 **페이지 나누기** 메뉴를 적용하여 각각 별개의 페이지로 구성해 줍니다.

6 빠르게 세련된 스타일 적용하기

홈 탭의 **스타일** 그룹에 있는 **스타일 모음**과 **색** 메뉴를 이용하면 사전에 설정되어 있는 세련된 스타일들을 빠르게 적용할 수 있습니다.

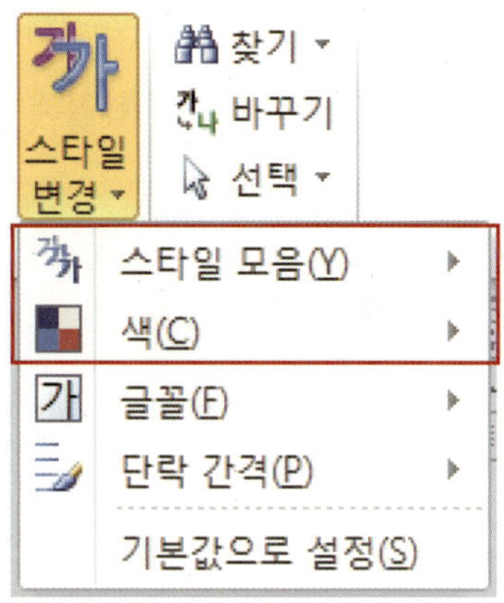

우선 **스타일 모음** 기능을 적용해 봅시다.

1. **홈** 탭의 **스타일** 그룹에 있는 **스타일 변경** 메뉴를 클릭하고, **스타일 모음** – **팬시** 메뉴를 클릭하면 문서 전체의 스타일이 변경됩니다.
2. **홈** 탭의 **스타일** 그룹에 있는 **표준** 스타일을 마우스 오른쪽 버튼으로 더블클릭하고, **수정** 메뉴를 클릭합니다.
3. “스타일 수정” 대화상자가 나타나면 **글꼴**에서 “기울임”을 해제합니다.
4. 변경된 스타일 때문에 문서 서식이 조금 깨질 수 있으므로 서식을 조정해 줍니다.

다음으로 **색** 기능을 적용해 봅시다.

1. **홈** 탭의 **스타일** 그룹에 있는 **스타일 변경** 메뉴를 클릭하고, **색** – **원본** 메뉴를 클릭하면 문서 전체의 색 스타일이 변경됩니다. 여기서는 특정 색을 지정하지는 않도록 하겠습니다.

7 각주 삽입하기

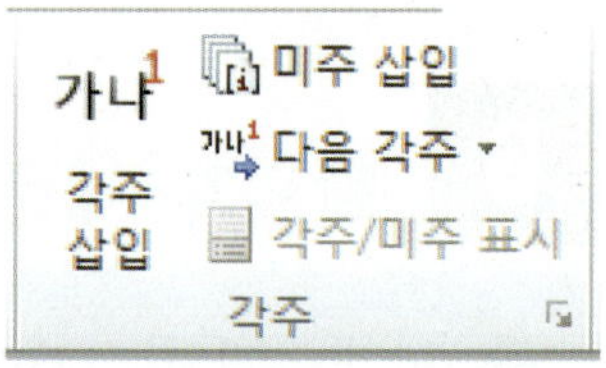

본문 내용에 대해 부가적인 설명이 필요한 경우 "각주" 기능을 이용해 페이지의 하단에 부가 설명을 기입할 수 있습니다. 각주는 **참조** 탭의 **각주** 그룹에 있는 **각주 삽입** 메뉴를 이용해 삽입할 수 있습니다. 예제 2페이지의 마지막 문장의 끝 부분에 각주를 삽입해 봅시다.

1. 각주를 삽입하고자 하는 곳에 커서를 위치시킵니다.
2. **참조** 탭의 **각주** 그룹에 있는 **각주 삽입** 메뉴를 클릭합니다.
3. 페이지 하단에 각주 삽입을 위한 공간이 만들어집니다. 원하는 내용을 입력하도록 합니다.

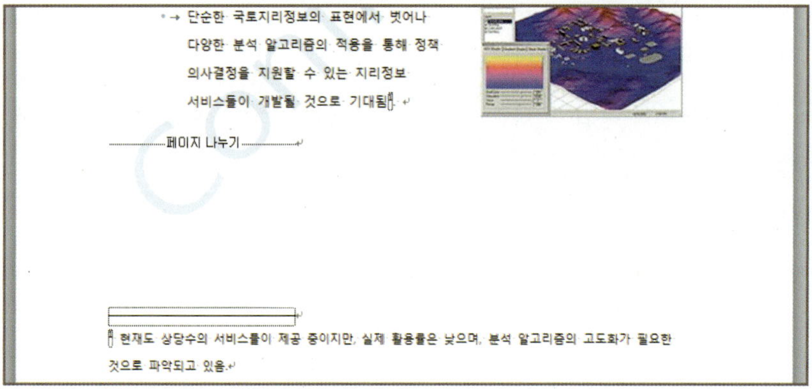

각주 삽입 시 보다 상세하게 옵션을 설정하고 싶으면 **참조** 탭의 **각주** 그룹에 있는 확장 아이콘을 클릭합니다. 그러면 "각주 및 미주" 대화상자가 나타나며, 번호 서식 및 번호 매기기 등의 옵션을 설정할 수 있습니다.

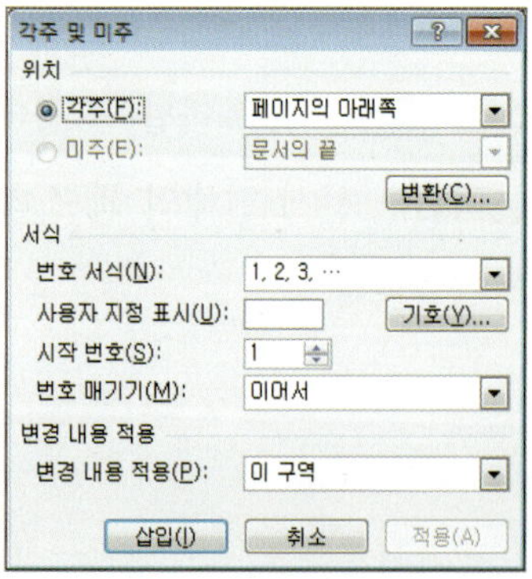

8 참고문헌 관리하기

다른 사람 또는 기관에서 만든 자료를 인용해 문서를 작성했을 때에는 참고문헌에 대한 출처를 문서에 명시해야 합니다. MS Word 2007부터는 참고문헌 관리를 지원해 주는 기능이 추가되었습니다. 참고문헌은 **참조** 탭의 **인용 및 참고 문헌** 그룹에 있는 메뉴들을 이용해 관리할 수 있습니다.

8.1 참고문헌 삽입하기

예제 1페이지의 첫 문장에 참고문헌을 삽입해 봅시다.

1. **참고** 탭의 **인용 및 참고 문헌** 그룹의 **스타일** 메뉴에서 참고문헌 스타일 종류를 선택합니다. 일반적으로 많이 사용되는 스타일은 "APA", "CHICAGO", "MLA" 등입니다.
2. 문장의 끝 부분에 커서를 위치시키고, **참고** 탭의 **인용 및 참고 문헌** 그룹에 있는 **인용 삽입** 메뉴를 클릭하고, **새 출처 추가** 메뉴를 클릭합니다.
3. **출처 유형**과 **언어**를 선택하고, **참고 문헌 필드**에 문헌 정보를 입력한 후, **확인** 버튼을 클릭하면 커서 위치에 참고문헌 정보가 입력됩니다.

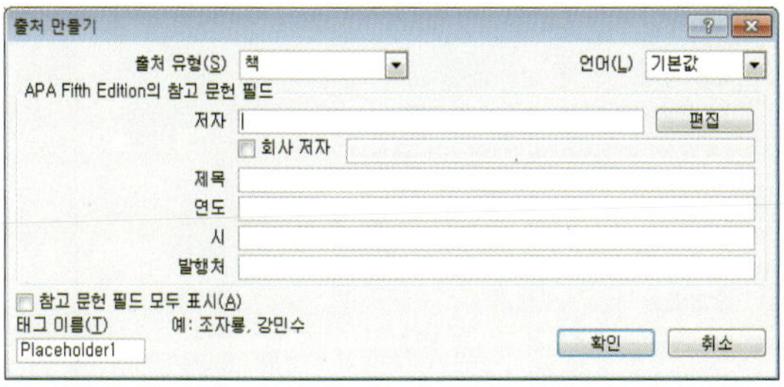

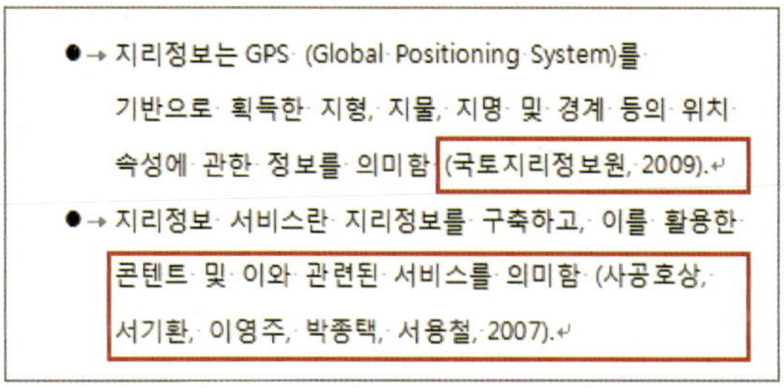

8.2 삽입한 참고문헌 편집하기

삽입한 참고문헌을 더블클릭하면 참고문헌이 선택되며, 오른쪽에 있는 **인용 옵션** 메뉴를 클릭하면 인용 정보에 대한 보다 자세한 편집을 할 수 있습니다.

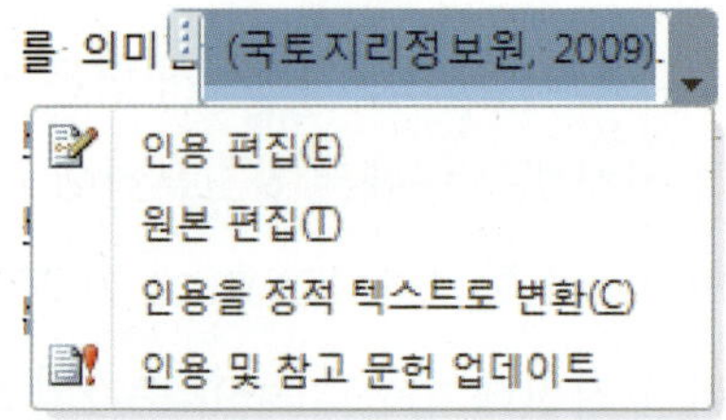

인용 편집 메뉴를 클릭하면 인용한 페이지 범위를 구체적으로 입력하거나, 저자, 연도, 제목 등을 표시하지 않도록 설정할 수 있습니다. 그리고 **원본 편집** 메뉴를 클릭하면 참고문헌 정보를 수정할 수 있습니다.

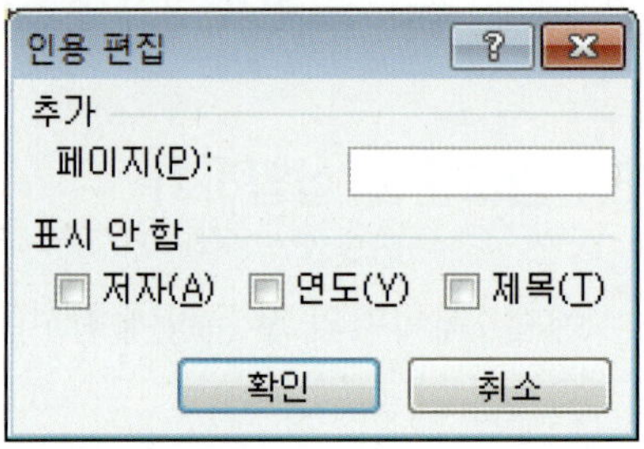

8.3 참고문헌 목록 삽입하기

문서의 본문 작성이 끝나면 참고문헌 리스트를 삽입하는 것이 일반적입니다. 만약 문서에 부록이 있는 경우에는 본문과 부록 사이에 참고문헌 리스트를 삽입합니다.

1. 참고문헌 목록 삽입을 원하는 곳에 커서를 위치시킵니다.
2. **참조** 탭의 **인용 및 참고 문헌** 그룹에 있는 **참고 문헌** 메뉴를 클릭합니다.
3. 미리 설정되어 있는 기본 서식을 선택하거나, **참고 문헌 삽입** 메뉴를 클릭하면 참고문헌이 삽입됩니다.

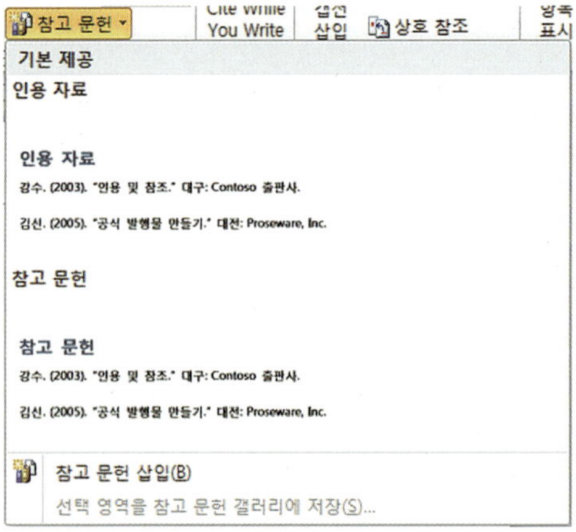

9 용지 방향 변경하기

문서를 작성하면서 표나 그림을 삽입하다 보면 특정 페이지를 가로로 변경해야 하는 경우가 종종 있습니다. 이 경우 용지 방향 바꾸기를 원하는 페이지들을 별도의 구역으로 설정한 다음에 용지 방향을 변경해야 합니다. 예제의 부록 1의 용지 방향을 가로로 변경해 봅시다.

1. 구역 나누기
   a. 참고문헌이 끝난 부분에 커서를 위치시키고 **페이지 레이아웃** 탭의 **페이지 설정** 그룹에 있는 **나누기** 메뉴를 클릭하고, **다음 페이지부터** 를 클릭합니다.
   b. 참고문헌이 끝난 부분에 커서를 위치시키고 **페이지 레이아웃** 탭의 **페이지 설정** 그룹에 있는 **나누기** 메뉴를 클릭하고, **다음 페이지부터** 를 클릭합니다.
2. 부록 1의 임의의 위치를 클릭하고, **페이지 레이아웃** 탭의 **페이지 설정** 그룹에 있는 **용지 방향** 메뉴를 클릭하고 **가로** 메뉴를 클릭합니다.

10 워터마크 삽입하기

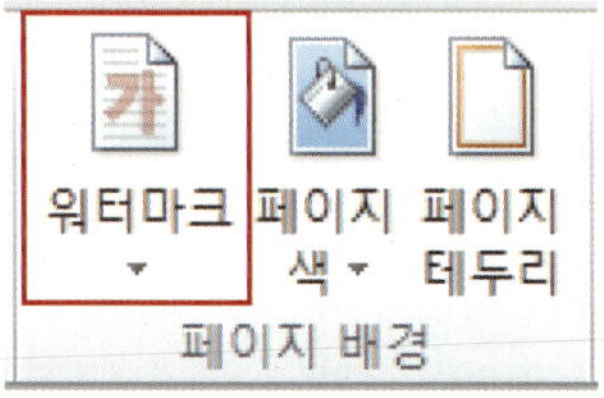

워터마크 기능을 이용하면 문서의 배경에 그림이나 텍스트를 삽입할 수 있습니다. 특히 문서가 기밀임을 표시하고자 할 때 워터마크 기능은 유용하게 사용될 수 있습니다. 워터마크는 **페이지 레이아웃** 탭의 **페이지 배경** 그룹에 있는 **워터마크** 메뉴를 이용해 삽입할 수 있습니다. 새 문서를 하나 만들어 워터마크와 관련된 기본 기능들을 학습해 봅시다.

10.1 빠르게 워터마크 삽입하기

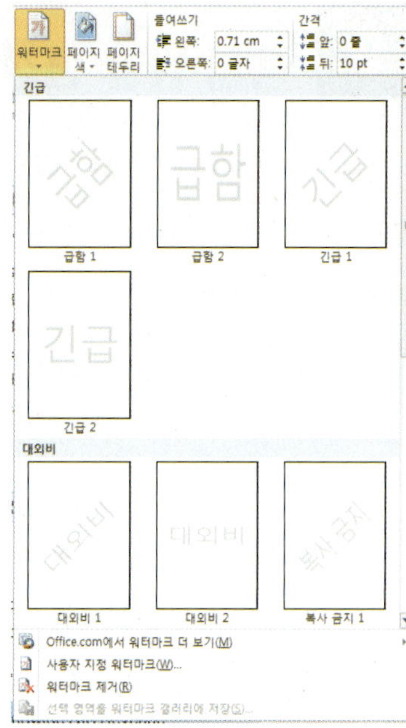

1. **페이지 레이아웃** 탭의 **페이지 배경** 그룹에 있는 **워터마크** 메뉴를 클릭하면 "긴급", "대외비", "부인" 항목에 대해 미리 설정된 워터마크를 바로 적용할 수 있습니다.

2. 삽입된 워터마크를 제거하려면 **페이지 레이아웃** 탭의 **페이지 배경** 그룹에 있는 **워터마크** 메뉴를 클릭하면 나타나는 **워터마크 제거** 메뉴를 클릭합니다.

10.2 이미지 워터마크 삽입하기

1. **페이지 레이아웃** 탭의 **페이지 배경** 그룹에 있는 **워터마크** 메뉴를 클릭하고, **사용자 지정 워터마크**를 클릭합니다.

2. "워터마크" 대화상자가 나타나면, **그림 워터마크**에 체크를 하고 **그림 선택** 버튼을 눌러 배경으로 사용할 파일(**3장_010_실습파일.gif**)을 선택해 줍니다.

3. 배율은 특별한 경우가 아닌 이상 "자동"으로 설정됩니다.

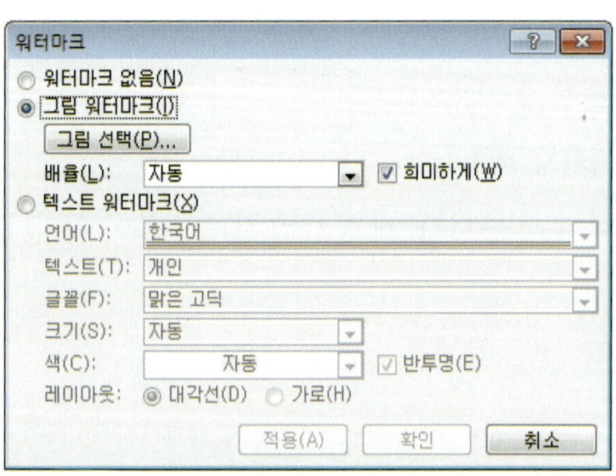

4. 이미지를 배경에 희미하게 나타나게 하려면 **희미하게** 를 체크하고, 원본 그대로 나타나게 하려면 "희미하게"를 해제합니다.

5. 설정이 완료된 후 **확인** 버튼을 클릭하면 배경에 이미지 워터마크가 삽입됩니다.

10.3 텍스트 워터마크 삽입하기

1. "워터마크" 대화상자에서 **텍스트 워터마크** 를 체크해 줍니다.

2. **텍스트** 에 "Confidential"을 입력하고, 글자 색을 "빨강"으로 설정합니다.

3. 글자가 반투명하게 삽입되게 하려면 **반투명** 을 체크해 줍니다.

4. 설정이 완료된 후 **확인** 버튼을 클릭하면 배경에 텍스트 워터마크가 삽입됩니다.

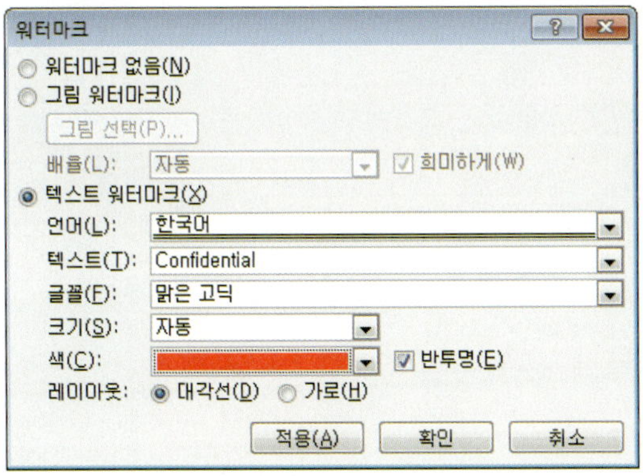

10.4 예제에 텍스트 워터마크 삽입하기

1. 예제의 목차 페이지를 클릭하고 "Confidential"이라는 텍스트 워터마크를 삽입합니다.

2. 예제는 구역이 나뉘어 있으므로 특정 구역에만 워터마크가 삽입될 수 있습니다. 이 경우 각각의 구역에 워터마크를 삽입해 줍니다.

11 목차 삽입하기

이 예제에서는 미리 설정되어 있는 서식을 이용해 목차를 삽입해 봅시다.

1. **참조** 탭의 **목차** 그룹에 있는 **목차** 메뉴를 클릭합니다.
2. **기본 제공** 목록에서 **자동 목차 1** 을 클릭하면 목차가 자동으로 삽입됩니다.

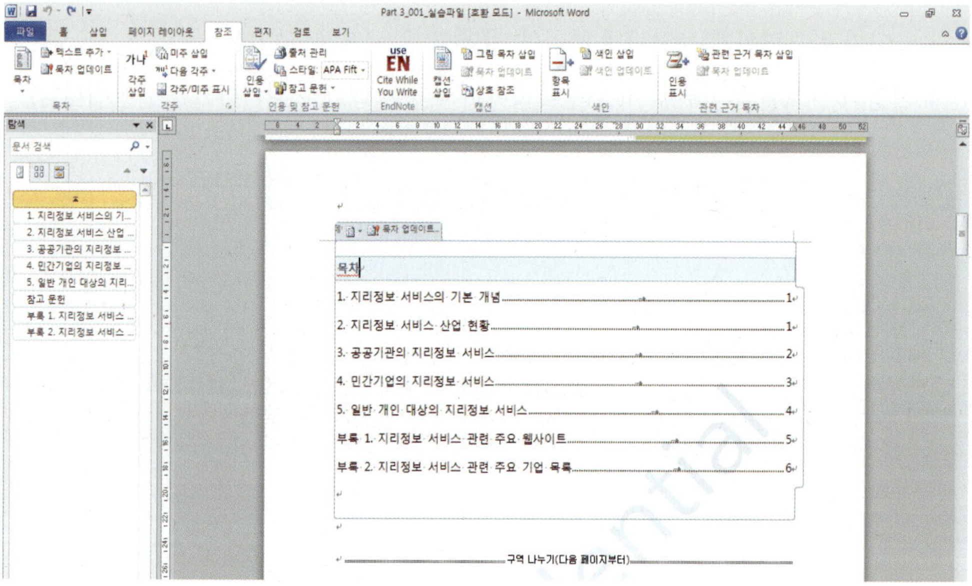

자동 목차를 삽입한 경우 **목차** 영역을 선택하면 상단에 나타나는 메뉴를 이용해 목차 종류를 변경하거나 목차 업데이트를 수행할 수 있습니다.

12 기타 기능들

이 절에서는 **3장_003_실습파일.docx** 파일을 이용해 MS Word의 기타 기능들을 학습해 봅시다.

12.1 단락의 첫 문자 장식하기

문서의 각 장 또는 각 절의 시작 부분의 첫 문자를 2~3배 정도의 크기로 만들어 줌으로써 문서에 시각적인 효과를 줄 수 있습니다.

1. "1. 서론"의 1번째 문단을 클릭합니다.

2. **삽입** 탭의 **텍스트** 그룹에 있는 **단락의 첫 문자 장식** 메뉴를 클릭하고, **단락의 첫 문자 장식 옵션** 메뉴를 클릭합니다.

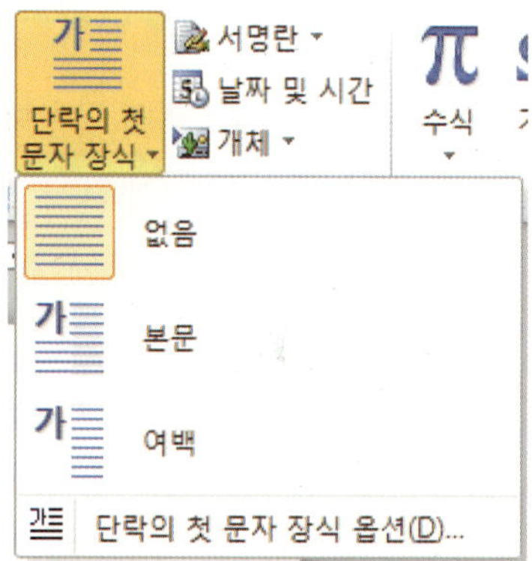

3. **위치** 를 "본문"으로, **장식 문자 높이** 를 "2"로, **텍스트와의 간격** 을 "0.2"로 입력한 후, **확인** 버튼을 누르면 단락의 첫 문자가 2줄 크기로 장식됩니다.

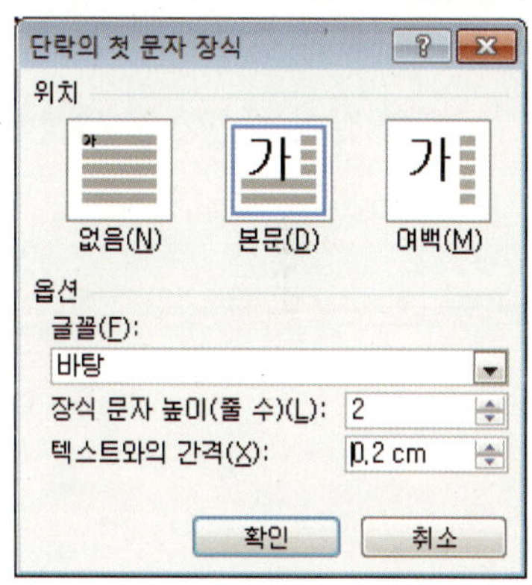

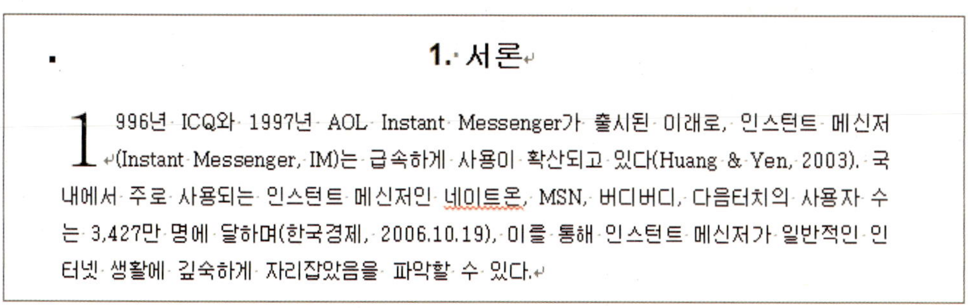
1. 서론

1996년 ICQ와 1997년 AOL Instant Messenger가 출시된 이래로, 인스턴트 메신저(Instant Messenger, IM)는 급속하게 사용이 확산되고 있다(Huang & Yen, 2003). 국내에서 주로 사용되는 인스턴트 메신저인 네이트온, MSN, 버디버디, 다음터치의 사용자 수는 3,427만 명에 달하며(한국경제, 2006.10.19), 이를 통해 인스턴트 메신저가 일반적인 인터넷 생활에 깊숙하게 자리잡았음을 파악할 수 있다.

12.2 페이지 테두리 장식하기

페이지의 테두리를 선으로 장식함으로써 시각적인 효과를 줄 수 있습니다. 예제 파일에서 페이지 테두리를 장식해 봅시다.

1. **페이지 레이아웃** 탭의 **페이지 배경** 그룹에 있는 **페이지 테두리** 메뉴를 클릭하여 **테두리 및 음영** 탭이 나타나도록 합니다.
2. **설정** 영역에서 **상자**를 클릭합니다.
3. **스타일** 메뉴에서 장식 선의 종류를 선택한 후, 색과 두께를 지정해 줍니다.
4. **미리 보기** 영역에서 장식 선을 페이지 상하좌우 중 어디에 삽입/삭제할 것인지 선택합니다.
5. **적용 대상** 메뉴에서 문서 전체에 페이지 테두리를 적용할 것인지, 아니면 특정 구역에만 적용할 것인지 선택합니다.
6. 위와 같이 설정한 후 **확인** 버튼을 누르면 페이지 테두리가 장식됩니다.

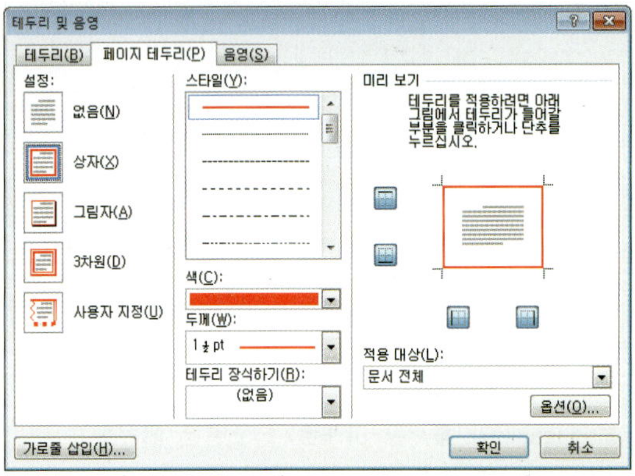

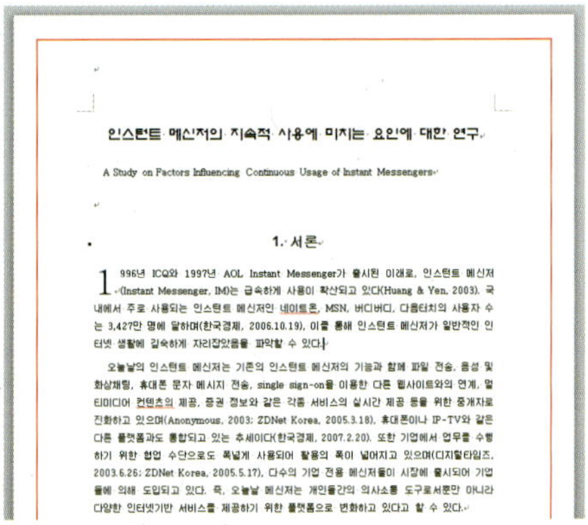

"테두리 및 음영" 대화상자의 **테두리 장식하기** 메뉴를 사용해서도 다양한 문양으로 테두리를 장식할 수 있습니다.

12.3 메모 기능 사용하기

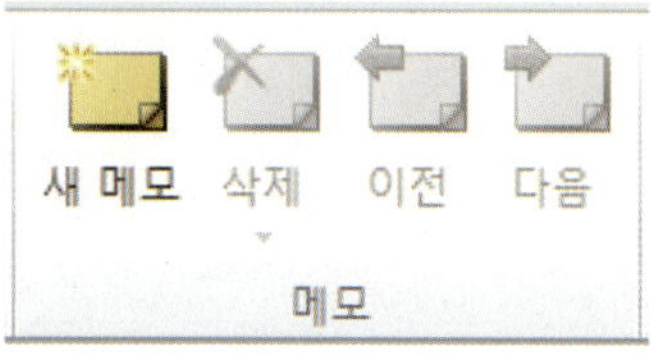

팀원끼리 문서를 검토해 주거나, 문서 작업 도중에 떠오른 아이디어를 기록하고 싶을 때 메모 기능을 활용할 수 있습니다. 메모 기능은 **검토** 탭의 **메모** 그룹에 있는 메뉴들을 이용해 수행할 수 있습니다.

메모를 삽입하는 방법은 다음과 같습니다.

1. 메모를 삽입하고자 하는 위치에 커서를 위치시키거나, 특정 영역을 마우스로 드래그하여 선택합니다.
2. **검토** 탭의 **메모** 그룹에 있는 **새 메모** 메뉴를 클릭합니다.
3. 페이지 우측에 새 메모가 삽입됩니다. 원하는 내용을 입력합니다.

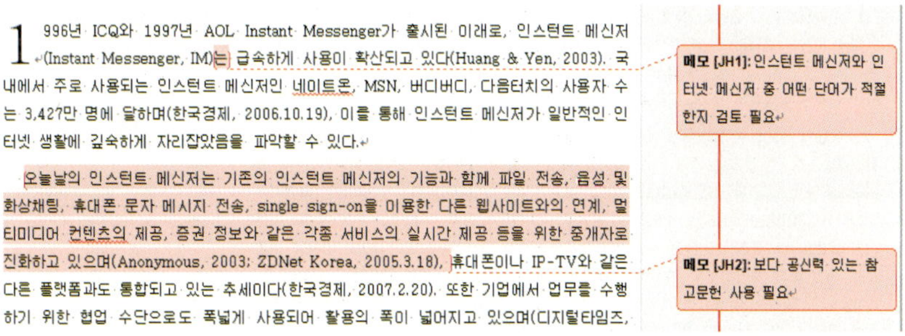
1996년 ICQ와 1997년 AOL Instant Messenger가 출시된 이래로, 인스턴트 메신저(Instant Messenger, IM)는 급속하게 사용이 확산되고 있다(Huang & Yen, 2003). 국내에서 주로 사용되는 인스턴트 메신저인 네이트온, MSN, 버디버디, 다음터치의 사용자 수는 3,427만 명에 달하며(한국경제, 2006.10.19), 이를 통해 인스턴트 메신저가 일반적인 인터넷 생활에 깊숙하게 자리잡았음을 파악할 수 있다.

오늘날의 인스턴트 메신저는 기존의 인스턴트 메신저의 기능과 함께 파일 전송, 음성 및 화상채팅, 휴대폰 문자 메시지 전송, single sign-on을 이용한 다른 웹사이트와의 연계, 멀티미디어 컨텐츠의 제공, 증권 정보와 같은 각종 서비스의 실시간 제공 등을 위한 중개자로 진화하고 있으며(Anonymous, 2003; ZDNet Korea, 2005.3.18), 휴대폰이나 IP-TV와 같은 다른 플랫폼과도 통합되고 있는 추세이다(한국경제, 2007.2.20). 또한 기업에서 업무를 수행하기 위한 협업 수단으로도 폭넓게 사용되어 활용의 폭이 넓어지고 있으며(디지털타임즈,

메모 [JH1]: 인스턴트 메신저와 인터넷 메신저 중 어떤 단어가 적절한지 검토 필요

메모 [JH2]: 보다 공신력 있는 참고문헌 사용 필요

삽입된 메모에는 위의 그림과 같이 JH1, JH2 의 형식으로 워드 사용자의 이니셜이 삽입됩니다. 이 이니셜을 변경하고 싶으면 다음과 같은 방법을 따릅니다.

1. **파일** 탭을 클릭하고, **옵션** 메뉴를 클릭합니다.
2. **기본 설정** 그룹의 **이니셜**에 원하는 이니셜을 입력합니다. 이니셜은 최대 9글자까지 입력할 수 있습니다.

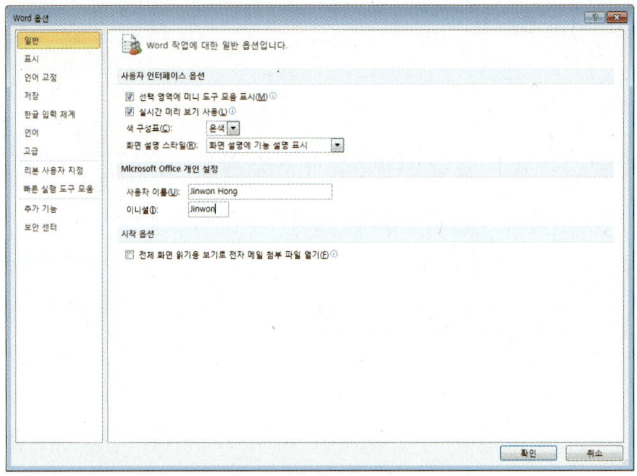

새로 메모를 삽입하면 다음과 같이 변경된 이니셜로 메모가 삽입됩니다. 그러나 기존에 삽입한 메모의 이니셜은 변경되지 않음에 유의해야 합니다.

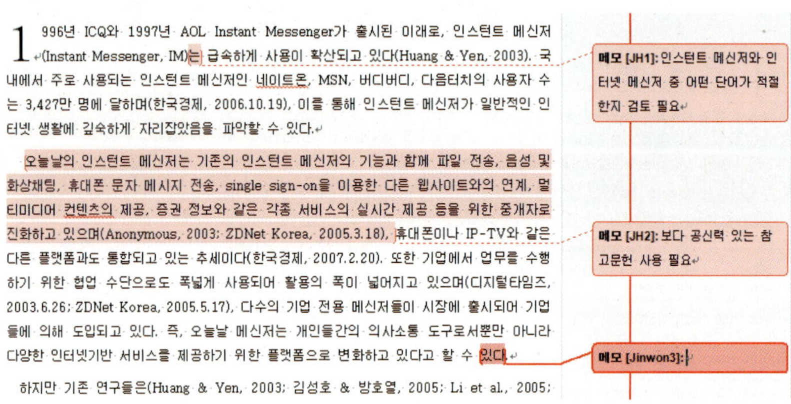

삽입한 메모를 삭제하려면 다음과 같은 방법을 따릅니다.

1. 삭제하고자 하는 메모를 마우스 왼쪽 버튼으로 클릭하고, 마우스 오른쪽 버튼을 누릅니다.
2. **메모 삭제** 메뉴를 클릭합니다.

검토 탭의 **메모** 그룹에 있는 **이전**, **다음** 메뉴를 이용하면 메모 간 이동을 빠르게 수행할 수 있습니다.

12.4 변경 내용 추적

실제로 업무를 수행하는 상황에서는 작성한 문서를 동료나 상사가 검토하고 수정하는 과정을 거치게 됩니다. 이 과정에서 문서에 어떠한 부분이 수정되었는지 표기가 되어 있어야 다른 사람이 수정한 내용을 그대로 적용할지, 자신이 원래 작성했던 내용을 적용할지, 또는 전체적으로 다시 수정을 할지 결정하는 것이 용이합니다. 이때 사용할 수 있는 기능이 "변경 내용 추적" 기능입니다. 이 기능은 **검토** 탭의 **추적** 그룹에 있는 메뉴들을 이용해 수행할 수 있습니다.

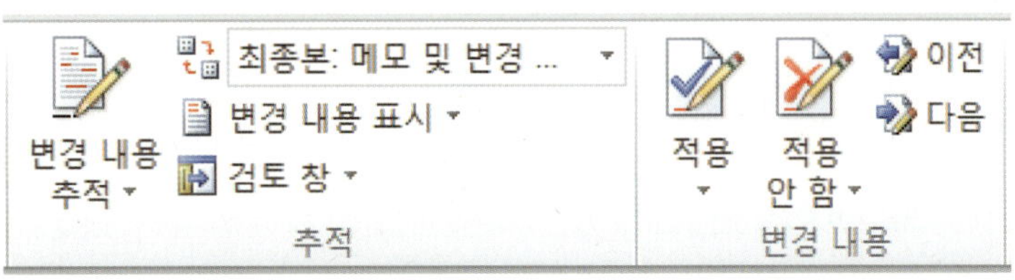

다른 팀원으로부터 **3장_003_실습파일.docx** 파일의 검토와 수정을 요청받았다고 가정합시다. 이 문서의 원래 내용을 남겨 두면서 자신이 변경한 내용을 표기하고 싶은 경우 **검토** 탭의 **추적** 그룹에 있는 **변경 내용 추적** 메뉴를 클릭하여 노란색으로 활성화합니다. 그러고 나서 문서 수정 작업을 수행하면 아래 그림과 같이 변경 내역이 문서에 표기됩니다. 삭제하는 내용은 문단의 첫 번째 줄과 같이 표기되고, 새로 추가하는 내용은

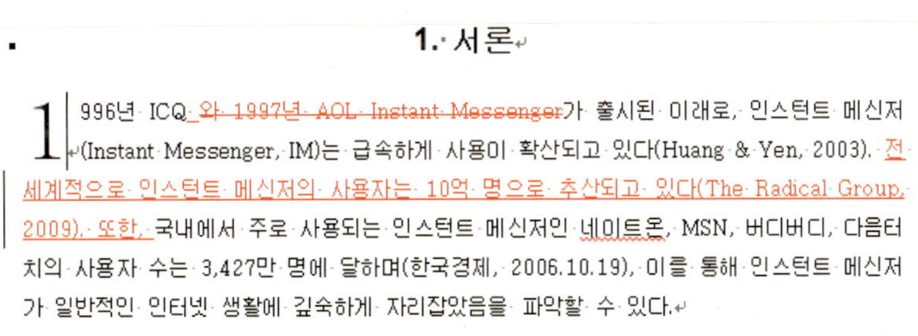
1. 서론

1996년 ICQ 와 1997년 AOL Instant Messenger가 출시된 이래로, 인스턴트 메신저(Instant Messenger, IM)는 급속하게 사용이 확산되고 있다(Huang & Yen, 2003). 전 세계적으로 인스턴트 메신저의 사용자는 10억 명으로 추산되고 있다(The Radical Group, 2009). 또한, 국내에서 주로 사용되는 인스턴트 메신저인 네이트온, MSN, 버디버디, 다음터치의 사용자 수는 3,427만 명에 달하며(한국경제, 2006.10.19), 이를 통해 인스턴트 메신저가 일반적인 인터넷 생활에 깊숙하게 자리잡았음을 파악할 수 있다.

2~4번째 줄과 같이 표기됩니다. 만약 변경 내역에 대한 기록을 중지하고 싶으면 **변경 내용 추적** 메뉴를 다시 클릭하여 노란색으로 활성화된 상태를 해제합니다.

작성한 내용을 검토할 때 변경 내용이 너무 많으면 화면이 복잡하여 검토가 오히려 어려울 수도 있습니다. 이 경우에는 **검토용 표시** 메뉴에서 적절한 보기 옵션을 선택해 줍니다.

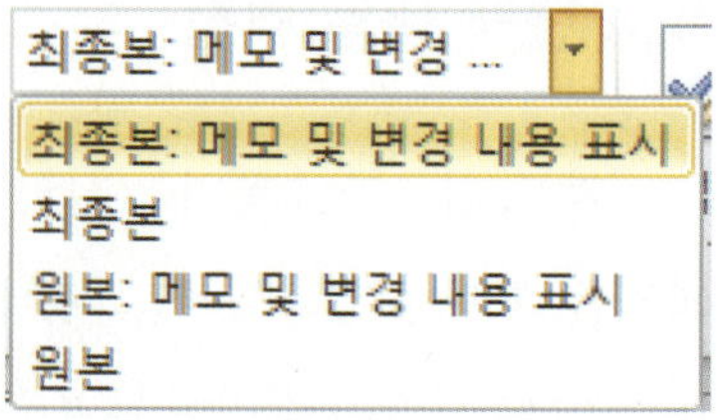

검토용 표시 메뉴	내용
최종본: 메모 및 변경 내용 표시	원본 및 변경 내용이 수정 표기 및 메모와 함께 제시됩니다.
최종본	변경 내용이 수정 표기 없이 제시됩니다.
원본: 메모 및 변경 내용 표시	변경 내용만 수정 표기 및 메모와 함께 제시됩니다.
원본	원본의 내용만 제시됩니다.

다른 팀원이 **변경 내용 추적** 기능을 이용해 수정한 문서를 검토할 경우 **검토** 탭의 **변경 내용** 그룹에 있는 **적용** 과 **적용 안 함** 메뉴를 이용할 수 있습니다. 수정 내역을 하나씩 적용 또는 적용하지 않을 경우 **적용 후 다음으로 이동** 또는 **취소 후 다음으로 이동** 메뉴를 이용합니다. 만약 모든 내용을 적용 또는 적용하지 않을 경우 **문서에서 변경 내용 모두 적용** 또는 **문서에서 변경 내용 모두 취소** 메뉴를 이용합니다.

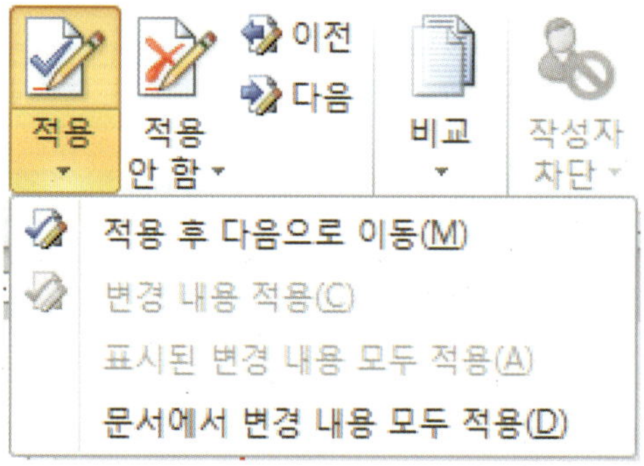

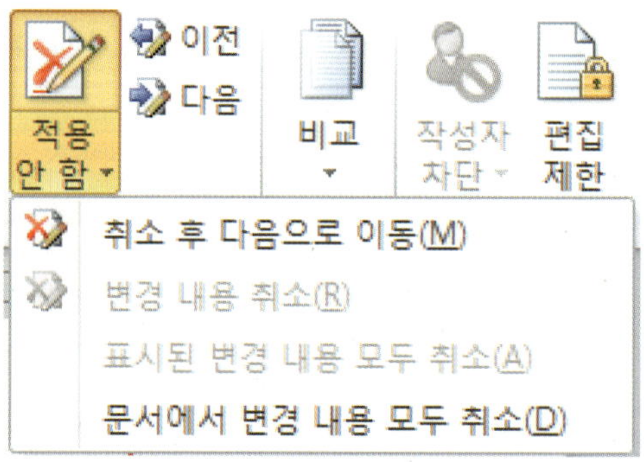

경영 PC 활용: MS Office 2010을 활용한 비즈니스 보고서 작성

4장 MS Excel 초급 활용: 엑셀과 친숙해지기

Contents

4장

MS Excel 초급 활용: 엑셀과 친숙해지기

비즈니스를 효과적으로 수행하고 관리하기 위해서는 관련된 다양한 데이터들을 효율적으로 처리할 수 있어야 한다. 엑셀은 이러한 능력을 효과적으로 지원해 줄 수 있는 매우 유용한 소프트웨어이다. 회사에서 엑셀을 사용하지 않는 사무직원은 거의 없다 해도 과언이 아닐 정도로 엑셀 활용 능력은 업무의 필수적인 능력으로 인식되고 있다. 엑셀은 하나의 워크시트에서 행은 1,048,576개, 열은 16,384개에 이르는 방대한 데이터를 다룰 수 있으며, 비즈니스 데이터들을 보고자 하는 관점으로 쉽게 정렬할 수 있고 필요한 정보들을 간편하게 생성할 수 있는 매우 강력한 강력한 사무용 소프트웨어이다. 엑셀에서 다양한 형태로 표현된 데이터들과 다양한 로직을 통해 생성된 다양한 정보들은 워드 문서나 앞으로 배울 파워포인트 문서에 쉽게 삽입될 수 있어, 프로페셔널한 비즈니스 보고서를 만드는 데 매우 유용하게 활용된다. MS Excel은 4장에서 7장까지 네 개 장에 걸쳐 설명하는데, 이 장에서는 우선 엑셀의 기본적인 조작법과 기능들을 설명한다.

1 MS Excel 화면 구성

MS Excel의 화면 구성은 리본 메뉴를 사용한다는 점을 제외하면, 앞에서 배운 MS Word나 다음에 배울 MS PowerPoint와 다른 부분이 많습니다. MS Excel의 특징을 중심으로 화면이 어떻게 구성되는지 살펴봅시다.

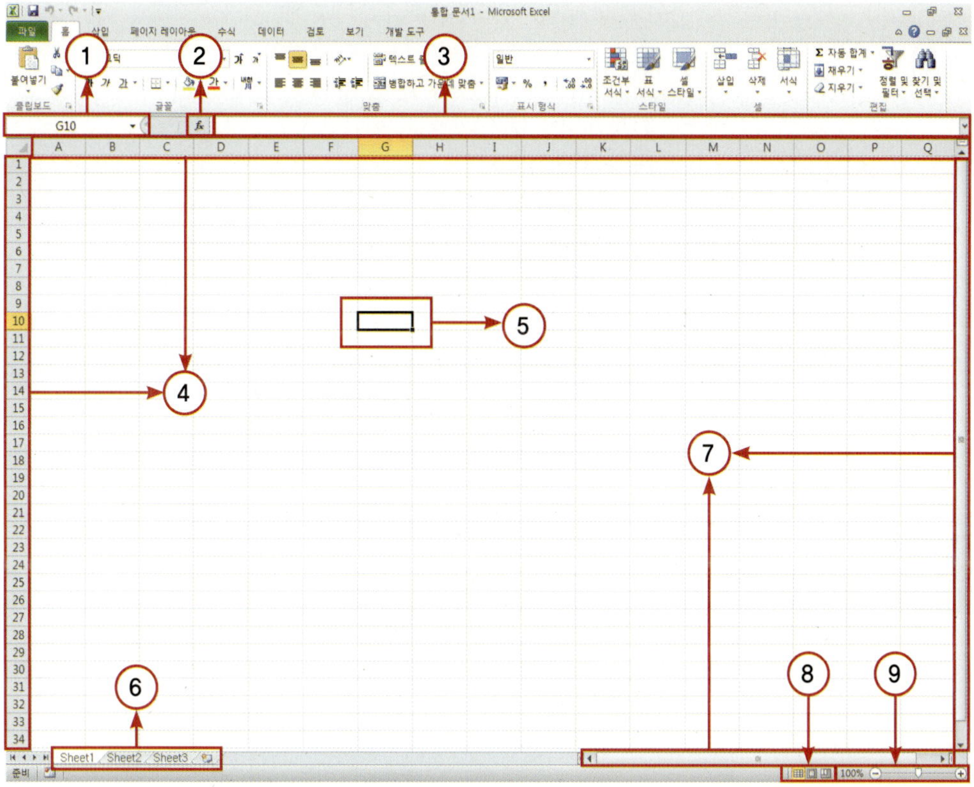

번호	메뉴명	설명
1	셀 주소창	셀 포인터의 열 및 행 주소를 나타냅니다. 열 주소는 알파벳으로 나타나며, 행 주소는 숫자로 나타납니다. 만약 "D8"이라고 표시되었다면 D열 8행이 선택된 상태라는 것을 의미합니다.
2	함수 마법사	다양한 함수를 손쉽게 사용할 수 있도록 해 주는 함수 마법사를 실행시킵니다.
3	수식 입력줄	비어 있는 셀에 수식 또는 데이터를 입력하거나, 이미 셀에 입력되어 있는 수식 또는 데이터를 확인할 수 있습니다.
4	열 및 행 머리글	엑셀에서 열은 알파벳으로 주소가 표현되며, 16,384개의 열을 사용할 수 있습니다. 행은 숫자로 주소가 표현되며 1,048,576개의 행을 사용할 수 있습니다.
5	셀 포인터	현재 선택한 셀은 테두리가 두꺼운 선으로 강조된 셀 포인터 형태로 표현됩니다.
6	워크시트 창	하나의 엑셀 문서는 여러 개의 시트로 구성될 수 있습니다. 워크시트 창을 이용해 다른 시트로 이동하거나, 시트의 추가, 삭제, 이름 변경과 같은 편집 작업이 가능합니다.
7	수직/수평 스크롤 바	화면에서 표시되지 않은 열 및 행으로 이동할 수 있습니다.
8	화면 보기 전환	기본 보기, 페이지 레이아웃, 페이지 나누기의 미리 보기와 같은 다양한 보기 화면 옵션을 사용할 수 있습니다.
9	화면 확대/축소	화면을 확대/축소해 볼 수 있도록 해 줍니다.

2 셀 선택하기

4장_001_실습파일.xlsx 을 이용해 다양한 방식으로 셀을 선택하는 방법에 대해 알아봅시다.

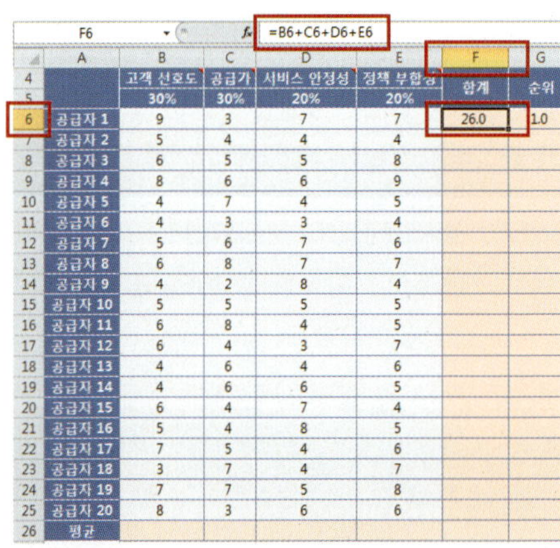
F6 =B6+C6+D6+E6

	A	B	C	D	E	F	G
4		고객 선호도	공급가	서비스 안정성	정책 부합성	합계	순위
5		30%	30%	20%	20%		
6	공급자 1	9	3	7	7	26.0	1.0
7	공급자 2	5	4	4	4		
8	공급자 3	6	5	5	8		
9	공급자 4	8	6	6	9		
10	공급자 5	4	7	4	5		
11	공급자 6	4	3	3	4		
12	공급자 7	5	6	7	6		
13	공급자 8	6	8	7	7		
14	공급자 9	4	2	8	4		
15	공급자 10	5	5	5	5		
16	공급자 11	6	8	4	5		
17	공급자 12	6	4	3	7		
18	공급자 13	4	6	4	6		
19	공급자 14	4	6	6	5		
20	공급자 15	6	4	7	4		
21	공급자 16	5	4	8	5		
22	공급자 17	7	5	4	6		
23	공급자 18	3	7	4	7		
24	공급자 19	7	7	5	8		
25	공급자 20	8	3	6	6		
26	평균						

실습파일에서 "F6" 셀을 마우스 왼쪽 버튼으로 클릭하면, "F열"과 "6행" 머리글이 주황색으로 활성화되고 "F6" 셀의 테두리가 두꺼운 선으로 표시되면서 선택됩니다. 또한 수식이 입력되어 있는 경우에는 **수식 입력줄** 에

수식이 표시됩니다. 수식이 입력되어 있지 않은 경우에는 셀에 입력되어 있는 내용이 **수식 입력줄**에 표시됩니다.

"B6" 셀을 마우스 왼쪽 버튼으로 클릭한 상태에서, "E25" 셀까지 드래그하고 마우스 버튼을 놓으면 "B6"부터 "E25"까지의 셀들이 사각형 형태로 선택됩니다.

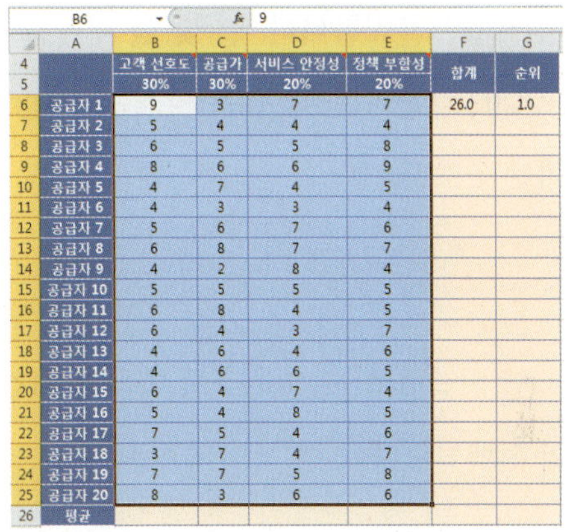
B6 | 9

	A	B	C	D	E	F	G
4		고객 선호도	공급가	서비스 안정성	정책 부합성	합계	순위
5		30%	30%	20%	20%		
6	공급자 1	9	3	7	7	26.0	1.0
7	공급자 2	5	4	4	4		
8	공급자 3	6	5	5	8		
9	공급자 4	8	6	6	9		
10	공급자 5	4	7	4	5		
11	공급자 6	4	3	3	4		
12	공급자 7	5	6	7	6		
13	공급자 8	6	8	7	7		
14	공급자 9	4	2	8	4		
15	공급자 10	5	5	5	5		
16	공급자 11	6	8	4	5		
17	공급자 12	6	4	3	7		
18	공급자 13	4	6	4	6		
19	공급자 14	4	6	6	5		
20	공급자 15	6	4	7	4		
21	공급자 16	5	4	8	5		
22	공급자 17	7	5	4	6		
23	공급자 18	3	7	4	7		
24	공급자 19	7	7	5	8		
25	공급자 20	8	3	6	6		
26	평균						

"C"열 머리글을 클릭해 봅시다. 임의의 열 또는 행 머리글을 클릭하면 해당 열 또는 행 전체가 선택됩니다.

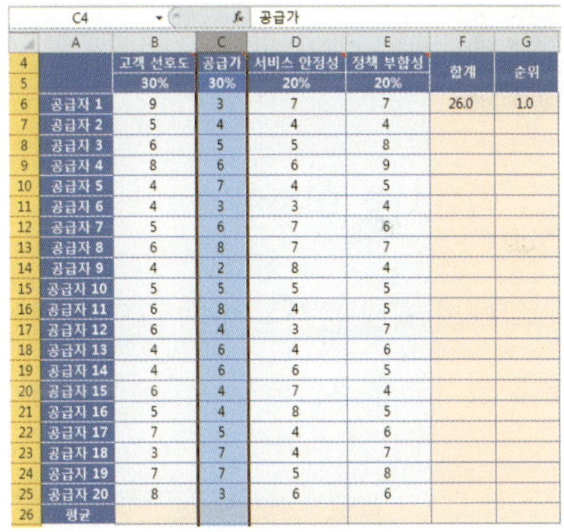
C4 | 공급가

	A	B	C	D	E	F	G
4		고객 선호도	공급가	서비스 안정성	정책 부합성	합계	순위
5		30%	30%	20%	20%		
6	공급자 1	9	3	7	7	26.0	1.0
7	공급자 2	5	4	4	4		
8	공급자 3	6	5	5	8		
9	공급자 4	8	6	6	9		
10	공급자 5	4	7	4	5		
11	공급자 6	4	3	3	4		
12	공급자 7	5	6	7	6		
13	공급자 8	6	8	7	7		
14	공급자 9	4	2	8	4		
15	공급자 10	5	5	5	5		
16	공급자 11	6	8	4	5		
17	공급자 12	6	4	3	7		
18	공급자 13	4	6	4	6		
19	공급자 14	4	6	6	5		
20	공급자 15	6	4	7	4		
21	공급자 16	5	4	8	5		
22	공급자 17	7	5	4	6		
23	공급자 18	3	7	4	7		
24	공급자 19	7	7	5	8		
25	공급자 20	8	3	6	6		
26	평균						

"B"열 머리글부터 "E"열 머리글까지 드래그해 봅니다. "B"열부터 "E"열까지 포함된 모든 셀들이 선택됩니다.

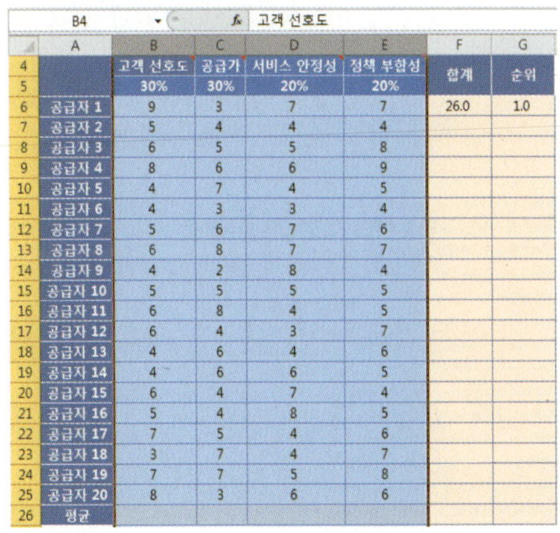
B4 | 고객 선호도

	A	B	C	D	E	F	G
4		고객 선호도	공급가	서비스 안정성	정책 부합성	합계	순위
5		30%	30%	20%	20%		
6	공급자 1	9	3	7	7	26.0	1.0
7	공급자 2	5	4	4	4		
8	공급자 3	6	5	5	8		
9	공급자 4	8	6	6	9		
10	공급자 5	4	7	4	5		
11	공급자 6	4	3	3	4		
12	공급자 7	5	6	7	6		
13	공급자 8	6	8	7	7		
14	공급자 9	4	2	8	4		
15	공급자 10	5	5	5	5		
16	공급자 11	6	8	4	5		
17	공급자 12	6	4	3	7		
18	공급자 13	4	6	4	6		
19	공급자 14	4	6	6	5		
20	공급자 15	6	4	7	4		
21	공급자 16	5	4	8	5		
22	공급자 17	7	5	4	6		
23	공급자 18	3	7	4	7		
24	공급자 19	7	7	5	8		
25	공급자 20	8	3	6	6		
26	평균						

떨어져 있는 셀들을 선택할 경우에는 Ctrl 키를 누른 상태에서 선택하고자 하는 셀들을 클릭합니다. Ctrl 키를 왼쪽 버튼으로 클릭합니다. 열 및 행 머리들도 Ctrl 키를 이용해 같은 방식으로 선택할 수 있습니다.

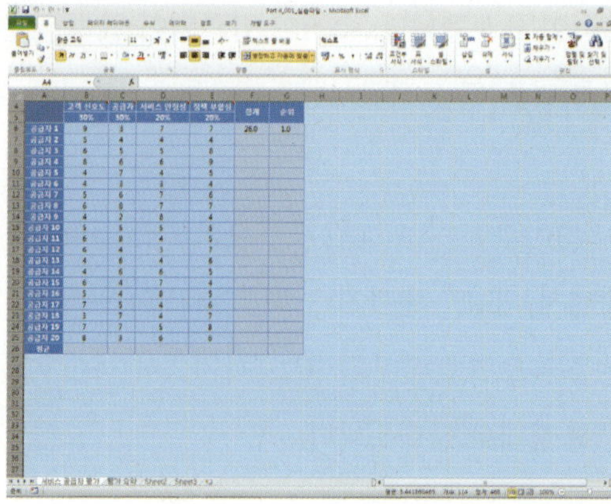

열 머리글과 행 머리글이 만나는 지점을 클릭하거나 Ctrl + A 키를 누르면 모든 셀들이 선택됩니다.

3 워크시트 다루기

3.1 워크시트 이동하기

하나의 엑셀 문서는 아래 그림과 같이 여러 개의 워크시트로 구성할 수 있습니다. 이동을 원하는 워크시트 탭을 마우스로 클릭하면 해당 워크시트로 이동할 수 있습니다.

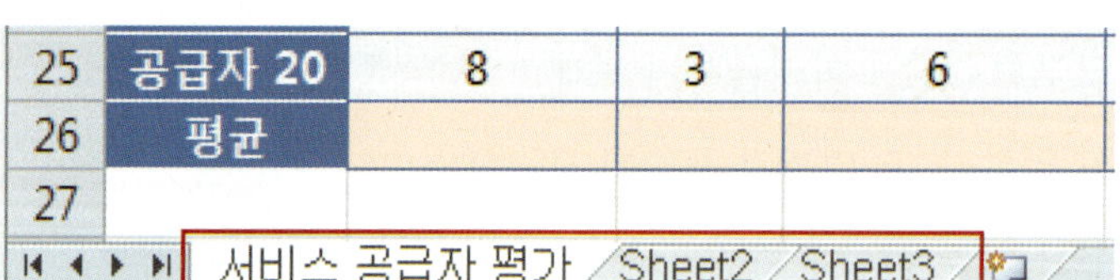

3.2 워크시트 추가하기

다음 그림에서 박스로 표시된 **워크시트 삽입** 메뉴를 클릭하면 새로운 워크시트를 추가할 수 있습니다.

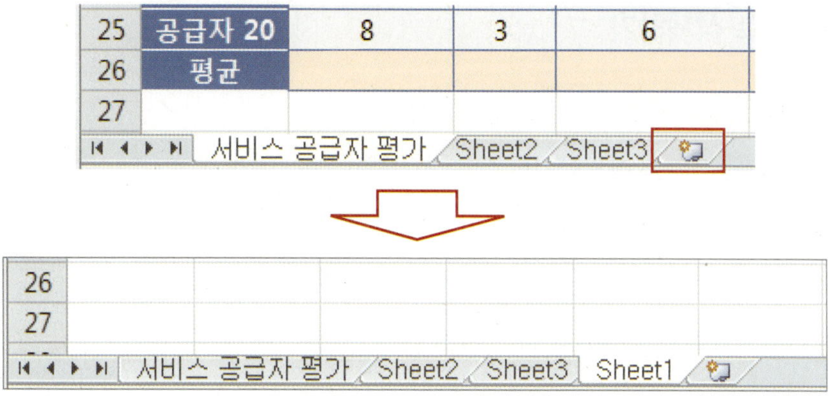

또는 임의의 워크시트 탭(예제에서는 "Sheet 1")을 마우스 오른쪽 버튼으로 클릭하고, **삽입** 메뉴를 클릭합니다. "워크시트" 대화상자에서 "Worksheet"를 선택하고 **확인** 버튼을 클릭하면 선택한 워크시트의 탭의 앞에 새로운 워크시트가 삽입됩니다.

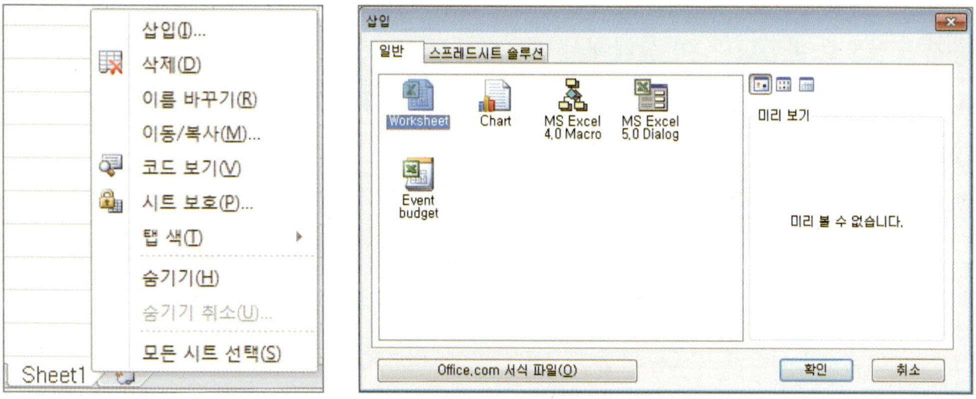

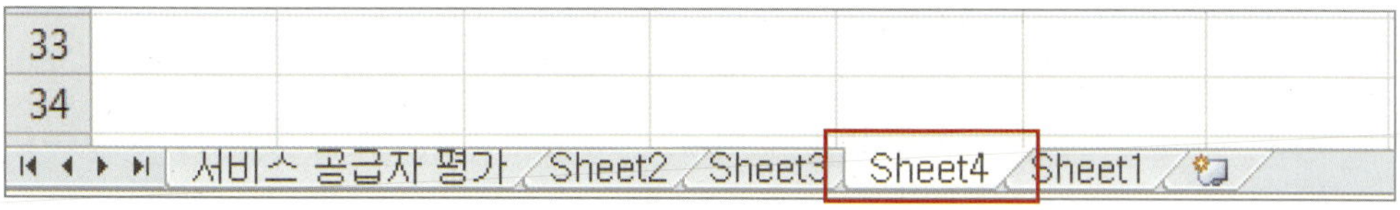

3.3 워크시트 삭제하기

삭제를 원하는 워크시트를 마우스 오른쪽 버튼으로 클릭하고, **삭제** 메뉴를 클릭합니다. 3.2에서 삽입한 워크시트를 삭제해 봅시다. 삭제한 워크시트는 실행취소를 하더라도 다시 복구되지 않으니 주의해서 삭제하도록 합니다.

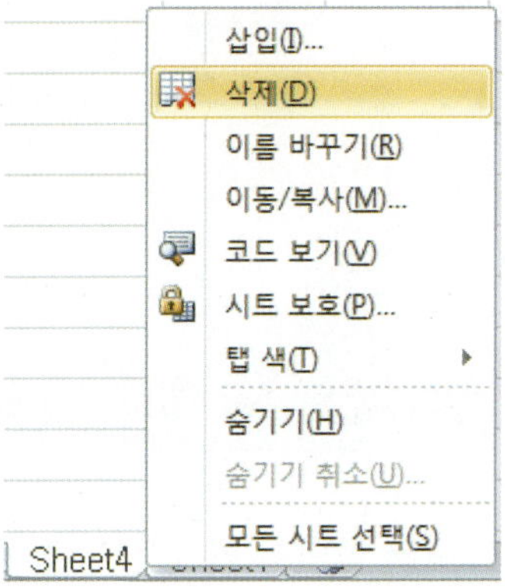

3.4 워크시트 이동하기

워크시트를 마우스 왼쪽 버튼으로 약 1~2초 동안 클릭하고 있으면 포인터 모양이 A4 용지 모양으로 바뀝니다. 이 상태에서 마우스를 좌우로 움직이면 워크시트의 순서를 바꿀 수 있습니다. "Sheet 1"을 마우스 왼쪽 버튼으로 클릭하고, "Sheet 2" 앞으로 이동시킵니다.

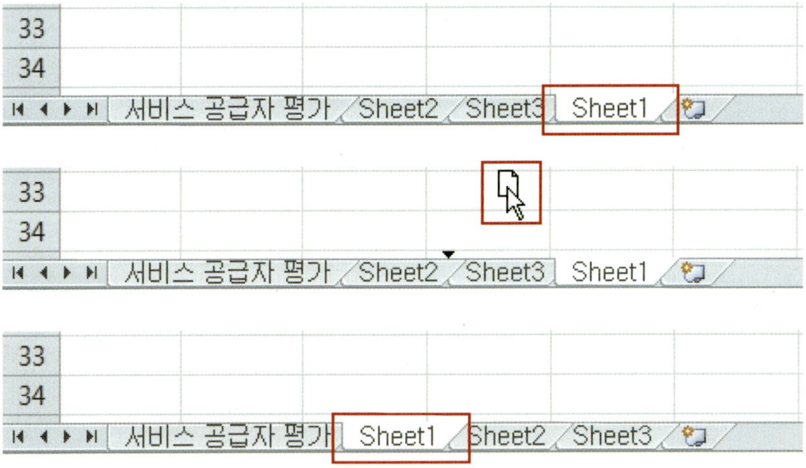

3.5 워크시트 이름 변경하기

워크시트를 더블클릭하거나, 마우스 오른쪽 버튼으로 클릭해 **이름 바꾸기** 메뉴를 클릭하면 워크시트의 이름을 변경할 수 있습니다. “Sheet 1”을 더블클릭하고 “평가 요약”이라고 이름을 변경해 봅시다. 이때 다른 워크시트와 같은 이름으로 워크시트 이름을 변경할 수 없습니다.

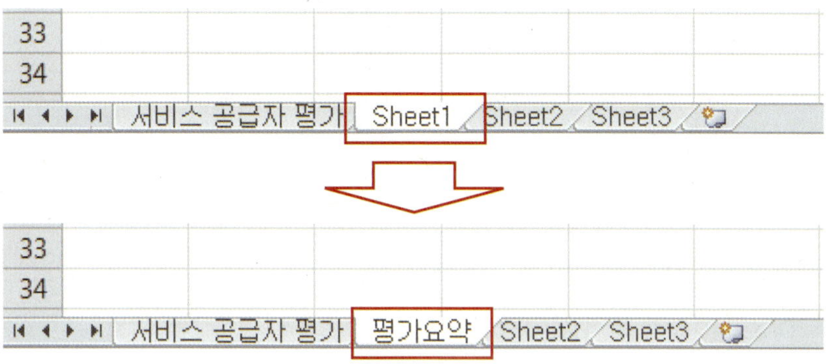

4 화면 보기 설정하기

MS Word나 MS PowerPoint와 마찬가지로 MS Excel도 다양한 화면 보기 옵션을 제공하고 있습니다. MS Excel에서 화면 보기 옵션은 **보기** 탭의 **통합 문서 보기**, **표시/숨기기**, **확대/축소** 그룹에 있는 메뉴들을 이용해 설정할 수 있습니다.

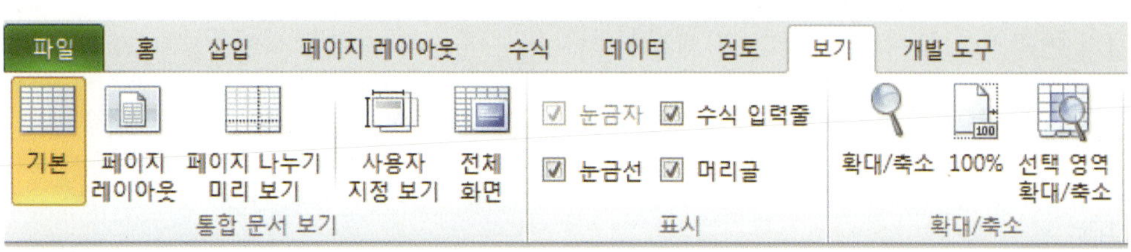

4.1 통합 문서 보기 그룹의 문서 보기 옵션

기본 보기 모드는 엑셀 작업 시 가장 일반적으로 사용되는 보기 모드입니다. 앞으로 여러분은 이 모드에서 대부분의 실습을 수행하게 될 것입니다.

기본 보기

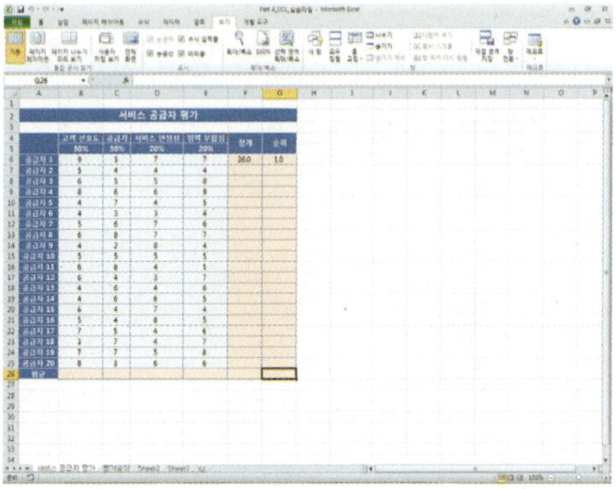

페이지 레이아웃 보기 모드에서는 사전에 설정되어 있는 용지 크기(예: A4 용지)를 기준으로 엑셀의 셀들을 보여 줍니다. 이 모드에서 작업하면 실제 인쇄될 상태를 바로 확인하면서 작업할 수 있어 편리합니다.

페이지 레이아웃 보기

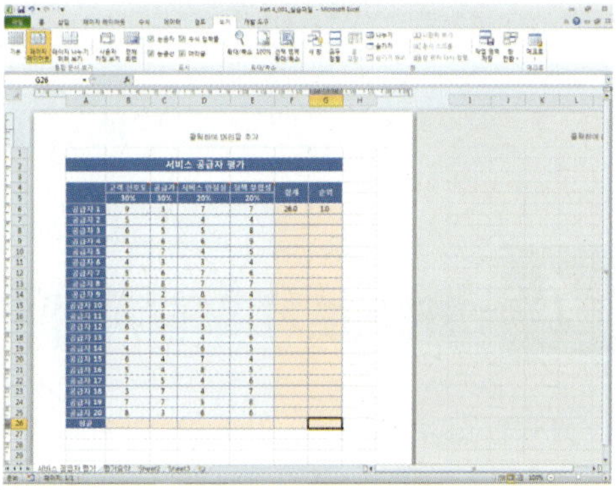

페이지 나누기 미리 보기 모드에서는 작업 중인 시트가 인쇄 시 어떻게 나뉘어 인쇄될지 미리 확인할 수 있습니다. 전체적인 시트의 인쇄 모습을 확인할 때 페이지 레이아웃 보기 모드보다 편리하게 사용할 수 있습니다.

페이지 나누기 미리 보기

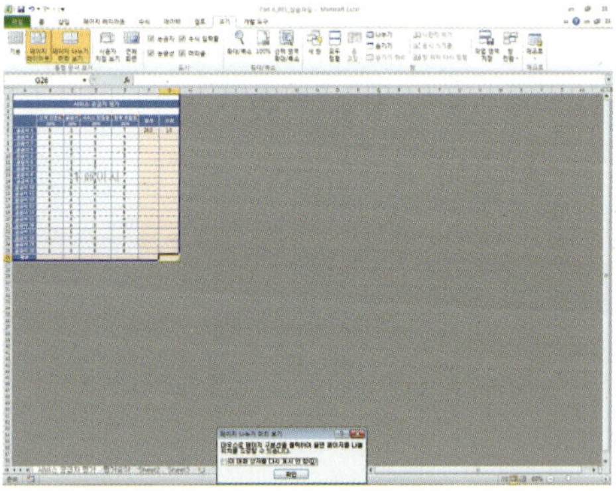

전체 화면 모드에서는 이전에 설정했던 보기 모드는 유지되면서 리본 메뉴가 사라진 상태로 화면을 보여 줍니다. 즉 **페이지 나누기 미리 보기** 모드에서 **전체 화면** 모드를 클릭하면 "페이지 나누기 미리 보기" 모드는 유지되면서 리본 메뉴만 사라집니다. "전체 화면 모드"를 해제하려면 Esc 키를 눌러 줍니다.

전체 화면

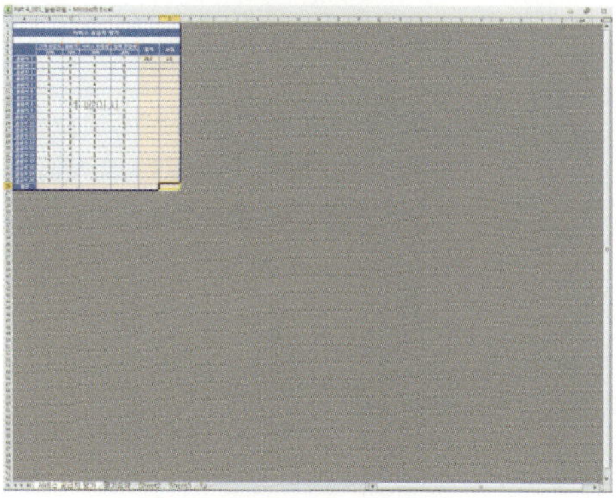

4.2 표시/숨기기 그룹

기본 보기 모드에서는 **수식 입력줄**, **눈금선**, **머리글**과 같은 **표시/숨기기** 메뉴를 사용할 수 있습니다. **기본 보기** 모드에서 각각의 메뉴를 설정한 상태와 해제한 상태를 비교해 봅시다.

기본 보기

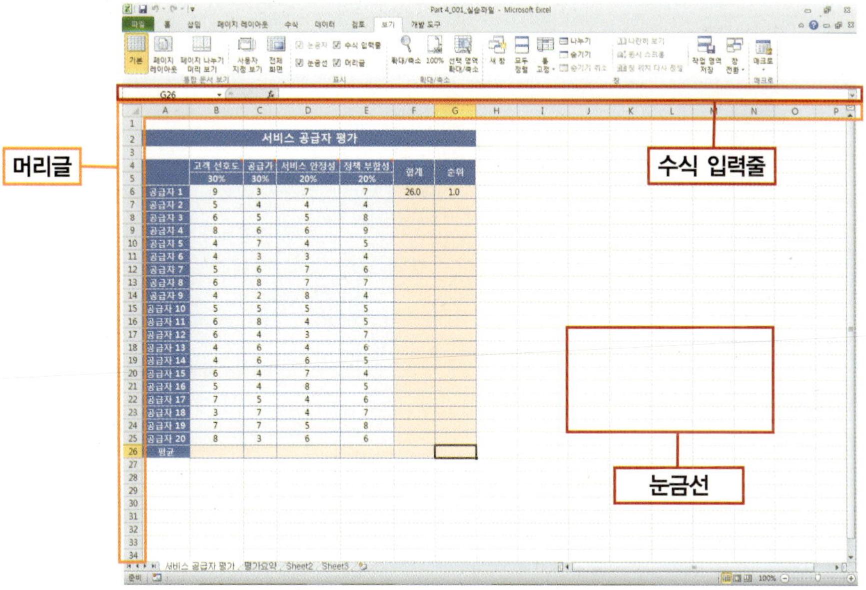

수식 입력줄 해제 상태

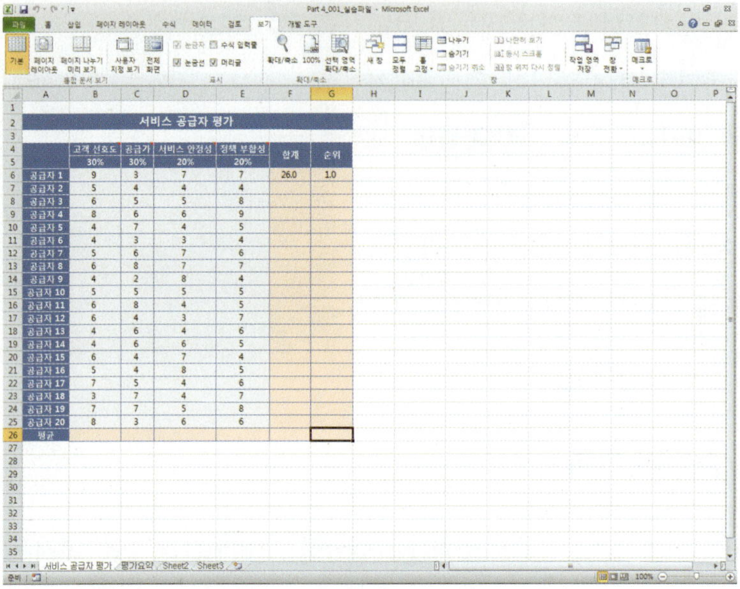

눈금선 해제 상태

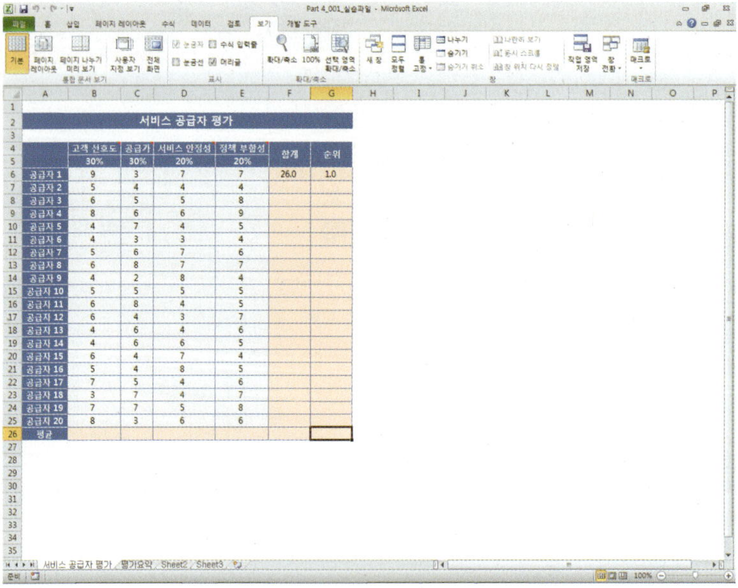

머리글 해제 상태

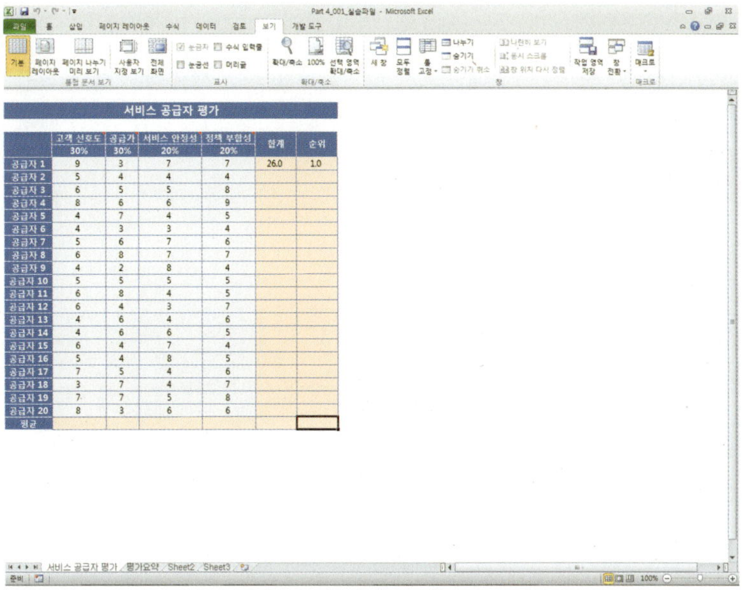

4.3 확대/축소 그룹

확대/축소 메뉴를 클릭하면 “확대/축소” 대화상자가 나타납니다. 이 대화상자를 이용해 미리 설정되어 있는 화면 배율을 선택하거나, **사용자 지정** 옵션을 체크하고 직접 배율을 입력할 수 있습니다. 그리고 **100%** 메뉴를 클릭하면 화면을 100% 배율로 조정해 줍니다.

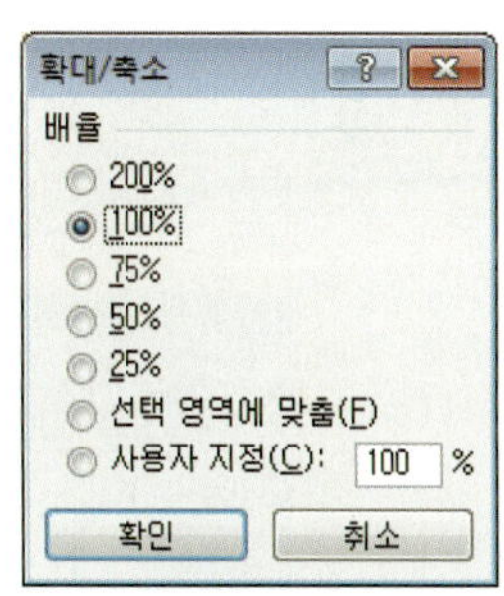

선택 영역 확대/축소 메뉴는 선택한 셀 영역을 화면에 꽉 찬 상태로 확대시켜 줍니다.

1. A2 셀을 마우스 왼쪽 버튼으로 클릭한 상태로, G26 셀까지 드래그해 영역을 선택해 줍니다.

2. **선택 영역 확대/축소** 메뉴를 클릭합니다.

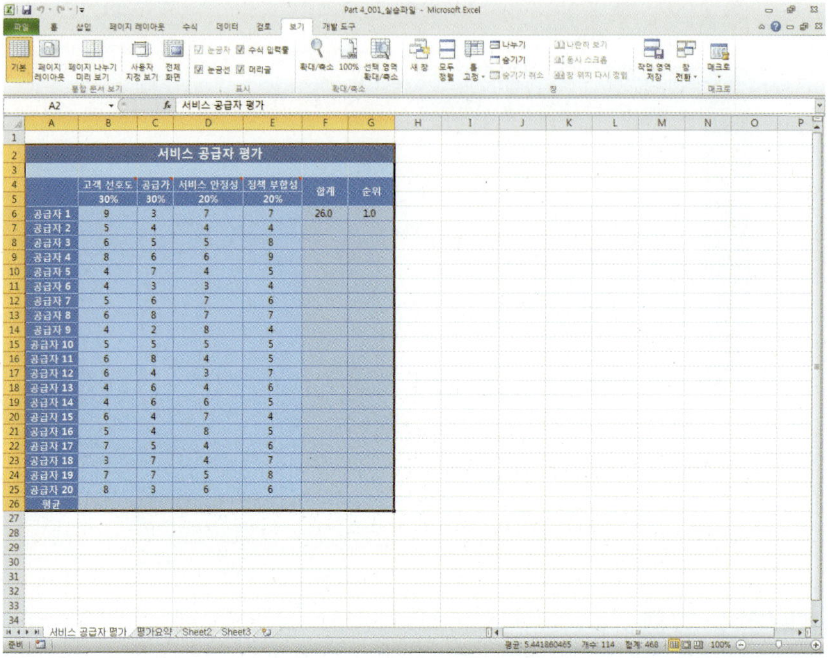

서비스 공급자 평가						
	고객 선호도	공급가	서비스 안정성	정책 부합성	합계	순위
	30%	30%	20%	20%		
공급자 1	9	3	7	7	26.0	1.0
공급자 2	5	4	4	4		
공급자 3	6	5	5	8		
공급자 4	8	6	6	9		
공급자 5	4	7	4	5		
공급자 6	4	3	3	4		
공급자 7	5	6	7	6		
공급자 8	6	8	7	7		
공급자 9	4	2	8	4		
공급자 10	5	5	5	5		
공급자 11	6	8	4	5		
공급자 12	6	4	3	7		
공급자 13	4	6	4	6		
공급자 14	4	6	6	5		
공급자 15	6	4	7	4		
공급자 16	5	4	8	5		
공급자 17	7	5	4	6		
공급자 18	3	7	4	7		
공급자 19	7	7	5	8		
공급자 20	8	3	6	6		
평균						

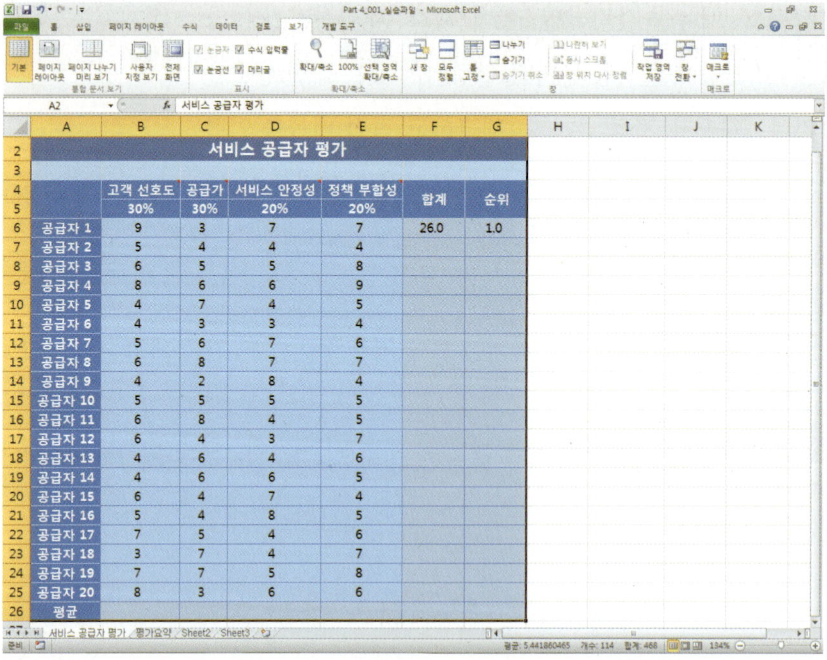

서비스 공급자 평가						
	고객 선호도	공급가	서비스 안정성	정책 부합성	합계	순위
	30%	30%	20%	20%		
공급자 1	9	3	7	7	26.0	1.0
공급자 2	5	4	4	4		
공급자 3	6	5	5	8		
공급자 4	8	6	6	9		
공급자 5	4	7	4	5		
공급자 6	4	3	3	4		
공급자 7	5	6	7	6		
공급자 8	6	8	7	7		
공급자 9	4	2	8	4		
공급자 10	5	5	5	5		
공급자 11	6	8	4	5		
공급자 12	6	4	3	7		
공급자 13	4	6	4	6		
공급자 14	4	6	6	5		
공급자 15	6	4	7	4		
공급자 16	5	4	8	5		
공급자 17	7	5	4	6		
공급자 18	3	7	4	7		
공급자 19	7	7	5	8		
공급자 20	8	3	6	6		
평균						

5 MS Excel 데이터 유형

실습파일에서 B4 셀을 마우스 왼쪽 버튼으로 클릭하고, **홈** 탭의 **표시 형식** 그룹에 있는 **표시 형식** 메뉴 부분을 확인해 보면, "텍스트"라고 설정되어 있는 것을 확인할 수 있습니다. 같은 방식으로 B5 셀과 B6 셀을 확인하면 각각 "백분율", "숫자"라고 설정되어 있는 것을 확인할 수 있습니다.

B4 셀

B5 셀

B6 셀

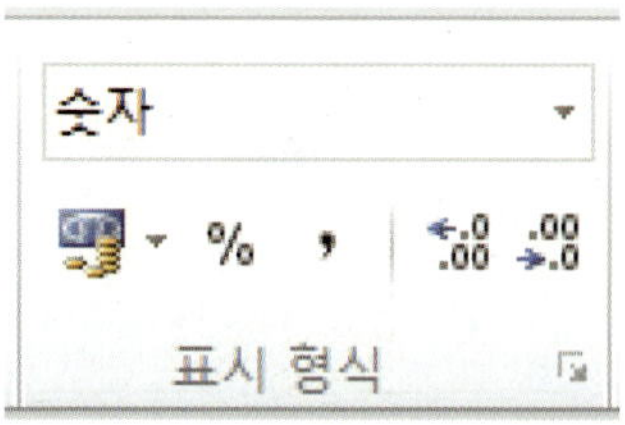

표시 형식 메뉴를 클릭하면 오른쪽 그림과 같이 다양한 형태의 엑셀 데이터 유형이 나타납니다. 특정 셀 또는 셀 영역을 선택하고, **표시 형식** 메뉴에서 원하는 데이터 유형을 클릭하면 선택한 셀 또는 셀 영역이 선택한 데이터 유형으로 설정됩니다.

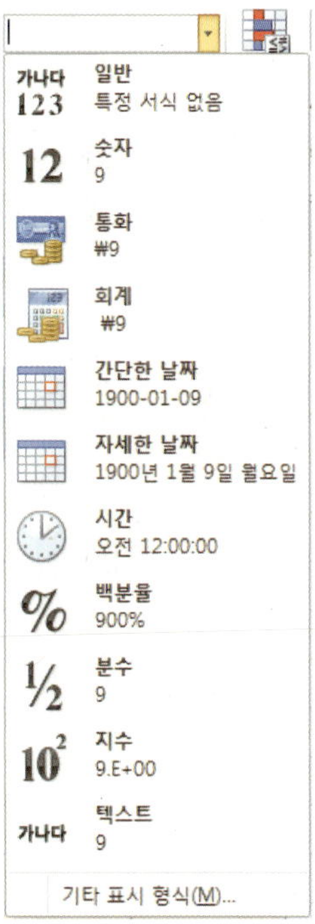

데이터 유형을 보다 세밀하게 설정하려면, "셀 서식" 대화상자를 이용합니다. "셀 서식" 대화상자는 **표시 형식** 메뉴에서 **기타 표시 형식**을 클릭하거나, 마우스 오른쪽 버튼을 누르면 나타나는 **셀 서식** 메뉴를 클릭하면 이용할 수 있습니다.

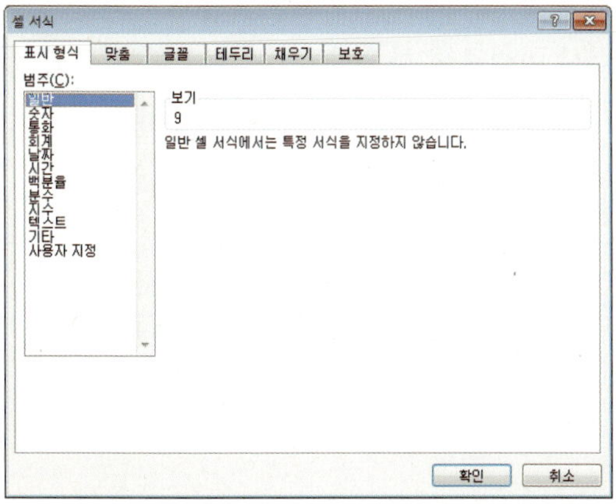

만약 데이터 형식이 제대로 지정되어 있지 않을 경우 데이터 입력 시 문제가 발생할 수 있습니다. I6 셀을 클릭하고 임의로 "67"을 입력해 봅시다. 우리는 67을 입력했지만 셀에는 "1900-03-07"이라고 입력됩니다.

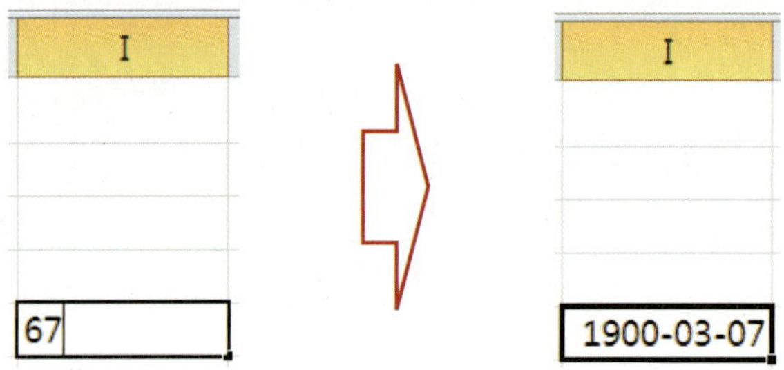

I6 셀을 클릭하고 **표시 형식** 메뉴가 어떻게 설정되어 있는지 확인해 봅시다. 오른쪽과 같이 "날짜"로 데이터 유형이 설정되어 있는 것을 확인할 수 있습니다.

즉 데이터 유형을 잘못 설정하면 데이터 입력 시 오류가 발생하므로, 만약 의도된 형태대로 데이터가 입력되지 않은 경우에는 데이터 유형이 어떻게 설정되어 있는지 확인할 필요가 있습니다.

6 수식 입력하기

6.1 수식 입력의 기초

실습파일에서 F6 셀을 클릭해 보면, 수식 입력줄에 다음과 같이 수식이 입력되어 있는 것을 확인할 수 있습니다.

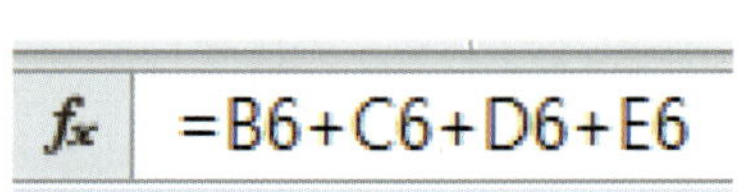

- 엑셀에서 수식을 입력하려면 가장 먼저 "=(등호)"를 입력해야 합니다. 즉 셀에 처음 입력되어 있는 데이터가 "="이면 엑셀은 해당 셀을 수식이 입력된 셀로 인식합니다.
- 등호 다음에는 계산 대상인 피연산자와 계산을 어떻게 수행할 것인지 정의해 주는 연산자를 입력합니다. 앞의 식에서 "B6, C6, D6, E6"은 계산 대상인 피연산자이고, "+"는 연산자입니다.
- 피연산자로는 셀 주소나 숫자가 사용될 수 있는데, 엑셀에서는 체계적인 데이터 관리를 위해 셀 주소를 피연산자로 사용합니다. 연산자로는 산술, 문자, 참조 연산자 등이 사용될 수 있으며, 그 종류는 아래 표와 같습니다. 연산자는 참조 연산자, 산술 연산자, 비교 연산자 순으로 먼저 계산됩니다.

연산자 유형	연산자
산술 연산자	+ (더하기), – (빼기), * (곱하기), / (나누기), % (백분율), ^ (거듭제곱)
비교 연산자	= (같다), < (작다), > (크다), <= (작거나 같다), >= (크거나 같다), <> (같지 않다)
참조 연산자	: (범위 연산자)(예: A1:A10 → A1 셀부터 A10 셀까지) , (결합 연산자)(예: A1:A10, A15:A20 → A1 셀부터 A10 셀까지, A15 셀부터 A20 셀까지)

그러면 F7 셀에 B7 셀부터 E7 셀까지의 합계를 구하는 수식을 입력해 봅시다.

1. F7 셀을 클릭합니다.
2. 다음과 같이 입력합니다: "=B7+C7+D7+E7"

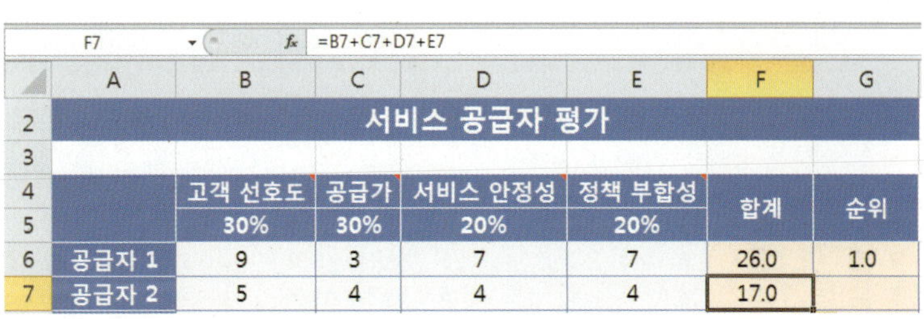

수식에 셀 주소를 입력할 때에는 마우스로 해당 셀을 클릭해도 됩니다. F8 셀에 B8 셀부터 E8 셀까지의 합계를 구하는 수식을 입력해 봅시다.

1. F8 셀을 클릭합니다.

2. 다음과 같이 입력합니다: “=”

3. B8 셀을 클릭합니다. F8 셀에 셀 주소가 자동으로 입력됩니다.

4. 다음과 같이 입력합니다: “+”

CONCATENATE | =B8+C8+D8+E8

	A	B	C	D	E	F	G
2	서비스 공급자 평가						
3							
4		고객 선호도	공급가	서비스 안정성	정책 부합성	합계	순위
5		30%	30%	20%	20%		
6	공급자 1	9	3	7	7	26.0	1.0
7	공급자 2	5	4	4	4	17.0	
8	공급자 3	6	5	5		=B8+C8+D8+E8	

5. 위와 같은 방식으로 나머지 셀들에 대한 수식을 입력하고 엔터 키를 누르면 수식이 입력됩니다.

6.2 상대주소와 절대주소

F8 셀을 복사해서 F9 셀에 붙여넣기 해 봅시다. 붙여넣기 한 결과를 보면 값이 다르다는 것을 알 수 있습니다. 왜 이런 결과가 발생한 것일까요? F8 셀과 F9 셀의 수식을 각각 살펴봅시다.

F12

	A	B	C	D	E	F	G
2	서비스 공급자 평가						
3							
4		고객 선호도	공급가	서비스 안정성	정책 부합성	합계	순위
5		30%	30%	20%	20%		
6	공급자 1	9	3	7	7	26.0	2.0
7	공급자 2	5	4	4	4	17.0	
8	공급자 3	6	5	5	8	24.0	
9	공급자 4	8	6	6	9	29.0	

F8 셀

fx =B8+C8+D8+E8

F9 셀

fx =B9+C9+D9+E9

앞의 식을 보면 셀 주소가 8행에서 9행으로 한 행씩 내려간 형태로 수식이 변화되어 붙여넣기 되었다는 알 수 있습니다. 엑셀에서는 수식 계산이나 데이터 관리의 편의를 위하여 위와 같이 셀 주소를 자동으로 바꾸어 주며, 이럴 때 사용되는 주소를 상대주소라고 합니다.

상대주소는 현재 자신의 셀 위치를 기준으로 수식을 계산합니다. 예를 들어 아래 그림처럼 F6 셀에 입력된 수식 중 B6 셀은 우리의 눈에는 단순히 B6 셀로 보이지만, 엑셀은 현재 자신의 위치 즉 F6 셀에서 왼쪽으로 4칸째에 위치한 셀이라고 인식합니다.

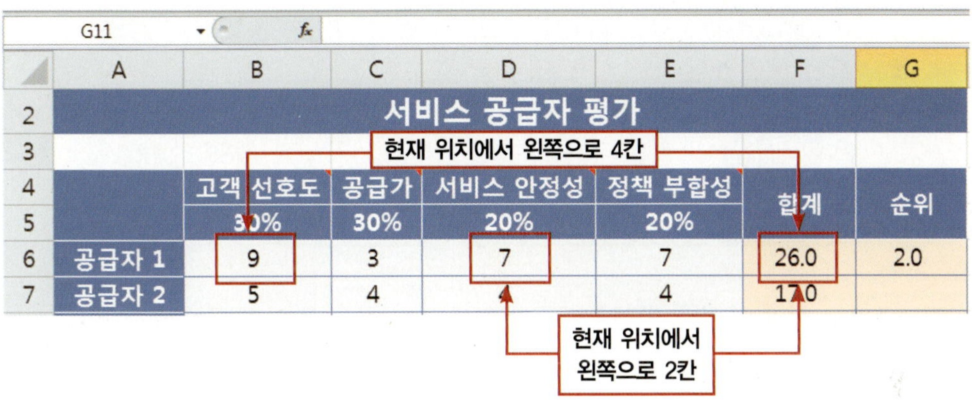

즉 상대주소는 우리가 입력한 수식 "=B7+C7+D7+E7"를 다음과 같이 해석하는 것입니다.

"내 위치에서 왼쪽으로 4번째에 위치한 셀 + 내 위치에서 왼쪽으로 3번째에 위치한 셀 + 내 위치에서 왼쪽으로 2번째에 위치한 셀 + 내 위치에서 왼쪽으로 1번째에 위치한 셀"

따라서 상대주소를 적용해 수식을 만든 F6 셀의 경우 F6 셀을 바로 아래에 있는 셀들에 복사하면 셀의 행 주소가 해당 셀 주소로 자동으로 바뀌는 것입니다.

이번에는 각 평가 항목별로 가중치를 반영하여 합계를 계산해 봅시다. 이를 위해서는 공급자별 평가 점수는 공급자별로 계속 변화하지만 각각의 평가 항목에 대한 가중치는 공급자별로 똑같이 반영되어야 합니다. 이 경우 공급자별 평가 점수는 상대주소로 계산할 수 있지만, 평가 항목 가중치는 상대주소로 계산할 경우 셀 주소가 계속 바뀌어 잘못된 계산이 수행되는 문제가 발생합니다.

이 문제를 해결하기 위해서는 평가 항목 가중치는 항상 고정된 셀 주소로 계산되어야 합니다. 이와 같이 항상 고정된 셀 주소를 이용해 수식을 만들고자 할 때 사용되는 주소를 절대주소라고 합니다.

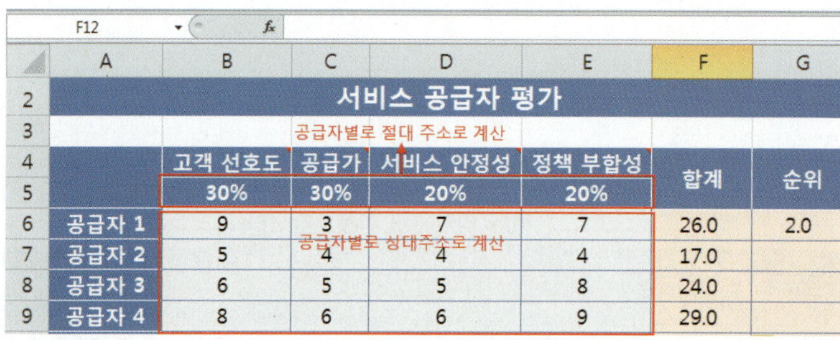

	A	B	C	D	E	F	G
2	서비스 공급자 평가						
3							
4		고객 선호도	공급가	서비스 안정성	정책 부합성	합계	순위
5		30%	30%	20%	20%		
6	공급자 1	9	3	7	7	26.0	2.0
7	공급자 2	5	4	4	4	17.0	
8	공급자 3	6	5	5	8	24.0	
9	공급자 4	8	6	6	9	29.0	

절대주소는 행과 열 주소 앞에 "$"를 입력해 줍니다. 수식 입력 시에는 해당 셀 주소를 클릭하고 F4 키를 누르면 상대주소가 절대주소로 바뀝니다.

상대주소	절대주소
F6	$F$6, $F6, F$6,

그러면 평가 항목 가중치를 반영하여 F6 셀의 수식을 다음과 같이 입력해 봅시다:

"=$B$5*B6+$C$5*C6+$D$5*D6+$E$5*E6"

1. F6 셀을 클릭합니다.
2. 다음과 같이 입력합니다: "="
3. B5 셀을 클릭하고, F4 키를 누릅니다. "B5"가 "$B$5"로 바뀝니다.
4. "*"를 입력하고 B6 셀을 클릭합니다. 아래와 같이 식이 입력될 것입니다.

"= $ B $ 5*B6

5. 위와 같은 과정을 반복해 수식의 나머지 부분을 완성해 봅시다.

F6 셀을 F7 셀에 복사해 붙여넣기 한 후, 두 셀의 수식을 비교해 보면 다음과 같습니다. 절대주소로 입력된 부분은 수식에 변화가 없지만, 상대주소로 입력된 부분은 변화가 있음을 확인할 수 있습니다.

F6 | =$B$5*B6+$C$5*C6+$D$5*D6+$E$5*E6

	A	B	C	D	E	F	G
2	서비스 공급자 평가						
3							
4		고객 선호도	공급가	서비스 안정성	정책 부합성	합계	순위
5		30%	30%	20%	20%		
6	공급자 1	9	3	7	7	6.4	1.0
7	공급자 2	5	4	4	4	4.3	

F7 | =$B$5*B7+$C$5*C7+$D$5*D7+$E$5*E7

	A	B	C	D	E	F	G
2	서비스 공급자 평가						
3							
4		고객 선호도	공급가	서비스 안정성	정책 부합성	합계	순위
5		30%	30%	20%	20%		
6	공급자 1	9	3	7	7	6.4	1.0
7	공급자 2	5	4	4	4	4.3	

상대주소와 절대주소를 상황에 따라서 구분해 사용하는 것은 엑셀을 활용하는 데 매우 중요하므로 두 주소의 차이에 대해 꼭 숙지하도록 합시다.

7 자동 채우기

자동 채우기 기능을 이용하면 동일한 패턴의 텍스트나 수식을 매우 쉽게 입력할 수 있습니다.

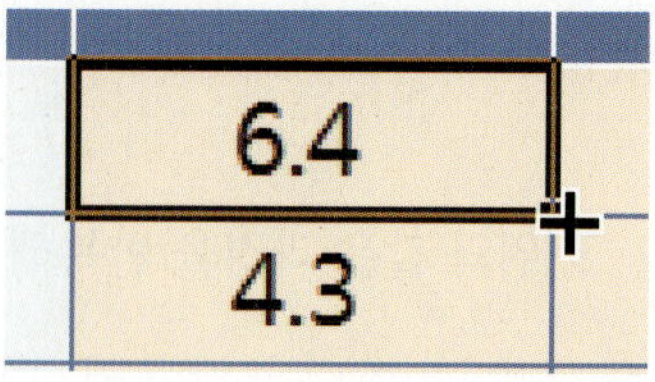

1. F6 셀을 클릭하고, 오른쪽 그림과 같이 셀의 오른쪽 하단에 마우스를 위치시키면 마우스 포인터가 십자 모양으로 바뀝니다.

2. 마우스 포인터 모양이 바뀌면 마우스 왼쪽 버튼으로 클릭하고 수식을 채우고자 하는 영역까지 드래그한 후 마우스 버튼을 놓으면 수식이 자동 입력됩니다.

	A	B	C	D	E	F	G
4		고객 선호도	공급가	서비스 안정성	정책 부합성	합계	순위
5		30%	30%	20%	20%		
6	공급자 1	9	3	7	7	6.4	4.0
7	공급자 2	5	4	4	4	4.3	
8	공급자 3	6	5	5	8	5.9	
9	공급자 4	8	6	6	9	7.2	
10	공급자 5	4	7	4	5	5.1	
11	공급자 6	4	3	3	4	3.5	
12	공급자 7	5	6	7	6	5.9	
13	공급자 8	6	8	7	7	7.0	
14	공급자 9	4	2	8	4	4.2	
15	공급자 10	5	5	5	5	5.0	
16	공급자 11	6	8	4	5	6.0	
17	공급자 12	6	4	3	7	5.0	
18	공급자 13	4	6	4	6	5.0	
19	공급자 14	4	6	6	5	5.2	
20	공급자 15	6	4	7	4	5.2	
21	공급자 16	5	4	8	5	5.3	
22	공급자 17	7	5	4	6	5.6	
23	공급자 18	3	7	4	7	5.2	
24	공급자 19	7	7	5	8	6.8	
25	공급자 20	8	3	6	6	5.7	
26	평균						

A6 셀부터 A25 셀을 공급자가 아니라 Contents Provider의 약자인 CP로 바꾸어 봅시다.

1. A6 셀에 "CP 1"을 입력합니다.

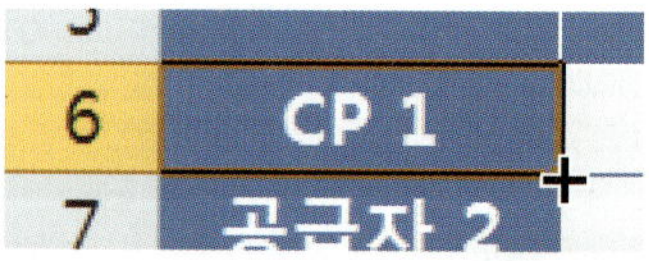

2. A6 셀을 클릭하고 오른쪽 그림과 같이 셀의 오른쪽 하단에 마우스를 위치시키면 마우스 포인터가 십자 모양으로 바뀝니다.

3. 마우스 포인터 모양이 바뀌면 마우스 왼쪽 버튼으로 클릭하고 텍스트를 채우고자 하는 영역까지 드래그한 후 마우스 버튼을 놓으면 텍스트가 자동 입력됩니다.

	A	B	C	D	E	F	G
4		고객 선호도	공급가	서비스 안정성	정책 부합성	합계	순위
5		30%	30%	20%	20%		
6	CP 1	9	3	7	7	6.4	4.0
7	CP 2	5	4	4	4	4.3	
8	CP 3	6	5	5	8	5.9	
9	CP 4	8	6	6	9	7.2	
10	CP 5	4	7	4	5	5.1	
11	CP 6	4	3	3	4	3.5	
12	CP 7	5	6	7	6	5.9	
13	CP 8	6	8	7	7	7.0	
14	CP 9	4	2	8	4	4.2	
15	CP 10	5	5	5	5	5.0	
16	CP 11	6	8	4	5	6.0	
17	CP 12	6	4	3	7	5.0	
18	CP 13	4	6	4	6	5.0	
19	CP 14	4	6	6	5	5.2	
20	CP 15	6	4	7	4	5.2	
21	CP 16	5	4	8	5	5.3	
22	CP 17	7	5	4	6	5.6	
23	CP 18	3	7	4	7	5.2	
24	CP 19	7	7	5	8	6.8	
25	CP 20	8	3	6	6	5.7	
26	평균						

"Sheet 2" 워크시트로 이동해서 몇 가지 유형의 자동 채우기를 더 실습해 봅시다.

1. A1 셀에 "월"을 입력합니다.
2. 오른쪽 방향으로 자동 채우기를 합니다.

	A
1	월

	A	B	C	D	E	F	G
1	월	화	수	목	금	토	일
2							

1. A3 셀에 "1월"을 입력합니다.
2. 오른쪽 방향으로 자동 채우기를 합니다.

2		
3	1월	
4		

2						
3	1월	2월	3월	4월	5월	6월
4						

1. A5 셀에 "1"을, B6 셀에 "3"을 입력합니다.

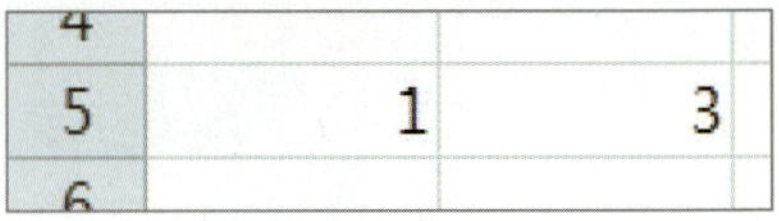

2. A5 셀과 B6 셀을 영역 선택한 후, 오른쪽 방향으로 자동 채우기를 합니다.

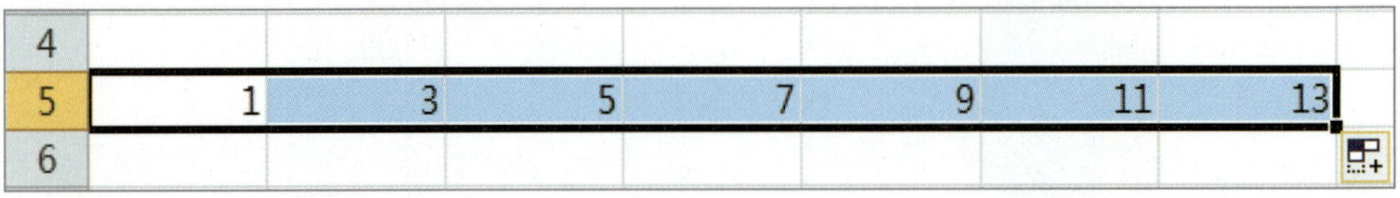

여러분이 사원, 대리, 과장, 차장, 부장, 이사, 상무, 전무, 부사장, 사장과 같은 직급 표를 자주 사용한다고 가정합시다. 이 경우 엑셀에서는 자동 채우기를 제공해 주지 않으므로, 여러분이 사용자 지정 목록을 설정한 후 자동 채우기를 사용해야 합니다.

1. **파일** 탭을 누르고, **옵션** 메뉴를 클릭합니다.

2. "Excel 옵션" 대화상자의 왼쪽 메뉴들 중 **고급** 메뉴를 클릭합니다. 그리고 오른쪽의 설정 메뉴 목록 중 최하단 부근에 위치한 **사용자 지정 목록 편집** 메뉴를 클릭합니다.

3. **목록 항목** 에 직급 목록을 입력하고, **추가** 버튼을 클릭한 후, **확인** 버튼을 클릭합니다.

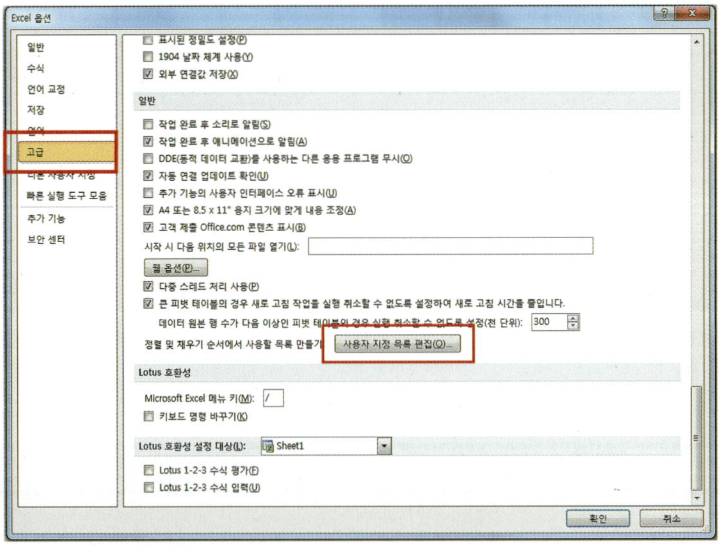

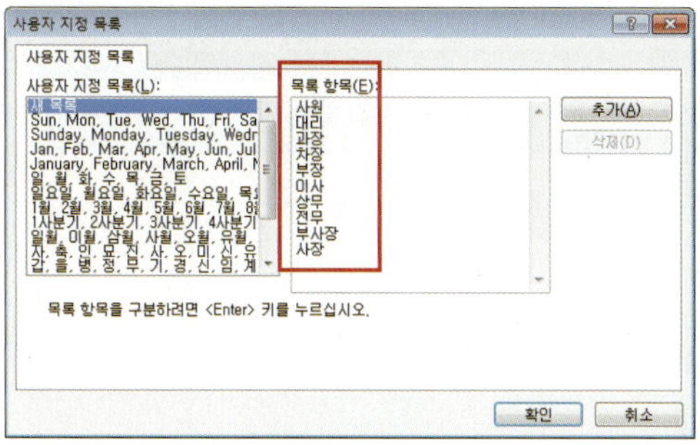 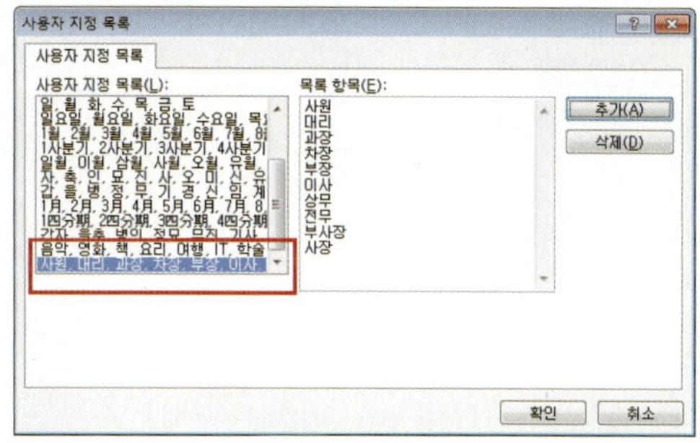

1. A7 셀에 "사원"을 입력합니다.

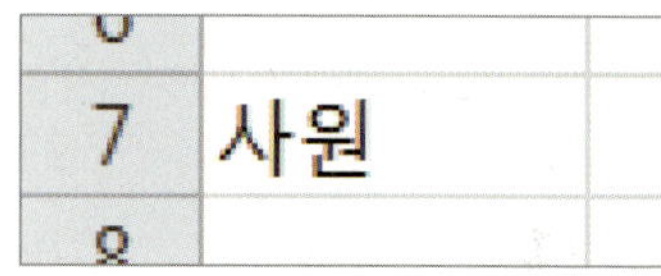

2. A7 셀을 클릭한 후, 오른쪽 방향으로 자동 채우기를 합니다.

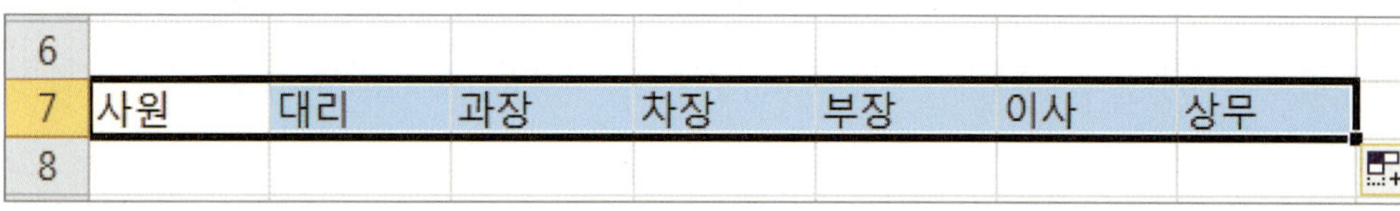

8 행, 열, 셀 서식 다루기

8.1 행 및 열 추가하기

워크시트를 작성하다 보면 행이나 열을 추가하고 싶은 경우가 발생합니다. 여기에서는 "서비스 공급자 평가" 시트의 "합계" 열 왼쪽에 "평균" 열을 추가하고, "평균" 행 위쪽에 "최대값"과 "최소값"을 구하는 행을 추가해 봅시다.

먼저 "평균" 열을 추가해 봅시다.

1. F열 머리글을 마우스 오른쪽 버튼으로 클릭합니다.
2. **삽입** 메뉴를 클릭하면 현재의 F열이 G열로 밀려나고, F열에 새로운 열이 추가됩니다.

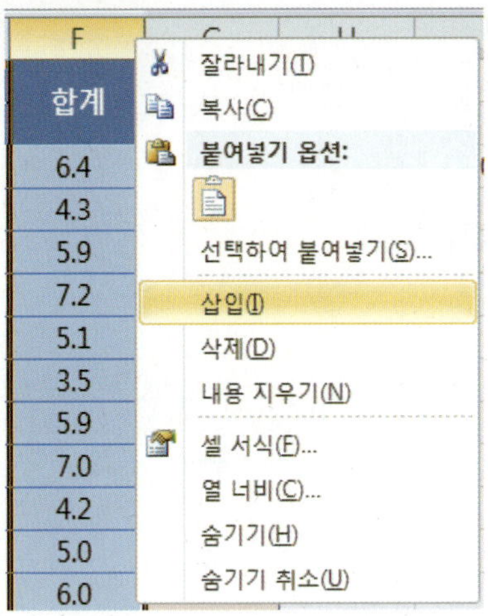

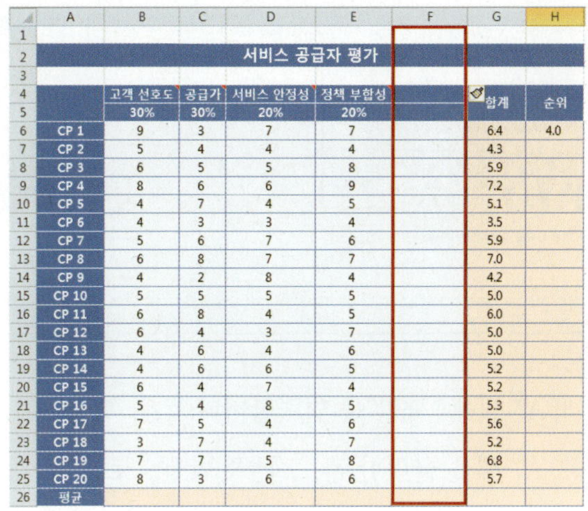

3. F4와 F5 셀을 영역 선택하고, 마우스 오른쪽 버튼을 눌러 **병합하고 가운데 맞춤** 메뉴를 클릭합니다. 또는 **홈** 탭의 **맞춤** 그룹에 있는 **병합하고 가운데 맞춤** 메뉴를 클릭합니다.

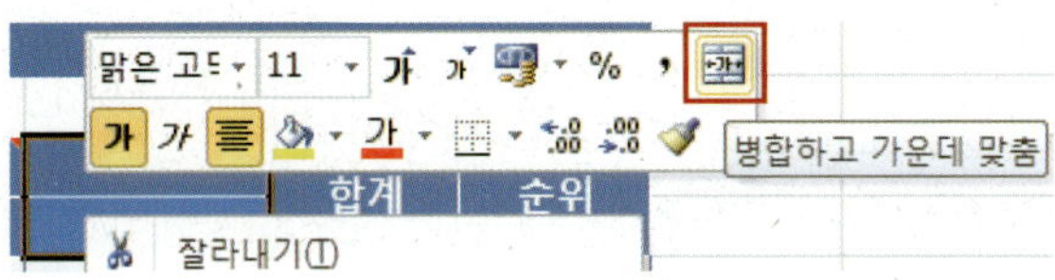

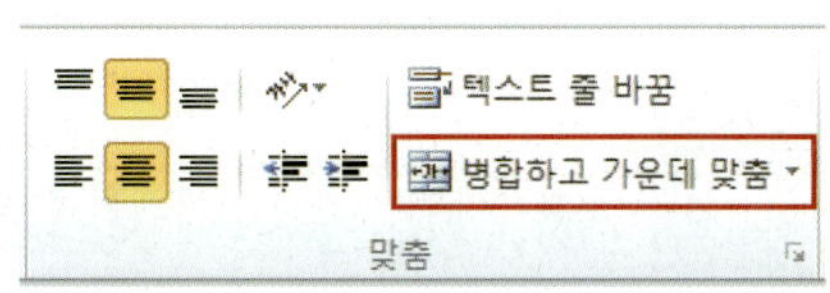

4. 병합된 셀에 "평균"이라고 입력합니다.

다음으로 "평균" 행 위쪽에 "최대값"과 "최소값"을 구하는 행을 추가해 봅시다.

1. 26행 머리글을 마우스 오른쪽 버튼으로 클릭합니다.

2. **삽입** 메뉴를 클릭하면 현재의 26행이 27행으로 밀려나고, 26행에 새로운 행이 추가됩니다. 같은 방법으로 행을 하나 더 추가합니다.

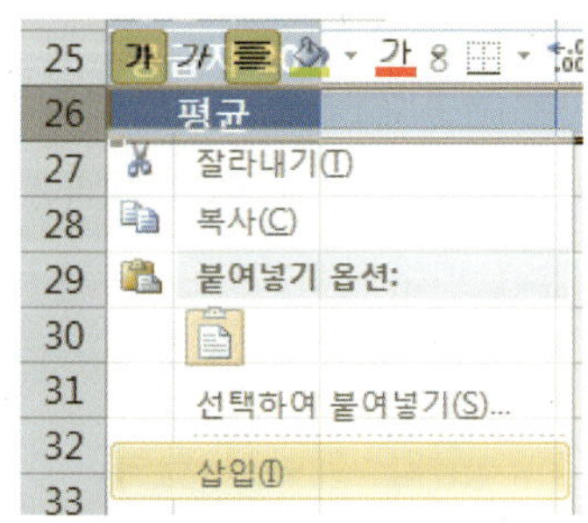

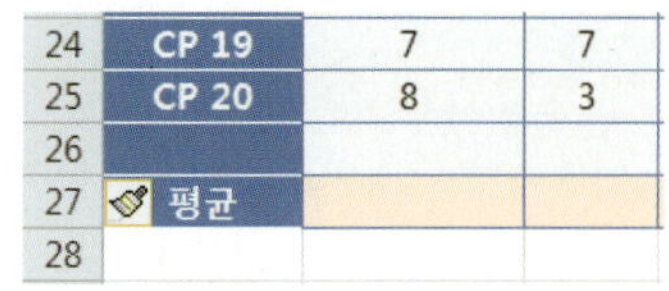

3. A26 셀에 “최대값”을, A27 셀에 “최소값”을 입력합니다.

8.2 셀 채우기 색 변경하기

새롭게 행과 열을 삽입한 F6부터 F27까지의 셀과 B26부터 F27까지의 셀은 채우기 색을 주황색으로 통일시켜야 할 필요가 있습니다. 셀 채우기 색은 **홈** 탭의 **글꼴** 그룹에 있는 **채우기 색** 메뉴를 이용해 변경할 수 있습니다.

1. F6 셀을 클릭하고 F27 셀까지 드래그해 줍니다.
2. Ctrl 키를 누른 상태에서 F26 셀을 클릭하고 E27 셀까지 드래그해 줍니다.

	A	B	C	D	E	F	G	H
1								
2	서비스 공급자 평가							
3								
4		고객 선호도	공급가	서비스 안정성	정책 부합성		합계	순위
5		30%	30%	20%	20%			
6	CP 1	9	3	7	7		6.4	4.0
7	CP 2	5	4	4	4		4.3	
8	CP 3	6	5	5	8		5.9	
9	CP 4	8	6	6	9		7.2	
10	CP 5	4	7	4	5		5.1	
11	CP 6	4	3	3	4		3.5	
12	CP 7	5	6	7	6		5.9	
13	CP 8	6	8	7	7		7.0	
14	CP 9	4	2	8	4		4.2	
15	CP 10	5	5	5	5		5.0	
16	CP 11	6	8	4	5		6.0	
17	CP 12	6	4	3	7		5.0	
18	CP 13	4	6	4	6		5.0	
19	CP 14	4	6	6	5		5.2	
20	CP 15	6	4	7	4		5.2	
21	CP 16	5	4	8	5		5.3	
22	CP 17	7	5	4	6		5.6	
23	CP 18	3	7	4	7		5.2	
24	CP 19	7	7	5	8		6.8	
25	CP 20	8	3	6	6		5.7	
26	최대값							
27	최소값							
28	평균							

	A	B	C	D	E	F	G	H
1								
2	서비스 공급자 평가							
3								
4		고객 선호도	공급가	서비스 안정성	정책 부합성		합계	순위
5		30%	30%	20%	20%			
6	CP 1	9	3	7	7		6.4	4.0
7	CP 2	5	4	4	4		4.3	
8	CP 3	6	5	5	8		5.9	
9	CP 4	8	6	6	9		7.2	
10	CP 5	4	7	4	5		5.1	
11	CP 6	4	3	3	4		3.5	
12	CP 7	5	6	7	6		5.9	
13	CP 8	6	8	7	7		7.0	
14	CP 9	4	2	8	4		4.2	
15	CP 10	5	5	5	5		5.0	
16	CP 11	6	8	4	5		6.0	
17	CP 12	6	4	3	7		5.0	
18	CP 13	4	6	4	6		5.0	
19	CP 14	4	6	6	5		5.2	
20	CP 15	6	4	7	4		5.2	
21	CP 16	5	4	8	5		5.3	
22	CP 17	7	5	4	6		5.6	
23	CP 18	3	7	4	7		5.2	
24	CP 19	7	7	5	8		6.8	
25	CP 20	8	3	6	6		5.7	
26	최대값							
27	최소값							
28	평균							

3. **홈** 탭의 **글꼴** 그룹에 있는 **채우기 색** 메뉴를 클릭하고, 다음 그림의 셀과 동일한 주황색을 선택합니다.

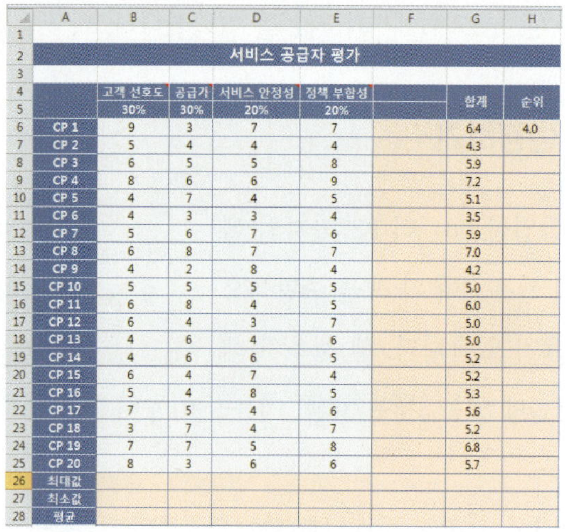

서비스 공급자 평가

	고객 선호도	공급가	서비스 안정성	정책 부합성		합계	순위
	30%	30%	20%	20%			
CP 1	9	3	7	7		6.4	4.0
CP 2	5	4	4	4		4.3	
CP 3	6	5	5	8		5.9	
CP 4	8	6	6	9		7.2	
CP 5	4	7	4	5		5.1	
CP 6	4	3	3	4		3.5	
CP 7	5	6	7	6		5.9	
CP 8	6	8	7	7		7.0	
CP 9	4	2	8	4		4.2	
CP 10	5	5	5	5		5.0	
CP 11	6	8	4	5		6.0	
CP 12	6	4	3	7		5.0	
CP 13	4	6	4	6		5.0	
CP 14	4	6	6	5		5.2	
CP 15	6	4	7	4		5.2	
CP 16	5	4	8	5		5.3	
CP 17	7	5	4	6		5.6	
CP 18	3	7	4	7		5.2	
CP 19	7	7	5	8		6.8	
CP 20	8	3	6	6		5.7	
최대값							
최소값							
평균							

8.3 개별 행의 높이 및 열의 너비 조절하기

현재 평균 행은 너비가 너무 넓으므로 좁게 조절할 필요가 있습니다.

1. F열 머리글과 G열 머리글 사이에 마우스 포인터를 위치시키면 마우스 포인터가 좌우 화살표 모양으로 바뀝니다.

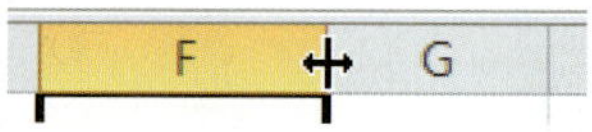

2. 이 상태에서 마우스 왼쪽 버튼을 클릭하고, 마우스를 왼쪽으로 움직여 F열의 너비를 조절해 줍니다.

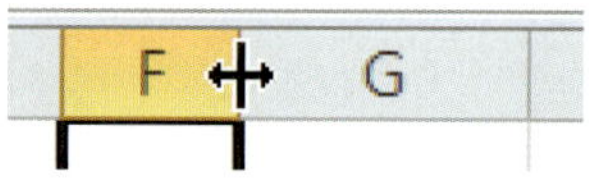

행 높이도 같은 방법으로 조절할 수 있습니다.

8.4 여러 행의 높이 및 열의 너비 조절하기

6행부터 28행까지의 행 높이를 동일하면서도 높게 조절해 봅시다.

1. 6행 머리글을 클릭하고 28행까지 드래그해 영역을 선택해 줍니다.

2. 6행부터 28행까지의 임의의 머리글과 머리글 사이에 마우스 포인터를 위치시키면 오른쪽 그림과 같이 마우스 포인터가 상하 화살표 모양으로 바뀝니다.

3. 이 상태에서 마우스 왼쪽 버튼을 클릭하고, 마우스를 상하로 움직여 너비를 조절해 주면 6행부터 28행까지의 셀이 동일한 높이로 조정됩니다.

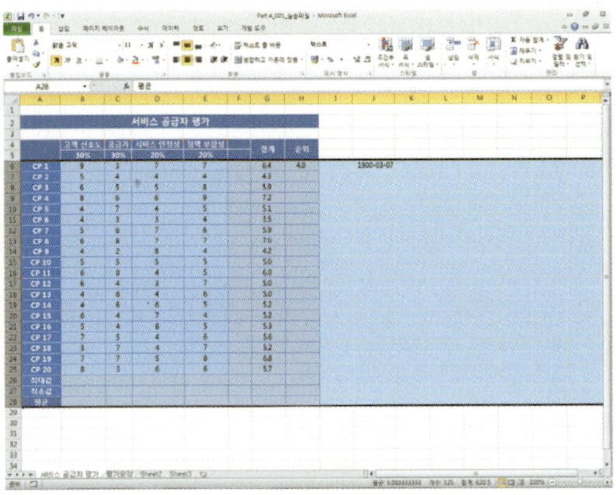

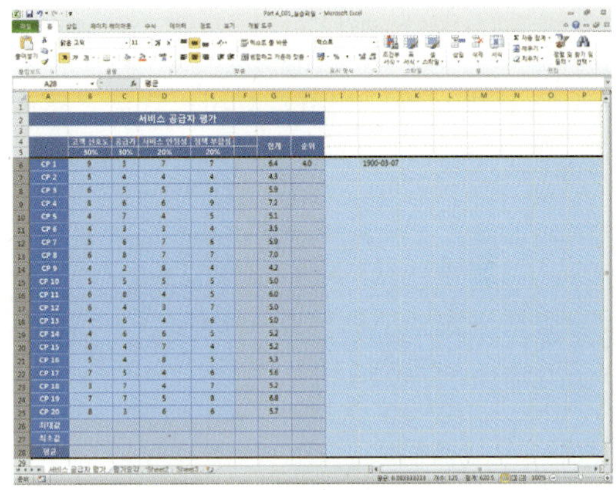

또는 **홈** 탭의 **셀** 그룹에 있는 **서식** 메뉴를 이용해서도 개별 또는 다수의 행/열의 높이를 조절할 수 있습니다.

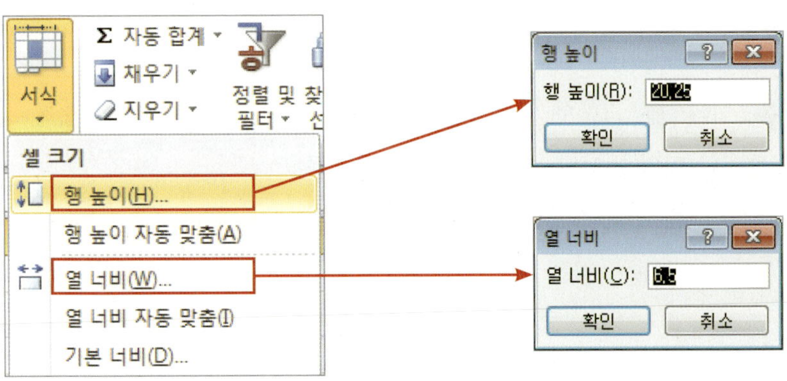

8.5 행의 높이 및 열의 너비 자동 조절하기

엑셀은 셀에 입력되어 있는 텍스트의 크기 및 양에 따라 자동으로 행 및 열의 높이를 맞춰 주는 기능을 제공하고 있습니다.

1. A열부터 H열까지 머리글을 드래그해 영역을 선택해 줍니다.

2. A열부터 H열까지의 임의의 머리글과 머리글 사이에 마우스 포인터를 위치시키면 마우스 포인터가 상하 화살표 모양으로 바뀝니다.

3. 이 상태에서 마우스 왼쪽 버튼을 더블클릭하면, 열 너비가 자동 조절됩니다.

4. 행 너비도 마찬가지 방법으로 조절해 봅시다.

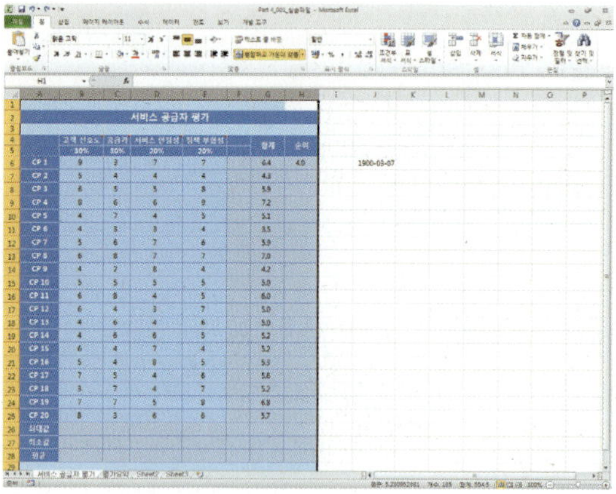

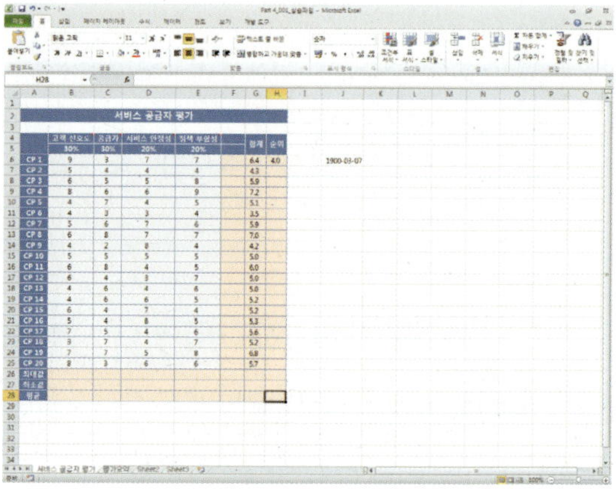

또는 **홈** 탭의 **셀** 그룹에 있는 **서식** 메뉴를 이용해서도 행이나 열의 높이나 너비를 자동 조절할 수 있습니다.

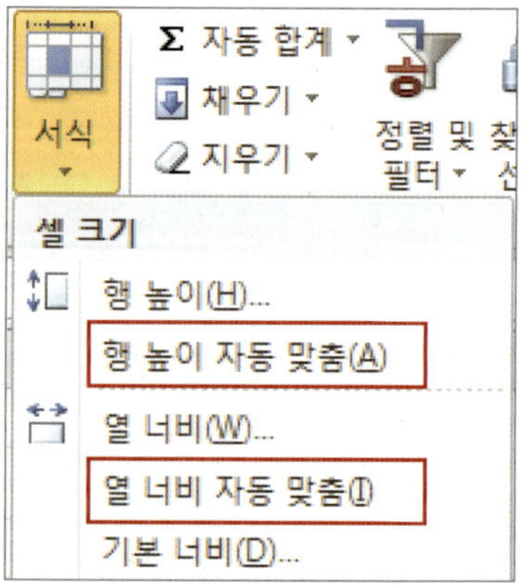

8.6 행 및 열 삭제하기

행이나 열을 삭제할 경우에는 삭제를 원하는 특정 행이나 열의 머리글을 클릭하고 마우스 오른쪽 버튼을 누른 후 **삭제** 메뉴를 클릭해 줍니다.

만약 연속적으로 연결되어 있는 셀이나 행을 삭제하고 싶다면 마우스로 해당하는 행이나 열의 머리글을 드래그해 선택한 후, 삭제합니다.

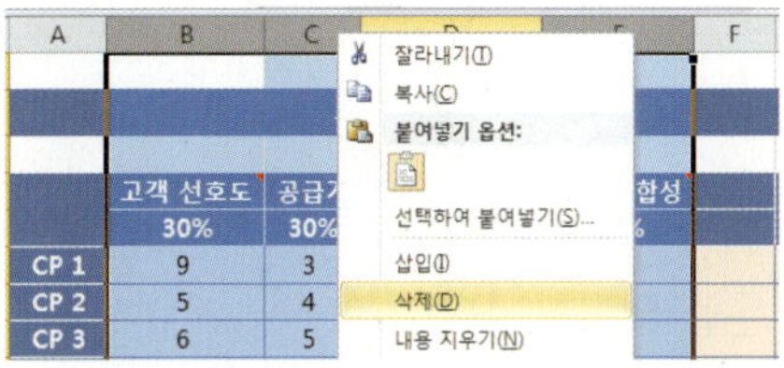

만약 연결되지 않은 여러 개의 셀이나 행을 삭제하고 싶다면 Ctrl 키를 누른 상태에서 마우스로 해당하는 행이나 열의 머리글을 클릭해 선택한 후, 삭제합니다.

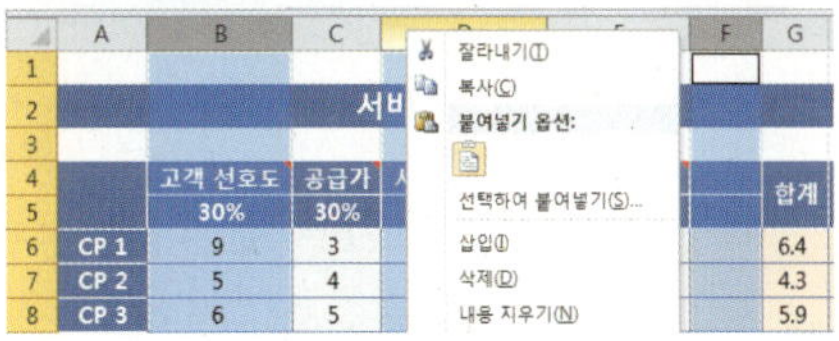

8.7 테두리 선 설정하기

F26부터 H28까지의 셀은 사용되지 않는 셀이므로 테두리 선과 채우기 색이 삽입될 필요가 없습니다. 따라서 테두리 선을 조절해 줍니다.

1. F26부터 H28까지의 셀을 영역 선택하고, 마우스 오른쪽 버튼을 누른 후, **셀 서식** 메뉴를 클릭합니다.
2. "셀 서식" 대화상자에서 **테두리** 탭을 클릭합니다.
3. 선 스타일과 색을 선택하고 **테두리** 영역의 버튼들을 이용해 설정한 테두리 선 스타일을 적용할 수 있습니다. 여기에서는 오른쪽, 하단, 세로 중간선을 해제하고 **확인** 버

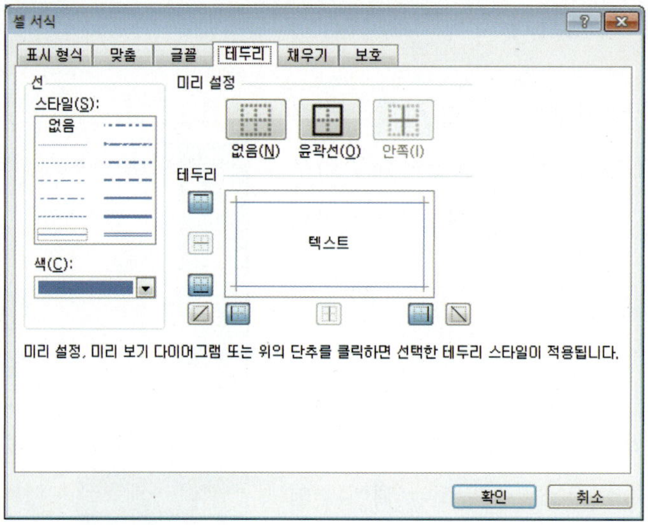

튼을 클릭합니다.

4. **채우기 색** 을 **채우기 없음** 으로 설정합니다.

테두리 선은 셀을 선택하고 마우스 오른쪽 버튼을 클릭하면 나타나는 빠른 실행 메뉴를 통해서도 설정할 수 있습니다.

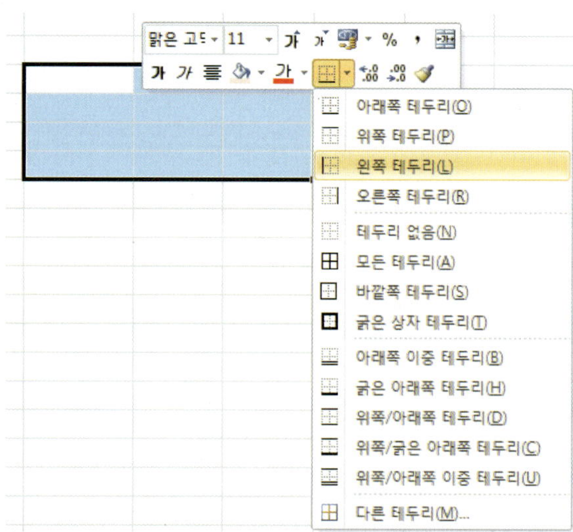

9 자동 합계 사용하기

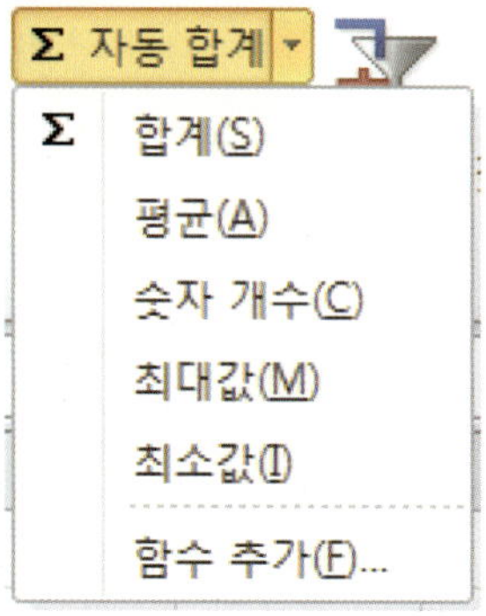

홈 탭의 **편집** 그룹에는 **자동 합계** 라는 메뉴가 있습니다. **자동 합계** 메뉴는 웹브라우저의 즐겨 찾기와 유사하게 자주 실행하는 함수들을 사전에 등록해 놓고 사용할 수 있게 해 줍니다. 기본적으로 합계, 평균, 숫자 개수, 최대값, 최소값이 등록되어 있으며, **함수 추가** 메뉴를 이용해 추가로 함수를 등록할 수 있습니다.

우선 F열의 평균을 구해 봅시다.

1. F6 셀을 클릭하고, **홈** 탭의 **편집** 그룹의 **자동 합계** – **평균** 메뉴를 클릭합니다.
2. 아래 그림과 같이 B6부터 E6까지의 셀이 영역 선택되고, 수식 입력줄에는 평균 함수와 평균을 구할 영역이 자동으로 입력됩니다.

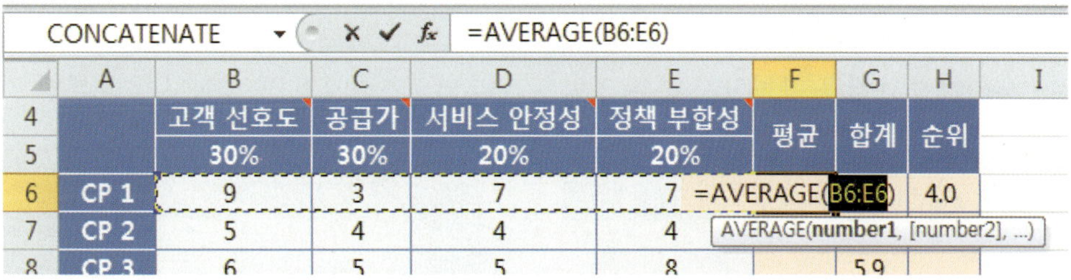

3. 계산할 영역이 제대로 선택되었는지 확인한 후 엔터 키를 누르면 평균값이 계산됩니다.
4. F6 셀을 클릭하고 셀 오른쪽 하단에 마우스 포인터를 위치시키면 마우스 포인터가 십자 모양으로 바뀝니다. 이 상태에서 마우스 왼쪽 버튼을 클릭하고 F25 셀까지 드래그해서 자동 채우기를 합니다.

	A	B	C	D	E	F	G	H
4		고객 선호도	공급가	서비스 안정성	정책 부합성	평균	합계	순위
5		30%	30%	20%	20%			
6	CP 1	9	3	7	7	7	6.4	4.0
7	CP 2	5	4	4	4	4	4.3	
8	CP 3	6	5	5	8	6	5.9	
9	CP 4	8	6	6	9	7	7.2	
10	CP 5	4	7	4	5	5	5.1	
11	CP 6	4	3	3	4	4	3.5	
12	CP 7	5	6	7	6	6	5.9	
13	CP 8	6	8	7	7	7	7.0	
14	CP 9	4	2	8	4	5	4.2	
15	CP 10	5	5	5	5	5	5.0	
16	CP 11	6	8	4	5	6	6.0	
17	CP 12	6	4	3	7	5	5.0	
18	CP 13	4	6	4	6	5	5.0	
19	CP 14	4	6	6	5	5	5.2	
20	CP 15	6	4	7	4	5	5.2	
21	CP 16	5	4	8	5	6	5.3	
22	CP 17	7	5	4	6	6	5.6	
23	CP 18	3	7	4	7	5	5.2	
24	CP 19	7	7	5	8	7	6.8	
25	CP 20	8	3	6	6	6	5.7	
26	최대값							
27	최소값							
28	평균							

우선 26행의 최대값을 구해 봅시다.

1. B26 셀을 클릭하고, **홈** 탭의 **편집** 그룹의 **자동 합계** – **최대값** 메뉴를 클릭합니다.

2. 아래 그림과 같이 B5부터 B25까지의 셀이 영역 선택되고, 수식 입력줄에는 평균 함수와 평균을 구할 영역이 자동으로 입력됩니다.

3. 우리가 최대값을 구하고자 하는 영역은 B5부터 B25까지의 셀이 아니라 B6부터 B25

	A	B	C	D	E	F	G	H
4		고객 선호도	공급가	서비스 안정성	정책 부합성	평균	합계	순위
5		30%	30%	20%	20%			
6	CP 1	9	3	7	7	7	6.4	4.0
7	CP 2	5	4	4	4	4	4.3	
8	CP 3	6	5	5	8	6	5.9	
9	CP 4	8	6	6	9	7	7.2	
10	CP 5	4	7	4	5	5	5.1	
11	CP 6	4	3	3	4	4	3.5	
12	CP 7	5	6	7	6	6	5.9	
13	CP 8	6	8	7	7	7	7.0	
14	CP 9	4	2	8	4	5	4.2	
15	CP 10	5	5	5	5	5	5.0	
16	CP 11	6	8	4	5	6	6.0	
17	CP 12	6	4	3	7	5	5.0	
18	CP 13	4	6	4	6	5	5.0	
19	CP 14	4	6	6	5	5	5.2	
20	CP 15	6	4	7	4	5	5.2	
21	CP 16	5	4	8	5	6	5.3	
22	CP 17	7	5	4	6	6	5.6	
23	CP 18	3	7	4	7	5	5.2	
24	CP 19	7	7	5	8	7	6.8	
25	CP 20	8	3	6	6	6	5.7	
26		=MAX(B5:B25)						
27	최소값	MAX(number1, [number2], ...)						
28	평균							

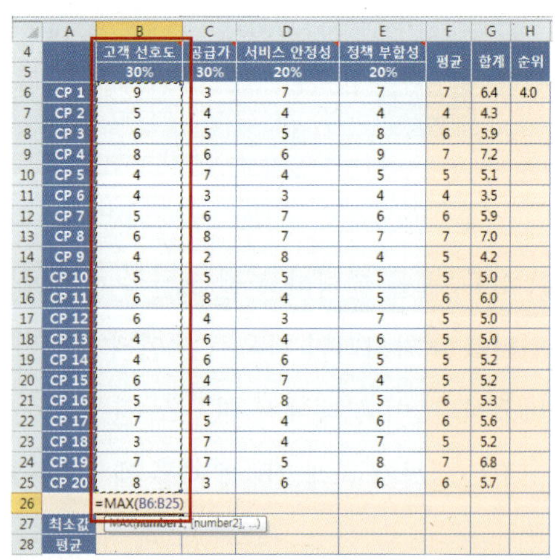

	A	B	C	D	E	F	G	H
4		고객 선호도	공급가	서비스 안정성	정책 부합성	평균	합계	순위
5		30%	30%	20%	20%			
6	CP 1	9	3	7	7	7	6.4	4.0
7	CP 2	5	4	4	4	4	4.3	
8	CP 3	6	5	5	8	6	5.9	
9	CP 4	8	6	6	9	7	7.2	
10	CP 5	4	7	4	5	5	5.1	
11	CP 6	4	3	3	4	4	3.5	
12	CP 7	5	6	7	6	6	5.9	
13	CP 8	6	8	7	7	7	7.0	
14	CP 9	4	2	8	4	5	4.2	
15	CP 10	5	5	5	5	5	5.0	
16	CP 11	6	8	4	5	6	6.0	
17	CP 12	6	4	3	7	5	5.0	
18	CP 13	4	6	4	6	5	5.0	
19	CP 14	4	6	6	5	5	5.2	
20	CP 15	6	4	7	4	5	5.2	
21	CP 16	5	4	8	5	6	5.3	
22	CP 17	7	5	4	6	6	5.6	
23	CP 18	3	7	4	7	5	5.2	
24	CP 19	7	7	5	8	7	6.8	
25	CP 20	8	3	6	6	6	5.7	
26		=MAX(B6:B25)						
27	최소값	MAX(number1, [number2], ...)						
28	평균							

까지의 셀이므로, 마우스를 이용해 B6부터 B25까지 영역을 선택해 줍니다. 그리고 엔터 키를 누르면 최대값이 계산됩니다. 그리고 B26 셀을 E26 셀까지 자동 채우기를 합니다.

위와 같은 방법으로 27행의 최소값과 28행의 평균도 구해 봅시다.

	A	B	C	D	E	F	G	H
4		고객 선호도	공급가	서비스 안정성	정책 부합성	평균	합계	순위
5		30%	30%	20%	20%			
6	CP 1	9	3	7	7	7	6.4	4.0
7	CP 2	5	4	4	4	4	4.3	
8	CP 3	6	5	5	8	6	5.9	
9	CP 4	8	6	6	9	7	7.2	
10	CP 5	4	7	4	5	5	5.1	
11	CP 6	4	3	3	4	4	3.5	
12	CP 7	5	6	7	6	6	5.9	
13	CP 8	6	8	7	7	7	7.0	
14	CP 9	4	2	8	4	5	4.2	
15	CP 10	5	5	5	5	5	5.0	
16	CP 11	6	8	4	5	6	6.0	
17	CP 12	6	4	3	7	5	5.0	
18	CP 13	4	6	4	6	5	5.0	
19	CP 14	4	6	6	5	5	5.2	
20	CP 15	6	4	7	4	5	5.2	
21	CP 16	5	4	8	5	6	5.3	
22	CP 17	7	5	4	6	6	5.6	
23	CP 18	3	7	4	7	5	5.2	
24	CP 19	7	7	5	8	7	6.8	
25	CP 20	8	3	6	6	6	5.7	
26	최대값	9	8	8	9			
27	최소값	3	2	3	4			
28	평균	5.6	5.2	5.4	5.9			

10 함수 사용하기

H6 셀을 클릭하면 수식 입력줄에 아래와 같은 수식이 나타납니다. 수식 입력줄에 표시된 "RANK.EQ"는 지정된 영역에서 특정 셀의 값의 순위를 구하는 함수입니다.

H6 | fx | =RANK.EQ(G6,$G$6:$G$25)

	A	B	C	D	E	F	G	H
4		고객 선호도	공급가	서비스 안정성	정책 부합성	평균	합계	순위
5		30%	30%	20%	20%			
6	CP 1	9	3	7	7	7	6.4	4.0

엑셀은 사용자가 복잡한 수식을 일일이 입력할 필요가 없도록 사용자가 입력값만 입력하면 자동적으로 계산값을 산출해 주는 다양한 함수들을 제공합니다. 예를 들어, 표준

MS Excel

편차를 구하고 싶을 때, 아래와 같은 복잡한 수식을 직접 입력할 필요 없이 "STDEV"라는 함수를 선택하고, 표준편차를 계산하고자 하는 셀들을 선택해 주면 자동으로 표준편차가 계산됩니다.

$$\sigma = \sqrt{\frac{\sum_{k=1}^{n}(x_k - m)^2}{n}} = \sqrt{\frac{\sum_{k=1}^{n} x_k^2}{n} - m^2}$$

함수를 사용하는 방법은 크게 2가지로 나뉩니다.

- 수식 입력줄에 함수를 직접 입력합니다.
- 수식 입력줄 왼쪽에 위치한 **함수 마법사** 메뉴를 이용합니다.

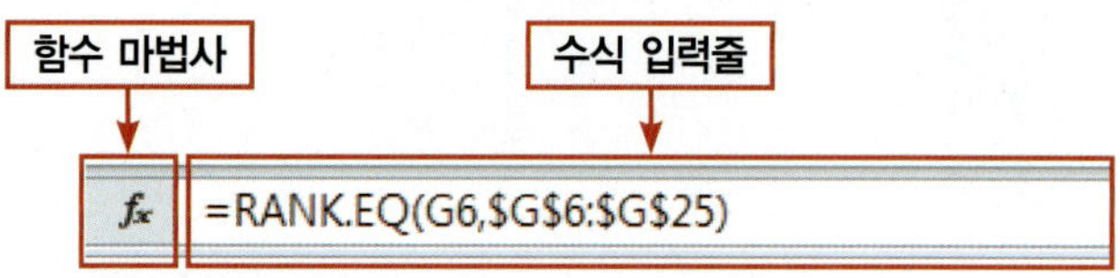

임의의 셀을 클릭하고 **함수 마법사** 를 클릭하면 다음 그림과 같이 "함수 마법사" 대화상자가 나타납니다. **범주 선택** 을 클릭하면 다양한 함수 범주들이 나타나며, 특정 범주를 클릭하면 **함수 선택** 영역에 범주에 속한 함수들의 목록이 나타납니다.

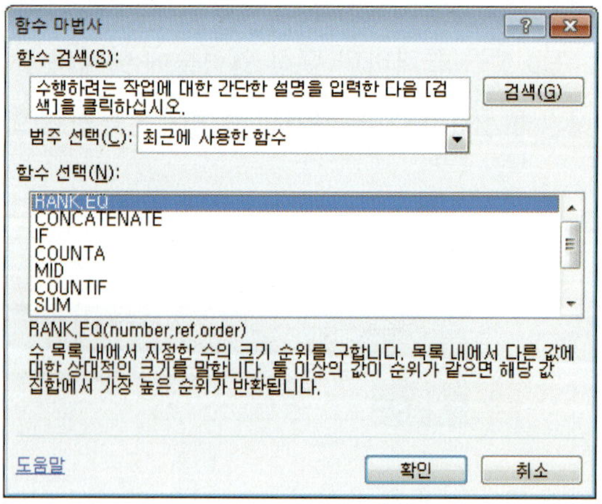

H6 셀을 지우고 다시 순위 함수를 삽입해 봅시다.

1. H6 셀을 클릭하고 Delete 키를 눌러 입력된 함수를 삭제합니다.

2. **함수 마법사** 메뉴를 클릭합니다.

3. **범주 선택** 에서 **통계** 를 클릭하고, **함수 선택** 에서 **RANK.EQ** 를 클릭하고, **확인** 버튼을 클릭합니다.

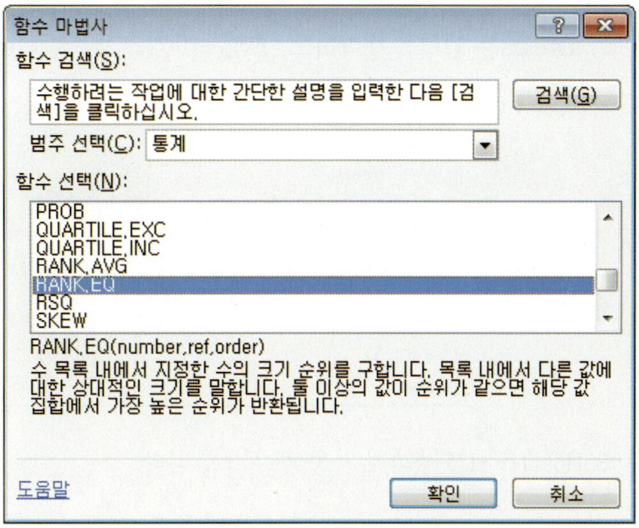

4. 아래와 같이 "함수 인수" 대화상자가 나타납니다. 이 대화상자에서 값들을 입력해 주면 순위가 자동 계산됩니다.

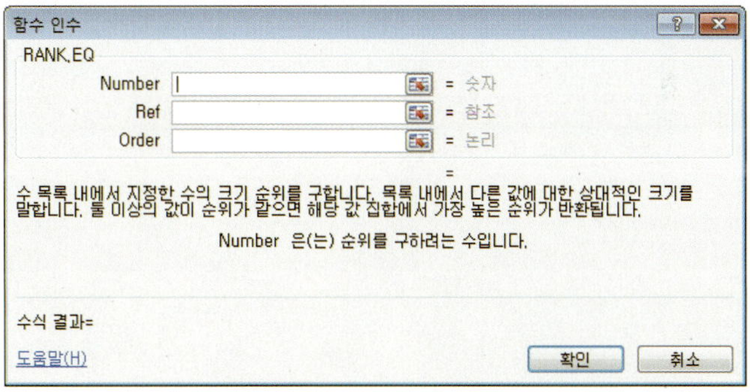

Number	수의 영역 중 순위를 구하려는 수를 선택해 줍니다.
Ref	순위를 구하려는 수의 영역을 선택해 줍니다.
Order	순위를 오름차순으로 계산할지(0 외의 수), 내림차순으로 계산할지 선택해 줍니다(0이나 입력 생략).

5. **Number** 의 입력창을 클릭하고, 워크시트에서 G6을 클릭합니다.

6. **Ref** 의 입력창을 클릭하고, 워크시트에서 G6부터 G25까지를 드래그합니다. 이 영역은 아래 행들의 순위를 구할 때도 똑같이 참조되므로 절대주소로 변환해야 합니다. 따라서 F4 키를 눌러 절대주소로 변환해 줍니다.

7. **Order** 는 입력을 생략하고, **확인** 버튼을 클릭합니다.

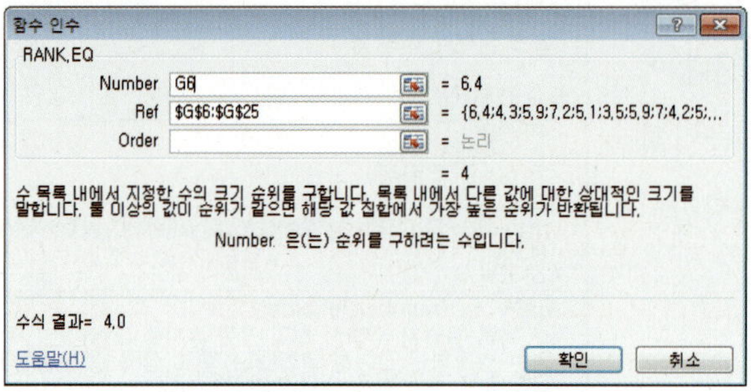

8. H6 셀을 H25 셀까지 자동 채우기 합니다.

경영 PC 활용: MS Office 2010을 활용한 비즈니스 보고서 작성

5장 MS Excel 중급 활용: 엑셀로 업무 효율성 높이기

Contents

5장

MS Excel 중급 활용: 엑셀로 업무 효율성 높이기

4장에서는 엑셀의 기본 조작 및 기능들에 대해 공부했다. 이 장에서는 이 책에서 계속되고 있는 BestPortal 기업의 새로운 사례를 통해, 실제 회사 업무에서 사용 가능성이 높은 유용한 기능들을 중점적으로 설명한다. 이 장의 내용을 자세히 살펴보면 알 수 있겠지만, 엑셀 문서는 비즈니스 데이터들을 효율적으로 관리할 수 있게 해 주는 비즈니스 관리 도구로서 그 유용성이 매우 크다. 뿐만 아니라, 엑셀 문서는 비즈니스 데이터와 정보를 효과적으로 보여 주는 하나의 비즈니스 문서로도 충분히 꾸며질 수 있다. 여러분이 이 장에서 제공하는 내용들을 충분히 습득한다면, 회사에서 요구하는 어지간한 수준의 엑셀 문서들을 멋지게 만들어 낼 수 있게 될 것이고, 또한 그 과정에서 여러분은 자신의 업무 효율성이 증대되는 즐거움도 맛볼 수 있게 될 것이다!

1 MS Excel 비즈니스 중급 활용 예제

BestPortal은 전문 지식의 확보와 블로그 서비스 활성화를 위해 우수 블로거를 선발해 콘텐츠를 생성하도록 하고, 이에 대해 금전적 보상을 해 주는 제도를 운영하고 있습니다. 기존에 금전 보상을 담당하던 인력이 이직한 관계로 당신에게 이 업무가 할당되었습니다. 업무 수행을 위해 기존 담당자가 업무를 수행하던 방식을 분석한 결과 계산기를 이용해 보상액을 수작업으로 계산하였다는 사실을 알게 되었으며, 당신은 엑셀을 이용해 보다 편리하게 업무를 수행해야겠다는 생각을 가지게 되었습니다. 따라서 당신은 **5장_001_실습파일.xlsx** 와 같은 엑셀 파일을 작성할 예정입니다. 이 파일은 다음과 같은 4개의 워크시트로 구성되어 있습니다.

- "블로거 보상 매뉴얼": 보상액 계산 기준이 담겨 있는 워크시트
- "보상액 계산": 보상액을 계산해 주는 워크시트
- "블로거 정보": 금전 보상 대상이 되는 블로거들의 정보가 담겨 있는 워크시트
- "보상기준": 방문자 수에 따른 금전 보상 기준이 담겨 있는 워크시트

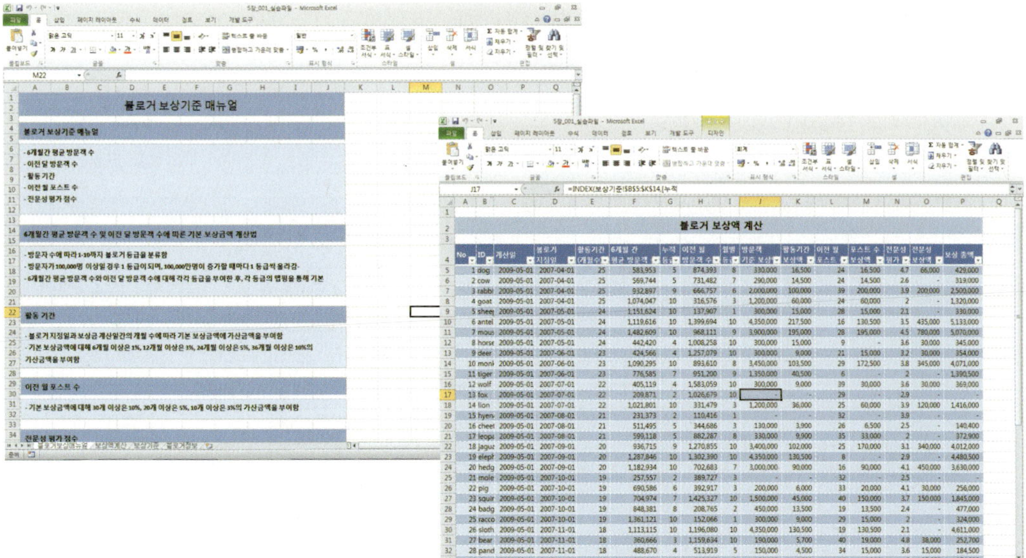

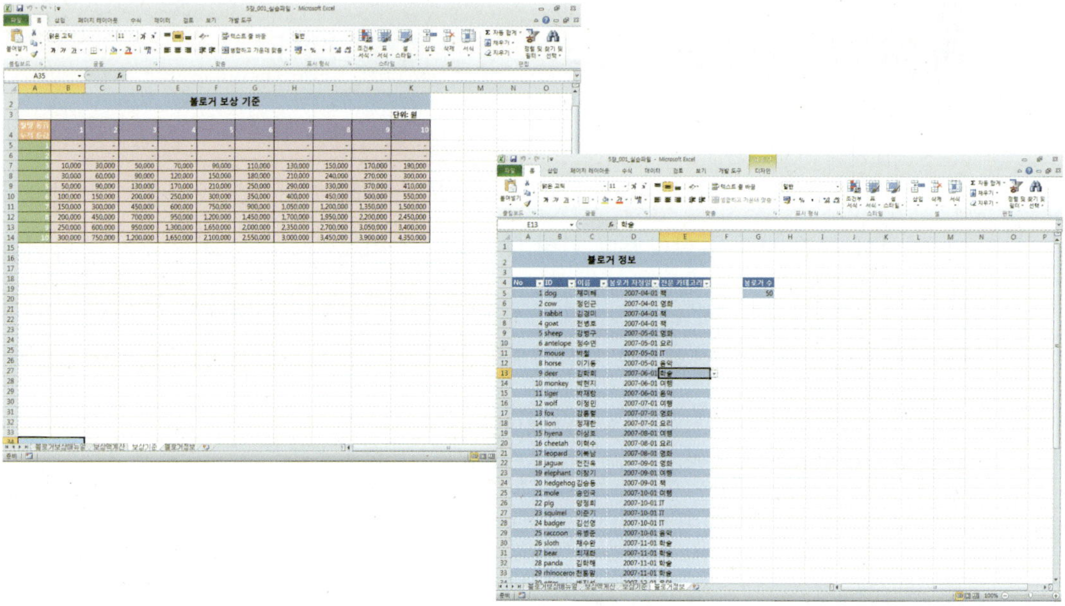

2 보상 기준 워크시트 작성

5장_002_실습파일.xlsx 파일을 열면 "블로그보상매뉴얼" 워크시트만 작성되어 있습니다. 이 파일을 이용해 아래 그림과 같이 "보상기준" 워크시트를 작성해 봅시다.

	A	B	C	D	E	F	G	H	I	J	K
2	블로거 보상 기준										
3											단위: 원
4	월별 등급 누적 등급	1	2	3	4	5	6	7	8	9	10
5	1	-	-	-	-	-	-	-	-	-	-
6	2	-	-	-	-	-	-	-	-	-	-
7	3	10,000	30,000	50,000	70,000	90,000	110,000	130,000	150,000	170,000	190,000
8	4	30,000	60,000	90,000	120,000	150,000	180,000	210,000	240,000	270,000	300,000
9	5	50,000	90,000	130,000	170,000	210,000	250,000	290,000	330,000	370,000	410,000
10	6	100,000	150,000	200,000	250,000	300,000	350,000	400,000	450,000	500,000	550,000
11	7	150,000	300,000	450,000	600,000	750,000	900,000	1,050,000	1,200,000	1,350,000	1,500,000
12	8	200,000	450,000	700,000	950,000	1,200,000	1,450,000	1,700,000	1,950,000	2,200,000	2,450,000
13	9	250,000	600,000	950,000	1,300,000	1,650,000	2,000,000	2,350,000	2,700,000	3,050,000	3,400,000
14	10	300,000	750,000	1,200,000	1,650,000	2,100,000	2,550,000	3,000,000	3,450,000	3,900,000	4,350,000

2.1 워크시트 제목 변경

아래와 같은 워크시크 목록에서 "Sheet2"를 더블클릭해 배경이 검정색으로 바뀌면 "보상기준"이라고 입력한 후 엔터 키를 누르면 워크시트 제목이 변경됩니다.

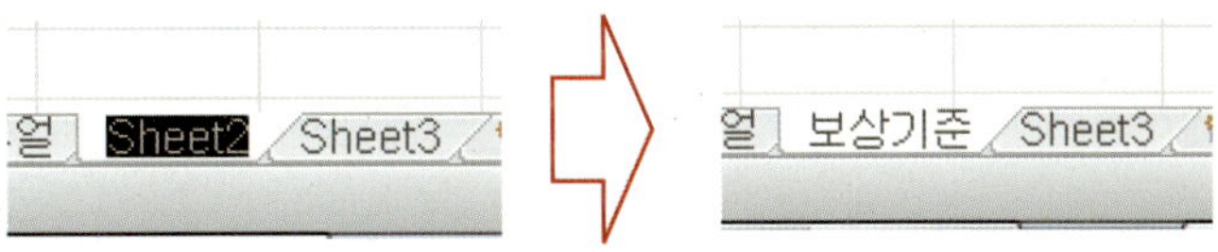

2.2 표 항목 및 데이터 입력

우선 표의 항목들을 입력해 봅시다.

1. A4 셀을 클릭하고 "월별 등급"이라고 입력합니다. Alt + 엔터 키를 누른 후, "누적 등급"이라고 입력합니다.

2. B4 셀에 "1"를, C4 셀에 "2"를 입력합니다.

3. B4 셀과 C4 셀을 영역 선택한 후, 오른쪽 하단의 모서리에 마우스 포인터를 위치시켜 마우스 포인터가 십자 모양으로 바뀌면, 마우스 왼쪽 버튼으로 클릭하고 오른쪽으로 드래그해 "10"까지 자동 채우기를 합니다.

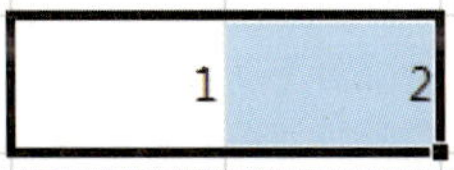

4. A5 셀에 "1"을, A6 셀에 "2"를 입력합니다.

5. A5 셀과 A6 셀을 영역 선택한 후, 오른쪽 하단의 모서리에 마우스 포인터를 위치시켜 마우스 포인터가 십자 모양으로 바뀌면, 마우스 왼쪽 버튼으로 클릭하고 아래로 드래그해 "10"까지 자동 채우기를 합니다.

MS Excel

	A	B	C	D	E	F	G	H	I	J	K
4	월별 등급 누적 등급	1	2	3	4	5	6	7	8	9	10
5	1										
6	2										
7	3										
8	4										
9	5										
10	6										
11	7										
12	8										
13	9										
14	10										
15											

이제 등급별 보상액을 입력해 봅시다.

1. B5 셀부터 K6 셀까지를 영역 선택합니다.
2. "0"을 입력하고 Ctrl + 엔터 키를 누릅니다.

	A	B	C	D	E	F	G	H	I	J	K
4	월별 등급 누적 등급	1	2	3	4	5	6	7	8	9	10
5	1										
6	2										

	A	B	C	D	E	F	G	H	I	J	K
4	월별 등급 누적 등급	1	2	3	4	5	6	7	8	9	10
5	1	0	0	0	0	0	0	0	0	0	0
6	2	0	0	0	0	0	0	0	0	0	0

TIP

여러 셀에 동일한 데이터를 입력할 때에는 셀을 영역 선택하고, 데이터를 입력한 후, Ctrl + 엔터 키를 눌러 줍니다.

3. B7부터 C9까지의 셀에 오른쪽 그림과 같이 입력합니다.

	A	B	C
7	3	10000	30000
8	4	30000	60000
9	5	50000	90000
10	6		

4. B7 셀부터 C9 셀까지를 영역 선택하고, 오른쪽 하단의 모서리에 마우스 포인터를 위치시켜 마우스 포인터가 십자 모양으로 바뀌면, 마우스 왼쪽 버튼으로 클릭하고 오른쪽으로 드래그해 자동 채우기를 합니다.

	A	B	C	D	E	F	G	H	I	J	K
4	월별 등급 누적 등급	1	2	3	4	5	6	7	8	9	10
5	1	0	0	0	0	0	0	0	0	0	0
6	2	0	0	0	0	0	0	0	0	0	0
7	3	10000	30000								
8	4	30000	60000								
9	5	50000	90000								
10	6										
11	7										
12	8										
13	9										
14	10										

5. B10 셀에 "100000"을, B11 셀에 "150000"을 입력합니다. B10 셀과 B11 셀을 영역 선택하고, B14 셀까지 자동 채우기를 합니다.

9	5	50000	90000
10	6	100000	
11	7	150000	
12	8		
13	9		
14	10		

9	5	50000	90000
10	6	100000	
11	7	150000	
12	8	200000	
13	9	250000	
14	10	300000	

6. C10 셀에 "150000"을, C11 셀에 "300000"을 입력합니다. C10 셀과 C11 셀을 영역 선택하고, C14 셀까지 자동 채우기를 합니다.

9	5	50000	90000
10	6	100000	150000
11	7	150000	300000
12	8	200000	
13	9	250000	
14	10	300000	

9	5	50000	90000
10	6	100000	150000
11	7	150000	300000
12	8	200000	450000
13	9	250000	600000
14	10	300000	750000

7. B10 셀부터 C14 셀까지 영역 선택하고, K14 셀까지 자동 채우기를 합니다.

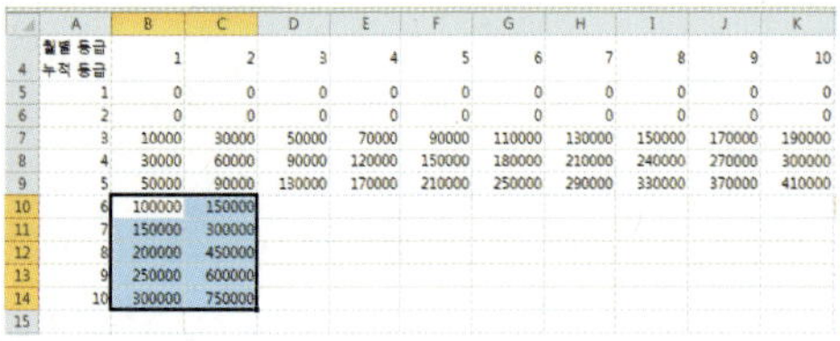

	A	B	C	D	E	F	G	H	I	J	K
4	월별 등급 누적 등급	1	2	3	4	5	6	7	8	9	10
5	1	0	0	0	0	0	0	0	0	0	0
6	2	0	0	0	0	0	0	0	0	0	0
7	3	10000	30000	50000	70000	90000	110000	130000	150000	170000	190000
8	4	30000	60000	90000	120000	150000	180000	210000	240000	270000	300000
9	5	50000	90000	130000	170000	210000	250000	290000	330000	370000	410000
10	6	100000	150000								
11	7	150000	300000								
12	8	200000	450000								
13	9	250000	600000								
14	10	300000	750000								
15											

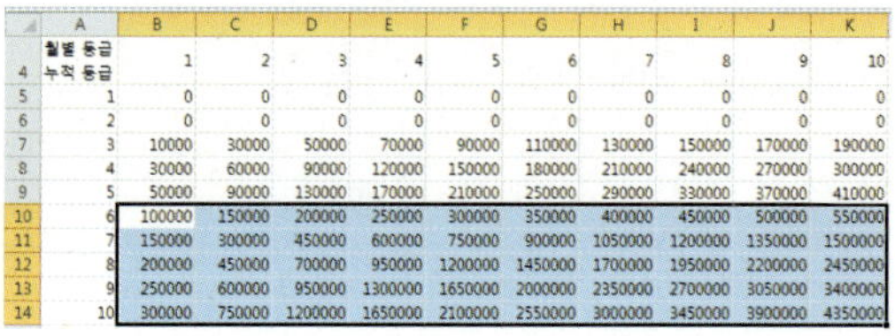

	A	B	C	D	E	F	G	H	I	J	K
4	월별 등급 누적 등급	1	2	3	4	5	6	7	8	9	10
5	1	0	0	0	0	0	0	0	0	0	0
6	2	0	0	0	0	0	0	0	0	0	0
7	3	10000	30000	50000	70000	90000	110000	130000	150000	170000	190000
8	4	30000	60000	90000	120000	150000	180000	210000	240000	270000	300000
9	5	50000	90000	130000	170000	210000	250000	290000	330000	370000	410000
10	6	100000	150000	200000	250000	300000	350000	400000	450000	500000	550000
11	7	150000	300000	450000	600000	750000	900000	1050000	1200000	1350000	1500000
12	8	200000	450000	700000	950000	1200000	1450000	1700000	1950000	2200000	2450000
13	9	250000	600000	950000	1300000	1650000	2000000	2350000	2700000	3050000	3400000
14	10	300000	750000	1200000	1650000	2100000	2550000	3000000	3450000	3900000	4350000

2.3 표 서식 설정

이제 서식을 설정해 봅시다.

1. A2 셀부터 K2 셀까지 영역 선택하고, 마우스 오른쪽 버튼을 눌러 **병합하고 가운데 맞춤** 메뉴를 클릭해 줍니다.

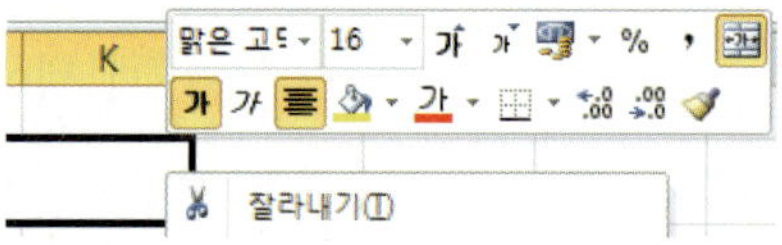

2. 글꼴 서식을 다음과 같이 설정해 줍니다: 16pt, 두껍게

3. "블로거 보상 기준"이라고 텍스트를 입력하고, 파랑색 계열로 채우기 색을 설정해 줍니다.

4. K3 셀에 "단위: 원"이라고 텍스트를 입력하고, 글꼴은 두껍게로 설정합니다.

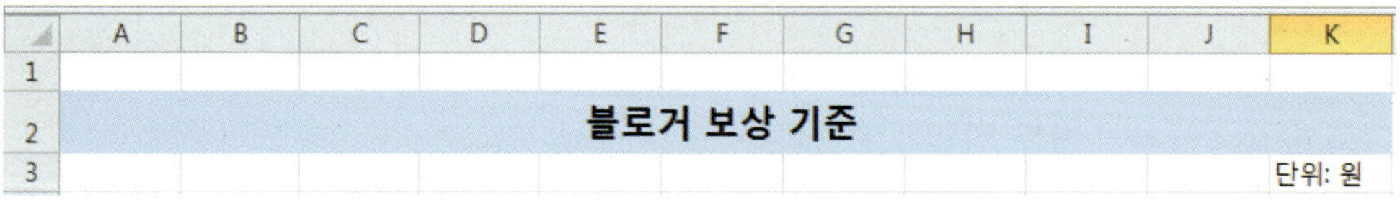

	A	B	C	D	E	F	G	H	I	J	K
1											
2	블로거 보상 기준										
3											단위: 원

a. A4 셀부터 K4 셀까지, A5 셀부터 A14 셀까지의 글꼴 서식을 다음과 같이 설정해 줍니다: 두껍게, 흰색

b. B5 셀부터 K14 셀까지 선택하고, 마우스 오른쪽 버튼을 눌러 **셀 서식** 메뉴를 클릭합니다.

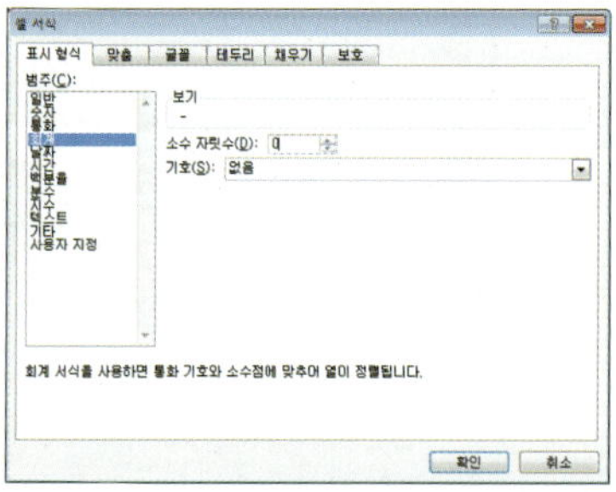

c. **표시 형식** 탭의 **범주** 에서 **회계** 를 선택하고, **소수 자리수** 는 "0"으로, **기호** 는 "없음"으로 설정하고, **확인** 버튼을 클릭합니다.

d. 각 셀의 색을 아래와 같이 설정해 줍니다.

	A	B	C	D	E	F	G	H	I	J	K
1											
2	블로거 보상 기준										
3											단위: 원
4	월별 등급 누적 등급	1	2	3	4	5	6	7	8	9	10
5	1	0	0	0	0	0	0	0	0	0	0
6	2	0	0	0	0	0	0	0	0	0	0
7	3	10000	30000	50000	70000	90000	110000	130000	150000	170000	190000
8	4	30000	60000	90000	120000	150000	180000	210000	240000	270000	300000
9	5	50000	90000	130000	170000	210000	250000	290000	330000	370000	410000
10	6	100000	150000	200000	250000	300000	350000	400000	450000	500000	550000
11	7	150000	300000	450000	600000	750000	900000	1050000	1200000	1350000	1500000
12	8	200000	450000	700000	950000	1200000	1450000	1700000	1950000	2200000	2450000
13	9	250000	600000	950000	1300000	1650000	2000000	2350000	2700000	3050000	3400000
14	10	300000	750000	1200000	1650000	2100000	2550000	3000000	3450000	3900000	4350000

e. A4 셀부터 K14 셀까지 영역 선택하고, **테두리** 메뉴에서 **모든 테두리** 를 클릭합니다.

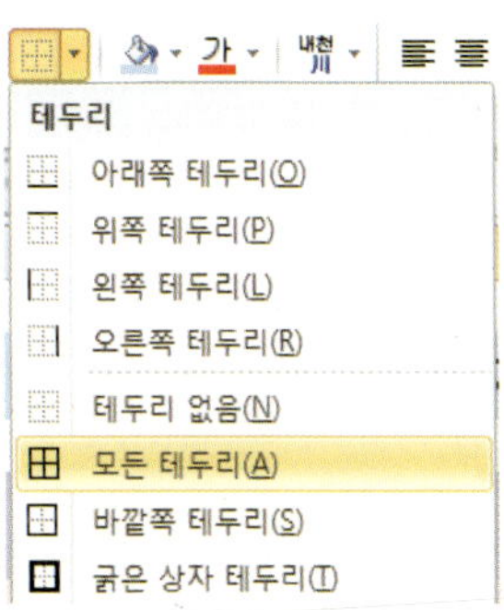

	A	B	C	D	E	F	G	H	I	J	K
1											
2	블로거 보상 기준										
3											단위: 원
4	월별 등급 누적 등급	1	2	3	4	5	6	7	8	9	10
5	1	0	0	0	0	0	0	0	0	0	0
6	2	0	0	0	0	0	0	0	0	0	0
7	3	10000	30000	50000	70000	90000	110000	130000	150000	170000	190000
8	4	30000	60000	90000	120000	150000	180000	210000	240000	270000	300000
9	5	50000	90000	130000	170000	210000	250000	290000	330000	370000	410000
10	6	100000	150000	200000	250000	300000	350000	400000	450000	500000	550000
11	7	150000	300000	450000	600000	750000	900000	1050000	1200000	1350000	1500000
12	8	200000	450000	700000	950000	1200000	1450000	1700000	1950000	2200000	2450000
13	9	250000	600000	950000	1300000	1650000	2000000	2350000	2700000	3050000	3400000
14	10	300000	750000	1200000	1650000	2100000	2550000	3000000	3450000	3900000	4350000

위와 같은 과정을 거쳐 "블로거 보상 기준" 워크시트가 완성되었습니다.

3 블로거정보 워크시트 작성

우선 "Sheet3" 워크시트의 이름을 "블로거정보"로 변경해 봅시다.

3.1 표 항목 입력

우선 표의 항목들을 입력해 줍니다. "블로거정보" 워크시트와 같이 데이터가 일정한 패턴으로 반복해서 입력되는 경우에는 **표** 기능을 이용해 표를 작성하는 것이 좋습니다. 이 경우 1번째 데이터 행에서 지정한 수식이 다음에 이어지는 데이터 행에도 그대로 적용이 됩니다.

1. A4 셀을 클릭하고 아래 그림과 같이 입력합니다.

A	B	C	D	E
No	ID	이름	블로거 지정일	전문 카테고리

a. A4 셀부터 E4 셀까지 영역 선택하고, **삽입** 탭의 **표** 그룹에 있는 **표** 메뉴를 클릭합니다.

b. "표 만들기" 대화상자가 나타나면 **표** 영역이 제대로 설정되었는지 확인하고, **머리글 포함** 을 체크한 다음에 **확인** 버튼을 클릭합니다. 그러면 자동으로 서식이 적용되며, 데이터 행에 수식 및 데이터를 입력할 준비가 됩니다.

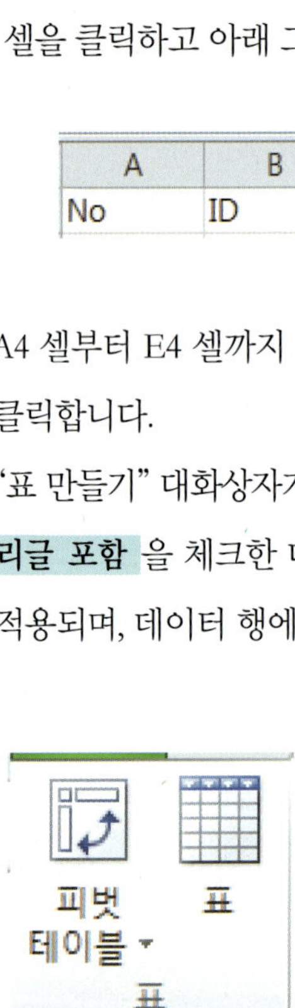

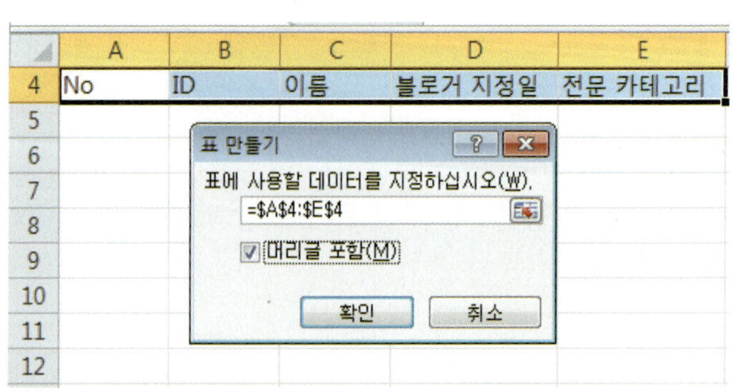

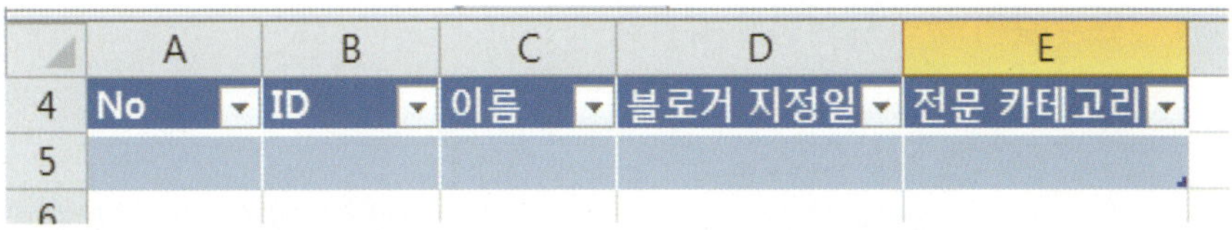

3.2 1번째 데이터 행 입력

3.2.1 ROW 함수

"No"열에 자동으로 행 번호가 입력되도록 하기 위해 "ROW" 함수를 사용하겠습니다. ROW 함수는 현재 셀의 행 번호를 입력해 주는 함수입니다.

1. A5 셀을 클릭하고 다음과 같이 입력한 후, 엔터 키를 누르면, 아래 그림과 같이 행 번호인 "5"가 입력됩니다.

=ROW()

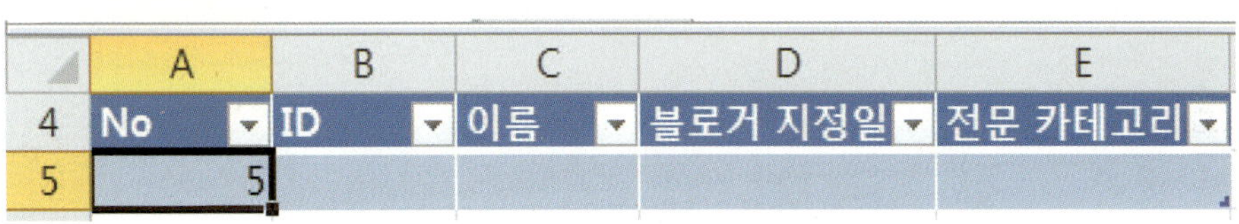

2. 우리가 입력하고자 하는 것은 행 번호가 아니라, 입력된 데이터의 1부터 시작되는 고유번호입니다. 따라서 수식 입력줄에서 다음과 같이 수식을 수정해 줍니다. 그러면 아래 그림과 같이 1부터 고유번호가 입력됩니다.

=ROW()-4

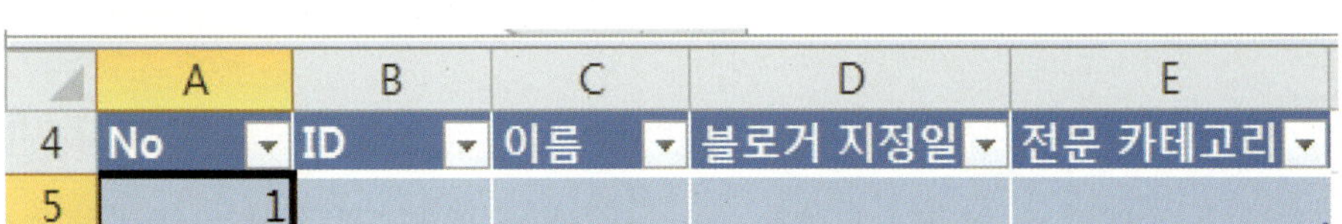

3. 아래 그림과 같이 셀에 데이터를 입력합니다.

	A	B	C	D	E
4	No	ID	이름	블로거 지정일	전문 카테고리
5	1	dog	채미혜	2007-04-01	

3.2.2 유효성 검사

전문 카테고리 열의 경우 나중에 카테고리별 통계를 구하기 위한 기준으로 사용될 수 있습니다. 그런데 어떤 행에는 "음악"이라고 입력하고 어떤 행에는 "노래"라고 입력할 경우 통계를 구할 때 오류가 발생하게 됩니다. 이러한 경우에는 "데이터 유효성 검사" 기능을 이용해 미리 정해진 데이터만 입력되도록 하는 것이 좋습니다.

"데이터 유효성 검사" 기능은 사전에 입력 가능한 데이터 유형을 설정해 두고, 잘못된 데이터가 입력되면 오류 메시지를 전달하여 유효한 데이터만 입력할 수 있도록 도와줍니다. "데이터 유효성 검사" 기능은 **데이터** 탭의 **데이터 도구** 그룹에 있는 **데이터 유효성 검사** 메뉴를 이용해 수행할 수 있습니다.

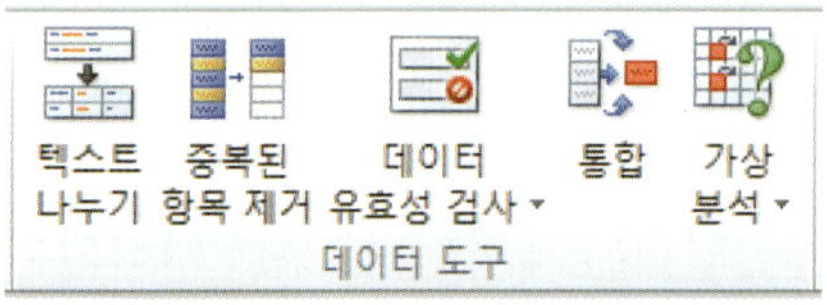

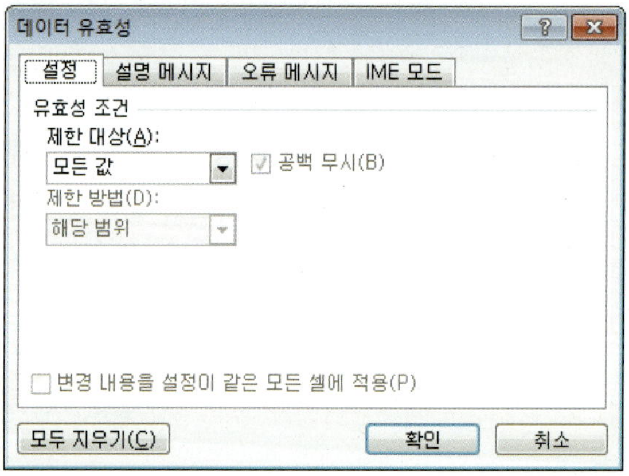

"데이터 유효성" 대화상자에서 **제한 대상**으로는 정수, 소수점, 목록, 날짜, 시간, 텍스트 길이 등을 선택할 수 있습니다. 예를 들어 **텍스트 길이**를 선택하면 5자 이상 입력하

도록 설정할 수 있습니다

1. E5 셀을 클릭합니다. 그리고 **데이터** 탭의 **데이터 도구** 그룹에 있는 **데이터 유효성 검사** – **데이터 유효성 검사** 메뉴를 클릭합니다.

2. "데이터 유효성" 대화상자의 **제한 대상** 에서 **목록** 을 선택해 줍니다. 그리고 **원본** 에 아래 그림과 같이 입력하고, **확인** 버튼을 클릭합니다.

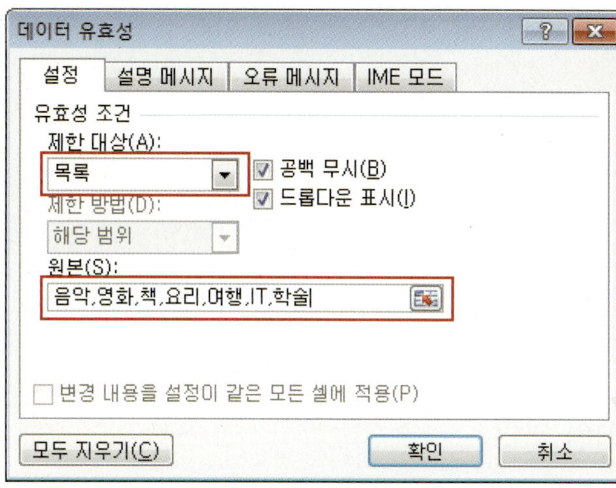

3. E5 셀의 오른쪽에 아래 그림과 같이 **목록상자** 를 의미하는 아이콘이 나타납니다. 이 아이콘을 클릭하면 입력 가능한 데이터 목록이 나타나며, 이 목록에서 입력을 원하는 항목을 선택하면 데이터가 입력됩니다.

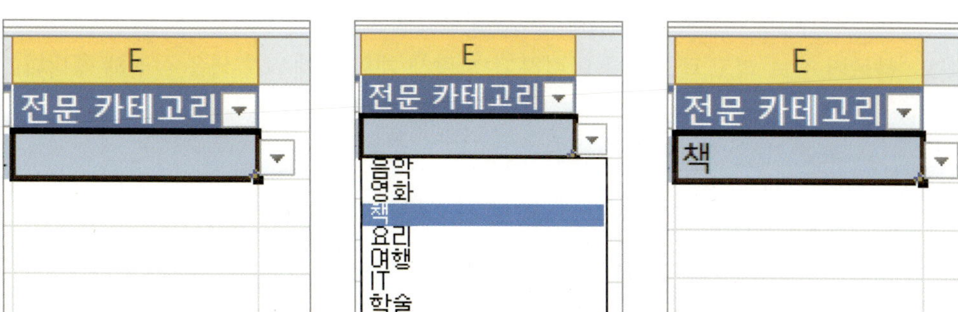

MS Excel

3.3 데이터 입력

데이터 행의 1번째 행을 완성해 모든 표 수식을 완성했습니다. 이제 6번째 행부터 데이터를 입력해 봅시다.

B6 셀을 클릭하고 "cow"라고 입력합니다. A6 셀에 데이터를 입력하지 않는 이유는 ROW 함수를 사용해 자동으로 데이터가 입력되도록 5번째 행에서 수식을 입력했기 때문입니다. "cow"라고 입력하면 아래와 같이 셀 서식이 자동적으로 적용되며, 나머지 셀에도 데이터를 입력할 준비가 됩니다. 이러한 방식으로 아래 셀에도 계속해서 데이터를 입력해 나갑니다.

	A	B	C	D	E
4	No	ID	이름	블로거 지정일	전문 카테고리
5	1	dog	채미혜	2007-04-01	책
6	2	cow			

3.4 워크시트 서식 설정

이제 서식을 설정해 봅시다.

1. A2 셀부터 E2 셀까지 영역을 선택하고, 마우스 오른쪽 버튼을 눌러 **병합하고 가운데 맞춤** 메뉴를 클릭해 줍니다.
2. 글꼴 서식을 다음과 같이 설정합니다: 16pt, 두껍게
3. "블로거 정보"라고 텍스트를 입력하고, 파랑색 계열로 채우기 색을 설정해 줍니다.

	A	B	C	D	E
1					
2			블로거 정보		
3					
4	No	ID	이름	블로거 지정일	전문 카테고리
5	1	dog	채미혜	2007-04-01	책
6	2	cow			

3.5 블로거 수 계산하기

"블로거정보" 워크시트에 입력된 블로거 수를 계산하기 위해서는 어떻게 해야 할까요? 몇 행까지 데이터가 입력되어 있는지 직접 확인해 블로거 수를 계산하는 방법이 있지만, 이 방법은 입력된 블로거 수가 많아지면 계산에 불편함이 있습니다. 이때 사용할 수 있는 함수가 "COUNT"입니다. COUNT 함수는 지정된 범위에서 숫자가 입력된 셀의 수를 자동으로 계산해 줍니다.

1. **5장_003_실습파일.xlsx** 파일을 열고, G5 셀을 클릭한 후, 수식 입력줄 왼쪽에 위치한 **함수 마법사** 를 클릭합니다.

2. **범주 선택** 에서 **통계** 를 선택하고, **함수 선택** 에서 COUNT 를 선택한 후, **확인** 버튼을 클릭합니다.

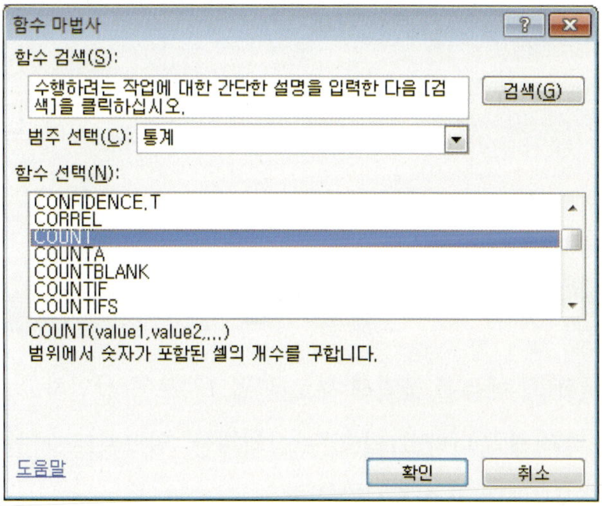

3. **Value 1** 을 클릭하고, 데이터가 입력된 A5 셀부터 A54 셀까지 드래그합니다. 그러면 다음과 같이 영역이 입력됩니다. 입력된 내용이 셀 주소로 표시되지 않아 이해하는 데 어려움이 있을 수 있습니다. 입력된 내용은 표에서 "No"열에 포함된 데이터 전체를 영역으로 지정한다는 의미입니다.

MS Excel

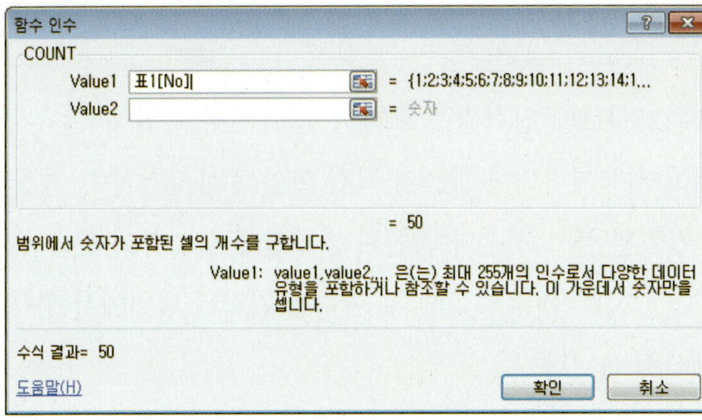

4. **확인** 버튼을 누르면 블로거 수가 계산됩니다. 서식을 다음과 같이 수정해 워크시트를 완성합니다.

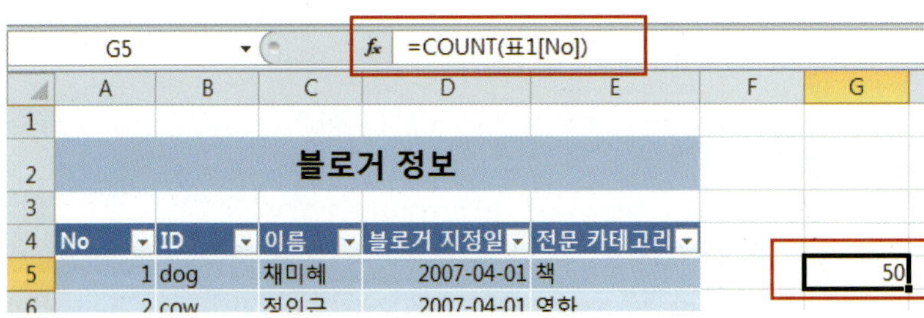

4 보상액 계산 워크시트 작성

우선 **워크시트 삽입** 메뉴를 클릭해 새로운 워크시트를 삽입하고, 워크시트 이름을 "보상액계산"으로 수정해 줍니다. 그리고 "보상액계산" 워크시트를 "블로거보상매뉴얼"과 "보상기준" 워크시트 사이로 이동시킵니다.

4.1 표 항목 입력

우선 표의 항목들을 입력해 봅시다.

1. A4 셀을 클릭하고 다음 항목들을 차례로 입력합니다. 한 셀에 텍스트를 2줄로 입력하기 위해 셀 내에서 행을 전환할 때에는 Alt + 엔터 키를 눌러 줍니다.

No, ID, 계산일, 블로거 지정일, 활동기간(개월수), 6개월 간 평균 방문객 수, 누적 등급, 이전 월, 방문객 수, 월별 등급, 방문객 기준 보상액, 활동기간 보상액, 이전 월 포스트 수, 포스트 수 보상액, 전문성 평가, 전문성 보상액, 보상 총액

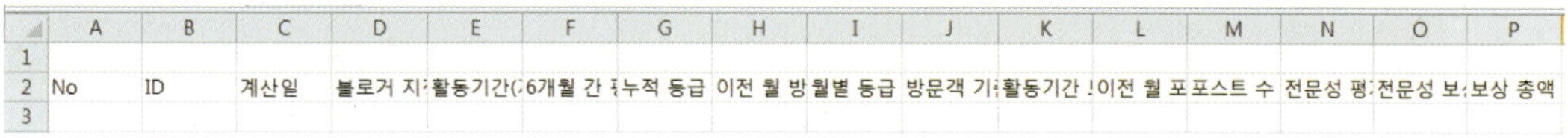

2. A4 셀부터 P4 셀까지를 영역 선택하고, **삽입** 탭의 **표** 그룹에 있는 **표** 메뉴를 클릭합니다.

3. "표 만들기" 대화상자가 나타나면 **표** 영역이 제대로 설정되었는지 확인하고, **머리글 포함**을 체크해 줍니다. 그리고 **확인** 버튼을 클릭합니다.

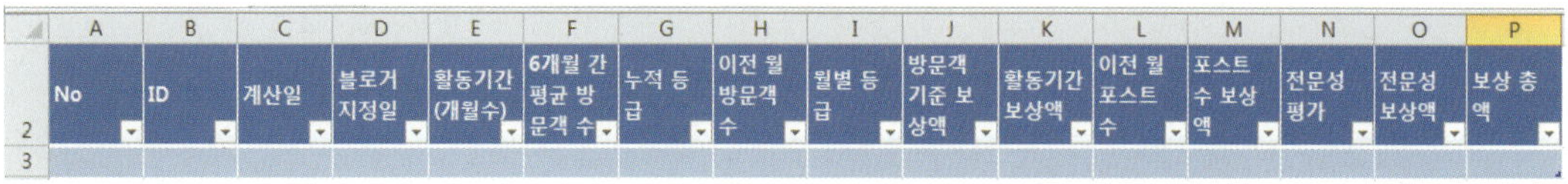

위의 표는 사용자가 직접 데이터를 입력해야 하는 열들과 엑셀이 자동적으로 값을 계산해 주는 열들로 구분됩니다. 우선 사용자가 직접 데이터를 입력해야 하는 열은 다음과 같습니다.

열	설명
ID	사용자가 "블로거정보" 워크시트에 있는 블로거들의 ID를 입력합니다.
계산일	사용자가 보상액 계산일을 입력합니다.
6개월 방문객 수	사용자가 6개월간 방문객 수를 입력합니다.
이전 월 방문객 수	사용자가 이전 월 방문객 수를 입력합니다.
이전 월 포스트 수	사용자가 이전 월 포스트 수를 입력합니다.
전문성 평가	사용자가 전문성 평가 점수를 입력합니다.

엑셀이 자동으로 값을 계산해 주는 열은 다음과 같습니다. 이를 위해서는 함수들을 활용해 수식을 작성할 필요가 있습니다.

열	설명
No	ROW 함수를 이용해 자동으로 행 번호를 계산해 보여 줍니다.
블로거 지정일	VLOOKUP 함수를 이용해 엑셀이 자동으로 ID 열에 입력된 데이터를 이용해 "블로거정보" 워크시트에서 블로거 지정일을 검색해 가져옵니다.
활동기간	DATEDIF 함수를 이용해 엑셀이 계산일 열과 블로거 지정일 열의 데이터의 차이를 계산해 활동기간을 계산해 줍니다.
누적 등급	IF 함수를 이용해 엑셀이 6개월 방문객 수 열의 데이터를 이용해 등급을 계산해 줍니다.
월별 등급	IF 함수를 이용해 엑셀이 이전 월 방문객 수 열의 데이터를 이용해 등급을 계산해 줍니다.
방문객 기준 보상액	INDEX 함수를 이용해 엑셀이 누적 등급과 월별 등급의 데이터를 이용해 "보상기준" 워크시트에서 보상액을 검색해 가져옵니다.
활동기간 보상액	IF 함수를 이용해 엑셀이 활동기간 열의 개월 수를 이용해 보상액을 계산해 줍니다.
포스트 수 보상액	IF 함수를 이용해 엑셀이 이전 월 포스트 수 열의 개월 수를 이용해 보상액을 계산해 줍니다.
전문성 보상액	IF 함수를 이용해 엑셀이 이전 전문성 평가 열의 개월 수를 이용해 보상액을 계산해 줍니다.
보상 총액	엑셀이 방문객 기준 보상액, 활동기간 보상액, 포스트 수 보상액, 전문성 보상액 열의 값을 더해 보상 총액을 계산해 줍니다.

4.2 1번째 데이터 행 입력

4.2.1 No 열: ROW 함수

"블로거정보" 워크시트를 작성할 때와 마찬가지로 "No" 열에 자동으로 행 번호가 입력되도록 하기 위해 ROW 함수를 사용하겠습니다.

1. A5 셀을 클릭하고 다음과 같이 입력하면 A5 셀에 1이 입력됩니다.

```
=ROW()-4
```

2. 아래 그림과 같이 ID와 계산일 셀에 데이터를 입력합니다.

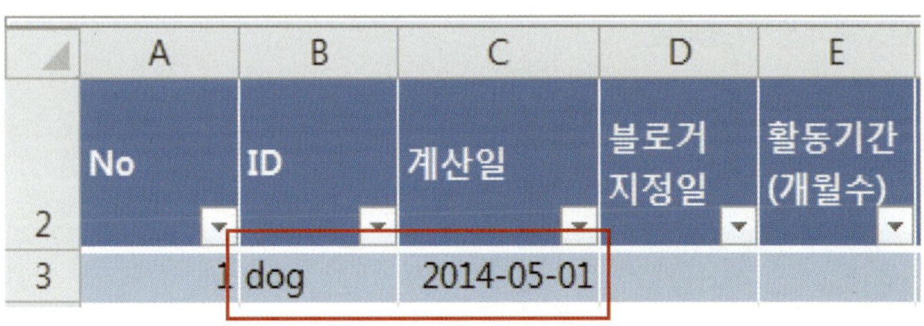

4.2.2 블로거 지정일 열: VLOOKUP 함수

VLOOKUP 함수는 함수 마법사의 "찾기/참조" 범주에 포함되어 있는 엑셀 함수로, 오른쪽 그림과 같이 4가지의 값을 사용자로부터 입력받습니다. 그리고 이러한 값을 이용해 사용자가 원하는 값을 검색해 줍니다.

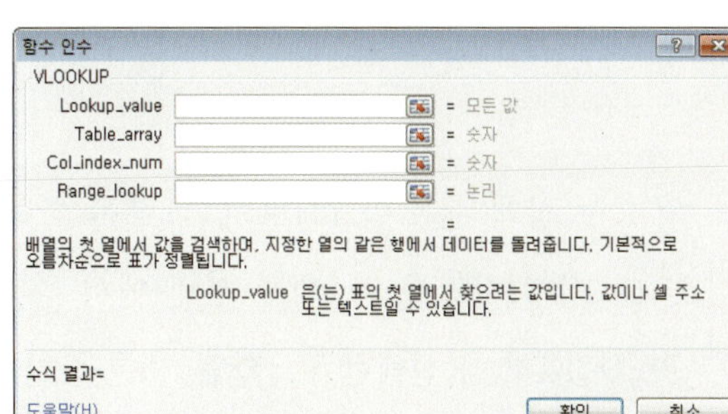

Lookup_value	검색하고자 하는 값을 입력해 줍니다. 특정 셀을 선택하거나 직접 값을 입력할 수 있습니다.
Table_array	검색값을 검색하고 데이터를 찾아올 영역을 지정해 줍니다. 이때 검색할 값이 선택한 영역의 가장 처음 열에 위치해야 합니다.
Col_index_num	선택한 영역에서 몇 번째 열에 있는 데이터를 가져올지 입력해 줍니다. 1번째 열에서 데이터를 가져와야 한다면 1을 3번째 열에서 데이터를 가져와야 한다면 3을 입력하면 됩니다.
Range_lookup	정확하게 일치하는 값을 찾으려면 FALSE를, 비슷하게 일치하는 값을 찾으려면 TRUE를 입력합니다.

그러면 "보상액계산" 워크시트의 "블로거지정일" 열에서 VLOOKUP 함수를 이용해 "ID" 열에 입력한 사용자의 아이디를 "블로거정보" 워크시트의 "ID" 열에서 검색하고, 아이디가 일치한 행의 "블로거 지정일" 열에서 데이터를 가져오도록 해 봅시다.

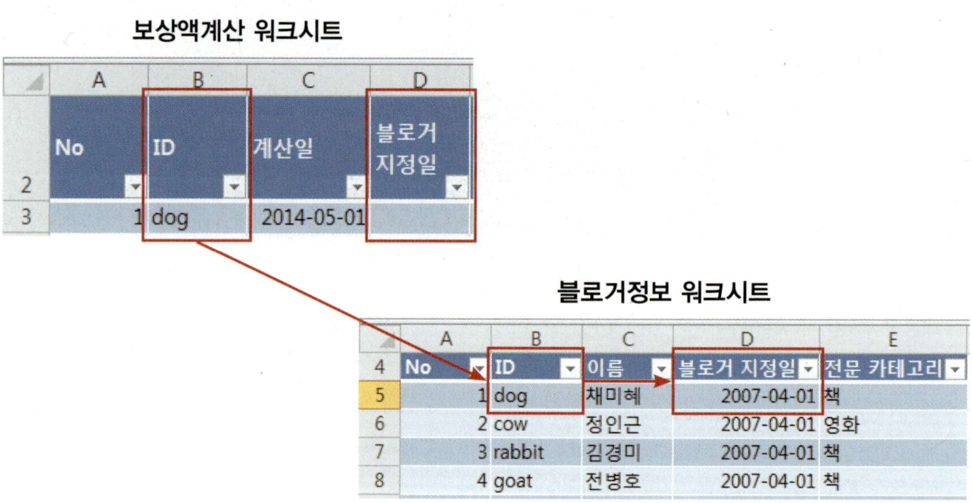

1. "보상액계산" 워크시트의 D5 셀을 클릭하고 **함수 마법사** 를 클릭합니다.

2. **함수 마법사** 의 **범주 선택** 에서 **찾기/참조 영역** 을 선택하고, **함수 선택** 에서 VLOOKUP 을 선택한 후, **확인** 버튼을 클릭합니다.

3. Lookup_value : 이 항목에서는 검색값을 입력해 주어야 하며, 검색값은 같은 행의 ID 열에 입력된 값입니다. 따라서 B5 셀을 클릭해 줍니다. 그러면 "ID"라고 입력됩니다.

4. **Table_array** : 이 항목에는 검색 영역을 입력해 주어야 하며, 검색 영역의 1번째 열에는 검색값이 위치해 있어야 합니다. "블로거정보" 워크시트로 이동하고, B5 셀부터 D54 셀까지를 선택해 줍니다.

5. **Row_index_num** : 이 항목에는 선택한 검색 영역의 몇 번째 열에 있는 데이터를 가져올지 결정해야 합니다. 우리는 선택한 영역에서 3번째 열에 위치한 데이터를 가져올 것이므로 3을 입력해 줍니다.

6. **Range_lookup** : 이 항목에는 정확하게 일치하는 값을 찾을지, 비슷하게 일치하는 값을 찾을지 입력해 주어야 합니다. 우리는 정확하게 일치하는 값을 찾을 것이므로 "FALSE"를 입력해 줍니다.

위와 같이 입력한 후 **확인** 버튼을 클릭합니다.

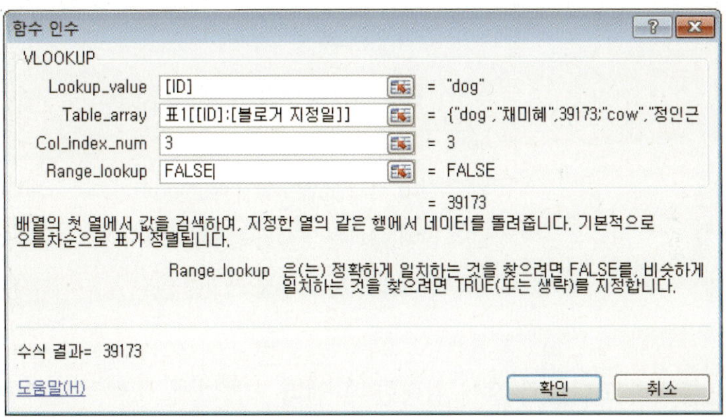

7. 아래와 같이 "블로거 지정일" 열에 "39173"이라는 숫자가 입력됩니다. 날짜가 아니라 숫자가 입력되는 이유는 데이터 유형이 잘못 설정되어 있기 때문입니다. **홈** 탭의 **표시 형식** 메뉴에서 **데이터 유형**을 **간단한 날짜**로 설정해 줍니다.

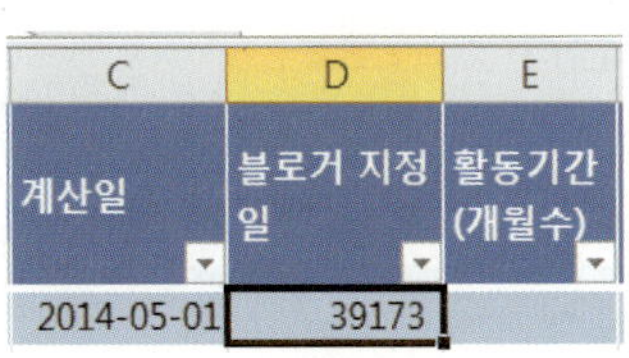

4.2.3 활동기간(개월수) 열: DATEDIF 함수

DATEDIF 함수는 시작 날짜와 종료 날짜 사이의 기간을 계산해 줍니다. 이 함수는 함수 마법사 목록에 없으므로, 수익 입력줄에 직접 입력해야 합니다. 입력할 경우 다음과 같은 형식으로 입력해 줍니다.

```
=DATEDIF(시작 날짜, 종료 날짜, "계산 옵션")
```

DATEDIF 함수는 다음과 같은 계산 옵션을 제공합니다. 그리고 계산 옵션은 꼭 큰따옴표 안에 입력해야 합니다.

계산 옵션	설명
"Y"	두 날짜 간의 연수 계산
"M"	두 날짜 간의 월수 계산
"D"	두 날짜 간의 일수 계산
"YM"	두 날짜 간에 경과된 연수를 제외한 월수
"YD"	두 날짜 간에 경과된 연수를 제외한 일수
"MD"	두 날짜 간에 경과된 월수를 제외한 일수

1. E5 셀을 클릭하고 다음과 같이 입력한 후 엔터키를 누르면 계산일과 블로거 지정일 간의 월수가 계산됩니다.

C	D	E
계산일	블로거 지정일	활동기간(개월수)
2014-05-01	2007-04-01	85

```
=DATEDIF(D5,C5,"M")
```

2. F5 셀과 H5 셀에 임의의 숫자를 입력해 줍니다.

E	F	G	H
활동기간(개월수)	6개월 간 평균 방문객 수	누적 등급	이전 월 방문객 수
85	583953		874393

4.2.4 누적 등급 열: IF 함수

IF 함수는 **함수 마법사** 의 "논리" 범주에 포함되어 있습니다. IF 함수는 사용자로부터 판단 기준을 입력받고, 이러한 기준에 따라 참과 거짓을 판단한 후, 판단 결과에 따라 사용자가 지정한 결과값을 셀에 표시해 줍니다.

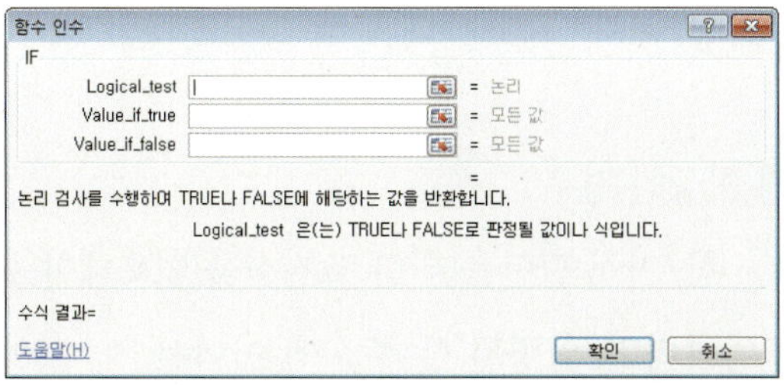

Logical_test	판단 기준이 되는 식을 입력합니다. 예를 들어 D5 셀의 값이 100 이상인 경우라면 "D5>=100"이라고 입력합니다.
Value_if_true	판단 결과 참일 경우 셀에 표시할 값이나 수식을 입력합니다.
Value_if_false	판단 결과 거짓일 경우 셀에 표시할 값이나 수식을 입력합니다.

IF 함수를 입력하면 수식 입력줄에 다음과 같은 형식으로 입력됩니다.

```
=IF(Logical_test, Value_if_true, Value_if_false)
```

IF 함수는 IF 함수 또는 다른 함수들과 중첩해 사용할 수 있습니다. 또한 IF 함수는 64개까지 중첩해 사용할 수 있습니다. 예를 들어 100 이상인 경우, 99~90, 89~80 등과 같이 여러 개의 판단 조건을 중첩해 사용할 수 있습니다.

1. G5 셀을 클릭하고 **함수 마법사** 를 클릭합니다.
2. **함수 마법사** 의 **범주 선택** 에서 **논리** 를 선택하고, **함수 선택** 에서 **IF** 를 선택한 후, **확인** 버튼을 클릭합니다. 이제 다음 표와 같은 보상 기준에 따라 식을 입력합니다.

방문자 수	등급	방문자 수	등급
100만 명 이상	10	60만 명 미만, 50만 명 이상	5
100만 명 미만, 90만 명 이상	9	50만 명 미만, 40만 명 이상	4
90만 명 미만, 80만 명 이상	8	40만 명 미만, 30만 명 이상	3
80만 명 미만, 70만 명 이상	7	30만 명 미만, 20만 명 이상	2
70만 명 미만, 60만 명 이상	6	20만 명 미만	1

3. F5 값이 100만 명 이상인 경우

a. **Logical_test** : 참/거짓 판단을 위한 조건식을 입력해야 합니다. F5 셀을 클릭하고 셀 주소가 입력되면, 입력된 셀 주소에 이어서 ">=1000000"이라고 입력합니다. 최종적으로 "[6개월 간 평균 방문객 수]>=1000000"이라고 입력되어야 합니다.

b. **Value_if_true** : F5 값이 100만 이상인 경우의 값은 10등급이므로 "10"이라고 입력합니다.

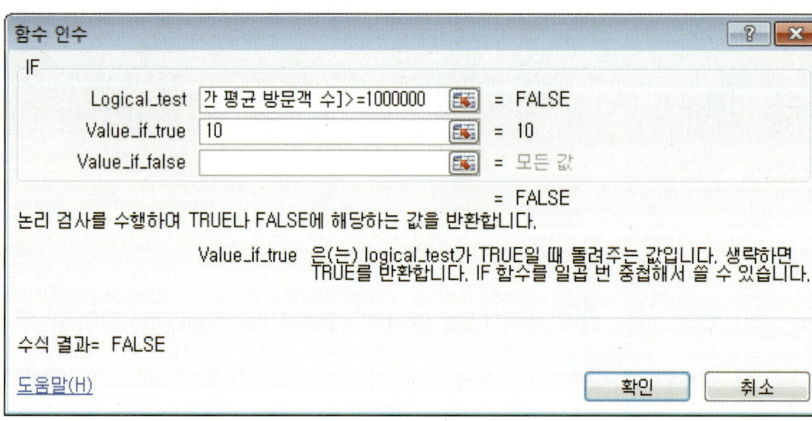

c. **Value_if_false** : F5 값이 100만 미만인 경우 다른 등급들에 대한 참/거짓 판단을 해야 하므로 새로운 IF문을 중복해서 이곳에 입력해야 합니다. 새로운 IF문을 입력하기 위해서는 이곳의 입력항을 클릭하고, **함수 마법사** 왼쪽 부분의 셀 주소(다음 그림에서 IF라고 표시된 부분)를 클릭합니다. 그러면 다음 그림과 같이 새로운 IF문을 입력할 수 있는 대화상자가 나타납니다.

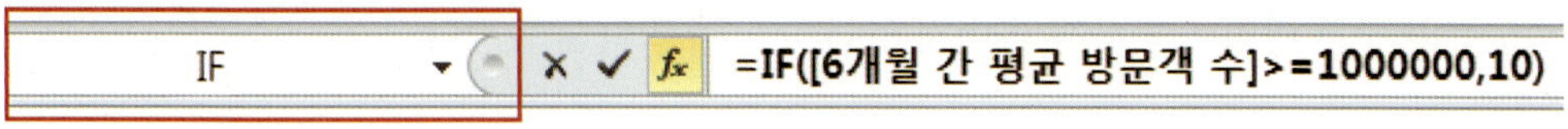

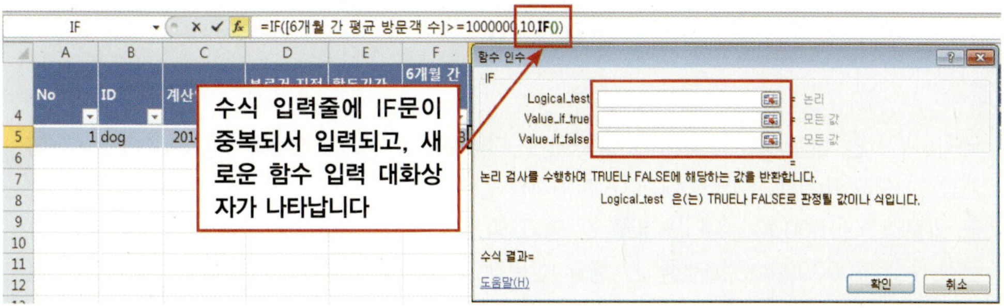

4. F5 값이 100만 명 미만, 90만 명 이상인 경우

a. **Logical_test** : F5 셀을 클릭하고 셀 주소가 입력되면, 입력된 셀 주소에 이어서 ">=900000"이라고 입력합니다.

b. **Value_if_true** : F5 값이 90만 이상인 경우의 값은 9등급이므로 "9"라고 입력합니다.

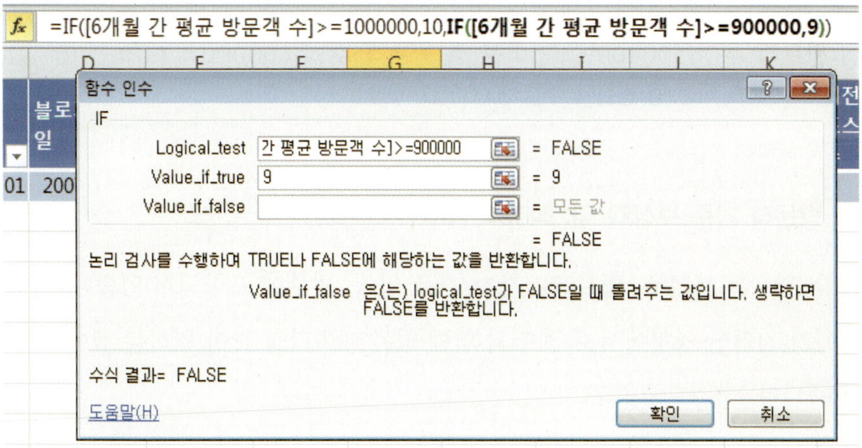

c. **Value_if_false** : F5 값이 90만 미만인 경우에 대해 새로운 IF문을 이곳에 입력해야 합니다. 따라서 **함수 마법사** 왼쪽 부분의 셀 주소를 클릭합니다.

5. 위와 같은 과정을 반복해 나머지 조건을 모두 입력해 봅시다.

최종적으로 완성된 IF문은 다음과 같습니다.

=IF([6개월 간 평균 방문객 수]〉=1000000,10,IF([6개월 간 평균 방문객 수]〉=900000,9,IF([6개월 간 평균 방문객 수]〉=800000,8,IF([6개월 간 평균 방문객 수]〉700000,7,IF([6개월 간 평균 방문객 수]〉600000,6,IF([6개월 간 평균 방문객 수]〉=500000,5,IF([6개월 간 평균 방문객 수]〉=400000,4,IF([6개월 간 평균 방문객 수]〉=300000,3,IF([6개월 간 평균 방문객 수]〉=200000,2,1)))))))))

I5 셀, 즉 월별 등급도 참조되는 셀이 H5 셀로 바뀔 뿐 판단의 조건은 똑같습니다. 따라서 위의 방법을 참조해 월별 등급을 판단하는 IF문을 입력하도록 합니다. 이 경우 완성된 IF문은 아래와 같습니다.

=IF([이전 월 방문객 수]〉=1000000,10,IF([이전 월 방문객 수]〉=900000,9,IF([이전 월 방문객 수]〉=800000,8,IF([이전 월 방문객 수]〉=700000,7,IF([이전 월 방문객 수]〉=600000,6,IF([이전 월 방문객 수]〉=500000,5,IF([이전 월 방문객 수]〉=400000,4,IF([이전 월 방문객 수]〉=300000,3,IF([이전 월 방문객 수]〉=200000,2,1)))))))))

4.2.5 방문객 기준 보상액 열: INDEX 함수

INDEX 함수는 **함수 마법사** 의 "찾기/참조 영역" 범주에 포함되어 있습니다. 이 함수는 사용자가 지정한 영역에서 특정 행과 열에 있는 데이터를 찾아 원하는 셀에 입력할 수 있게 해 줍니다.

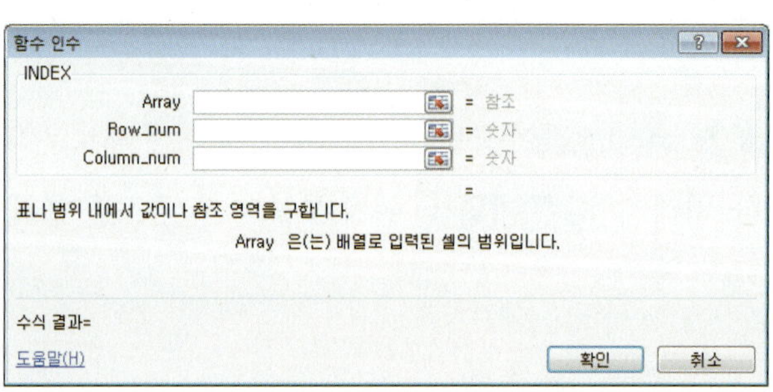

Array	데이터를 찾아 가져올 셀 범위를 선택합니다.
Row_num	Array에서 지정한 셀 범위에서 몇 번째 행의 데이터를 가져올 것인지 입력합니다.
Column_num	Array에서 지정한 셀 범위에서 몇 번째 열의 데이터를 가져올 것인지 입력합니다.

INDEX 함수를 입력하면 수식 입력줄에 다음과 같은 형식으로 입력됩니다.

```
=INDEX(Array,Row_num,Column_num)
```

그러면 "보상액계산" 워크시트의 "방문객 기준 보상액" 열에서 INDEX 함수를 이용해 "누적 등급"과 "월별 등급" 열에서 행과 열 주소를 입력받고, "블로거정보" 워크시트에서 사용자가 지적한 데이터 영역에서 행과 열 주소에 해당하는 데이터, 즉 누적 등급과 월별 등급에 따른 보상액을 가져오도록 해 봅시다.

보상액계산 워크시트

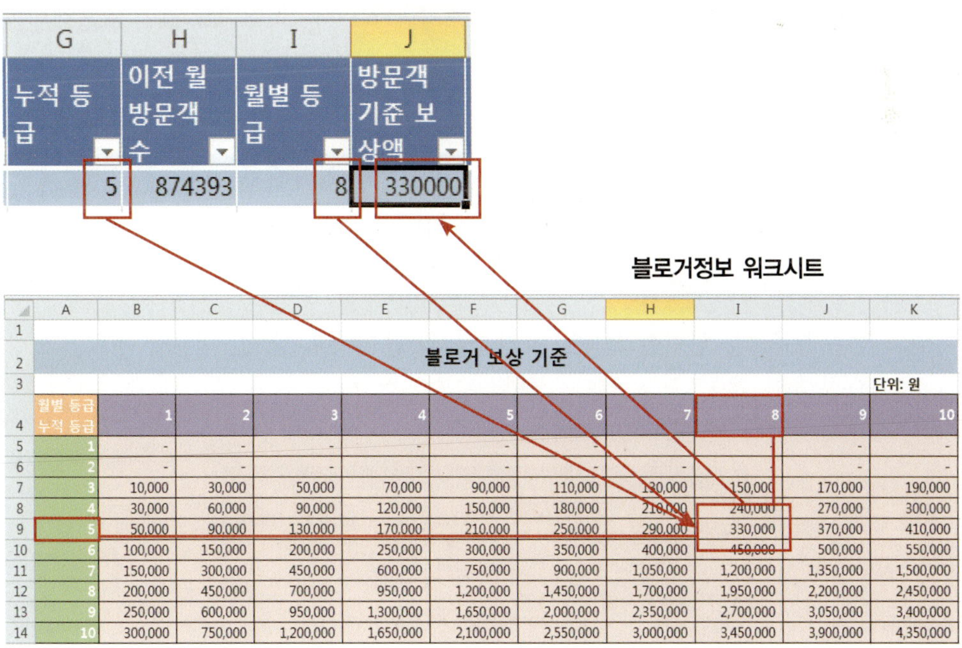

G	H	I	J
누적 등급	이전 월 방문객 수	월별 등급	방문객 기준 보상액
5	874393	8	330000

블로거정보 워크시트

	A	B	C	D	E	F	G	H	I	J	K
1											
2	블로거 보상 기준										
3											단위: 원
4	월별 등급 누적 등급	1	2	3	4	5	6	7	8	9	10
5	1	-	-	-	-	-	-	-	-	-	-
6	2	-	-	-	-	-	-	-	-	-	-
7	3	10,000	30,000	50,000	70,000	90,000	110,000	130,000	150,000	170,000	190,000
8	4	30,000	60,000	90,000	120,000	150,000	180,000	210,000	240,000	270,000	300,000
9	5	50,000	90,000	130,000	170,000	210,000	250,000	290,000	330,000	370,000	410,000
10	6	100,000	150,000	200,000	250,000	300,000	350,000	400,000	450,000	500,000	550,000
11	7	150,000	300,000	450,000	600,000	750,000	900,000	1,050,000	1,200,000	1,350,000	1,500,000
12	8	200,000	450,000	700,000	950,000	1,200,000	1,450,000	1,700,000	1,950,000	2,200,000	2,450,000
13	9	250,000	600,000	950,000	1,300,000	1,650,000	2,000,000	2,350,000	2,700,000	3,050,000	3,400,000
14	10	300,000	750,000	1,200,000	1,650,000	2,100,000	2,550,000	3,000,000	3,450,000	3,900,000	4,350,000

1. "보상액계산" 워크시트의 J5 셀을 클릭하고 **함수 마법사** 를 클릭합니다.

2. **함수 마법사** 의 **범주 선택** 에서 **찾기/참조 영역** 을 선택하고, **함수 선택** 에서 INDEX 를 선택한 후, **확인** 버튼을 클릭합니다.

3. "인수 선택" 대화상자가 나타나면 상단의 arrow,row_num,column_num 을 선택하고 **확인** 버튼을 클릭합니다. arrow,row_num,column_num 는 참조하는 셀 영역이 하나일 때, reference,row_num,column_num,area_num 은 참조하는 셀 영역이 여러 개일 때 선택합니다.

4. Array : 이 항목에는 검색 대상이 되는 셀 영역을 입력해 줍니다. "보상기준" 워크시트로 이동하고, B5 셀부터 K14 셀까지를 영역 선택합니다. 이 영역은 아래 행들에서도 계속 참조되어야 하므로, F4 키를 눌러 절대주소로 바꾸어 줍니다.

5. Row_num : 이 항목에는 검색 대상이 되는 셀 영역에서 몇 번째 행에 있는 데이터를 가져올 것인지 입력해 줍니다. 따라서 G5 셀을 클릭해 입력해 줍니다.

6. Column_num : 이 항목에는 검색 대상이 되는 셀 영역에서 몇 번째 열에 있는 데이터를 가져올 것인지 입력해 줍니다. 따라서 I5 셀을 클릭해 입력해 줍니다.

위와 같은 항목들을 입력한 결과는 아래 그림과 같습니다. **확인** 버튼을 누르면 보상액이 계산됩니다.

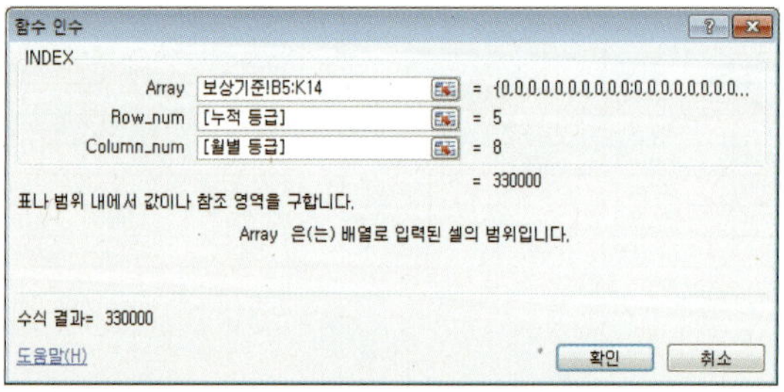

최종적으로 완성된 INDEX문은 다음과 같습니다.

```
=INDEX(보상기준!$B$5:$K$14,[누적 등급],[월별 등급])
```

4.2.6 활동기간 보상액, 포스트 수 보상액, 전문성 보상액 열: IF 함수

BestPortal은 블로거로 지정되어 활동한 기간에 따라 6개월 이상은 방문객 기준 보상액의 1%, 12개월 이상은 3%, 24개월 이상은 5%, 36개월 이상은 10%의 가산금액을 부여하고 있습니다. 이 경우 블로거의 활동기간에 따라 일정 기간 이상을 활동했는지 아닌지 의사결정을 하고, 이 의사결정 결과에 따라 다른 계산 결과를 제시해 주는 것이므로 IF 함수를 적용하는 것이 적합합니다. 다음과 같이 IF 함수를 작성해 봅시다.

1. K5 셀을 클릭하고 **함수 마법사** 를 클릭합니다.
2. **함수 마법사** 의 **범주 선택** 에서 **논리** 를 선택하고, **함수 선택** 에서 **IF** 를 선택한 후, **확인** 버튼을 클릭합니다.
3. E5 셀(활동기간(개월수)) 값이 36 이상으로 10%의 가산금액을 부여하는 경우
   a. **Logical_test** : E5 셀을 클릭하고 셀 주소가 입력되면, 입력된 셀 주소에 이어서 ">=36"이라고 입력합니다. 최종적으로 "[활동기간(개월수)]>=36"이라고 입력되어야 합니다.

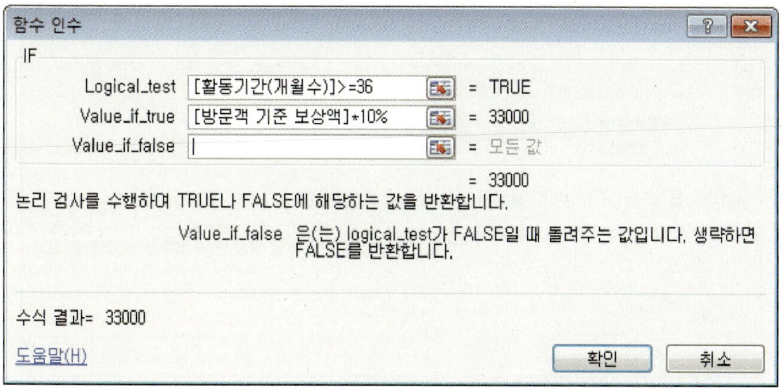

b. **Value_if_true** : E5 값이 36 이상인 경우 방문객 기준 보상액의 10%를 지급하므로, J5 셀을 클릭하고 셀 주소가 입력되면, 입력된 셀 주소에 이어 "*10%"라고 입력합니다. 최종적으로 "[방문객 기준 보상액]*10%"라고 입력되어야 합니다.

c. **Value_if_false** : E5 값이 36 미만인 경우 다른 등급들에 대한 참/거짓 판단을 해야 하므로 새로운 IF문을 중복해서 이곳에 입력해야 합니다. 새로운 IF문을 입력하기 위해서는 **Value_if_false** 의 입력항을 클릭하고, **함수 마법사** 왼쪽 부분의 셀 주소(아래 그림에서 IF라고 표시된 부분)를 클릭해 줍니다. 그러면 아래 그림과 같이 새로운 IF문을 입력할 수 있는 대화상자가 나타납니다.

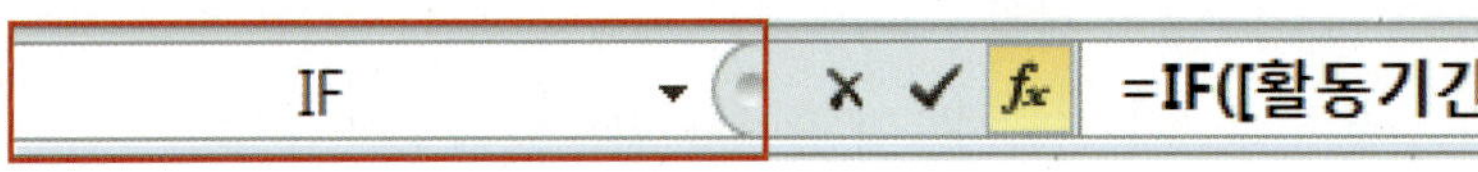

4. E5 셀(활동기간(개월수)) 값이 24 이상으로 5%의 가산금액을 부여하는 경우

a. **Logical_test** : E5 셀을 클릭하고 셀 주소가 입력되면, 입력된 셀 주소에 이어서 ">=24"이라고 입력합니다. 최종적으로 "[활동기간(개월수)]>=24"이라고 입력되어야 합니다.

b. **Value_if_true** : E5 값이 24 이상인 경우 방문객 기준 보상액의 5%를 지급하므로, J5 셀을 클릭하고 셀 주소가 입력되면, 입력된 셀 주소에 이어 "*5%"라고 입력합니다. 최종적으로 "[방문객 기준 보상액]*5%"라고 입력되어야 합니다.

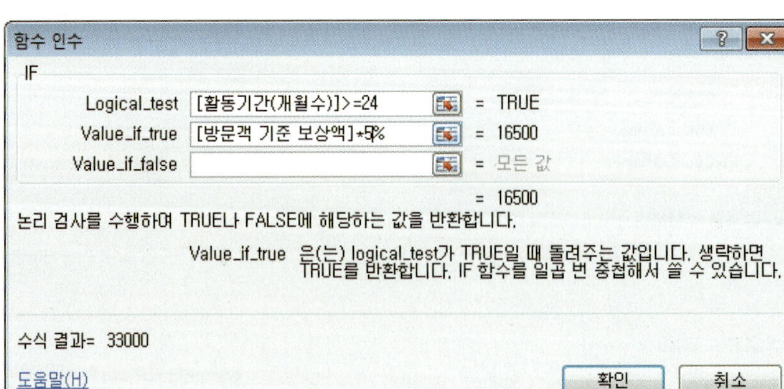

c. **Value_if_false** : E5 값이 24만 미만인 경우에 대해 새로운 IF문을 이곳에 입력해야 합니다. 따라서 앞의 3.c 항목의 설명과 마찬가지로 **함수 마법사** 왼쪽 부분의 셀 주소(IF라고 표시된 부분)를 클릭합니다.

5. 위와 같은 과정을 반복해 나머지 조건을 모두 입력해 봅시다.

최종적으로 완성된 IF문은 다음과 같습니다.

```
=IF([활동기간(개월수)]>=36,[방문객 기준 보상액]*10%,IF([활동기간(개월수)]>=24,[방문객 기준 보상액]*5%,IF([활동기간(개월수)]>=12,[방문객 기준 보상액]*3%,IF([활동기간(개월수)]>=6,[방문객 기준 보상액]*1%,0))))
```

BestPortal은 블로거가 한 달 동안 올린 글의 수에 따라 30개 이상은 10%, 20개 이상은 5%, 10개 이상은 3%의 가산금액을 부여하고 있습니다. 이 경우에도 IF 함수를 사용하는 것이 적합하며, 다음과 같이 IF 함수를 작성해 봅시다.

1. L5 셀을 클릭하고 "24"를 입력합니다.
2. M5 셀을 클릭하고 **함수 마법사** 를 클릭합니다.
3. **함수 마법사** 의 **범주 선택** 에서 **논리** 를 선택하고, **함수 선택** 에서 **IF** 를 선택한 후, **확인** 버튼을 클릭합니다.
4. L5 셀(활동기간(개월수)) 값이 30 이상으로 10%의 가산금액을 부여하는 경우

a. **Logical_test** : L5 셀을 클릭하고 셀 주소가 입력되면, 입력된 셀 주소에 이어서 ">=30"이라고 입력합니다. 최종적으로 "[이전 월 포스트 수]>=30"이라고 입력되어야 합니다.

b. **Value_if_true** : L5 값이 30 이상인 경우 방문객 기준 보상액의 10%를 지급하므로, J5 셀을 클릭하고 셀 주소가 입력되면, 입력된 셀 주소에 이어 "*10%"라고 입력합니다. 최종적으로 "[활동기간 기준 보상액]*10%"라고 입력되어야 합니다.

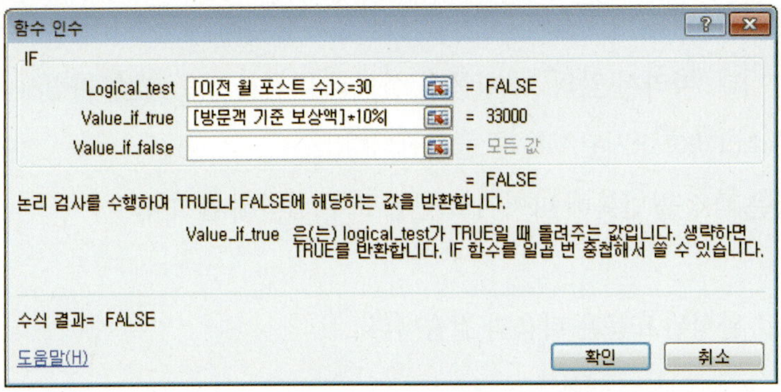

c. **Value_if_false** : L5 값이 30 미만인 경우 다른 등급들에 대한 참/거짓 판단을 해야 하므로 새로운 IF문을 중복해서 이곳에 입력해야 합니다. 새로운 IF문을 입력하기 위해서는 **Value_if_false** 의 입력항을 클릭하고, **함수 마법사** 왼쪽 부분의 셀 주소(**함수 마법사** 왼쪽의 IF라고 표시된 부분)를 클릭해 줍니다. 그러면 새로운 IF문을 입력할 수 있는 대화상자가 나타납니다.

5. L5 셀(활동기간(개월수)) 값이 20 이상으로 5%의 가산금액을 부여하는 경우

a. **Logical_test** : L5 셀을 클릭하고 셀 주소가 입력되면, 입력된 셀 주소에 이어서 ">=20"이라고 입력합니다. 최종적으로 "[이전 월 포스트 수]>=20"이라고 입력되어야 합니다.

b. **Value_if_true** : L5 값이 20 이상인 경우 방문객 기준 보상액의 5%를 지급하므로, J5 셀을 클릭하고 셀 주소가 입력되면, 입력된 셀 주소에 이어 "*5%"라고 입력합니다. 최종적으로 "[활동기간 기준 보상액]*5%"라고 입력되어야 합니다.

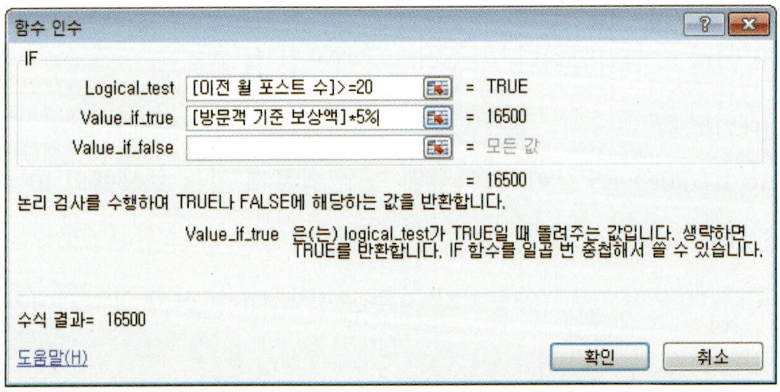

c. **Value_if_false** : L5 값이 20만 미만인 경우에 대해 새로운 IF문을 이곳에 입력해야 합니다. 따라서 **함수 마법사** 왼쪽 부분의 셀 주소(**함수 마법사** 왼쪽의 IF라고 표시된 부분)를 클릭합니다

6. 위와 같은 과정을 반복해 나머지 조건을 모두 입력해 봅시다.

최종적으로 완성된 IF문은 다음과 같습니다.

```
=IF([이전 월포스트 수]>=30,[방문객 기준 보상액]*10%,IF([이전 월포스트 수]>=20,[방문객 기준 보상액]*5%,IF([이전 월포스트 수]>=10,[방문객 기준 보상액]*3%,0)))
```

BestPortal은 사용자들이 블로거에 대해 평가한 전문 점수(1~5점)에 따라, 기본 보상금액에 대해 4.5 이상은 20%, 4 이상은 15%, 3 이상은 10%의 점수를 부여하고 있습니다. 이 경우에 대해 다음과 같이 IF 함수를 작성해 봅시다.

1. N5 셀을 클릭하고 "4.7"을 입력합니다.
2. O5 셀을 클릭하고 **함수 마법사** 를 클릭합니다.
3. **함수 마법사** 의 **범주 선택** 에서 **논리** 를 선택하고, **함수 선택** 에서 **IF** 를 선택한 후, **확인** 버튼을 클릭합니다.
4. N5 셀(활동기간(개월수)) 값이 4.5 이상으로 20%의 가산금액을 부여하는 경우
   a. **Logical_test** : N5 셀을 클릭하고 셀 주소가 입력되면, 입력된 셀 주소에 이어서 ">=4.5"라고 입력합니다. 최종적으로 "[전문성 평가]>=4.5"라고 입력되어야 합니다.
   b. **Value_if_true** : N5 값이 4.5 이상인 경우 방문객 기준 보상액의 20%를 지급하므로, J5 셀을 클릭하고 셀 주소가 입력되면, 입력된 셀 주소에 이어 "*20%"라고 입력합니다. 최종적으로 "[방문객 기준 보상액]*20%"라고 입력되어야 합니다.

MS Excel

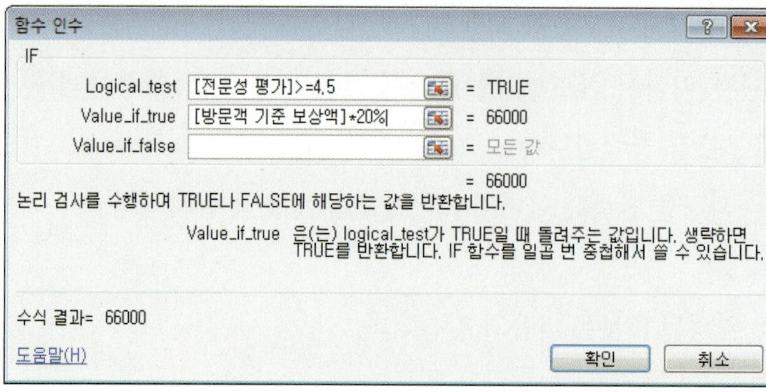

c. **Value_if_false** : N5 값이 4.5 미만인 경우 다른 등급들에 대한 참/거짓 판단을 해야 하므로 새로운 IF문을 중복해서 이곳에 입력해야 합니다. 새로운 IF문을 입력하기 위해서는 **Value_if_false** 의 입력항을 클릭하고, **함수 마법사** 왼쪽 부분의 셀 주소(아래 그림에서 IF라고 표시된 부분)를 클릭해 줍니다. 그러면 새로운 IF문을 입력할 수 있는 대화상자가 나타납니다.

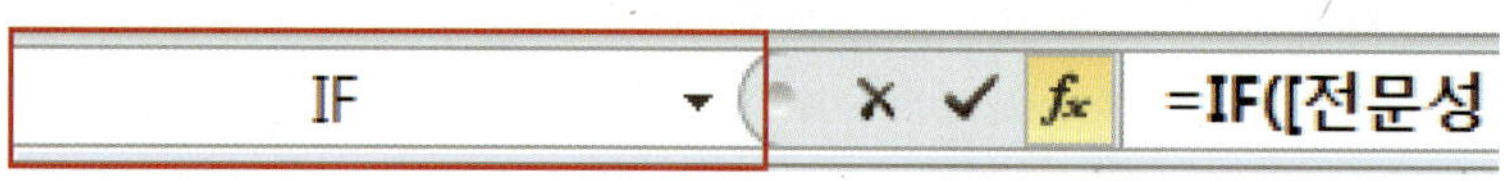

5. N5 셀(활동기간(개월수)) 값이 4 이상으로 15%의 가산금액을 부여하는 경우

a. **Logical_test** : N5 셀을 클릭하고 셀 주소가 입력되면, 입력된 셀 주소에 이어서 ">=4"이라고 입력합니다. 최종적으로 "[전문성 평가]>=4"라고 입력되어야 합니다.

b. **Value_if_true** : N5 값이 4 이상인 경우 방문객 기준 보상액의 15%를 지급하므로, J5셀을 클릭하고 셀 주소가 입력되면, 입력된 셀 주소에 이어 "*15%"라고 입력합니다. 최종적으로 "[방문객 기준 보상액]*15%"라고 입력되어야 합니다.

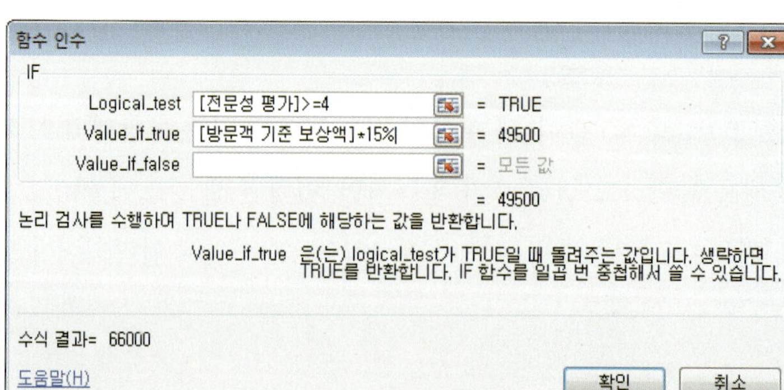

c. **Value_if_false** : N5 값이 4만 미만인 경우에 대해 새로운 IF문을 이곳에 입력해야 합니다. 따라서 **함수 마법사** 왼쪽 부분의 셀 주소를 클릭합니다.

6. 위와 같은 과정을 반복해 나머지 조건을 모두 입력해 봅시다.

최종적으로 완성된 IF문은 다음과 같습니다.

```
=IF([전문성평가]>=4.5,[방문객 기준 보상액]*20%,IF([전문성평가]>=4,[방문객 기준 보상액]*15%,IF([전문성평가]>=3,[방문객 기준 보상액]*10%,0)))
```

4.2.7 보상 총액 열

보상 총액 열은 방문객 기준 보상액, 활동기간 보상액, 포스트 수 보상액, 전문성 보상액 열의 합계액을 입력해 줍니다. 따라서 다음과 같이 수식을 입력하도록 합니다.

```
=[방문객 기준 보상액]+[활동기간 보상액]+[포스트 수 보상액]+[전문성 보상액]
```

	A	B	C	D	E	F	G	H	I	J	K	L	M	N	O	P
4	No	ID	계산일	블로거 지정일	활동기간 (개월수)	6개월 간 평균 방문객 수	누적 등급	이전 월 방문객 수	월별 등급	방문객 기준 보상액	활동기간 보상액	이전 월 포스트 수	포스트 수 보상액	전문성 평가	전문성 보상액	보상 총액
5	1	dog	2014-05-01	2007-04-01	85	583953	5	874393	8	330000	33000	24	16500	4.7	66000	445500

4.3 서식 설정

이제 서식을 설정해 봅시다.

1. A2 셀부터 P2 셀까지 영역을 선택하고, 마우스의 오른쪽 버튼을 눌러 **병합하고 가운데 맞춤** 메뉴를 클릭해 줍니다.

2. 글꼴 서식을 다음과 같이 설정합니다: 16pt, 두껍게

3. "블로거 보상액 계산"이라고 텍스트를 입력하고, 파랑색 계열로 채우기 색을 설정합니다.

4. E5 셀부터 M5 셀까지, 그리고 O5 셀부터 P5 셀까지에 **홈** 탭의 **표시 형식** 그룹에 있는 **쉼표 스타일** 을 적용합니다.

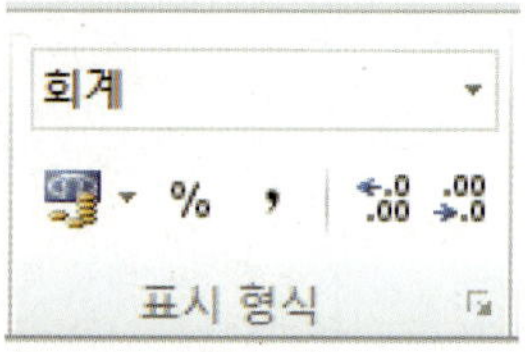

경영 PC 활용: MS Office 2010을 활용한 비즈니스 보고서 작성

6장 MS Excel 고급 활용: 엑셀의 진수! 데이터 분석하기

Contents

6장

MS Excel 고급 활용: 엑셀의 진수! 데이터 분석하기

4장과 5장을 통해 여러분은 엑셀의 기본적인 조작법을 익혔고 중급 수준의 엑셀 문서도 작성할 수 있게 되었다. 이 장에서는 엑셀 문서에 저장된 많은 데이터들을 분석하는 데 유용하게 활용할 수 있는 기능들을 설명한다. 회사에서는 일반적으로 주요한 비즈니스 보고서 작성이나 의사결정 과정들이 비즈니스 데이터에 대한 분석 결과를 근거로 수행된다. 따라서 여러분이 이러한 상황에서 능력을 발휘하기 위해서는 데이터 정렬, 추출, 가공 및 표현 등에 관한 고급 기능들을 활용하여 데이터들의 활용가치를 극대화시킬 수 있는 능력을 갖출 필요가 있다. 여러분이 MS Excel의 고급 사용자가 된다면, 회사에서 그 보람을 느낄 날이 반드시 오리라 믿는다. 자, 이제 이 장을 공부해 나가면서 엑셀의 진정한 가치를 한 차원 더 높은 수준에서 경험해 보자!

1 MS Excel 비즈니스 고급 활용 예제

엑셀은 수식의 계산뿐만 아니라 축적된 데이터의 분석에도 활용될 수 있습니다. 특히 경영 전략을 수립하기 위해서는 엑셀을 이용한 데이터 분석 능력을 필수적으로 갖추어야 합니다. 여러분은 "5장의 엑셀 비즈니스 활용 예제"에서 우수 블로거에 대한 보상액을 계산하는 엑셀파일을 작성한 적이 있으며, 업무를 맡고 6개월이 흘러 **6장_001_실습파일.xlsx** 파일의 "보상액계산" 워크시트와 같이 6개월 분량의 데이터가 생성되었습니다. 이 데이터를 이용해 다양한 분석을 수행해 봅시다.

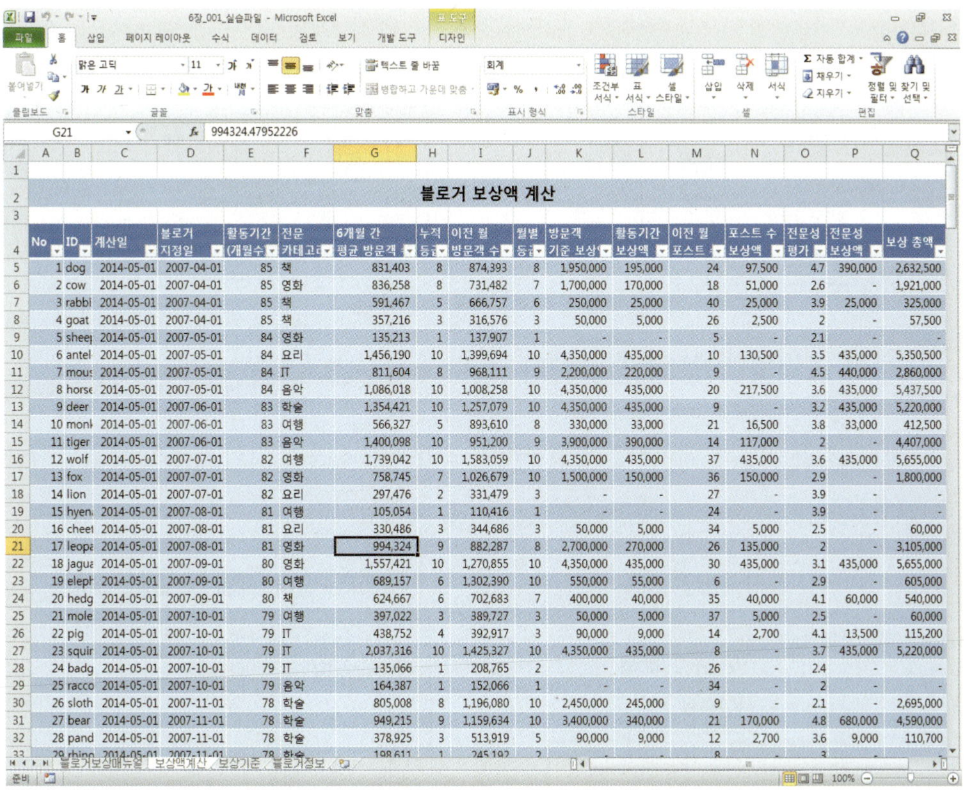

블로거 보상액 계산

No	ID	계산일	블로거 지정일	활동기간 (개월수)	전문 카테고리	6개월 간 평균 방문객	누적 등급	이전 월 방문객 수	월별 등급	방문객 기준 보상액	활동기간 보상액	이전 월 포스트	포스트 수 보상액	전문성 평가	전문성 보상액	보상 총액
1	dog	2014-05-01	2007-04-01	85	책	831,403	8	874,393	8	1,950,000	195,000	24	97,500	4.7	390,000	2,632,500
2	cow	2014-05-01	2007-04-01	85	영화	836,258	8	731,482	7	1,700,000	170,000	18	51,000	2.6	-	1,921,000
3	rabbi	2014-05-01	2007-04-01	85	책	591,467	5	666,757	6	250,000	25,000	40	25,000	3.9	25,000	325,000
4	goat	2014-05-01	2007-04-01	85	책	357,216	3	316,576	3	50,000	5,000	26	2,500	2	-	57,500
5	sheep	2014-05-01	2007-05-01	84	영화	135,213	1	137,907	1	-	-	5	-	2.1	-	-
6	antel	2014-05-01	2007-05-01	84	요리	1,456,190	10	1,399,694	10	4,350,000	435,000	10	130,500	3.5	435,000	5,350,500
7	mous	2014-05-01	2007-05-01	84	IT	811,604	8	968,111	9	2,200,000	220,000	9	-	4.5	440,000	2,860,000
8	horse	2014-05-01	2007-05-01	84	음악	1,086,018	10	1,008,258	10	4,350,000	435,000	20	217,500	3.6	435,000	5,437,500
9	deer	2014-05-01	2007-06-01	83	학술	1,354,421	10	1,257,079	10	4,350,000	435,000	9	-	3.2	435,000	5,220,000
10	monk	2014-05-01	2007-06-01	83	여행	566,327	5	893,610	8	330,000	33,000	21	16,500	3.8	33,000	412,500
11	tiger	2014-05-01	2007-06-01	83	음악	1,400,098	10	951,200	9	3,900,000	390,000	14	117,000	2	-	4,407,000
12	wolf	2014-05-01	2007-07-01	82	여행	1,739,042	10	1,583,059	10	4,350,000	435,000	37	435,000	3.6	435,000	5,655,000
13	fox	2014-05-01	2007-07-01	82	영화	758,745	7	1,026,679	10	1,500,000	150,000	36	150,000	2.9	-	1,800,000
14	lion	2014-05-01	2007-07-01	82	요리	297,476	2	331,479	3	-	-	27	-	3.9	-	-
15	hyen	2014-05-01	2007-08-01	81	여행	105,054	1	110,416	1	-	-	24	-	3.9	-	-
16	cheet	2014-05-01	2007-08-01	81	요리	330,486	3	344,686	3	50,000	5,000	34	5,000	2.5	-	60,000
17	leopa	2014-05-01	2007-08-01	81	영화	994,324	9	882,287	8	2,700,000	270,000	26	135,000	2	-	3,105,000
18	jagua	2014-05-01	2007-09-01	80	영화	1,557,421	10	1,270,855	10	4,350,000	435,000	30	435,000	3.1	435,000	5,655,000
19	eleph	2014-05-01	2007-09-01	80	여행	689,157	6	1,302,390	10	550,000	55,000	6	-	2.9	-	605,000
20	hedg	2014-05-01	2007-09-01	80	책	624,667	6	702,683	7	400,000	40,000	35	40,000	4.1	60,000	540,000
21	mole	2014-05-01	2007-10-01	79	여행	397,022	3	389,727	3	50,000	5,000	37	5,000	2.5	-	60,000
22	pig	2014-05-01	2007-10-01	79	IT	438,752	4	392,917	3	90,000	9,000	14	2,700	4.1	13,500	115,200
23	squir	2014-05-01	2007-10-01	79	IT	2,037,316	10	1,425,327	10	4,350,000	435,000	8	-	3.7	435,000	5,220,000
24	badg	2014-05-01	2007-10-01	79	IT	135,066	1	208,765	2	-	-	26	-	2.4	-	-
25	racco	2014-05-01	2007-10-01	79	음악	164,387	1	152,066	1	-	-	34	-	2	-	-
26	sloth	2014-05-01	2007-11-01	78	학술	805,008	8	1,196,080	10	2,450,000	245,000	9	-	2.1	-	2,695,000
27	bear	2014-05-01	2007-11-01	78	학술	949,215	9	1,159,634	10	3,400,000	340,000	21	170,000	4.8	680,000	4,590,000
28	pand	2014-05-01	2007-11-01	78	학술	378,925	3	513,919	5	90,000	9,000	12	2,700	3.6	9,000	110,700

2 데이터 정렬하기

홈 탭의 **편집** 그룹, 또는 **데이터** 탭의 **정렬 및 필터** 그룹에 있는 **데이터 정렬** 기능을 이용하면 데이터를 오름차순 또는 내림차순으로 정렬할 수 있습니다. 즉 이름 데이터를 "ㄱ"에서 "ㅎ" 순서로 정렬하거나, 숫자 데이터를 작은 순에서 큰 순으로 정렬할 수 있습니다. 또한 학년은 낮은 순서에서 높은 순서로 정렬하면서, 동시에 키는 높은 순서에서 낮은 순서로 정렬하는 등으로 2개 이상의 조건을 이용해 데이터를 정렬할 수도 있습니다. MS Excel 2010(및 2007)의 경우 최대 64개의 조건을 이용해 데이터를 정렬할 수 있습니다.

홈 탭의 **편집** 그룹

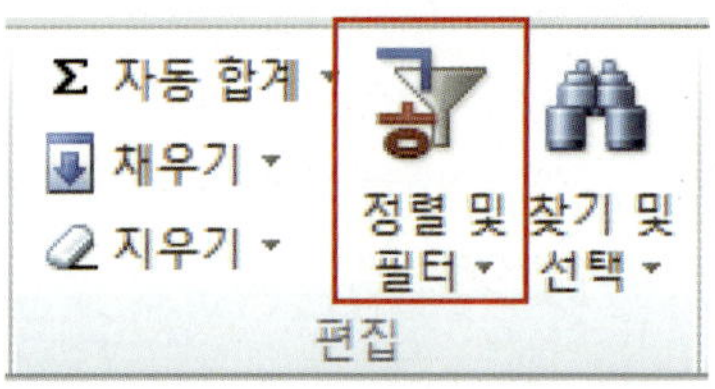

데이터 탭의 **정렬 및 필터** 그룹

2.1 1개의 조건을 이용해 정렬하기

1개의 조건을 이용해 데이터를 정렬하려면, 조건으로 사용될 열의 임의의 셀을 클릭하고, **오름차순 정렬** 또는 **내림차순 정렬** 메뉴를 클릭합니다.

홈 탭의 **편집** 그룹

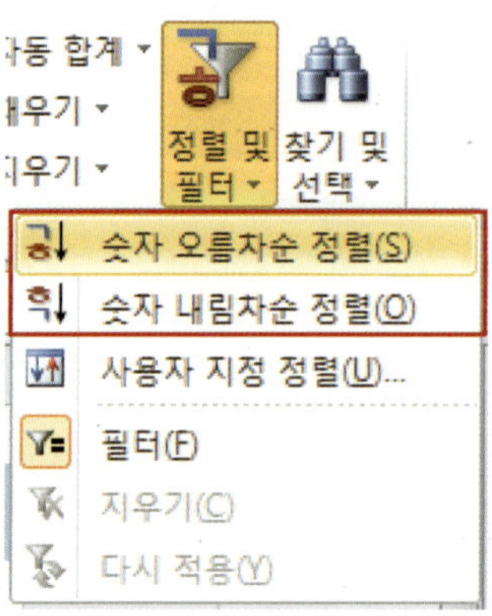

데이터 탭의 **정렬 및 필터** 그룹

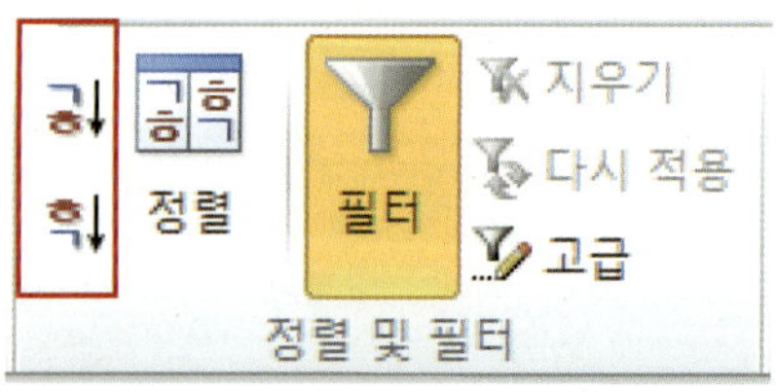

그러면 ID가 입력되어 있는 B열을 "A"부터 "Z"까지 오름차순으로 정렬해 봅시다.

1. B열에 입력되어 있는 ID 데이터 중 임의의 셀을 클릭합니다.
2. **홈** 탭이나 **데이터** 탭에서 **텍스트 오름차순 정렬** 메뉴를 클릭합니다.

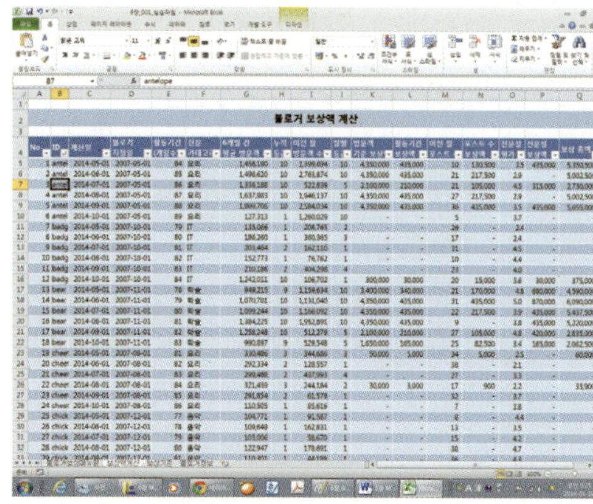

이번에는 보상 총액이 입력되어 있는 Q열을 금액이 높은 순에서 낮은 순으로 내림차순 정렬해 봅시다.

1. Q열에 입력되어 있는 보상 총액 데이터 중 임의의 셀을 클릭합니다.
2. **홈** 탭이나 **데이터** 탭에서 **텍스트 내림차순 정렬** 메뉴를 클릭합니다.

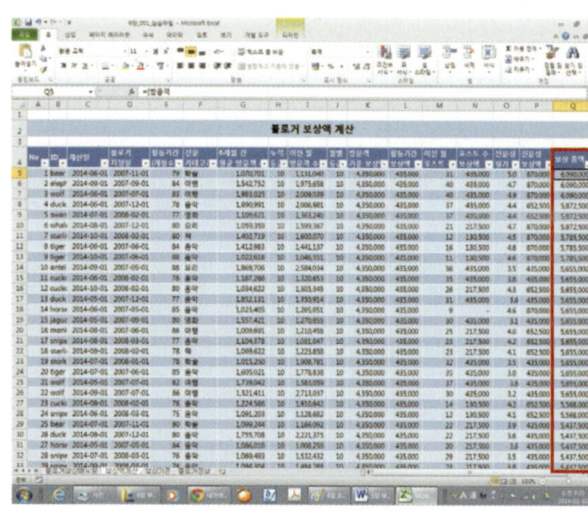

2.2 2개 이상의 조건을 이용해 정렬하기

2개 이상의 조건을 이용해 데이터를 정렬하려면, **홈** 탭의 **편집** 그룹의 **정렬 및 필터 - 사용자 지정 정렬** 메뉴를 클릭하거나, **데이터** 탭의 **정렬 및 필터** 그룹의 **정렬** 메뉴를 클릭합니다.

홈 탭의 편집 그룹

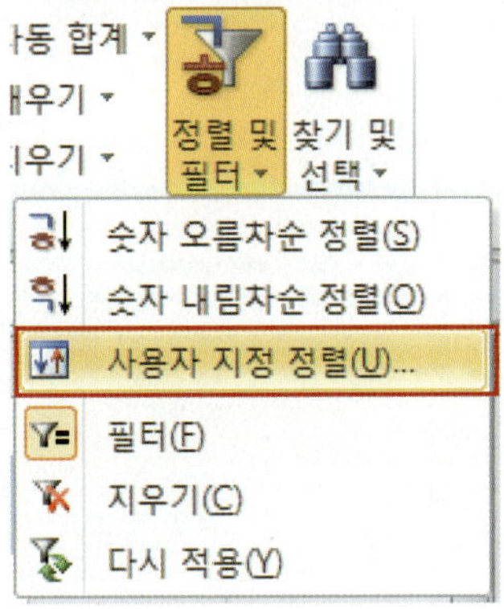

데이터 탭의 정렬 및 필터 그룹

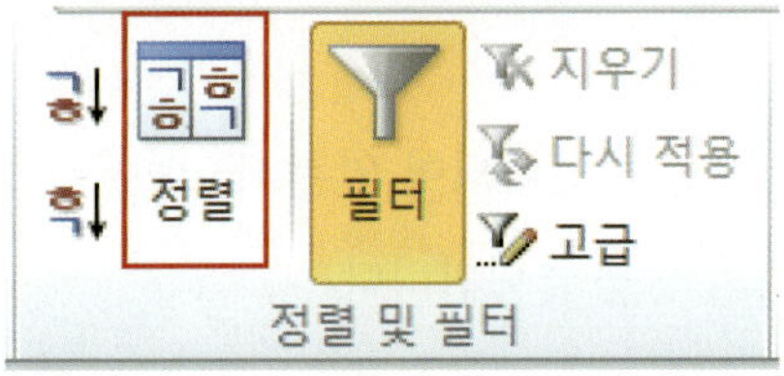

이전 월 포스트 수가 많으면서 전문성 평가가 높은 순으로 데이터를 정렬해 봅시다.

1. **홈** 탭의 **편집** 그룹의 **정렬 및 필터** – **사용자 지정 정렬** 메뉴를 클릭하거나, **데이터** 탭의 **정렬 및 필터** 그룹의 **정렬** 메뉴를 클릭합니다. 그러면 "정렬" 대화상자가 나타납니다.
2. **정렬 기준**은 "이전 월 포스트 수"로, **정렬 기준**은 "값"으로, **정렬**은 "내림차순"으로 설정합니다.
3. 대화상자에서 **기준 추가** 메뉴를 클릭합니다.
4. **다음 기준**은 "전문성 평가"로, **정렬 기준**은 "값"으로, **정렬**은 "내림차순"으로 설정하고 **확인** 버튼을 클릭합니다.

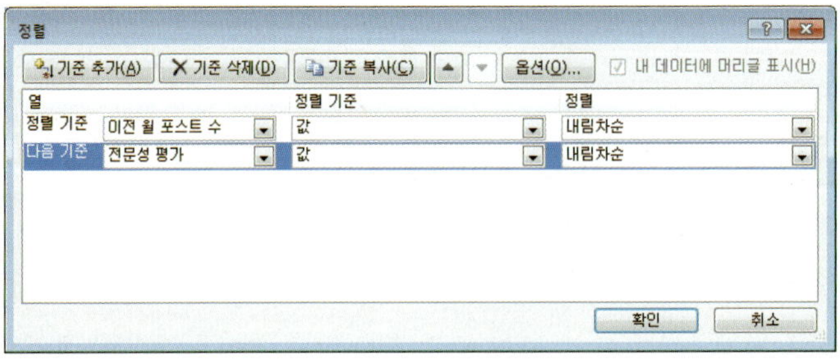

오른쪽과 같이 "이전 월 포스트 수"와 "전문성 평가"를 기준으로 데이터가 정렬됩니다. 이를 통해 전문성 평가 점수가 높은 양질의 글을 많이 올리는 블로거를 파악할 수 있습니다.

M	N	O
이전 월 포스트	포스트 수 보상액	전문성 평가
40	435,000	4.9
40	435,000	4.7
40	27,000	4.6
40	-	4.5
40	5,000	4.1
40	25,000	3.9
40	1,000	3.3
40	220,000	3.3
40	-	2.8
39	-	5.0
39	220,000	4.9
39	245,000	4.4
39	29,000	3.7
39	55,000	3.0
39	15,000	2.8
39	435,000	2.6
39	-	2.1
39	90,000	2.1

2.3 사용자 지정 목록을 이용해 정렬하기

"블로거정보" 워크시트에서 "전문 카테고리" 열을 입력할 때 **유효성 검사**를 "음악, 영화, 책, 요리, 여행, IT, 학술"과 같은 순으로 지정했습니다. 그러나 앞에서 배운 정렬 방법으로는 위와 같은 순서로 데이터를 정렬할 수 없습니다. 이 경우 사용자 지정 목록을 만들고, 이를 이용해 데이터를 정렬해야 합니다.

1. **홈** 탭의 **편집** 그룹의 **정렬 및 필터 – 사용자 지정 정렬** 메뉴를 클릭하거나, **데이터** 탭의 **정렬 및 필터** 그룹의 **정렬** 메뉴를 클릭합니다. 그러면 "정렬" 대화상자가 나타납니다.
2. **정렬 기준**은 "전문 카테고리"로, **정렬 기준**은 "값"으로 설정한 후, **정렬**에서 "사용자 지정 목록…"을 클릭합니다.
3. "사용자 지정 목록" 대화상자의 **목록 항목**에 다음 그림과 같이 입력하고, **추가** 메뉴를 클릭합니다. 그리고 **확인** 버튼을 클릭합니다.
4. "정렬" 대화상자에서 **확인** 버튼을 클릭합니다.

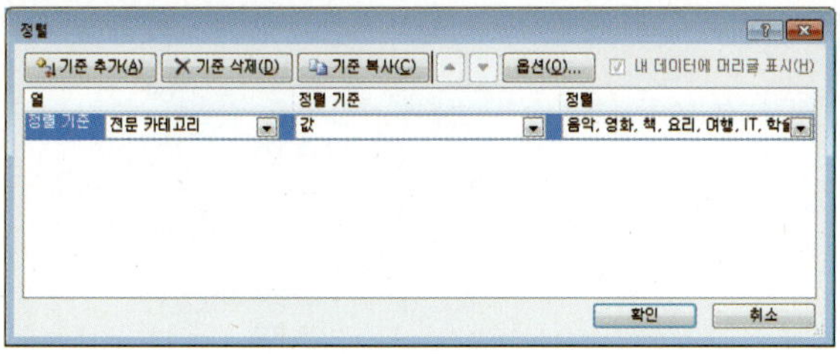

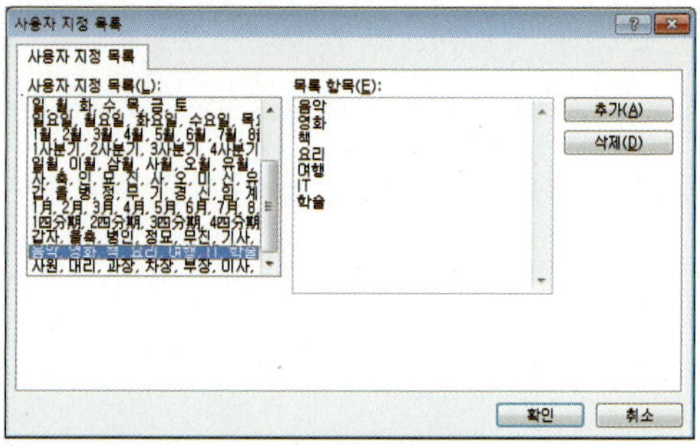

	A	B	C	D	E	F	G
4	No	ID	계산일	블로거 지정일	활동기간 (개월수)	전문 카테고리	6개월 간 평균 방문객
5	1	racco	2014-09-01	2007-10-01	83	음악	121,636
6	2	chick	2014-08-01	2007-12-01	80	음악	122,947
7	3	crane	2014-08-01	2008-01-01	79	음악	863,176
8	4	crane	2014-05-01	2008-01-01	76	음악	1,134,344
9	5	duck	2014-06-01	2007-12-01	78	음악	1,890,991
10	6	otter	2014-08-01	2007-12-01	80	음악	410,831
11	7	chick	2014-09-01	2007-12-01	81	음악	110,301
12	8	cuck	2014-06-01	2008-02-01	76	음악	1,187,286

3 필터 이용하기

데이터 탭의 **정렬 및 필터** 그룹에 있는 **필터** 기능을 이용하면 데이터 목록에서 특정 조건들을 충족시키는 데이터만을 추출할 수 있습니다. 예를 들어 "전문 카테고리"에서 "음악"에 해당하는 블로그만을 추출하거나, "블로거 지정일"이 "2007-12-01"인 데이터만을 추출할 수 있습니다. 또한 복수의 조건을 이용하여 "누적 등급"이 "5" 이상이면서 "월별 등급"도 "5" 이상인 데이터만을 추출할 수도 있습니다.

MS Excel에서는 **삽입** 탭의 **표** 그룹에 있는 **표** 기능을 적용해 표를 작성하면 필터 기능이 기본적으로 적용됩니다. 아래와 같이 제목 행의 각 셀마다 아래쪽 방향 삼각형이 표시된 버튼이 생기면 필터가 적용된 것입니다. 각 셀의 **필터** 버튼을 클릭하면 아래와 같이 메뉴가 표시됩니다.

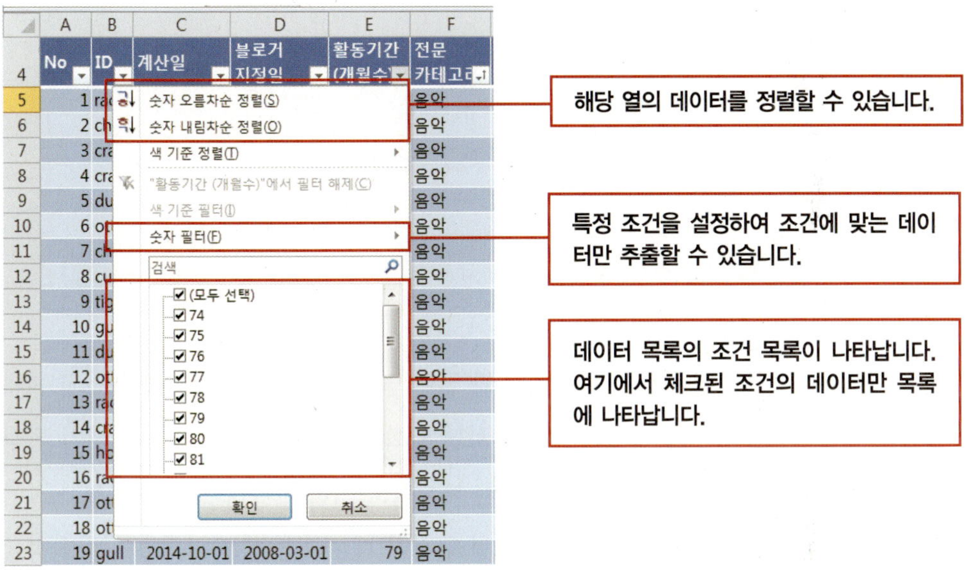

3.1 1개의 열에 대해 필터 적용하기

"전문 카테고리" 열에서 음악과 영화 카테고리에 해당하는 데이터만을 추출해 봅시다.

1. "전문 카테고리"열의 **필터** 버튼을 클릭합니다.
2. 다음의 왼쪽 그림과 같이 조건 목록에서 **모두 선택** 버튼을 클릭하여 모든 조건의 선택을 해제합니다.
3. 다음의 오른쪽 그림과 같이 조건 목록에서 **영화** 와 **음악** 을 체크하고 **확인** 버튼을 클릭합니다.

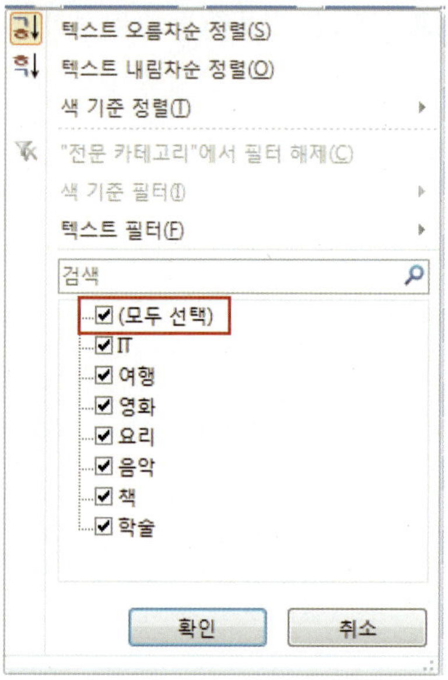

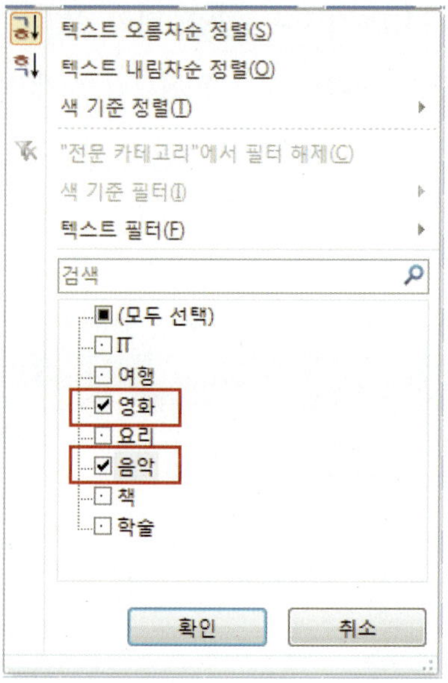

위의 절차를 수행하면 아래의 왼쪽 그림과 같이 영화와 음악 카테고리에 해당되는 데이터만 나타납니다. 그러나 데이터 목록을 보면 영화와 음악 카테고리의 데이터가 뒤섞인 채인 것을 알 수 있습니다. 이 경우 **필터** 버튼을 클릭하면 나타나는 정렬 기능을 이용해 데이터를 정렬하면 아래의 오른쪽 그림과 같이 데이터가 같은 카테고리끼리 정렬되어 나타납니다.

활동기간 (개월수)	전문 카테고리	6개월 간 평균 방문객
77	음악	104,771
74	영화	629,953
85	영화	836,258
76	음악	1,134,344
75	음악	1,266,403
77	영화	619,383
77	음악	1,852,131
82	영화	758,745
76	영화	350,437
74	음악	195,434

활동기간 (개월수)	전문 카테고리	6개월 간 평균 방문객
74	영화	629,953
85	영화	836,258
77	영화	619,383
82	영화	758,745
76	영화	350,437
80	영화	1,557,421
81	영화	994,324
77	영화	170,366
77	영화	75,189
84	영화	135,213
75	영화	822,572

데이터에 대한 필터 적용을 해제하려면 제목 셀의 **필터** 버튼을 클릭하고, 오른쪽 그림과 같이 **"전문 카테고리"에서 필터 해제** 버튼을 클릭해 줍니다.

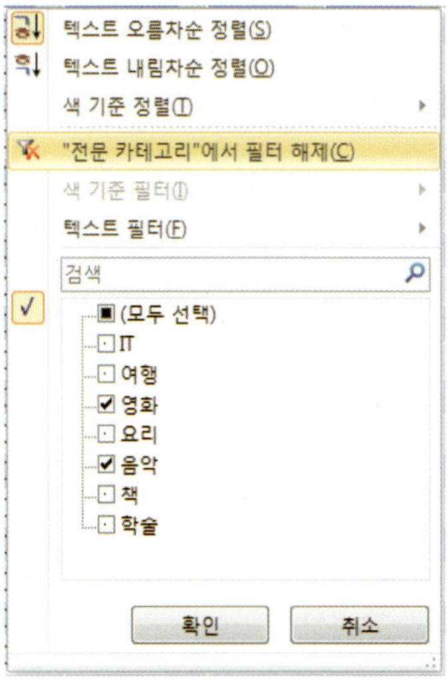

3.2 여러 개의 열에 대해 필터 적용하기

한 번에 여러 개의 열에 필터를 적용할 수도 있습니다. 예를 들어 "누적 등급"과 "월별 등급"이 모두 7인 데이터를 추출할 수 있습니다.

1. "누적 등급" 열의 **필터** 버튼을 클릭합니다.
2. 아래의 왼쪽 그림과 같이 조건 목록에서 **모두 선택** 버튼을 눌러 모든 조건의 선택을 해제합니다.
3. 아래의 가운데 그림과 같이 조건 목록에서 "7"을 체크하고 **확인** 버튼을 클릭합니다.
4. "월별 등급" 열도 마찬가지 방법으로 설정합니다.

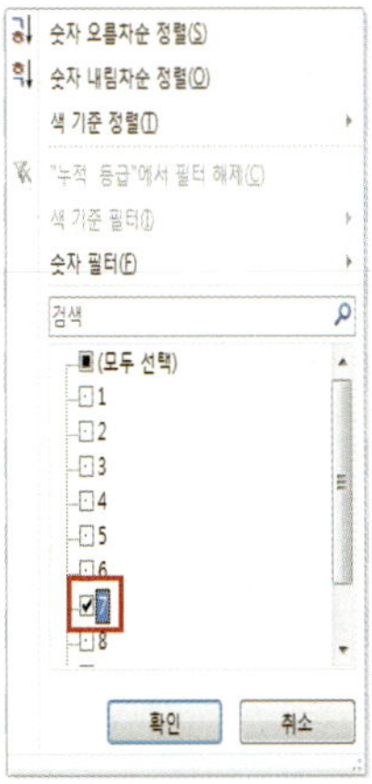

MS Excel

데이터에 대한 필터 적용을 해제하려면 "누적 등급" 열과 "월별 등급" 열 모두에 대해 **필터** 를 해제해야 합니다.

3.3 숫자 필터 적용하기

데이터가 숫자인 경우 **필터** 버튼에 **숫자 필터** 메뉴가 나타납니다. **숫자 필터** 를 이용하면 특정 숫자 이상의 데이터를 추출하거나, 지정한 순위에 속한 데이터를 추출하는 등 보다 다양한 방식으로 데이터를 추출할 수 있습니다. 데이터 중 "이전 월 포스트 수"는 30개 이하 20개 이상, "전문성 평가"는 4.0 이상, "보상 총액"은 3,000,000원 이상인 데이터를 추출해 봅시다.

1. "이전 월 포스트 수" 제목 셀의 **필터** 버튼을 클릭합니다.
2. **숫자 필터** - **사용자 지정 필터** 를 클릭합니다.
3. 아래 그림과 같이 조건을 설정하고 **확인** 버튼을 클릭합니다. 아래 조건은 이전 월 포스트 수가 30개 이하이면서 20개 이상인 데이터를 찾으라는 것을 의미합니다.

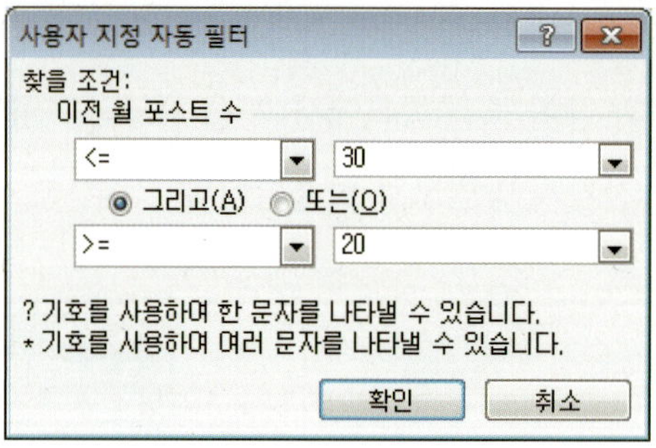

4. "전문성 평가" 제목 셀의 **필터** 버튼을 클릭합니다.
5. **숫자 필터** - **크거나 같음** 을 클릭합니다.
6. 이 경우 조건의 종류는 입력되어 있으므로 조건의 값만 입력해 줍니다. 조건의 값으로 4를 입력하고 **확인** 버튼을 클릭합니다. 이 조건은 전문성 평가가 4.0 이상인 데이터를 찾으라는 것을 의미합니다.

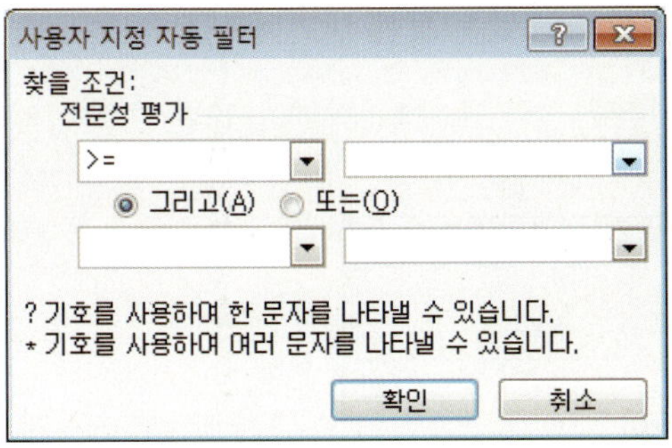

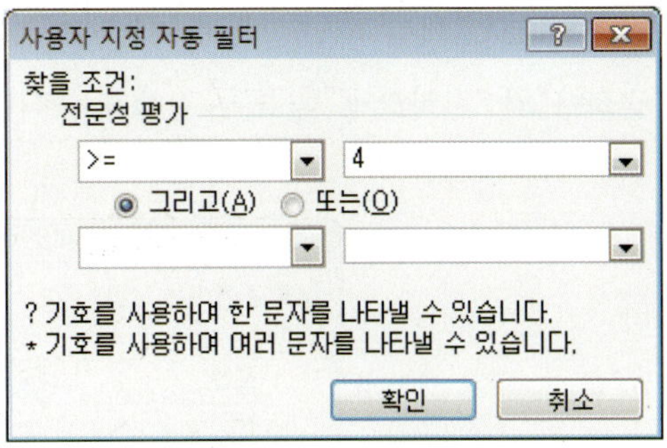

1. “보상 총액” 제목 셀의 **필터** 버튼을 클릭합니다.

2. **숫자 필터** – **크거나 같음** 을 클릭합니다.

3. 조건의 값으로 3,000,000을 입력하고 **확인** 버튼을 클릭합니다. 이 조건은 보상 총액이 3,000,000 이상인 데이터를 찾으라는 것을 의미합니다.

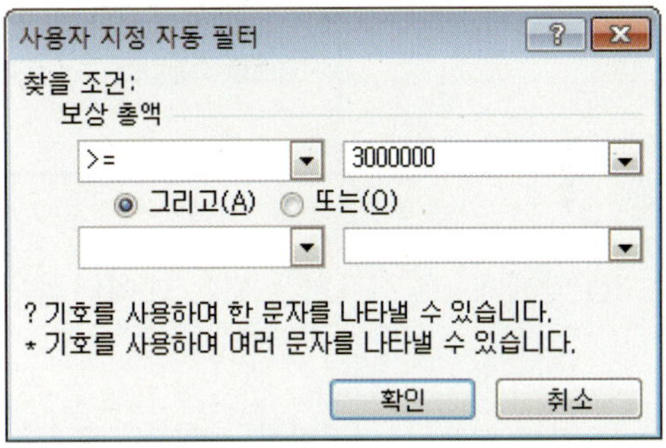

4	No	ID	계산일	블로거 지정일	활동기간 (개월수)	전문 카테고리	6개월 간 평균 방문객	누적 등급	이전 월 방문객 수	월별 등급	방문객 기준 보상액	활동기간 보상액	이전 월 포스트	포스트 수 보상액	전문성 평가	전문성 보상액	보상 총액
109	105	snipe	2014-08-01	2008-03-01	77	음악	1,104,378	10	1,031,047	10	4,350,000	435,000	23	217,500	4.2	652,500	5,655,000
123	119	cuckc	2014-10-01	2008-02-01	80	음악	1,034,622	10	1,303,345	10	4,350,000	435,000	26	217,500	4.3	652,500	5,655,000
147	143	starli	2014-08-01	2008-02-01	78	책	1,069,622	10	1,223,858	10	4,350,000	435,000	23	217,500	4.1	652,500	5,655,000
187	183	whal	2014-08-01	2007-12-01	80	요리	1,059,359	10	1,599,367	10	4,350,000	435,000	21	217,500	4.7	870,000	5,872,500
216	212	monk	2014-08-01	2007-06-01	86	여행	1,009,691	10	1,210,458	10	4,350,000	435,000	25	217,500	4.0	652,500	5,655,000
288	284	bear	2014-05-01	2007-11-01	78	학술	949,215	9	1,159,634	10	3,400,000	340,000	21	170,000	4.8	680,000	4,590,000

3.4 텍스트 필터 적용하기

데이터가 텍스트인 경우 **필터** 버튼에 **텍스트 필터** 메뉴가 나타납니다. **텍스트 필터** 를 이용하면 특정 텍스트를 포함하는 데이터를 추출할 수 있습니다. 조건값을 입력할 때 “?” 기호와 “*” 기호를 이용할 수 있습니다. 만약 “김??”이라고 입력한 경우 “김”이라는 글자를 포함하면서 “김” 뒤에 2개의 글자를 포함하고 있는 데이터를 찾습니다. 즉 “김상우”라는 이름은 추출하지만 “김사오정”은 검색하지 않습니다. “김*”이라고 입력한 경우

“김”이라는 글자를 포함하면서 뒤에 글자를 포함하고 있는 모든 데이터를 찾습니다. 즉 “김상우”와 “김사오정”을 모두 검색해 줍니다.

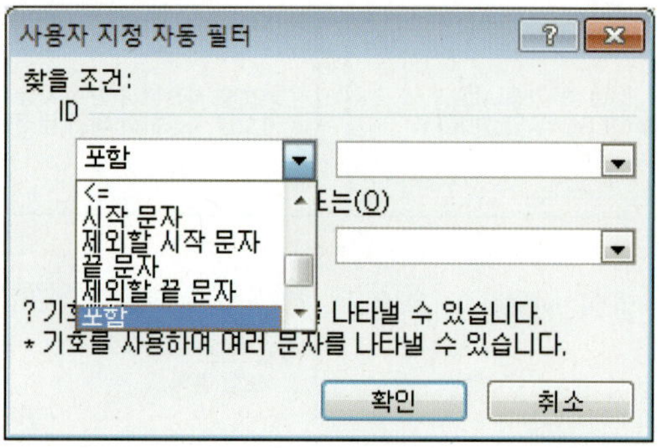

ID 열에서 a로 시작하는 모든 데이터들을 검색해 추출해 봅시다.

1. “ID” 제목 셀의 **필터** 버튼을 클릭합니다.

2. **텍스트 필터** – **시작 문자** 를 클릭합니다.

3. 오른쪽 그림과 같이 **찾을 조건** 을 설정하고 **확인** 버튼을 클릭합니다.

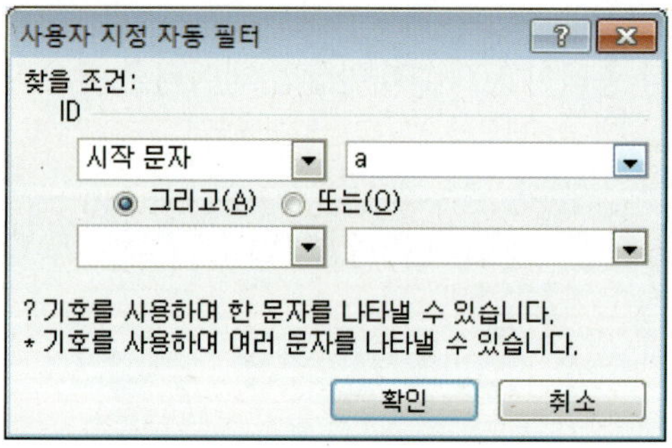

4	No	ID	계산일	블로거 지정일	활동기간 (개월수	전문 카테고리	6개월 간 평균 방문객	누적 등급	이전 월 방문객 수	월별 등급	방문객 기준 보상액	활동기간 보상액	이전 월 포스트	포스트 수 보상액	전문성 평가	전문성 보상액	보상 총액
172	168	ante	2014-09-01	2007-05-01	88	요리	1,869,706	10	2,584,034	10	4,350,000	435,000	36	435,000	3.5	435,000	5,655,000
186	182	ante	2014-08-01	2007-05-01	87	요리	1,637,983	10	1,946,137	10	4,350,000	435,000	27	217,500	2.9	-	5,002,500
188	184	ante	2014-07-01	2007-05-01	86	요리	1,336,188	10	522,839	5	2,100,000	210,000	21	105,000	4.5	315,000	2,730,000
189	185	ante	2014-06-01	2007-05-01	85	요리	1,498,620	10	2,763,874	10	4,350,000	435,000	21	217,500	2.9	-	5,002,500
196	192	ante	2014-05-01	2007-05-01	84	요리	1,456,190	10	1,399,694	10	4,350,000	435,000	10	130,500	3.5	435,000	5,350,500
202	198	ante	2014-10-01	2007-05-01	89	요리	127,313	1	1,260,029	10	-	-	5	-	3.7	-	-

3.5 날짜 필터 적용하기

데이터가 날짜인 경우 **필터** 버튼에 **날짜 필터** 메뉴가 나타납니다. **날짜 필터** 를 이용하면 특정 날짜를 포함하는 데이터를 추출할 수 있습니다. 예를 들어 블로거 지정일이 2007년 7월부터 2007년 8월 사이인 블로거들을 추출할 수 있습니다.

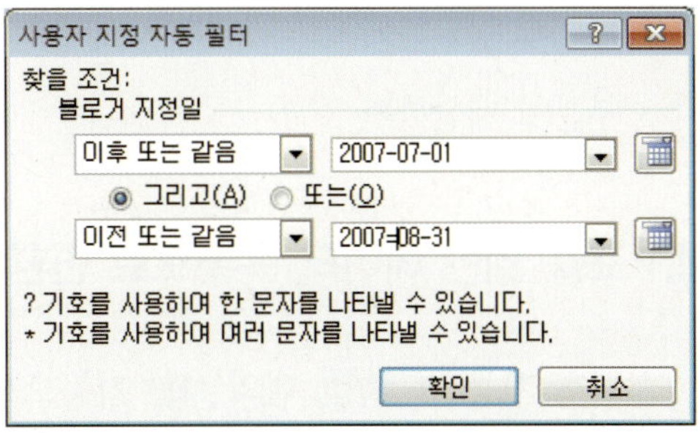

1. "블로거 지정일" 제목 셀의 **필터** 버튼을 클릭합니다.

2. **날짜 필터** – **해당 범위** 를 클릭합니다.

3. 오른쪽 그림과 같이 **찾을 조건** 을 설정하고 **확인** 버튼을 클릭합니다.

4	No	ID	계산일	블로거 지정일	활동기간 (개월수)	전문 카테고리	6개월 간 평균 방문객	누적 등급	이전 월 방문객 수	월별 등급	방문객 기준 보상액	활동기간 보상액	이전 월 포스트 수	포스트 수 보상액	전문성 평가	전문성 보상액	보상 총액
8	4	fox	2014-05-01	2007-07-01	82	영화	758,745	7	1,026,679	10	1,500,000	150,000	36	150,000	2.9	-	1,800,000
11	7	leopa	2014-05-01	2007-08-01	81	영화	994,324	9	882,287	8	2,700,000	270,000	26	135,000	2	-	3,105,000
19	15	fox	2014-06-01	2007-07-01	83	영화	962,767	9	1,693,626	10	3,400,000	340,000	11	102,000	2.8	-	3,842,000
22	18	leopa	2014-06-01	2007-08-01	82	영화	830,751	8	205,958	2	450,000	45,000	24	22,500	2.5	-	517,500
30	26	fox	2014-07-01	2007-07-01	84	영화	885,471	8	948,569	9	2,200,000	220,000	40	220,000	3.3	220,000	2,860,000
33	29	leopa	2014-07-01	2007-08-01	83	영화	824,467	8	116,603	1	200,000	20,000	26	10,000	3.1	20,000	250,000

4 부분합

전문 카테고리별로 블로거들에게 어느 정도의 돈이 지급되고 있는지 계산하려면 어떻게 해야 할까요? 지금까지 배운 기능들을 활용한다면, "전문 카테고리" 열을 정렬해 카테고리별로 데이터를 묶고, 합계 함수를 이용해 카테고리별로 묶인 데이터의 합계를 구하는 방식이 있을 것입니다. 그러나 **데이터** 탭의 **윤곽선** 그룹에 있는 **부분합** 메뉴를 이용하면 이러한 계산을 매우 쉽게 수행할 수 있습니다.

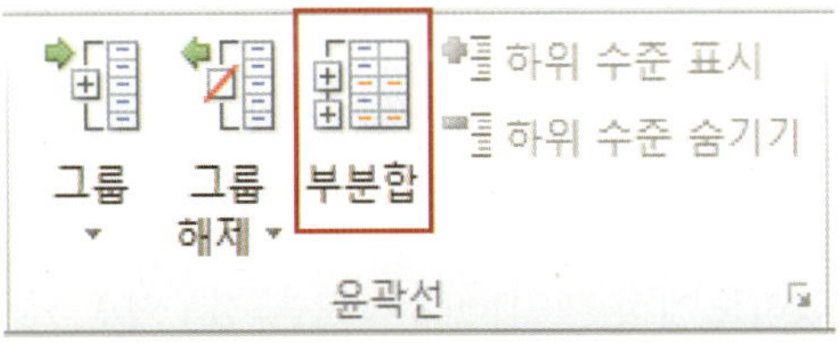

부분합은 다음과 같은 순서로 적용합니다.

1. 표를 일반 데이터 목록으로 변환하기
2. 데이터 정렬하기
3. 부분합 계산하기

4.1 표를 일반 데이터 목록으로 변환하기

부분합 기능은 **삽입** 탭의 **표** 기능으로 만들어진 데이터 목록에는 적용할 수 없으며, 이 경우 표를 일반 데이터 항목으로 변환해 주어야 합니다. 이를 위해서는 다음과 같은 절차를 거칩니다.

1. 표의 임의의 셀을 클릭하면 **표 도구** – **디자인** 탭이 나타납니다.
2. **표 도구** – **디자인** 탭의 **도구** 그룹에서 **범위로 변환** 메뉴를 클릭합니다.
3. 아래 오른쪽 그림과 같은 대화상자가 나타나면 **예** 를 클릭합니다.

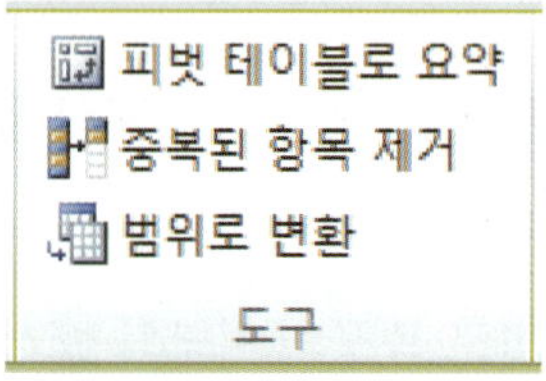

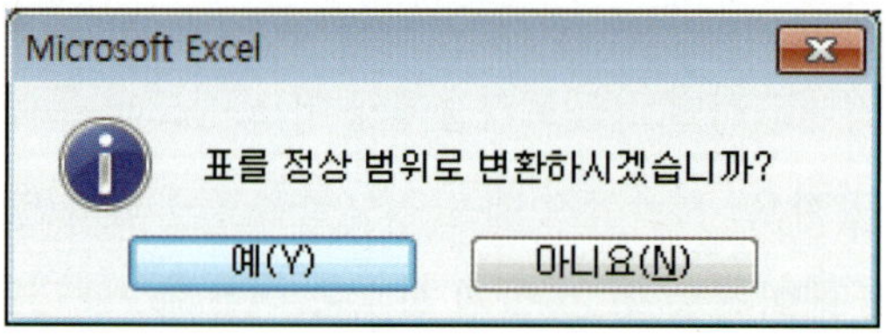

4.2 데이터 정렬하기

전문 카테고리별로 블로거들에 대한 평균 보상액이 얼마인지 계산해 봅시다. 부분합을 이용할 때는 부분합의 기준이 되는 열을 항상 정렬해 주어야 합니다. 일반적인 경우 앞에서 배운 정렬 기능을 그대로 적용하지만, "전문 카테고리"의 데이터처럼 찾기/참조 함수를 이용해 다른 워크시트에서 데이터를 가져온 경우에는 정렬을 적용할 경우 참조

값이 틀려져 정렬이 제대로 되지 않습니다. 따라서 이 경우 찾기/참조 함수로 가져온 데이터를 일반 텍스트 데이터로 변환한 후 데이터를 정렬해야 합니다.

1. F5 셀부터 F304 셀을 영역 선택하고, Ctrl + C 키를 눌러 복사해 줍니다.
2. F5 셀을 클릭하고, **홈** 탭의 **클립보드** 그룹의 **붙여넣기** – **값 붙여넣기** 를 클릭합니다.
3. 전문 카테고리의 데이터를 오름차순으로 정렬합니다.

4.3 부분합 계산하기

1. 데이터 목록 중 임의의 셀을 클릭하고, **데이터** 탭의 **윤곽선** 그룹에 있는 **부분합** 메뉴를 클릭합니다.
2. "부분합" 대화상자를 다음과 같이 설정하고 **확인** 버튼을 클릭합니다.
   a. 그룹화할 항목: 전문 카테고리
   b. 사용할 함수: 평균
   c. 부분합 계산 항목: 방문객 기준 보상액, 활동기간 보상액, 포스트 수 보상액, 전문성 보상액, 보상 총액

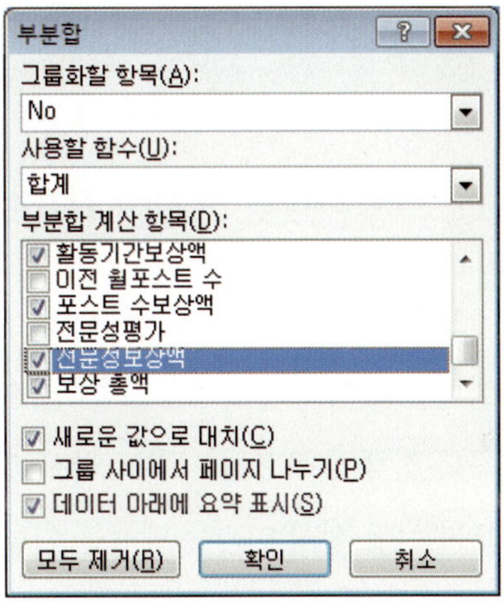

아래 그림과 같이 "전문 카테고리"열의 각각의 카테고리에 해당하는 데이터가 끝나는 지점에 카테고리 평균 행이 추가되고 보상액의 평균이 계산된 것을 알 수 있습니다.

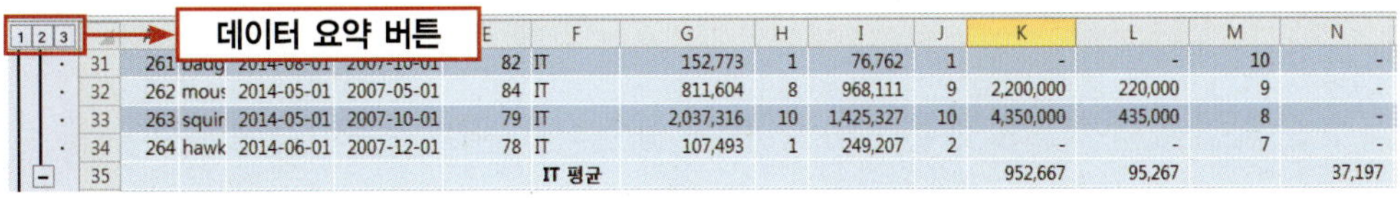

위와 같이 부분합이 계산되긴 하였지만 현재는 계산값을 한눈에 파악하기가 어렵습니다. 이때는 앞의 그림에 표시된 부분합의 요약 버튼들을 이용하면 계산값을 한눈에 파악할 수 있습니다. 요약 버튼 중 **2** 와 **1** 을 클릭한 결과는 아래 그림들과 같습니다. 요약 버튼 **3** 을 클릭한 경우 모든 데이터가 표시됩니다.

4	블로거 지정일	활동기간 (개월수)	전문 카테고리	6개월 간 평균 방문객 수	누적 등급	이전 월 방문객 수	월별 등급	방문객 기준 보상액	활동기간 보상액	이전 월 포스트 수	포스트 수 보상액	전문성 평가	전문성 보상액	보상 총액
35			IT 평균					952,667	95,267		37,197		57,650	1,142,780
72			여행 평균					1,444,722	144,472		102,497		120,403	1,812,094
139			영화 평균					1,001,061	100,106		63,591		65,098	1,229,856
176			요리 평균					1,356,667	135,667		80,664		97,222	1,670,219
237			음악 평균					2,036,833	203,683		104,545		189,825	2,534,887
274			책 평균					1,105,278	110,528		49,794		109,792	1,375,392
311			학술 평균					1,766,944	176,694		88,836		153,903	2,186,378
312			전체 평균					1,403,700	140,370		77,234		115,810	1,737,114

4	블로거 지정일	활동기간 (개월수)	전문 카테고리	6개월 간 평균 방문객 수	누적 등급	이전 월 방문객 수	월별 등급	방문객 기준 보상액	활동기간 보상액	이전 월 포스트 수	포스트 수 보상액	전문성 평가	전문성 보상액	보상 총액
312			전체 평균					1,403,700	140,370		77,234		115,810	1,737,114

4.4 부분합으로 계산한 데이터 복사하기

"부분합계산결과"라는 새로운 워크시트를 삽입하고 아래의 왼쪽과 같은 부분합 계산결과를 복사하여 붙여넣기 하면, 아래의 오른쪽과 같이 (계산된 데이터가 아니라) 데이터 목록 전체가 복사됩니다. 따라서 부분합으로 계산된 데이터를 복사할 경우에는 **화면에 보이는 셀 선택** 이라는 메뉴를 이용해야 합니다.

전문 카테고리	6개월 간 평균 방문객 수	누적 등급	이전 월 방문객 수	월별 등급	방문객 기준 보상액	활동기간 보상액	이전 월 포스트 수	포스트 수 보상액	전문성 평가	전문성 보상액	보상 총액
IT 평균					952,667	95,267		37,197		57,650	1,142,780
여행 평균					1,444,722	144,472		102,497		120,403	1,812,094
영화 평균					1,001,061	100,106		63,591		65,098	1,229,856
요리 평균					1,356,667	135,667		80,664		97,222	1,670,219
음악 평균					2,036,833	203,683		104,545		189,825	2,534,887
책 평균					1,105,278	110,528		49,794		109,792	1,375,392
학술 평균					1,766,944	176,694		88,836		153,903	2,186,378
전체 평균					1,403,700	140,370		77,234		115,810	1,737,114

1	전문 카테고리	방문객 기준 보상액	활동기간 보상액	포스트 수 보상액	전문성 보상액	보상 총액
2	IT	150,000	15,000	15,000	-	180,000
3	IT	2,450,000	245,000	245,000	245,000	3,185,000
4	IT	-	-	-	-	-
5	IT	600,000	60,000	30,000	-	690,000
6	IT	2,100,000	210,000	105,000	210,000	2,625,000
7	IT	-	-	-	-	-
8	IT	300,000	30,000	15,000	-	345,000
9	IT	-	-	-	-	-
10	IT	290,000	29,000	14,500	-	333,500
11	IT	-	-	-	-	-
12	IT	30,000	3,000	1,500	-	34,500

우선 **화면에 보이는 셀 선택** 메뉴를 **빠른 실행 도구 모음** 에 추가해 봅시다.

1. **파일** 메뉴를 클릭하고 **옵션** 메뉴를 클릭합니다.

2. 왼쪽의 카테고리들 중 **빠른 실행 도구 모음** 을 선택합니다.

3. **다음에서 명령 선택** 메뉴에서 **모든 명령** 을 선택합니다.

4. 명령 목록이 나타나면 최하단으로 이동해 **화면에 보이는 셀 선택** 을 선택하고 **추가** 메뉴를 클릭합니다.

5. 오른쪽 목록에 선택한 메뉴가 추가되면 **확인** 버튼을 클릭해 창을 닫습니다.

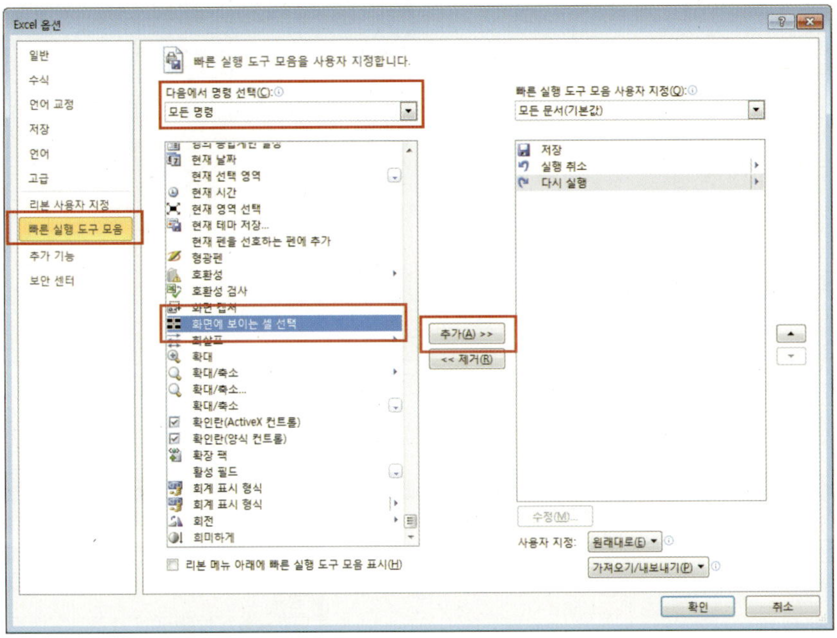

이제 데이터를 복사해 "부분합계산결과" 워크시트에 붙여넣기 해 봅시다.

1. F4 셀부터 F312 셀까지 드래그해 선택합니다. 그리고 Ctrl 키를 누른 상태에서 K4 셀부터 L312 셀까지 드래그해 선택합니다. 이와 같은 방식으로 다음과 같이 데이터들을 영역 선택해 줍니다.

F	G	H	I	J	K	L	M	N	O	P	Q
전문 카테고리	6개월 간 평균 방문객 수	누적 등급	이전 월 방문객 수	월별 등급	방문객 기준 보상액	활동기간 보상액	이전 월 포스트 수	포스트 수 보상액	전문성 평가	전문성 보상액	보상 총액
IT 평균					952,667	95,267		37,197		57,650	1,142,780
여행 평균					1,444,722	144,472		102,497		120,403	1,812,094
영화 평균					1,001,061	100,106		63,591		65,098	1,229,856
요리 평균					1,356,667	135,667		80,664		97,222	1,670,219
음악 평균					2,036,833	203,683		104,545		189,825	2,534,887
책 평균					1,105,278	110,528		49,794		109,792	1,375,392
학술 평균					1,766,944	176,694		88,836		153,903	2,186,378
전체 평균					1,403,700	140,370		77,234		115,810	1,737,114

2. **빠른 실행 도구 모음**에 있는 **화면에 보이는 셀 선택** 메뉴를 클릭합니다.

3. "부분합 계산 결과" 워크시트로 이동하고, A1 셀을 클릭한 후 붙여넣기(Ctrl + V) 합니다.

	A	B	C	D	E	F
1	전문 카테고리	방문객 기준 보상액	활동기간 보상액	포스트 수 보상액	전문성 보상액	보상 총액
2	IT 평균	952,667	95,267	37,197	57,650	1,142,780
3	여행 평균	1,444,722	144,472	102,497	120,403	1,812,094
4	영화 평균	1,001,061	100,106	63,591	65,098	1,229,856
5	요리 평균	1,356,667	135,667	80,664	97,222	1,670,219
6	음악 평균	2,036,833	203,683	104,545	189,825	2,534,887
7	책 평균	1,105,278	110,528	49,794	109,792	1,375,392
8	학술 평균	1,766,944	176,694	88,836	153,903	2,186,378
9	전체 평균	1,403,700	140,370	77,234	115,810	1,737,114

4.5 부분합 해제하기

부분합을 해제하려면 다음과 같이 수행합니다.

1. 데이터 목록 중 임의의 셀을 클릭하고, **데이터** 탭의 **윤곽선** 그룹에 있는 **부분합** 메뉴를 클릭합니다.

2. **모두 제거** 버튼을 클릭합니다.

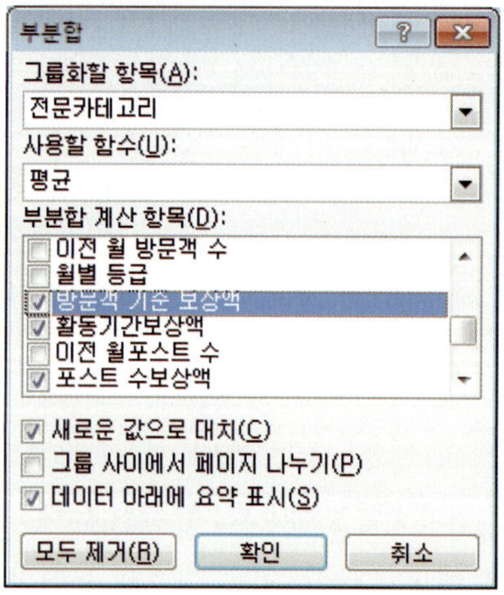

5 피벗 테이블

피벗(pivot)이라는 단어는 "회전하다", "선회하다"라는 의미를 가지고 있습니다. 바라보는 각도에 따라 사물의 모습이 달리 보이듯이, 엑셀에서 피벗 테이블 기능을 이용하면 데이터를 여러 기준에서 분석할 수 있습니다. 피벗 테이블 기능은 **삽입** 탭의 **표** 그룹에 있는 **피벗 테이블** 메뉴, 또는 **표 도구** – **디자인** 탭의 **도구** 그룹에 있는 **피벗 테이블 요약** 메뉴를 통해 수행할 수 있습니다.

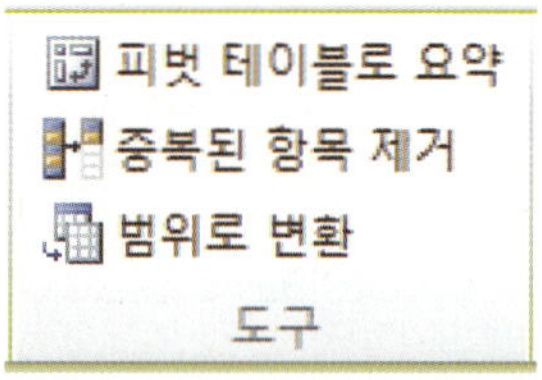

5.1 피벗 테이블 만들기

"보상액 계산" 워크시트에서 누적 등급과 월별 등급에 따라 보상금의 지급 패턴이 어떠한지 확인하고 싶다고 가정하고, 피벗 테이블을 만들어 봅시다.

1. 표에서 임의의 셀을 클릭합니다.

2. **표 도구** – **디자인** 탭의 **도구** 그룹에 있는 **피벗 테이블 요약** 메뉴를 클릭합니다.

3. 오른쪽 그림과 같이 "피벗 테이블 만들기" 대화상자가 나타나면 **확인** 버튼을 클릭합니다.

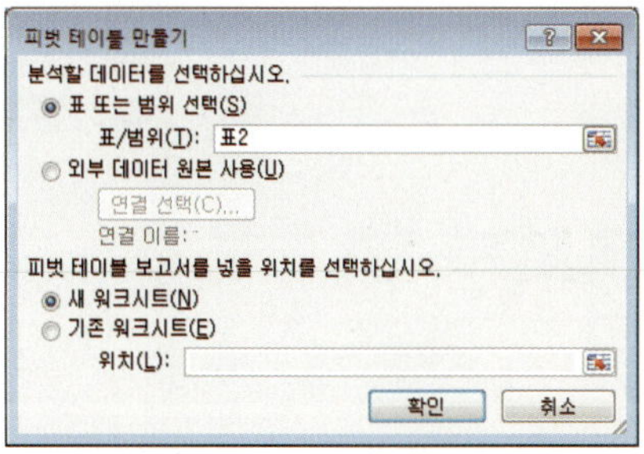

4. 다음과 같이 새로운 워크시트가 만들어지고, 화면의 오른쪽에 사용 가능한 필드 목록과 피벗 테이블의 레이아웃을 구성하기 위한 항목들이 나타납니다.

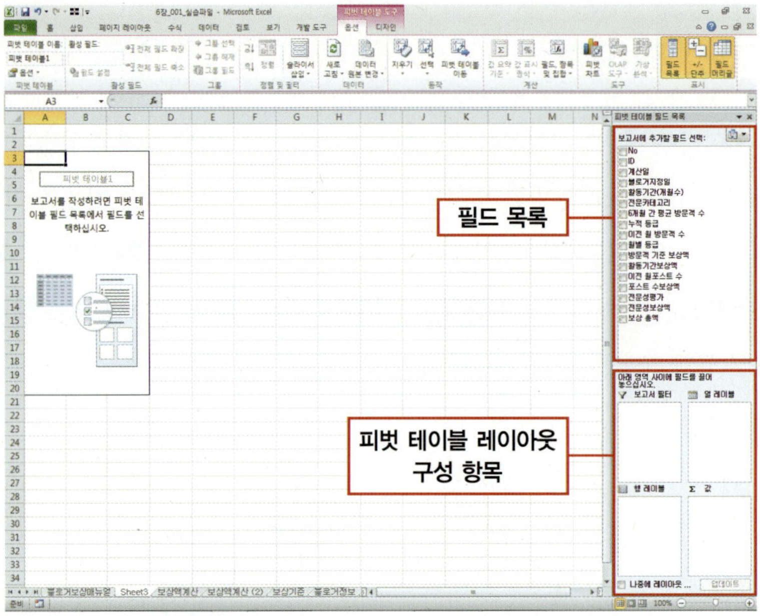

5. 필드 목록에서 **계산일** 을 클릭하고 테이블 레이아웃 구성 항목의 **보고서 필터** 영역으로 끌어옵니다. 마찬가지 방법을 적용하여 **누적 등급** 은 **열 레이블** 영역으로, **월별 등급** 은 **행 레이블** 영역으로, **보상 총액** 은 **값** 영역으로 끌어옵니다. 그러면 아래의 오른쪽 그림과 같이 피벗 테이블이 만들어집니다.

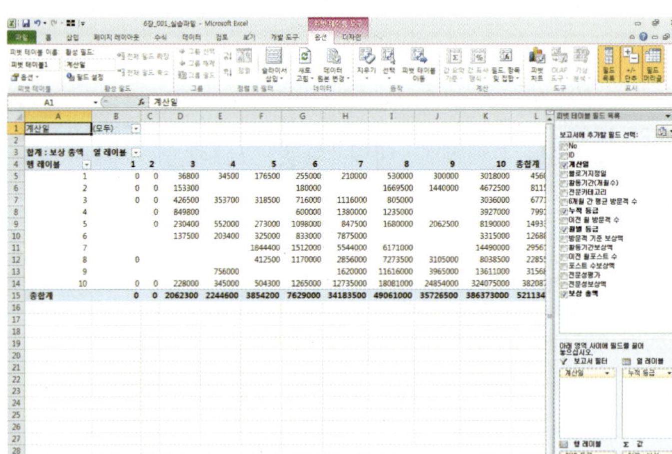

5.2 피벗 테이블 필터 사용하기

현재 **보고서 필드** 영역은 "계산일" 필드로 설정되어 있습니다. **보고서 필드** 영역의 **필터** 버튼을 클릭하면 아래의 왼쪽 그림과 같이 계산일들이 나타납니다. 특정 계산일을 선택하고 **확인** 버튼을 클릭하면 아래의 오른쪽 그림과 같이 피벗 테이블의 데이터가 해당 계산일의 데이터로 변경됩니다.

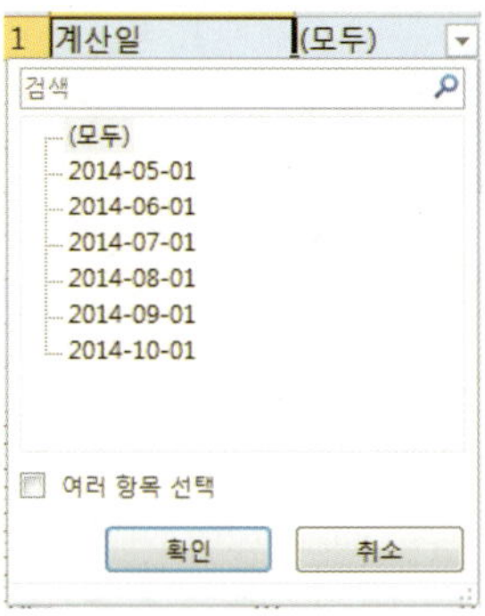

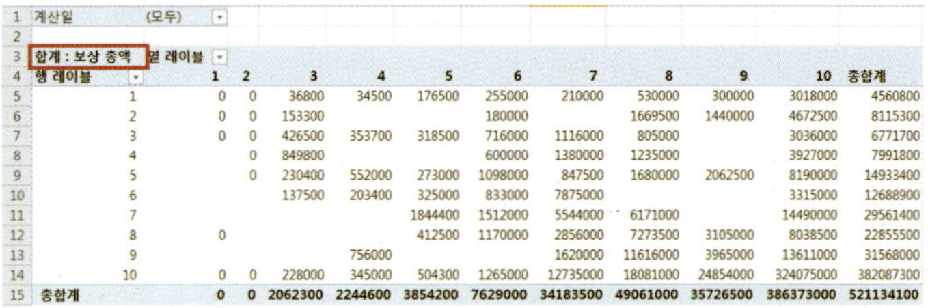

계산일	(모두)										
합계 : 보상 총액	열 레이블										
행 레이블	1	2	3	4	5	6	7	8	9	10	총합계
1	0	0	36800	34500	176500	255000	210000	530000	300000	3018000	4560800
2	0	0	153300			180000		1669500	1440000	4672500	8115300
3	0	0	426500	353700	318500	716000	1116000	805000		3036000	6771700
4		0	849800			600000	1380000	1235000		3927000	7991800
5		0	230400	552000	273000	1098000	847500	1680000	2062500	8190000	14933400
6			137500	203400	325000	833000	7875000			3315000	12688900
7					1844400	1512000	5544000	6171000		14490000	29561400
8	0				412500	1170000	2856000	7273500	3105000	8038500	22855500
9				756000			1620000	11616000	3965000	13611000	31568000
10	0	0	228000	345000	504300	1265000	12735000	18081000	24854000	324075000	382087300
총합계	0	0	2062300	2244600	3854200	7629000	34183500	49061000	35726500	386373000	521134100

열 레이블 영역과 **행 레이블** 영역에도 **필터** 메뉴가 있습니다. 이 **필터** 메뉴를 클릭하면 앞에서 배운 필터 기능과 동일한 기능들을 사용할 수 있습니다. **행 레이블 필터** 메뉴를 클릭해 메뉴에서 제공하는 세부 메뉴들을 확인해 봅시다.

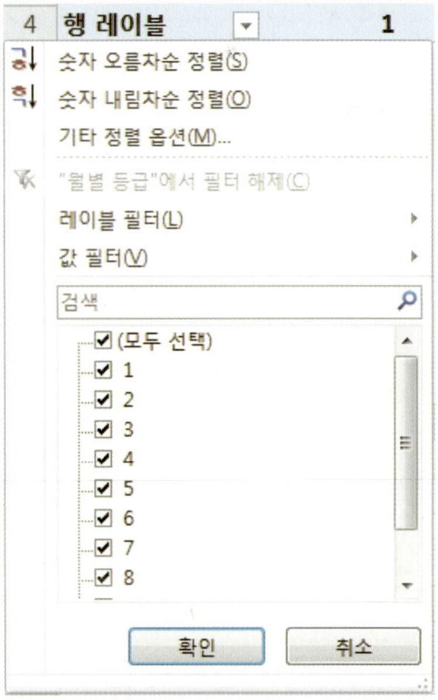

이해를 돕기 위해 예제로 행 레이블에서 값이 가장 큰 3개의 항목만 나타나도록 값 필터를 적용해 봅시다.

1. **행 레이블** 영역의 **필터** 버튼을 클릭하고, **값 필터** – **상위 10** 메뉴를 클릭합니다.
2. 대화상자가 나타나면 아래 그림과 같이 설정한 후 **확인** 버튼을 클릭합니다.

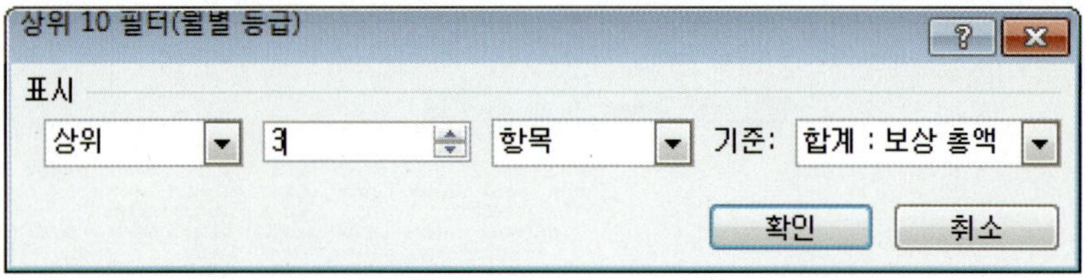

아래 그림과 같이 10개의 월별 등급 중 보상 액수가 가장 큰 3개의 등급이 나타납니다.

	A	B	C	D	E	F	G	H	I	J	K	L
1	계산일	(모두)										
2												
3	합계 : 보상 총액	열 레이블										
4	행 레이블	1	2	3	4	5	6	7	8	9	10	총합계
5	7					1844400	1512000	5544000	6171000		14490000	29561400
6	9				756000			1620000	11616000	3965000	13611000	31568000
7	10	0	0	228000	345000	504300	1265000	12735000	18081000	24854000	324075000	382087300
8	총합계	0	0	228000	1101000	2348700	2777000	19899000	35868000	28819000	352176000	443216700

필터를 해제하려면 **행 레이블** 영역의 **필터** 버튼을 클릭하고, **"월별 등급"에서 필터 해제** 메뉴를 클릭합니다.

현재 피벗 테이블에는 데이터들의 합계가 표시되어 있습니다. 피벗 테이블은 합계 이외에 데이터의 개수, 평균, 최대값, 최소값, 곱, 숫자 개수, 표본 표준편차, 표준편차, 표본 분산, 분산을 표시할 수 있습니다. 여기에서는 데이터의 평균을 표시해 봅시다.

1. 피벗 테이블에서 합계 데이터가 표시된 부분 중 임의의 셀을 클릭하고 마우스 오른쪽 버튼을 클릭합니다.

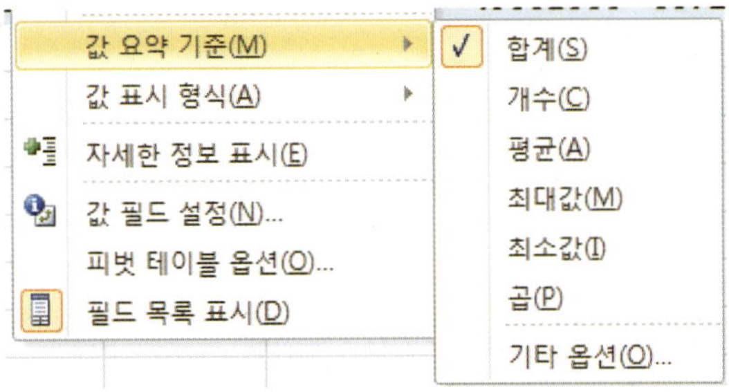

2. **데이터 요약 기준** – **평균** 을 클릭하면 피벗 테이블의 데이터가 평균값으로 바뀝니다.

	A	B	C	D	E	F	G	H	I	J	K	L
1	계산일	(모두)										
2												
3	평균 : 보상 총액	열 레이블										
4	행 레이블	1	2	3	4	5	6	7	8	9	10	총합계
5	1	0	0	12266.66667	34500	58833.33333	127500	210000	265000	300000	377250	68071.64179
6	2	0	0	38325			180000		556500	720000	934500	279837.931
7	3	0	0	60928.57143	117900	159250	238666.6667	558000	805000		1518000	270868
8	4		0	84980			300000	690000	1235000		1963500	420621.0526
9	5		0	115200	184000	273000	366000	847500	1680000	2062500	2730000	933337.5
10	6			137500	203400	325000	416500	1125000			3315000	976069.2308
11	7					368880	504000	1386000	2057000		3622500	1555863.158
12	8	0				412500	585000	1428000	2424500	3105000	4019250	1904625
13	9				378000			1620000	2904000	3965000	4537000	2869818.182
14	10	0	0	228000	345000	504300	632500	1819285.714	3013500	4142333.333	5401250	4293115.73
15	총합계	0	0	73654	204055	275300	381450	1266055.556	2044208.333	2977208.333	4293033.333	1737113.667

이번에는 각 등급별로 보상금이 몇 번 지급되었는지 파악해 봅시다.

1. 피벗 테이블에서 합계 데이터가 표시된 부분 중 임의의 셀을 클릭하고 마우스 오른쪽 버튼을 클릭합니다.
2. **데이터 요약 기준** – **기타 옵션** 을 클릭합니다.
3. "값 필드 설정" 대화상자가 나타나면 **값 필드 요약 기준** 에서 **개수** 를 클릭하고, **확인** 버튼을 클릭합니다.
4. 데이터 표시 형식을 다시 합계로 변경해 주도록 합니다.

MS Excel

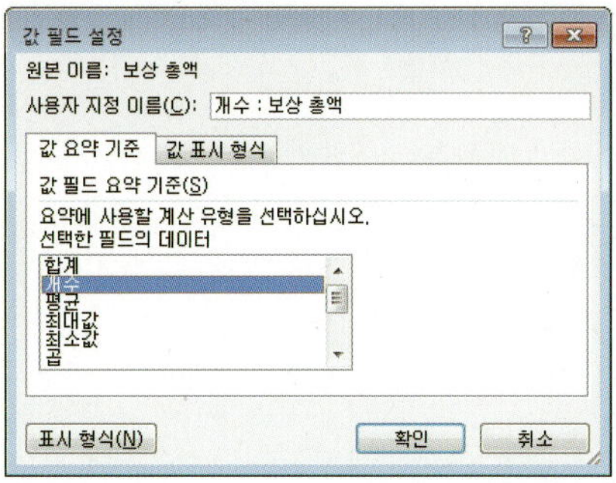

계산일	(모두)										
개수 : 보상 총액	열 레이블										
행 레이블		1	2	3	4	5	6	7	8	9	10	총합계
1		37	9	3	1	3	2	1	2	1	8	67
2		9	5	4			1		3	2	5	29
3		2	3	7	3	2	3	2	1		2	25
4			2	10			2	2	1		2	19
5			1	2	3	1	3	1	1	1	3	16
6				1	1	1	2	7			1	13
7						5	3	4	3		4	19
8		1				1	2	2	3	1	2	12
9					2			1	4	1	3	11
10		4	1	1	1	1	2	7	6	6	60	89
총합계		53	21	28	11	14	20	27	24	12	90	300

피벗 테이블은 **값 표시 형식** 메뉴를 이용해 피벗 테이블에서 제시된 데이터의 상대적인 값들을 비교할 수 있습니다. 예를 들어, **값 표시 형식** 메뉴에서 **총합계 비율**을 선택하면 아래 그림과 같이 전체 총합계에서 특정 데이터의 값이 차지하는 비율을 자동으로 계산해 줍니다. 계산 결과를 원래대로 돌리려면 **계산 없음**을 선택해 줍니다. 이 기능은 엑셀 2010 이전 버전에서는 지원되지 않습니다.

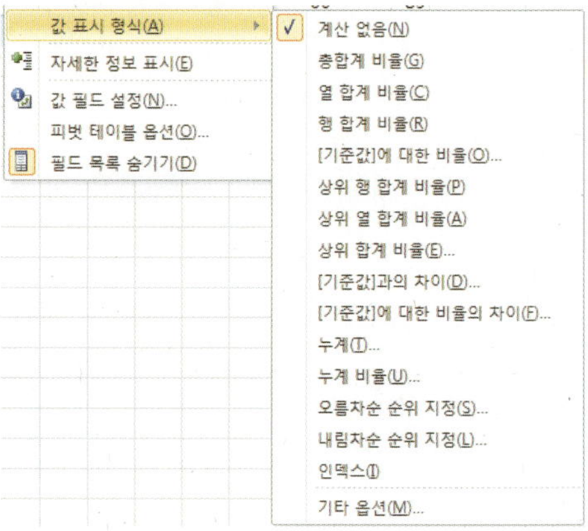

계산일	(모두)										
개수 : 보상 총액	열 레이블										
행 레이블		1	2	3	4	5	6	7	8	9	10	총합계
1		12.33%	3.00%	1.00%	0.33%	1.00%	0.67%	0.33%	0.67%	0.33%	2.67%	22.33%
2		3.00%	1.67%	1.33%	0.00%	0.00%	0.33%	0.00%	1.00%	0.67%	1.67%	9.67%
3		0.67%	1.00%	2.33%	1.00%	0.67%	1.00%	0.67%	0.33%	0.00%	0.67%	8.33%
4		0.00%	0.67%	3.33%	0.00%	0.00%	0.67%	0.67%	0.33%	0.00%	0.67%	6.33%
5		0.00%	0.33%	0.67%	1.00%	0.33%	1.00%	0.33%	0.33%	0.33%	1.00%	5.33%
6		0.00%	0.00%	0.33%	0.33%	0.33%	0.67%	2.33%	0.00%	0.00%	0.33%	4.33%
7		0.00%	0.00%	0.00%	0.00%	1.67%	1.00%	1.33%	1.00%	0.00%	1.33%	6.33%
8		0.33%	0.00%	0.00%	0.00%	0.33%	0.67%	0.67%	1.00%	0.33%	0.67%	4.00%
9		0.00%	0.00%	0.00%	0.67%	0.00%	0.00%	0.33%	1.33%	0.33%	1.00%	3.67%
10		1.33%	0.33%	0.33%	0.33%	0.33%	0.67%	2.33%	2.00%	2.00%	20.00%	29.67%
총합계		17.67%	7.00%	9.33%	3.67%	4.67%	6.67%	9.00%	8.00%	4.00%	30.00%	100.00%

5.3 피벗 테이블 수정하기

피벗 테이블은 데이터의 관점을 수정해 가며 여러 각도에서 데이터를 살펴볼 수 있도록 합니다. 피벗 테이블을 구성하는 데이터는 "피벗 테이블 필드 목록"과 "테이블 레이아웃 구성 항목"에서 자유롭게 이동할 수 있습니다. 이번에는 블로거별로 매월 어느 정도의 보상금을 받았는지 확인해 봅시다.

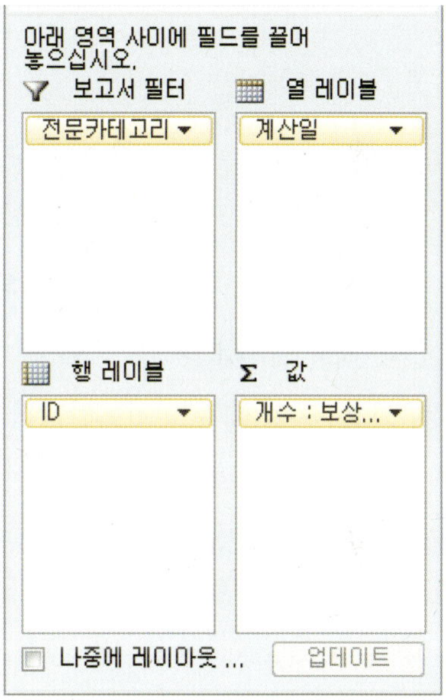

1. 테이블 레이아웃 구성 항목에서 **열 레이블** 영역에 있는 "누적 등급"과 **행 레이블** 영역에 있는 "월별 등급"을 마우스 왼쪽 버튼으로 클릭하고, **피벗 테이블 필드 목록** 영역으로 끌어가 해당 영역에서 삭제해 줍니다.

2. **보고서 필드** 영역에 있는 "계산일"을 **열 레이블** 영역으로 이동시킵니다.

3. **피벗 테이블 필드 목록**에서 "ID"를 **행 레이블** 영역으로 이동시킵니다.

4. **피벗 테이블 필드 목록**에서 "전문카테고리"를 **보고서 필터** 영역으로 이동시킵니다.

	A	B	C	D	E	F	G	H
1	전문카테고리	(모두)						
2								
3	합계 : 보상 총액	열 레이블						
4	행 레이블	2014-05-01	2014-06-01	2014-07-01	2014-08-01	2014-09-01	2014-10-01	총합계
5	antelope	5350500	5002500	2730000	5002500	5655000	0	23740500
6	badger	0	0	0	0	0	375000	375000
7	bear	4590000	6090000	5437500	5220000	2835000	2062500	26235000
8	cheetah	60000	0	0	33900	0	0	93900
9	chicken	0	0	0	0	0	55000	55000
10	cormorant	395500	377000	2025000	1476000	125000	55000	4453500

5.4 연도/분기별 데이터를 나타내는 피벗 테이블 만들기

오른쪽 그림과 같이 **보고서 필터** 에는 "계산일", **열 레이블** 에는 "전문카테고리", **행 레이블** 에는 "블로거 지정일", **값** 에는 "보상 총액"이 배치된 피벗 테이블을 만들어 줍니다. 행 레이블을 연도별 또는 분기별로 요약하여 볼 수 있도록 피벗 테이블을 수정하겠습니다.

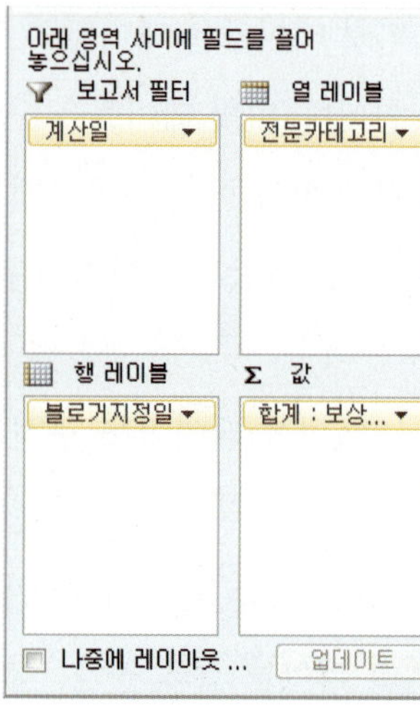

1. A6 셀부터 A16 셀 사이의 임의의 셀을 클릭합니다.

2. **피벗 테이블 도구** – **옵션** 탭의 **그룹** 그룹에 있는 **그룹 필드** 메뉴를 선택합니다.

3. "그룹화" 대화상자가 나타나면 **단위** 에서 **분기** 와 **연** 을 선택하고 **확인** 버튼을 클릭합니다.

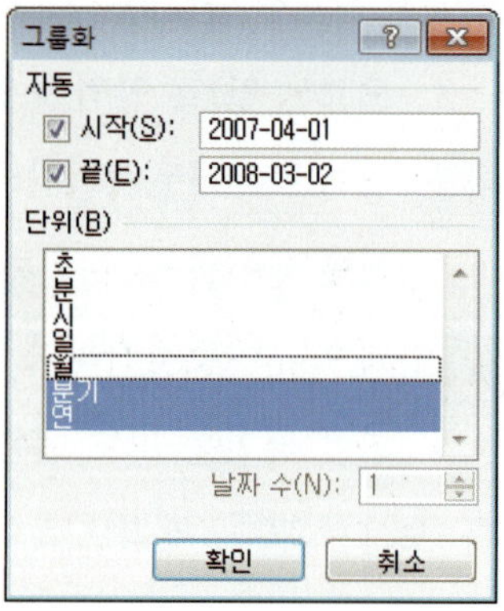

2	계산일	(모두)							
3									
4	**합계 : 보상 총액**	**열 레이블**							
5	**행 레이블**	**음악**	**영화**	**책**	**요리**	**여행**	**IT**	**학술**	**총합계**
6	**⊟2007년**								
7	2사분기	48856500	9029000	13516300	23740500	16609500	14157000	14951000	140859800
8	3사분기		44982000	11374500	813900	45472000			102642400
9	4사분기	26652500	4291300		34024500	3153900	20126400	44056100	132304700
10	**⊟2008년**								
11	1사분기	76584200	22868200	24623300	1549000			19702500	145327200
12	**총합계**	**152093200**	**81170500**	**49514100**	**60127900**	**65235400**	**34283400**	**78709600**	**521134100**

아래 그림에서 연도 왼쪽 부분의 **－**, **＋** 버튼을 클릭하면 **행 레이블**의 연도 및 분기 표시를 확장 또는 축소할 수 있습니다.

2	계산일	(모두)							
3									
4	**합계 : 보상 총액**	**열 레이블**							
5	**행 레이블**	**음악**	**영화**	**책**	**요리**	**여행**	**IT**	**학술**	**총합계**
6	**⊞2007년**	**75509000**	**58302300**	**24890800**	**58578900**	**65235400**	**34283400**	**59007100**	**375806900**
7	**⊟2008년**								
8	1사분기	76584200	22868200	24623300	1549000			19702500	145327200
9	**총합계**	**152093200**	**81170500**	**49514100**	**60127900**	**65235400**	**34283400**	**78709600**	**521134100**

그룹을 해제하려면 **피벗 테이블 도구** – **옵션** 탭의 **그룹** 그룹에 있는 **그룹 해제** 메뉴를 클릭합니다.

5.5 피벗 차트 그리기

피벗 테이블의 내용은 차트로 표현할 수 있습니다.

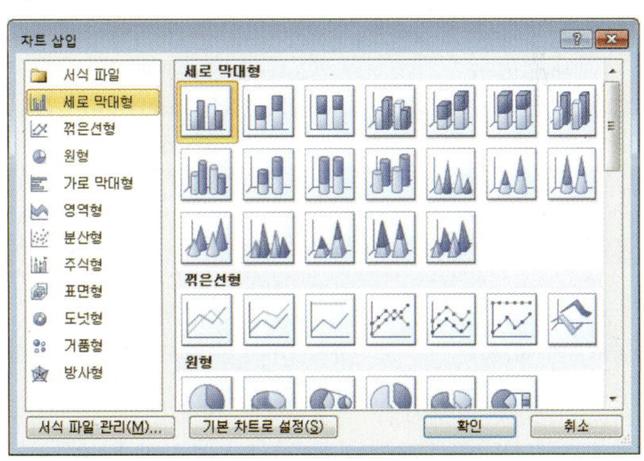

1. 피벗 테이블의 임의의 셀을 클릭합니다.
2. **피벗 테이블 도구** – **옵션** 탭의 **도구** 그룹에 있는 **피벗 차트** 메뉴를 클릭합니다.
3. "차트 삽입" 대화상자가 나타나고 차트 종류를 선택할 수 있습니다. 다른 차트를 선택하지 말고 **확인** 버튼을 클릭합니다.

다음 그림과 같이 차트가 삽입되고, 피벗 차트의 데이터를 변경할 수 있도록 차트에 **피벗 차트 필터**들이 나타납니다.

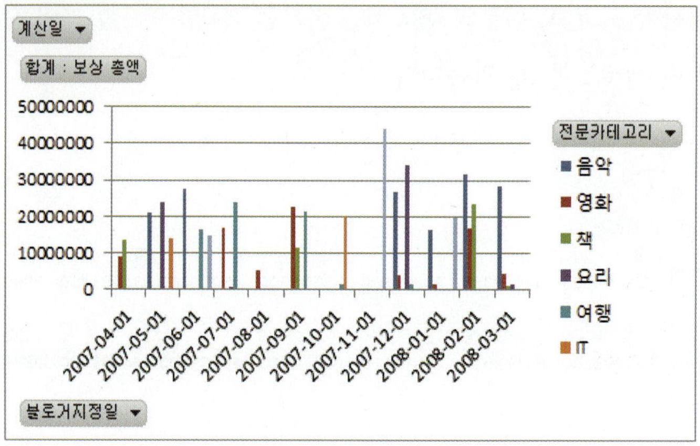

피벗 차트 필터 창에서 **보고서 필터**를 "2014-06-01"로 설정하고 **확인** 버튼을 클릭하면 차트가 수정됩니다. 이와 같이 차트를 다양한 관점에서 작성할 수 있습니다.

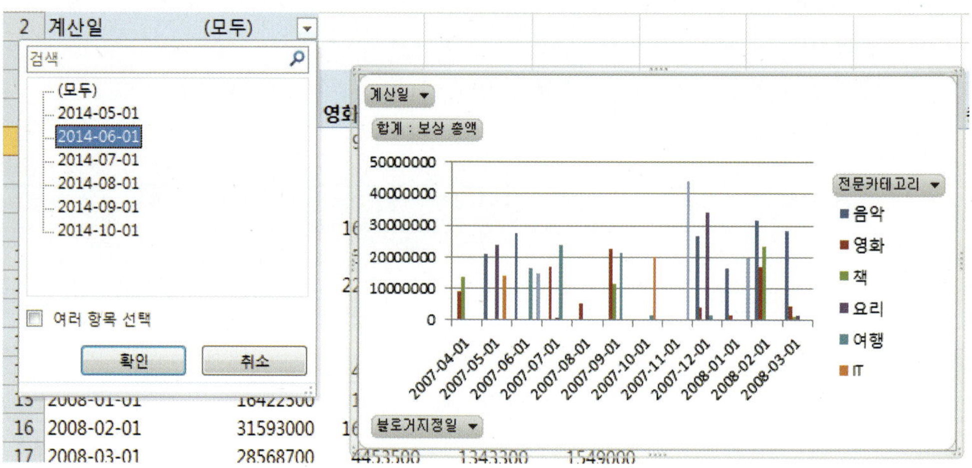

5.6 피벗 테이블의 데이터 업데이트

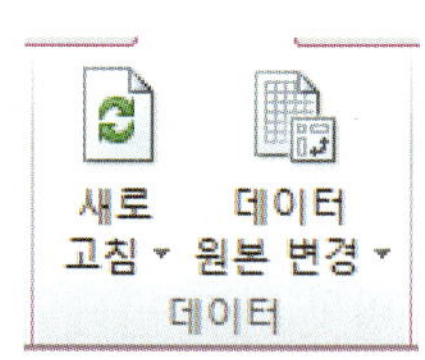

만약 피벗 테이블의 데이터 원본이 수정되었을 경우 피벗 테이블에 바로 반영되지 않습니다. 따라서 피벗 테이블의 데이터 원본이 수정된 경우에는 **피벗 테이블 도구 – 옵션** 탭의 **데이터** 그룹에 있는 **새로 고침** 메뉴를 클릭해 데이터를 업데이트해야 합니다.

6 목표값 찾기

BestPortal은 지리 정보 서비스를 개발하기로 결정하였습니다. 이 과정에서 개발된 서비스를 고객들에게 어느 정도의 가격으로 판매할지 결정해야 할 필요성이 생겼습니다. 이를 위해 **6장_002_실습파일.xlsx** 와 같은 파일을 작성하였습니다.

	A	B	C	D	E
1					
2	지리정보 서비스에 대한 서비스 가격 산정				
3					
4	서비스 가격	0	5년간 수익액	(4,800,000,000)	
5					
6	연도	투자액	예상 가입자 수	수익	순수익
7	2009	1,500,000,000	0	0	(1,500,000,000)
8	2010	1,000,000,000	2,000	0	(1,000,000,000)
9	2011	500,000,000	400,000	0	(500,000,000)
10	2012	800,000,000	800,000	0	(800,000,000)
11	2013	1,000,000,000	1,800,000	0	(1,000,000,000)

위와 같은 투자, 수익 구조에서 서비스 가격을 어느 정도로 정해야 5년간 수익의 합계가 1,000억 원이 될 수 있을까요? 이때 사용할 수 있는 기능이 목표값 찾기입니다. 목표값 찾기 기능은 **데이터** 탭의 **데이터 도구** 그룹에 있는 **가상분석 – 목표값 찾기** 메뉴를 이용해 수행할 수 있습니다.

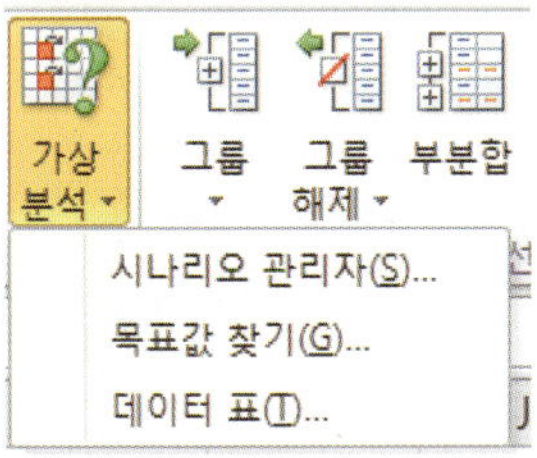

목표값 찾기 기능을 이용해 목표값을 찾기 위해서는 아래와 같은 대화상자에 3개의 항목을 입력해야 합니다.

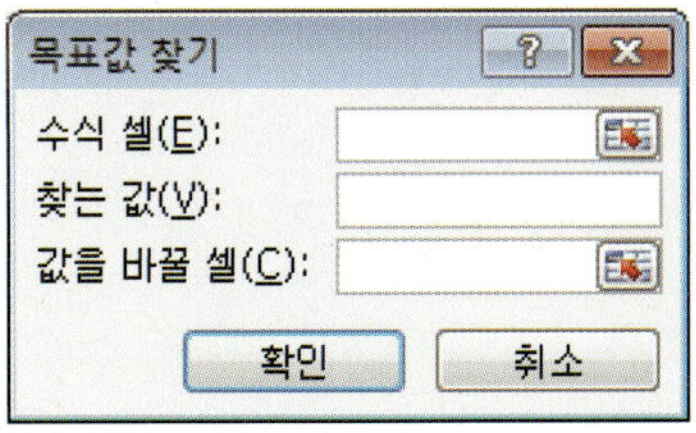

- **수식 셀** : 목표값이 입력되어 있는 셀을 의미합니다. 위 예제에서는 5년간 수익액이 입력되어 있는 셀이 해당됩니다.
- **찾는 값** : 수식 셀의 목표값을 의미합니다. 위

예제에서는 1,000억이 해당되며, 이 값을 이 항목에 입력해 줍니다.

- **값을 바꿀 셀** : 목표값을 달성하기 위해 변경되어야 하는 값이 있는 셀을 의미합니다. 위 예제에서는 서비스 가격이 입력되어 있는 셀이 해당됩니다.

그러면 예제에서 5년간 수익액이 1,000억원이 되기 위한 서비스 가격을 구해 봅시다.

1. **데이터** 탭의 **데이터 도구** 그룹에 있는 **가상분석** – **목표값 찾기** 메뉴를 클릭합니다.
2. "목표값 찾기" 대화상자가 나타나면 오른쪽 그림과 같이 입력하고, **확인** 버튼을 클릭합니다.

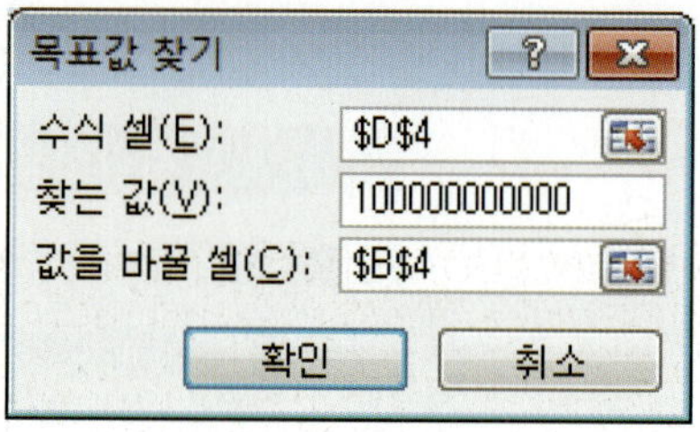

아래 그림과 같이 목표값을 찾았다는 대화상자가 나타나고, B4 셀에 서비스 가격이 계산됩니다. 5년간 1,000억원의 순수익을 얻기 위해서는 서비스 가격이 34,910원으로 책정되어야 함을 알 수 있습니다.

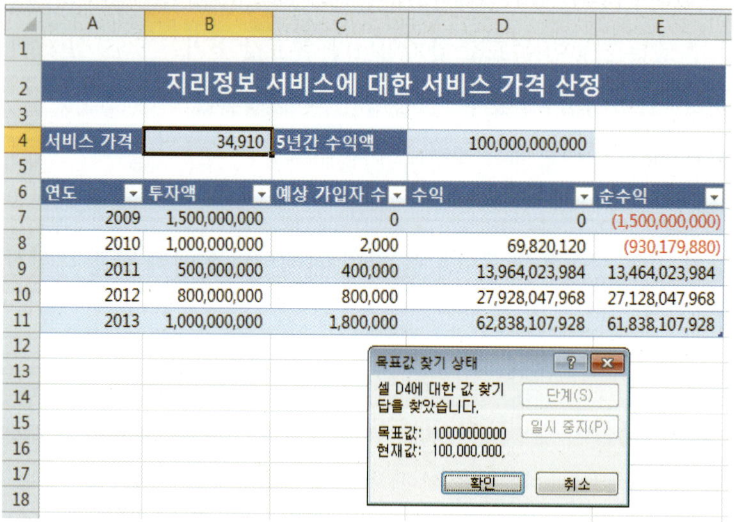

경영 PC 활용: MS Office 2010을 활용한 비즈니스 보고서 작성

7장 MS Excel 차트 작성: 차트로 단순 명료하게 의사소통하기

Contents

7장

MS Excel 차트 작성: 차트로 단순 명료하게 의사소통하기

어떤 이슈와 관련된 비즈니스 현상을 분석하기 위해 그리고 어떤 주장을 뒷받침하기 위해 비즈니스 보고서에서 가장 대표적으로 사용하는 방법이 바로 관련 데이터를 분석하고 그 결과를 근거로 제시하는 것이다. 이러한 방법을 통해 비즈니스 보고서는 신뢰성과 설득력을 확보할 수 있다. 차트는 데이터 자체 또는 데이터 분석의 결과에 대한 효과적인 표현물이라고 할 수 있는데, 차트의 형태는 매우 다양하므로 가장 효과적인 형태를 선택적으로 사용할 수 있다. 차트는 데이터나 그 분석 결과의 의미를 단순하고 명료하게 표현해 줌으로써 비즈니스 커뮤니케이션의 효과성을 높이는 데 크게 기여한다. 따라서 효과적인 비즈니스 보고서를 작성하기 위해서 여러분은 차트 작성의 귀재가 될 필요가 있다! 이제부터 엑셀의 강력한 차트 기능의 세계를 경험해 보자.

1 MS Excel 비즈니스 차트 활용 예제

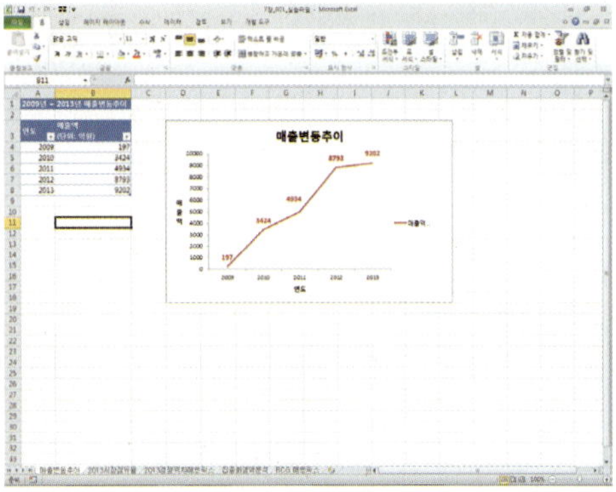

서비스 전략팀에서 일하는 당신은 팀장으로부터 BestPortal의 서비스 전략 수립을 위해 매출, 시장점유율, 다른 경쟁자와의 경쟁 위치를 분석하고, 앞으로의 집중화 영역과 BCG 매트릭스를 작성하라는 지시를 받았습니다. 당신은 각각의 분석을 완료했으며, 최종적으로 파워포인트 문서를 작성하기 위해서 **7장_001_실습파일.xlsx** 파일과 같이 차트를 그리고자 합니다.

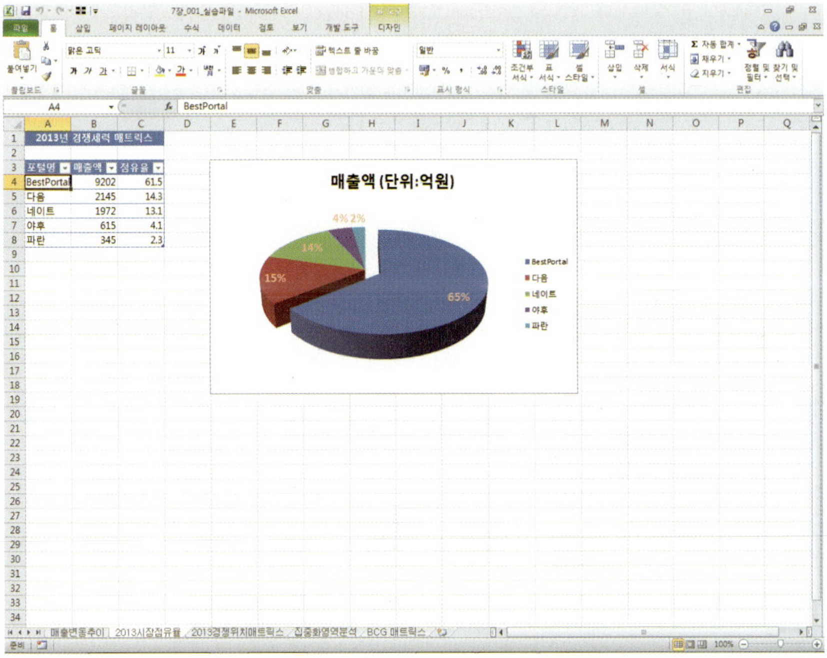

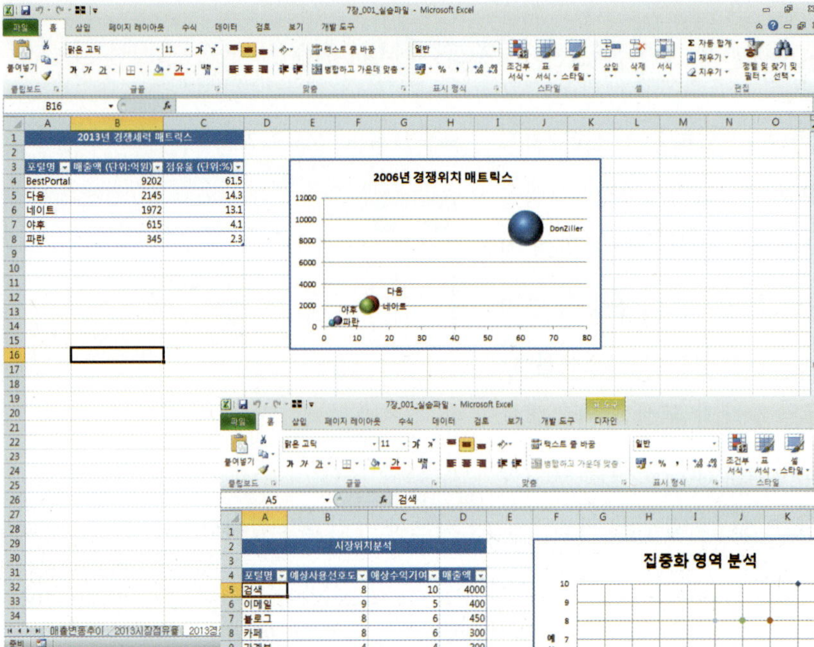
2013년 경쟁세력 매트릭스
2006년 경쟁위치 매트릭스

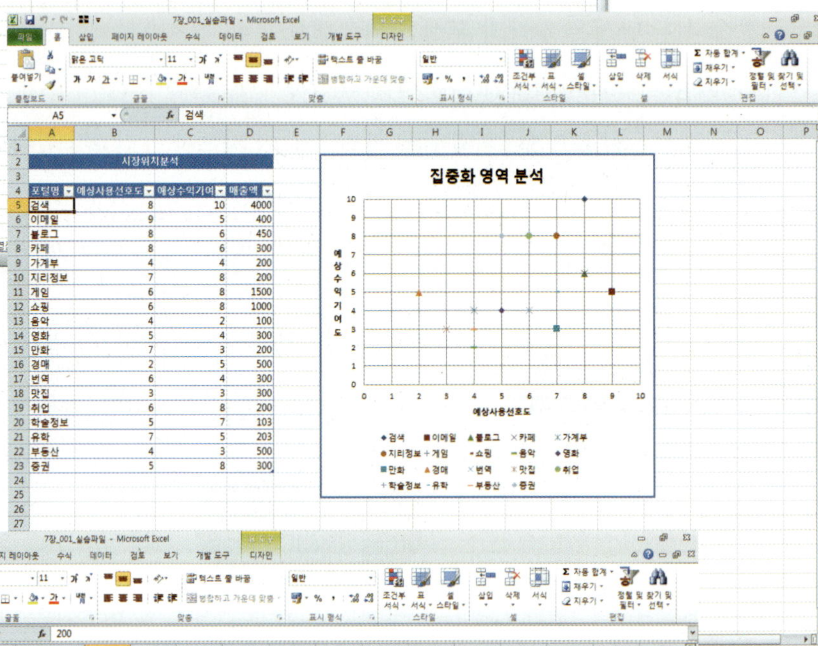
시장위치분석
집중화 영역 분석

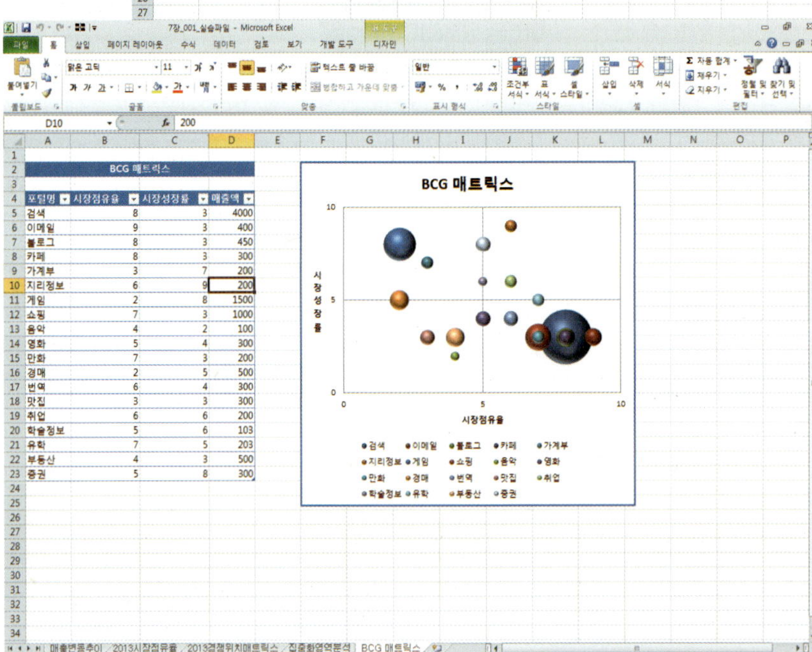
BCG 매트릭스

2 차트의 구성 요소 및 차트 작성과 관련된 메뉴

차트는 아래와 같은 다양한 요소들로 구성되어 있습니다.

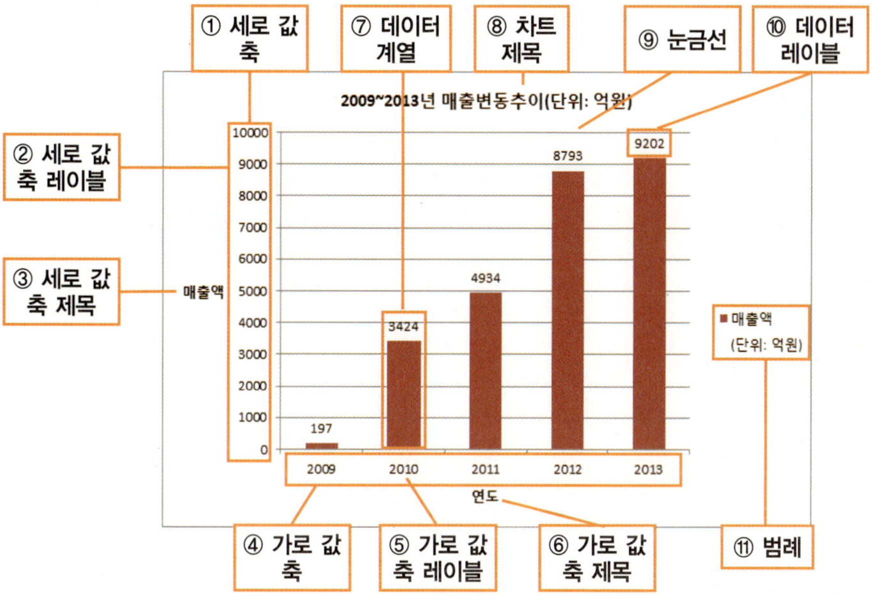

①, ④ 세로, 가로 값 축	차트의 세로 및 가로 값을 표시하는 축입니다.
②, ⑤ 세로, 가로 값 축 레이블	세로(Y축)와 가로(X축)를 일정한 간격으로 나누어 기준값을 표시해 줍니다.
③, ⑥ 세로, 가로 값 축 제목	세로(Y축)와 가로(X축)의 데이터가 어떠한 종류의 데이터인지 설명합니다.
⑦ 데이터 계열	차트에 표시되는 개별 데이터를 의미합니다.
⑧ 차트 제목	차트가 어떠한 주제를 보여 주는지 설명합니다.
⑨ 눈금선	세로(Y축)와 가로(X축)의 기준값을 나타내는 선입니다.
⑩ 데이터 레이블	데이터 계열의 값을 나타냅니다.
⑪ 범례	차트에 그려진 데이터 계열의 종류를 보여 줍니다.

차트를 삽입하면 다음과 같은 3개의 탭이 나타납니다.

차트 도구 - 디자인 탭

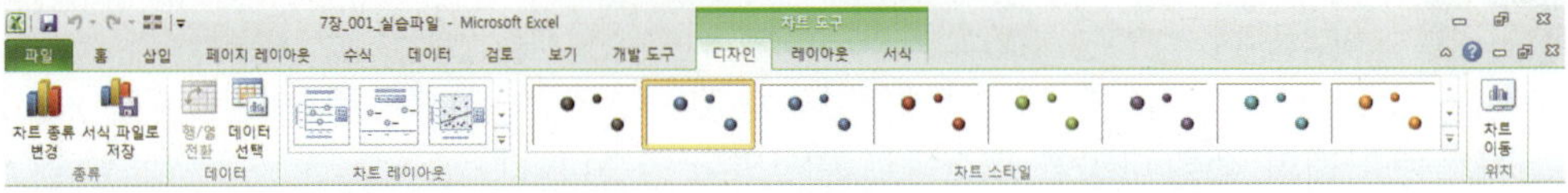

차트 도구 - **디자인** 탭에서는 차트 종류의 변경, 차트에 포함될 데이터의 선택, 차트의 디자인 레이아웃과 차트 디자인 스타일의 설정을 수행할 수 있습니다.

차트 도구 - 레이아웃 탭

차트 도구 - **레이아웃** 탭에서는 차트 제목, 범례와 같은 차트 레이블, 차트의 축과 눈금선, 데이터의 변화를 나타내는 추세선 등의 설정을 수행할 수 있습니다.

차트 도구 - 서식 탭

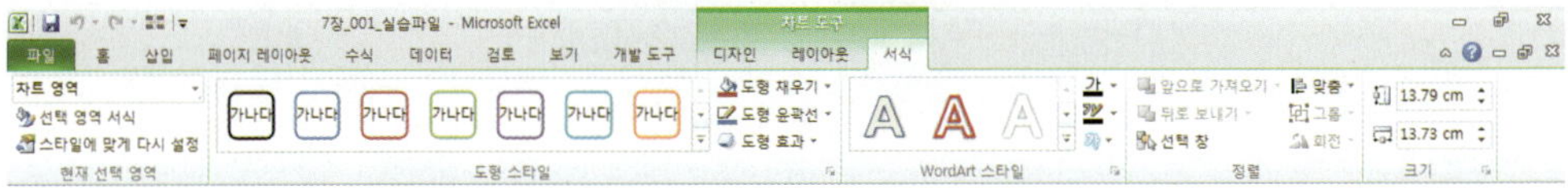

차트 도구 - **서식** 탭에서는 그림이나 도형 서식을 수정할 때와 마찬가지로 도형 스타일, WordArt 스타일을 설정할 수 있습니다.

3 차트 삽입하기

차트는 **삽입** 탭의 **차트** 그룹에 있는 메뉴들을 이용해 삽입할 수 있습니다. **차트** 그룹에는 자주 사용되는 6개의 차트들이 메뉴로 제공되며, **차트** 그룹 오른쪽 하단에 위치한 **자세히** 버튼을 클릭하면 보다 다양한 차트들을 삽입할 수 있습니다.

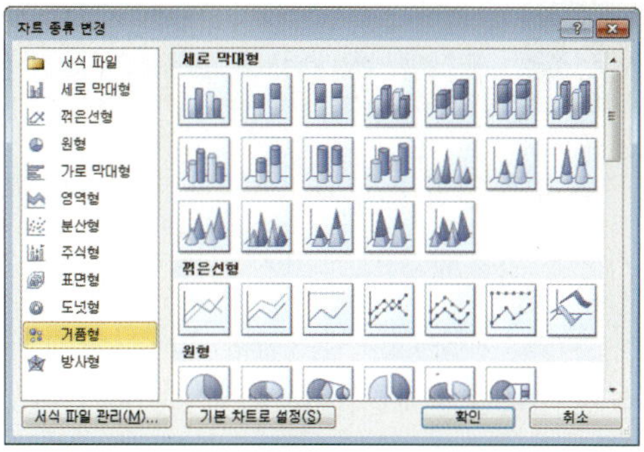

"매출변동추이" 워크시트의 데이터를 이용해 차트를 삽입해 봅시다.

1. A3 셀부터 B8 셀을 영역 선택합니다.

2. **삽입** 탭의 **차트** 그룹에 있는 **자세히** 버튼을 클릭합니다.

3. "차트 삽입" 대화상자의 왼쪽에 있는 차트 유형에서 **꺾은선형** 을 클릭합니다. 그리고 가장 왼쪽에 있는 **꺾은선형** 을 클릭한 후, **확인** 버튼을 클릭합니다.

아래 그림과 같이 차트가 삽입됩니다. 차트를 보면 예제와 다른 형태로 삽입된 것을 확인할 수 있습니다. 따라서 차트를 수정할 필요가 있습니다.

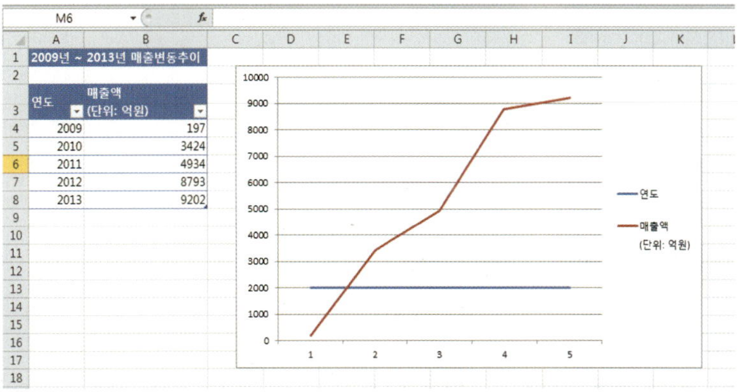

4 차트 데이터 선택

앞서 삽입한 차트와 같이 차트에 데이터가 부적절하게 표시된 경우에는 데이터 선택 기능을 이용해 차트에 표시되는 데이터를 직접 설정해야 합니다. 데이터 선택 기능은 **차트 도구** – **디자인** 탭의 **데이터** 그룹에 있는 **데이터 선택** 메뉴, 또는 차트를 마우스 오른쪽 버튼으로 클릭하면 나타나는 **데이터 선택** 메뉴를 이용해 수행할 수 있습니다.

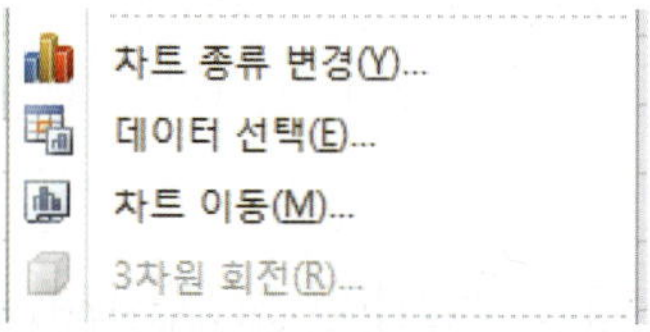

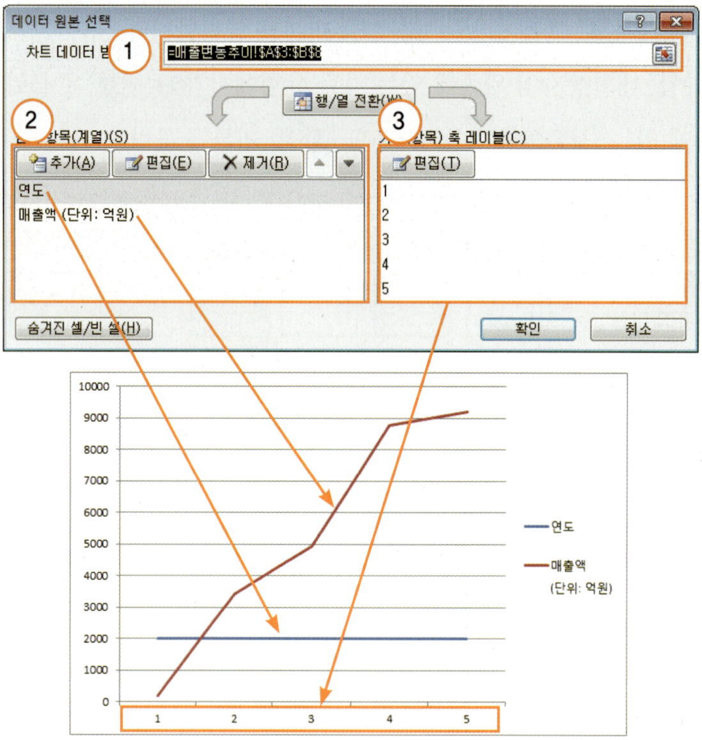

①	차트에 포함되어 있는 데이터의 범위를 나타냅니다.
②	차트에 어떠한 데이터 항목이 표시되는지 나타냅니다. 이 메뉴를 이용해 데이터 항목을 추가, 제거할 수 있습니다.
③	가로축에 어떠한 항목 또는 데이터가 표시되는지 나타냅니다.

그러면 앞에서 작성해 놓은 차트가 적절한 데이터를 담도록 수정해 봅시다. 차트의 데이터 계열에서 연도 데이터는 표시되지 않아야 하며, 가로 값 축 레이블에는 연도 데이터가 표시되어야 합니다.

1. 차트를 마우스 오른쪽 버튼으로 클릭하고 **데이터 선택** 메뉴를 클릭합니다.
2. 데이터 계열에서 연도 데이터를 제거합니다.
   a. **범례 항목(계열)** 에서 "연도"를 클릭하고, **제거** 버튼을 클릭합니다.
3. 가로 값 축 레이블에 연도 데이터를 표시합니다.
   a. **가로(항목) 축 레이블** 에서 **편집** 버튼을 클릭합니다.
   b. "축 레이블" 대화상자가 나타나면, 연도 데이터가 있는 A4 셀부터 A8 셀까지를 드래그해 셀 범위를 입력하고, **확인** 버튼을 클릭합니다.

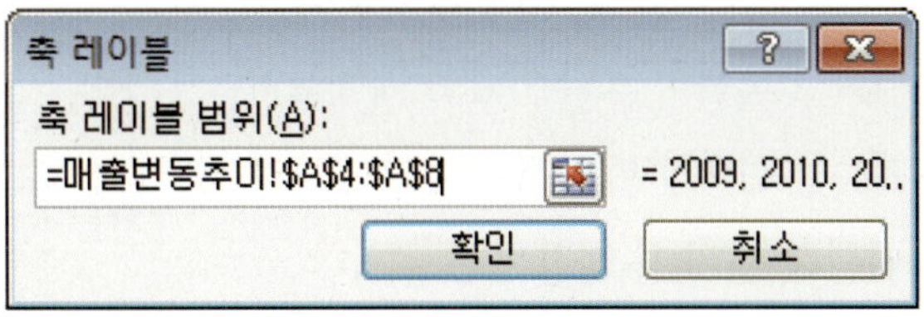

4. 아래의 왼쪽과 같이 설정이 완료되면 **확인** 버튼을 클릭합니다. 그러면 아래의 오른쪽 그림과 같이 차트가 수정됩니다.

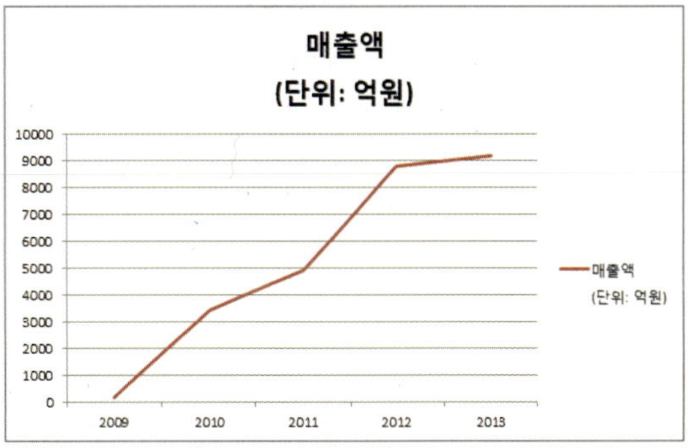

5 차트에 다양한 레이블 표시하기

차트 도구 – **레이아웃** 탭에 있는 **레이블** 그룹에 있는 메뉴들을 이용하면 차트 제목, 축 제목, 범례, 데이터 레이블, 데이터 표를 표시할 수 있습니다. 지금까지 작성한 표를 이용해 레이블과 관련된 기능들을 실습해 봅시다.

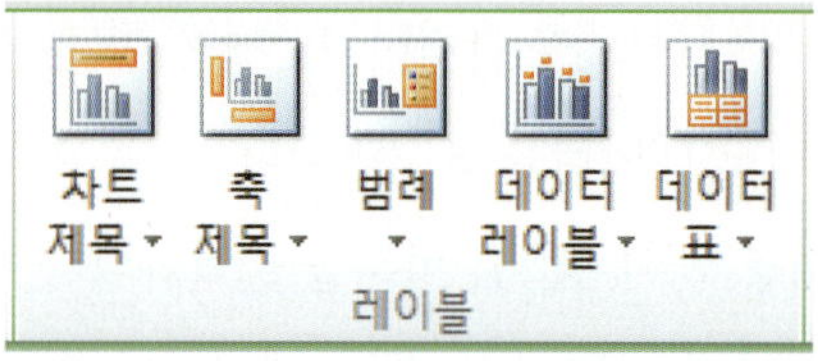

5.1 차트 제목

차트 제목 을 클릭하면 오른쪽 그림과 같은 메뉴들이 나타납니다. 각각의 메뉴를 선택하면, 아래와 같이 차트에 설정됩니다. 예제에서는 **차트 위** 를 설정해 봅시다.

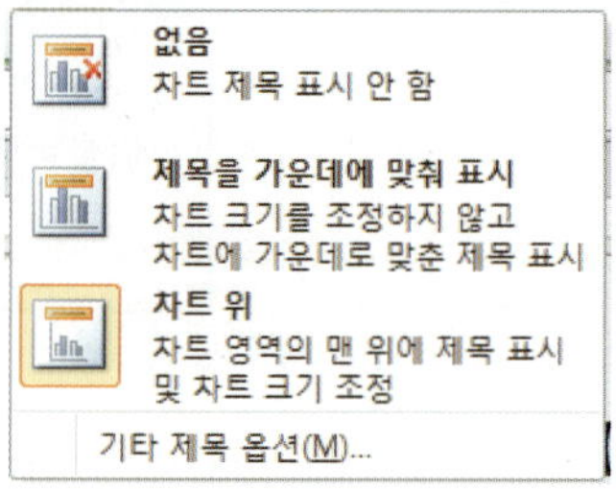

제목을 가운데에 맞춰 표시

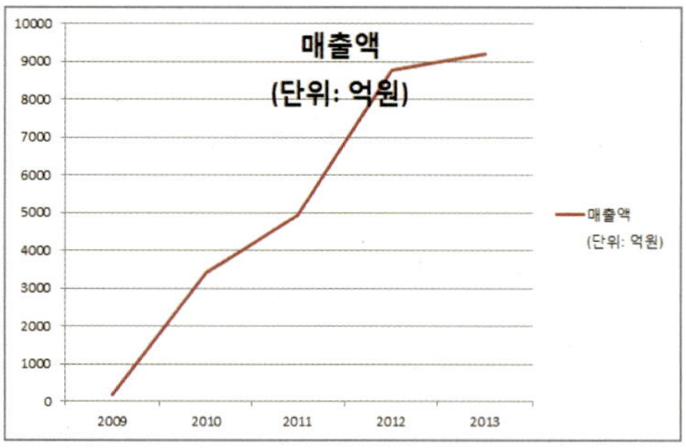

차트 위

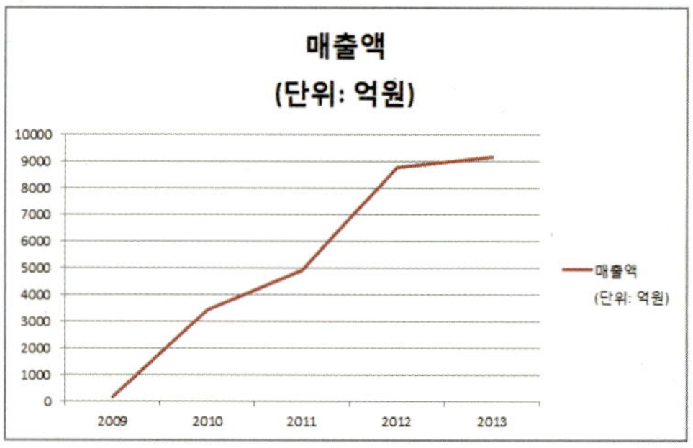

차트 제목 부분을 클릭하면 제목을 수정할 수 있습니다. 오른쪽 그림과 같이 차트 제목을 수정합니다.

차트 위

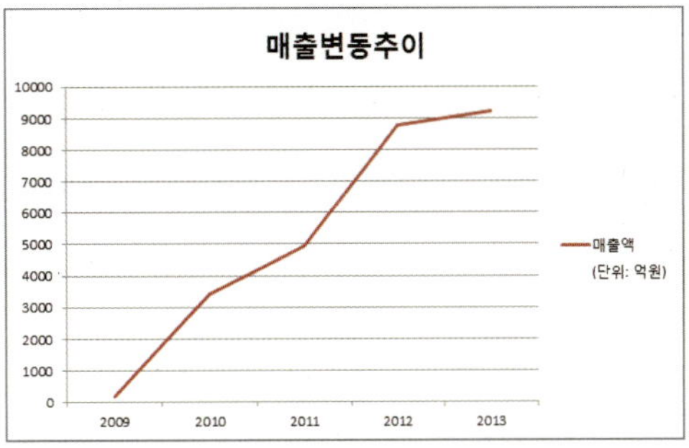

5.2 축 제목

축 제목 을 클릭하면 아래의 왼쪽 그림과 같은 메뉴들이 나타납니다. 각각의 메뉴를 선택하면 아래의 오른쪽 그림과 같이 차트에 축 제목이 표시됩니다. 예제에서는 가로 축과 세로 축 모두에 제목을 표시하도록 설정해 봅시다.

1. **축 제목** – **기본 가로 축 제목** – **축 아래 제목** 을 클릭합니다.
2. **축 제목** – **기본 세로 축 제목** – **세로 제목** 을 클릭합니다.

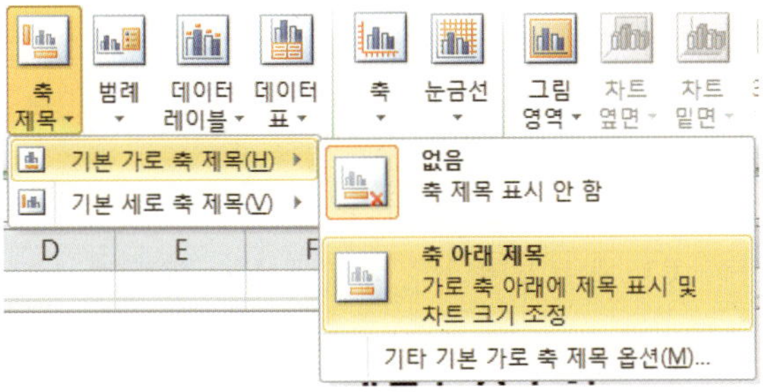

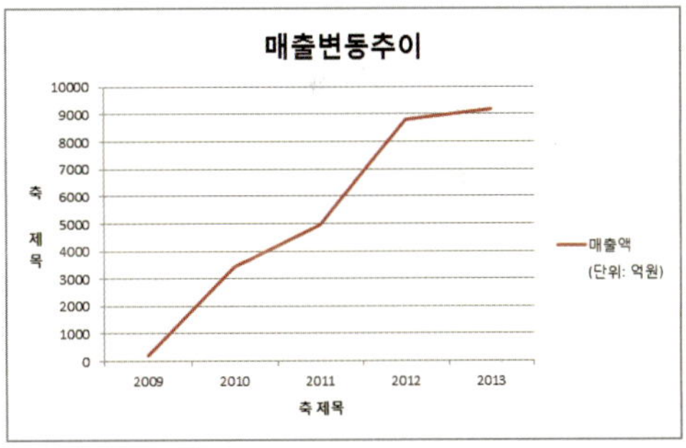

위와 같이 가로 및 세로 축에 "축 제목"이라고 표시되면, 오른쪽 그림과 같이 축 제목을 수정합니다.

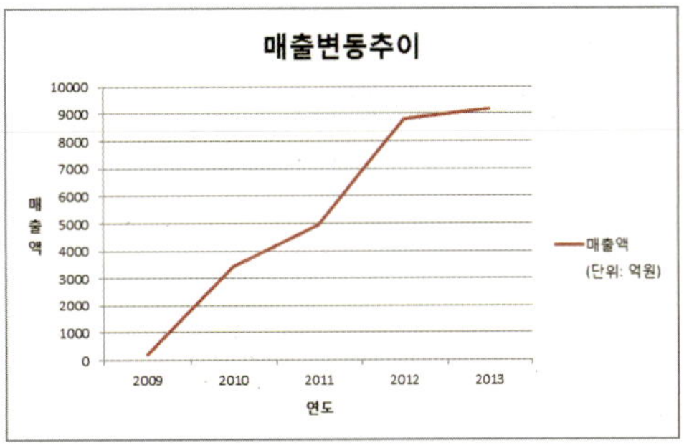

5.3 범례

범례 를 클릭하면 아래의 왼쪽 그림과 같은 메뉴들이 나타납니다. 각각의 메뉴를 선택하면, 아래의 오른쪽 그림과 같이 차트에 표시됩니다. 예제에서는 **오른쪽에 범례 표시** 를 적용해 봅시다.

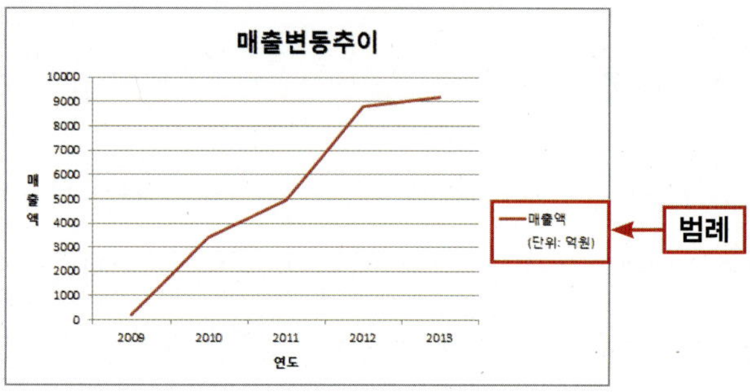

5.4 데이터 레이블

데이터 레이블 을 클릭하면 아래의 왼쪽 그림과 같은 메뉴들이 나타납니다. 각각의 메뉴를 선택하면, 아래의 오른쪽 그림과 같이 차트에 표시됩니다. 예제에서는 **위쪽** 을 선택해 봅시다.

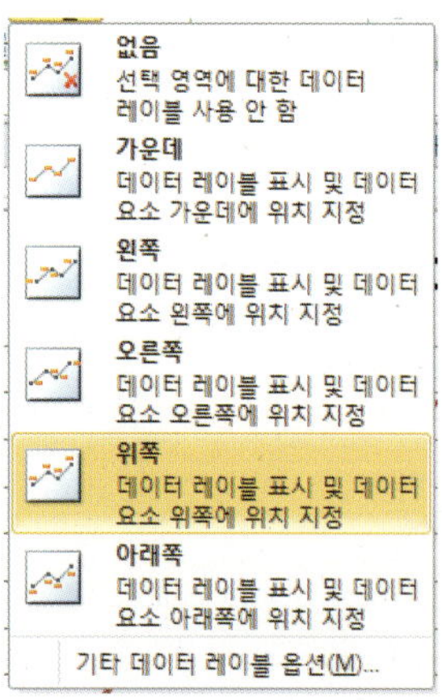

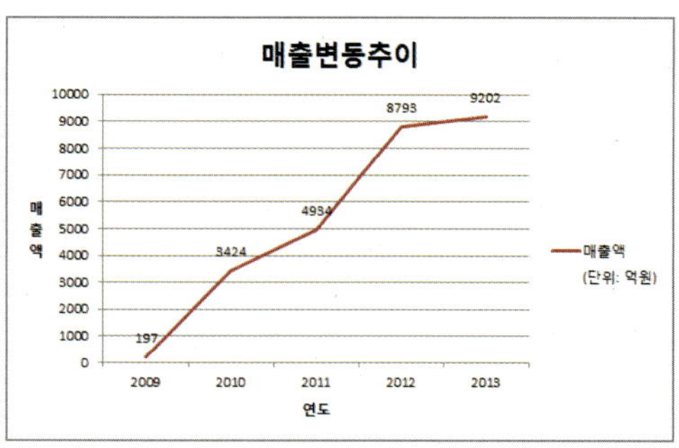

이번에는 데이터 레이블의 서식을 변경해 봅시다. 차트에 삽입된 데이터 레이블 중 임의의 데이터 레이블을 클릭하면 5개의 데이터 레이블이 모두 선택됩니다. 이 상태에서 **홈** 탭의 **글꼴** 그룹에 있는 메뉴들을 이용해 다음의 오른쪽 그림과 같이 데이터 레이블의 서식을 변경하도록 합니다.

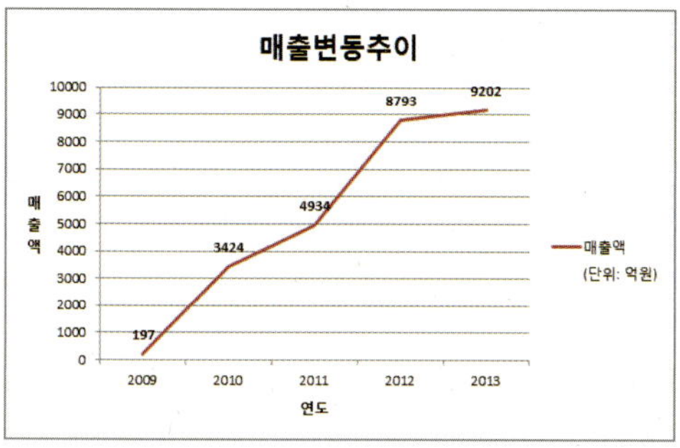

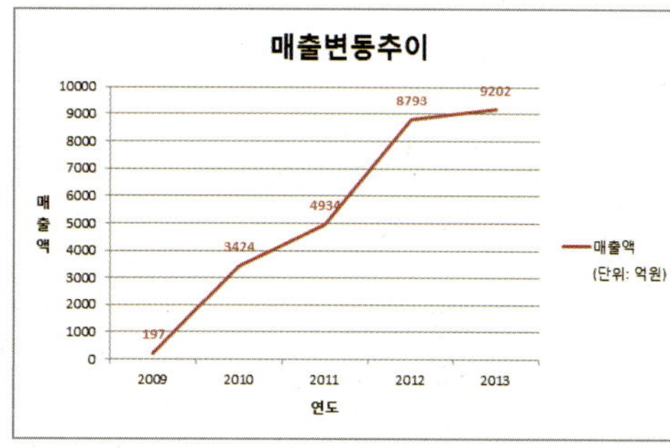

5.5 데이터 표

데이터 표 를 클릭하면 아래의 왼쪽 그림과 같은 메뉴들이 나타납니다. 각각의 메뉴를 선택하면, 아래의 오른쪽 그림과 같이 차트에 표시됩니다. 예제에서는 **데이터 표 표시** 를 선택해 봅시다.

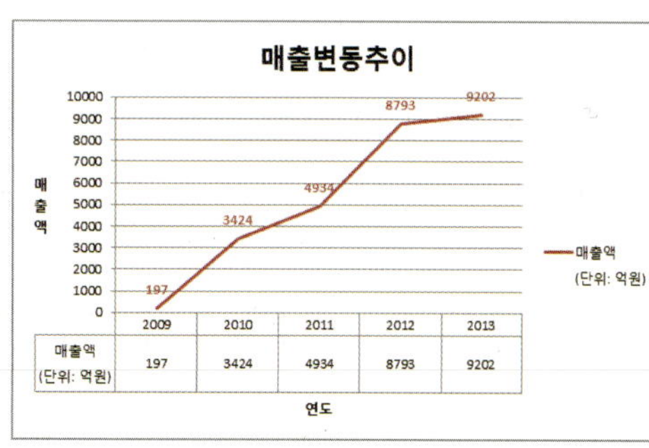

위와 같이 데이터 표가 삽입된 것을 확인한 후에 Ctrl + Z 키를 눌러 실행 취소를 하도록 합니다. 표를 만든 후 표가 작다고 판단되면, 이미지의 크기를 조절할 때와 마찬가지로, 표의 테두리를 마우스 왼쪽 버튼으로 클릭하고 드래그하여 표 크기를 조절할 수 있습니다.

6 원형 차트 삽입하기

6.1 차트 삽입하기

"2013시장점유율" 워크시트의 데이터를 이용해 원형 차트를 삽입해 봅시다.

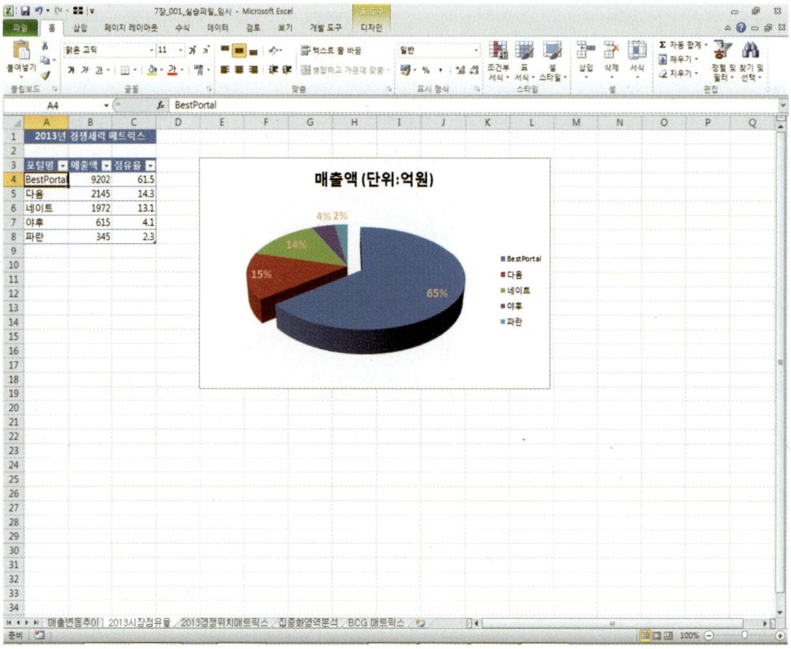

1. A3 셀부터 B8 셀을 영역 선택합니다.

2. **삽입** 탭의 **차트** 그룹에서 **원형** 메뉴를 클릭하고, 다음 그림과 같이 **3차원 원형** 을 클릭합니다.

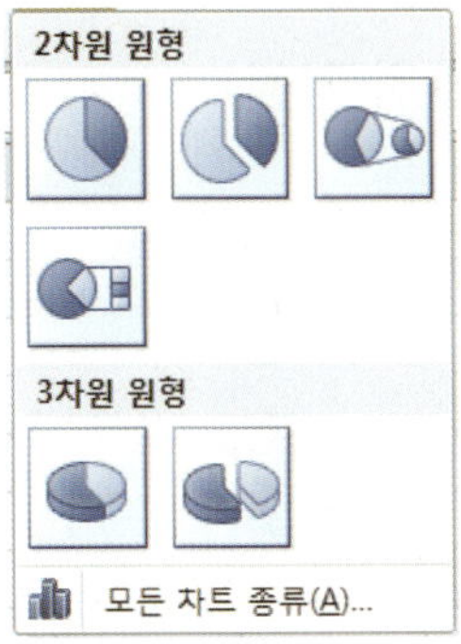

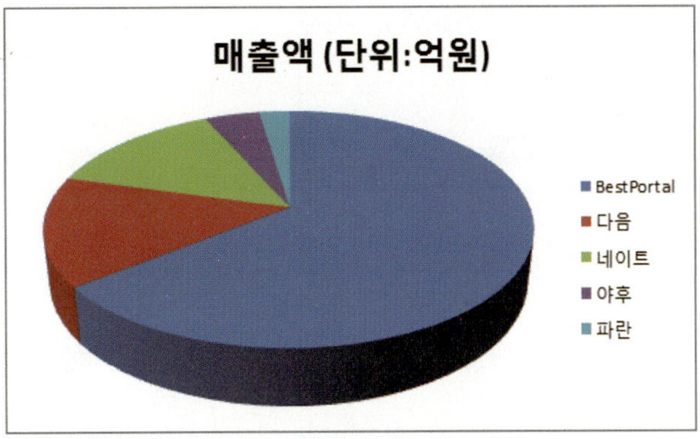

6.2 데이터 레이블 삽입하기

삽입된 차트에 데이터 레이블을 삽입해 봅시다.

1. 차트를 클릭하고, **차트 도구** – **레이아웃** 탭의 **레이블** 그룹에 있는 **데이터 레이블** – **자동 맞춤** 메뉴를 클릭합니다.

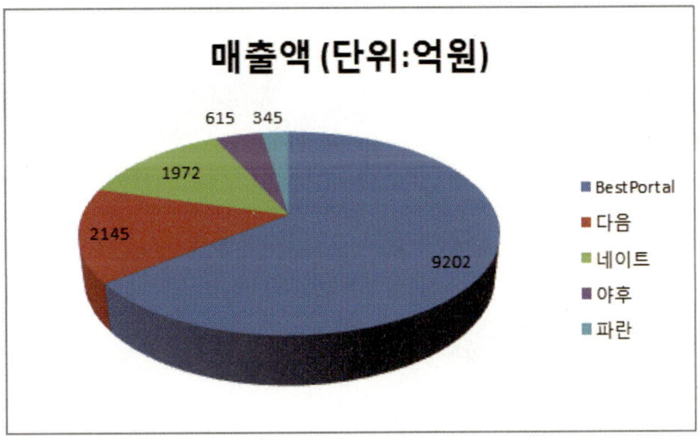

2. 차트를 클릭하고, **차트 도구** – **레이아웃** 탭의 **레이블** 그룹에 있는 **데이터 레이블** – **기타 데이터 레이블 옵션** 메뉴를 클릭합니다. 그리고 **레이블 내용** 에서 **값** 을 해제하고 **백분율** 을 체크한 후, **닫기** 버튼을 클릭합니다.

MS Excel

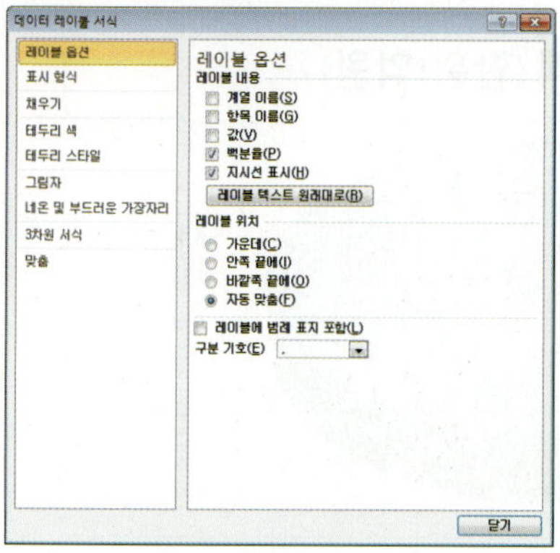

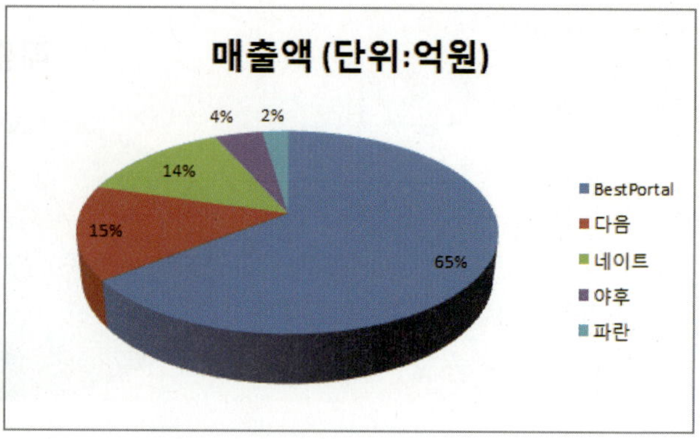

3. 삽입된 데이터 레이블 중 임의의 데이터 레이블을 클릭합니다. 그리고 **홈** 탭의 **글꼴** 레이아웃에 있는 메뉴들을 이용해 데이터 레이블이 잘 보이도록 글꼴 서식을 변경해 줍니다.

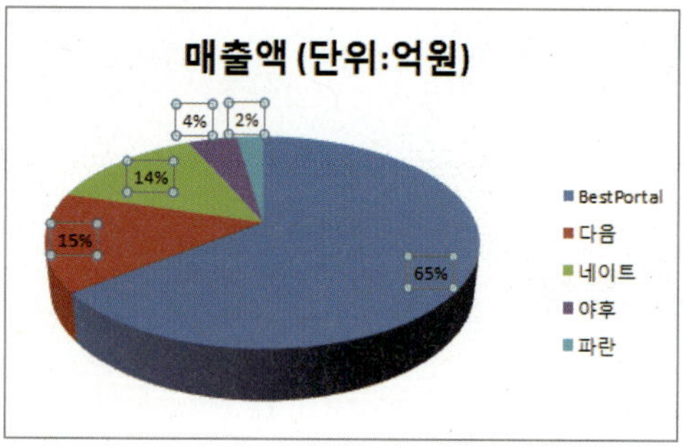

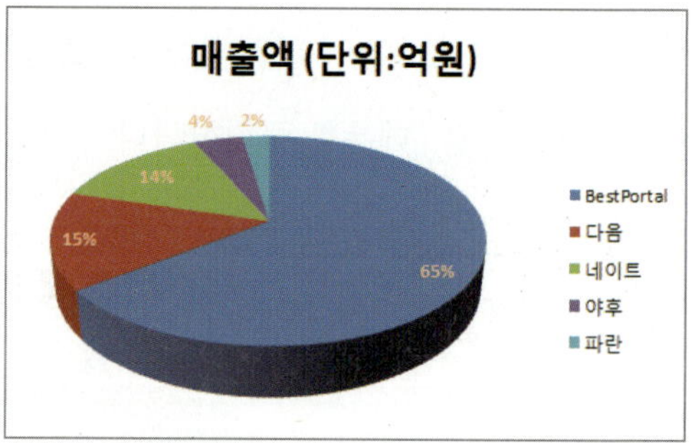

7 거품형 차트 삽입하기 1

7.1 차트 삽입하기

"2013경쟁위치매트릭스" 워크시트의 데이터를 이용해 거품형 차트를 삽입해 봅시다.

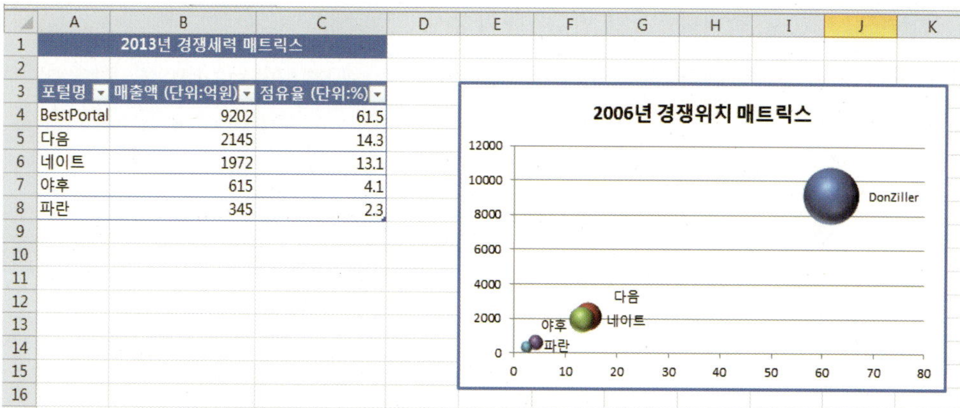

1. A3 셀부터 C8 셀을 드래그해 영역을 선택합니다.

2. **삽입** 탭의 **차트** 그룹에서 **자세히** 버튼을 클릭합니다.

3. "차트 삽입" 대화상자가 나타나면, 왼쪽의 차트 유형에서 **거품형** 을 클릭합니다. 그리고 오른쪽의 차트 목록에서 **3차원 효과의 거품형** 을 클릭하고, **확인** 버튼을 클릭합니다.

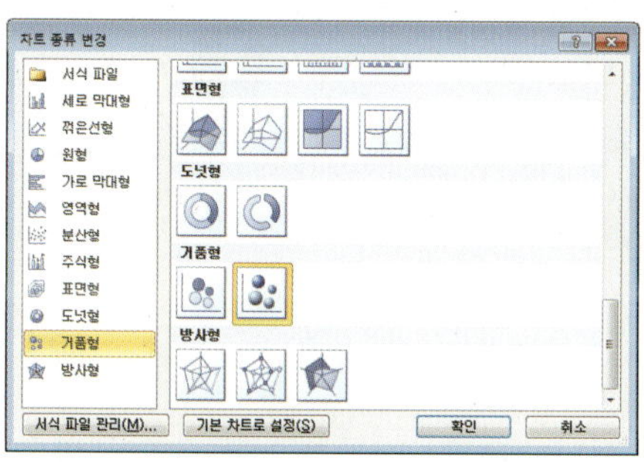

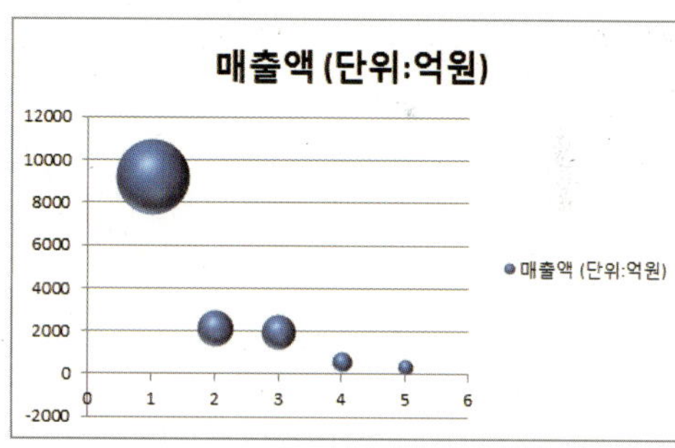

4. 차트를 마우스 오른쪽 버튼으로 클릭하고 **데이터 선택** 메뉴를 클릭합니다.

5. **범례 항목(계열)** 에 입력되어 있는 "매출액 (단위:억원)"을 선택하고, **제거** 버튼을 눌러 오른쪽 그림처럼 모든 범례를 삭제합니다.

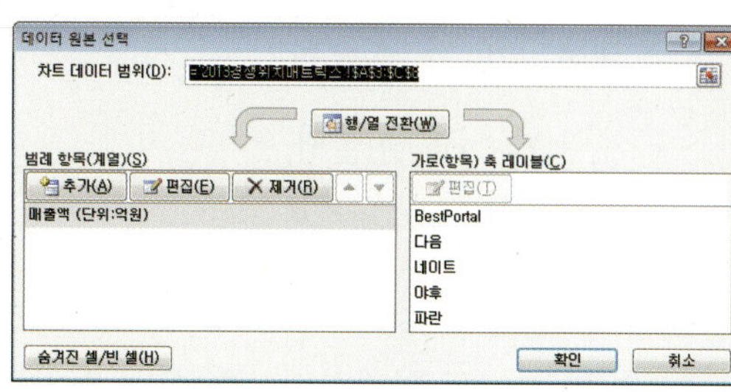

1. **추가** 버튼을 클릭해 "계열 편집" 대화상자가 나타나면 위쪽부터 차례대로 오른쪽 그림과 같이 입력합니다.

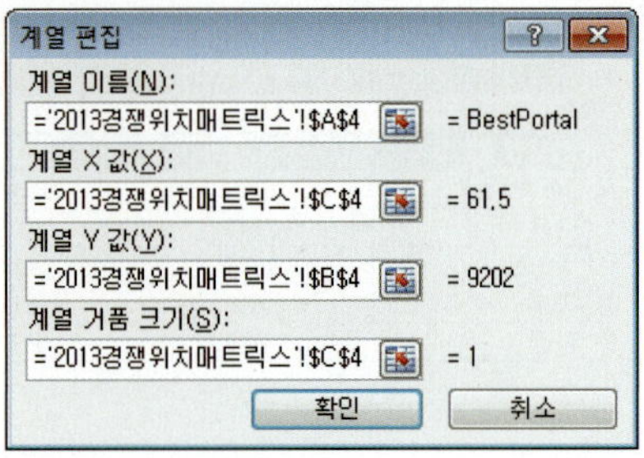

a. 계열 이름: A4 셀 클릭

b. 계열 X값: C4 셀 클릭

c. 계열 Y값: B4 셀 클릭

d. 계열 거품 크기: C4 셀 클릭

2. 데이터를 모두 입력한 후 **확인** 버튼을 클릭합니다. 아래의 왼쪽 그림과 같이 **범례 항목(계열)** 에 새로운 범례가 추가되고, 아래의 오른쪽 그림과 같이 하나의 원이 차트에 삽입됩니다.

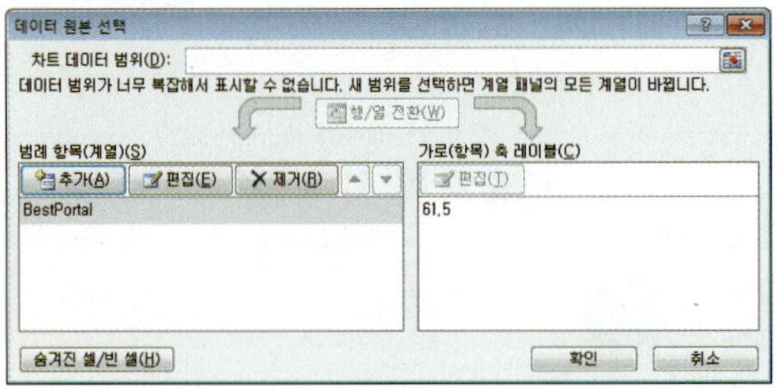

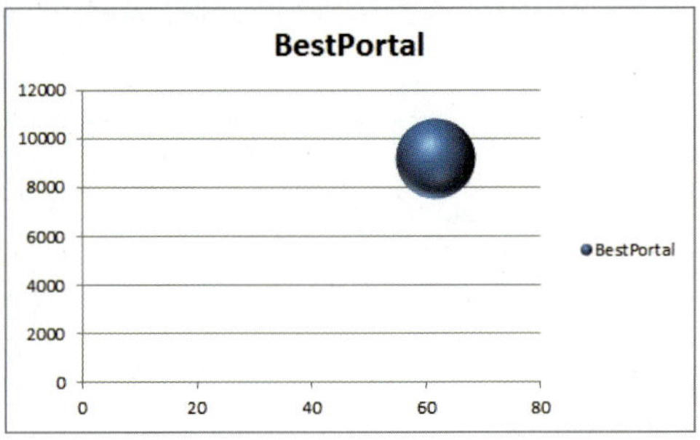

3. 같은 방법으로 계속해서 범례를 추가해 봅시다. **추가** 버튼을 누르고 다음과 같이 입력해 줍니다.

a. 계열 이름: A5 셀 클릭

b. 계열 X값: C5 셀 클릭

c. 계열 Y값: B5 셀 클릭

e. 계열 거품 크기: C5 셀 클릭

4. 데이터를 모두 입력한 후 **확인** 버튼을 클릭합니다. 다음의 왼쪽 그림과 같이 **범례**

항목(계열) 에 새로운 범례가 추가되고, 다음의 오른쪽 그림과 같이 붉은색 원이 차트에 삽입됩니다.

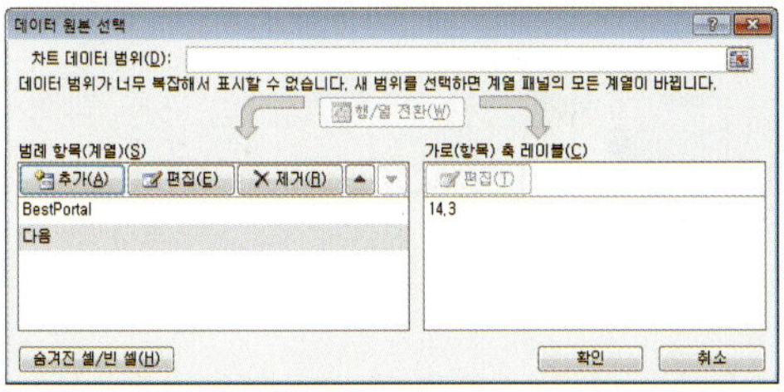

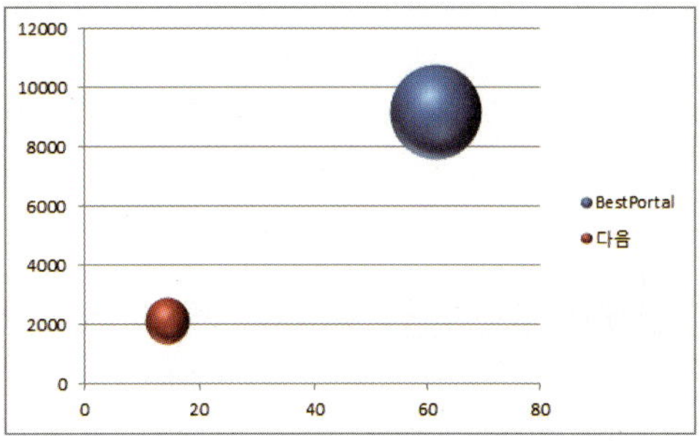

5. 같은 방법으로 “네이트” 범례를 추가해 봅시다. **추가** 버튼을 누르고 다음과 같이 입력해 줍니다.
   a. 계열 이름: A6 셀 클릭
   b. 계열 X값: C6 셀 클릭
   c. 계열 Y값: B6 셀 클릭
   d. 계열 거품 크기: C6 셀 클릭
6. “야후” 범례를 다음과 같이 추가합니다.
   a. 계열 이름: A7 셀 클릭
   b. 계열 X값: C7 셀 클릭
   c. 계열 Y값: B7 셀 클릭
   d. 계열 거품 크기: C7 셀 클릭
7. “파란” 범례를 다음과 같이 추가합니다.
   a. 계열 이름: A8 셀 클릭
   b. 계열 X값: C8 셀 클릭
   c. 계열 Y값: B8 셀 클릭
   d. 계열 거품 크기: C8 셀 클릭

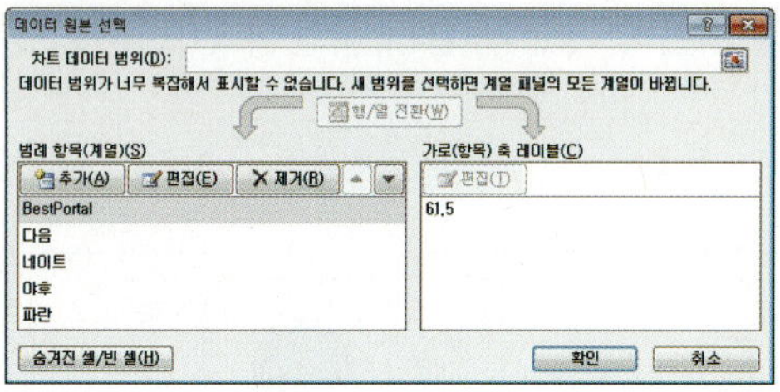

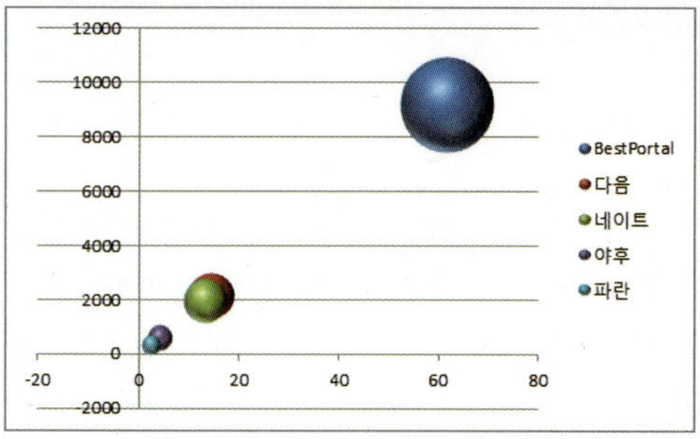

7.2 차트의 가로 및 세로 축 수정하기

현재 삽입된 차트를 보면 가로 및 세로 축이 마이너스 범위까지 표현하고 있습니다. 현재 작성한 차트에서 마이너스 범위는 표현될 필요가 없으므로 이 부분을 수정해 봅시다.

1. 세로 축을 클릭하고, 마우스 오른쪽 버튼을 누른 후, **축 서식** 메뉴를 클릭합니다.

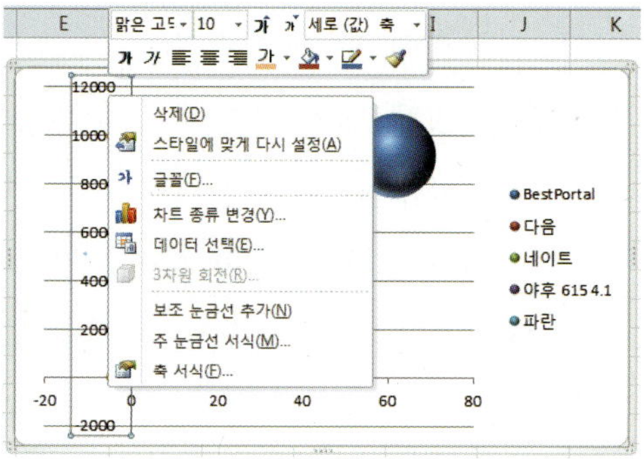

2. "축 서식" 대화상자가 나타나면, **축 옵션** – **최소값** 메뉴를 **고정** 으로 체크해 주고, 값으로 "0"을 입력합니다. 그리고 **닫기** 버튼을 클릭합니다.

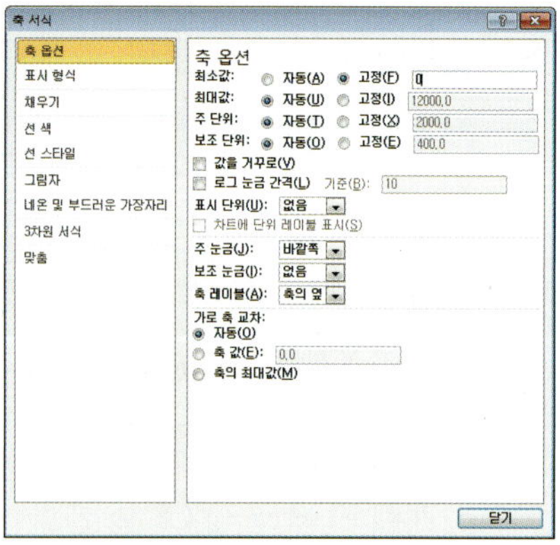

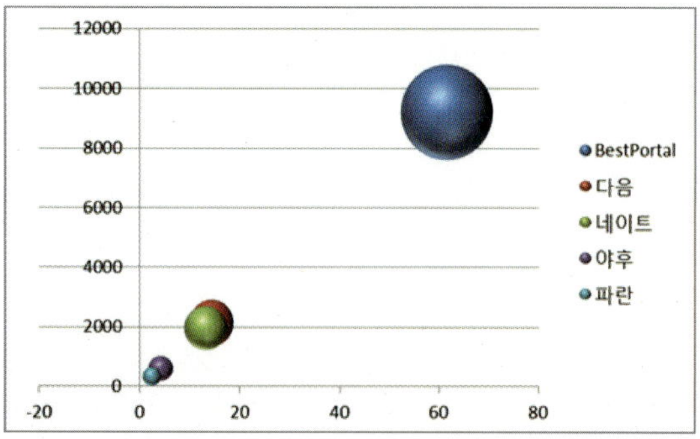

3. 가로 축을 클릭하고, 마우스 오른쪽 버튼을 누른 후, **축 서식** 메뉴를 클릭합니다.

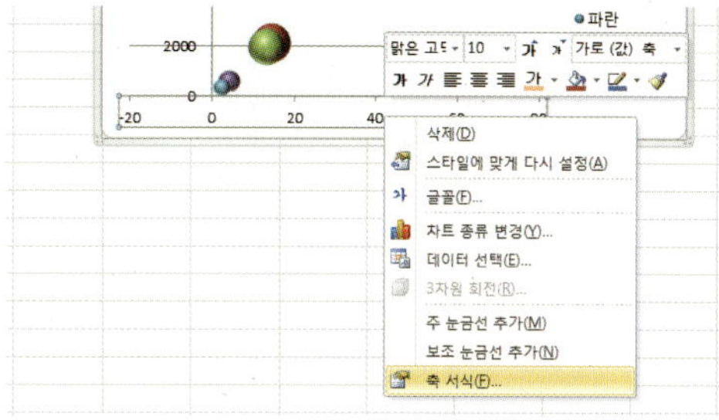

4. "축 서식" 대화상자가 나타나면, **축 옵션** – **최소값** 메뉴를 **고정**으로 체크해 주고, 값으로 "0"을 입력합니다. 그리고 **닫기** 버튼을 클릭합니다.

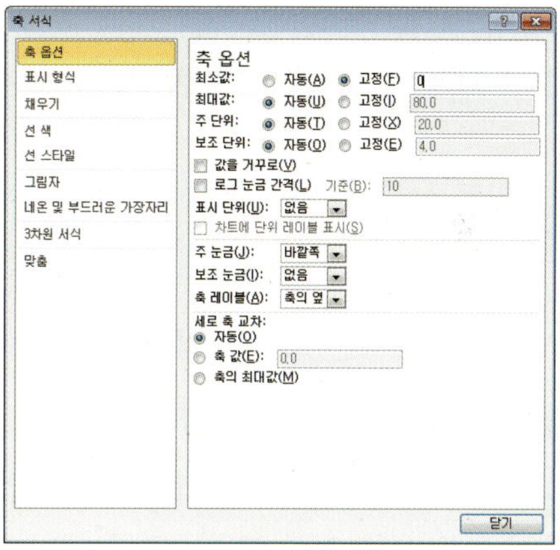

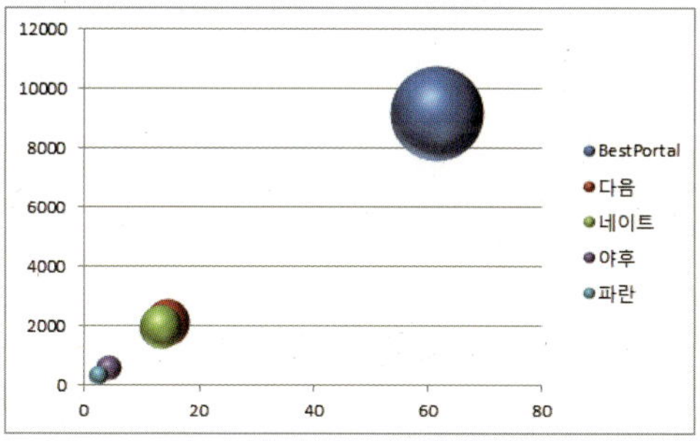

7.3 범례 제거하기

차트의 오른쪽에 위치한 범례를 제거해 봅시다.

1. 차트를 클릭하고, **차트 도구** – **레이아웃** 탭의 **레이블** 그룹에 있는 **범례** – **없음** 메뉴를 클릭합니다.

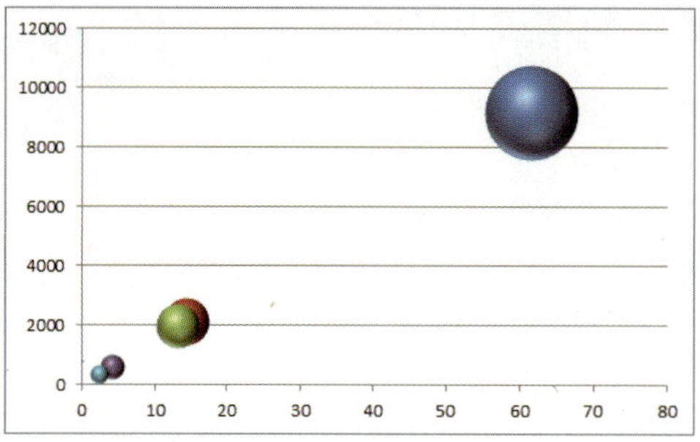

7.4 제목 레이블 삽입하기

차트 상단에 차트 제목을 입력해 봅시다.

1. 차트를 클릭하고, **차트 도구** – **레이아웃** 탭의 **레이블** 그룹에 있는 **차트 제목** – **차트 위** 메뉴를 클릭합니다.

2. 차트 제목이 삽입되면 차트 제목을 "2013년 경쟁위치 매트릭스"로 수정합니다.

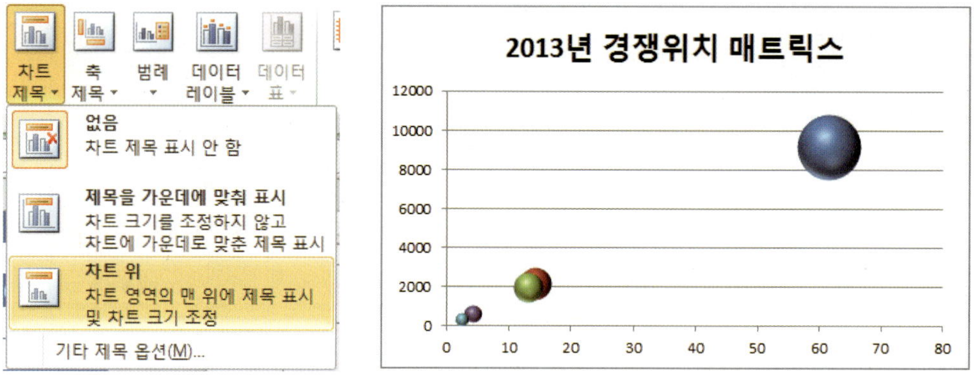

7.5 데이터 레이블 삽입하기

차트에 삽입된 각각의 원들에 대해 회사명을 데이터 레이블로 삽입해 봅시다.

1. 차트를 클릭하고, **차트 도구** – **레이아웃** 탭의 **레이블** 그룹에 있는 **데이터 레이블** – **오른쪽** 메뉴를 클릭합니다.

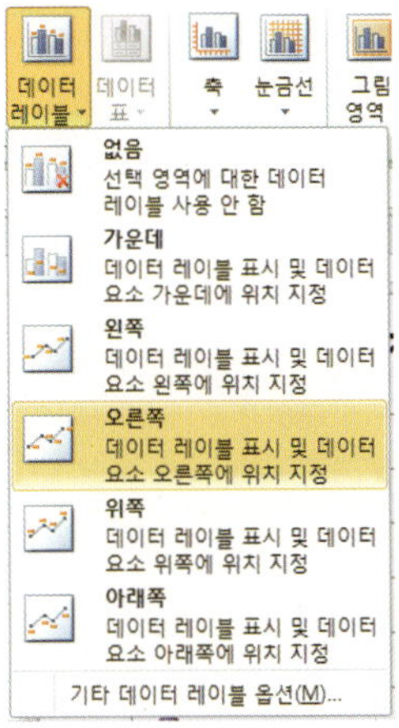

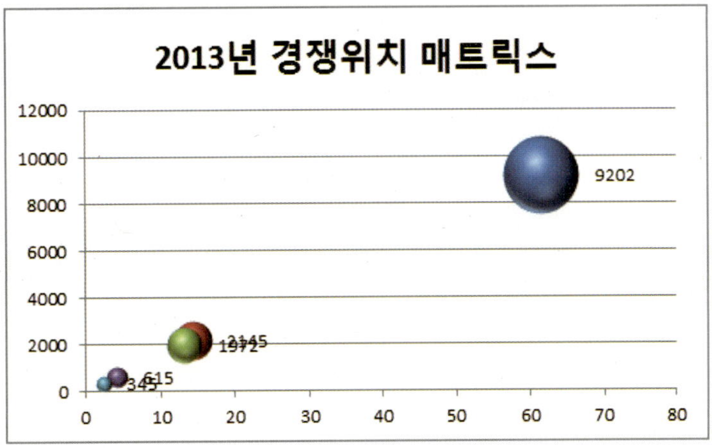

2. 위의 오른쪽 그림에서 가장 오른쪽에 있는 데이터 레이블부터 수정해 봅시다. "9202" 또는 파랑색 원을 마우스 왼쪽 버튼으로 클릭하고, **데이터 레이블 서식** 메뉴를 클릭합니다.

3. "데이터 레이블 서식" 대화상자가 나타나면 **Y값**은 해제하고, **계열 이름**은 체크한 후, **닫기** 버튼을 클릭합니다.

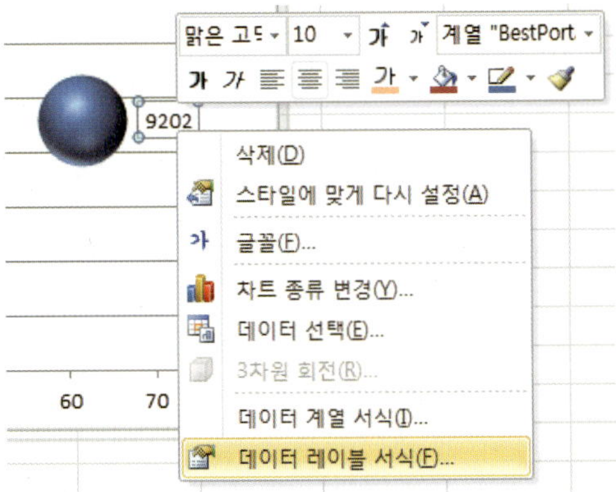

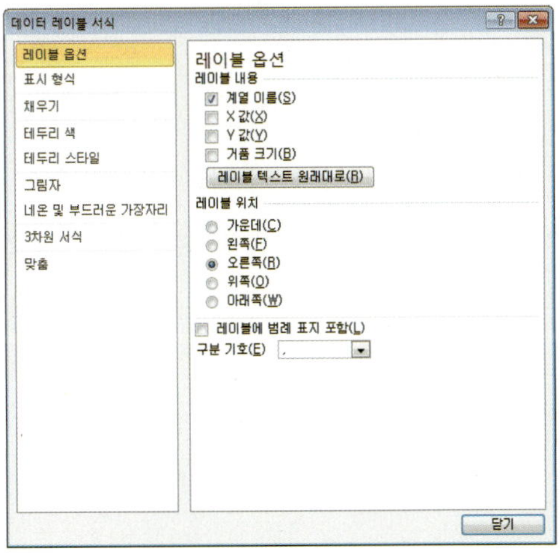

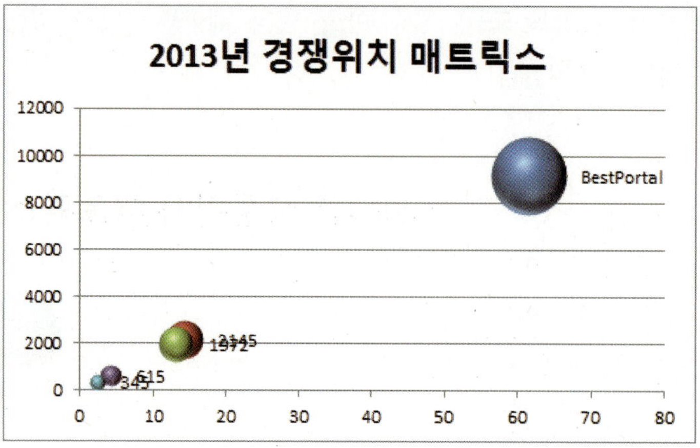

4. 모든 데이터 레이블들을 같은 방법으로 수정해 줍니다.

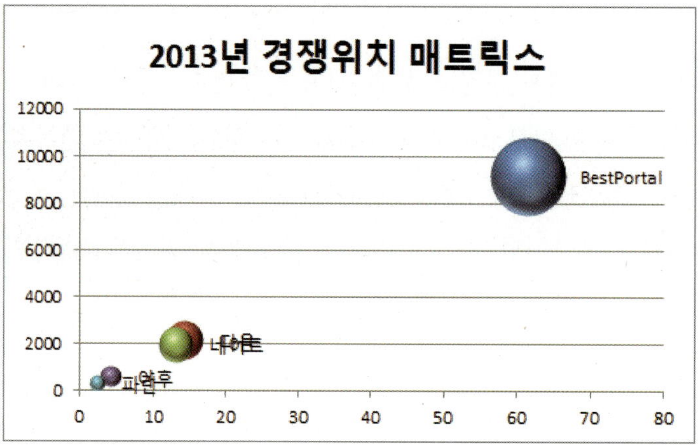

5. 데이터 레이블들이 서로 겹쳐져 있어 구분되지 않으므로, 각각의 데이터 레이블을 마우스 왼쪽 버튼으로 클릭하고 드래그해 적절하게 위치를 조절해 줍니다.

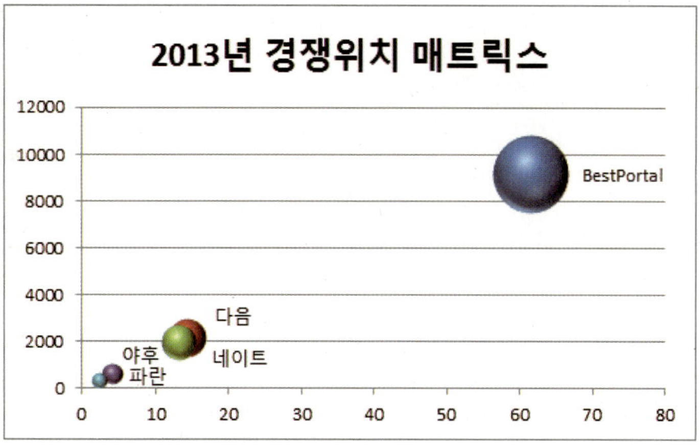

8 분산형 차트 삽입하기

8.1 차트 삽입하기

"집중화영역분석" 워크시트의 데이터를 이용해 분산형 차트를 삽입해 봅시다.

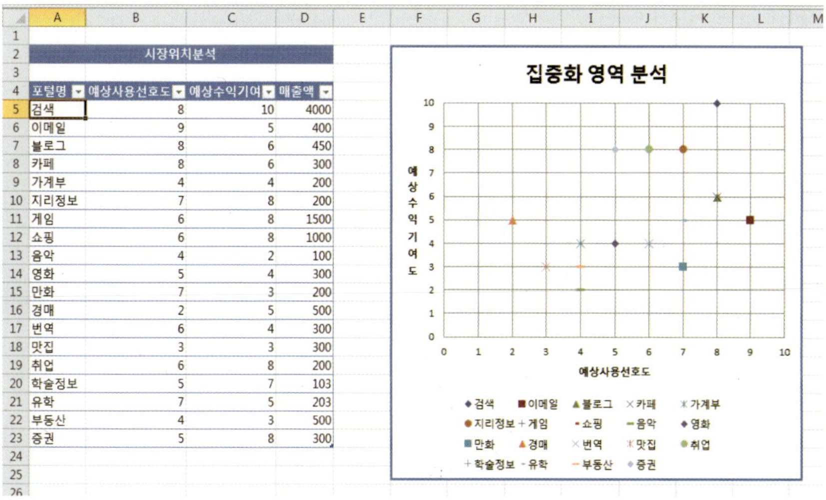

시장위치분석

포털명	예상사용선호도	예상수익기여	매출액
검색	8	10	4000
이메일	9	5	400
블로그	8	6	450
카페	8	6	300
가계부	4	4	200
지리정보	7	8	200
게임	6	8	1500
쇼핑	6	8	1000
음악	4	2	100
영화	5	4	300
만화	7	3	200
경매	2	5	500
번역	6	4	300
맛집	3	3	300
취업	6	8	200
학술정보	5	7	103
유학	7	5	203
부동산	4	3	500
증권	5	8	300

1. 아무런 내용이 입력되어 있지 않은 빈 셀을 임의로 클릭하고, **삽입** 탭의 **차트** 그룹에서 **자세히** 버튼을 클릭합니다.

2. "차트 삽입" 대화상자가 나타나면, 왼쪽의 차트 유형에서 **분산형** 을 클릭합니다. 그리고 오른쪽의 차트 목록에서 **표식만 있는 분산형** 을 클릭하고, **확인** 버튼을 클릭합니다. 그러면 흰색 배경에 아무런 내용이 입력되어 있지 않은 빈 차트가 삽입됩니다.

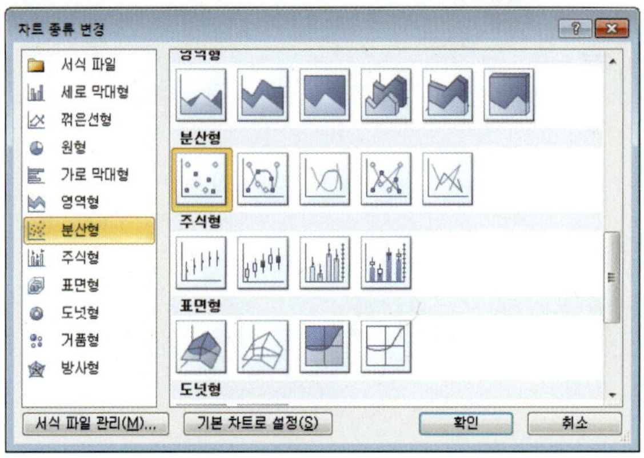

3. 차트를 마우스 오른쪽 버튼으로 클릭하고 **데이터 선택** 메뉴를 클릭합니다.

4. **추가** 버튼을 클릭하고, 다음과 같이 입력합니다.

   a. 계열 이름: A5 셀 클릭

   b. 계열 X값: B5 셀 클릭

   c. 계열 Y값: C5 셀 클릭

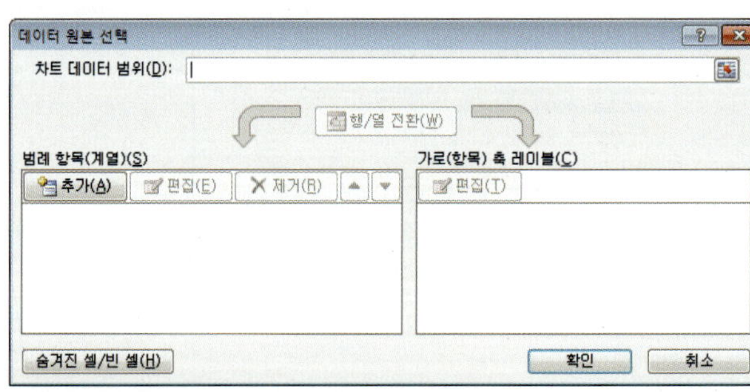

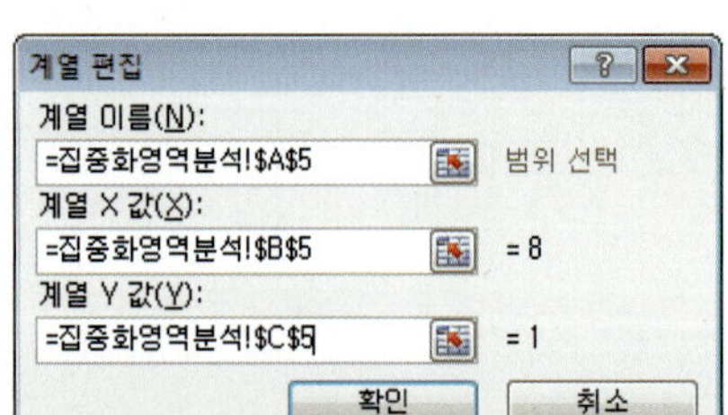

5. 아래와 같이 범례가 추가되고 차트에 "검색"에 대한 데이터가 표시됩니다.

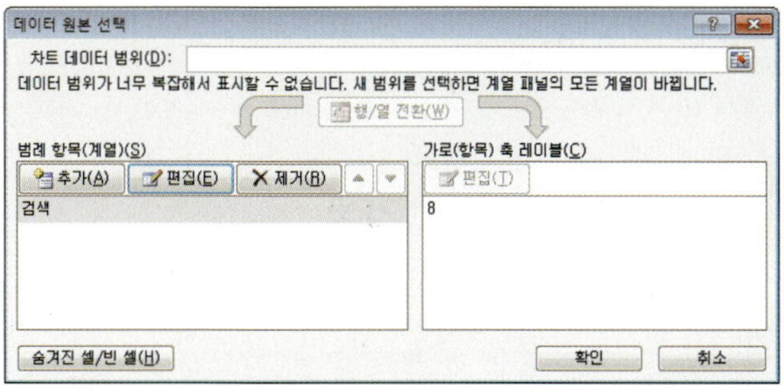

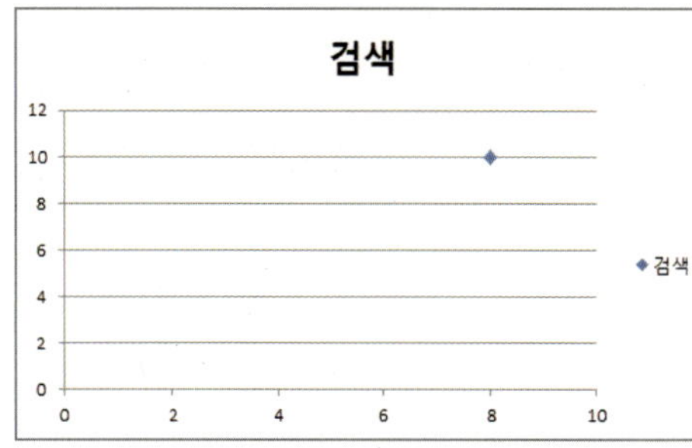

6. 위와 같은 방법으로 나머지 데이터들을 차트에 모두 반영해 봅시다.

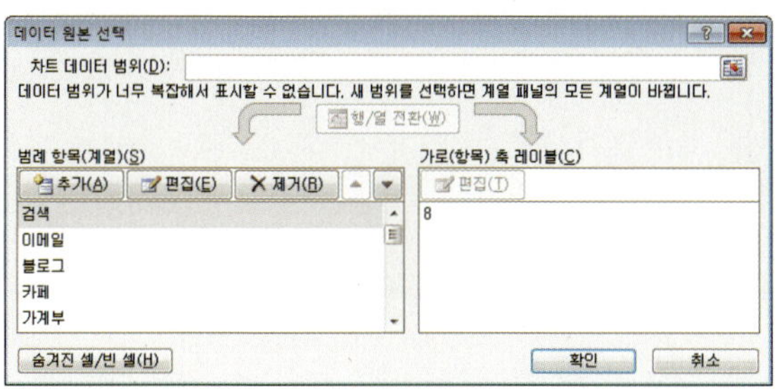

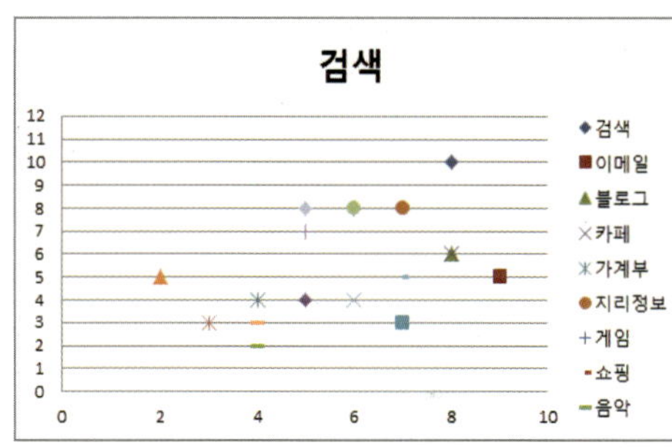

8.2 차트 가로 및 세로 축 수정하기

현재 삽입된 차트를 보면 가로 축과 세로 축이 2씩 증가하고 있습니다. 가로 및 세로 축이 0 ~ 10까지의 범위에서 1씩 증가하도록 수정해 봅시다.

1. 세로 축을 클릭하고, 마우스 오른쪽 버튼을 누른 후, **축 서식** 메뉴를 클릭합니다.

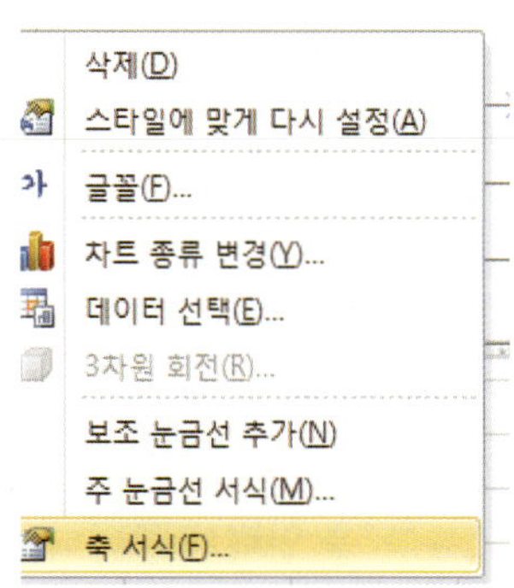

2. "축 서식" 대화상자가 나타나면, **축 옵션** – **최대값** 메뉴를 **고정** 으로 체크하고, 값으로 "10"을 입력해 줍니다. 또한 **축 옵션** – **주 단위** 메뉴를 **고정** 으로 체크하고, 값으로 "1"을 입력해 줍니다. 그리고 **닫기** 버튼을 클릭합니다.

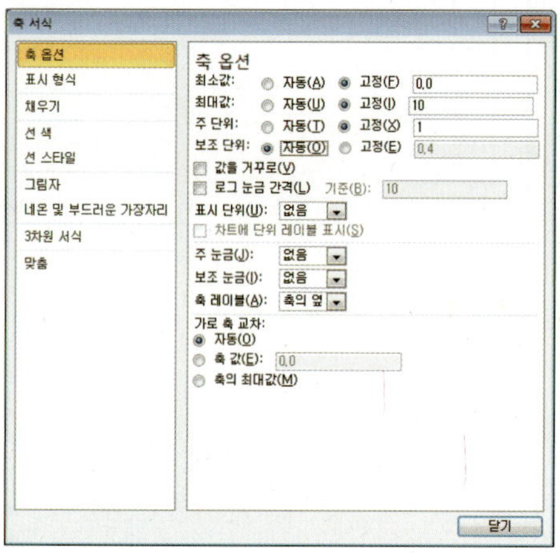

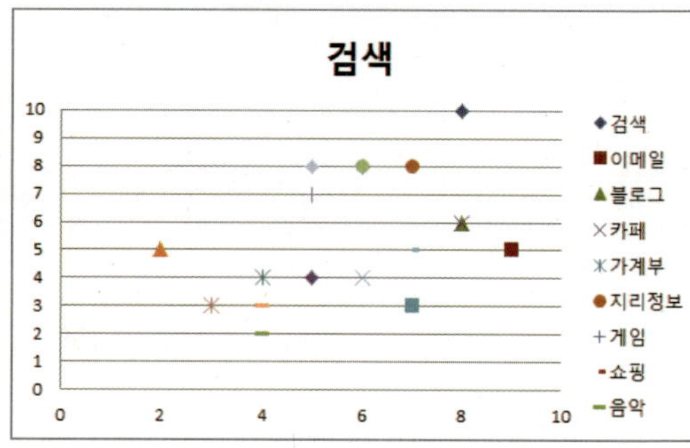

3. 가로 축을 클릭하고, 마우스 오른쪽 버튼을 누른 후, **축 서식** 메뉴를 클릭합니다.

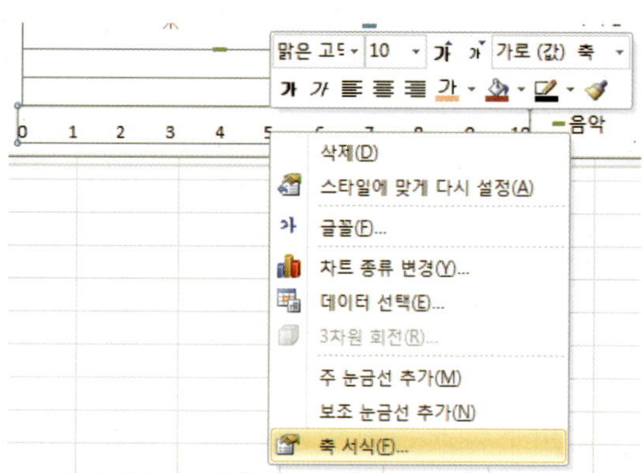

4. "축 서식" 대화상자가 나타나면, **축 옵션** – **최대값** 메뉴를 **고정** 으로 체크하고, 값으로 "10"을 입력해 줍니다. 또한 **축 옵션** – **주 단위** 메뉴를 **고정** 으로 체크하고, 값으로 "1"을 입력해 줍니다. 그리고 **닫기** 버튼을 클릭합니다.

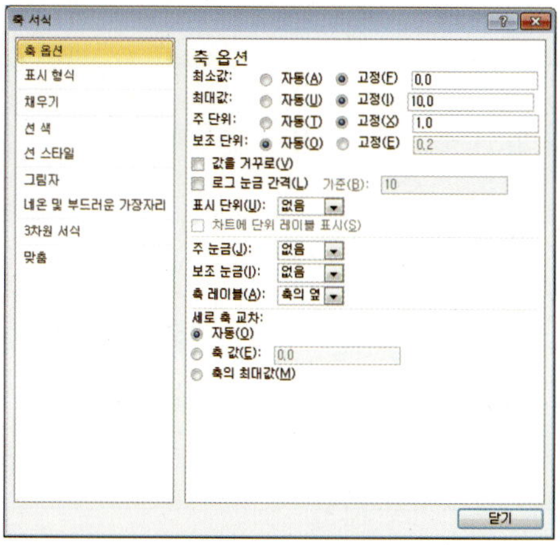

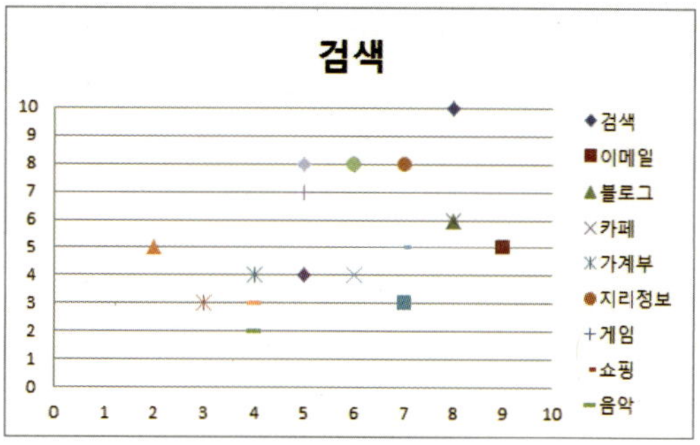

8.3 세로 눈금선 추가하기

현재 차트에는 가로 눈금선만 표시되어 있습니다. 세로 눈금선을 추가해 봅시다.

1. 차트를 마우스로 클릭합니다.

2. **차트 도구** – **레이아웃** 탭의 **축** 그룹에 있는 **눈금선** – **기본 세로 눈금선** – **주 눈금선** 메뉴를 클릭합니다.

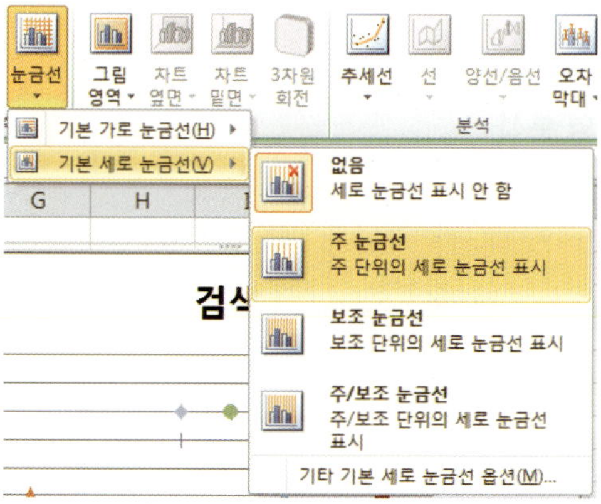

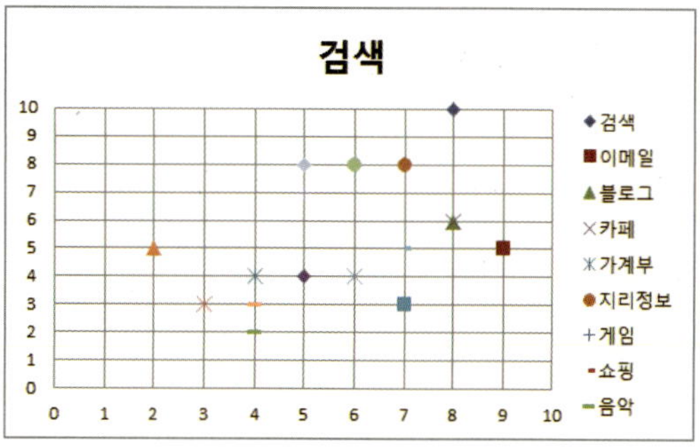

8.4 범례 위치 수정하기

예제에서 범례는 차트의 아랫부분에 위치해야 합니다. 범례 위치를 수정해 봅시다.

1. 차트를 마우스로 클릭합니다.

2. **차트 도구** – **레이아웃** 탭의 **레이블** 그룹에 있는 **범례** – **아래쪽에 범례 표시** 메뉴를 클릭합니다.

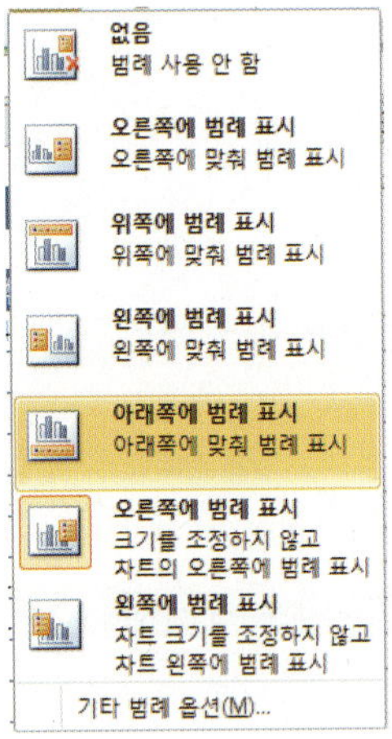

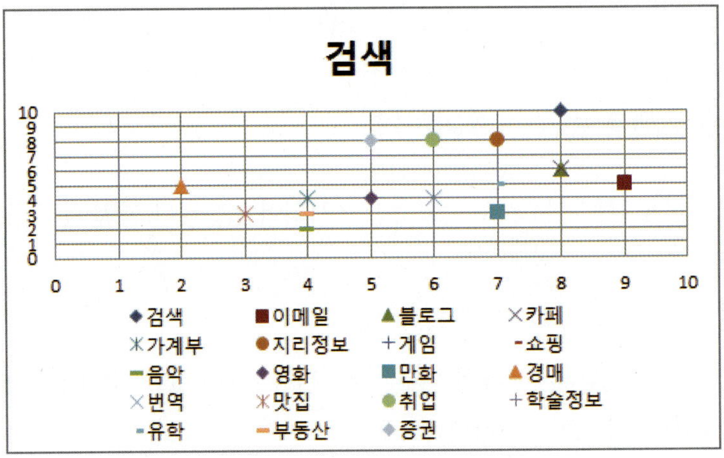

최종적으로 차트의 크기를 적절하게 조절합니다.

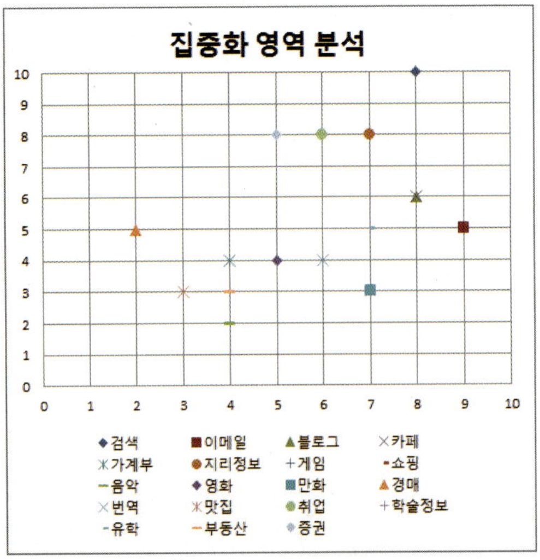

9 거품형 차트 삽입하기 2

9.1 차트 삽입하기

"BCG매트릭스" 워크시트의 데이터를 이용해 거품형 차트를 삽입해 봅시다.

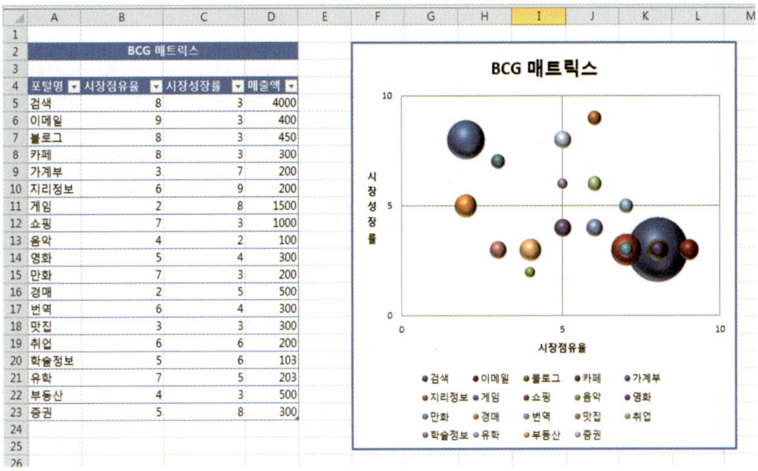

1. **삽입** 탭의 **차트** 그룹에서 **자세히** 버튼을 클릭합니다.

2. "차트 삽입" 대화상자가 나타나면, 왼쪽의 차트 유형에서 **거품형** 을 클릭합니다. 그리고 오른쪽의 차트 목록에서 **3차원 효과의 거품형** 을 클릭하고, **확인** 버튼을 클릭합니다. 그러면 흰색 배경에 아무런 내용이 입력되어 있지 않은 빈 차트가 삽입됩니다.

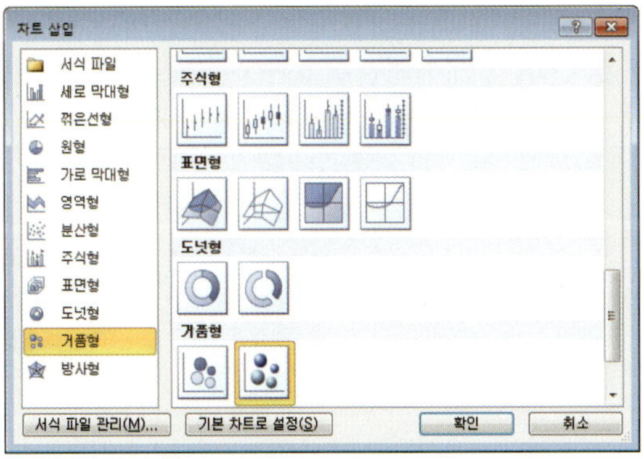

3. 차트를 마우스 오른쪽 버튼으로 클릭하고 **데이터 선택** 메뉴를 클릭합니다.

4. **추가** 버튼을 클릭하고, 다음과 같이 입력합니다.

   a. 계열 이름: A5 셀 클릭

   b. 계열 X값: B5 셀 클릭

   c. 계열 Y값: C5 셀 클릭

   d. 계열 거품 크기: D5 셀 클릭

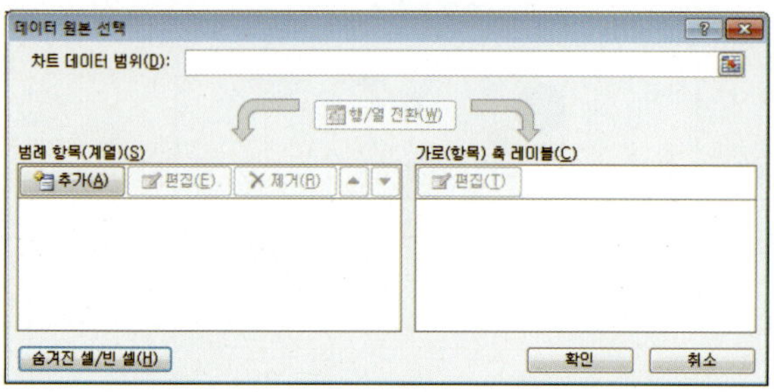

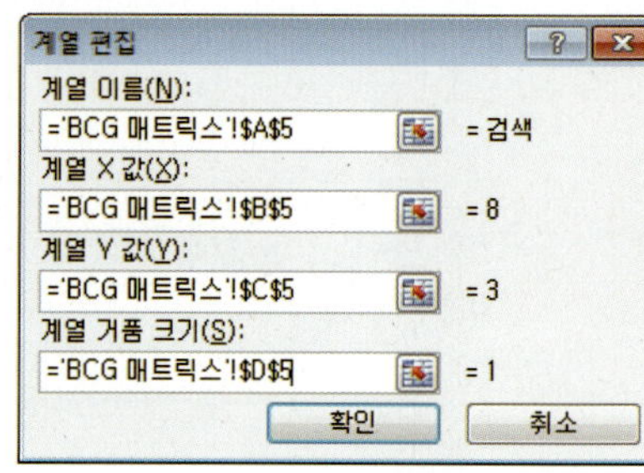

5. 아래와 같이 범례가 추가되고 차트에 "검색"에 대한 데이터가 표시됩니다.

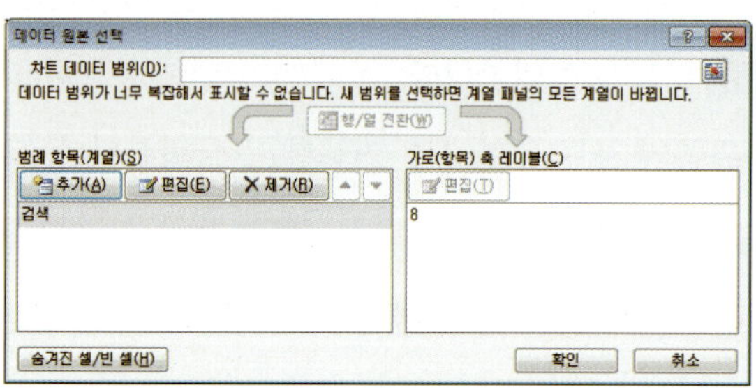

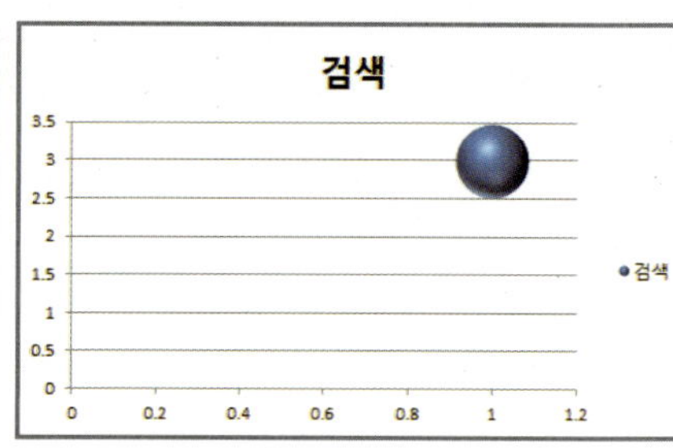

6. 위와 같은 방법으로 나머지 데이터들을 차트에 모두 반영해 봅시다.

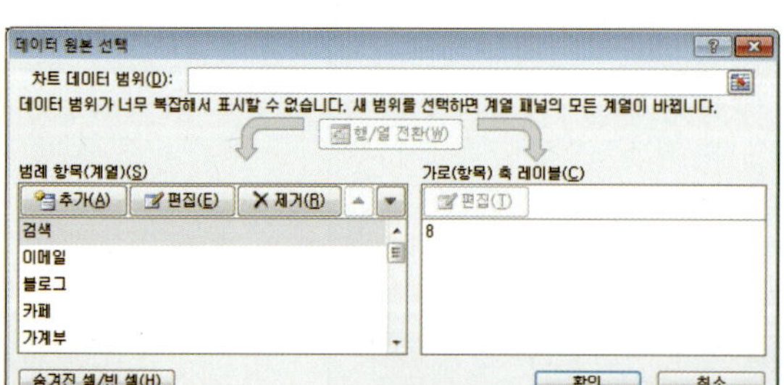

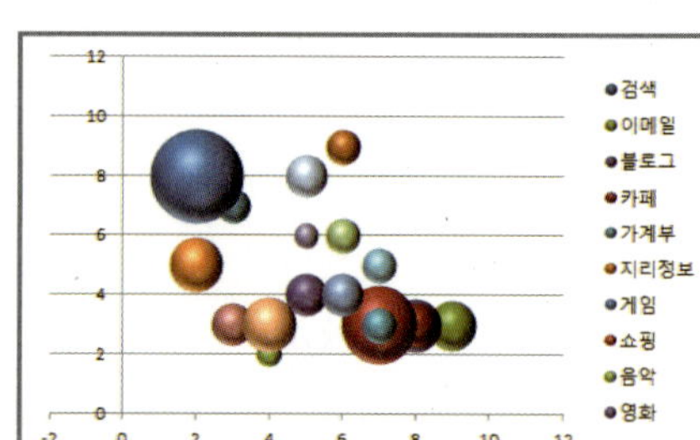

9.2 차트의 가로 및 세로 축 수정하기

현재 삽입된 차트를 보면 가로 및 세로 축이 마이너스 범위까지 표현하고 있습니다. 또한 눈금선 간격도 너무 촘촘합니다. 차트의 가로 및 세로 축의 서식을 수정해 봅시다.

1. 세로 축을 클릭하고, 마우스 오른쪽 버튼을 누른 후, **축 서식** 메뉴를 클릭합니다.

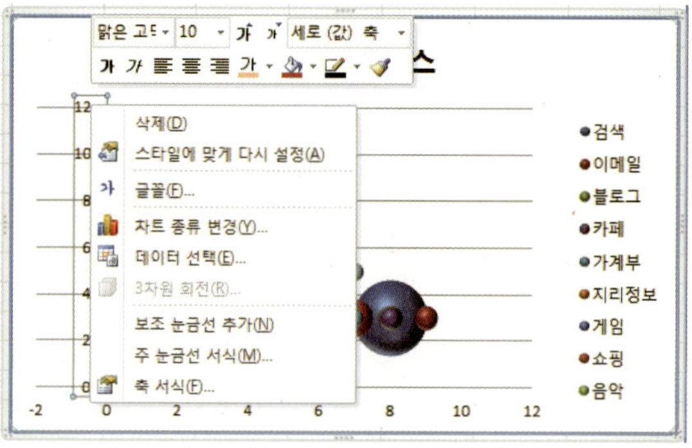

2. "축 서식" 대화상자가 나타나면, 다음과 같이 설정하고 **닫기** 버튼을 클릭합니다.
   a. **최대값** 메뉴: **고정**에 체크, "10" 입력
   b. **주 단위** 메뉴: **고정**에 체크, "5" 입력

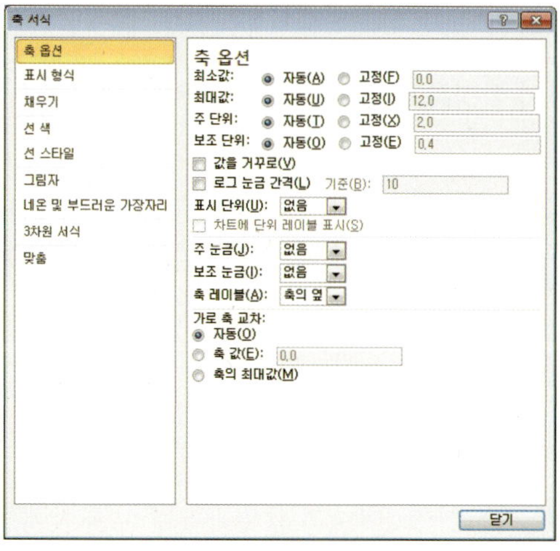

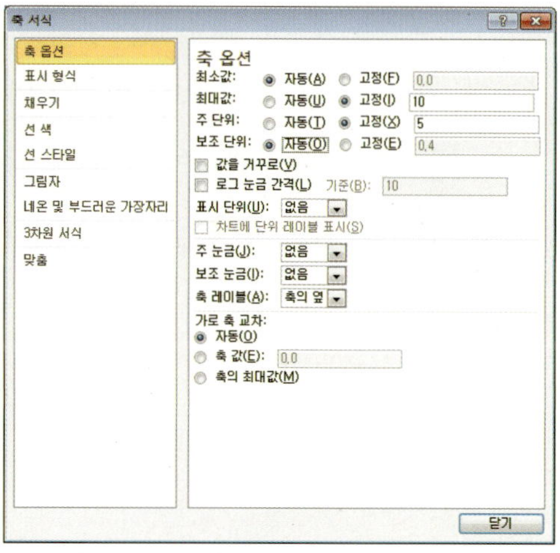

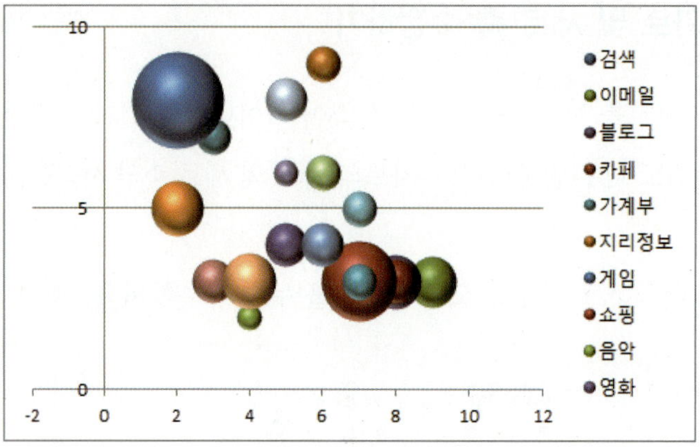

3. 가로 축을 클릭하고, 마우스 오른쪽 버튼을 누른 후, **축 서식** 메뉴를 클릭합니다.

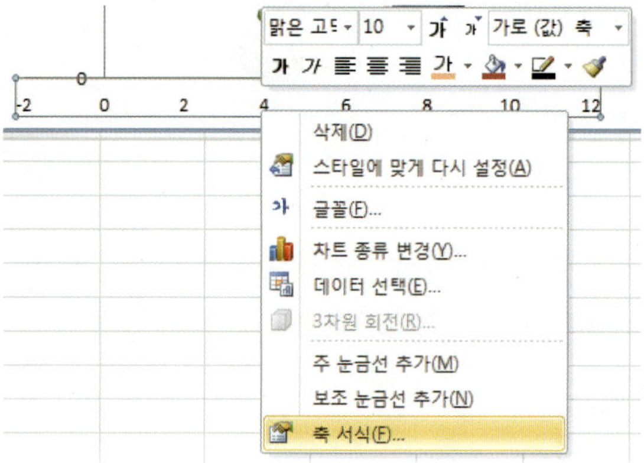

4. "축 서식" 대화상자가 나타나면, 다음과 같이 설정하고 **닫기** 버튼을 클릭합니다.

   a. **최소값** 메뉴: **고정** 에 체크, "0" 입력

   b. **최대값** 메뉴: **고정** 에 체크, "10" 입력

   c. **주 단위** 메뉴: **고정** 에 체크, "5" 입력

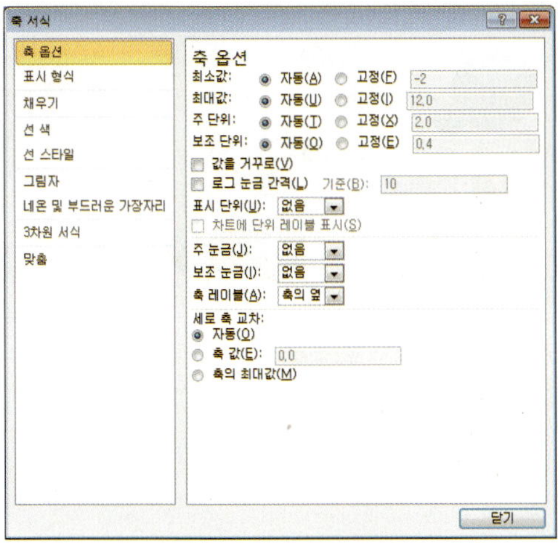

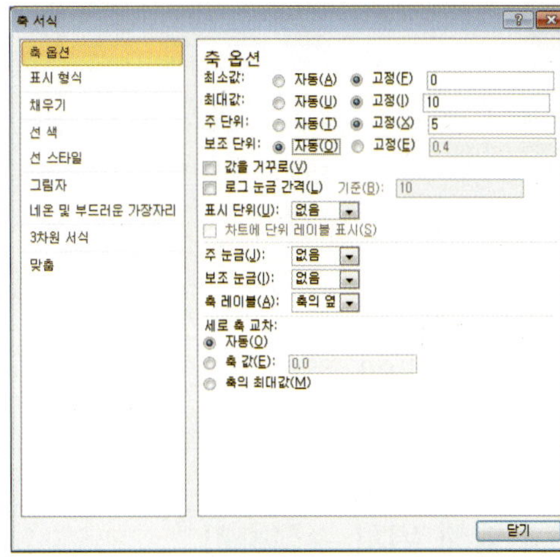

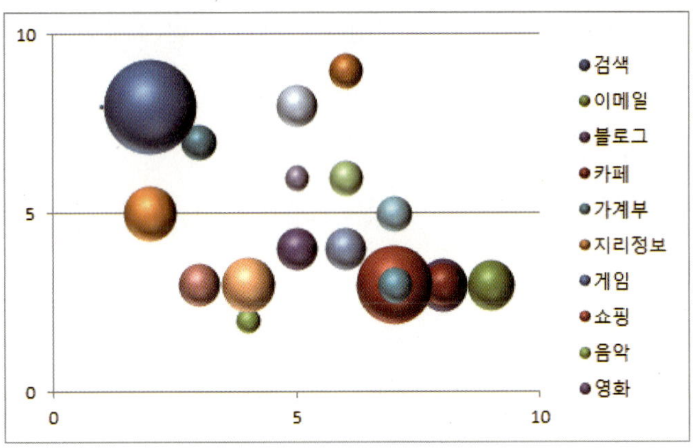

9.3 세로 눈금선 추가하기

현재 차트에는 가로 눈금선만 표시되어 있습니다. 세로 눈금선을 추가해 봅시다.

1. 차트를 마우스로 클릭합니다.

2. **차트 도구** – **레이아웃** 탭의 **축** 그룹에 있는 **눈금선** – **기본 세로 눈금선** – **주 눈금선** 메뉴를 클릭합니다.

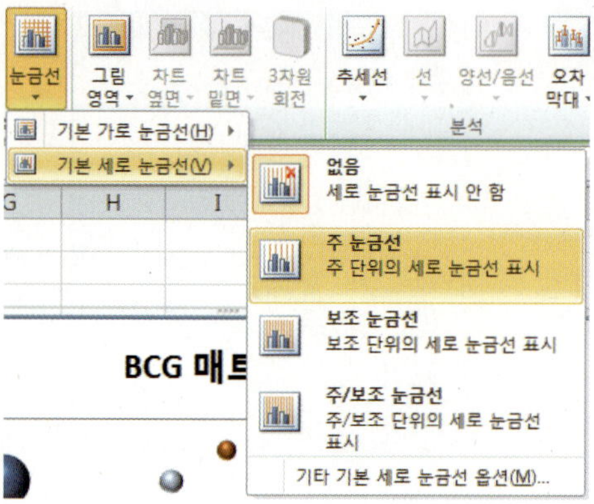

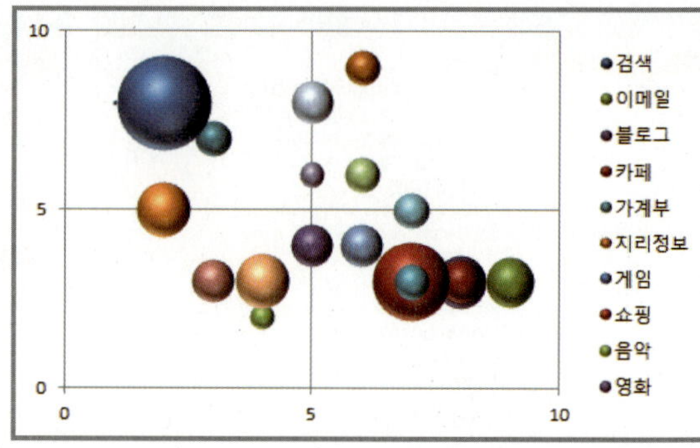

9.4 범례 위치 수정하기

예제에서 범례는 차트의 아랫부분에 위치해야 합니다. 범례 위치를 수정해 봅시다.

1. 차트를 마우스로 클릭합니다.

2. **차트 도구** – **레이아웃** 탭의 **레이블** 그룹에 있는 **범례** – **아래쪽에 범례 표시** 메뉴를 클릭합니다.

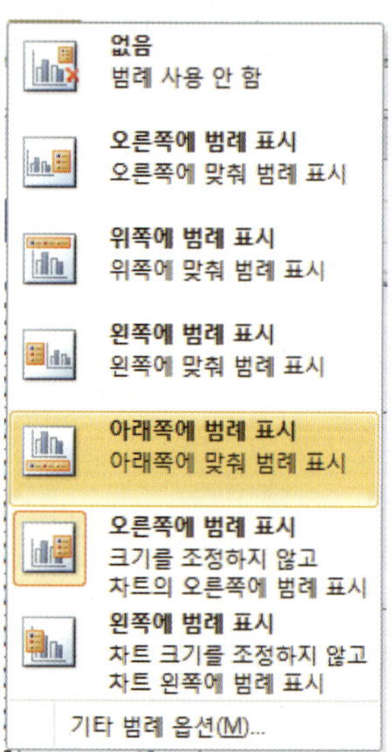

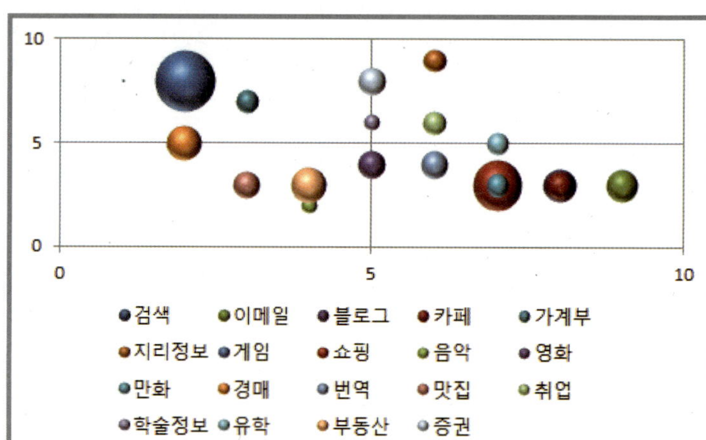

9.5 차트 제목 삽입하기

차트 상단에 차트 제목을 입력해 봅시다.

1. 차트를 클릭하고, **차트 도구** – **레이아웃** 탭의 **레이블** 그룹에 있는 **차트 제목** – **차트 위** 메뉴를 클릭합니다.
2. 차트 제목이 삽입되면 차트 제목을 "BCG 매트릭스"로 수정합니다.

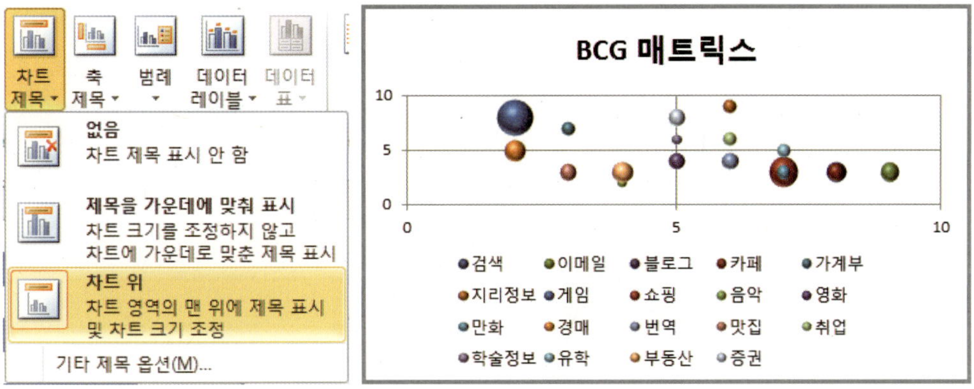

9.6 축 제목 삽입하기

가로 및 세로 축에 제목을 삽입해 봅시다.

1. 차트를 클릭합니다.
2. **차트 도구** – **레이아웃** 탭의 **레이블** 그룹에 있는 **축 제목** – **기본 가로 축 제목** – **축 아래 제목** 메뉴를 클릭합니다.
3. **차트 도구** – **레이아웃** 탭의 **레이블** 그룹에 있는 **축 제목** – **기본 세로 축 제목** – **세로 제목** 메뉴를 클릭합니다.
4. 세로 축 제목을 "시장성장율"로, 가로 축 제목을 "시장점유율"로 수정합니다.

MS Excel

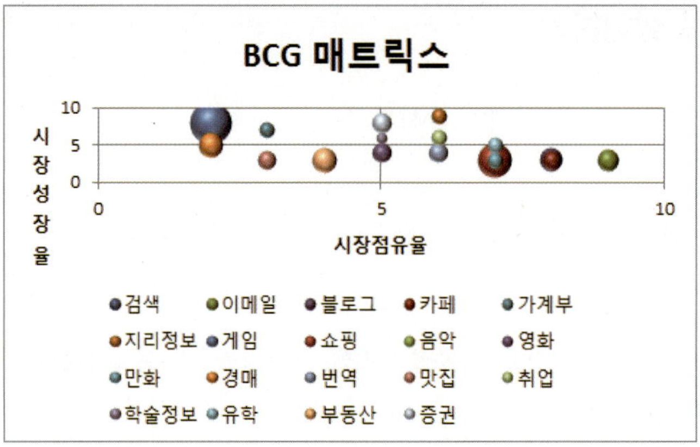

마지막으로 아래와 같이 표 크기를 적절히 조절해 줍니다.

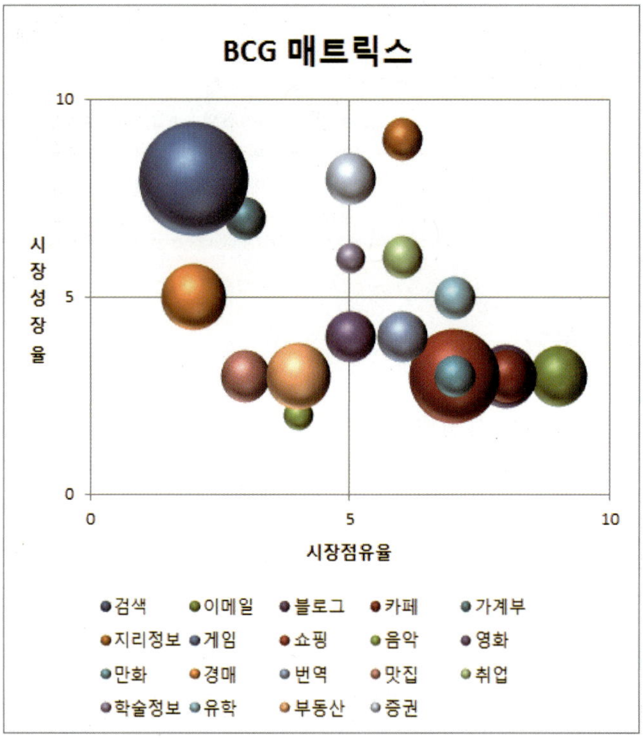

경영 PC 활용: MS Office 2010을 활용한 비즈니스 보고서 작성

Contents

MS Office 2010

8장

MS PowerPoint 기본 활용: 파워포인트와 친숙해지기

파워포인트는 발표용 자료를 만드는 데 사용되는 소프트웨어이다. 파워포인트를 이용하면 발표 내용을 도식적인 형태로 수월하게 표현할 수 있을 뿐만 아니라 다양한 시각적, 청각적 효과를 줄 수 있어서 발표 내용의 전달 효과를 극대화할 수 있다. 비즈니스 보고서는 일반적으로 엑셀 차트나 파워포인트에서 작성한 도식화된 그림 등을 삽입한 워드 문서로 작성되지만, 최근에는 워드 문서 대신 보고서 전체를 아예 파워포인트로 작성하는 경우도 종종 있다. 워드 문서로 보고서를 완성했다 하더라도, 일이 여기서 끝나는 경우는 드물다. 보고서의 내용을 이해관계자들에게 직접 설명함으로써 비로소 일이 끝나는 경우가 다반사다. 비즈니스 보고서의 종결판은 파워포인트 발표자료(즉, 요약판)라 해도 과언이 아니다. 회사에서 능력자가 되기 위해서 여러분은 우선 파워포인트의 달인이 될 필요가 있다. 파워포인트는 이 장과 다음 장에 걸쳐 다루는데, 이 장에서는 파워포인트의 기본적인 조작법과 주요 특성들을 멋지게 활용할 수 있는 기능들을 BestPortal 기업 사례를 통해 단계별로 설명한다.

파워포인트 시작 화면

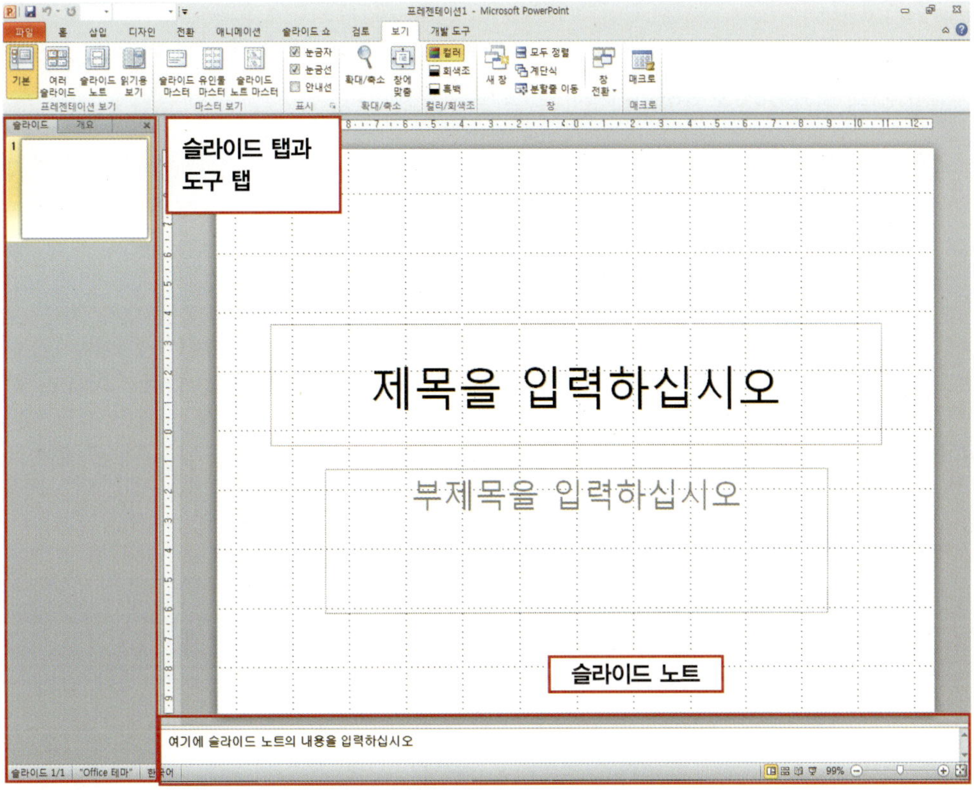

1 MS PowerPoint 문서 검토하기

MS PowerPoint 문서를 작성하기 전에 그것을 검토하는 방법부터 배우도록 하겠습니다. **8장_001_실습파일.pptx** 파일을 열어 MS PowerPoint 문서를 검토해 봅시다.

1.1 슬라이드의 이동

- 다음 슬라이드로 이동하려면 키보드의 →, ↓ , PgDn 키를 누르거나 마우스 스크롤을 아래 방향으로 움직입니다.
- 이전 슬라이드로 이동하려면 키보드의 ←, ↑ , PgUp 키를 누르거나 마우스 스크롤을 위 방향으로 움직입니다.
- 1번째 슬라이드로 이동하려면 키보드의 Home 키를 누릅니다.
- 마지막 슬라이드로 이동하려면 키보드의 End 키를 누릅니다.
- 화면 왼쪽의 슬라이드 탭에 있는 슬라이드 목록 중 이동을 원하는 슬라이드를 클릭하면 해당 슬라이드로 이동됩니다.

1.2 슬라이드 보기

보기 탭의 **프레젠테이션 보기** 그룹에 있는 메뉴를 이용하면 다양한 보기 모드에서 슬라이드를 검토할 수 있습니다.

- **기본** 메뉴는 MS PowerPoint를 실행시키면 처음 나타나는 기본 보기 모드입니다.
- **여러 슬라이드** 메뉴를 클릭하면 화면 크기가 허락하는 한도 내에서 표현 가능한 슬라이드들을 모두 보여 줍니다.
- **슬라이드 노트** 메뉴를 클릭하면 슬라이드와 해당 슬라이드의 노트를 함께 보여 줍니다.
- **읽기용 노트** 메뉴를 클릭하면 검토가 용이하도록 전체 화면 상태로 바뀝니다.

여러 슬라이드 보기

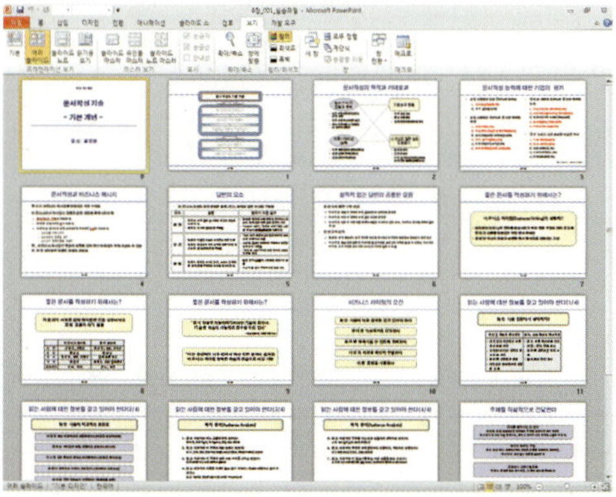

슬라이드 노트 보기

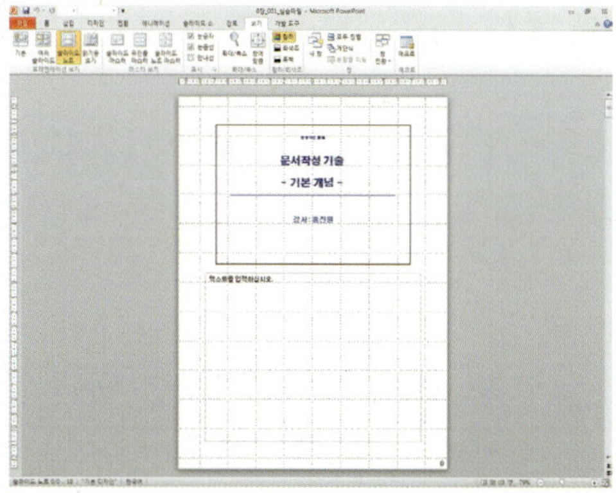

1.3 슬라이드 확대/축소하기

보기 탭의 **확대/축소** 그룹에 있는 메뉴를 이용하면 슬라이드를 검토하기에 적절한 크기로 조절할 수 있습니다.

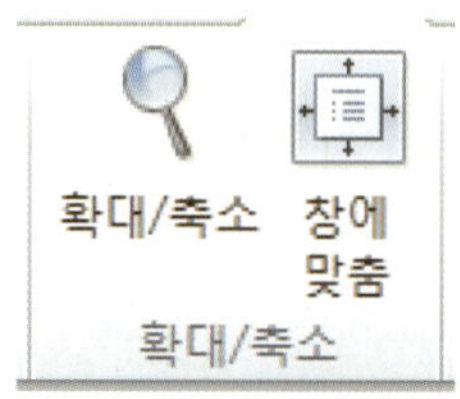

- **창에 맞춤** 메뉴를 클릭하면 모니터 해상도에 따라 가장 적절한 크기로 슬라이드 크기를 조절해 줍니다.
- **확대/축소** 메뉴를 클릭하면 "확대/축소" 대화상자가 나타나며, 보다 세밀하게 슬라이드 크기를 조절할 수 있습니다.
- Ctrl 키를 누른 상태에서 마우스 스크롤 버튼을 위아래로 움직이면 슬라이드가 확대/축소됩니다.

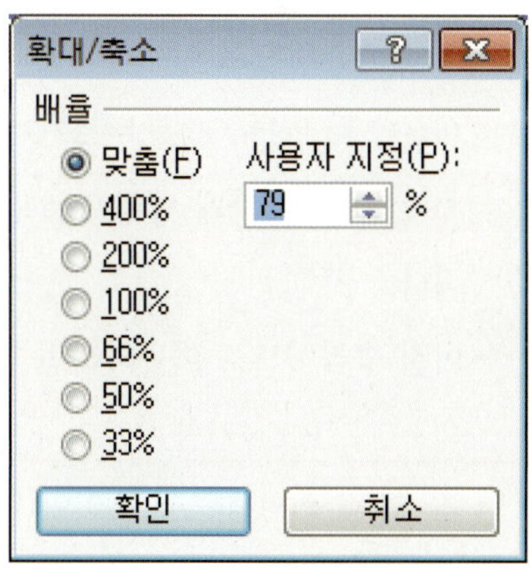

2 슬라이드 쇼

슬라이드 쇼와 관련된 기능들은 **슬라이드 쇼** 탭에 모여 있습니다. 그러나 실제 프레젠테이션을 할 때에는 단축키를 이용해 슬라이드 쇼 기능들을 이용하는 것이 편리합니다.

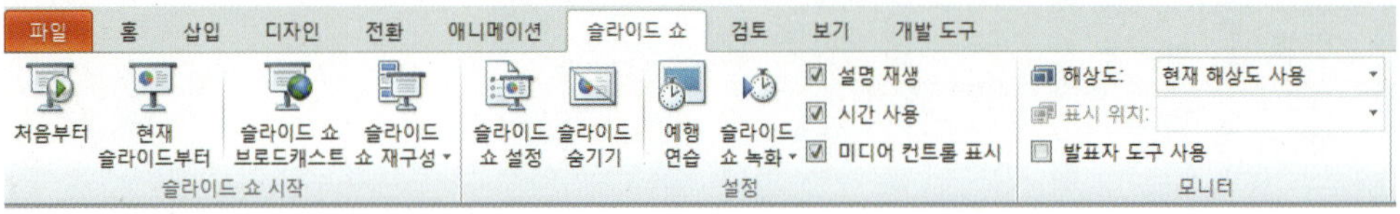

2.1 슬라이드 쇼 시작하기

- 첫 슬라이드부터 슬라이드 쇼를 하려면 F5 키를 누릅니다.
- 현재 화면에 보이는 슬라이드부터 슬라이드 쇼를 하려면 Shift + F5 키를 누릅니다.

2.2 슬라이드 쇼 도중 슬라이드 이동하기

- 다음 슬라이드로 이동하려면 키보드의 →, ↓, PgDn 키를 누르거나 마우스 스크롤을 아래 방향으로 움직입니다.
- 이전 슬라이드로 이동하려면 키보드의 ←, ↑, PgUp 키를 누르거나 마우스 스크롤을 위 방향으로 움직입니다.
- 특정 슬라이드로 바로 이동하려면 마우스 오른쪽 버튼을 누르고, **슬라이드 이동** 메뉴를 클릭한 후, 이동을 원하는 슬라이드를 클릭합니다.

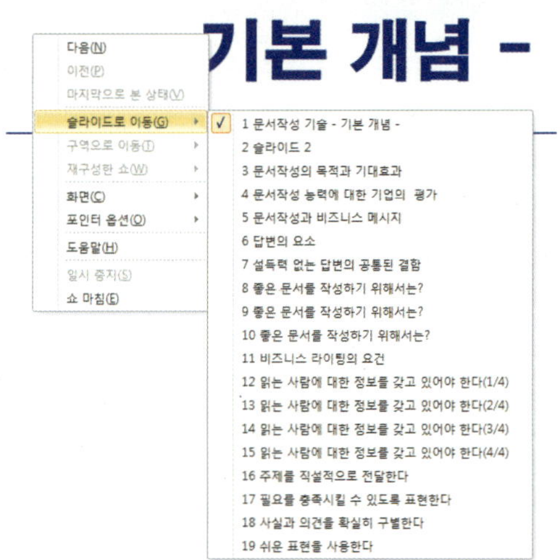

2.3 슬라이드 쇼 부가 기능

프레젠테이션 도중 발표자가 청중을 자신의 말에 집중하게 만들고 싶을 때에는 화면을 잠시 어둡게 하는 것이 효과적인 방법입니다.

- 슬라이드 쇼 상태에서 마우스 오른쪽 버튼을 누르고 **화면** 메뉴를 클릭합니다. 그리고 **화면 어둡게 하기** 를 클릭하면 화면이 어두워집니다.
- 원 상태로 되돌아가고 싶으면, 마우스 오른쪽 버튼을 누르고 **마지막으로 본 상태** 메뉴를 클릭합니다.

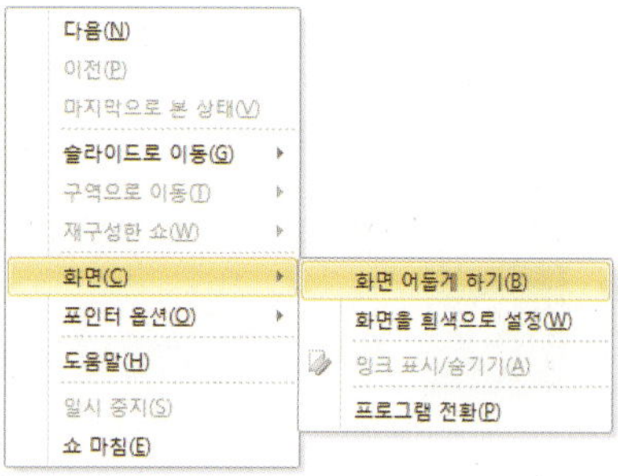

프레젠테이션 도중 중요한 부분을 강조하고 싶을 때에는 **포인터 옵션** 메뉴를 이용하는 것이 효과적입니다.

- 슬라이드 쇼 상태에서 마우스 오른쪽 버튼을 누르고 **포인터 옵션** 메뉴를 클릭합니다. 그리고 원하는 펜 형태, 잉크 색을 선택합니다.
- 마우스 왼쪽 버튼을 누르면 슬라이드에 선을 그릴 수 있습니다.

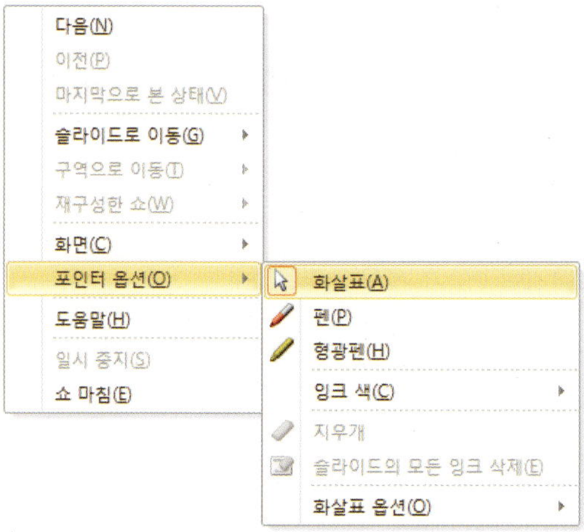

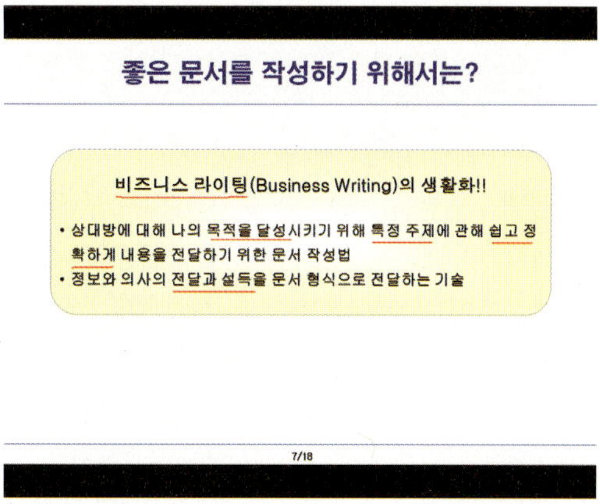

- 펜 모양을 원 상태로 되돌리고 싶으면 **포인터 옵션** 메뉴에서 **화살표** 를 선택해 줍니다.
- 화면에 그린 선들을 일부 삭제하고 싶으면 **지우개** 메뉴를, 모든 선들을 삭제하고 싶으면 **슬라이드의 모든 잉크 삭제** 메뉴를 클릭합니다.

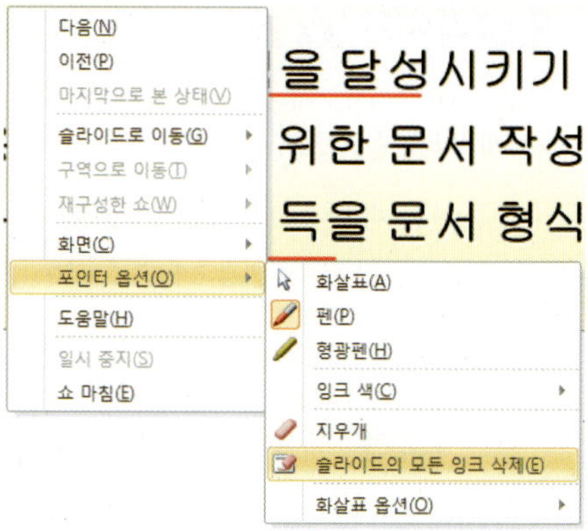

3 MS PowerPoint 비즈니스 활용 예제

서비스 전략팀은 여러 언론 매체들을 대상으로 향후 서비스 방향에 대해 소개할 기회가 생겼습니다. 팀장은 신입사원인 당신에게 회사 소개 부분에 대한 파워포인트 자료를 작성하라고 지시하였습니다. 그리고 프레젠테이션 작성에 사용될 테마 파일을 팀원들에게 배포하였습니다. 여러분은 **8장_002_실습파일.pptx** 와 같은 회사 소개 파워포인트 자료를 작성하게 될 것입니다.

4 MS PowerPoint 문서 작성 절차

효율적으로 MS PowerPoint 문서를 작성하기 위해서는 아래 표와 같은 단계와 작성 지

단계	작성 지침
슬라이드 크기 설정	• 슬라이드의 크기 (예: 일반, A4, HD 등) 설정
테마 선택	• 슬라이드 배경을 포함하는 테마 선택
마스터 페이지 수정	• 설정된 슬라이드 테마를 사용자의 필요에 맞게 수정하는 작업 • 주로 회사 로고를 삽입하거나 텍스트 서식을 설정하게 됨 • 공동 작업을 할 경우에는 슬라이드 크기 설정, 테마 설정, 마스터 페이지 설정 작업을 통해 공동으로 사용할 최종 테마를 만들어 이를 이용해 작업을 진행하는 것이 일반적임
본문 작성	• 되도록 이미지나 도형을 이용해 내용 전달 • 화려함보다 내용을 명확하게 전달하는 데 초점을 맞춰야 함

침에 따라 문서를 작성할 필요가 있으며, 이와 관련된 기능들을 우선적으로 습득해야 합니다.

5 슬라이드 크기 설정

MS Word와 마찬가지로 MS PowerPoint도 새 문서를 만들자마자 슬라이드 크기부터 설정해 주는 것이 나중에 추가적인 편집 작업을 줄일 수 있어 효율적입니다.

1. **디자인** 탭의 **페이지 설정** 그룹에 있는 **페이지 설정** 메뉴를 클릭합니다.
2. **슬라이드 크기** 를 "A4 용지"로 설정합니다.
3. **슬라이드 시작 번호** 를 "0"으로 설정하고, **확인** 버튼을 클릭합니다.

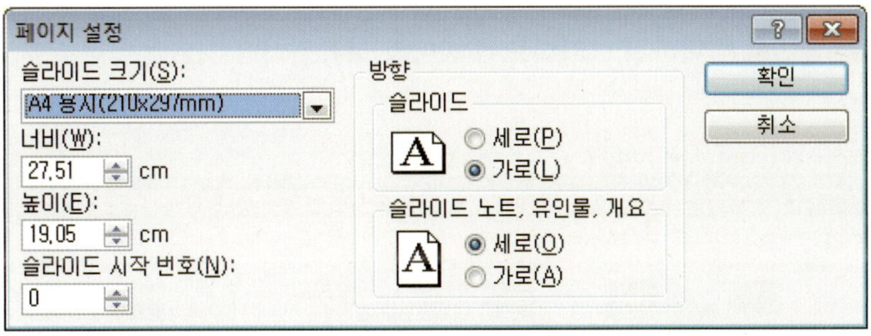

슬라이드 시작 번호를 0으로 설정하는 것은 제목 슬라이드가 아니라 목차 슬라이드부터 슬라이드 번호를 1로 시작하도록 만들기 위해서입니다. 처음에는 제목 슬라이드에 "0"이라는 슬라이드 번호가 삽입될 수 있으나, 나중에 제목 슬라이드에만 슬라이드 번호를 지워 주면, 목차 슬라이드부터 슬라이드 번호 "1"로 슬라이드 번호가 매겨집니다.

6 테마 적용하기

MS PowerPoint의 가장 큰 장점 중의 하나는 다양한 테마(배경)를 적용해 프레젠테이션 문서를 작성할 수 있도록 지원한다는 것입니다. 테마는 **디자인** 탭의 **테마** 그룹에 있는 메뉴들을 이용해 적용할 수 있습니다.

6.1 파워포인트 자체 테마 적용하기

1. **디자인** 탭의 **테마** 그룹에 있는 **테마 목록** 에서 **자세히** 메뉴를 클릭합니다.
2. 마우스를 특정 테마 위에 가져가면 테마 슬라이드에 테마 미리 보기가 적용됩니다.
3. 원하는 테마를 클릭하면 슬라이드에 테마가 적용됩니다.

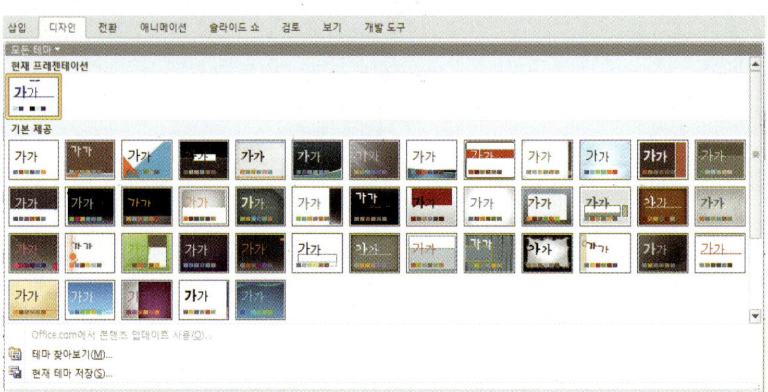

6.2 Office.com의 파워포인트 테마 불러오기

1. **파일** 탭의 **새로 만들기** 카테고리를 클릭하고 **Office.com 서식 파일** 영역에

서 **프레젠테이션** 을 클릭합니다.

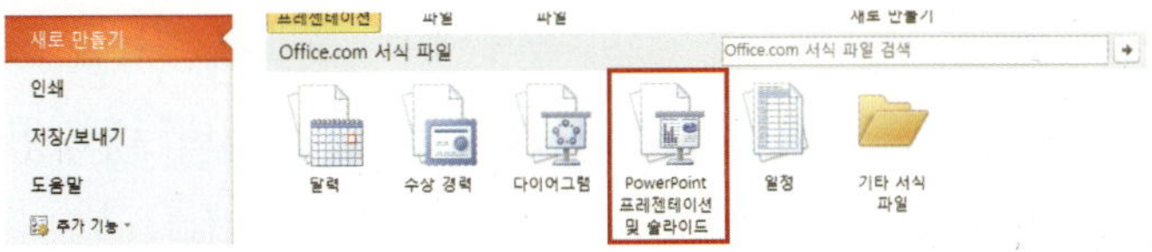

2. 프레젠테이션 작성 목적에 따라 적절한 폴더를 클릭하고 원하는 슬라이드 테마를 더블클릭하면 해당 테마를 다운로드 받아 사용할 수 있습니다.

새로 만들기 카테고리에서는 슬라이드 테마뿐만 아니라 **다이어그램** 메뉴를 통해 비즈니스 분석에 활용 가능한 다양한 다이어그램 슬라이드를 다운로드 받아 사용할 수 있습니다.

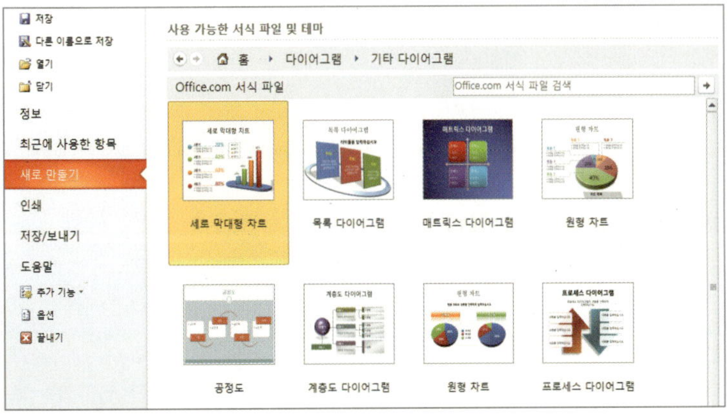

MS PowerPoint

6.3 기존의 파워포인트 파일의 테마 적용하기

1. **디자인** 탭의 **테마** 그룹에 있는 **테마 목록**에서 **자세히** 메뉴를 클릭합니다.

2. **테마 찾아보기** 메뉴를 클릭하면 “테마 또는 테마 문서 선택” 대화상자가 나타납니다. **8장_003_실습파일.pptx** 파일을 찾고 **열기** 버튼을 클릭합니다.

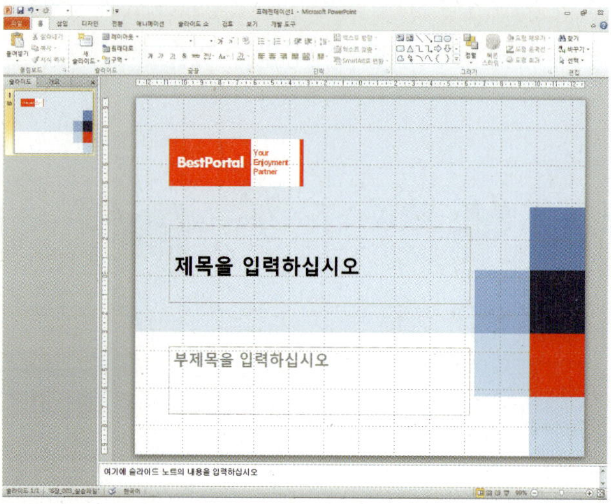

7 슬라이드 추가하며 텍스트 입력하기

7.1 제목 슬라이드에 텍스트 입력하기

새 프레젠테이션을 만들면 1번째 슬라이드에는 제목 슬라이드가 자동적으로 삽입됩니다. 제목 슬라이드의 “제목을 입력하시오”와 “부제목을 입력하시오”라고 되어 있는 부분을 클릭하면 텍스트를 입력할 수 있습니다. 오른쪽 그림과 같이 텍스트를 입력합니다.

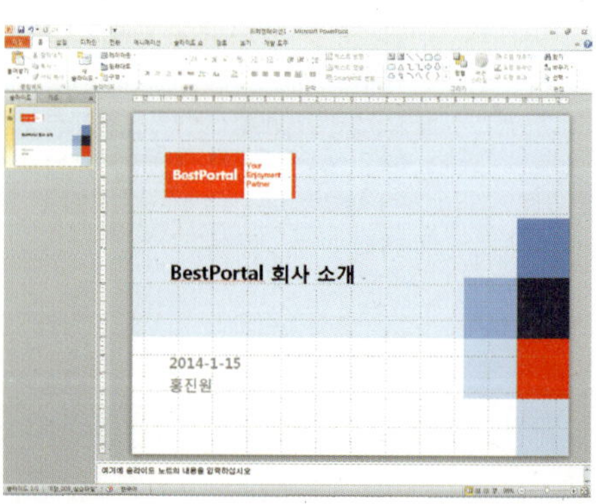

7.2 새 슬라이드 삽입하기

제목 페이지를 완성한 후에는 새로운 슬라이드를 삽입해야 합니다. 슬라이드를 삽입하는 방법은 다음과 같습니다.

- 방법 1: Ctrl + M 키를 누르면, 현재 선택한 슬라이드 바로 다음에 새로운 슬라이드가 삽입됩니다.
- 방법 2: **홈** 탭의 **슬라이드** 그룹에 있는 **새 슬라이드** 메뉴를 클릭합니다.
- 방법 3: 화면 좌측의 슬라이드 목록에서 슬라이드를 마우스 오른쪽 버튼으로 클릭하고 **새 슬라이드** 메뉴를 클릭합니다.

7.3 본문 슬라이드에 텍스트 입력하기

2번째 페이지에 오른쪽 그림과 같이 텍스트를 입력합니다.

1. "제목을 입력하십시오" 영역에 먼저 텍스트를 입력합니다.
2. Ctrl + 엔터 키를 누르면 "텍스트를 입력하시오" 영역으로 커서가 이동합니다. 나머지 텍스트를 입력합니다.

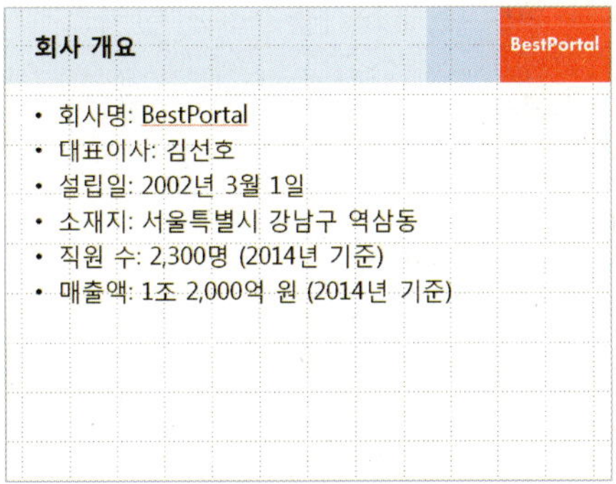

Ctrl + M 키를 눌러 3번째 페이지를 추가합니다.

1. **홈** 탭의 **슬라이드** 그룹에 있는 **레이아웃** 메뉴를 클릭하고, **콘텐츠 2개** 메뉴를 클릭합니다.
2. 다음과 같이 "텍스트를 입력하시오"가 2단으로 구성된 슬라이드가 나타납니다.

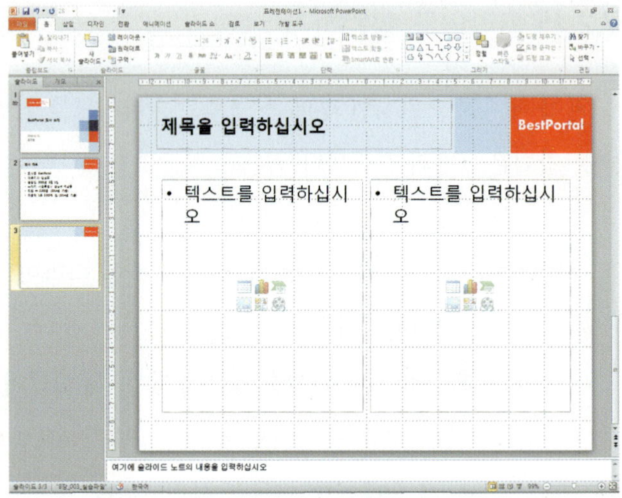

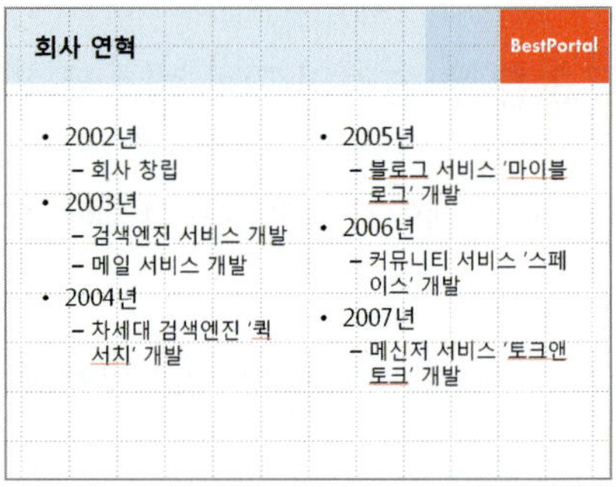

3. **제목을 입력하십시오** 에 "회사 연혁"을 입력하고, Ctrl + 엔터 키를 누릅니다.

4. 1번째 단에 텍스트 입력하기
   a. "2002년"을 입력하고 엔터 키를 누릅니다.
   b. Tab 키를 누르면 들여쓰기가 됩니다. "회사 창립"을 입력하고 엔터 키를 누릅니다.
   c. Shift + Tab 키를 누르면 내어쓰기가 됩니다. "2003년"을 입력하고 엔터 키를 누릅니다.
   d. 위와 같은 방식으로 텍스트를 입력합니다.

5. 1번째 단에 텍스트를 입력하고 Ctrl + 엔터 키를 눌러 2번째 단으로 이동합니다. 나머지 텍스트를 입력합니다.

8 도형 사용하기

MS PowerPoint는 다양한 도형이나 이미지를 이용해 전달하고자 하는 내용을 시각적으로 표현하기 위해 주로 사용됩니다. 따라서 텍스트를 입력하더라도 도형을 이용해 텍스트를 전달하는 것이 보다 효과적입니다. 이 장에서는 도형의 사용과 관련된 기본 기능들을 배우고, BestPortal의 주요 사업 부문을 주제로 아래와 같은 슬라이드를 작성해 봅시다.

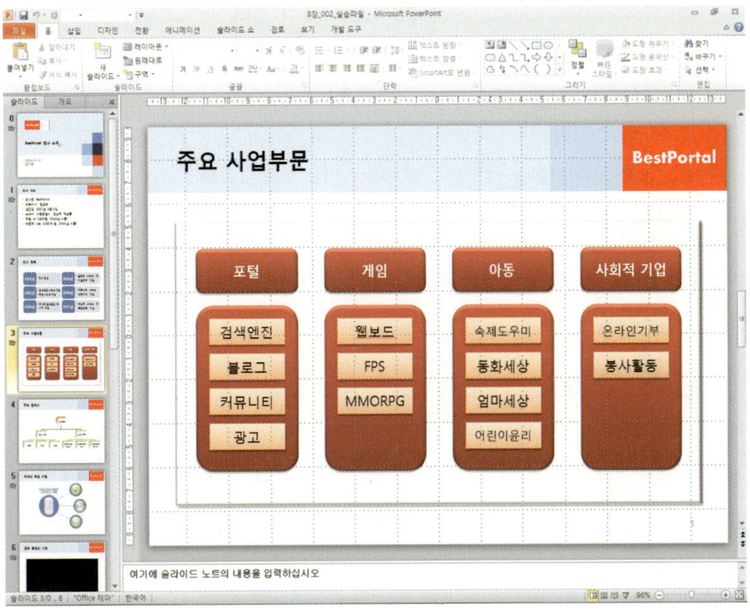

8.1 도형 그리기

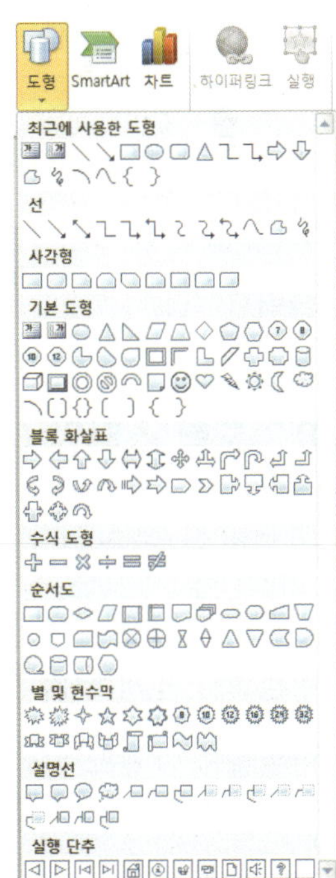

도형은 **삽입** 탭의 **일러스트레이션** 그룹에 있는 **도형** 메뉴를 이용해 그릴 수 있습니다.

1. 새 문서를 만듭니다.
2. **홈** 탭의 **슬라이드** 그룹에 있는 **레이아웃** 메뉴를 클릭하고, **제목만** 메뉴를 클릭합니다

TIP

도형이나 그림으로 주로 구성된 슬라이드를 작성할 때에는 "제목만" 레이아웃을 적용하는 것이 편리합니다.

3. **삽입** 탭의 **일러스트레이션** 그룹에 있는 **도형** 메뉴를 클릭하고, **직사각형** 을 클릭합니다. 마우스 포인터가 십자 모양으로 바뀝니다.

4. 도형이 시작되기를 원하는 지점을 마우스 왼쪽 버튼으로 클릭하고, 마우스를 클릭한 채로 잡아당긴 후, 원하는 크기가 되면 클릭한 버튼을 놓습니다.

정사각형 또는 정원(正圓)을 그릴 때는 Shift 키를 누른 상태에서 도형을 그려 줍니다. 또한 Ctrl 키를 누른 상태에서 도형을 그리면 마우스 포인터를 중심으로 도형을 그릴 수 있습니다. 이는 이미 그려져 있는 도형을 수정할 때도 마찬가지로 적용됩니다.

8.2 도형 모양 변경하기

도형을 삽입한 후 다른 모양의 도형으로 변경하고 싶을 때에는 도형을 지우고 다시 그리는 것보다 **도형 모양 변경** 기능을 이용하는 것이 효과적입니다.

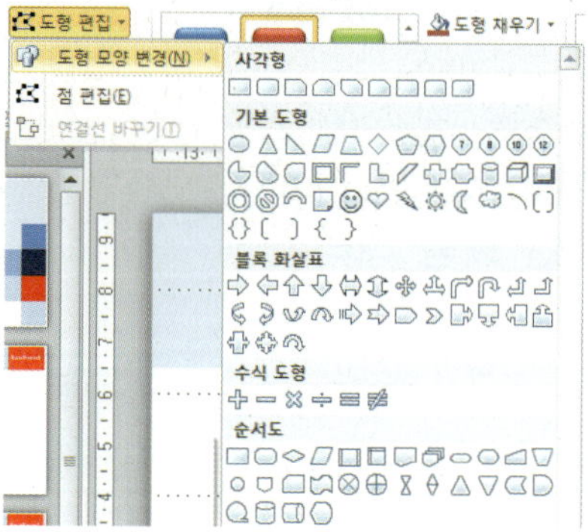

1. 새 문서를 만들고, 도형을 클릭합니다.

2. **그리기 도구** – **서식** 탭의 **도형 삽입** 그룹에 있는 **도형 편집** 메뉴를 클릭하고, **도형 모양 변경** 을 클릭한 후, **모서리가 둥근 직사각형** 을 클릭합니다.

8.3 도형 스타일 테마 적용하기

도형을 클릭하면 나타나는 **그리기 도구** – **서식** 탭에 있는 메뉴들을 이용하면 삽입된 도형에 대해 채우기 색, 윤곽선 색을 변경할 수 있으며, 다양한 특수 효과를 적용할 수 있습니다. 또한 미리 설정되어 있는 다양한 도형 스타일 테마를 적용하여 손쉽게 도형 스타일을 꾸밀 수도 있습니다.

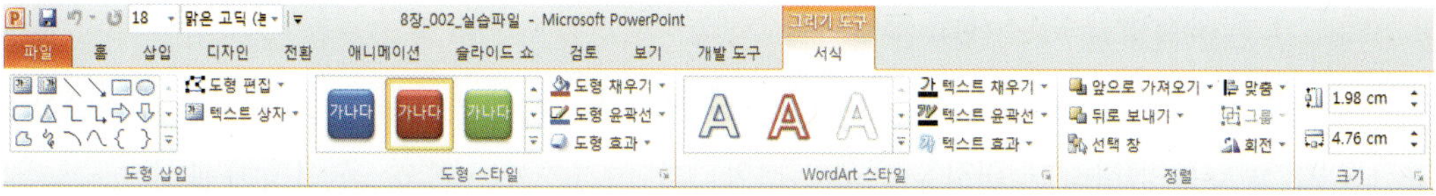

도형 스타일을 변경하는 가장 쉬운 방법은 사전에 설정되어 있는 도형 스타일 테마를 이용하는 것입니다. 도형 스타일 테마에는 다양한 도형 스타일이 사전에 만들어져 있습니다. 사용자는 스타일의 적용을 원하는 도형을 선택한 후, 원하는 도형 스타일을 클릭하면 복잡한 과정 없이 바로 도형 스타일이 적용됩니다.

1. 앞서 삽입한 도형을 클릭하고, **그리기 도구 – 서식** 탭의 **도형 스타일** 그룹에 있는 **도형 스타일 테마 목록**의 **자세히** 버튼을 클릭합니다.
2. 테마 중 **강한 효과-강조 2**를 클릭합니다.

테마 적용 전

테마 적용 후

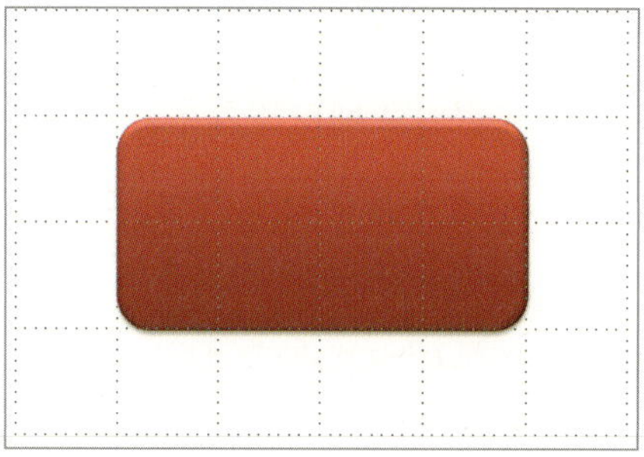

8.4 도형 채우기 색 변경하기

도형 채우기 색은 도형을 클릭하면 나타나는 **그리기 도구 – 서식** 탭의 **도형 스타일** 그룹에 있는 **도형 채우기** 메뉴를 이용해 변경할 수 있습니다.

1. 직사각형을 하나 새로 그립니다.

2. 도형을 클릭하고, **그리기 도구 – 서식** 탭의 **도형 스타일** 그룹에 있는 **도형 채우기** 메뉴를 클릭하고, 원하는 색을 선택합니다. 여기에서는 **빨강** 을 선택해 봅시다.

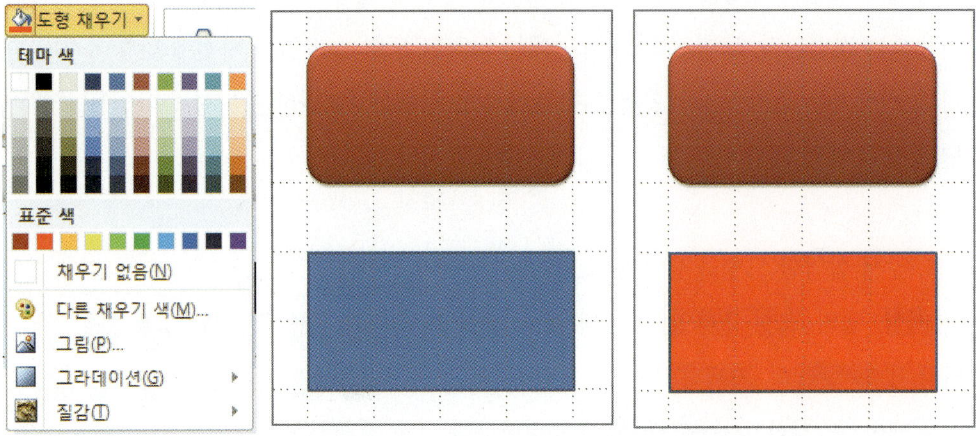

도형 채우기 메뉴에서는 도형 색의 변경뿐만 아니라, 다음과 같은 추가적인 하위 메뉴의 사용이 가능합니다.

- 목록에 원하는 색이 없을 경우에는 **다른 채우기 색** 메뉴를 사용합니다.
- 이미지 파일로 배경을 채우고 싶을 경우에는 **그림** 메뉴를 사용합니다.
- 색이 서서히 변경되어 가는 그라데이션 효과를 적용하고 싶을 때에는 **그라데이션** 메뉴를 사용합니다.
- 질감 효과를 적용하고 싶을 때에는 **질감** 메뉴를 사용합니다.

8.4.1 다른 채우기 색 메뉴

우선 **다른 채우기 색** 메뉴부터 사용해 봅시다. **다른 채우기 색** 메뉴를 클릭하면, "색" 대화상자가 나타나며, **표준** 탭이나 **사용자 지정** 탭의 메뉴들을 이용해 원하는 색을 선택한 후 **확인** 버튼을 누르면 도형의 채우기 색이 변경됩니다.

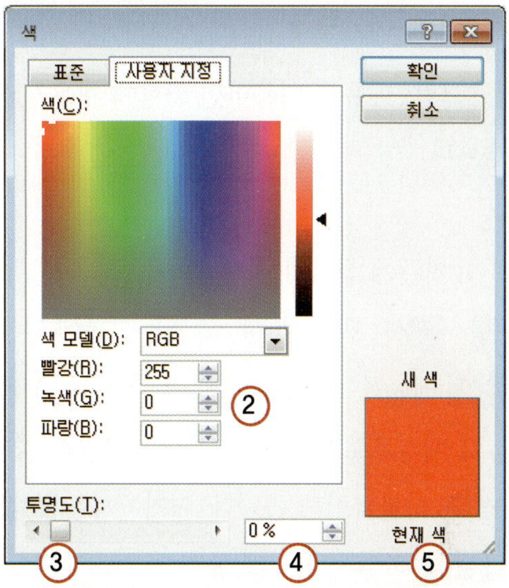

번호	메뉴명	설명
1	색 팔레트	색 팔레트를 클릭하면 선택한 색이 미리 보기에 표시되며, **확인** 버튼을 클릭하면 선택한 색이 도형에 적용됩니다.
2	"색 입력" 대화상자	빨강, 녹색, 파랑색의 비율을 직접 입력해 색을 만들 수 있습니다.
3	투명도 조절 슬라이드	슬라이드를 좌우로 움직여 투명도를 조절할 수 있습니다.
4	"투명도 입력" 대화상자	값을 직접 입력해 투명도를 조절할 수 있습니다.
5	미리 보기	선택한 색 또는 투명도를 현재의 도형 채우기 색과 비교해 볼 수 있습니다.

1. 기존에 삽입한 직사각형을 클릭하고, **그리기 도구 - 서식** 탭의 **도형 스타일** 그룹에 있는 **도형 채우기** 메뉴를 클릭한 후, **다른 채우기 색** 메뉴를 클릭합니다.

2. **사용자 지정** 탭을 클릭하고, **빨강** 에 "204"를, **녹색** 에 "0"을, **파랑** 에 "0"을 입력한 후, **확인** 버튼을 클릭합니다.

8.4.2 그림 메뉴

그림 메뉴를 이용하면 도형에 채우기 색 대신 이미지 파일을 배경으로 삽입할 수 있습니다.

1. 기존에 삽입한 직사각형을 클릭하고, **그리기 도구 - 서식** 탭의 **도형 스타일** 그룹에 있는 **도형 채우기** 메뉴를 클릭한 후, **그림** 메뉴를 클릭합니다.
2. 배경으로 삽입하고자 하는 그림을 검색 및 선택한 후, 더블클릭해 줍니다. 여기에서는 **8장_004_실습파일.gif** 파일을 삽입해 봅시다.
3. 만약 다른 채우기 색을 선택하면 삽입한 그림은 사라지고 새로운 채우기 색으로 대체됩니다.

8.4.3 그라데이션 메뉴

그라데이션 메뉴를 이용하면 도형에 다양한 그라데이션 효과를 적용할 수 있습니다.

- **그라데이션** 메뉴를 선택하면 나타나는 **밝은 그라데이션** 또는 **어두운 그라데이션** 영역에서 적용을 원하는 그라데이션 패턴을 클릭하면 도형에 그라데이션이 적용됩니다.
- 만약 원하는 그라데이션 패턴이 없는 경우, **기타 그라데이션** 메뉴를 클릭하면 나타나는 **도형 서식** 메뉴에서 자신이 원하는 그라데이션 패턴을 직접 만들어 적용할 수 있습니다.

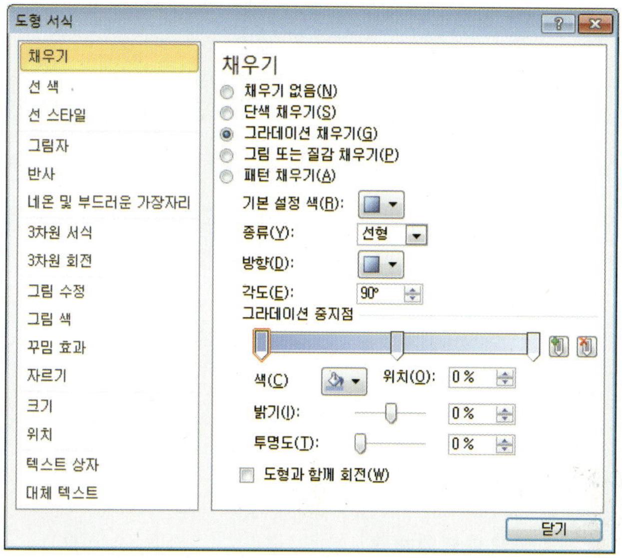

1. 기존에 삽입한 직사각형을 클릭하고, **그리기 도구** - **서식** 탭의 **도형 스타일** 그룹에 있는 **도형 채우기** 메뉴를 클릭한 후, **그라데이션** 메뉴를 클릭합니다.

2. 그라데이션 패턴 중 **선형 위쪽** 패턴을 적용해 줍니다.

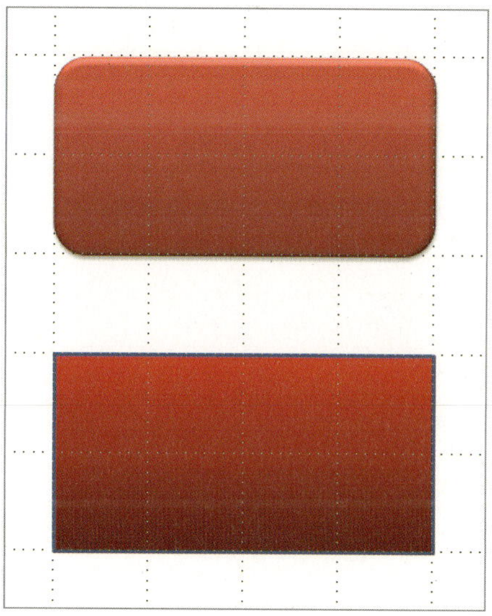

8.5 도형 윤곽선 색 변경하기

도형 윤곽선의 색은 도형을 클릭하면 나타나는 **그리기 도구** – **서식** 탭의 **도형 스타일** 그룹에 있는 **도형 윤곽선** 메뉴를 이용해 변경할 수 있습니다. 또한 **두께** 및 **대시** 메뉴를 이용하면 도형 윤곽선의 두께와 선 패턴을 변경할 수 있습니다.

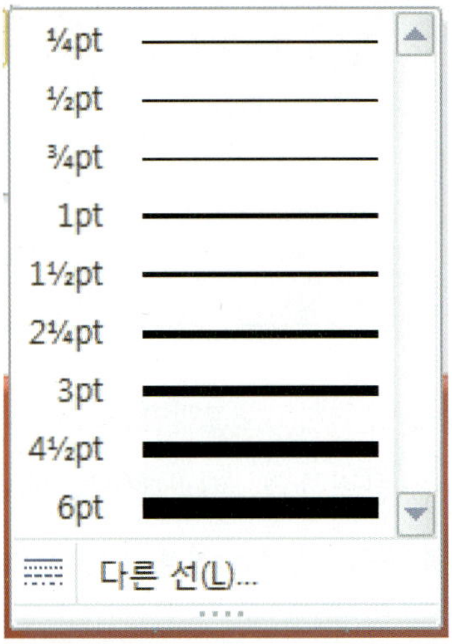

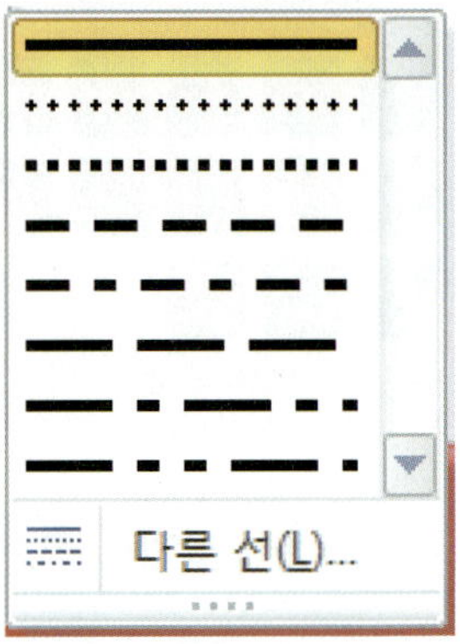

1. 기존에 삽입한 직사각형을 클릭하고, **그리기 도구** – **서식** 탭의 **도형 스타일** 그룹에 있는 **도형 윤곽선** 메뉴를 클릭한 후, **윤곽선 없음** 메뉴를 클릭합니다.

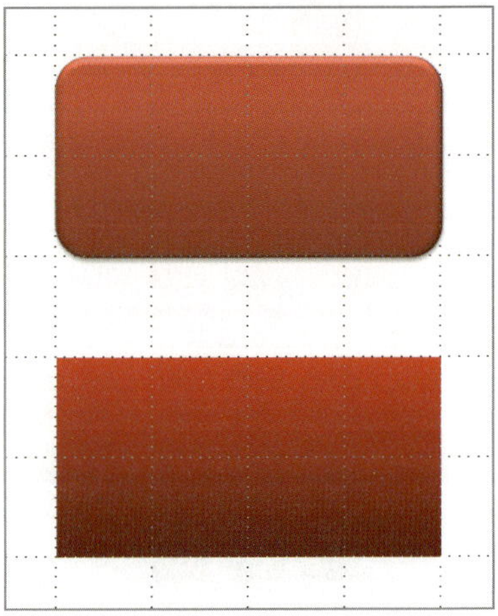

8.6 도형 효과 적용하기

도형 효과는 도형을 클릭하면 나타나는 **그리기 도구** – **서식** 탭의 **도형 스타일** 그룹에 있는 **도형 효과** 메뉴를 이용해 변경할 수 있습니다. **도형 효과** 메뉴에서는 매우 다양한 형태의 도형 효과들을 제공하고 있습니다.

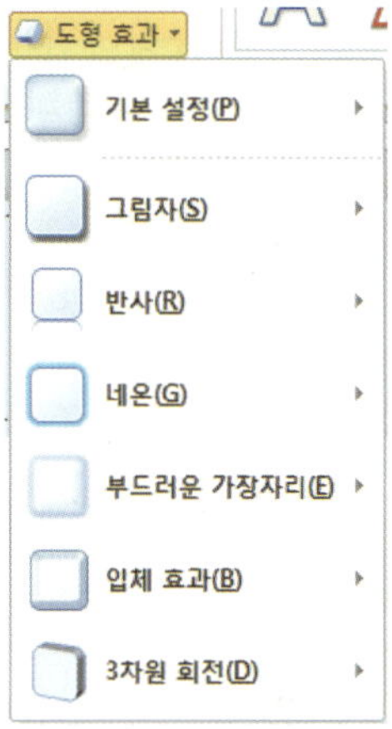

1. 기존에 삽입한 직사각형을 클릭하고, **그리기 도구** – **서식** 탭의 **도형 스타일** 그룹에 있는 **도형 효과** 메뉴를 클릭한 후, **기본 설명** – **기본 설정 2** 메뉴를 클릭합니다.

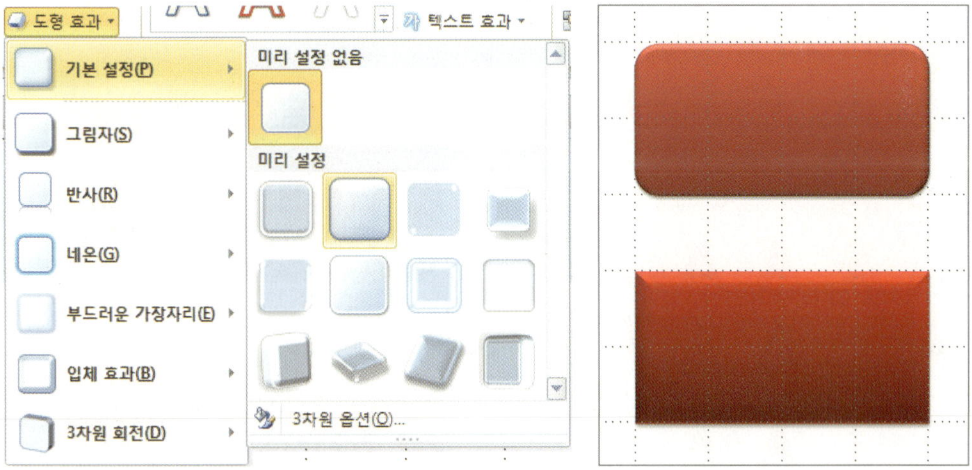

도형 효과 적용 방법에 대해서는 나중에 더 자세히 학습하도록 하겠습니다.

8.7 WordArt 스타일 적용하기

도형을 클릭하면 나타나는 **그리기 도구** - **서식** 탭의 **WordArt 스타일** 그룹에 있는 메뉴들을 이용하면 도형에 입력되어 있는 텍스트의 스타일을 쉽게 변경할 수 있습니다. 이때 사용법은 앞서 설명한 **도형 스타일** 그룹에 있는 메뉴들과 동일합니다.

1. 도형에 "경영PC활용"이라고 텍스트를 입력하고, 글자 크기를 "36"으로 조정합니다.

2. 도형을 클릭하고, **그리기 도구** - **서식** 탭의 **WordArt 스타일** 그룹에 있는 **WordArt 스타일 테마 목록**의 **자세히** 버튼을 클릭합니다

3. 스타일 테마 중 **채우기-흰색, 그림자**를 클릭합니다.

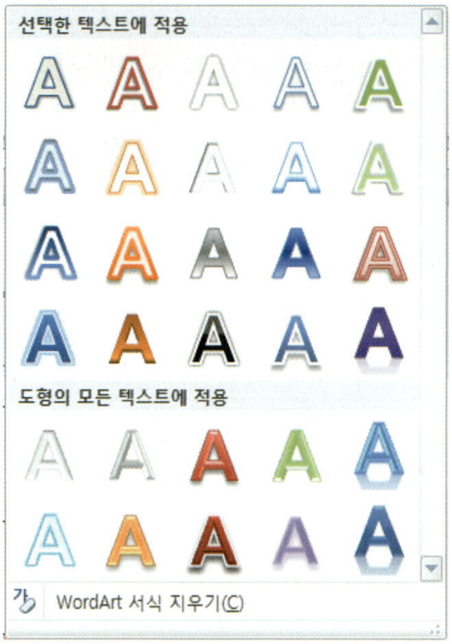

8.8 도형 정렬 순서 변경하기

앞서 삽입한 2개의 도형 중, 하단에 위치한 도형을 상단에 위치한 도형과 겹쳐 놓으면 오른쪽 그림과 같이 배치됩니다. 즉 먼저 삽입한 도형이 나중에 삽입한 도형의 아래에 정렬됩니다. 그러나 복잡한 도형을 그리다 보면 이러한 정렬 순서를 변경해야 하는 경우가 종종 발생합니다. 이때 사용되는 것이 도형 정렬 기능입니다.

도형 정렬 기능은 다음과 같이 사용할 수 있습니다. 우리는 앞으로 후자의 방식을 이용하겠습니다.

- 도형을 선택하면 나타나는 **그리기 도구** – **서식** 탭의 **정렬** 그룹에 있는 **맨 앞으로 가져오기**, **맨 뒤로 보내기** 메뉴를 통해 정렬 기능을 수행할 수 있습니다.
- 도형을 선택한 후 마우스 오른쪽 버튼을 누르면 나타나는 **맨 앞으로 가져오기**, **맨 뒤로 보내기** 메뉴를 통해 정렬 기능을 수행할 수 있습니다.

1. 하단에 위치한 도형을 선택하고, 마우스 오른쪽 버튼을 누른 후, **맨 뒤로 보내기** 메뉴를 클릭합니다.

2. 하단에 위치한 도형을 선택하고, 마우스 오른쪽 버튼을 누른 후, **맨 앞으로 가져오기** 메뉴를 클릭합니다.

8.9 도형 맞춤, 그룹 기능 이용하기

도형을 배치할 때는 슬라이드에 눈금선이 표시되어 있으면 편리합니다. 눈금선은 **보기** 탭의 **표시** 그룹의 **눈금선** 메뉴를 체크해 줍니다.

눈금선 은 슬라이드 화면을 마우스 오른쪽 버튼으로 클릭하고, **눈금 및 안내선** 메뉴를 클릭하면 나타나는 "눈금 및 안내선" 대화상자에서 설정할 수도 있습니다. 만약 눈금

선이 너무 지저분해 보인다면 **눈금 설정** 영역의 **간격** 메뉴에서 간격을 넓혀 줍니다. 또한 **화면에 눈금 표시**를 해제해 눈금선을 없애고 **화면에 그리기 안내선 표시**를 체크하면, 눈금선 대신 안내선을 사용할 수 있습니다.

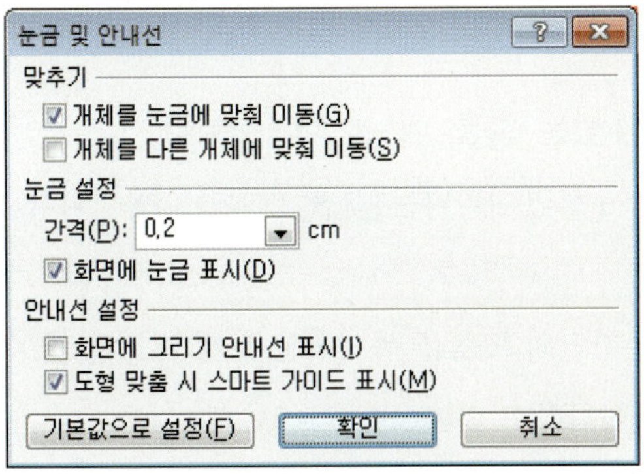

불규칙하게 배치되어 있는 도형들을 일정하게 배치하고 싶을 때 도형 맞춤 기능을 이용하면 쉽게 도형들을 정리할 수 있습니다.

도형 맞춤 기능은 **그리기 도구 - 서식** 탭의 **정렬** 그룹에 있는 **맞춤** 메뉴를 이용해 수행할 수 있습니다. **맞춤** 메뉴를 클릭하면 나타나는 하위 메뉴들을 통해 도형들을 일정한 기준으로 정렬하거나 간격을 동일하게 조정할 수 있습니다.

도형을 정렬하려면 정렬 대상이 되는 도형들을 선택해야 합니다. 여러 개의 도형을 선택할 때에는 다음과 같은 방법들을 적용할 수 있습니다.

- 마우스로 해당 도형들을 드래그합니다.
- 1번째 도형을 마우스 왼쪽 버튼으로 클릭한 후, Shift 키를 누른 상태에서 선택하고자

하는 나머지 도형들을 마우스 왼쪽 버튼으로 클릭해 줍니다.

도형의 정렬을 마친 후에는 도형들을 그룹으로 묶어 주는 것이 좋습니다. 그룹 기능은 다음과 같은 방법을 이용해 수행할 수 있으며, 우리는 후자의 방법을 사용하겠습니다.

- **그리기 도구** – **서식** 탭의 **정렬** 그룹에 있는 **그룹** 메뉴를 이용합니다.
- 도형들을 선택한 후, 마우스 오른쪽 버튼을 누르면 나타나는 **그룹** 메뉴를 이용합니다.

1. 새 슬라이드를 만들고, 1번째 슬라이드 하단의 도형을 복사하고 도형 크기를 줄여 줍니다. 텍스트 크기도 적절하게 조정하도록 합니다.

2. 크기가 조정된 도형을 복사(Ctrl + C)해 3번 붙여넣기(Ctrl + V) 하고, 도형을 적당하게 배치합니다.

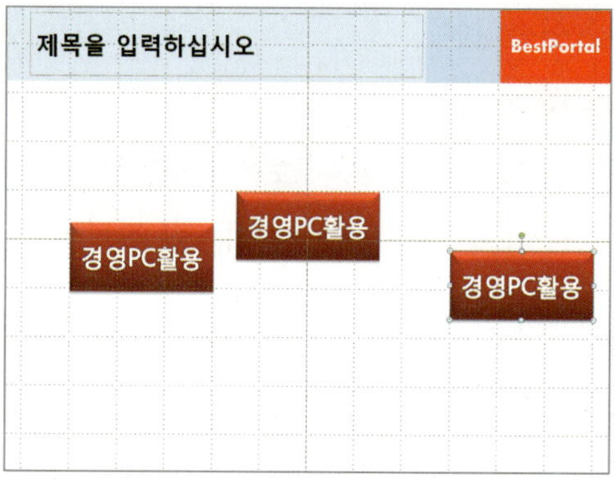

3. 3개의 도형을 모두 선택하고, **그리기 도구** – **서식** 탭의 **정렬** 그룹에 있는 **맞춤** 메뉴를 클릭하고, **중간 맞춤** 을 클릭합니다.

4. 3개의 도형이 모두 선택된 상태에서, **그리기 도구** – **서식** 탭의 **정렬** 그룹에 있는 **맞춤** 메뉴를 클릭하고, **가로 간격을 동일하게** 를 클릭합니다.

5. 3개의 도형이 모두 선택된 상태에서, 마우스 오른쪽 버튼을 누르고, **그룹** – **그룹** 메뉴를 클릭합니다. 이제는 3개의 도형을 1개의 도형처럼 다룰 수 있습니다.

6. 그룹화된 도형을 아래와 같이 배치하고, 복사(Ctrl + C)하여 3번 붙여넣기(Ctrl + V) 합니다.

7. 그룹화된 도형 하나를 슬라이드 하단에 배치합니다.

8. 4개의 그룹화된 도형 모두를 선택하고, **그리기 도구** – **서식** 탭의 **정렬** 그룹에 있는 **맞춤** 메뉴를 클릭하고, **세로 간격을 동일하게** 메뉴를 클릭합니다.

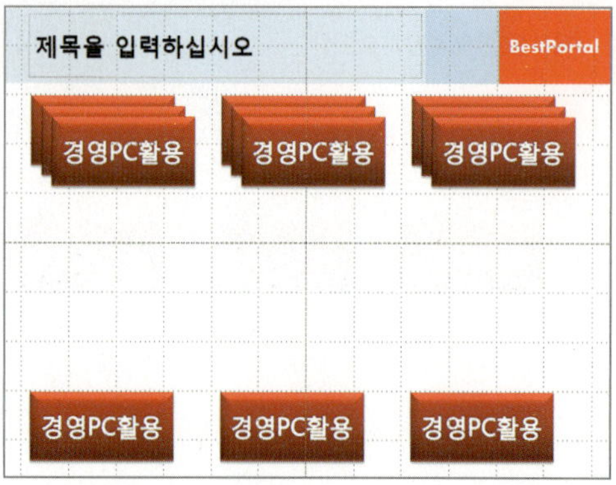

9. 4개의 그룹화된 도형 모두를 선택하고, **그리기 도구** – **서식** 탭의 **정렬** 그룹에 있는 **맞춤** 메뉴를 클릭하고, **가운데 맞춤** 메뉴를 클릭합니다.

10. 4개의 그룹화된 도형 모두를 선택하고, 마우스 오른쪽 버튼을 누른 후, **그룹** – **그룹** 메뉴를 클릭합니다.

11. 그룹화된 도형을 모두 선택하고, **그리기 도구** – **서식** 탭의 **정렬** 그룹에 있는 **맞춤** 메뉴를 클릭한 후, **가운데 맞춤** 메뉴를 클릭합니다. 한 개의 도형 그룹 또는 도형에 가운데 맞춤을 적용하면 슬라이드의 한가운데에 도형 그룹 또는 도형이 배치됩니다.

8.10 예제에 도형 삽입하기

1. Ctrl + M 키를 눌러 새 슬라이드를 삽입합니다.

2. **홈** 탭의 **슬라이드** 그룹에 있는 **레이아웃** 메뉴를 클릭하고, **제목만** 메뉴를 클릭합니다.

3. **삽입** 탭의 **일러스트레이션** 그룹에 있는 **도형** 메뉴를 클릭하고, **모서리가 둥근 직사각형** 을 클릭합니다.

4. 도형이 시작되기를 원하는 지점을 마우스 왼쪽 버튼으로 클릭하고, 마우스를 클릭한 채로 잡아당긴 후, 원하는 크기가 되면 클릭한 버튼을 놓습니다.

5. 삽입된 도형이 선택된 상태에서, **그리기 도구** – **서식** 탭의 **도형 스타일** 그룹에서 **도형 스타일** 중 **강한 효과–강조 2** 를 클릭합니다.

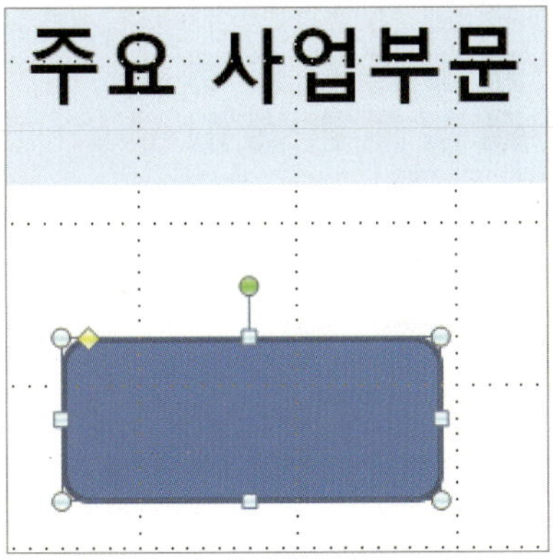

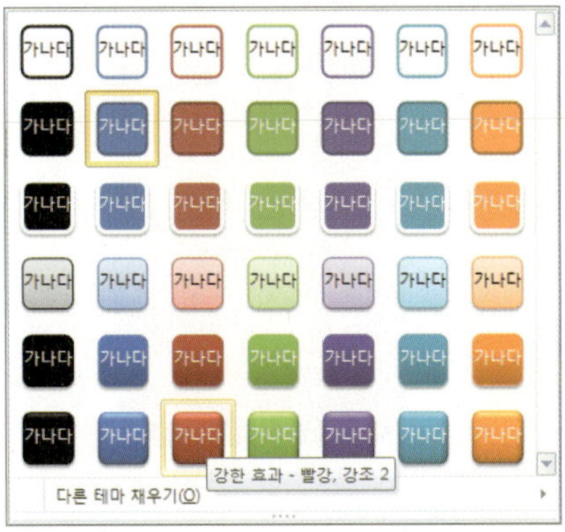

6. 서식 조정이 완료된 도형을 복사하여, 다음 페이지의 그림처럼 원본 도형의 하단에 배치합니다.

a. 도형을 클릭하고 Ctrl + V, Ctrl + C키를 누릅니다.

b. Ctrl 키를 누른 상태로 마우스 왼쪽 버튼으로 도형을 클릭하고, 원하는 위치로 끌어당겨 놓습니다.

7. 이미지를 조정할 때와 마찬가지로 도형 테두리에 있는 원 또는 사각형 점들을 이용하여 도형 크기를 조절합니다.

8. **삽입** 탭의 **일러스트레이션** 그룹에 있는 **도형** 메뉴를 클릭하고, **직사각형**을 클릭한 후, 하단의 도형에 동일한 도형이 4개 정도 들어갈 수 있는 크기로 그려 줍니다.

9. 삽입한 도형을 3개 복사하고 아래의 오른쪽 그림과 같이 배치시킨 후, 4개의 직사각형을 모두 선택합니다.

a. 마우스 왼쪽 버튼을 누른 상태에서 드래그합니다.

b. Shift 키 또는 Ctrl 키를 누른 상태에서 선택을 원하는 도형을 마우스 왼쪽 버튼으로 클릭합니다.

10. 도형이 선택된 상태에서, **그리기 도구** – **서식** 탭의 **도형 스타일** 그룹에서 **도형 스타일** 중 **미세 효과** – **강조 6**을 클릭합니다.

11. 지금까지 그린 도형 전체를 선택하고, 마우스 오른쪽 버튼을 누르고, **그룹** – **그룹** 메뉴를 클릭합니다.

12. 그룹으로 묶인 도형을 선택하고 3개를 복사합니다.

13. 그룹 중 하나를 슬라이드 오른쪽의 원하는 위치로 이동시킵니다.

14. 4개의 그룹을 모두 선택하고, **그리기 도구** – **서식** 탭의 **그리기** 그룹에 있는 **정렬** 메뉴를 클릭한 후, **맞춤** – **위쪽 맞춤**을 클릭합니다.

15. 4개의 그룹을 모두 선택하고, **그리기 도구** – **서식** 탭의 **그리기** 그룹에 있는 **정렬** 메뉴를 클릭한 후, **맞춤** – **가로 간격을 동일하게**를 클릭합니다.

그룹 복사

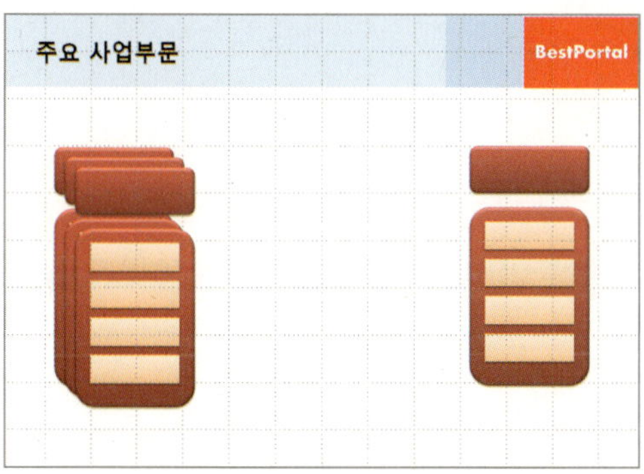

위쪽 맞춤

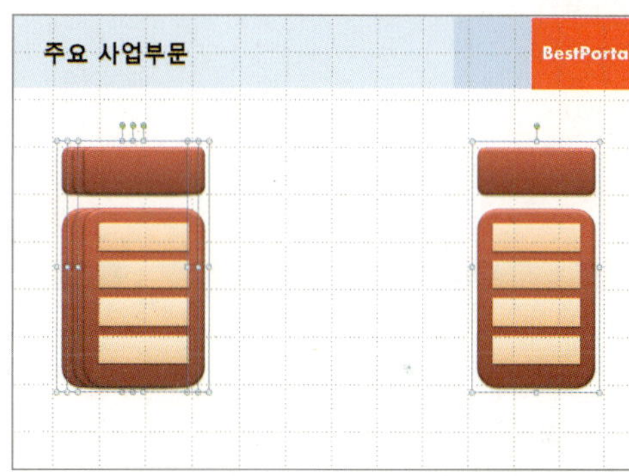

가로 간격을 동일하게

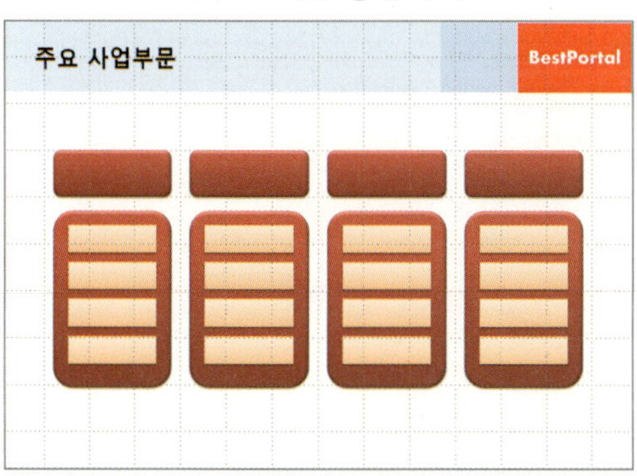

텍스트 입력

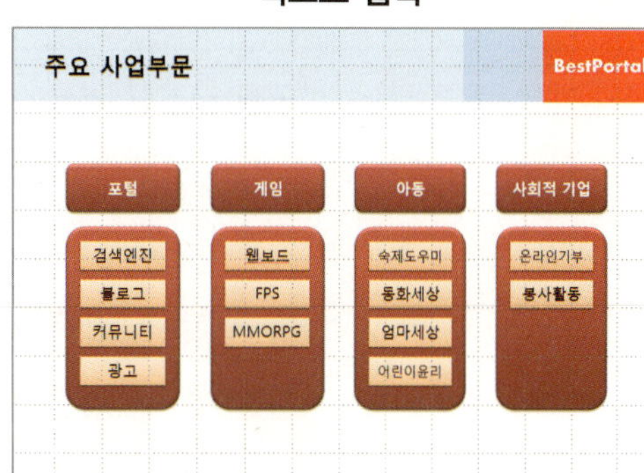

16. 도형을 선택하면 처음에는 그룹이 선택됩니다. 이 상태에서 원하는 도형을 다시 클릭하면 도형이 선택됩니다. 이 상태에서 텍스트를 입력하면 텍스트 입력 및 텍스트 서식 조절이 가능합니다. 앞의 그림과 같이 텍스트를 입력합니다.

17. 4개의 그룹이 모두 덮이도록 직사각형을 하나 그립니다.

18. 직사각형을 선택하고, 마우스 오른쪽 버튼으로 클릭한 후, **맨 뒤로 보내기** 를 클릭합니다.

19. **그리기 도구** – **서식** 탭의 **도형 스타일** 그룹에 있는 **도형 채우기** 메뉴를 클릭해 **흰색** 을 선택합니다. 그리고 **도형 윤곽선** 을 클릭하고, **윤곽선 없음** 을 클릭합니다.

20. **그리기 도구** – **서식** 탭의 **도형 스타일** 그룹에 있는 **도형 효과** 메뉴를 클릭하고 **입체 효과** 를 클릭한 후, **둥글게** 를 선택합니다.

직사각형 삽입

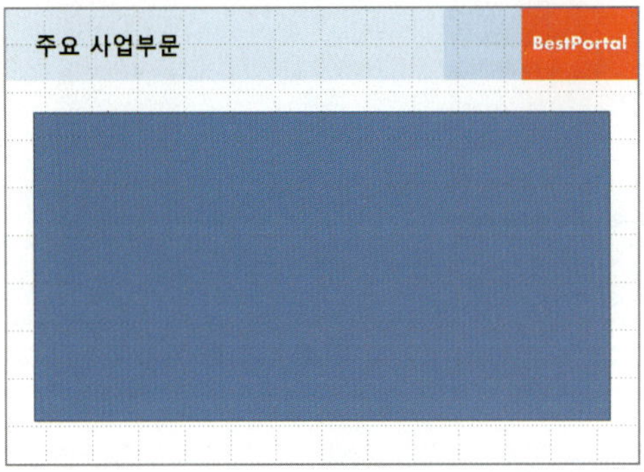

맨 뒤로 보내기

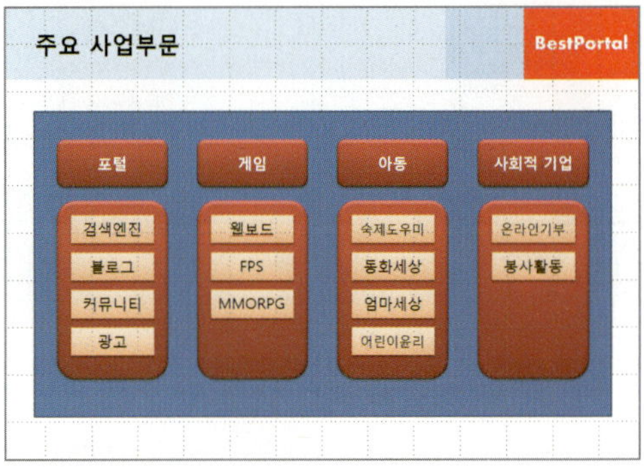

도형 채우기, 윤곽선 없음, 도형 효과 적용

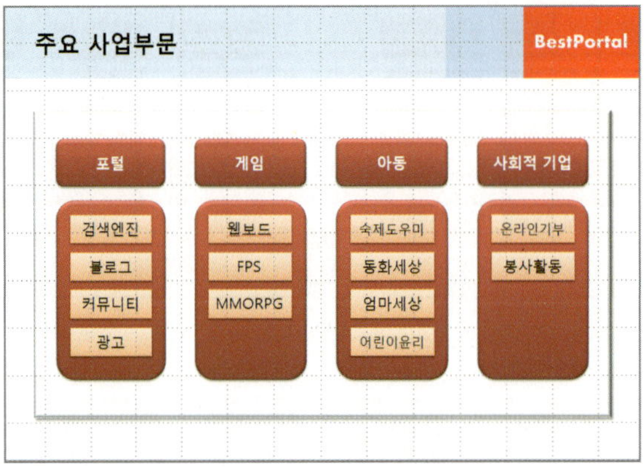

9 스마트아트 사용하기

MS Office 2007과 2010 버전은 스마트아트(SmartArt)라는 기능이 추가되어 누구라도 전문가가 작업한 것과 유사한 수준으로 도형을 삽입할 수 있습니다. 스마트 아트는 **삽입** 탭의 **일러스트레이션** 그룹에 있는 **SmartArt** 메뉴나 새로운 슬라이드를 삽입하면 나타나는 **SmartArt 그래픽 삽입** 메뉴를 이용해 수행할 수 있습니다. 또는 글머리 기호를 이용해 이미 입력되어 있는 텍스트를 바로 스마트 아트로 변환할 수도 있습니다.

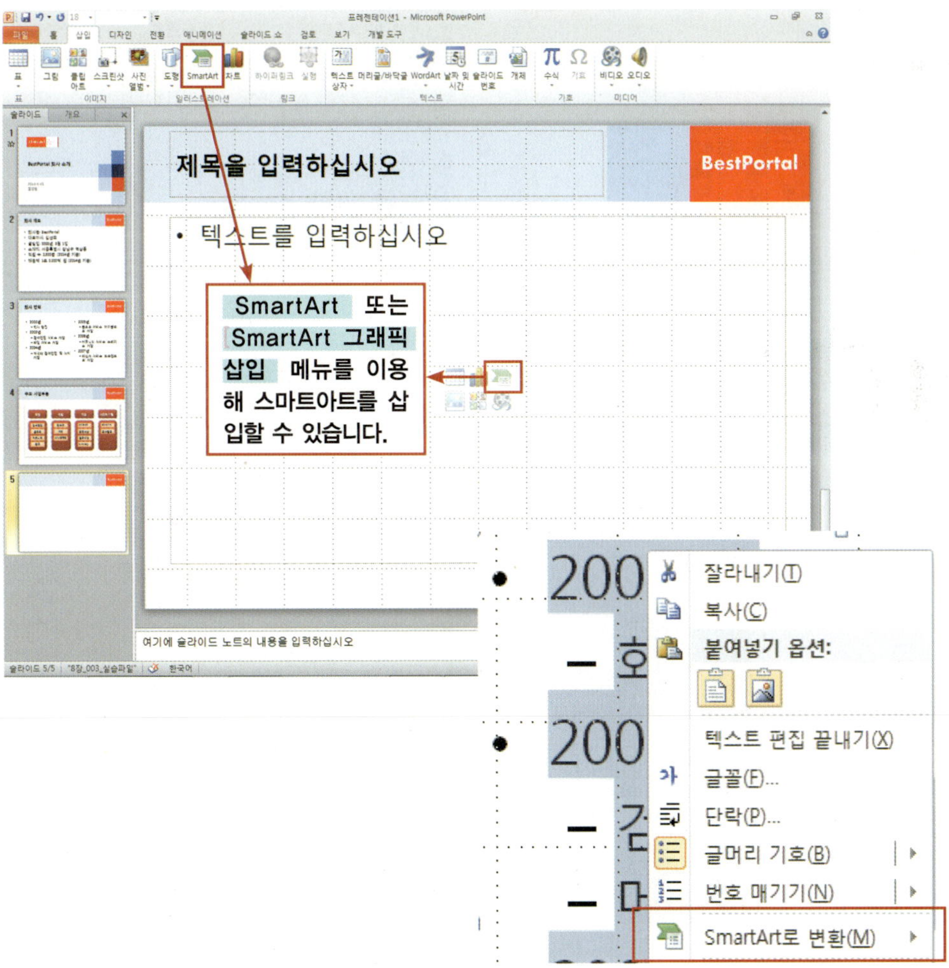

9.1 텍스트를 스마트아트로 바꾸기

2페이지의 회사 연혁에 스마트아트를 적용해 봅시다.

1. 왼쪽 단의 텍스트를 모두 선택하고, 마우스 오른쪽 버튼을 누른 후, **SmartArt로 변환**을 클릭합니다. 그리고 스마트아트 목록에서 **새로 블록 목록형**을 선택합니다.

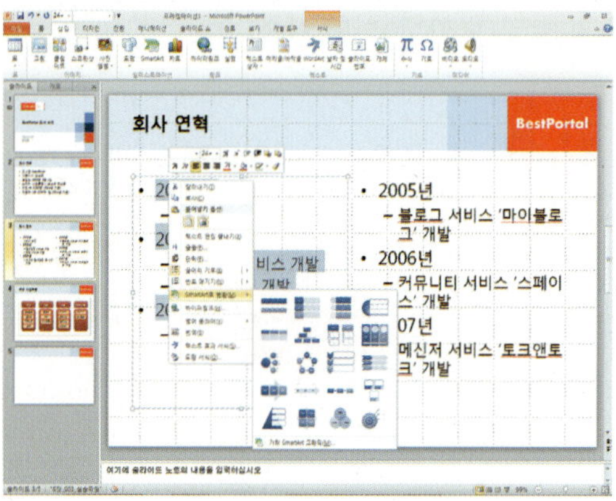

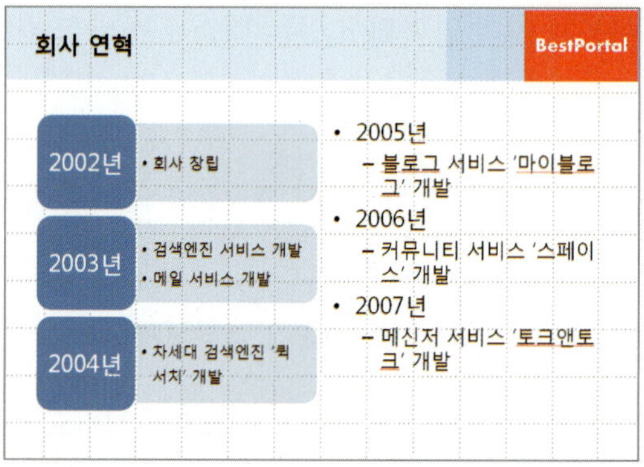

2. 오른쪽 단의 텍스트를 모두 선택하고, 마우스 오른쪽 버튼을 누른 후, **SmartArt로 변환**을 클릭합니다. 그리고 스마트아트 목록에서 **새로 블록 목록형**을 선택합니다.

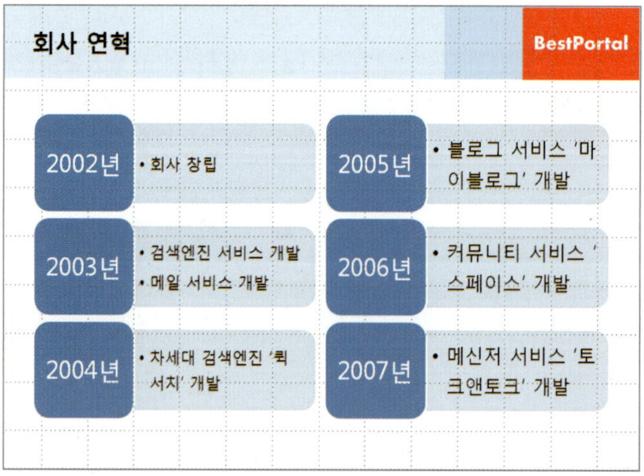

9.2 새 슬라이드에 스마트아트 삽입하기

BestPortal의 주요 관계사들을 스마트아트를 이용해 표현해 봅시다.

1. 새 슬라이드를 삽입하고, 슬라이드 레이아웃은 **제목 및 내용** 으로 선택해 줍니다.
2. 슬라이드의 텍스트 입력 구역에 있는 **SmartArt 그래픽 삽입** 메뉴를 클릭합니다.
3. "SmartArt 그래픽 선택" 대화상자가 나타나면, **계층 구조형** 카테고리에 있는 **조직도형** 스마트아트를 선택하고, **확인** 버튼을 클릭합니다.

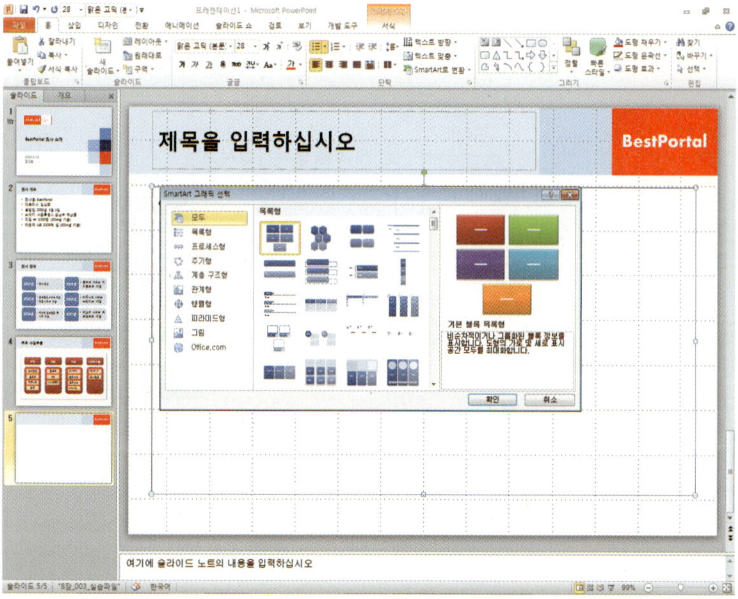

4. 최상단의 박스에 "BestPortal"을 입력하고, 가운데에 있는 박스는 선택 후 Delete 키를 눌러 삭제해 줍니다. 그리고 하단의 박스에는 차례대로 "국내 부문"과 "해외 부문"을 입력하고, 남은 한 개의 박스는 삭제해 줍니다.

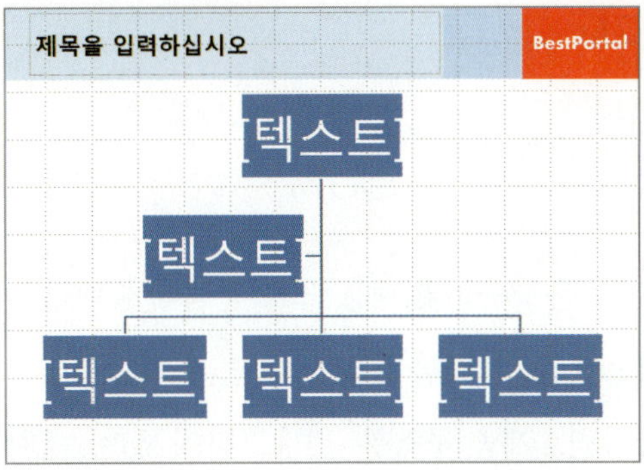

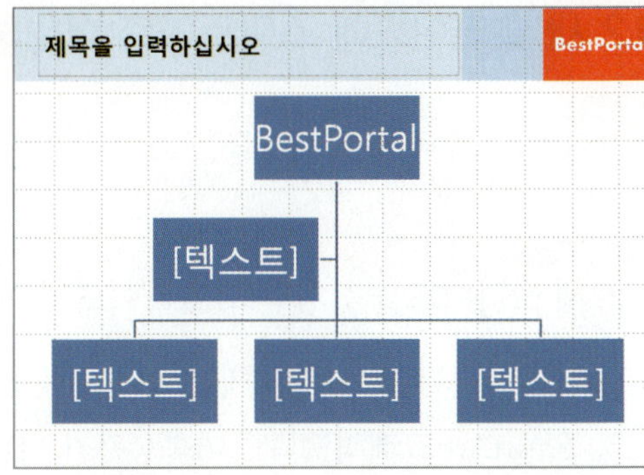

5. "국내 부문" 박스를 클릭하고, 마우스 오른쪽 버튼을 누릅니다. 그리고 **도형 추가** – **아래에 도형 추가** 를 3번 눌러 하단에 박스 3개를 추가해 줍니다. "해외 부문"도 마찬가지로 하단에 박스를 추가합니다. 그리고 다음과 같이 텍스트를 추가해 줍니다.

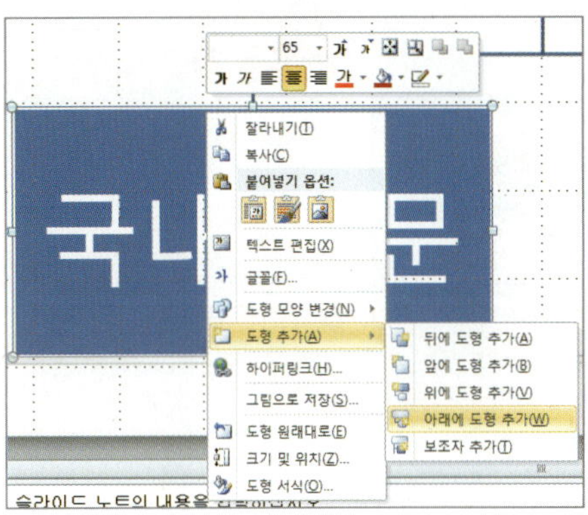

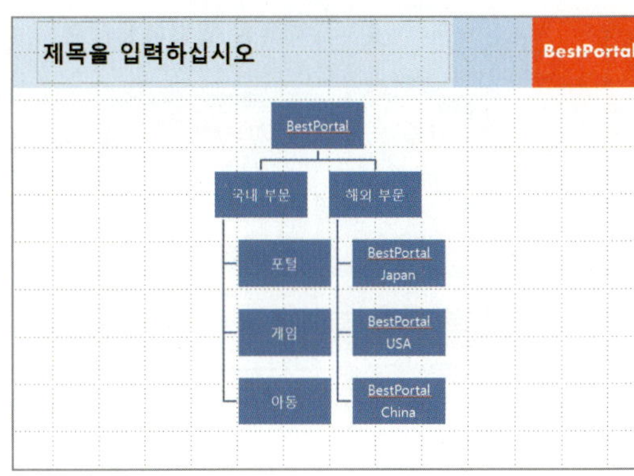

도형의 추가 및 수준 조정은 **SmartArt 도구** – **디자인** 탭의 **그래픽 만들기** 그룹에 있는 메뉴들을 이용해 수행할 수도 있습니다. 프로세스형 스마트아트의 경우 **좌우 전환** 메뉴를 클릭하면 프로세스의 방향을 변경할 수 있습니다.

스마트아트를 삽입할 때에는 다음과 같은 사항들을 고려합시다.

- 자신이 표현하고자 하는 주제나 목적에 적합한 스마트아트를 선택해야 합니다. 스마트아트 목록에서 특정 스마트아트를 클릭하면 오른쪽에 설명이 나오므로 참고하도록 합니다.
- 스마트아트는 레이아웃에 따라 많은 텍스트를 입력하지 못하는 경우가 있습니다. 그리고 텍스트 입력 공간이 충분하더라도 텍스트의 입력은 최소화하도록 합니다.
- 위에서 사용된 "조직도" 스마트아트와 달리 스마트아트에 따라 도형이 추가되지 않는 경우가 있습니다.

스마트아트에 텍스트를 입력하는 것은 스마트아트 왼쪽에 나타나는 **텍스트 입력창**을 이용해 수행할 수도 있습니다. 이때 텍스트를 입력하는 것은 글머리 기호 사용법과 같습니다. 즉 한 수준 내려가려면 Tab 키를, 한 수준 올라가려면 Shift + Tab 키를 이용해 텍스트의 수준을 조정하면서 텍스트를 입력할 수 있습니다. 또한 아래 그림과 같이 테스트 입력 창을 사라지게 하거나 다시 나타나게 하는 것도 가능합니다.

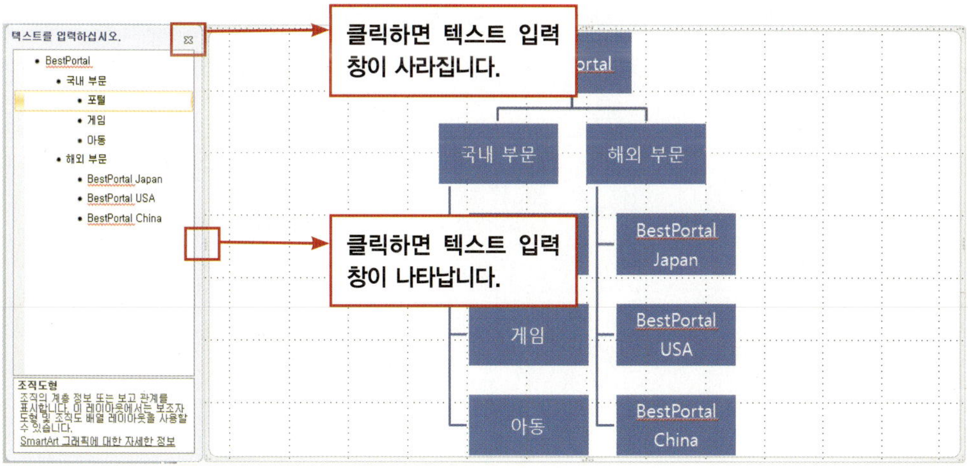

9.3 스마트아트 레이아웃 변경하기

1. 이미 삽입된 스마트아트의 레이아웃이 적절하지 않은 경우 다른 형태의 스마트아트로 바꿀 수 있습니다. 스마트아트 테두리를 마우스 오른쪽 버튼으로 클릭하고, **레이아웃 변경** 메뉴를 클릭합니다.

2. "SmartArt 그래픽 선택" 대화상자가 나타나면, **계층 구조형** 카테고리에 있는 **계층 구조형** 스마트아트를 선택하고, **확인** 버튼을 클릭합니다.

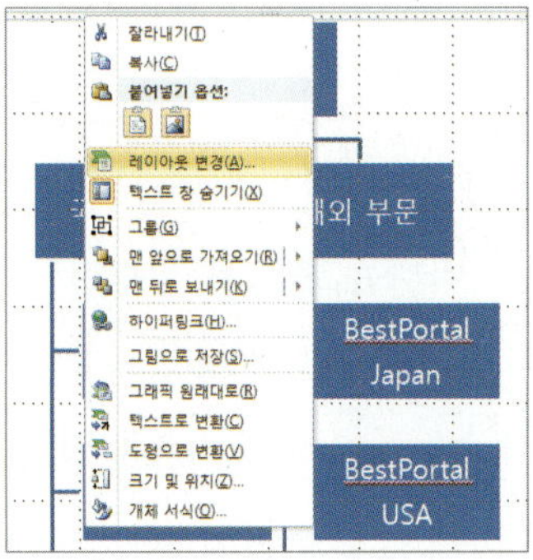

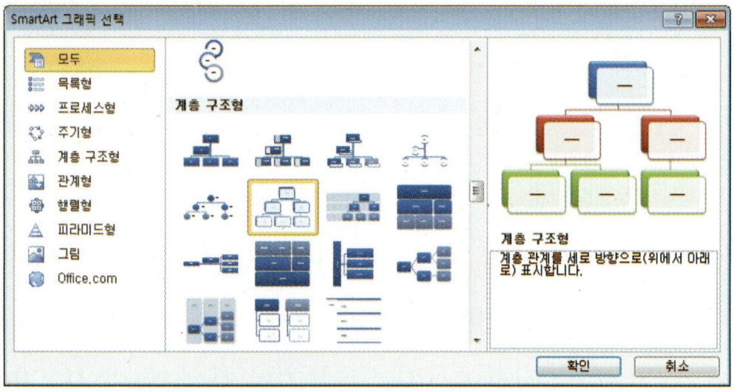

3. 아래와 같이 "계층 구조형"으로 스마트아트 레이아웃이 변경됩니다.

4. 스마트아트 레이아웃의 변경은 **SmartArt 도구 – 디자인** 탭의 **레이아웃** 그룹에 있는 레이아웃들을 선택하는 방법으로 수행할 수도 있습니다.

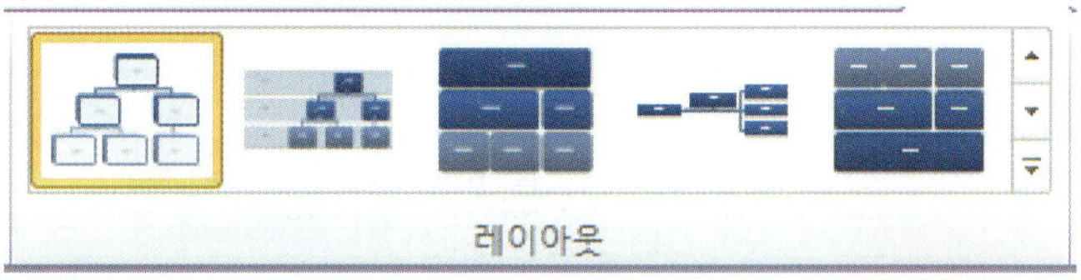

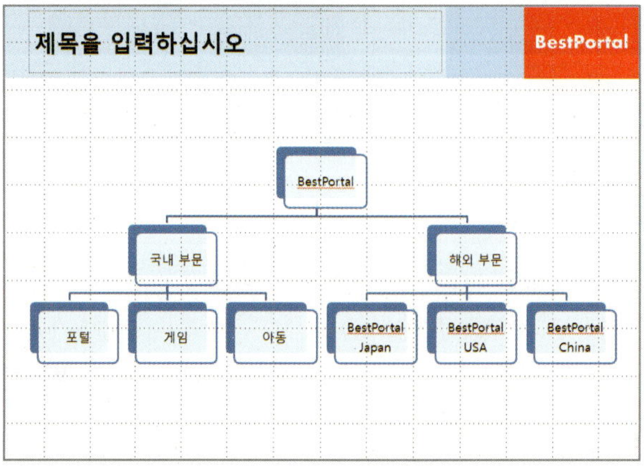

9.4 스마트아트 서식 빠르게 변경하기

스마트아트의 배경이나 테두리 선 등을 변경하는 가장 간편한 방법은 **SmartArt 도구 – 디자인** 탭의 **SmartArt** 그룹에 사전에 설정되어 있는 **색 변경** 메뉴와 스마트아트 스타일 테마 메뉴를 이용하는 것입니다.

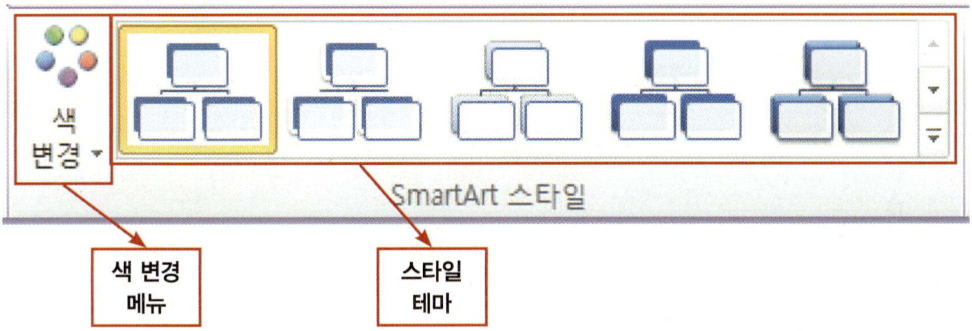

우선 삽입된 스마트아트의 색을 변경해 봅시다.

1. 삽입된 스마트아트를 클릭하고, **SmartArt 도구 – 디자인** 탭의 **SmartArt** 그룹에 있는 **색 변경** 메뉴를 클릭합니다.
2. 색 목록 중 **강조 3** 영역에 있는 **색 채우기–강조 3**을 클릭합니다.

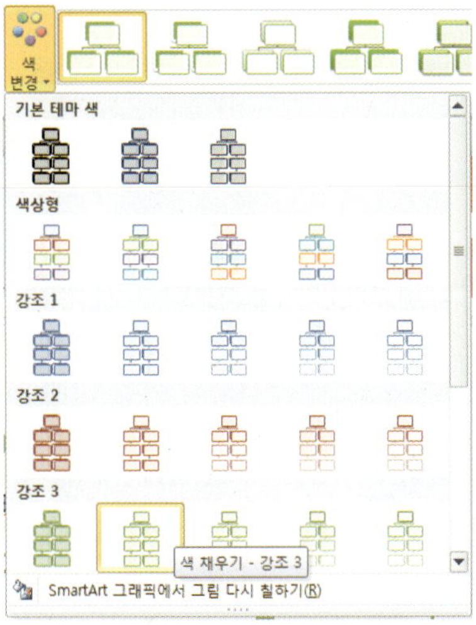

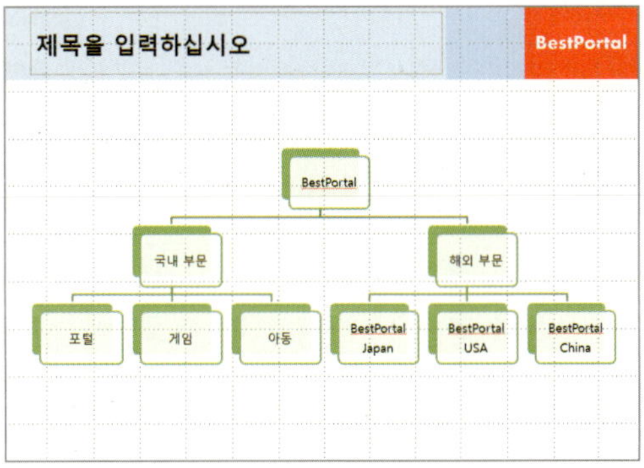

삽입된 스마트아트에 빠른 스마트아트 스타일을 적용해 봅시다.

1. 삽입된 스마트아트를 클릭하고, **SmartArt 도구** – **디자인** 탭의 **SmartArt** 그룹에 있는 **빠른 스마트아트 스타일** 에서 **자세히** 메뉴를 클릭합니다.

2. 스타일 목록에서 **파우더** 를 클릭합니다.

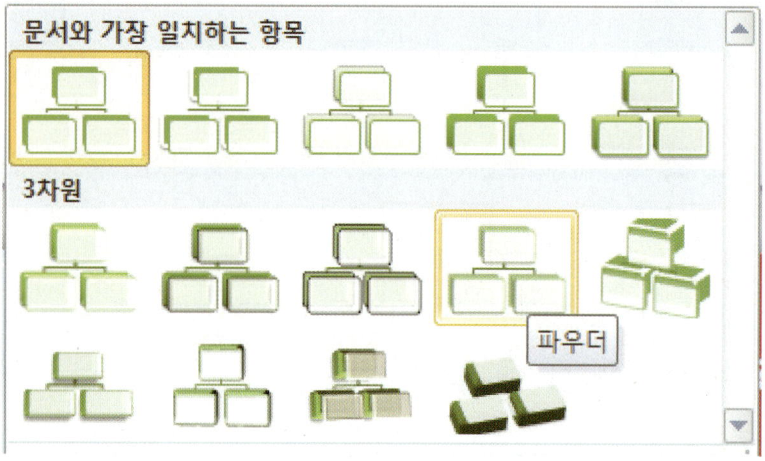

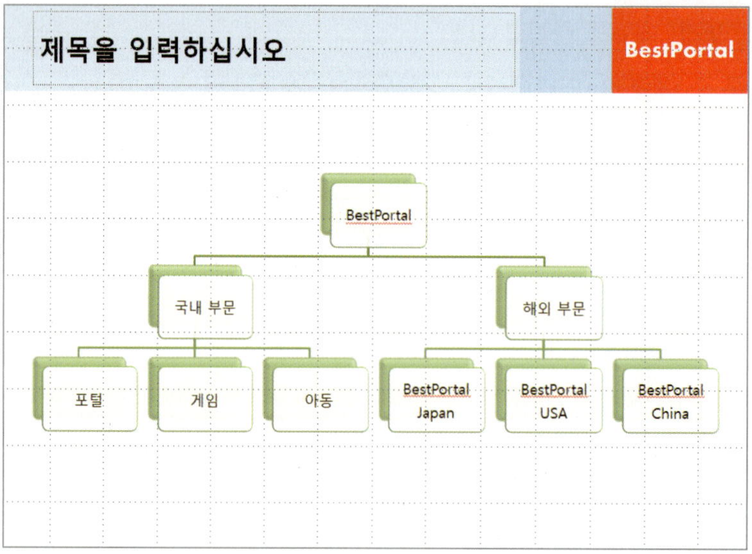

9.5 스마트아트의 개별 도형들의 서식 변경하기

스마트아트를 클릭하면 나타나는 **SmartArt 도구** – **서식** 탭의 메뉴들을 이용하여 스마트아트를 구성하는 개별적인 도형들의 서식을 변경할 수 있습니다.

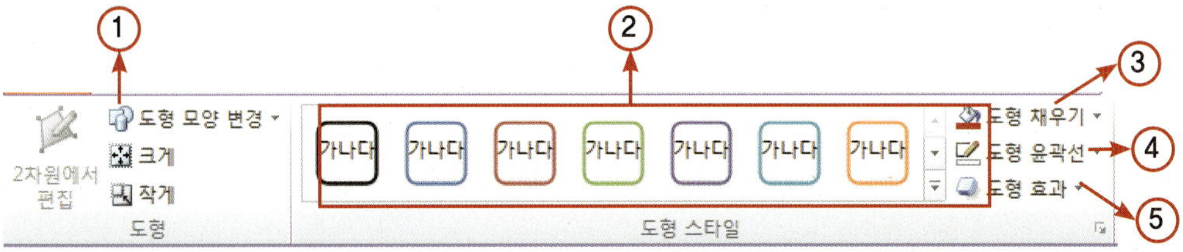

번호	메뉴명	설명
1	도형 모양 변경	선택된 스마트아트의 도형을 다른 모양의 도형으로 변경합니다.
2	도형 스타일 테마	선택된 스마트아트의 도형에 미리 설정된 스타일 테마를 적용합니다.
3	도형 채우기	선택된 스마트아트의 도형의 채우기 색, 그라데이션 효과 등을 변경합니다.
4	도형 윤곽선	선택된 스마트아트의 도형의 선 색, 두께, 선 스타일 등을 변경합니다.
5	도형 효과	선택된 스마트아트의 도형에 그림자, 3차원 등 다양한 효과를 적용합니다.

9.5.1 도형 모양 변경하기

1. Shift 키를 누른 상태에서 스마트아트의 가장 상단에 있는 2개의 박스를 클릭하여, 2개의 박스를 모두 선택합니다.

2. **SmartArt 도구** – **서식** 탭의 **도형** 그룹에 있는 **도형 모양 변경** 메뉴를 클릭하고, **기본 도형** 영역에 있는 **육각형**을 클릭합니다.

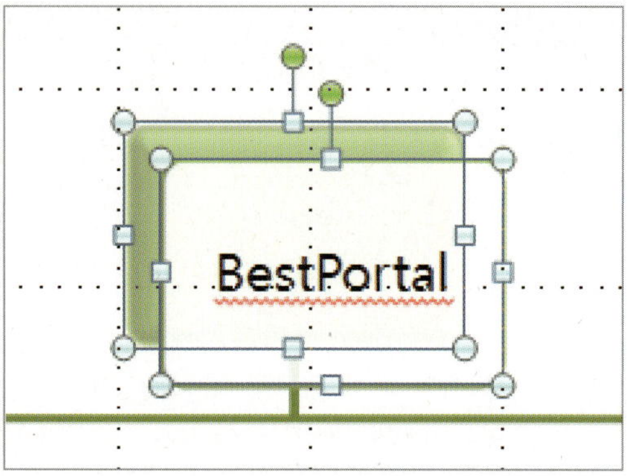

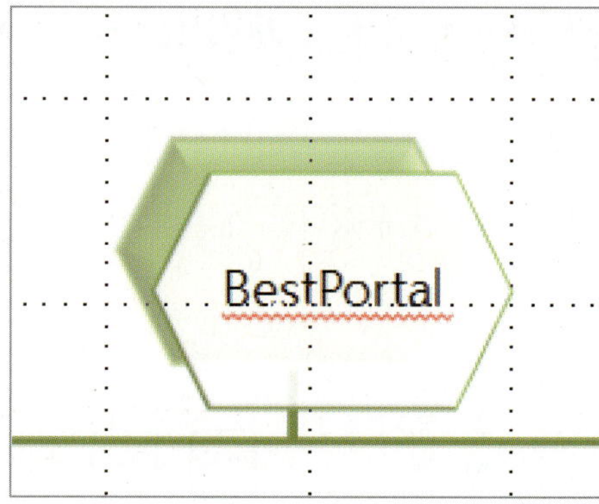

9.5.2 스타일 테마 적용하기

스마트아트 스타일을 변경하는 가장 쉬운 방법은 사전에 설정되어 있는 스타일 테마를 이용하는 것입니다. 스타일 테마는 앞에서 배운 도형 스타일 테마와 기능 및 사용법이 동일합니다. 스타일 테마에는 다양한 스타일 테마들이 사전에 만들어져 있습니다. 사용자는 스마트아트를 구성하는 도형 중 스타일 테마의 적용을 원하는 도형을 선택한 후, 원하는 스타일 테마를 클릭하면 복잡한 과정 없이 바로 스타일이 적용됩니다.

1. 스마트아트의 가장 상단에 있는 2개의 박스 중 뒤쪽에 위치한 배경 박스를 클릭합니다.
2. **SmartArt 도구** – **서식** 탭의 **도형 스타일** 그룹에 있는 **도형 스타일 테마 목록**의 **자세히** 버튼을 클릭합니다.
3. 테마 중 **강한 효과–강조 6**을 클릭합니다.

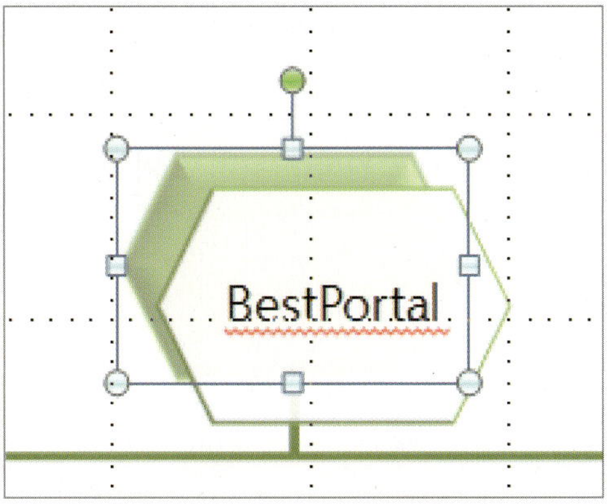

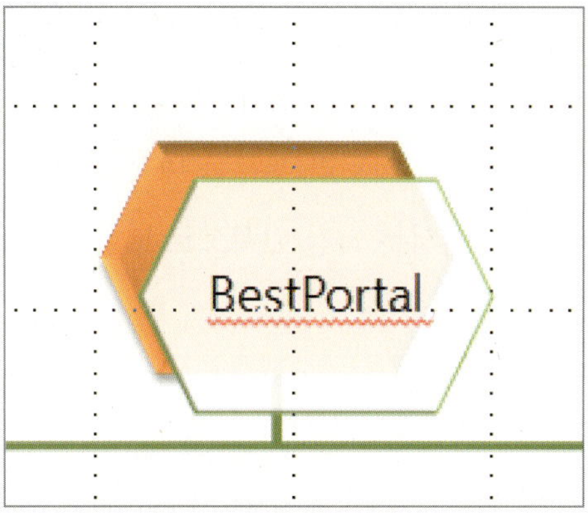

1. 스마트아트의 가장 상단에 있는 2개의 박스 중 앞쪽에 위치한 박스를 클릭합니다.

2. **SmartArt 도구** – **서식** 탭의 **도형 스타일** 그룹에 있는 **도형 스타일 테마 목록**의 **자세히** 버튼을 클릭합니다.

3. 테마 중 **색 윤곽선-강조 6**을 클릭합니다.

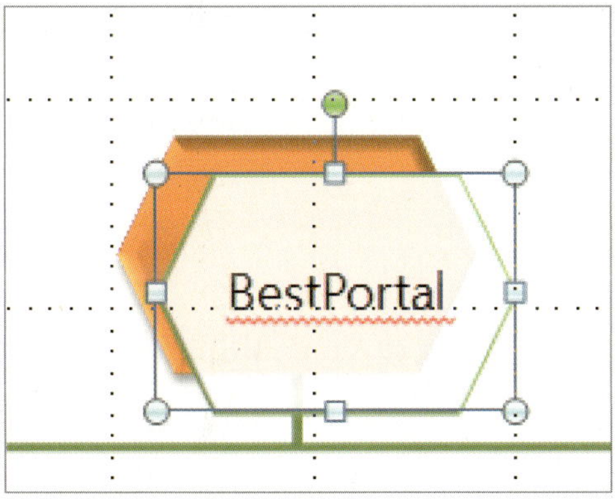

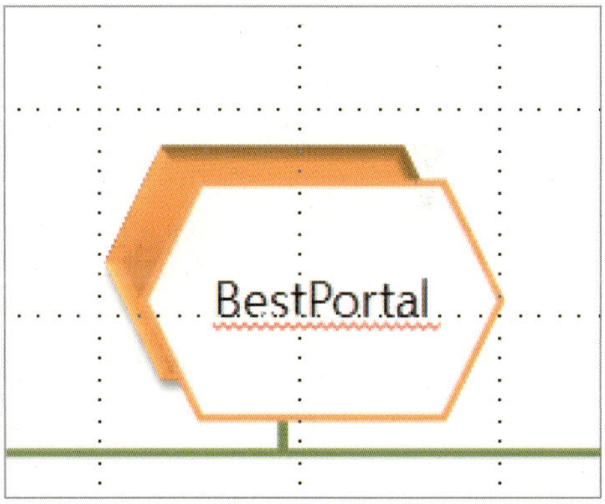

9.5.3 도형 이동하기

스마트아트를 구성하는 개별 도형들만을 이동시켜 스마트아트의 레이아웃을 보기 좋게 조절할 수 있습니다.

1. Shift 키를 누른 상태에서 스마트아트의 가장 상단에 있는 2개의 박스를 클릭하여, 2개의 박스를 모두 선택합니다.

2. 도형의 테두리 부분을 마우스 왼쪽 버튼으로 클릭하고 원하는 위치로 이동시킵니다. 여기에서는 약간 위쪽으로 도형을 이동시켜 봅시다.

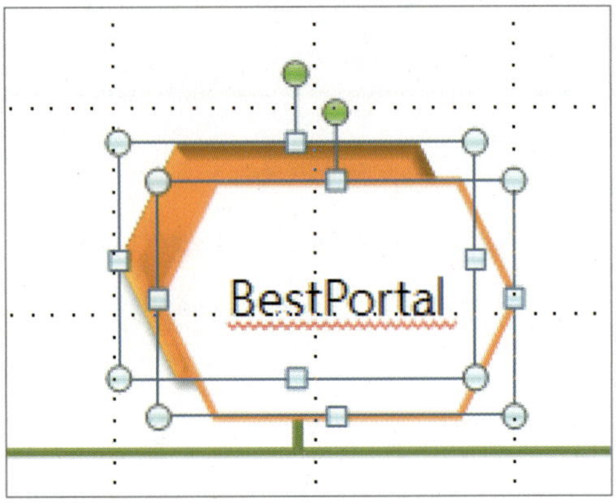

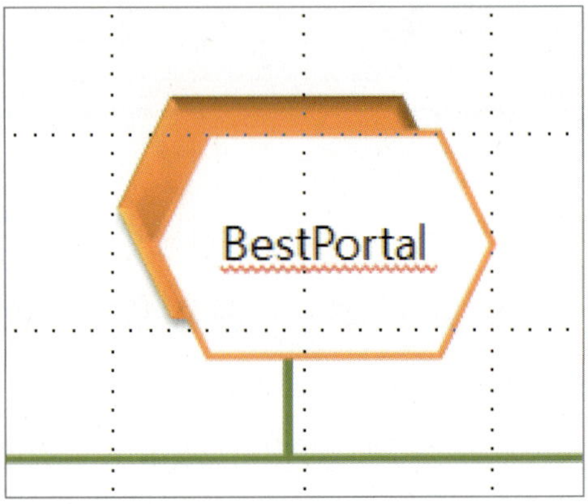

도형 이동과 마찬가지로 각각의 도형의 크기 역시 조절이 가능합니다.

10 클립아트 사용하기

프레젠테이션을 위한 파워포인트 문서를 작성할 때에는 텍스트보다 이미지를 이용해 발표 내용을 시각적으로 표현해 주는 것이 좋습니다. MS Office는 문서작성 시 이미지들을 인터넷 등을 통해 별도로 검색하지 않고 사용할 수 있도록 클립아트라는 이미지 모음을 제공하고 있습니다. 클립아트 기능을 이용하면 Microsoft Office가 제공하는 다양한 일러스트레이션, 사진, 이미지를 활용할 수 있습니다.

클립아트를 사용하기 전에 9절에서 배운 스마트아트를 사용하여 클립아트를 삽입할 새로운 슬라이드를 먼저 작성해 봅시다.

1. 마지막 슬라이드에서 Ctrl + M 키를 눌러 새로운 슬라이드를 만듭니다.
2. 제목 부분에 "차세대 육성 사업"이라고 입력합니다.
3. 슬라이드의 텍스트 입력 구역에 있는 **SmartArt 그래픽 삽입** 메뉴를 클릭합니다.
4. **관계형** 카테고리에서 **방사형 목록형** 스마트아트를 선택하고 **확인** 버튼을 누릅니다.
5. 삽입된 스마트아트의 가장 오른쪽 상단에 있는 텍스트 박스를 마우스 왼쪽 버튼을 눌러 선택합니다.

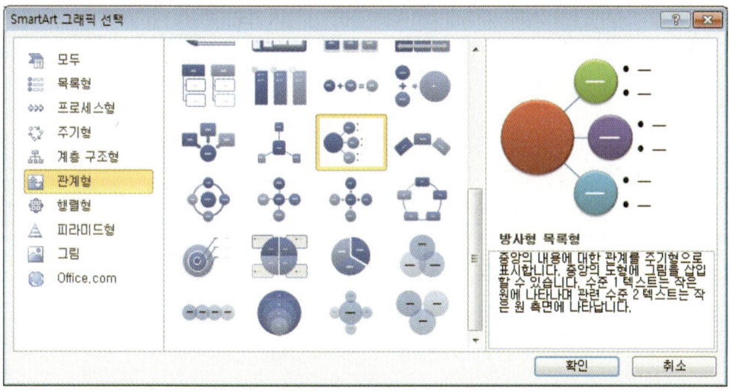

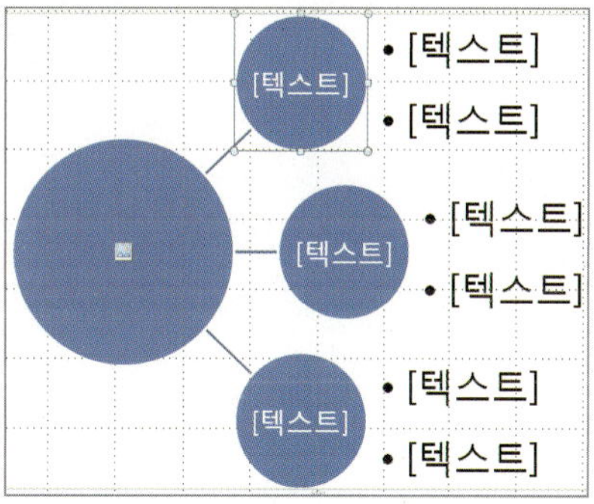

6. 선택한 텍스트 박스를 Delete 키를 눌러 지워 줍니다.
7. 나머지 텍스트 박스도 같은 방법으로 지워 줍니다.

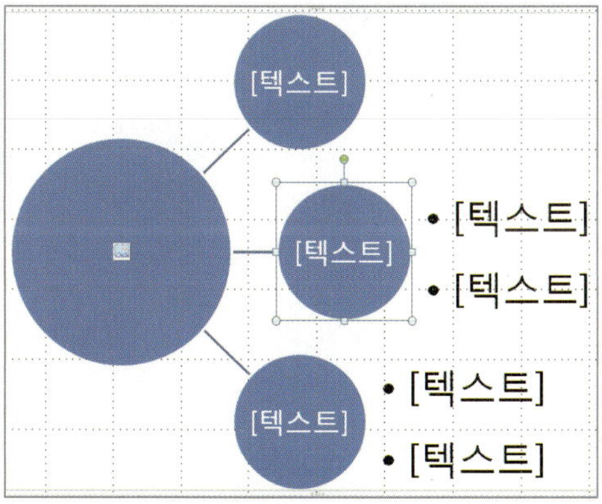

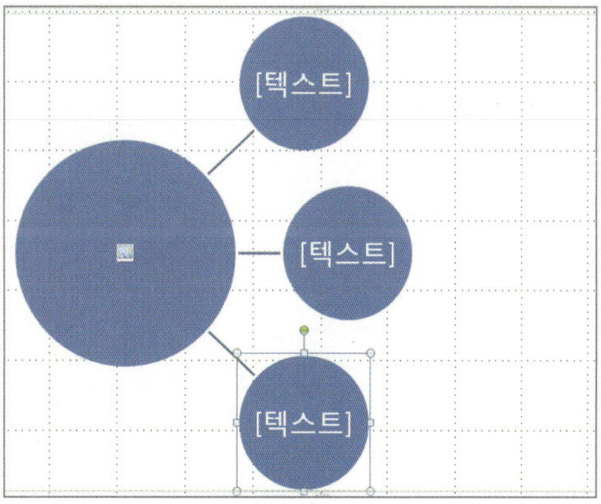

8. Shift 키를 누른 상태에서 오른쪽에 위치한 3개의 작은 원을 클릭해 모두 선택합니다.

9. 3개의 도형에 생긴 사각형 테두리선을 마우스 왼쪽 버튼으로 클릭하고 도형을 오른쪽으로 이동시킵니다.

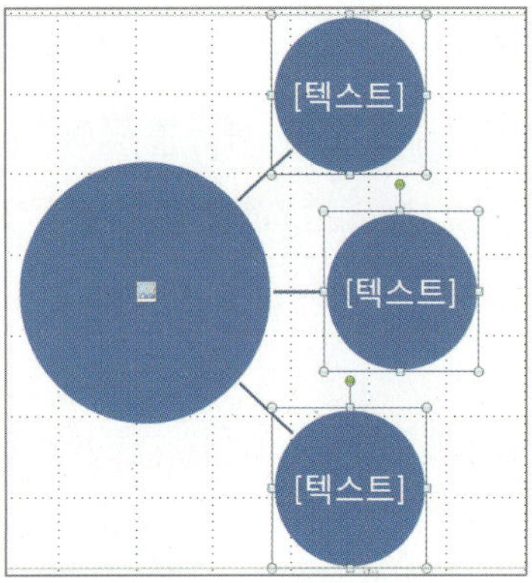

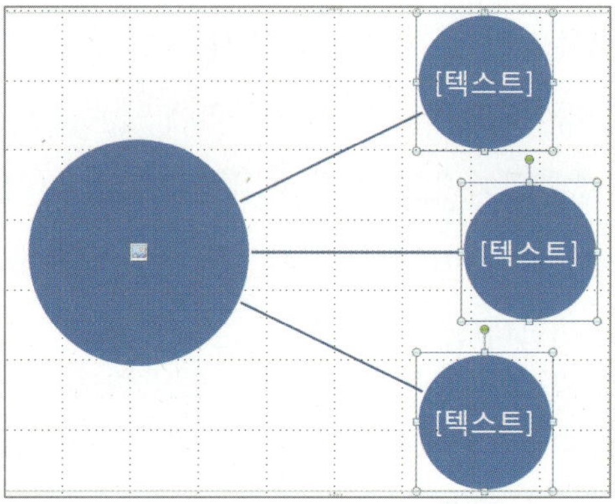

10. 왼쪽에 위치한 큰 원을 클릭해 선택합니다.

11. 도형에 생긴 사각형 테두리선을 마우스 왼쪽 버튼으로 클릭하고 도형을 오른쪽으로 이동시킵니다.

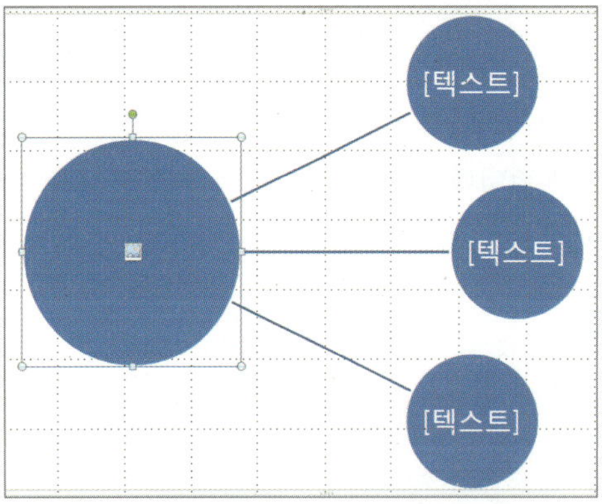

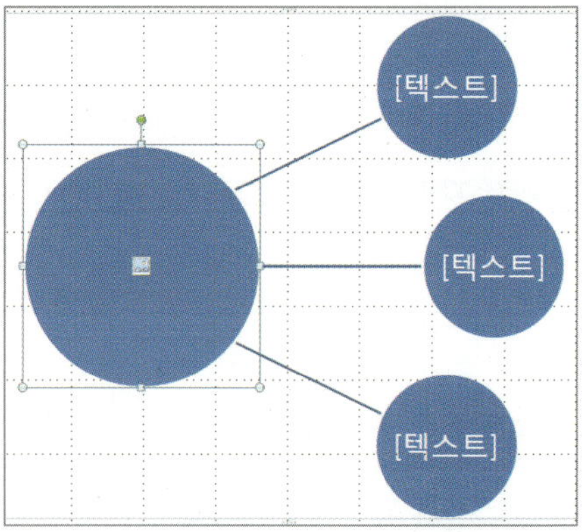

12. **SmartArt 도구** – **디자인** 탭의 **SmartArt 스타일** 그룹에 있는 **SmartArt 스타일 테마 목록** 의 **자세히** 버튼을 클릭합니다.

13. **3차원** 영역에 있는 테마들 중 **만화** 를 클릭합니다.

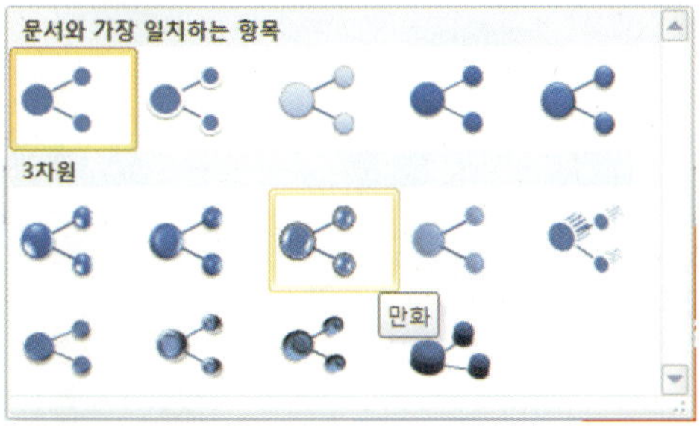

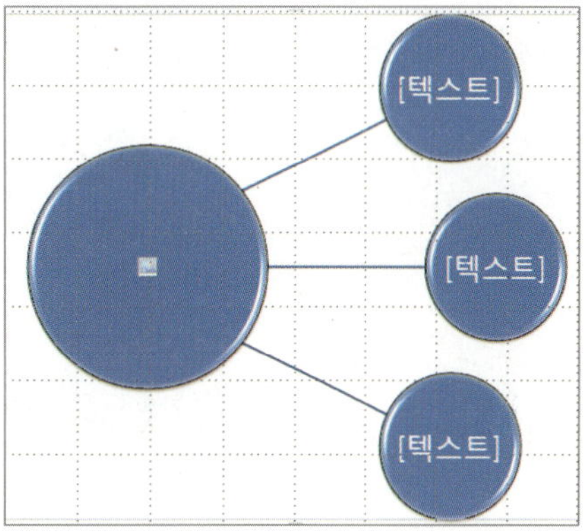

10.1 클립아트 삽입하기

스마트아트에 클립아트를 삽입해 봅시다.

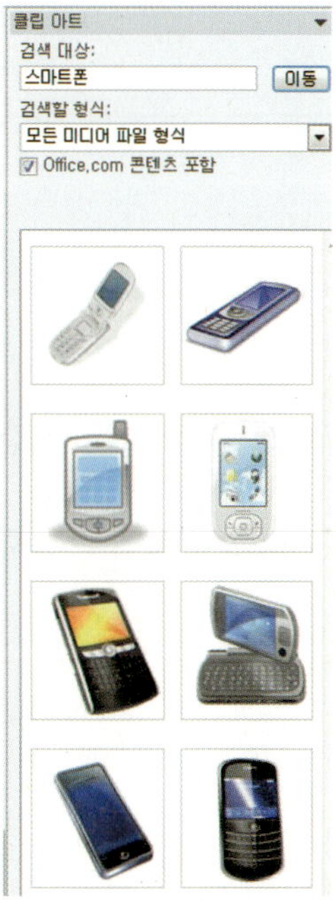

1. **삽입** 탭의 **이미지** 그룹에 있는 **클립아트** 메뉴를 클릭합니다.

2. **검색 대상** 에 "스마트폰"을 입력하고 엔터 키를 누르면 "스마트폰"과 관련 있는 클립아트들이 검색됩니다.

3. 원하는 클립아트를 마우스 왼쪽 버튼으로 클릭해 슬라이드에 삽입하고, 왼쪽의 큰 원에 적절하게 배치합니다.

4. 같은 방식으로 "악보 원", "지도", "이메일 원"이라는 단어로 클립아트를 검색하고, 오른쪽의 작은 원에 차례대로 배치하고 크기를 조정해 줍니다(3.56cm). 이때 Ctrl 키를 누른 상태에서 키보드의 방향키를 움직이면 클립아트의 위치를 세밀하게 조

절할 수 있습니다.

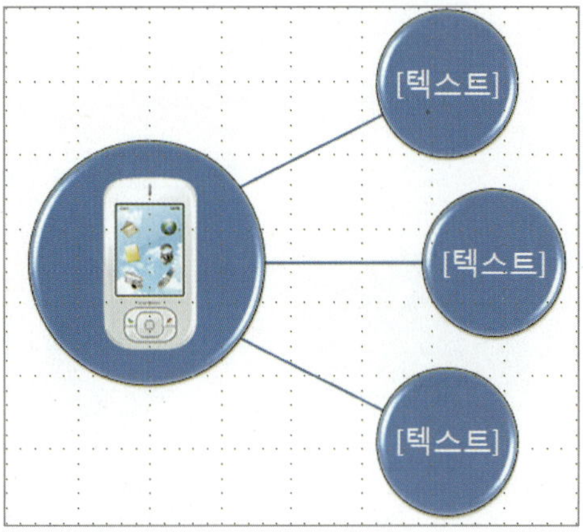

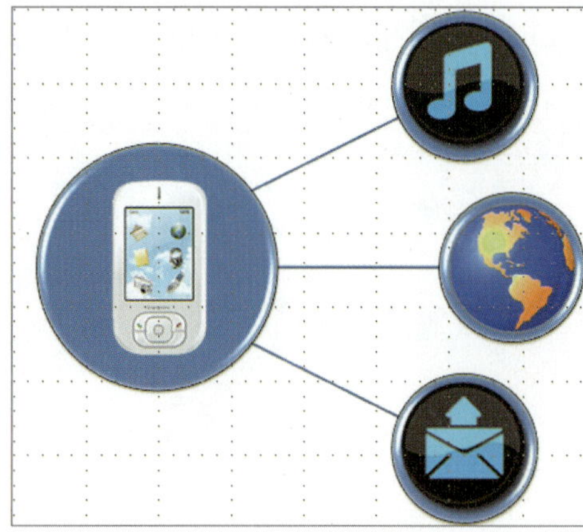

클립아트를 모두 삽입한 후에는 클립아트 작업창의 가장 상단에 있는 **X** 메뉴를 클릭해 클립아트 작업창을 보이지 않도록 합니다.

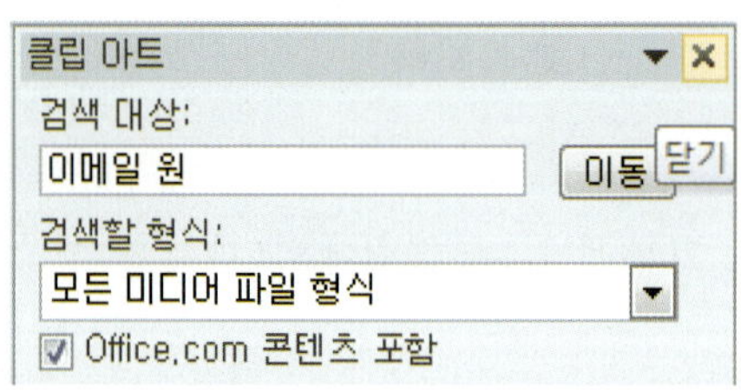

10.2 클립아트 색상 조정하기

현재 삽입된 클립아트는 각각 색이 틀려 통일감이 없습니다. 따라서 클립아트의 색상을 조정해 줄 필요가 있습니다. 클립아트 색상의 조정은 클립아트를 클릭하면 나타나는 **그림도구** – **서식** 탭의 **조정** 그룹에 있는 **색** 메뉴를 이용해 수행할 수 있습니다.

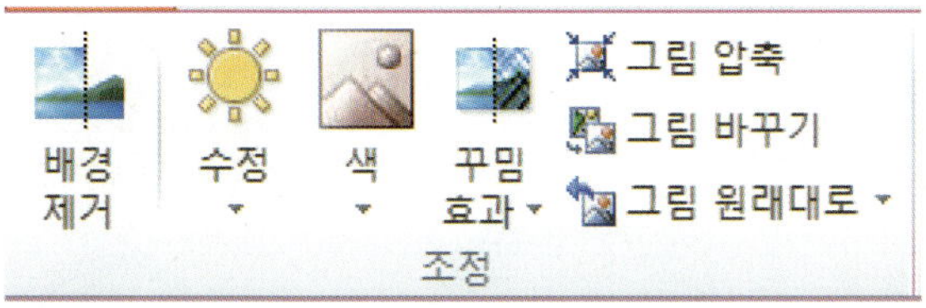

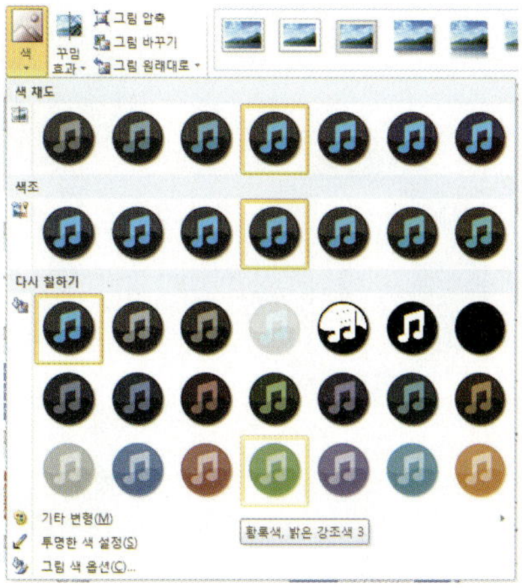

1. 오른쪽 원들 중 가장 상단에 위치한 클립보드를 클릭합니다.

2. 나타나는 **색** 메뉴를 클릭하고, **다시 칠하기** 영역에 있는 **황록색, 밝은 강조색 3** 을 클릭합니다.

3. 나머지 2개의 오른쪽 원들에도 동일한 색을 적용합니다.

4. 왼쪽의 큰 원에 **자주, 밝은 강조색 4** 를 클릭합니다.

삽입된 클립아트들의 밝기나 대비 역시 조절해 줄 수 있습니다.

1. 오른쪽 원들 중 가장 상단에 위치한 클립보드를 클릭합니다.

2. 나타나는 **그림도구** - **서식** 탭의 **조정** 그룹에 있는 **수정** 메뉴를 클릭하고, 밝기를 적절하게 조절해 줍니다.

3. 오른쪽 원들 중 가장 하단의 원에도 동일하게 적용합니다.

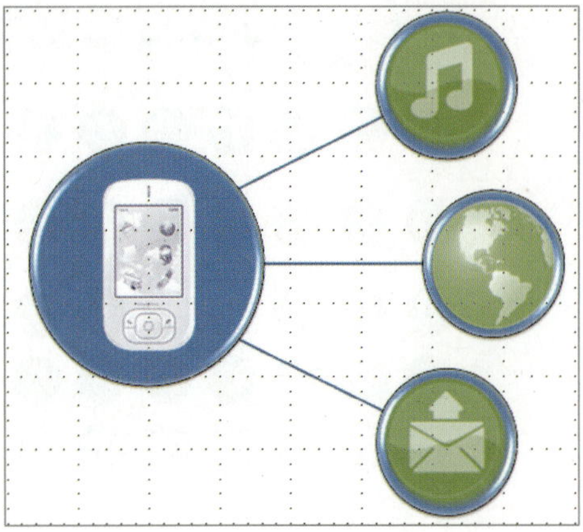

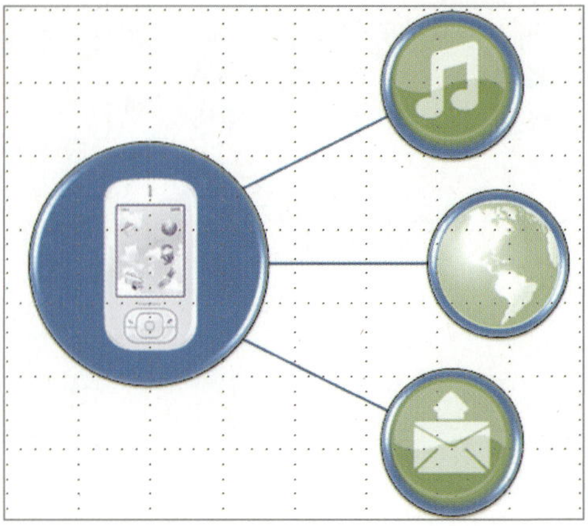

10.3 클립아트에 효과 적용하기

앞서 우리는 도형에 효과를 적용하는 방법을 배웠습니다. 그림, 도형, 스마트아트, 클립아트 등에 **그림도구** – **서식** 탭에 있는 '꾸밈 효과' 또는 '그림 효과' 기능을 이용하여 효과를 적용해 주면 시각적인 효과를 보다 극대화할 수 있습니다.

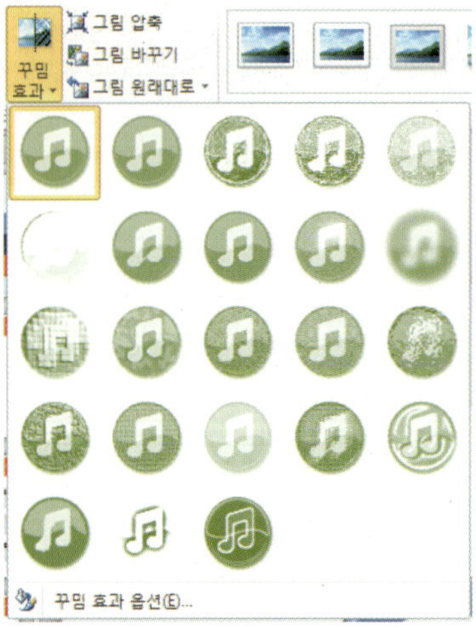

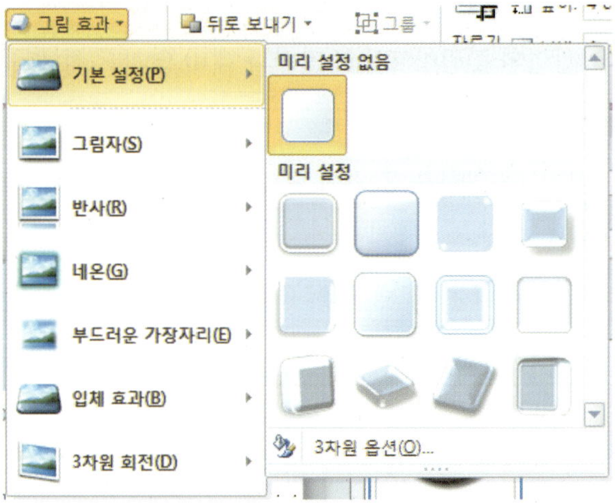

여기에서는 '그림 효과' 기능을 이용해 클립아트에 효과를 적용해 봅시다.

1. 왼쪽의 큰 원에 삽입된 클립아트를 클릭합니다.

2. **그림 도구** – **서식** 탭의 **그림 스타일** 그룹에 있는 **그림 효과** 메뉴를 클릭합니다.

3. **기본 설정** 메뉴를 클릭하고, **기본 설정 4** 를 클릭합니다. 클립아트의 왼쪽 하단으로 그림자 효과가 적용될 것입니다.

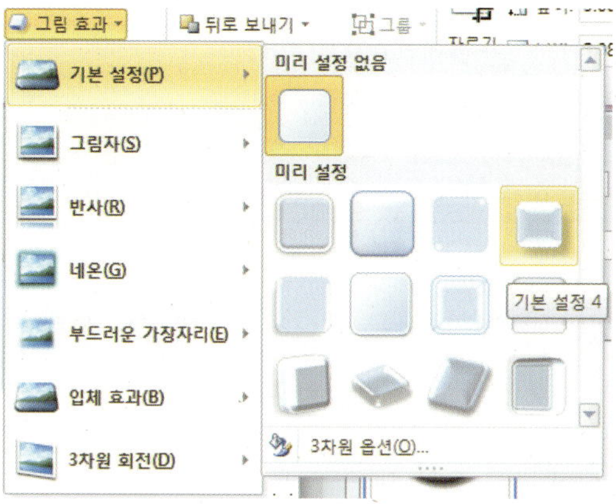

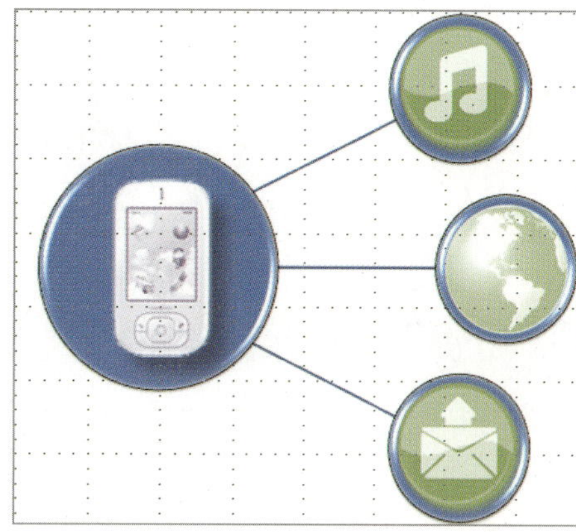

1. Shift 키를 누르고 오른쪽의 작은 클립아트들을 모두 선택합니다.

2. 위와 동일하게 **기본 설정 4** 효과를 적용합니다.

3. **그림 효과** 메뉴에서 **그림자** – **원근감 대각선 오른쪽 위** 를 클릭합니다. 클립아트에 그림자 효과가 적용될 것입니다.

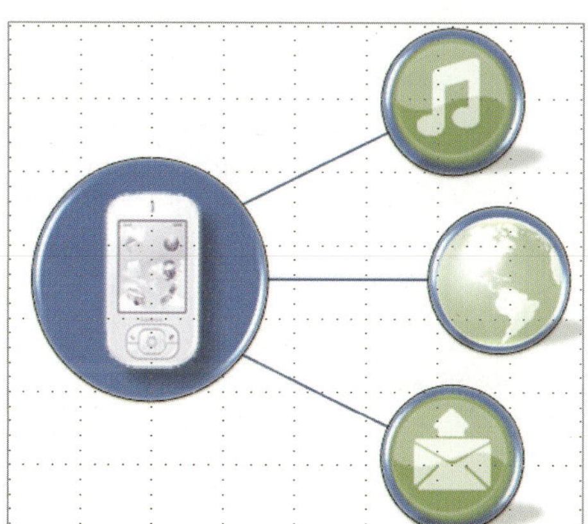

11 워드아트 사용하기

워드아트는 도형 또는 스마트아트에 적용했던 다양한 시각적 효과들을 텍스트에도 적용할 수 있도록 해 줍니다.

1. **삽입** 탭의 **일러스트레이션** 그룹에 있는 **도형** 메뉴를 클릭하고, **텍스트 상자**를 선택하여, 스마트아트를 삽입했던 슬라이드의 큰 원의 위에 적당한 크기로 그려 줍니다.

2. 텍스트 상자에 "모바일 장비 중심의 유비쿼터스 생활"이라고 입력합니다.

3. 텍스트 상자를 클릭하고 **그리기 도구 - 서식** 탭으로 이동합니다. 그리고 **WordArt 스타일 자세히 보기** 메뉴를 클릭한 후, 오른쪽 최하단에 위치한 **채우기-강조 1, 무광택 입체, 반사**를 클릭합니다.

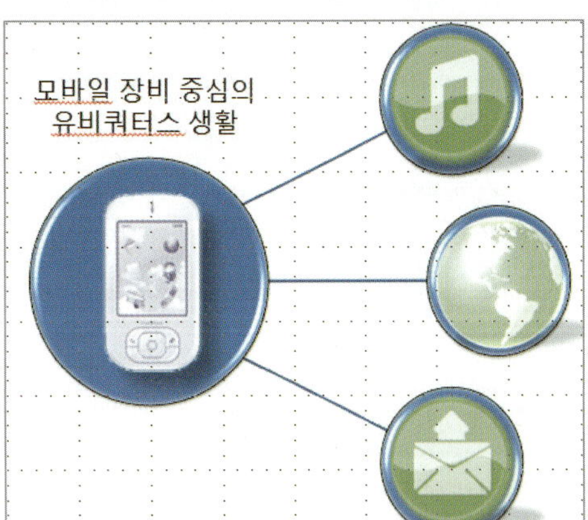

워드아트도 도형이나 스마트아트와 마찬가지로 채우기 색, 선 색, 효과 등을 적용하여 시각적인 효과를 보다 강화할 수 있습니다.

12 소리 사용하기

12.1 소리 삽입하기

파워포인트 파일에 음악이나 효과음 같은 소리를 삽입하면 프레젠테이션의 효과를 더욱 극대화할 수 있습니다. 소리는 **삽입** 탭의 **미디어** 그룹에 있는 **오디오** 메뉴를 이용해 삽입할 수 있습니다.

1. 제목 슬라이드로 이동합니다.
2. **삽입** 탭의 **미디어 클립** 그룹에 있는 **오디오** 메뉴를 클릭하고, **오디오 파일** 메뉴를 클릭합니다.
3. "오디오 삽입" 대화상자가 나타나면 **8장_005_실습파일.wav**를 찾고 **확인**을 클릭합니다.
4. 슬라이드 한가운데에 스피커 아이콘이 생기면서 소리가 삽입됩니다.

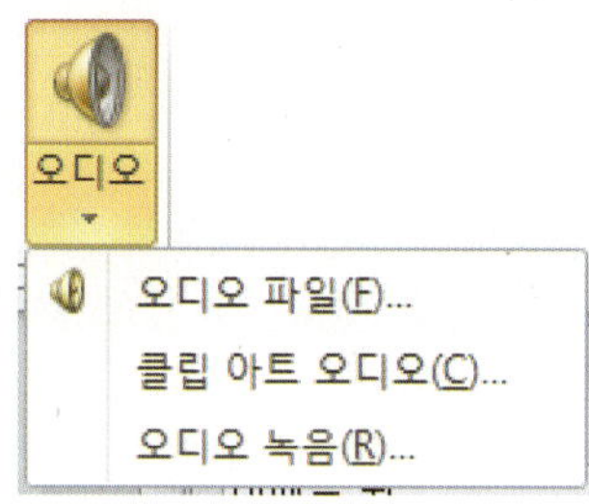

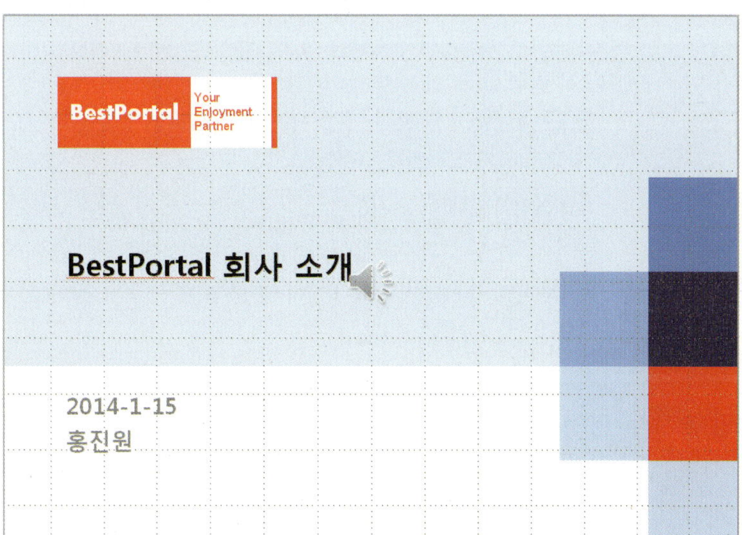

12.2 삽입된 소리 관리하기

슬라이드에 생긴 스피커 아이콘을 클릭하면 **오디오 도구 - 옵션** 과 **오디오 도구 - 옵션** 탭이 활성화됩니다. **오디오 도구 - 옵션** 탭에 있는 메뉴들을 이용하면 삽입된 소리의 재생과 관련된 옵션들을 조정할 수 있습니다.

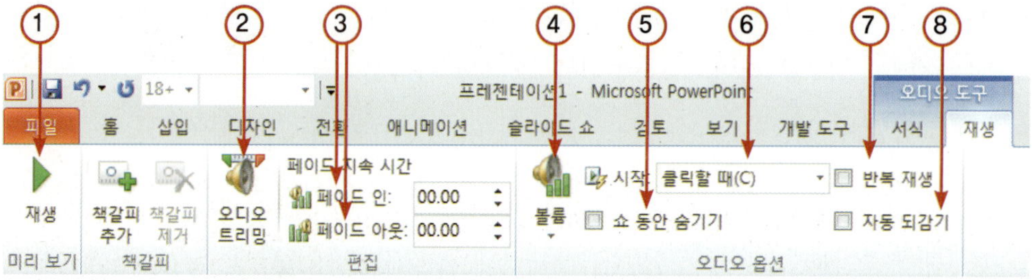

번호	메뉴명	설명
1	재생	삽입한 소리를 들을 수 있습니다.
2	오디오 트리밍	오디오 파일에서 특정 부분만 재생하도록 설정합니다.
3	페이드 인, 페이드 아웃	오디오 파일의 시작 부분의 볼륨이 지정한 시간 동안 점차 커지거나 마지막 부분이 점차 작아지도록 설정합니다.
4	볼륨	슬라이드 쇼를 할 때 소리가 어느 정도의 볼륨으로 재생될지 설정합니다.
5	쇼 동안 숨기기	이 메뉴를 체크하면 슬라이드 쇼가 진행되는 동안 스피커 아이콘이 보이지 않게 해 줍니다.
6	시작	슬라이드 쇼를 진행할 때 소리가 자동 실행될지, 클릭하면 실행될지, 모든 슬라이드에서 실행될지를 결정합니다.
7	반복 재생	이 메뉴를 체크하면 슬라이드 쇼가 진행되는 동안 삽입된 소리가 반복 재생됩니다.
8	자동 되감기	오디오 파일이 재생이 끝난 후 오디오 파일의 가장 앞부분으로 자동으로 이동합니다.

1. "쇼 동안 숨기기" 아이콘을 체크합니다.
2. F5 키를 눌러 슬라이드 쇼를 할 때 소리가 어떻게 재생되는지 확인합니다.

13 동영상 사용하기

프레젠테이션에서 주제와 관련된 짧은 동영상들을 보여 주는 것은 청중에게 발표 내용을 쉽고 재미있게 이해시키는 데 효과적인 방법입니다. 여기에서는 MS PowerPoint에서 자체적으로 제공하는 동영상 사용법뿐만 아니라, 윈도우 미디어 플레이어를 MS PowerPoint와 연계해 동영상을 재생하는 방법을 알아보겠습니다.

13.1 동영상 삽입하기

파워포인트에서 동영상은 **삽입** 탭의 **미디어** 그룹에 있는 **비디오 파일** 메뉴를 이용해 삽입할 수 있습니다. 또는 새 슬라이드를 삽입하면 나타나는 **미디어 클립 삽입** 메뉴를 이용해서도 삽입할 수 있습니다.

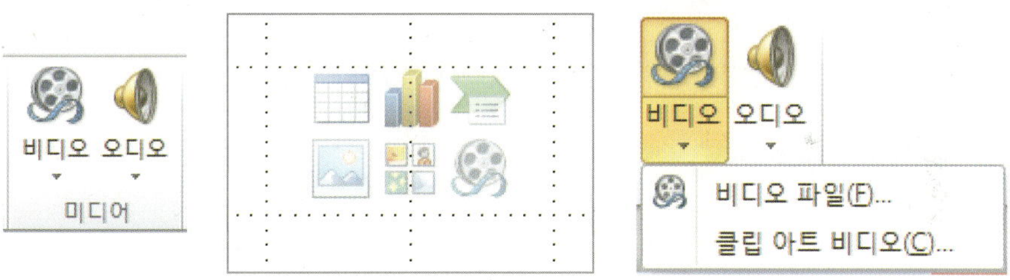

1. 마지막 슬라이드로 이동하고, Ctrl +M 키를 눌러 새 슬라이드를 삽입합니다. 삽입된 슬라이드의 제목에 "홍보 동영상 시청"이라고 입력합니다.

2. **삽입** 탭의 **미디어 클립** 그룹에 있는 **동영상** 메뉴를 클릭하고, **동영상 파일** 메뉴를 클릭합니다.

3. "소리 삽입" 대화상자가 나타나면 **8장_006_실습파일.wmv**를 찾고 **확인**을 클릭합니다.

4. 슬라이드 한가운데에 동영상이 재생될 영역이 표시되면서 동영상이 삽입됩니다. 도형을 편집할 때와 마찬가지로 삽입된 동영상을 적절한 크기로 조절하고 원하는 위치로 이동시킵니다.

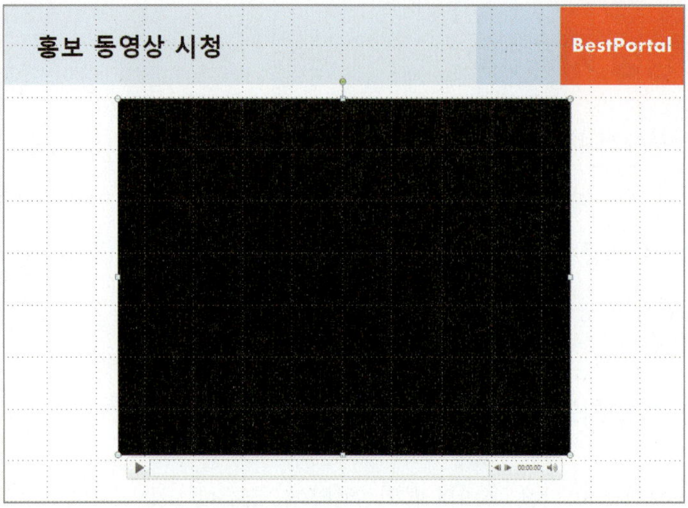

13.2 삽입된 동영상 관리하기

슬라이드에 생긴 동영상 재생 영역을 클릭하면 **비디오 도구** – **서식** 탭과 **비디오 도구** – **재생** 탭이 활성화됩니다. **비디오 도구** – **재생** 탭에 있는 메뉴들을 이용하면 삽입된 소리의 재생과 관련된 옵션들을 조정할 수 있습니다.

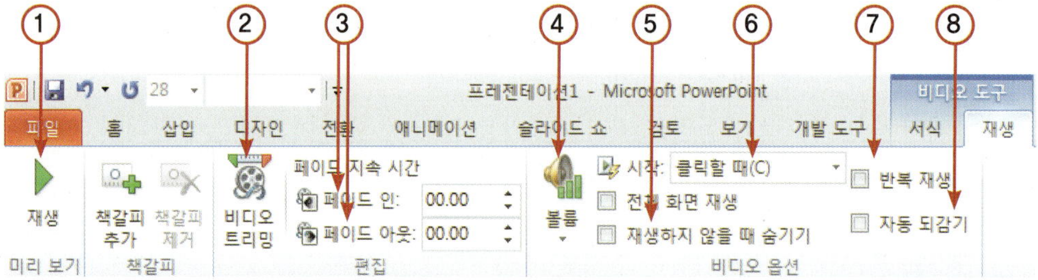

번호	메뉴명	설명
1	재생	삽입한 비디오를 미리 재생할 수 있습니다.
2	비디오 트리밍	비디오 파일에서 특정 부분만 재생하도록 설정합니다.

번호	메뉴명	설명
3	페이드 인, 페이드 아웃	비디오 파일의 시작 부분의 볼륨이 지정한 시간 동안 점차 커지거나 마지막 부분이 점차 작아지도록 설정합니다.
4	슬라이드 쇼 볼륨	슬라이드 쇼를 할 때 소리가 어느 정도의 볼륨으로 재생될지 설정합니다.
5	재생하지 않을 때 숨기기	이 메뉴를 체크하면 슬라이드 쇼가 진행되는 동안 동영상 재생 영역이 보이지 않게 해 줍니다.
6	시작	슬라이드 쇼를 진행할 때 동영상이 자동 실행될지, 클릭하면 실행될지, 모든 슬라이드에서 실행될지 결정합니다.
7	반복 재생	이 메뉴를 체크하면 슬라이드 쇼가 진행되는 동안 삽입된 동영상이 반복 재생됩니다.
8	자동 되감기	동영상 파일의 재생이 끝난 후 동영상 파일의 가장 앞부분으로 자동으로 이동합니다.

1. 현재는 동영상 재생 영역이 구분되지 않으므로, 편집상의 편리함을 위해 동영상 재생 영역을 클릭하고, **비디오 도구** - **서식** 탭의 **비디오 스타일** 그룹에 있는 **비디오 테두리** 메뉴에서 테두리 색을 삽입해 줍니다.

2. Shift + F5 키를 누르고, 슬라이드 쇼가 시작되면 동영상 재생 영역을 클릭하여 동영상이 어떻게 재생되는지 확인합니다.

13.3 윈도우 미디어 플레이어로 동영상 재생하기

동영상을 윈도우 미디어 플레이어로 재생하면 동영상이 재생되는 도중에 잠시 정지를 하거나 반복 재생을 쉽게 할 수 있어 편리합니다. 우선 윈도우 미디어 플레이어로 동영상을 재생하는 방법을 알아봅시다.

1. 기존에 삽입된 동영상을 클릭하고 Delete 키를 눌러 삭제합니다.

2. **파일** 탭을 클릭하고, **옵션** 메뉴를 클릭합니다.

3. **리본 사용자 지정** 카테고리를 클릭하고 **리본 메뉴 사용자 지정** 영역에서 **개발 도구**를 체크하고, **확인** 버튼을 클릭합니다.

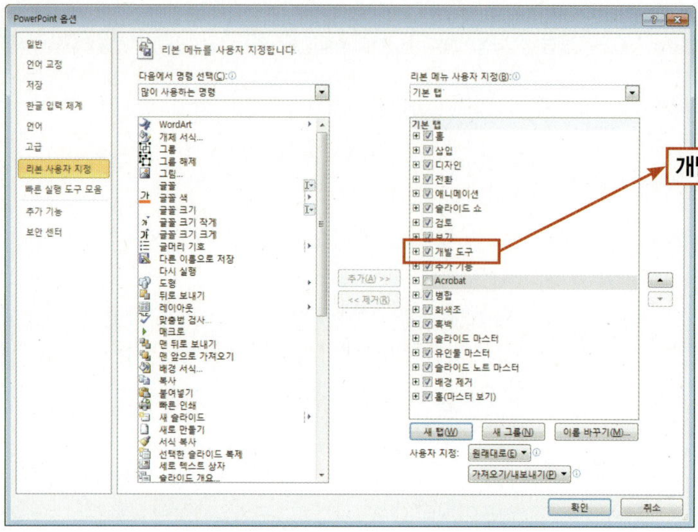

4. **개발 도구** 탭에서 **기타 컨트롤** 메뉴를 클릭합니다.

5. "기타 컨트롤" 대화상자의 최하단에 위치한 **Windows Media Player** 를 선택하고 **확인** 버튼을 클릭합니다.

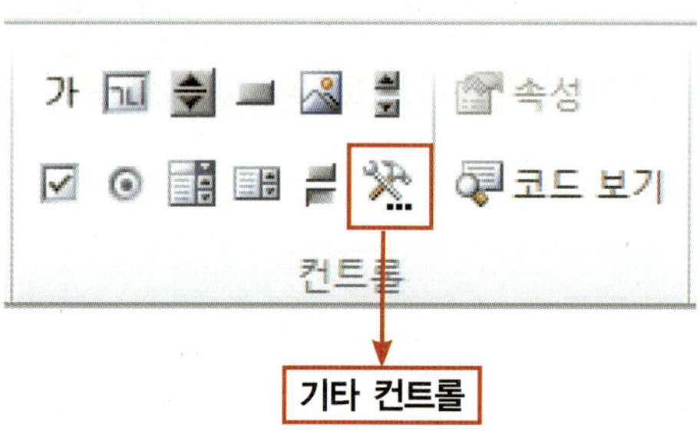

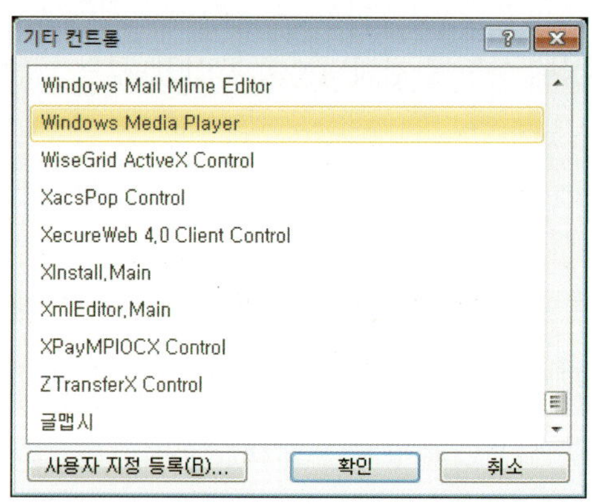

6. 마우스 포인터가 십자 모양으로 바뀝니다. 이 상태에서 도형을 그리듯이 동영상 재생 영역을 적당한 크기로 그려 줍니다.

7. 삽입된 윈도우 미디어 플레이어를 마우스 오른쪽 버튼으로 클릭하고, **속성** 메뉴를 클릭합니다.

8. "속성" 대화상자에서 **(사용자 정의)** 를 한 번 클릭하고 **…** 버튼이 나타나면 이 버튼을 클릭합니다.

9. "Windows Media Player 속성" 대화상자가 나타나면 **찾아보기** 를 클릭해 동영상 파일을 선택하고, **볼륨** 을 최대로 조정해 줍니다. 그리고 **확인** 버튼을 클릭합니다.

10. "속성" 대화상자의 **X** 버튼을 클릭하여 화면에서 보이지 않게 합니다.

11. Shift + F 키를 눌러 슬라이드 쇼를 실행해 봅니다.

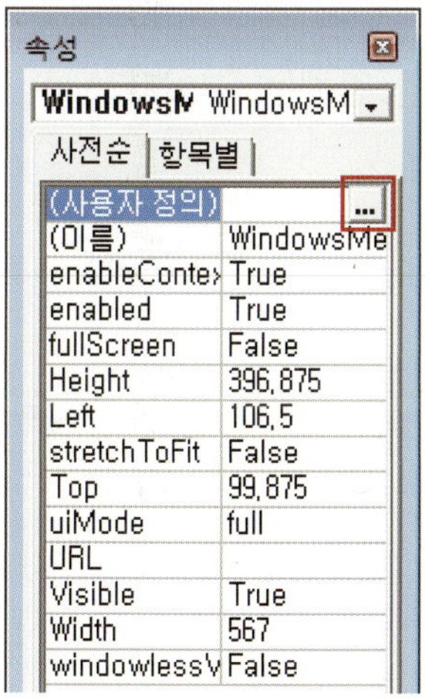

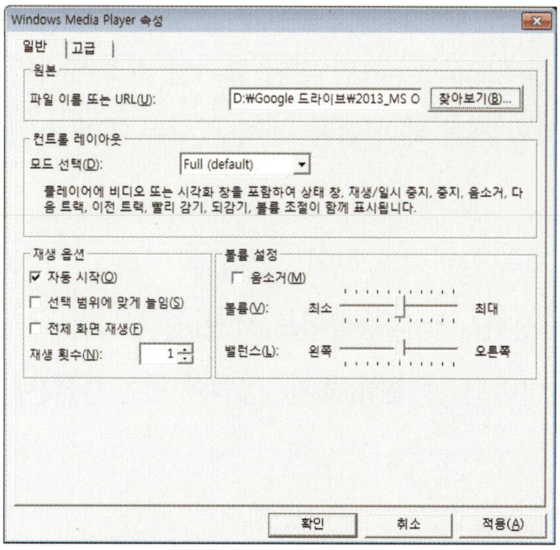

14 화면 전환 효과 사용하기

슬라이드 쇼 모드에서 슬라이드를 넘겨 새로운 슬라이드가 나타날 때 시각적인 효과를 적용하는 것을 화면 전환 효과라고 합니다. 화면 전환 효과는 '전환' 탭에 있는 메뉴들을 이용하여 수행할 수 있습니다.

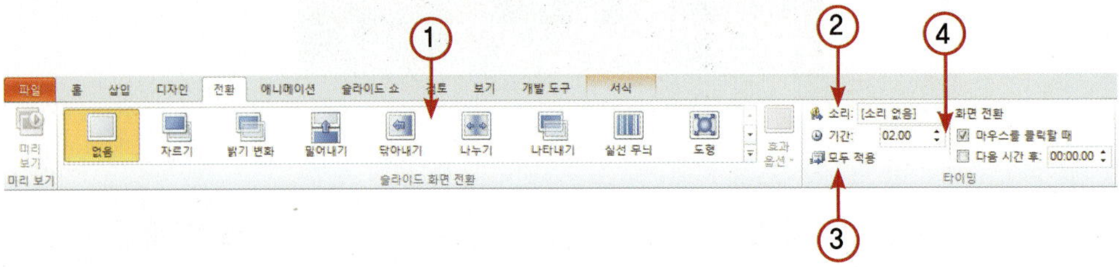

번호	메뉴명	설명
1	화면 전환 테마 목록	화면 전환 테마들을 제공합니다.
2	화면 전환 소리	화면이 전환될 때 효과음이 나도록 합니다.
3	모두 적용	전체 슬라이드에 선택한 화면 전환 테마를 적용합니다.
4	화면 전환 속도	화면이 전환되는 속도를 지정합니다.

14.1 한 슬라이드씩 적용하기

한 슬라이드씩 화면 전환 효과를 적용하려면 효과 적용을 원하는 슬라이드로 이동한 후, **화면 전환 테마 목록** 에서 원하는 테마를 선택해 줍니다.

1. 제목 슬라이드로 이동합니다.

2. **전환** 탭의 **슬라이드 화면 전환** 그룹에 있는 **화면 전환 테마 목록** 에서 **자세히** 를 클릭하고, **은은한 효과** 영역에 있는 **나타내기** 를 클릭합니다.

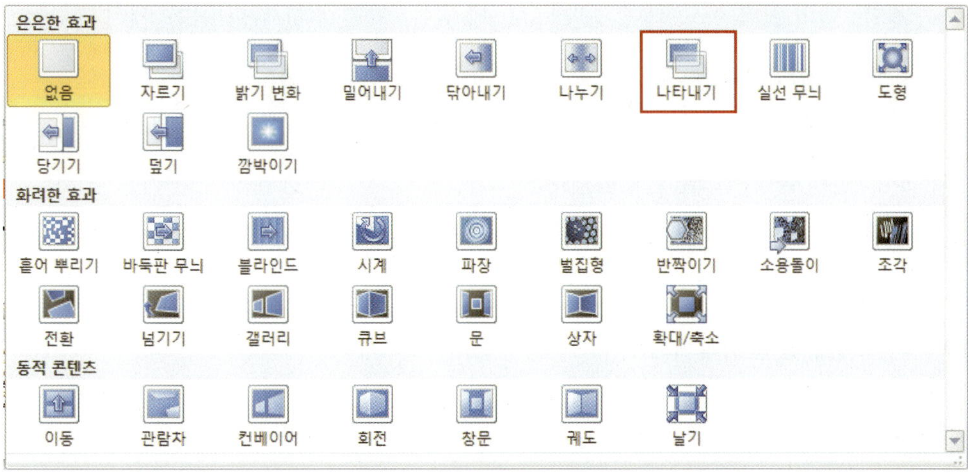

14.2 모든 슬라이드에 적용하기

화면 전환 테마 목록 에서 원하는 테마를 선택한 후, **모두 적용** 메뉴를 클릭하면 모든 슬라이드에 똑같은 화면 전환 효과가 적용됩니다.

14.3 일부 슬라이드에 적용하기

화면 전환 효과는 파워포인트 문서 구성에 따라 장별 또는 절별로 나누어 적용하는 것이 효과적입니다. 예제의 2~3번째 슬라이드, 4~6번째 슬라이드에 각기 다른 화면 전환 효과를 적용해 봅시다.

1. **보기** 탭의 **프레젠테이션 보기** 그룹에서 **여러 슬라이드** 를 클릭합니다.

2. 2~4번째 슬라이드를 선택할 것이므로, 2번째 슬라이드를 클릭하고 Shift 키를 누른 상태에서 4번째 슬라이드를 클릭합니다. 만약 슬라이드를 띄엄띄엄 선택하고 싶은 경우에는 Ctrl 키를 누른 상태에서 원하는 슬라이드를 클릭합니다.

3. **전환** 탭의 **슬라이드 화면 전환** 그룹에 있는 **화면 전환 테마 목록**에서 **자세히**를 클릭하고, **화려한 효과** 영역에 있는 **흩어 뿌리기**를 클릭합니다.

4. 5~7번째 슬라이드를 선택할 것이므로, 5번째 슬라이드를 클릭하고 Shift 키를 누른 상태에서 7번째 슬라이드를 클릭합니다.

5. **전환** 탭의 **슬라이드 화면 전환** 그룹에 있는 **화면 전환 테마 목록**에서 **자세히**를 클릭하고, **은은한 효과** 영역에 있는 **닦아내기**를 클릭합니다. 그리고 **효과 옵션** 메뉴에서 **위에서**를 클릭합니다.

15 애니메이션 효과 사용하기

애니메이션은 문서의 구성 요소가 이동 또는 강조되도록 함으로써 프레젠테이션을 보다 역동적으로 수행할 수 있도록 지원해 줍니다. 애니메이션 효과는 **애니메니션** 탭에 있는 메뉴들을 이용해 적용할 수 있습니다. 특히 **애니메이션** 탭의 **고급 애니메이션** 그룹에 있는 **애니메이션 창** 메뉴를 클릭하면 특정 슬라이드에 적용되어 있는 애니메이션들의 목록을 확인하고 애니메이션마다 세밀하게 설정을 수정할 수 있습니다.

현재 슬라이드에 적용된 애니메이션을 적용 순서대로 보여 줍니다

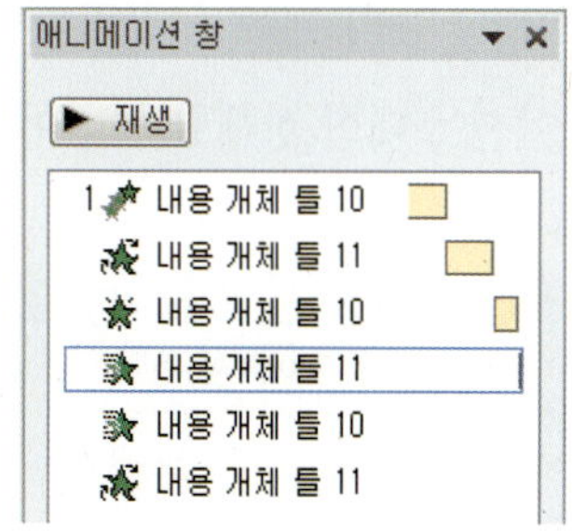

- 앞의 숫자는 적용 순서를 나타냅니다.
- 숫자 뒤의 아이콘은 애니메이션의 종류를 나타냅니다.
- Picture 뒤에 붙은 숫자는 애니메이션이 적용된 도형의 번호를 의미합니다.
- 애니메이션명 뒤의 노란색 바는 재생 순서, 재생 시간, 지연 시간을 나타냅니다.

워드에서 Shift 키 또는 Ctrl 키를 누른 상태에서 영역을 선택하는 것과 같이 애니메이션 목록도 이 두 키를 이용해 한 번에 여러 개의 애니메이션을 선택할 수 있습니다.

애니메이션 탭에 있는 주요 메뉴들의 설명은 다음과 같습니다.

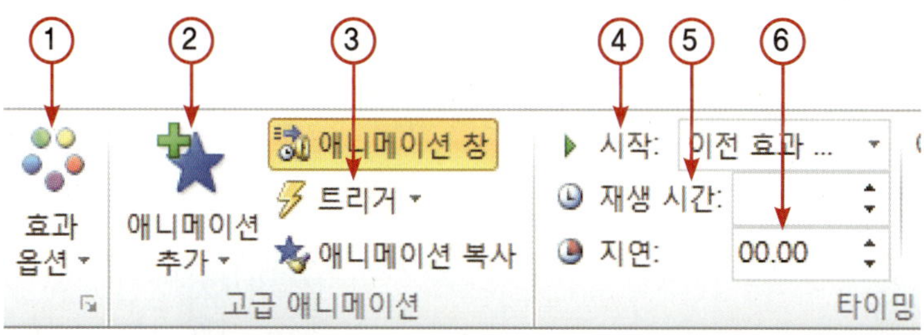

번호	메뉴명	설명
1	효과 옵션	애니메이션의 이동 방향 또는 동작과 관련된 속성을 설정할 수 있습니다.
2	애니메이션 추가	적용하기 원하는 애니메이션 효과를 선택할 수 있습니다.
3	트리거	동영상이나 오디오 파일이 재생되는 도중에 특정 시점에서 애니메이션이 실행되도록 설정할 수 있습니다.
4	시작	각각의 애니메이션이 시작되는 조건을 설정할 수 있습니다.
5, 6	재생 시간, 지연	각각의 애니메이션의 재생 시간과 애니메이션 시작 지연 시간을 설정할 수 있습니다.

애니메이션 목록에 있는 항목을 마우스 오른쪽 버튼으로 클릭하면 나타나는 메뉴에서 각각의 항목에 대해 설정을 수행할 수 있습니다. 특히 **효과 옵션** 이나 **타이밍** 등의 메뉴를 클릭하면 아래 그림과 같이 애니메이션에 대한 상세한 설정이 가능합니다.

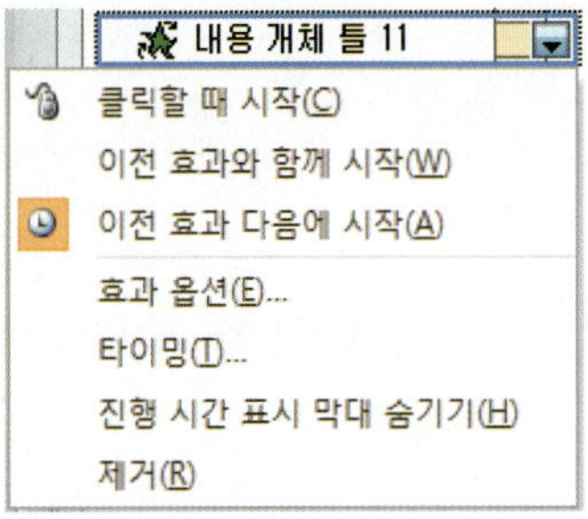

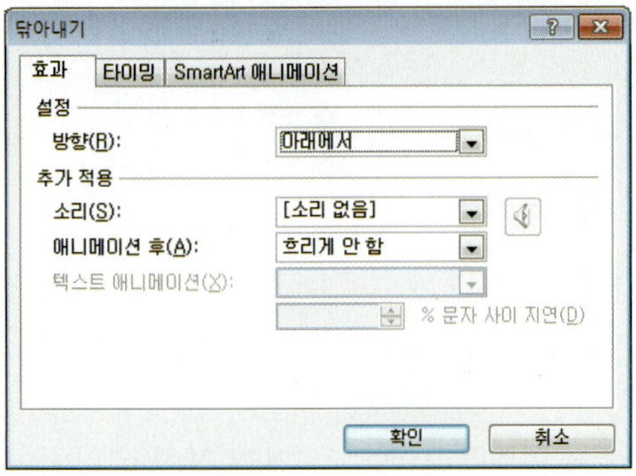

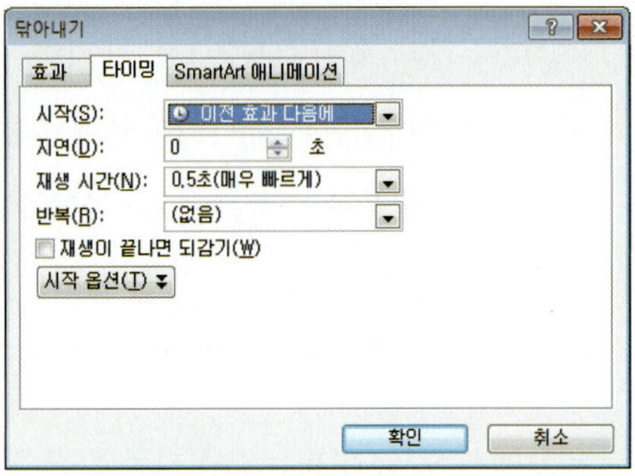

15.1 애니메이션 적용하기

3번째 슬라이드(회사 연혁)에 애니메이션을 적용해 봅시다. 우선 슬라이드 왼쪽에 있는 스마트아트에 애니메이션을 적용해 보겠습니다.

1. **고급 애니메이션** 영역에서 **애니메이션 창** 을 클릭합니다.

2. 슬라이드 왼쪽에 위치한 스마트아트를 클릭합니다.

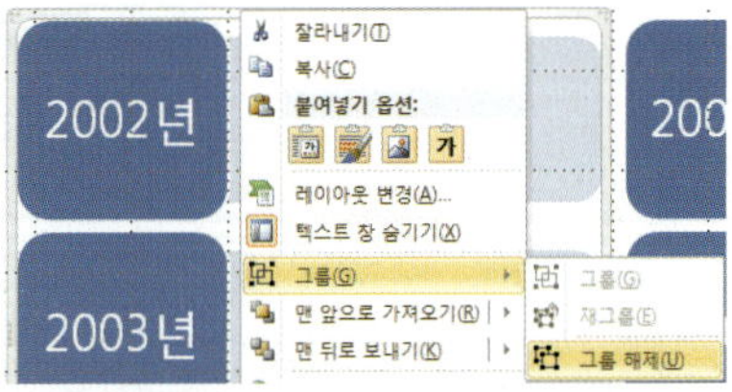

3. 스마트아트의 테두리를 마우스 오른쪽 버튼으로 클릭하고, **그룹** - **그룹 해제** 를 클릭합니다. 그룹을 해제하지 않을 경우 애니메이션을 적용하더라도 스마트아트가 이동하는 애니메이션들은 제대로 작동하지 않습니다.

4. **애니메이션** 탭의 **애니메이션** 그룹에 있는 효과 중 **날아오기** 를 클릭합니다. 만약

원하는 효과가 목록에 없을 경우에는 **추가 나타내기 효과**, **추가 강조하기 효과**, **추가 끝내기 효과**, **추가 이동 경로** 등을 클릭하고 원하는 효과를 선택해 줍니다.

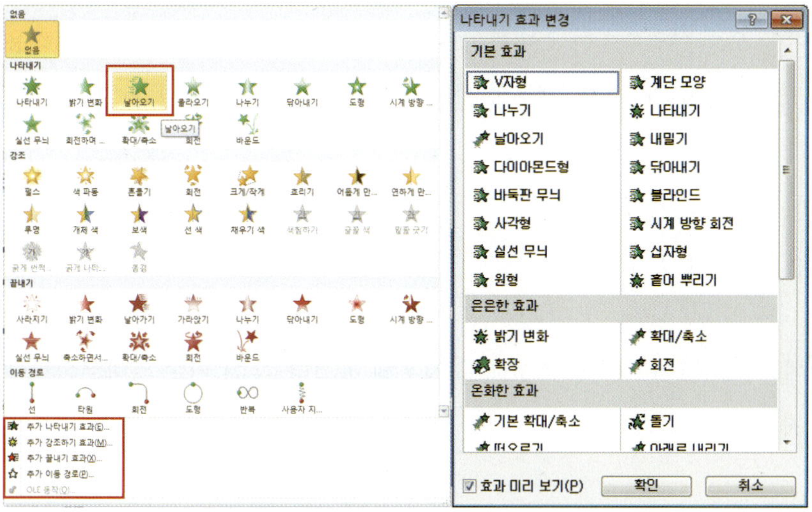

5. **애니메이션** 그룹에서 **효과 옵션**을 클릭하고, **위에서**를 클릭합니다. 그러면 스마트아트가 날아오는 방향이 아래쪽에서 위쪽으로 변경됩니다. Shift + F5 키를 눌러 현재 슬라이드를 슬라이드 쇼 모드에서 실행해 봅니다. 처음에는 슬라이드 제목만 나타나고, 마우스 버튼 또는 키보드의 키를 누르면 애니메이션이 실행되는 것을 확인할 수 있습니다.

6. **타이밍** 영역의 **시작** 메뉴의 설정을 **이전 효과와 함께**로 수정합니다. 이와 같이 설정을 바꾸면 슬라이드 쇼 모드에서 해당 슬라이드로 이동하자마자 바로 애니메이션이 시작됩니다.

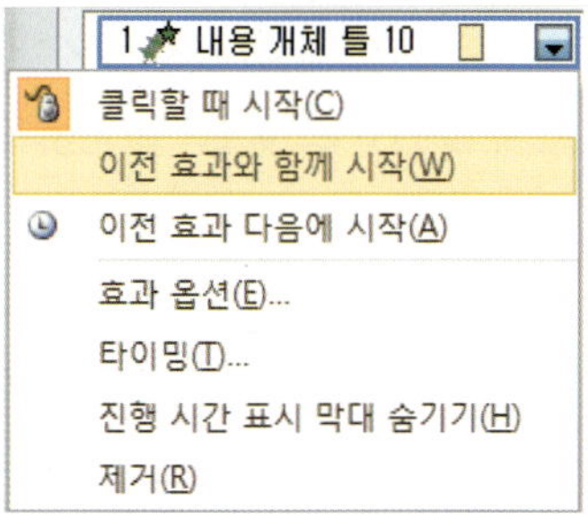

7. **타이밍** 영역에서 **재생 시간** 메뉴의 설정을 "1:00"로 수정합니다.

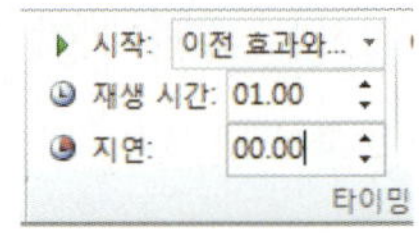

슬라이드 오른쪽에 위치한 스마트아트도 동일한 방법으로 애니메이션을 적용해 줍니다. 대신 **효과 옵션** 과 **시작** 메뉴의 설정을 다음과 같이 적용합니다.

- 효과 옵션: 아래에서
- 시작: 이전 효과 다음에

이번에는 스마트아트에 회전 효과를 적용해 봅시다. 우선 왼쪽 스마트아트에 애니메이션을 적용하겠습니다.

1. **고급 애니메이션** 영역에서 **애니메이션 추가** 를 클릭하고 **회전** 애니메이션을 적용합니다. 이미 애니메이션이 적용되어 있는 스마트아트 또는 도형에 추가로 애니메이션을 적용할 경우에는 꼭 **애니메이션 추가** 메뉴를 이용해야 합니다.
2. **타이밍** 영역의 **시작** 메뉴를 **이전 효과 다음** 으로 설정합니다.
3. **타이밍** 영역의 **재생 시간** 메뉴를 "2:00"로 설정합니다.
4. **재생** 메뉴를 클릭해 애니메이션이 어떻게 적용되었는지 확인해 봅니다. 왼쪽 스마트아트는 위에서, 오른쪽 스마트아트는 아래에서 동시에 나타난 후, 왼쪽 스마트아트가 시계 방향으로 360도 회전하는 것을 볼 수 있을 것입니다.

이번에는 오른쪽 스마트아트에 애니메이션을 적용해 봅시다.

1. **고급 애니메이션** 영역에서 **애니메이션 추가**를 클릭하고 **회전** 애니메이션을 적용합니다.

2. **타이밍** 영역의 **시작** 메뉴를 **이전 효과와 함께**로 설정합니다.

3. **애니메이션** 그룹에서 **효과 옵션**을 클릭하고, **시계 반대 방향**을 클릭합니다.

4. **타이밍** 영역의 **재생 시간** 메뉴를 “2:00”로 설정합니다.

5. **재생** 메뉴를 클릭해 애니메이션이 어떻게 적용되었는지 확인해 봅니다. 왼쪽 스마트아트는 위에서, 오른쪽 스마트아트는 아래에서 동시에 나타난 후, 왼쪽 스마트아트는 시계 방향, 오른쪽 스마트 아트는 시계 반대 방향으로 동시에 360도 회전하는 것을 볼 수 있을 것입니다.

15.2 애니메이션 수정하기

만약 이미 삽입한 애니메이션을 수정하고 싶은 경우에는 **목록**에서 항목을 선택한 후, 원하는 애니메이션 옵션을 수정해 줍니다.

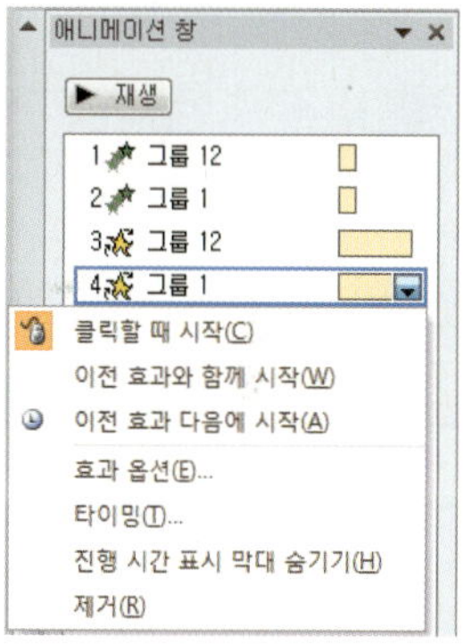

15.3 스마트아트 구성 요소별로 애니메이션 적용하기

앞에서 스마트아트에 애니메이션을 적용하였을 때에는 스마트아트 전체에 대해 애니메이션이 적용되었습니다. 이번에는 스마트아트의 구성 요소별로 애니메이션을 적용해 봅시다. “애니메이션 창”에서 스마트아트에 애니메이션을 적용하면 스마트아트 전체에 애니메이션이 적용됩니다. 스마트아트의 구성 요소별로 애니메이션을 적용하려면 애니메이션을 적용한 후, **효과 옵션** 메뉴와 “애니메이션 창”을 이용하여 세부적인 수정을 해야 합니다.

이 절에서는 5번째 슬라이드에 삽입되어 있는 스마트아트의 구성 요소별로 애니메이션을 적용해 봅시다.

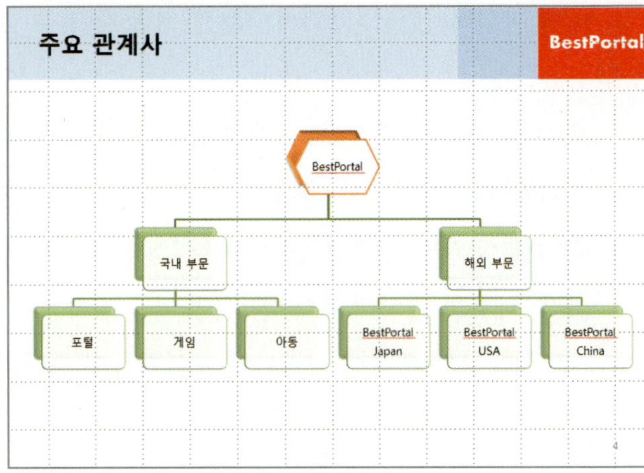

1. 5번째 슬라이드에 삽입되어 있는 스마트아트를 선택하고 "날아오기" 애니메이션을 적용합니다.

2. **효과 옵션** 메뉴에서 **모두 한번에**, **개별적으로**, **수준(개별적으로)**, **수준(한 번에)** 을 각각 클릭하여 어떻게 애니메이션이 적용되는지 확인합니다. 스마트아트를 구성하는 각각의 도형에 대해 또는 조직도의 수준별로 애니메이션이 적용되는 것을 확인할 수 있을 것입니다.

3. 최종적으로 **수준(개별적으로)** 를 적용합니다.

스마트아트의 구성 요소별로 애니메이션을 적용한 후에는 각각의 애니메이션을 수정

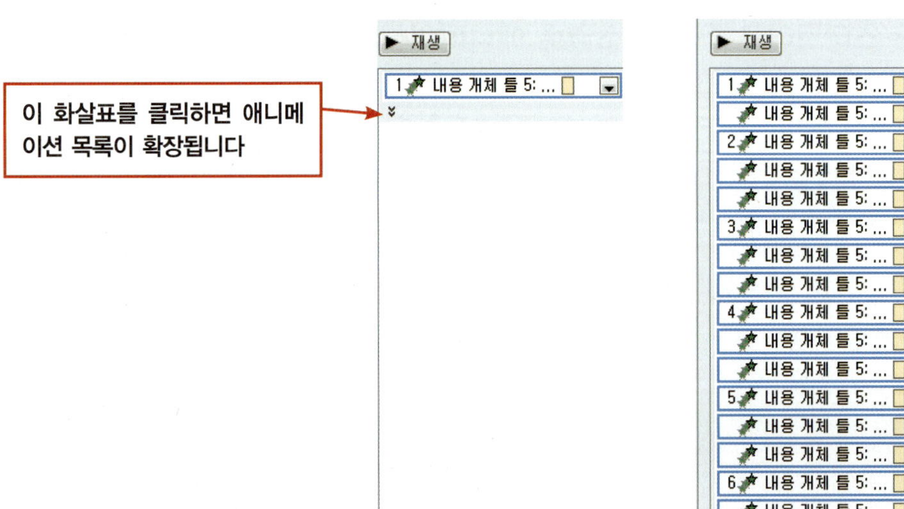

할 수 있습니다. 애니메이션을 적용한 후 “애니메이션 창”은 앞의 그림과 같이 표시됩니다. 애니메이션 목록에서 “아래 방향 화살표”를 클릭하면 전체 애니메이션 리스트가 나타납니다. 이 상태에서 각각의 애니메이션을 수정할 수 있습니다.

스마트아트 최상단에 위치한 도형의 애니메이션을 수정해 봅시다.

1. Ctrl 키를 누른 상태에서 애니메이션 목록 최상단의 2개의 애니메이션을 클릭합니다.

2. 애니메이션을 **바운드** 로 수정합니다.

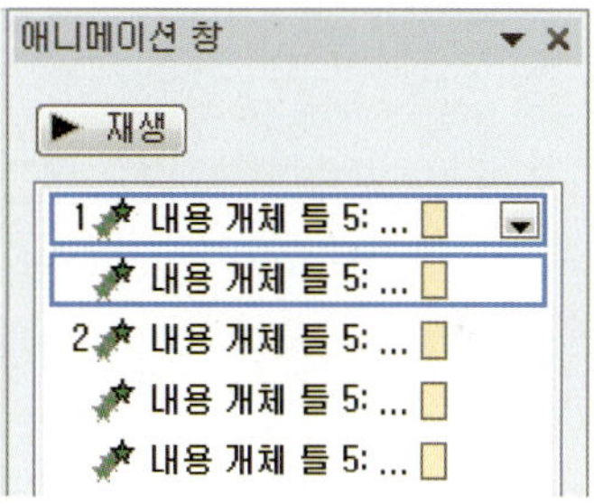

16 MS PowerPoint 문서 공유를 위한 팁

이제 여러분이 맡은 파워포인트 문서 작성이 끝났습니다. 그러면 작성한 문서를 다른 팀원들과 공유하여 검토를 해야 합니다. 그러나 다른 팀원들의 컴퓨터는 여러분이 사용하는 컴퓨터와 사용 환경의 차이가 있을 수 있으며, 이 경우 여러분이 작성한 MS PoewrPoint 문서가 제대로 표현되지 않을 수 있습니다. 이 장에서는 다른 사람들과 파워포인트 문서를 공유할 때 고려해야 할 사항들을 알아보도록 하겠습니다.

16.1 문서 속성 지정하기

1. **파일** 탭을 클릭하고, **정보** 카테고리를 클릭합니다. 다음 그림에서 적색 사각형으로 표시된 부분에서 제목, 태그, 범주, 만든이, 마지막으로 수정한 사람 등의 정보를 입력하거나 수정할 수 있습니다.

2. **모든 속성 표시** 를 클릭하면 추가적인 정보가 나타나며, 상태, 범주, 주제, 회사 등의 추가적인 정보를 입력할 수 있습니다.

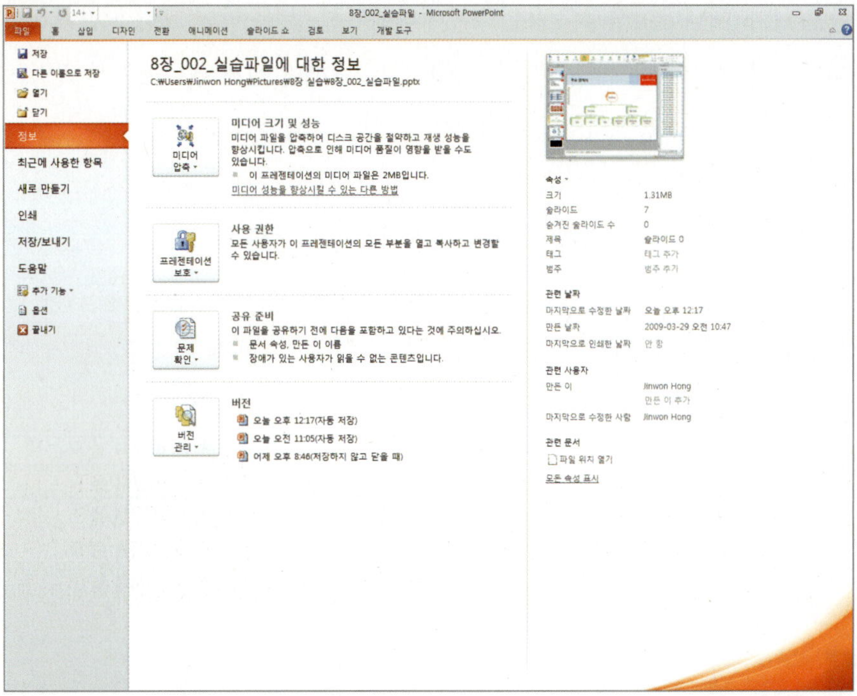

16.2 저장 시 글꼴 포함시키기

파워포인트에 기본적으로 포함되어 있지 않은 글꼴을 별도로 사용했을 경우, 다른 사람들의 컴퓨터에는 해당 글꼴이 설치되어 있지 않으므로 글꼴이 제대로 표현되지 않습니다. 따라서 별도의 글꼴을 사용했을 경우 다음과 같이 조치해 주도록 합니다.

1. **파일** 탭을 클릭하고, **옵션** 메뉴를 클릭합니다.

2. "PowerPoint 옵션" 대화상자가 나타나면 **저장** 메뉴를 클릭하고, **파일의 글꼴 포함**을 체크해 줍니다. 문서 작업을 하는 상황에 따라 세부 옵션(사용 중인 글꼴만 저장/전체 글꼴 저장)을 설정할 수 있습니다.

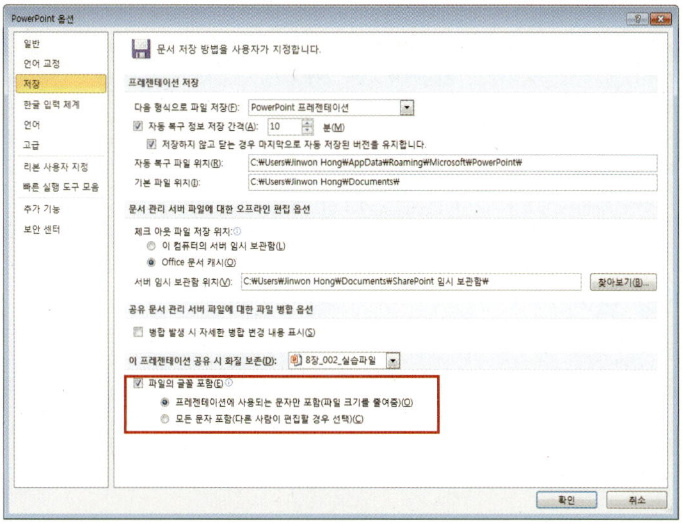

16.3 MS PowerPoint 97-2003 버전으로 저장하기

발표장에 MS PowerPoint 2007 또는 2010이 아니라 MS PowerPoint 2003 버전이 설치된 경우가 있습니다. 이 경우 파일 자체가 열리지 않거나 서식이 깨진 상태로 파일이 열릴 수 있습니다. 따라서 혹시 모를 상황에 대비하기 위해 MS PowerPoint 97-2003 형식으로 파일을 따로 저장해 MS PowerPoint 2007 버전 파일과 함께 공유하는 것이 좋습니다.

1. **오피스** 버튼을 클릭하고, **다른 이름으로 저장** – **PowerPoint 97-2003 프레젠테이션** 메뉴를 클릭합니다.

2. 파일 이름을 입력하고 **저장** 버튼을 클릭합니다.

3. "호환성 검사" 대화상자가 나타나면 항목들을 확인한 후, 이상이 없으면 **계속** 버튼을 클릭합니다.

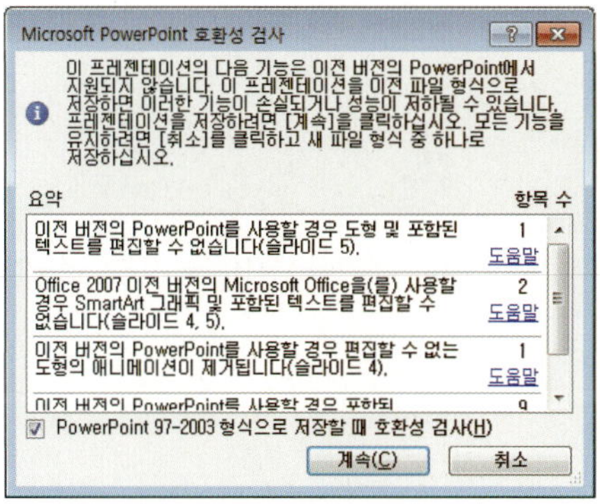

17 MS PowerPoint 문서 인쇄하기

프레젠테이션을 할 때에는 참가자들에게 인쇄본을 나눠 주는 것이 일반적입니다. 이 장에서는 MS PowerPoint 문서 인쇄와 관련된 사항들을 알아봅니다.

17.1 인쇄 미리 보기

요즘 컬러 프린터가 많이 보급되고 있지만 흑백 프린터로 인쇄를 할 경우에는 인쇄 미리 보기를 이용해 문서가 어떻게 인쇄될 것인지 미리 확인하는 것이 좋습니다.

1. **파일** 탭을 클릭하고, **인쇄** 카테고리를 클릭합니다.
2. 아래 그림의 ① **컬러** 메뉴를 **회색조**로 변경합니다.
3. 아래 그림의 ② 페이지 이동 메뉴를 이용하여 모든 페이지의 색상이 적절하게 출력될 것인지 검토합니다.

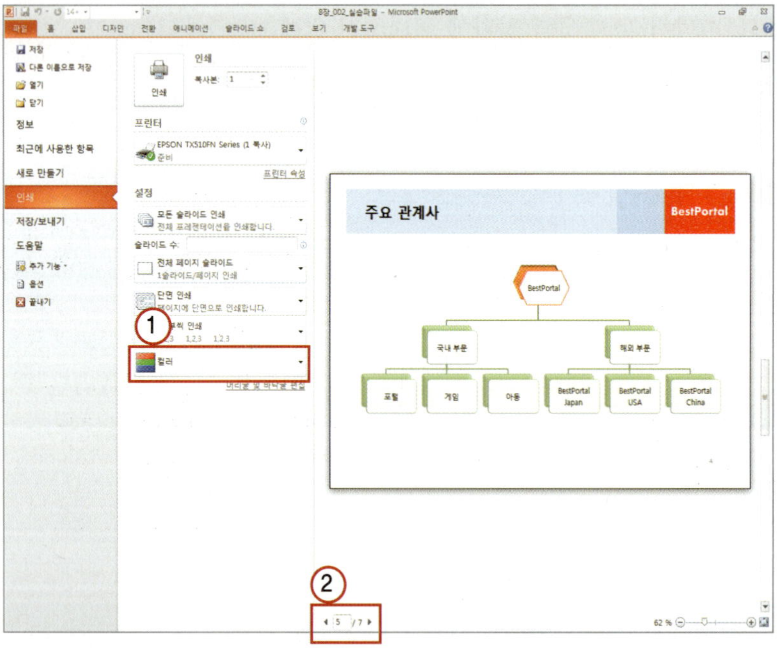

17.2 인쇄하기

인쇄 카테고리에 있는 메뉴들을 이용해 다양한 방식으로 인쇄 작업을 수행할 수 있습니다.

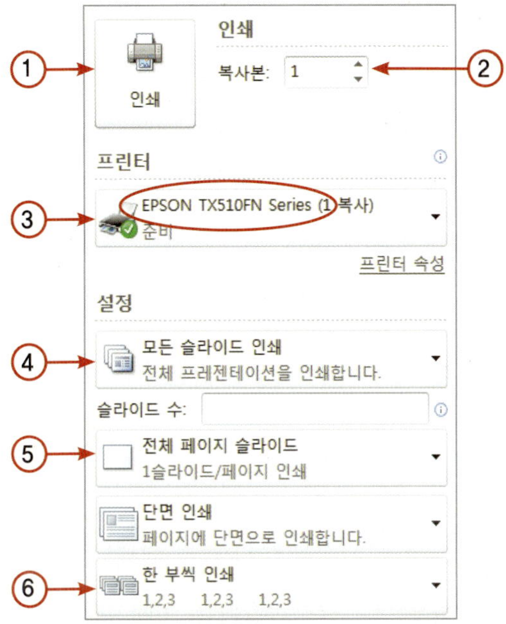

번호	메뉴명	설명
1	인쇄	인쇄 메뉴를 클릭하면 인쇄 설정 내역에 따라 인쇄가 시작됩니다.
2	복사본	인쇄 매수를 설정할 수 있습니다.
3	프린터 – 이름	사무실에서 여러 종류의 프린터를 사용하는 경우 프린터 종류를 선택할 수 있습니다.
4	인쇄 범위	인쇄할 슬라이드의 범위를 선택할 수 있습니다. '범위 지정' 옵션을 클릭하면 다음 예제처럼 특정 페이지나 특정 범위만 인쇄가 가능합니다. 예 1) 3, 5, 6 → 3, 5, 6페이지만 인쇄 예 2) 2, 4, 7–9, 12–15 → 2, 4페이지, 7부터 9페이지, 12부터 15페이지 인쇄 예 3) 1–20 → 1페이지부터 20페이지까지 인쇄
5	인쇄 대상 및 유인물	다음 그림과 같이 인쇄 모양을 설정하거나 한 페이지에 몇 개의 슬라이드를 인쇄할지 설정할 수 있습니다. 청중용 인쇄물의 경우 한 페이지에 두 개의 슬라이드를 출력하는 것이 일반적입니다. 또한 슬라이드에 테두리를 삽입하거나(슬라이드 테두리) 용지의 크기에 따라 최대화된 크기로 슬라이드를 출력할 수 있습니다(용지에 맞게 크기 조절).
6	인쇄 방식	여러 부의 인쇄물을 출력하는 경우 각각의 복사본별로 출력하거나 개별 페이지끼리 모아서 출력하도록 설정할 수 있습니다.

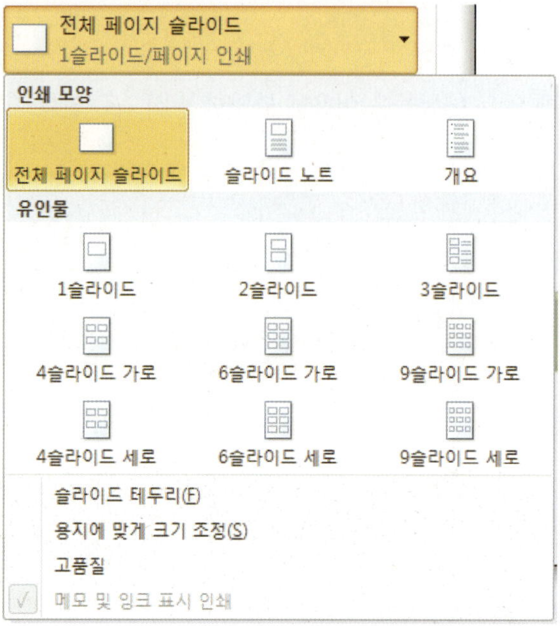

회의 참석자들에게 파워포인트 유인물을 나눠 줄 때에는 한 장의 인쇄 용지에 파워포인트 슬라이드 2개씩 인쇄하는 것이 일반적입니다. 이때 파워포인트의 설정 기능을 이용해 인쇄하는 방법과 프린터의 속성을 직접 설정해 인쇄하는 방법이 있습니다. 가능하면 프린터의 속성을 직접 설정해 인쇄하는 방법을 추천합니다. 그 이유는 이 방법을 사용할 때 슬라이드가 보다 큰 크기로 인쇄되기 때문입니다. 그러나 프린터 제조회사 및 모델에 따라 인쇄 방법이 달라진다는 단점이 있습니다.

프린터 속성을 직접 설정하는 방법은 다음과 같습니다.

1. **인쇄** 카테고리에서 **프린터 속성** 메뉴를 클릭합니다.

2. 프린터 제조회사의 설명에 따라 면당 페이지 수, 테두리 선 출력 등의 옵션을 설정해 줍니다.

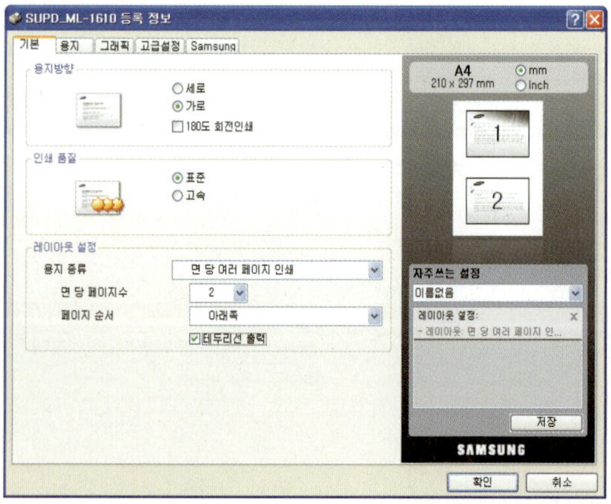

경영 PC 활용: MS Office 2010을 활용한 비즈니스 보고서 작성

9장 MS PowerPoint 고급 활용: 프로페셔널한 스킬 배우기

Contents

MS Office 2010

9장

MS PowerPoint 고급 활용: 프로페셔널한 스킬 배우기

8장에서는 파워포인트의 특성을 살려 발표자료의 전달 효과를 극대화할 수 있는 주요 기능들을 두루 공부했다. 파워포인트 문서는 일반적으로 어떤 특정의 비즈니스 목적을 위해 다수의 청중들을 이해시키거나 설득하기 위한 목적으로 활용된다. 비즈니스 보고서의 내용을 전달하는 경우도 이러한 목적을 위한 하나의 경우에 해당할 것이다. 따라서 파워포인트 문건을 작성하게 된 목적을 효과적으로 달성하기 위해서는 각 슬라이드의 형식이 일관되게 유지되어야 하고, 그 내용들은 디자인 관점에서 배열이 정확하고 세련되어야 한다. 이 장에서는 파워포인트 문서를 작성하기 위해서 고급 사용자들이 애용하는 스킬들을 설명하고자 한다. 이러한 스킬들은 문서의 품질 향상뿐만 아니라 작성 과정 자체의 효율성 향상을 위해서 유용하게 적용될 수 있는 것들이다. 여러분이 이 장을 마스터하면, 회사생활에 두고두고 큰 도움이 될 것이다. 물론, 이 장에서도 BestPortal의 사례는 계속된다.

1 MS PowerPoint 비즈니스 고급 활용 예제

당신은 서비스 전략팀의 팀장입니다. 서비스 전략팀은 지리 정보 서비스를 신규 서비스로 중점적으로 개발하고자 합니다. 이를 위해 경영진을 대상으로 신규 서비스 개발 허가를 받기 위한 발표를 할 예정으로, 여러분은 **9장_001_실습파일.pptx** 와 같은 파일을 작성해야 합니다. 이 사례를 통해 여러분은 "파워포인트 비즈니스 사례 1"에서 배웠던 기능들을 보다 심도 있게 활용할 수 있게 될 것입니다.

2 슬라이드 마스터 작성하기

여러분은 멋진 배경을 가진 파워포인트 문서들을 본 적이 있을 것입니다. 파워포인트에서는 이러한 배경을 "슬라이드 마스터"라고 합니다. 슬라이드 마스터는 MS PowerPoint 슬라이드 전체에 대해 기본 서식으로 적용되므로, 본격적으로 본문 슬라이드를 작성하기 전에 슬라이드 마스터를 먼저 작성할 필요가 있습니다. **보기** 탭의 **마스터 보기** 그룹에 있는 **슬라이드 마스터** 메뉴를 이용해 멋있는 슬라이드 마스터를 직접 만들거나 이미 만들어져 있는 슬라이드 마스터를 수정할 수 있습니다.

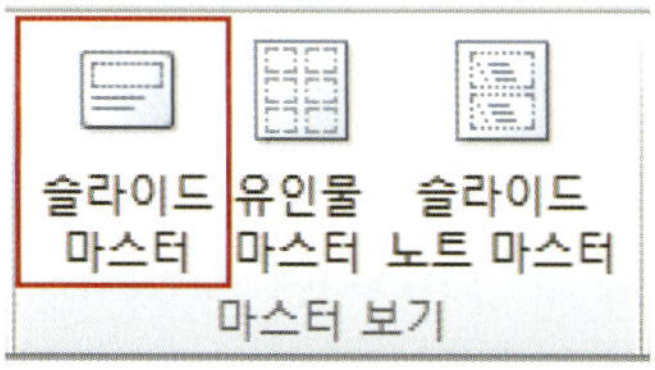

"슬라이드 마스터" 이외에 "유인물"과 "슬라이드 노트" 마스터 역시 편집할 수 있습니다. 이제 다음 순서에 따라 새로운 슬라이드 마스터를 만들어 봅시다.

2.1 슬라이드 마스터 편집 모드로 들어가기

1. 새 문서를 만듭니다.
2. **보기** 탭의 **마스터 보기** 그룹에 있는 **슬라이드 마스터** 메뉴를 클릭합니다.

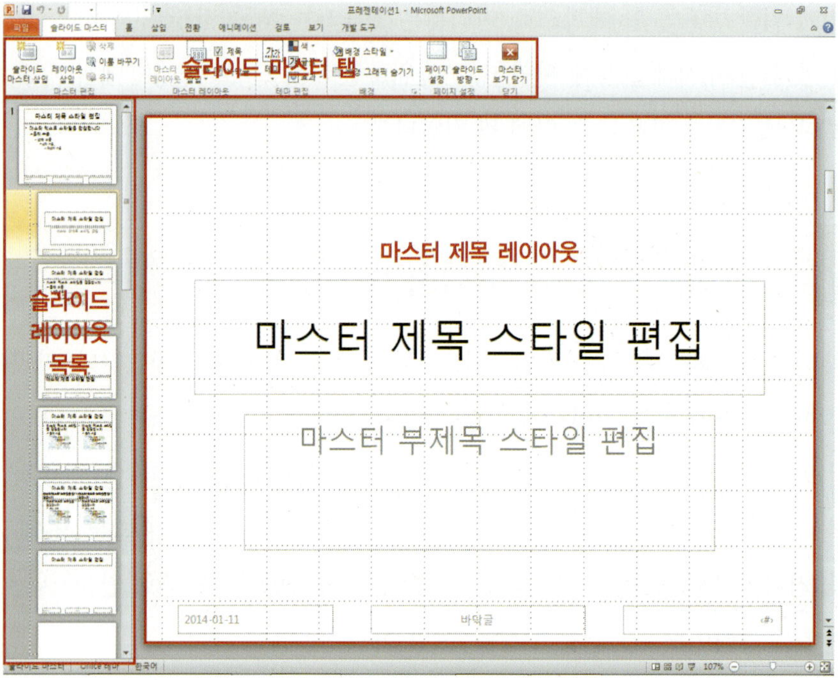

파워포인트를 처음 실행했을 때와 비슷한 화면이 보일 것입니다. 그러나 자세히 보면 매우 다르다는 것을 알 수 있습니다. 가장 상단에는 **슬라이드 마스터** 탭이 나타나며, 왼쪽에는 **슬라이드 레이아웃 목록**이 나타납니다. **슬라이드 레이아웃 목록**에는 다양한 형태의 레이아웃이 있습니다. 그리고 화면 중앙에는 **마스터 제목** 레이아웃이 나타납니다.

슬라이드 마스터 편집 모드에서 특정 레이아웃에 대해 적용한 변경 사항들은 해당 레이아웃을 적용한 모든 슬라이드에 똑같이 적용됩니다. 예를 들어 목록의 가장 상단에 있는 **제목 및 내용** 레이아웃의 배경 색을 빨강색으로 변경하면, 해당 레이아웃을 사용한 모든 슬라이드의 배경 색이 빨강색으로 변경됩니다.

슬라이드 마스터 편집 상태에서도 **홈**, **삽입**, **애니메이션**, **검토**, **보기** 탭에 있는 기능들은 똑같이 사용할 수 있으며, 이를 이용해 슬라이드 마스터의 서식을 자유롭게 수정할 수 있습니다.

2.2 눈금선, 안내선, 눈금자 보이기

일반적으로 슬라이드 마스터를 편집할 때에는 많은 수의 도형이나 이미지 파일들이 사용됩니다. 도형이나 이미지를 슬라이드에 배치할 때에는 일정한 기준선이 화면에 보이면 편리합니다. 눈금선, 안내선, 눈금자는 이러한 기준 역할을 하여 보다 편리하게 슬라이드 마스터를 작성할 수 있도록 합니다. 이 기능들은 슬라이드 마스터뿐만 아니라 일반 슬라이드를 작성할 때도 매우 유용하게 사용할 수 있습니다.

눈금자와 눈금선 기능은 **보기** 탭의 **표시** 그룹에 있는 메뉴들을 이용하여 수행할 수 있습니다. 또는 눈금자는 슬라이드에서 마우스 오른쪽 버튼을 클릭하면 나타나는 **눈금자** 메뉴로, 눈금선 및 안내선은 **눈금 및 안내선** 메뉴를 이용해 사용할 수 있습니다.

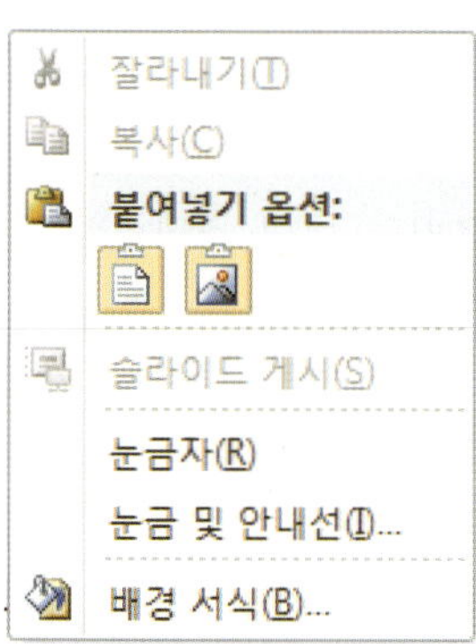

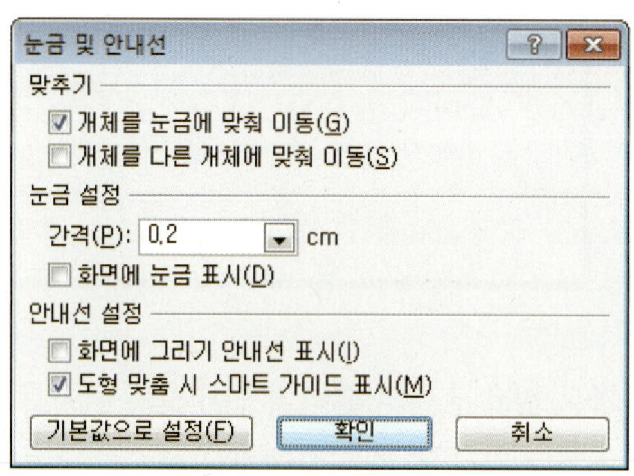

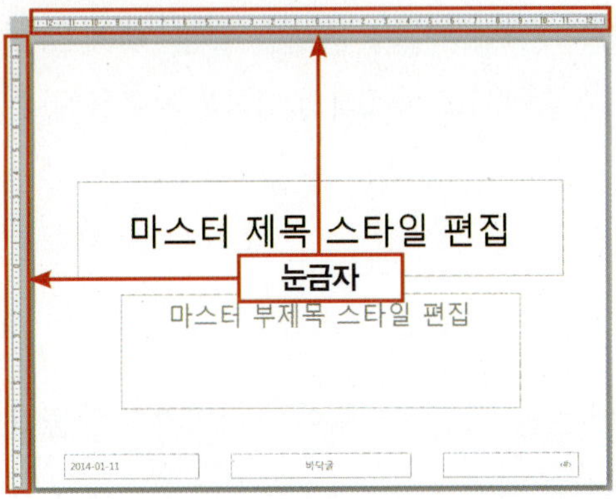

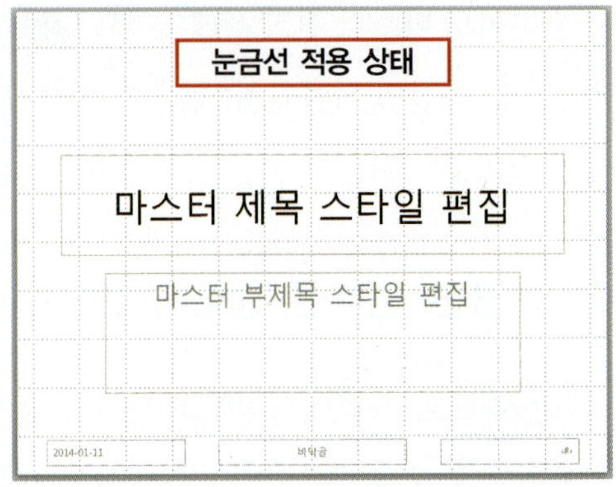

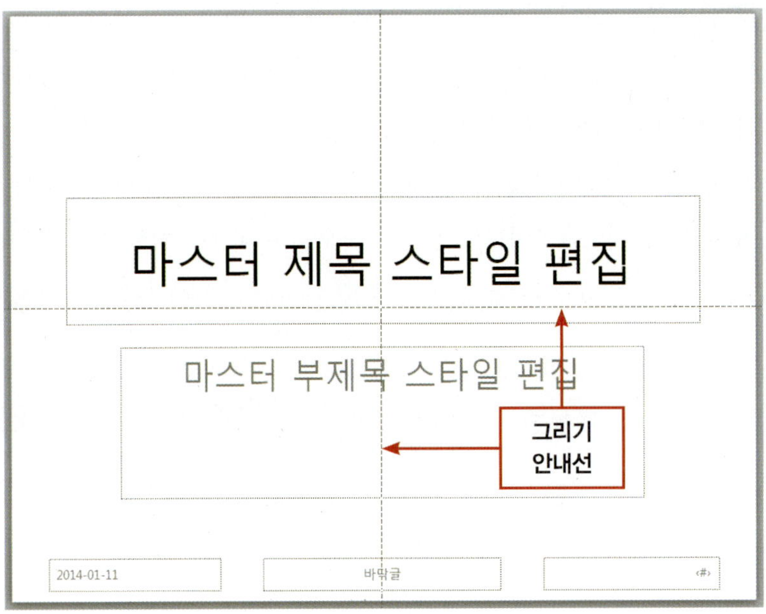

사용자는 필요에 따라 그리기 안내선의 위치를 바꾸거나 여러 개의 그리기 안내선을 사용할 수 있습니다. 그리기 안내선의 위치를 바꾸려면 다음의 순서를 따릅니다.

1. 이동을 원하는 그리기 안내선을 마우스 왼쪽 버튼으로 클릭합니다.
2. 마우스를 클릭한 상태에서 원하는 위치로 드래그한 후, 마우스 버튼을 놓습니다.

새로운 안내선을 추가하려면 다음과 같은 순서를 따릅니다.

1. 세로 안내선 추가를 원하면 세로 안내선을, 가로 안내선 추가를 원하면 가로 안내선을 클릭하고 Ctrl 키를 눌러 줍니다.
2. 마우스 버튼과 Ctrl 키를 누른 상태에서 마우스를 원하는 위치로 드래그한 후, 마우스 버튼을 놓으면 해당 위치에 안내선이 추가됩니다.

추가된 안내선을 삭제하려면 다음 순서를 따릅니다.

1. 안내선을 마우스 왼쪽 버튼으로 클릭하고 슬라이드 밖으로 드래그합니다.

이른바 "황금 비율(1:1.62)"로 도형을 배치할 수 있도록, 다음과 같이 안내선을 이동 및 추가합니다.

1. 세로 안내선을 세로 눈금자의 좌, 우 "4" 지점에 이동 및 추가합니다.
2. 가로 안내선을 가로 눈금자의 상, 하 "3" 지점에 이동 및 추가합니다.

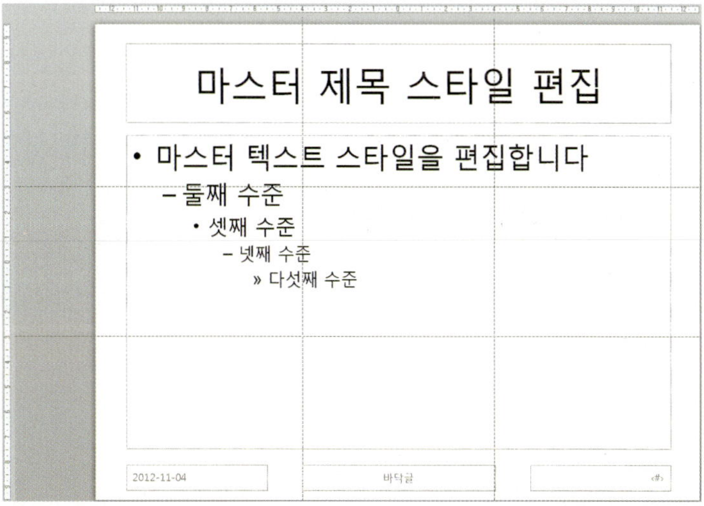

2.3 페이지 방향 설정하기

페이지를 A4 용지 크기로 설정해 봅시다.

1. **슬라이드 마스터** 탭의 **페이지 설정** 그룹에 있는 **페이지 설정** 메뉴를 클릭합니다.
2. "페이지 설정" 대화상자에서 **슬라이드 크기** 를 **A4용지(210X297mm)** 로, **슬라이드 시작 번호** 를 "0"으로 설정하고, **확인** 버튼을 클릭합니다.

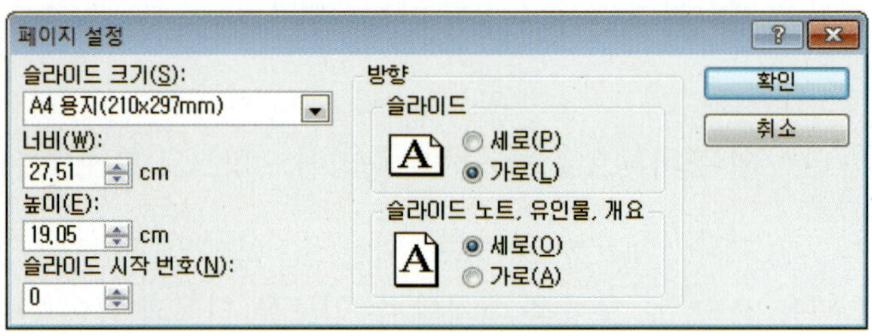

2.4 제목 마스터 스타일 작성하기

아래와 같이 제목 마스터 스타일을 작성해 봅시다.

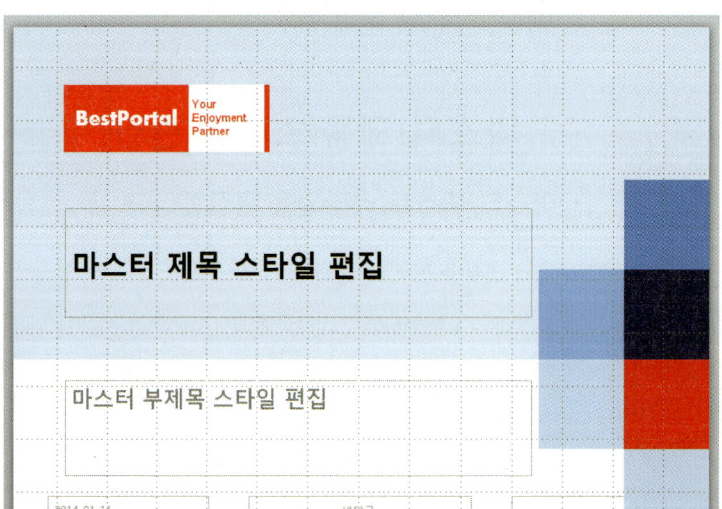

1. **삽입** 탭의 **일러스트레이션** 그룹에 있는 **도형** 메뉴를 클릭하고 **직사각형** 을 클릭한 후, 슬라이드에 적당한 크기로 그려 줍니다.

2. 직사각형을 마우스 오른쪽 버튼으로 클릭하고, **크기 및 위치** 메뉴를 클릭합니다.

   a. **높이** 를 "3.17cm"로, **너비** 를 "3.37cm"로 설정한 후, **닫기** 버튼을 클릭합니다.

3. 직사각형을 마우스 왼쪽 버튼으로 클릭하고, **그리고 도구 - 서식** 탭의 **도형 스타일** 그룹에 있는 **도형 윤곽선** 메뉴를 클릭하고, **윤곽선 없음** 메뉴를 클릭합니다.

4. 직사각형을 슬라이드 오른쪽 최하단에 위치시킵니다. 만약 도형 위치의 미세 조정이 필요한 경우에는 Ctrl 키를 누른 상태에서 키보드의 방향키를 움직여 줍니다.

5. 직사각형을 5개 복사해 아래와 같은 형태로 배치합니다. 그리고 6개의 직사각형을 모두 선택하고 마우스 오른쪽 버튼을 누른 후, **맨 뒤로 보내기** 메뉴를 클릭합니다.

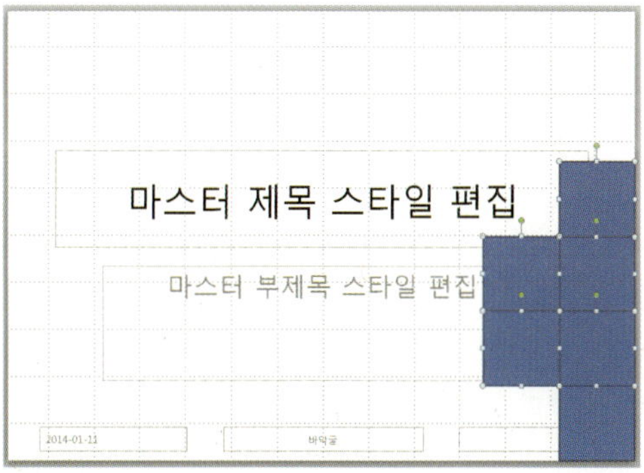

6. **그리기 도구 - 서식** 탭의 **도형 스타일** 그룹에 있는 **도형 채우기** 메뉴를 이용해 직사각형들의 색을 다음과 같이 설정해 줍니다(상단→하단, 왼쪽→오른쪽 순서임).

   a. 빨강: 85, 녹색: 142, 파랑: 213

   b. 빨강: 142, 녹색: 180, 파랑: 227

c. 빨강: 23, 녹색: 55, 파랑: 94

d. 빨강: 198, 녹색: 217, 파랑: 241

e. 빨강: 238, 녹색: 0, 파랑: 0

f. 빨강: 198, 녹색: 217, 파랑: 241

7. 직사각형을 하나 클릭하고, 아래 그림과 같이 크기를 조정 및 배치합니다.

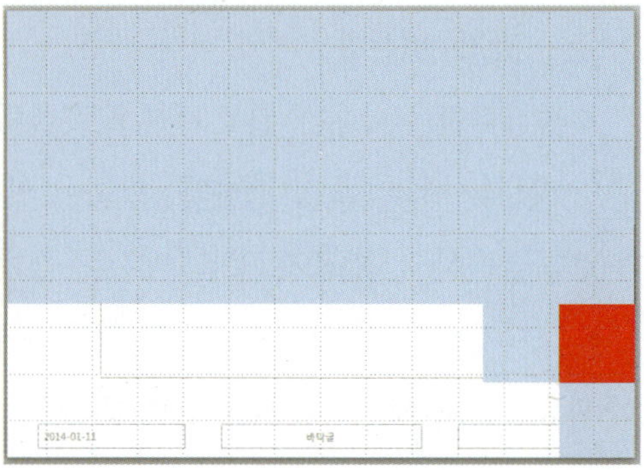

8. 방금 삽입한 직사각형을 클릭하고, 마우스 오른쪽 버튼을 누른 후, **맨 뒤로 보내기** 메뉴를 클릭합니다.

9. 뒤로 보낸 직사각형의 색을 다음과 같이 설정합니다

a. 빨강: 220, 녹색: 230, 파랑: 242

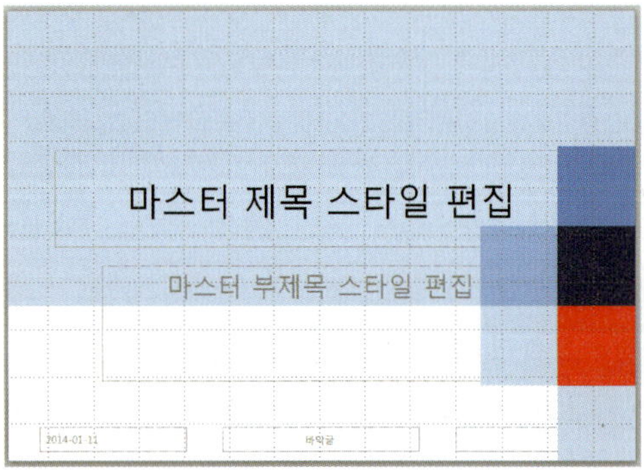

10. "마스터 제목 스타일 편집"의 테두리를 마우스 오른쪽 버튼으로 클릭하고, **크기 및 위치** 를 클릭합니다.

a. "크기 및 위치" 대화상자에서 **크기** 탭을 클릭하고, **높이** 에 "4.08cm"를, **세로** 에 "18.44cm"를 입력한 후, **닫기** 버튼을 클릭합니다.

b. "크기 및 위치" 대화상자에서 **위치** 탭을 클릭하고, **가로** 에 "2.06cm"를, **세로** 에 "6.83cm"를 입력한 후, **닫기** 버튼을 클릭합니다.

11. 위와 같은 방법으로 "마스터 부제목 스타일 편집" 영역을 다음과 같이 설정합니다.

a. **높이** : "3.57cm", **세로** : "18.44cm", **가로** : "2.06cm", **세로** : "13.3cm"

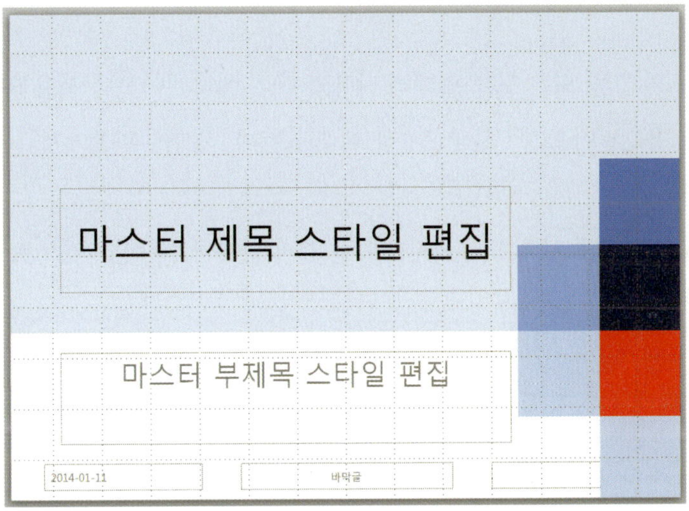

12. "마스터 제목 스타일 편집"의 테두리를 마우스 왼쪽 버튼으로 클릭하고, 글자 서식을 다음과 같이 설정합니다.

a. 맑은 고딕, 32pt, 두껍게, 왼쪽 맞춤

13. "마스터 부제목 스타일 편집"의 테두리를 마우스 왼쪽 버튼으로 클릭하고, 글자 서식을 다음과 같이 설정합니다.

a. 맑은 고딕, 20pt, 두껍게, 왼쪽 맞춤

b. 빨강: 137, 녹색: 137, 파랑: 137

14. **삽입** 탭의 **일러스트레이션** 그룹의 **그림** 메뉴를 클릭하고 **9장_002_실습파일.gif**를 삽입합니다. 그리고 적절한 위치에 배치합니다.

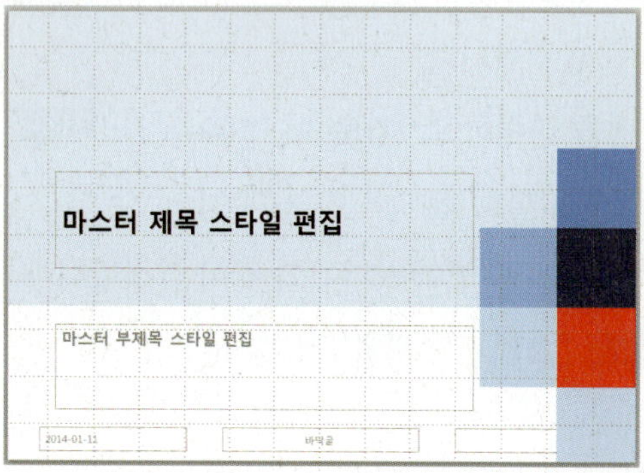

15. 슬라이드의 그림 또는 도형에 대해 다음과 같이 애니메이션을 적용합니다.
   a. 효과 적용: "날아오기", 시작: "이전 효과와 함께", 방향: "왼쪽에서", 속도: "매우 빠르게"
   b. 효과 적용: "바둑판 무늬", 시작: "이전 효과 다음에", 방향: "옆으로", 속도: "매우 빠르게"
   c. 효과 적용: "날아오기", 시작: "이전 효과 다음에", 방향: "위에서", 속도: "매우 빠르게"
   d. 효과 적용: "날아오기", 시작: "이전 효과 다음에", 방향: "왼쪽에서", 속도: "매우 빠르게"
   e. 효과 적용: "날아오기", 시작: "이전 효과 다음에", 방향: "왼쪽에서", 속도: "매우 빠르게"
   f. 효과 적용: "날아오기", 시작: "이전 효과 다음에", 방향: "아래에서", 속도: "매우 빠르게"
   g. 효과 적용: "날아오기", 시작: "이전 효과 다음에", 방향: "위에서", 속도: "매우 빠르게"

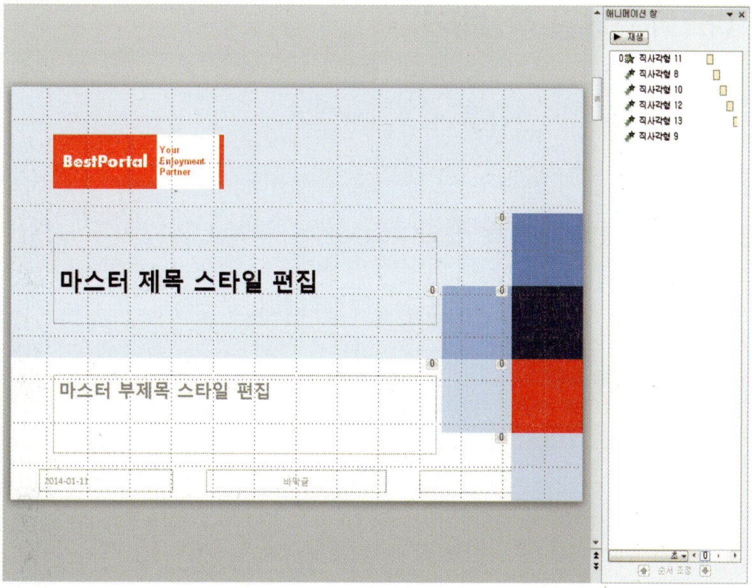

위와 같은 과정을 거쳐 제목 마스터 스타일의 작성이 완료되었습니다. **슬라이드 마스터** 탭의 **닫기** 그룹에 있는 **마스터 보기 닫기** 메뉴를 클릭하면, 제목 슬라이드가 우리가 작성한 제목 마스터 슬라이드로 변경되어 있는 것을 확인할 수 있습니다.

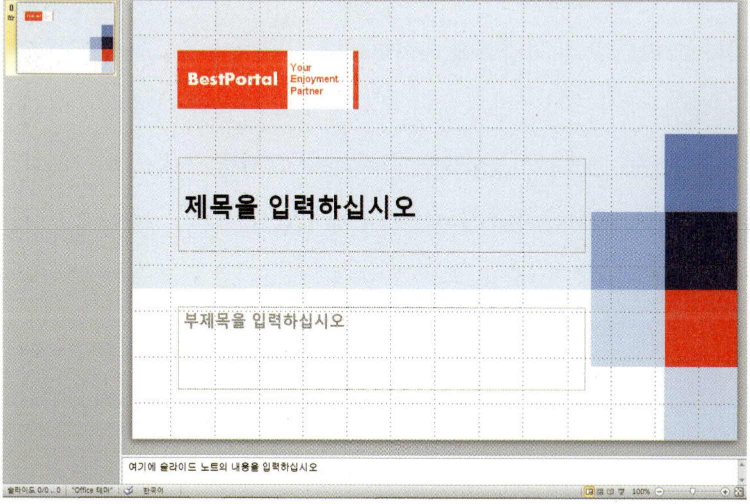

2.5 본문 마스터 스타일 작성하기

아래와 같이 본문 마스터 스타일을 작성해 봅시다.

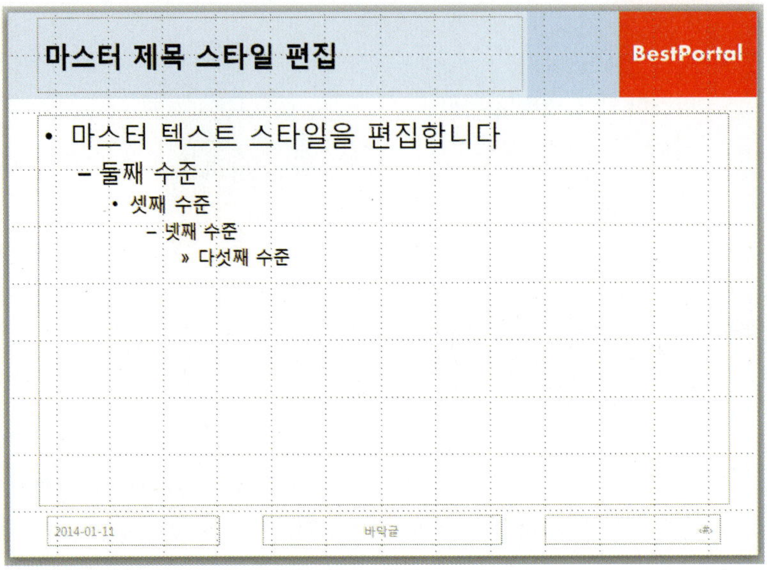

1. **보기** 탭의 **프레젠테이션 보기** 그룹에 있는 **슬라이드 마스터** 메뉴를 클릭합니다.
2. **슬라이드 레이아웃 목록**의 최상단에 있는 본문 슬라이드 마스터를 클릭합니다.
3. **삽입** 탭의 **일러스트레이션** 그룹의 **그림** 메뉴를 클릭하고 **9장_003_실습파일.gif**를 삽입합니다. 그리고 우측 최상단에 배치합니다.
4. 제목 슬라이드에서 직사각형을 하나 복사해 오고 다음과 같이 설정해 줍니다.
    a. **크기 및 위치** 메뉴에서 **높이**는 “3.02cm”로, **너비**는 “3.37cm”로 설정합니다.
    b. **도형 채우기** – **다른 채우기 색** 메뉴에서 빨강: “198”, 녹색: “217”, 파랑: “241”로 설정합니다.

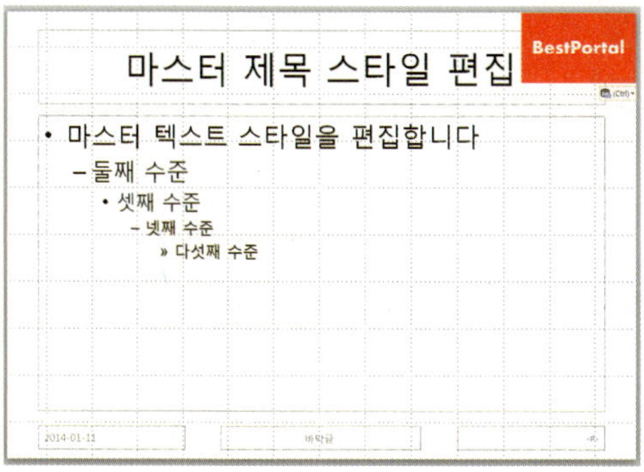

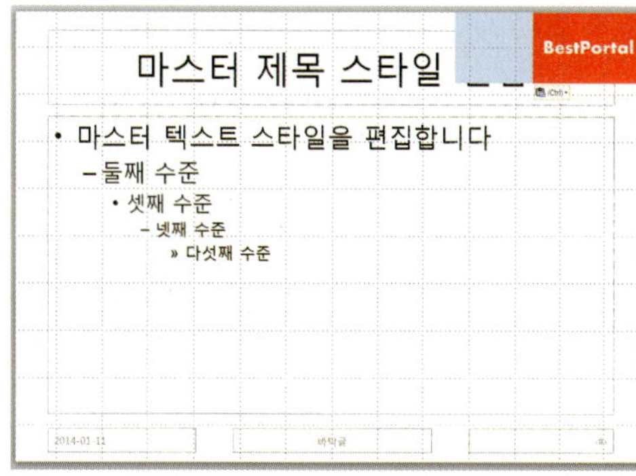

5. 지금 삽입한 직사각형을 복사하고, 다음과 같이 설정해 줍니다.

a. **크기 및 위치** 메뉴에서 **높이** 는 "3.02cm"로, **너비** 는 "19.32cm"로 설정합니다.

b. **도형 채우기** – **다른 채우기 색** 메뉴에서 빨강: "220", 녹색: "230", 파랑: "242"로 설정합니다.

6. 삽입한 3개의 도형을 모두 선택하고 **맨 뒤로 보내기** 를 적용해 줍니다.

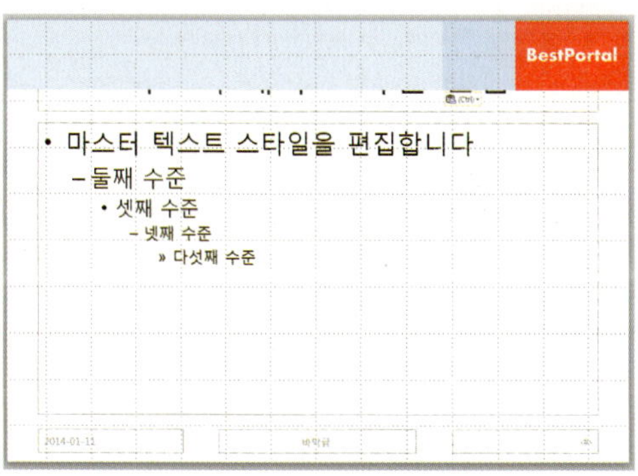

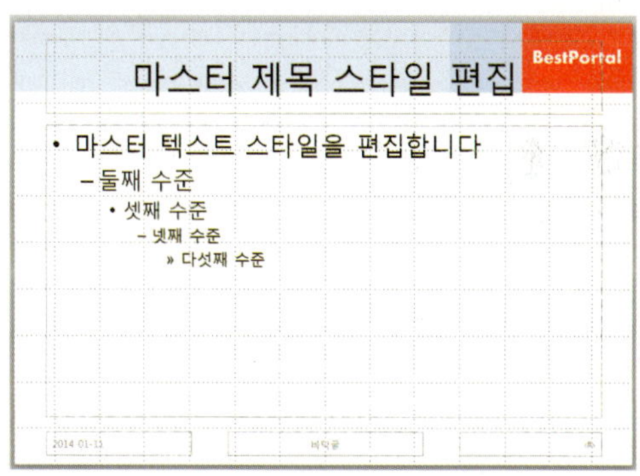

7. "마스터 제목 스타일 편집"의 테두리를 마우스 오른쪽 버튼으로 클릭하고, **크기 및 위치** 를 클릭합니다.

a. "크기 및 위치" 대화상자에서 **크기** 탭을 클릭하고, **높이** 에 "2.58cm"를, **너비** 에 "17.86cm"를 입력한 후, **닫기** 버튼을 클릭합니다.

b. "크기 및 위치" 대화상자에서 **위치** 탭을 클릭하고, **가로** 에 "1.06cm"를, **세로** 에 "0.2cm"를 입력한 후, **닫기** 버튼을 클릭합니다.

8. 위와 같은 방법으로 "마스터 텍스트 스타일 편집" 영역을 다음과 같이 설정합니다.

   a. **높이** : "13.69cm", **너비** : "25.4cm", **가로** : "1.06cm", **세로** : "3.57cm"

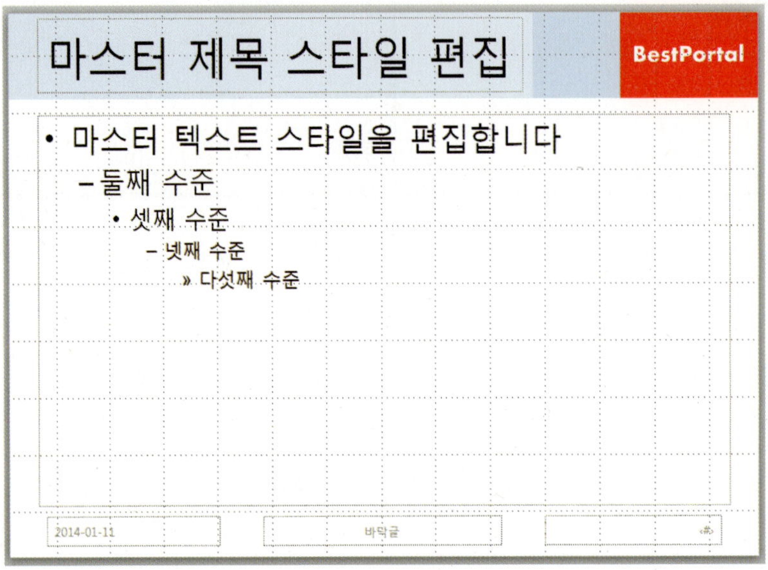

9. "마스터 제목 스타일 편집"의 테두리를 클릭하고, 글자 서식을 다음과 같이 설정합니다.

   a. 맑은 고딕, 28pt, 두껍게, 왼쪽 맞춤

10. 본문 영역의 글자 서식을 다음과 같이 설정합니다.

    a. "마스터 텍스트의 스타일을 편집합니다": 맑은 고딕, 28pt, 왼쪽 맞춤

    b. 둘째 수준: 맑은 고딕, 24pt, 왼쪽 맞춤

    c. 셋째 수준: 맑은 고딕, 20pt, 왼쪽 맞춤

    d. 넷째 수준: 맑은 고딕, 18pt, 왼쪽 맞춤

    e. 다섯째 수준: 맑은 고딕, 18pt, 왼쪽 맞춤

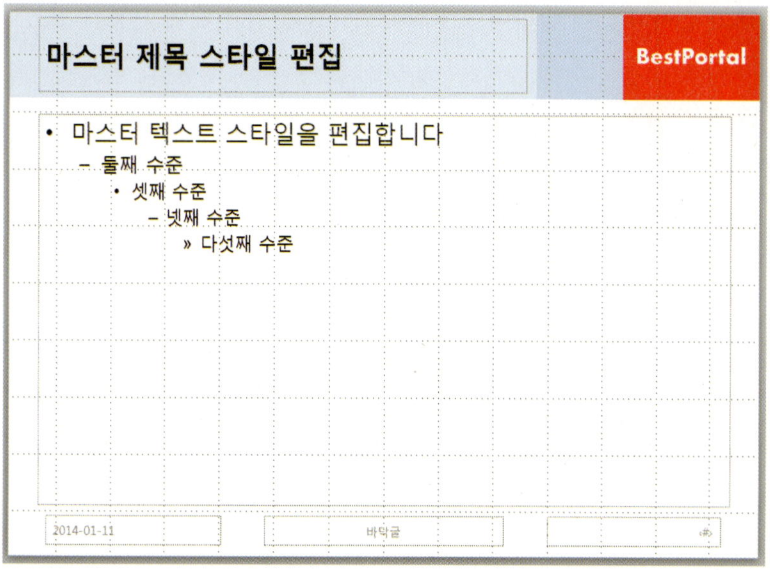

11. **삽입** 탭의 **텍스트** 그룹에 있는 **슬라이드 번호**를 클릭합니다.

   a. **슬라이드 번호**와 **제목 슬라이드에는 표시 안 함**에 체크하고, **모두 적용** 버튼을 클릭합니다.

   b. 제목 슬라이드를 제외한 모든 슬라이드에 페이지 번호가 표시됩니다.

12. **슬라이드 마스터** 탭의 **닫기** 그룹에 있는 **마스터 보기 닫기**를 클릭합니다.

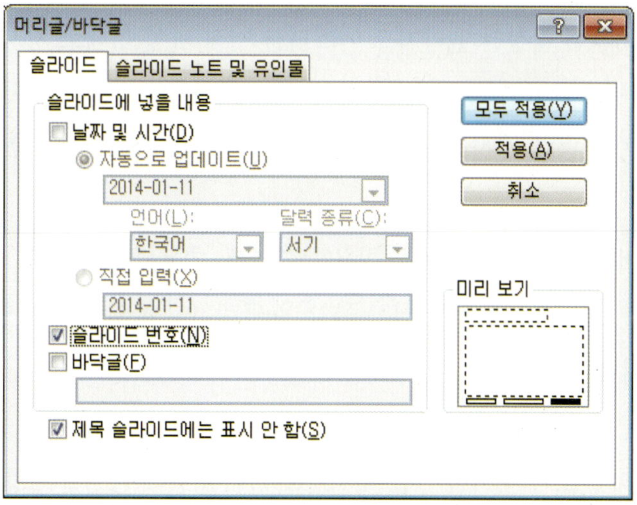

MS PowerPoint

이제 아래와 같이 마스터 슬라이드가 파워포인트 문서 전체에 적용됩니다.

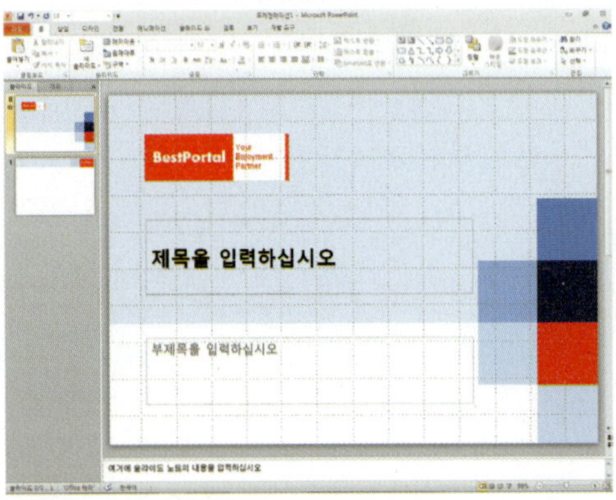

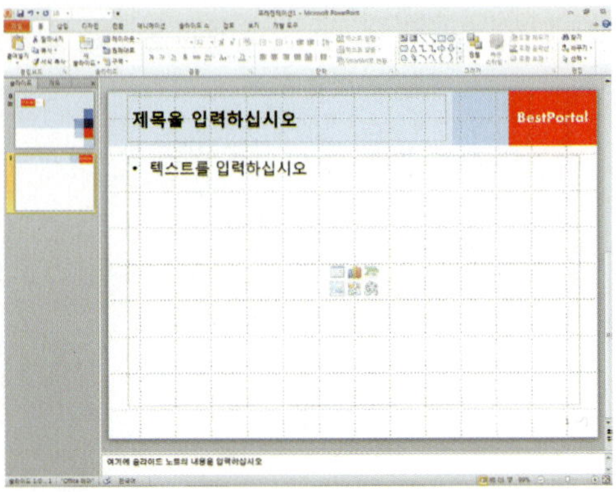

지금까지 제목 및 본문 마스터 스타일을 작성한 것과 같은 방식으로 새로운 마스터 스타일을 만들거나 기존의 마스터 스타일을 수정해 사용할 수 있습니다. 또한 유인물 마스터 파일과 슬라이드 노트 마스터 파일도 기본적인 작성 방법은 슬라이드 마스터 파일과 큰 차이가 없습니다.

2.6 서식 파일로 저장하고 이용하기

우리는 **디자인** 탭의 **테마** 그룹에서 다양한 서식 파일을 불러와서 사용하는 방법을 배웠습니다. 여러분이 작성한 슬라이드 마스터를 서식 파일 형태로 저장해 두면 팀원들과 서식을 쉽게 공유할 수 있고, 앞으로 파워포인트 문서를 작성할 때도 쉽게 서식을 불러와 적용할 수 있습니다. 서식 파일로 저장하는 절차는 다음과 같습니다.

1. **파일** 탭 버튼을 클릭하고, **다른 이름으로 저장** 메뉴를 클릭합니다.
2. **파일 형식**에서 **PowerPoint 서식 파일**을 클릭하고 파일 이름을 입력한 후 **저장** 버튼을 클릭합니다.

저장된 서식 파일을 새 문서를 만들 때 적용하려면 다음의 순서를 따릅니다.

1. **파일** 탭을 클릭하고, **새로 만들기** 메뉴를 클릭합니다.

2. **서식 파일** 영역에서 **내 서식 파일** 메뉴를 클릭합니다.

3. 목록에서 원하는 서식 파일을 선택하고 **확인** 버튼을 클릭합니다.

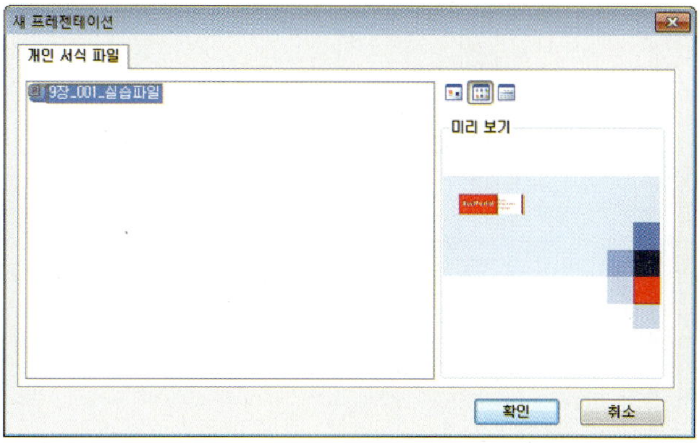

2.7 여러 개의 마스터 파일 만들고 이용하기

파워포인트 문서의 슬라이드 수가 많아지면 청중의 지루함을 덜어 주기 위해 문서의 주요 파트마다 서로 다른 마스터 파일을 적용하는 것이 좋습니다. 이를 위해 복수의 마스터 파일을 만들고 이용하는 방법을 알아봅시다.

2.7.1 새로운 마스터 파일 만들기

1. 앞서 만든 서식 파일로 새 문서를 만들고, **보기** 탭의 **마스터 보기** 그룹에 있는 **슬라이드 마스터** 메뉴를 클릭합니다.

2. **슬라이드 마스터** 탭의 **마스터 편집** 그룹에 있는 **슬라이드 마스터 삽입** 메뉴를 클릭합니다.

3. 다음과 같이 새로운 마스터 페이지가 만들어집니다.

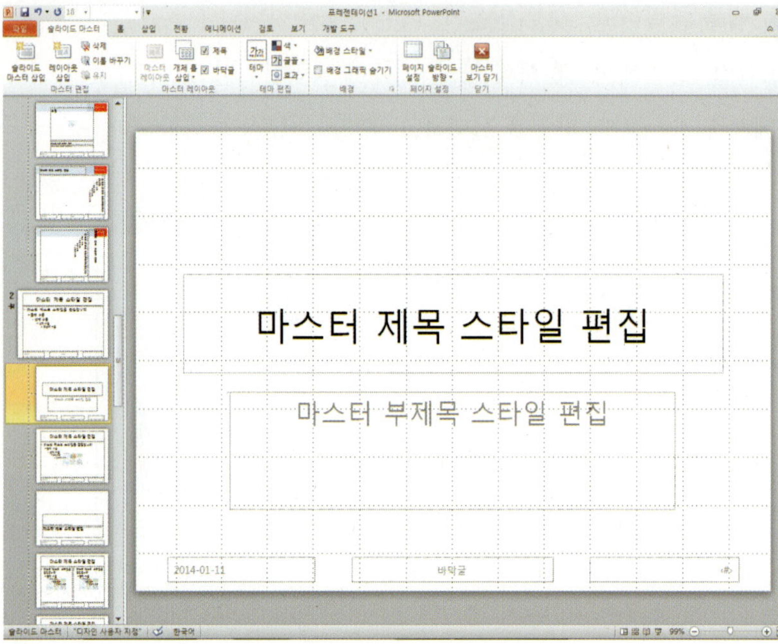

2.7.2 기존 마스터 파일을 기반으로 새로운 마스터 파일 만들기

1. 기존 마스터 파일 목록의 가장 상단에 있는 마스터 파일(슬라이드 마스터)을 마우스 오른쪽 버튼으로 클릭하고 **슬라이드 마스터 복제** 를 클릭합니다.

2. 아래 그림과 같이 기존의 마스터 파일 목록 아래에 새로운 마스터 파일이 추가됩니다. 새로운 마스터 파일의 서식을 적절히 변경해 줍니다.

3. 마스터 파일 편집 모드에서 빠져나와 서식 파일을 저장합니다.

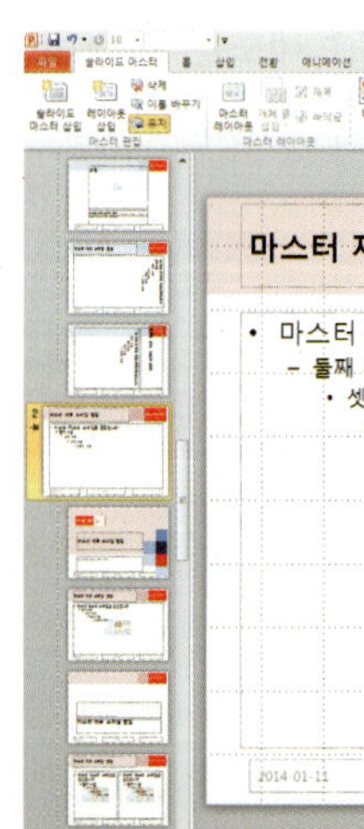

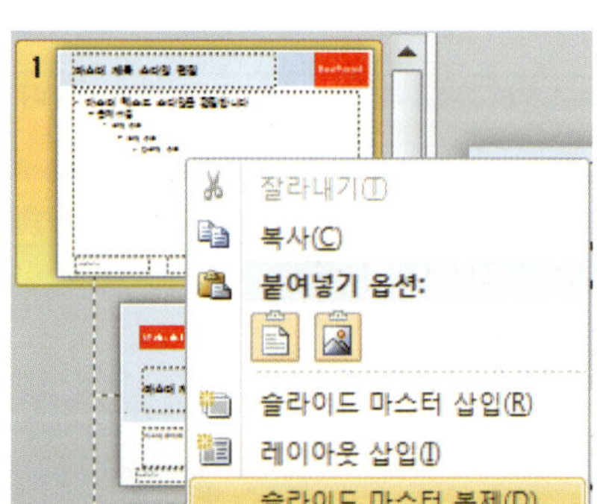

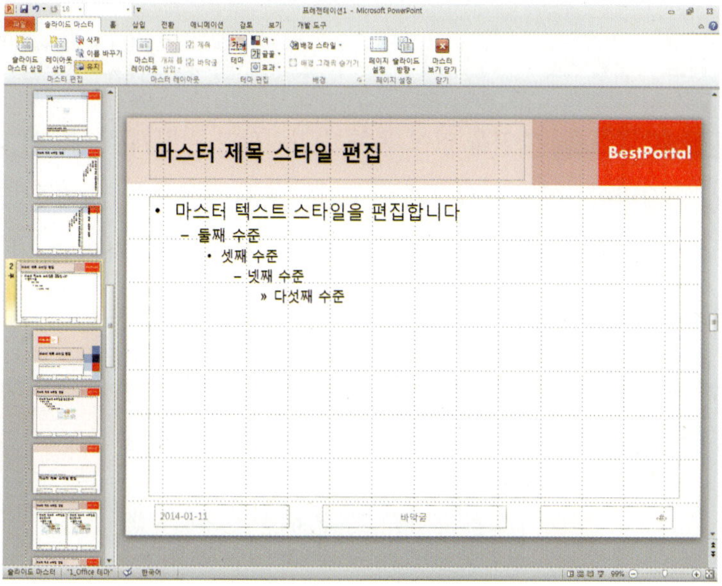

2.7.3 여러 개의 마스터 파일 이용하기

여러 개의 마스터 파일은 다음과 같이 이용합니다.

1. **홈** 탭의 **슬라이드** 그룹에 있는 **레이아웃** 메뉴를 클릭합니다.

2. 아래 그림과 같이 마스터 파일별로 레이아웃들이 나타납니다. 사용하고자 하는 레이아웃을 클릭하면 현재 슬라이드에 해당 레이아웃이 적용됩니다.

3 정렬 기능을 이용해 목차 슬라이드 작성하기

9장_001_실습파일.pptx 파일을 열어 목차 슬라이드가 어떻게 작성되어 있는지 확인해 봅시다. 목차 슬라이드에서 동일하게 반복되는 목차 항목들은 "정렬" 기능을 이용해 쉽게 작성할 수 있습니다. 또한 각각의 도형에는 "그림자"와 "그라데이션" 기능이 적용되어 시각적인 효과를 강조하고 있습니다.

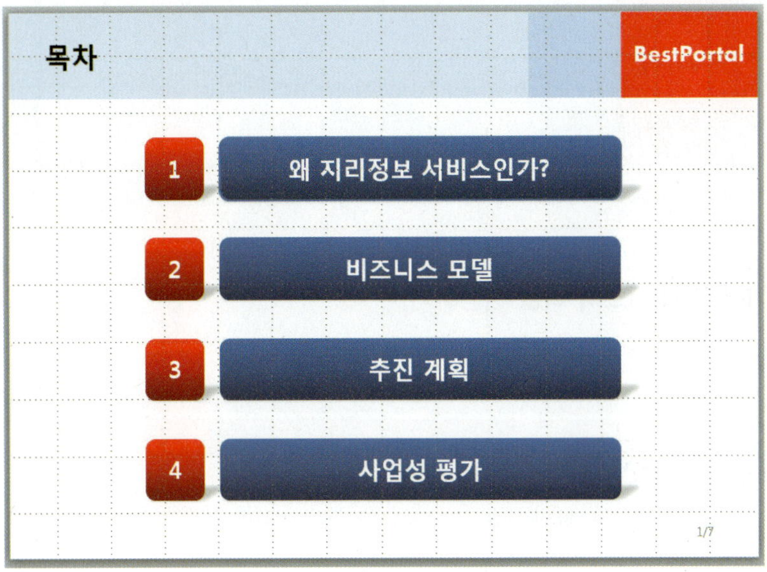

도형을 이용해 슬라이드를 작성할 때에는 도형들을 배치해 전체적인 틀을 먼저 만든 후에, 도형 배경 색이나 효과를 적용하는 것이 좋습니다. 목차 슬라이드처럼 일정한 도형 패턴이 반복되는 경우에는 정렬 기능을 이용하면 매우 쉽게 슬라이드를 완성할 수 있습니다.

1. 제목 슬라이드가 완성되어 있지 않으므로, 9장_001_실습파일.pptx 파일을 보고 제목 슬라이드를 완성합니다.

2. Ctrl + M 키를 눌러 새 슬라이드를 추가하고, 슬라이드 제목을 입력합니다.

3. **홈** 탭의 **슬라이드** 그룹에 있는 **레이아웃** – **제목만** 메뉴를 클릭합니다.

4. **삽입** 탭의 **일러스트레이션** 그룹에 있는 **도형** 메뉴에서 **사각형** 영역에 있는 **모서리가 둥근 직사각형** 을 클릭하고 적당한 크기로 그려 줍니다.

5. 직사각형을 마우스 오른쪽 버튼으로 클릭하고 **크기 및 위치** 메뉴를 클릭합니다.

6. **크기** 탭의 **높이** 에 "2.18"을, **너비** 에 "14.68"을 입력하고, **위치** 탭으로 이동해 **가로** 에 "7.81"을, **세로** 에 "4.37"을 입력한 후, **닫기** 버튼을 클릭합니다.

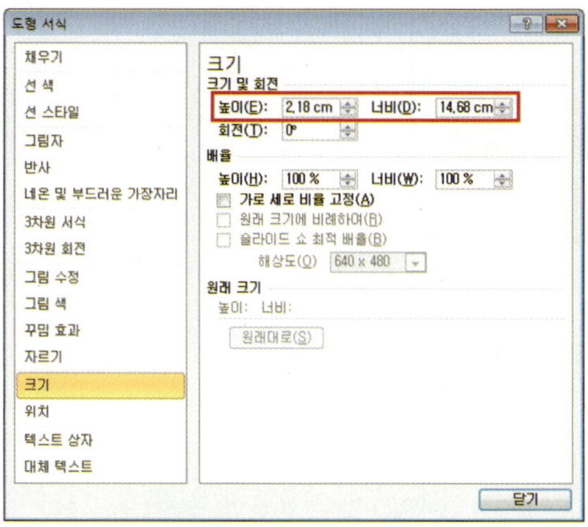

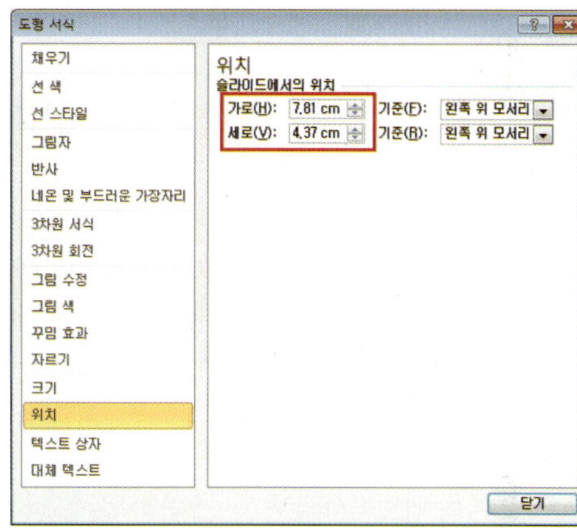

7. **모서리가 둥근 직사각형** 을 하나 더 클릭하고, **크기 및 위치** 메뉴에서 다음과 같이 설정합니다.

   a. **크기** 탭: **높이** 에 "2.18"을, **너비** 에 "2.18"을 입력합니다.

   b. **위치** 탭: **가로** 에 "5.03"을, **세로** 에 "4.37"을 입력합니다.

8. 왼쪽의 작은 사각형을 클릭하고, **그리기 도구** – **서식** 탭의 **도형 스타일** 그룹에 있는 메뉴들을 다음과 같이 설정해 줍니다.

   a. **도형 채우기** – **다른 채우기 색** 메뉴를 클릭하고 **사용자 지정** 탭에서 빨강 "238", 녹색 "0", 파랑 "0"으로 설정합니다.

   b. **도형 채우기** – **그라데이션** 메뉴를 클릭하고 **어두운 그라데이션** 영역에서 **선**

형 위쪽 그라데이션을 클릭합니다.

c. 도형 윤곽선 – 윤곽선 없음 메뉴를 클릭합니다.

d. 도형 효과 – 그림자 를 메뉴를 클릭하고, 원근감 영역에서 원근감 대각선 오른쪽 위 를 클릭합니다.

e. 텍스트 "1"을 입력하고, 글자 크기는 "24pt", 두껍게, 글자색은 흰색, 가운데 정렬로 설정해 줍니다.

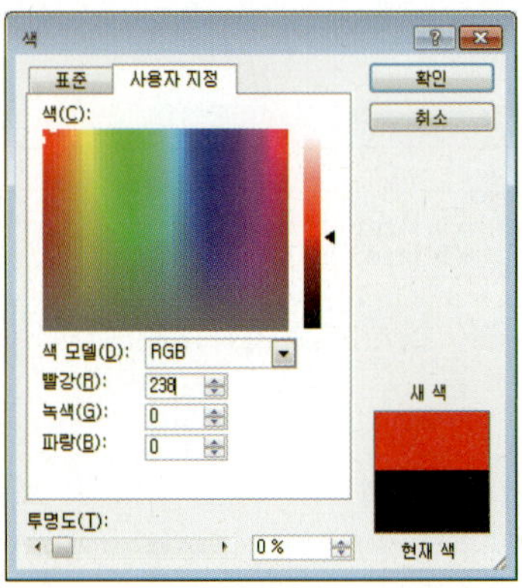

9. 오른쪽의 큰 사각형을 클릭하고, 그리기 도구 – 서식 탭의 도형 스타일 그룹에 있는 메뉴들을 다음과 같이 설정합니다.

a. 도형 채우기 – 다른 채우기 색 메뉴를 클릭하고 사용자 지정 탭에서 빨강 "79", 녹색 "129", 파랑 "189"로 설정합니다.

b. 도형 채우기 – 그라데이션 메뉴를 클릭하고 어두운 그라데이션 영역에서 선형 위쪽 그라데이션을 클릭합니다.

c. 도형 윤곽선 – 윤곽선 없음 메뉴를 클릭합니다.

d. 도형 효과 – 그림자 를 메뉴를 클릭하고, 원근감 영역에서 원근감 대각선 오른쪽 위 를 클릭합니다.

e. 텍스트 "왜 지리정보 서비스인가?"를 입력하고, 글자 크기는 "24pt", 두껍게, 글자색은 흰색, 가운데 정렬로 설정해 줍니다.

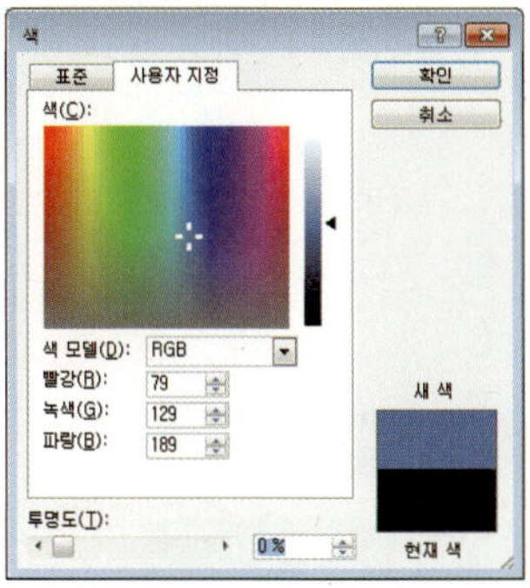

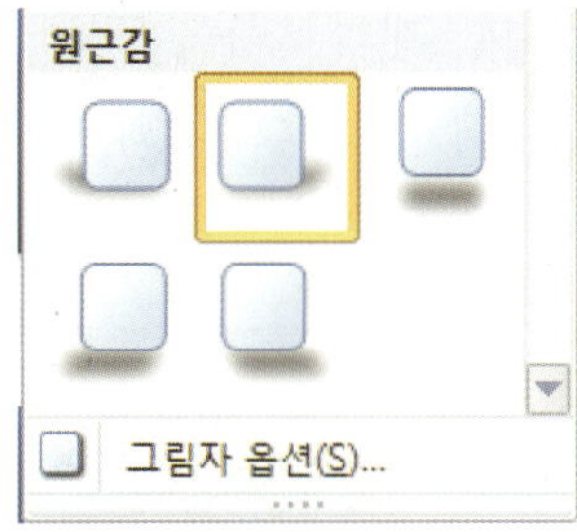

10. 2개의 직사각형을 모두 선택하고, 마우스 오른쪽 버튼을 누른 후, **그룹** - **그룹** 을 클릭해 하나의 그룹으로 묶어 줍니다.

11. 그룹을 클릭하고 복사(Ctrl + C)해서 3번 붙여넣기(Ctrl + V) 합니다.

12. 그룹 하나를 슬라이드 하단에 적당하게 위치시킵니다(가로: 5.03, 세로: 14.88).

13. 4개의 그룹을 모두 선택하고, **그리기 도구** - **서식** 탭의 **정렬** 그룹에 있는 **맞춤** - **세로 간격을 동일하게** 를 클릭합니다.

14. 4개의 그룹을 모두 선택하고, **그리기 도구** – **서식** 탭의 **정렬** 그룹에 있는 **맞춤** – **가운데 맞춤** 을 클릭합니다.

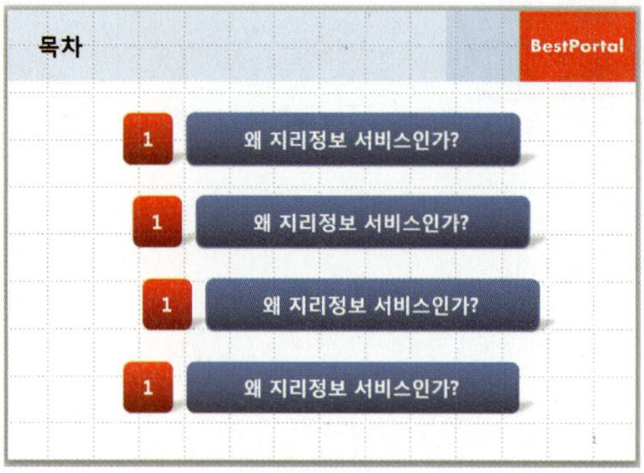

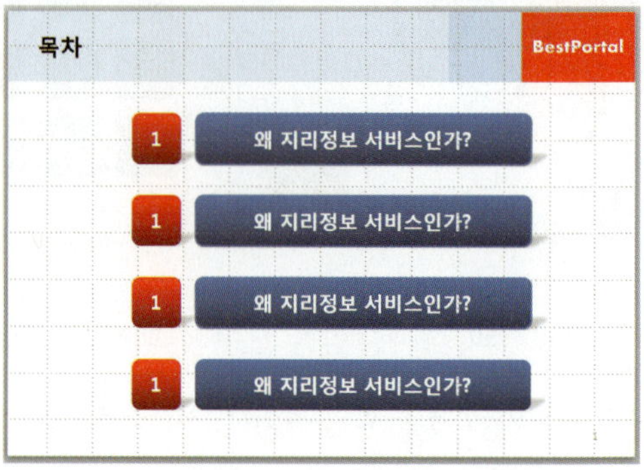

15. 4개의 그룹을 모두 선택하고, 마우스 오른쪽 버튼을 누른 후, **그룹** – **그룹** 을 클릭해 하나의 그룹으로 다시 묶어 줍니다.

16. 그룹을 선택하고 **그리기 도구** – **서식** 탭의 **정렬** 그룹에 있는 **맞춤** – **가운데 맞춤** 을 클릭합니다.

4 텍스트 박스, 도형, 이미지 파일을 이용해 슬라이드 작성하기

이 절에서는 3~5번째 슬라이드를 작성해 봄으로써 텍스트 박스, 도형, 이미지 파일과 같은 단순한 요소들을 어떠한 방식으로 활용해 슬라이드를 작성할 수 있는지 알아봅니다.

4.1 3번째 슬라이드 작성하기

9장_001_실습파일.pptx 파일을 열어 3번째 슬라이드가 어떻게 작성되어 있는지 확인해 봅시다. 3번째 슬라이드는 이미지 삽입, "도형 효과", "텍스트 효과" 등의 기능이 사용되어 있습니다.

우선 좌측에 위치한 이미지 파일을 삽입해 봅시다.

1. Ctrl + M 키를 눌러 새 슬라이드를 삽입하고, 제목으로 "왜 지리정보 서비스인가?"를 입력합니다.

2. **삽입** 탭의 **일러스트레이션** 그룹에 있는 **그림** 메뉴를 클릭하고, **9장_004_실습파일.jpg** 의 이미지를 삽입합니다.

3. 삽입한 이미지를 마우스 오른쪽 버튼으로 클릭하고, **크기 및 위치** 메뉴를 클릭한 후, **위치** 탭에서 **가로** 는 "3.24"를, **세로** 는 "4.56"을 입력하고, **닫기** 버튼을 클릭합니다.

4. 이미지를 클릭한 다음 **그림 도구** – **서식** 탭의 **그림 스타일** 그룹의 **그림 효과** – **그림자** 메뉴에서 **바깥쪽** 영역에 있는 **오프셋 대각선 오른쪽 아래** 메뉴를 클릭합니다.

우측에 위치한 이미지 파일을 삽입해 봅시다.

1. 삽입 탭의 일러스트레이션 그룹에 있는 그림 메뉴를 클릭하고, 9장_005_실습파일.jpg 의 이미지를 삽입합니다.

2. 삽입한 이미지를 마우스 오른쪽 버튼으로 클릭하고, 크기 및 위치 메뉴를 클릭한 후, 위치 탭에서 가로 는 "16.85"를, 세로 는 "10.27"을 입력하고, 닫기 버튼을 클릭합니다.

텍스트 박스를 삽입해 봅시다.

1. 삽입 탭의 일러스트레이션 그룹에 있는 도형 메뉴를 클릭하고, 텍스트 상자 를 선택해 슬라이드에 그린 후, 텍스트를 입력합니다.

2. 삽입한 텍스트 상자를 마우스 오른쪽 버튼으로 클릭하고, 크기 및 위치 메뉴를 클릭한 후, 크기 탭에서 높이 는 "4.1"을, 너비 는 "14.68"을 입력하고 위치 탭에서 가로 는 "11.77"을, 세로 는 "5.19"를 입력하고, 닫기 버튼을 클릭합니다.

3. 텍스트 서식을 글자 크기는 "20pt", 두껍게, 텍스트 그림자, 왼쪽 맞춤을 설정하고, 줄 간격은 "1.5"를 클릭합니다.

4. 텍스트 상자 를 클릭하고 그리기 도구 – 서식 탭의 WordArt 그룹에 있는 텍스트 효과 – 그림자 메뉴의 원근감 영역에 있는 원근감 대각선 오른쪽 위 를 클릭합니다.

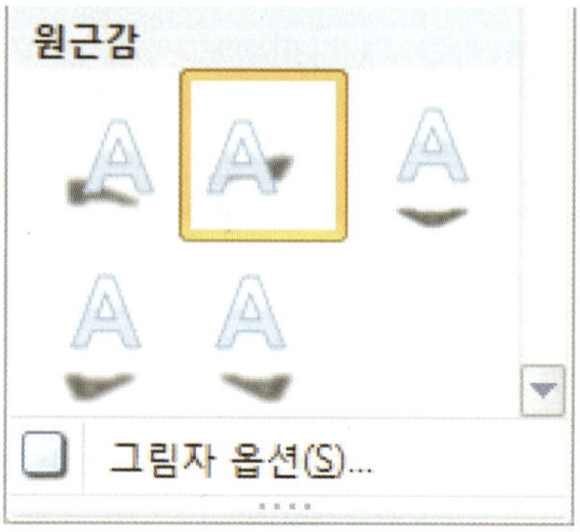

4.2 4번째 슬라이드 작성하기

9장_001_실습파일.pptx 파일을 열어 4번째 슬라이드가 어떻게 작성되어 있는지 확인해 봅시다. 4번째 슬라이드 역시 3번째 슬라이드와 마찬가지로 "도형 효과", "텍스트 효과" 등의 기능이 사용되어 있습니다.

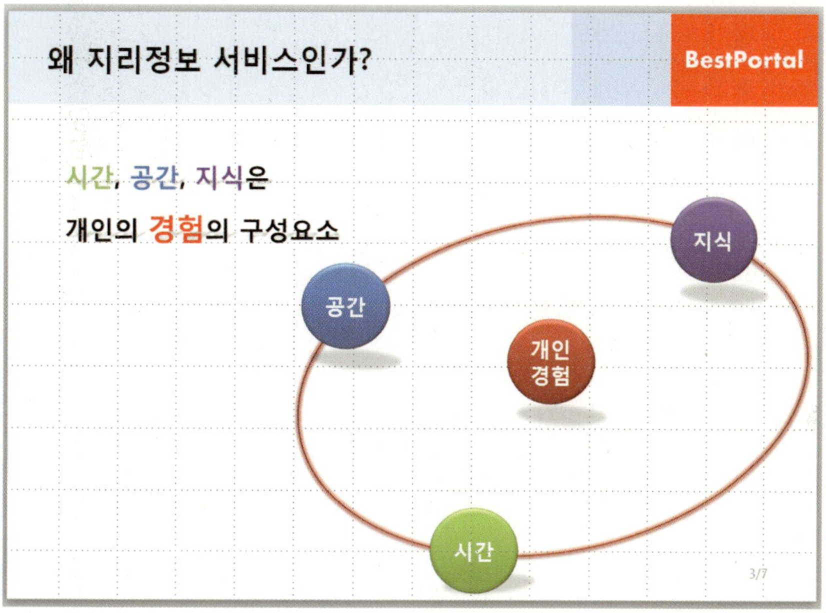

우선 텍스트 박스를 입력합니다.

1. "Ctrl + M" 키를 눌러 새 슬라이드를 삽입하고, 제목으로 "왜 지리정보 서비스인가?"를 입력합니다.

2. **삽입** 탭의 **일러스트레이션** 그룹에 있는 **도형** 메뉴를 클릭하고, **텍스트 상자** 를 선택해 슬라이드에 그린 후, 예제와 같이 텍스트를 입력합니다.

3. 삽입한 텍스트 상자를 마우스 오른쪽 버튼으로 클릭하고, **크기 및 위치** 메뉴를 클릭한 후, **크기** 탭에서 **높이** 는 "3.59"를, **너비** 는 "10.72"를 입력하고 **위치** 탭에서 **가로** 는 "1.65"를, **세로** 는 "4.37"을 입력하고, **닫기** 버튼을 클릭합니다.

4. 텍스트 서식을 글자 크기는 "24pt", 두껍게, 텍스트 그림자, 왼쪽 맞춤을 설정하고, 줄 간격은 "1.5"를 클릭합니다.

5. **텍스트 상자** 를 클릭하고 **그리기 도구** – **서식** 탭의 **WordArt** 그룹에 있는 **텍스트**

효과 - **그림자** 메뉴의 **원근감** 영역에 있는 **원근감 대각선 오른쪽 위** 를 클릭합니다.

6. 각각의 글자 색을 다음과 같이 설정합니다.
   a. 시간: 빨강 – 165, 녹색 – 187, 파랑 – 89
   b. 공간: 빨강 – 0, 녹색 – 112, 파랑 – 192
   c. 지식: 빨강 – 112, 녹색 – 48, 파랑 – 160
   d. 경험: 빨강 – 238, 녹색 – 0, 파랑 – 0

4개의 타원을 둘러싸고 있는 큰 타원을 그려 봅시다.

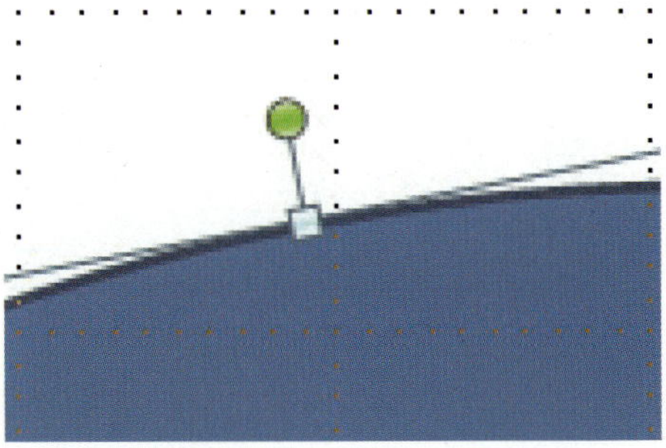

1. **삽입** 탭의 **일러스트레이션** 그룹에 있는 **도형** 메뉴를 클릭하고, **타원** 을 슬라이드에 삽입합니다.

2. 삽입한 도형을 마우스 오른쪽 버튼으로 클릭하고, **크기 및 위치** 메뉴를 클릭한 후, 다음과 같이 설정합니다.
   a. **크기** 탭: **높이** 는 "10.72"를, **너비** 는 "17.46"를, **회전** 은 "350"을 입력합니다.
   b. **위치** 탭: **가로** 는 "9.79"를, **세로** 는 "6.75"를 입력하고, **닫기** 버튼을 클릭합니다.
   c. **회전** 에 숫자를 입력하는 대신 타원의 녹색 원을 클릭하고 마우스를 좌우로 움직여 각도를 조정해도 됩니다.

3. **그리기 도구** - **서식** 탭의 **도형 스타일** 그룹에 있는 메뉴들을 다음과 같이 설정합니다.
   a. **도형 채우기** - **채우기 없음** 메뉴를 클릭합니다.
   b. **도형 윤곽선** - **다른 윤곽선 색** 메뉴를 클릭하고, 빨강: 192, 녹색: 0, 파랑 0으로 설정합니다.
   c. **도형 효과** - **네온** 메뉴를 클릭하고, **강조색 2, 5pt 네온** 을 클릭합니다.

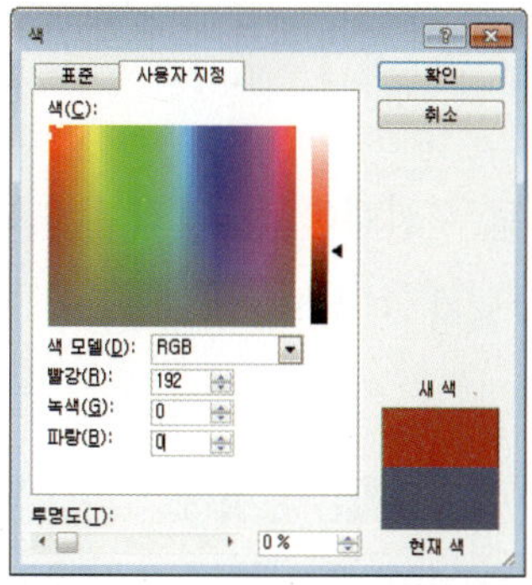

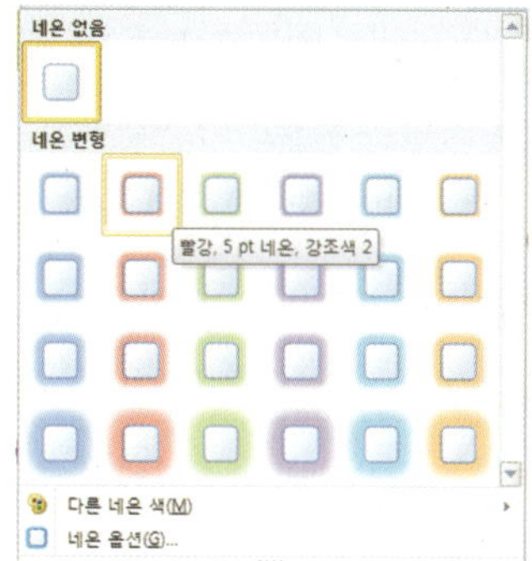

4개의 작은 타원을 삽입하고, 서식을 설정해 봅시다.

1. **삽입** 탭의 **일러스트레이션** 그룹에 있는 **도형** 메뉴를 클릭하고, **타원** 을 슬라이드에 삽입합니다.

2. 삽입한 도형을 마우스 오른쪽 버튼으로 클릭하고, **크기 및 위치** 메뉴를 클릭한 후, **높이** 는 "2.78"을, **세로** 는 "2.98"을 입력하고, **닫기** 버튼을 클릭합니다.

3. 도형을 3개 복사해 붙여 넣고, 예제와 같이 텍스트를 입력한 후, 다음과 같이 위치 조정합니다.

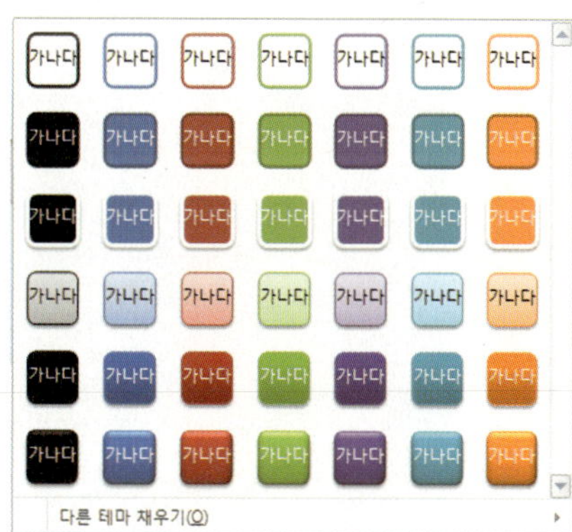

a. 공간: 가로 – 9.99, 세로 – 8.14

b. 지식: 가로 – 22.49, 세로 – 5.95

c. 시간: 가로 – 16.93, 세로 – 9.92

d. 개인 경험: 가로 – 14.35, 세로 – 16.07

4. **그리기 도구** – **서식** 탭의 **도형 스타일** 그룹에 있는 도형 테마들을 이용해 각각의 타원의 채우기 색을 예제와 같이 설정합니다.

5. Shift 키를 누른 상태에서 4개의 타원을 모두 선택하고 글자 크기: 20pt, 두껍게, 가운데 맞춤으로 설정합니다.

6. "시간"을 제외한 타원들을 모두 선택하고, **그리기 도구** – **서식** 탭의 **도형 스타일** 그룹에 있는 **도형 효과** – **그림자** 메뉴의 **원근감** 영역에서 **원근감 대각선 오른쪽 아래** 를 클릭합니다.

7. "시간" 타원을 선택하고, **그리기 도구** – **서식** 탭의 **도형 스타일** 그룹에 있는 **도형 효과** – **그림자** 메뉴의 **원근감** 영역에서 **원근감 대각선 오른쪽 위** 를 클릭합니다.

4.3 5번째 슬라이드 작성하기

9장_001_실습파일.pptx 파일을 열어 5번째 슬라이드가 어떻게 작성되어 있는지 확인해 봅시다. 5번째 슬라이드에서는 특별한 효과들은 적용되지 않고 이미지 파일, 도형, 텍스트 박스의 사용으로 메시지를 전달하고 있습니다.

1. **삽입** 탭의 **일러스트레이션** 그룹에 있는 **그림** 메뉴를 클릭하고, **9장_006_실습파일.jpg** 를 삽입합니다. 그리고 적절하게 그림의 위치를 설정해 줍니다.

2. Ctrl + M 키를 눌러 새 슬라이드를 삽입하고, 제목으로 "왜 지리정보 서비스인가?"를 입력합니다.

3. 4번째 슬라이드에 있는 4개의 타원들을 복사해 5번째 슬라이드에 붙여넣기 하고, 적당하게 배치합니다. 그리고 "광고"라는 타원을 추가해 줍니다.

4. **텍스트 박스** 를 이용해 적절한 위치에 텍스트를 입력해 줍니다. 텍스트들의 서식은 다음과 같습니다: 맑은 고딕, 20pt, 두껍게, 왼쪽 정렬. 다만 "광고" 도형의 크기는 32pt로 설정해 줍니다.

5 연결선을 이용해 슬라이드 작성하기

9장_001_실습파일.pptx 파일을 열어 6번째 슬라이드가 어떻게 작성되어 있는지 확인해 봅시다. 6번째 슬라이드는 도형들 간의 관계를 표현하기 위해 "선"을 이용해 도형들을 연결한 것이 특징입니다.

MS PowerPoint

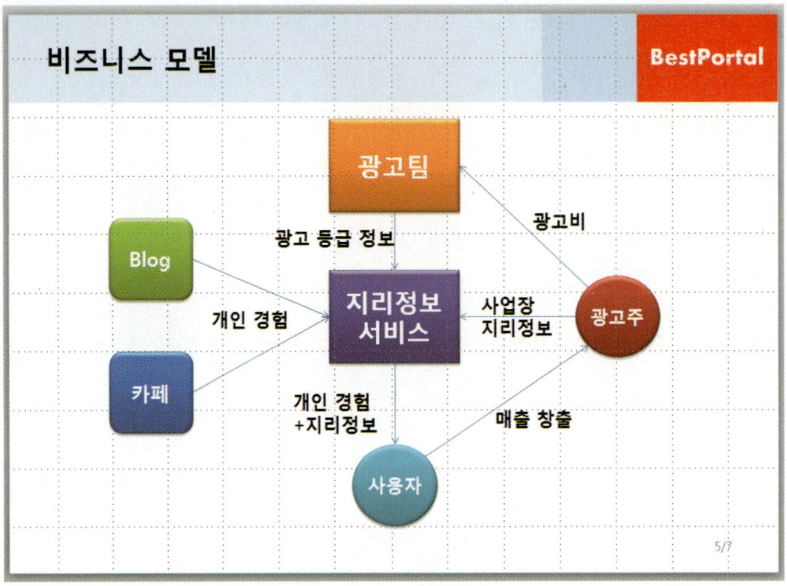

도형 메뉴를 클릭하면 다양한 종류의 선이 나타나며, 상황에 따라 적합한 종류의 선을 선택해 사용할 수 있습니다. 우선 "직사각형"과 "모서리가 둥근 직사각형" 도형으로 아래 그림과 같이 그려 줍니다.

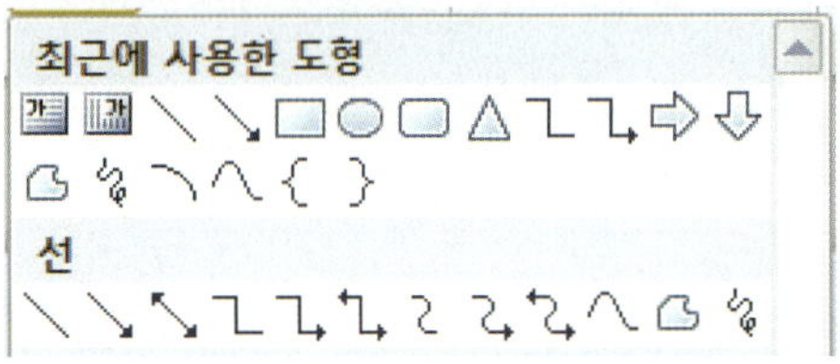

1. "Blog" 도형

   a. **도형** 메뉴에서 **모서리가 둥근 직사각형**을 선택해 그려 줍니다.

   b. **크기 및 위치** 메뉴에서 다음과 같이 설정합니다: 높이 – 2.78, 너비 – 2.98, 가

로 – 3.64, 세로 – 6.95.

c. **도형 스타일 테마** 에서 "강한 효과 – 강조 3"을 클릭합니다.

2. "카페" 도형

a. **도형** 메뉴에서 **모서리가 둥근 직사각형** 을 선택해 그려 줍니다.

b. **크기 및 위치** 메뉴에서 다음과 같이 설정합니다: 높이 – 2.78, 너비 – 2.98, 가로 – 3.64, 세로 – 11.51

c. **도형 스타일 테마** 에서 "강한 효과 - 강조 1"을 클릭합니다.

3. "지리정보 서비스" 도형

a. **도형** 메뉴에서 **직사각형** 을 선택해 그려 줍니다.

b. **크기 및 위치** 메뉴에서 다음과 같이 설정합니다: 높이 – 3.18, 너비 – 4.56, 가로 – 11.58, 세로 – 8.73

c. **도형 스타일 테마** 에서 "강한 효과 - 강조 4"를 클릭합니다.

우선 "Blog"에서 "지리정보 서비스"로 연결되는 선을 그려 봅시다.

1. **삽입** 탭의 **일러스트레이션** 그룹의 **도형** 메뉴의 **선** 영역에서 **화살표** 를 클릭합니다.

2. 도형 위로 마우스 포인터를 이동시키면 사각형의 상하좌우에 빨강색의 정사각형이 나타납니다. 오른쪽의 빨강색 정사각형을 마우스 왼쪽 버튼으로 클릭한 상태에서 그림과 같이 오른쪽에 있는 직사각형으로 마우스 포인터를 움직입니다.

3. 오른쪽 직사각형에 빨강색 정사각형이 나타나면 왼쪽에 위치한 정사각형 위에서 마우스 버튼을 놓습니다.

4. 그림과 같이 선 양끝이 빨강색 원으로 나타나면 선이 도형들에 제대로 연결된 것입니다.

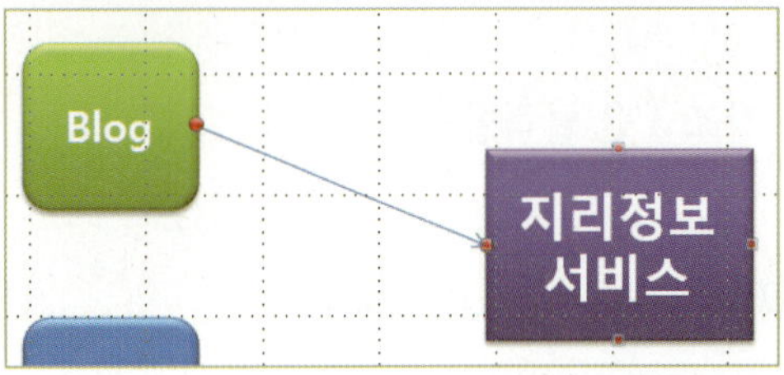

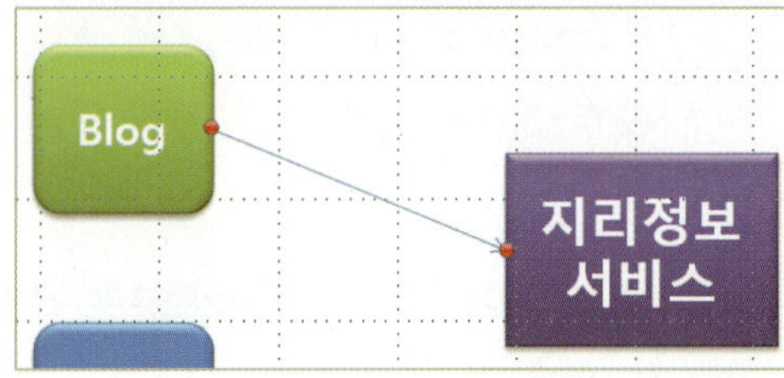

위와 같이 도형들 간에 선이 연결된 상태에서는 도형을 움직여도 선이 끊어지지 않고 계속 연결된 상태로 유지됩니다. 따라서 도형의 이동에 따라 선을 수정할 필요가 없어 매우 편리합니다.

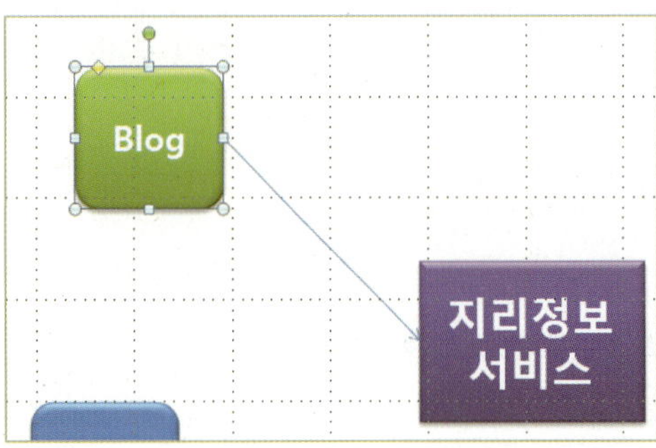

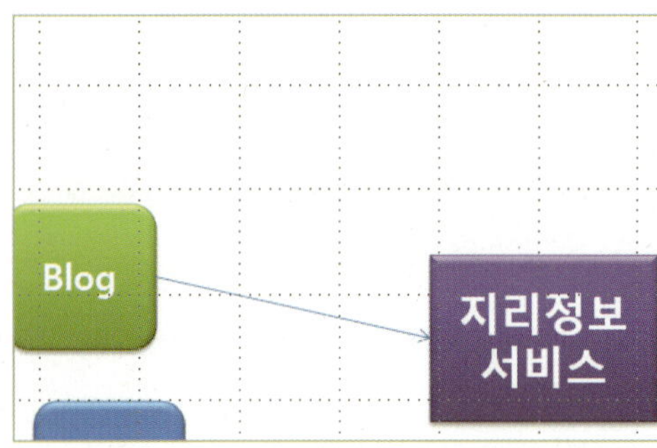

만약 아래 왼쪽 그림과 같은 형태로 선이 연결된 경우에는 "Blog" 직사각형에 대해 선이 제대로 연결되지 않은 상태이기 때문에 아래 오른쪽 그림과 같이 "Blog" 직사각형 쪽의 선 연결점을 움직여 선이 도형에 제대로 연결되도록 합니다.

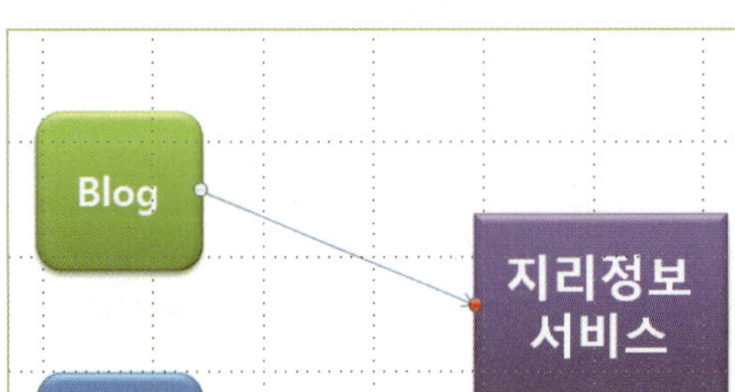

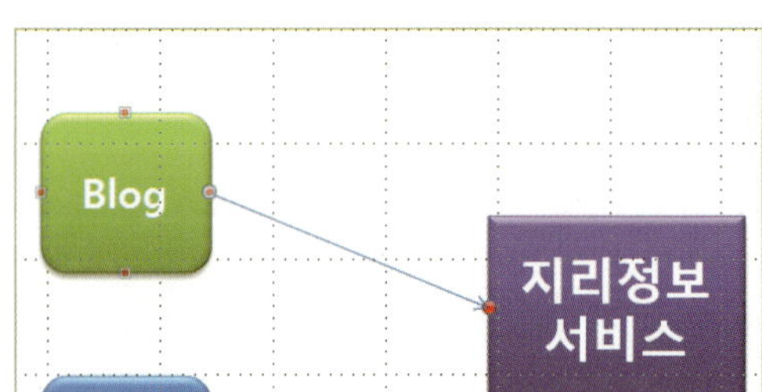

삽입된 연결선을 마우스 오른쪽으로 클릭하고 **연결선 종류** 메뉴를 클릭하면 다른 종류의 연결선으로 모양을 바꿀 수 있습니다.

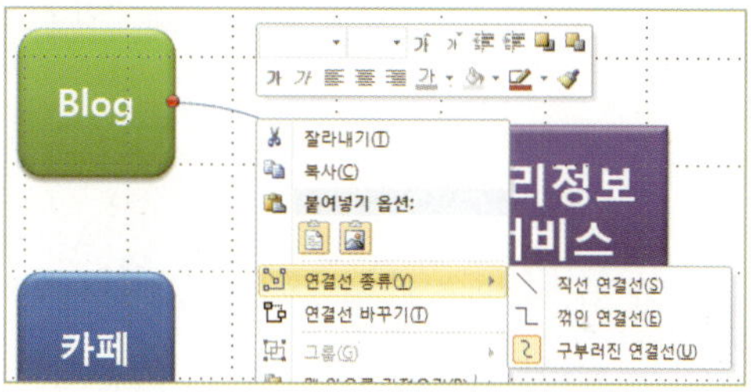

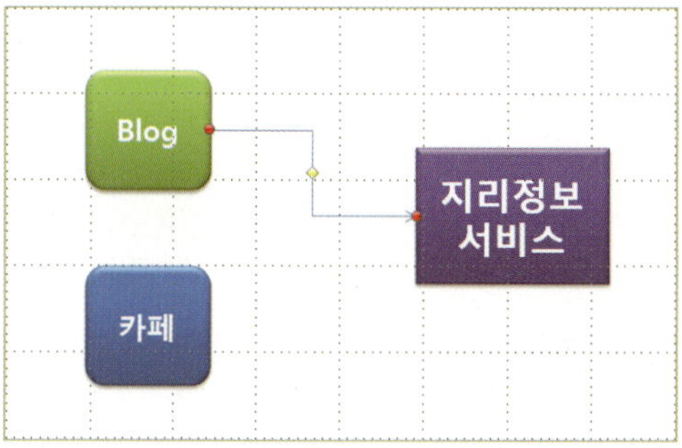

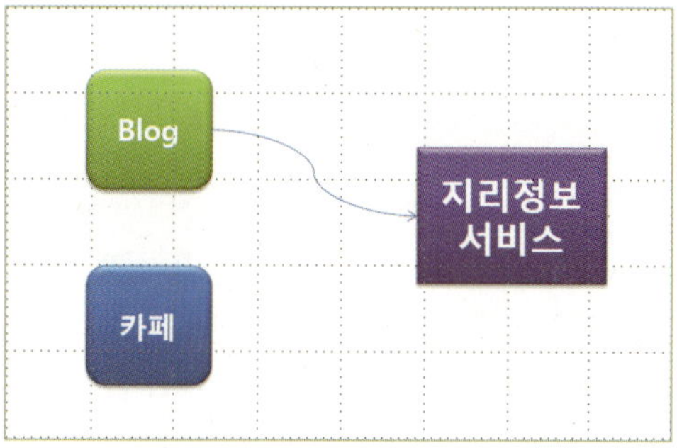

또한 삽입된 연결선을 마우스 오른쪽으로 클릭하고, **도형 서식** 메뉴를 클릭하면 선 화살표의 종류, 크기, 선 종류 등을 보다 상세하게 설정할 수 있습니다.

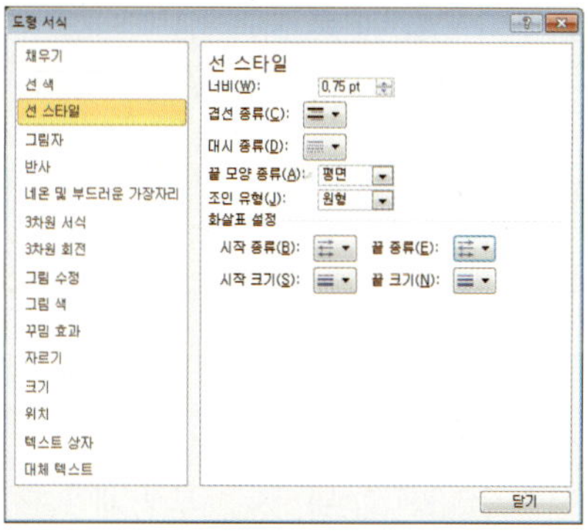

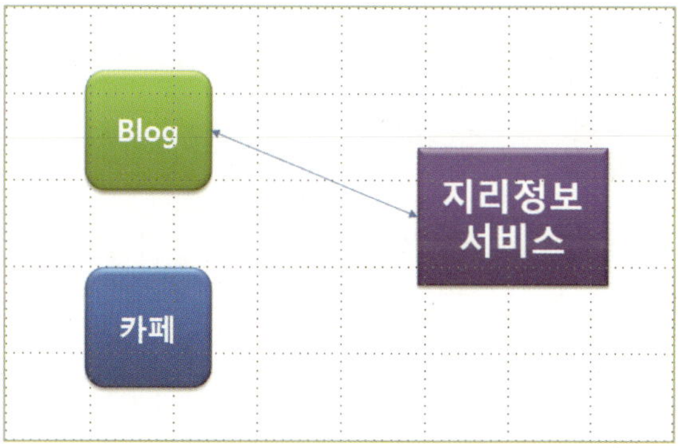

다음과 같이 나머지 도형들과 텍스트들을 추가해 줍니다.

1. "광고팀" 도형
   a. **도형** 메뉴에서 **직사각형** 을 선택해 그려 줍니다.
   b. **크기 및 위치** 메뉴에서 다음과 같이 설정합니다: 높이 – 3.18, 너비 – 4.56, 가로 – 11.58, 세로 – 3.57
   c. **도형 스타일 테마** 에서 "강한 효과 - 강조 6"을 클릭합니다.
2. "광고주" 도형
   a. **도형** 메뉴에서 **타원** 을 선택해 그려 줍니다.
   b. **크기 및 위치** 메뉴에서 다음과 같이 설정합니다: 높이 – 2.78, 너비 – 2.98, 가로 – 20.31, 세로 – 8.93
   c. **도형 스타일 테마** 에서 "강한 효과 - 강조 2"를 클릭합니다.
3. "사용자" 도형
   a. **도형** 메뉴에서 **타원** 을 선택해 그려 줍니다.
   b. **크기 및 위치** 메뉴에서 다음과 같이 설정합니다: 높이 – 2.78, 너비 – 2.98, 가로 – 12.37, 세로 – 14.68
   c. **도형 스타일 테마** 에서 "강한 효과 - 강조 5"를 클릭합니다.
4. 텍스트 박스
   a. 맑은 고딕, 18pt, 두껍게

6 그림자 효과를 이용해 슬라이드 작성하기

9장_001_실습파일.pptx 파일을 열어 7번째 슬라이드가 어떻게 작성되어 있는지 확인해 봅시다. 7번째 슬라이드는 도형에 그림자 효과를 적용한 것이 특징입니다. 특히 그림자 효과의 세부 옵션을 이용해 보다 세밀하게 그림자 효과를 적용하고 있습니다.

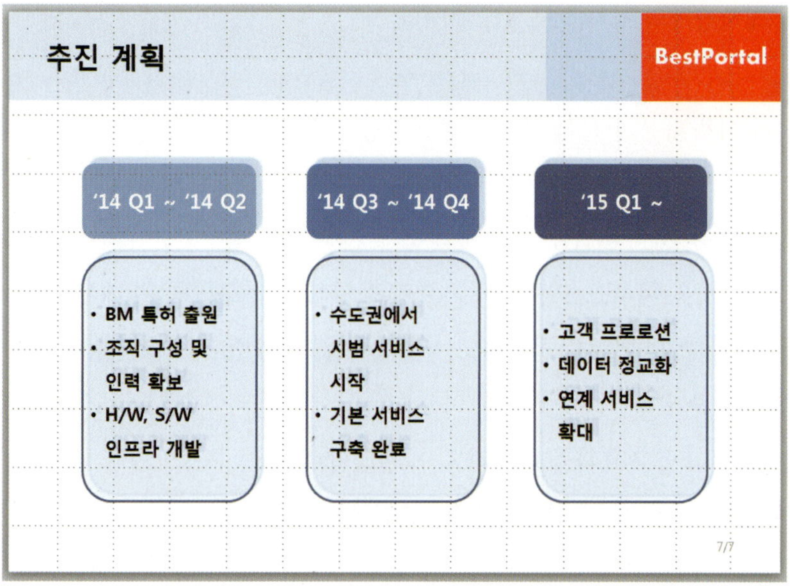

우선 다음과 같이 도형을 삽입합니다.

1. Ctrl + M 키를 눌러 새 슬라이드를 삽입하고, 제목으로 "추진계획"을 입력합니다.

2. **삽입** 탭의 **일러스트레이션** 그룹에 있는 **도형** 메뉴를 클릭하고, **모서리가 둥근 직사각형** 을 이용해 다음과 같이 2개의 직사각형을 슬라이드에 삽입합니다.

a. 직사각형 1: **높이** – "2.57", **너비** – "6.15", **가로** – "10.58", **세로** – "5.16"

b. 직사각형 2: **높이** – "8.32", **너비** – "6.15", **가로** – "10.58", **세로** – "8.35"

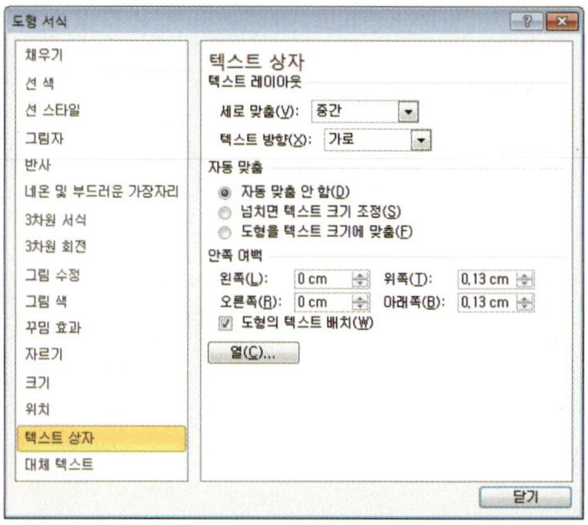

MS PowerPoint

상단의 직사각형의 서식을 조정해 봅시다.

1. 채우기 색을 다음과 같이 설정합니다: 빨강 – 79, 녹색 – 129, 파랑 – 189
2. 텍스트 서식을 다음과 같이 설정합니다.
   a. 맑은 고딕, 20pt, 두껍게, 가운데 맞춤, 글자색 – 흰색
   b. 직사각형을 마우스 오른쪽 버튼으로 클릭하고, **도형 서식** 메뉴를 클릭합니다. **텍스트 상자** 범주를 클릭하고, **안쪽 여백**의 **왼쪽**과 **오른쪽**을 모두 "0"으로 설정해 줍니다.
3. 도형 효과: 그림자 효과를 다음과 같이 설정합니다.
   a. **바깥쪽** 영역에서 **오프셋 대각선 오른쪽 위**를 클릭합니다.
   b. **그림자 옵션** 메뉴를 클릭하고, 각각의 항목을 다음과 같이 설정합니다.
      ① 색: 빨강 -85, 녹색 – 142, 파랑 – 213
      ② 투명도: 70%
      ③ 흐리게: 3pt
      ④ 거리: 9pt

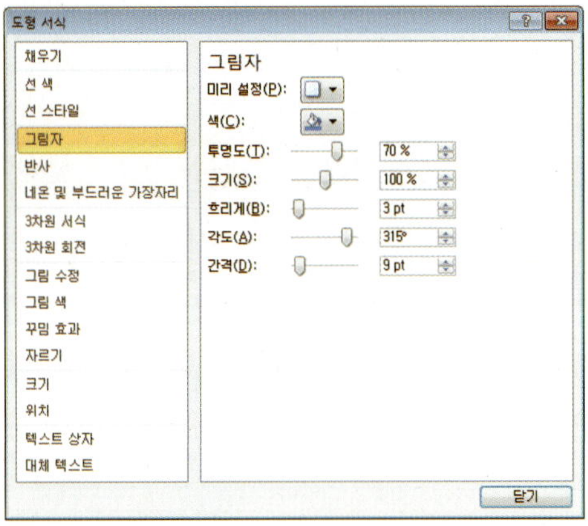

하단의 직사각형의 서식을 조정해 봅시다.

1. **도형 스타일 테마**에서 "색 윤곽선 – 강조 1"을 클릭합니다.
2. 채우기 색을 다음과 같이 설정합니다: 빨강 – 220, 녹색 – 230, 파랑 – 242
3. 텍스트 서식을 다음과 같이 설정합니다.

a. 맑은 고딕, 18pt, 두껍게, 왼쪽 맞춤, 글자색 – 검정색, 글머리 기호

b. 직사각형을 마우스 오른쪽 버튼으로 클릭하고 **도형 서식** 메뉴를 클릭합니다. **텍스트 상자** 범주를 클릭하고, **안쪽 여백** 의 **왼쪽** 과 **오른쪽** 을 모두 “0”으로 설정해 줍니다.

4. **홈** 탭의 **단락** 그룹의 **자세히** 아이콘을 클릭하고, “단락” 대화상자가 나타나면 다음과 같이 설정합니다: 텍스트 앞 – 0.51, 첫 줄 – 내어쓰기, 값 – 0.51, 줄 간격 – 1.5줄

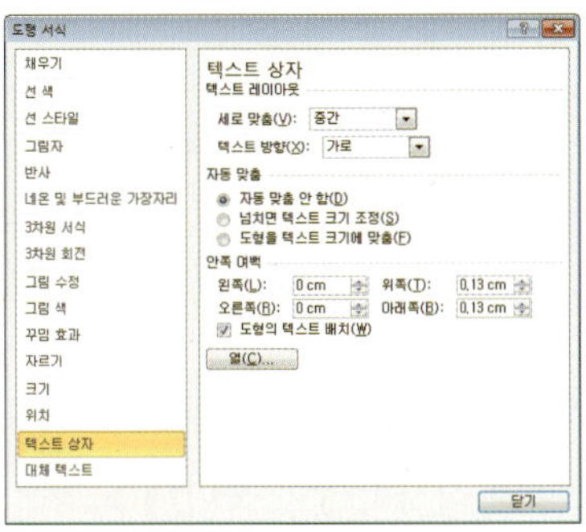

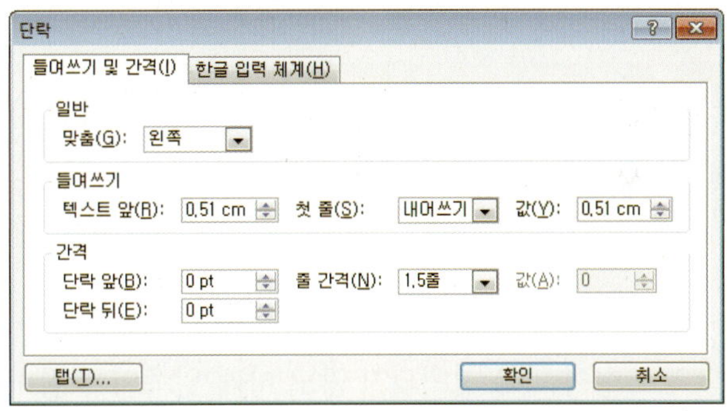

5. 도형 효과: 그림자 효과를 다음과 같이 설정합니다.

a. **바깥쪽** 영역에서 **오프셋 대각선 오른쪽 위** 를 클릭합니다.

b. **그림자 옵션** 메뉴를 클릭하고, 각각의 항목을 다음과 같이 설정합니다.

① 색: 빨강 – 85, 녹색 – 142, 파랑 – 213

② 투명도: 70%

③ 흐리게: 3pt

④ 거리: 9pt

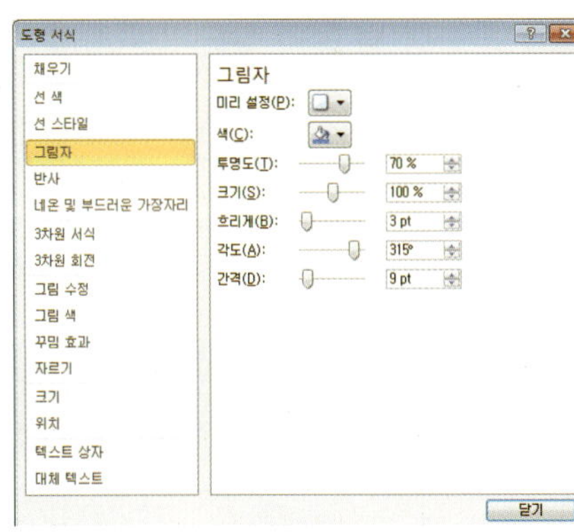

이제 도형들을 복사해 배치해 봅시다.

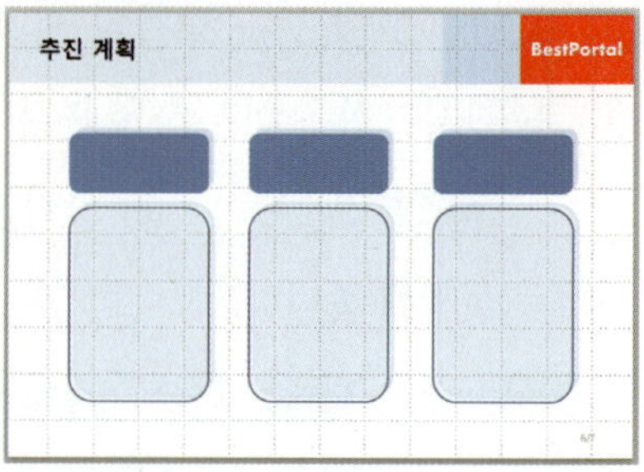

1. 2개의 도형을 선택하고 마우스 오른쪽 버튼을 클릭한 후, **그룹** - **그룹** 메뉴를 클릭해 그룹으로 묶어 줍니다.

2. 그룹을 복사하고 2번 붙여넣기 합니다. 그리고 오른쪽 그림과 같이 도형들을 적절하게 배치합니다.

왼쪽 및 오른쪽 상단의 도형은 채우기 색을 변경해야 합니다. 우선 왼쪽 도형의 배경색을 변경해 봅시다.

1. 왼쪽 상단의 직사각형을 클릭합니다. 도형들이 그룹으로 묶여 있는 상태이므로, 상단의 도형이 바로 선택되지 않고 아래 왼쪽의 그림처럼 2개의 직사각형이 하나의 도형으로 선택됩니다.

2. 다시 한 번 왼쪽 상단의 직사각형을 클릭하면 아래 오른쪽의 그림처럼 상단의 도형이 선택됩니다. 이 상태에서 채우기 색을 다음과 같이 설정합니다: 빨강 – 136, 녹색 – 169, 파랑 – 210

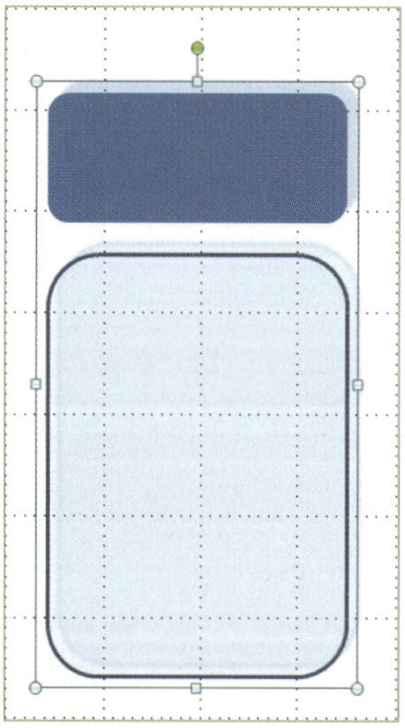

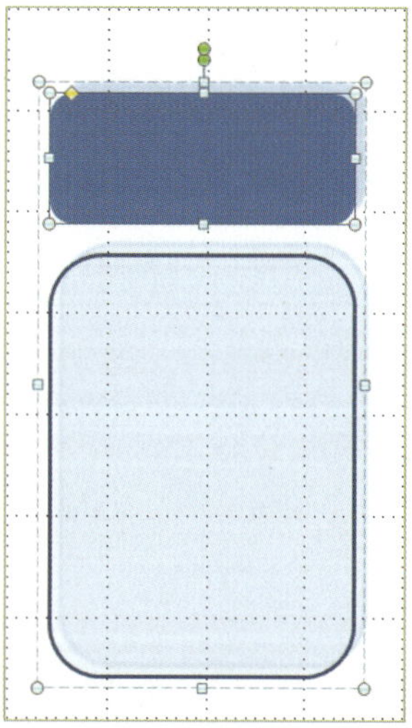

3. 위와 같은 방식으로 오른쪽의 도형도 다음과 같이 채우기 색을 변경해 줍니다: 빨강 – 57, 녹색 – 100, 파랑 – 153

4. 모든 직사각형에 테스트를 입력합니다.

7 차트를 이용해 슬라이드 작성하기

9장_001_실습파일.pptx 파일을 열어 8번째 슬라이드가 어떻게 작성되어 있는지 확인해 봅시다. 8번째 슬라이드는 차트만을 이용하여 작성했습니다. 예제와 같이 사업성이나 매출 추세 등을 표현할 때에는 차트를 이용하여 슬라이드를 작성하는 것이 효과적입니다.

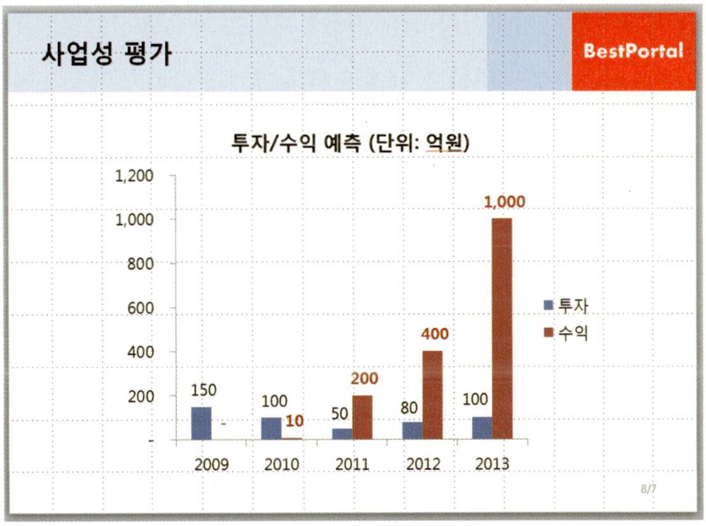

1. Ctrl + M 키를 눌러 새 슬라이드를 삽입하고, 제목으로 "사업성 평가"를 입력합니다.

2. **삽입** 탭의 **일러스트레이션** 그룹에 있는 **차트** 메뉴를 클릭합니다.

3. "차트 삽입" 대화상자가 나타나면 **세로 막대형** 영역에서 **묶은 세로 막대형**을 더블

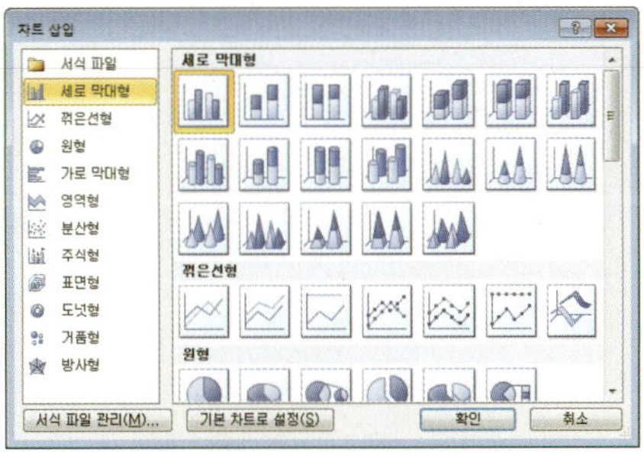

MS PowerPoint

클릭합니다. 그러면 슬라이드에는 차트가 나타나고, 데이터를 입력할 수 있도록 Excel이 실행됩니다.

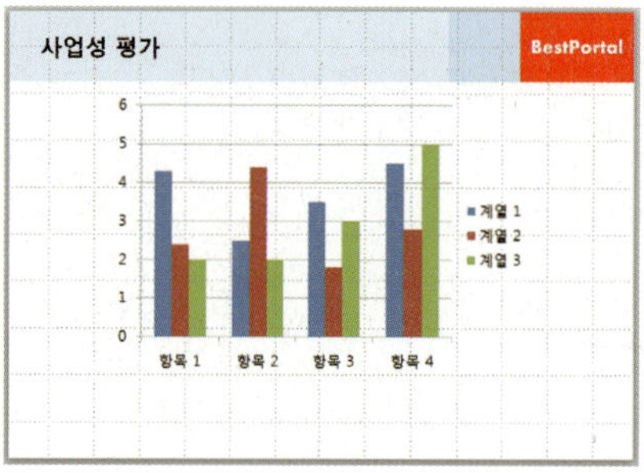

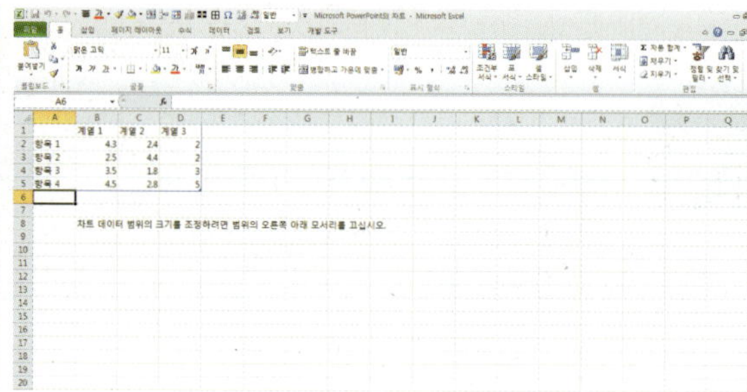

4. 엑셀에 아래 왼쪽 그림과 같이 데이터를 입력합니다.

5. "계열 3"은 사용하지 않으므로 영역을 선택해 지우고, 파랑색 선의 오른쪽 아래 모서리 부분을 마우스 왼쪽 버튼으로 클릭하고, 아래 오른쪽 그림과 같이 영역을 조절해 줍니다.

	A	B	C	D
1		투자	수익	계열 3
2	2009	150	0	2
3	2010	100	10	2
4	2011	50	200	3
5	2012	80	400	5
6	2013	100	1000	

	A	B	C	D
1		투자	수익	계열 3
2	2009	150	0	2
3	2010	100	10	2
4	2011	50	200	3
5	2012	80	400	5
6	2013	100	1000	

6. **차트 도구** – **레이아웃** 탭의 **레이블** 그룹에 있는 **차트 제목** 메뉴를 클릭하고, **차트 위**를 클릭합니다.

7. "차트 제목" 영역이 나타나면, "투자/수익 예측 (단위: 억원)"이라고 입력합니다.

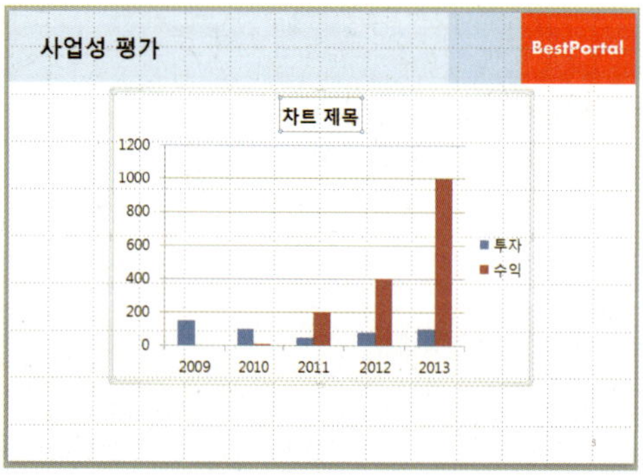

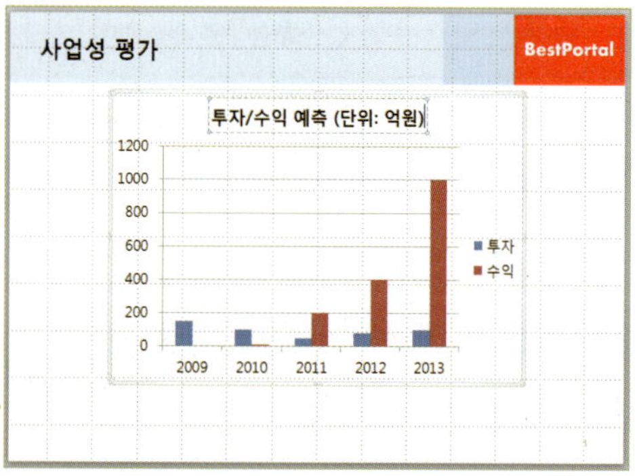

8. **차트 도구** – **레이아웃** 탭의 **레이블** 그룹에 있는 **데이터 레이블** 메뉴를 클릭하고, **바깥쪽 끝에** 를 클릭합니다.

9. 차트의 "수익"에 해당하는 데이터 레이블 중 하나를 클릭하면 5개의 데이터 레이블이 모두 선택됩니다.

10. 텍스트 서식을 다음과 같이 변경합니다: 맑은 고딕, 18pt, 두껍게, 글자색 – 진한 빨강

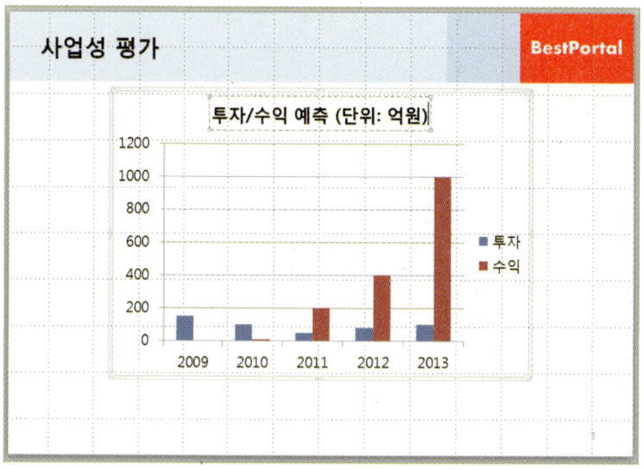

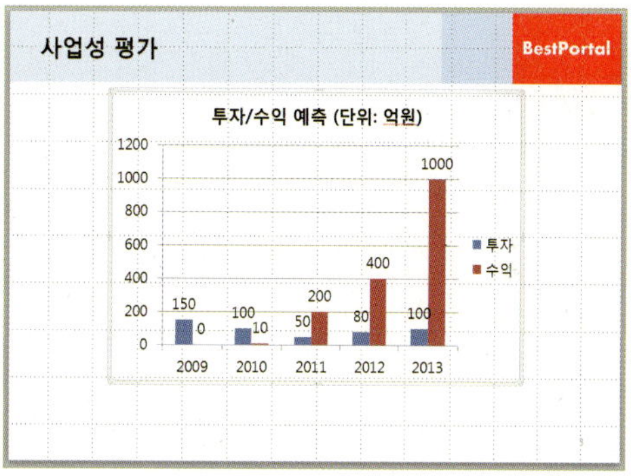

11. 차트의 "투자"에 해당하는 데이터 레이블 중 "50"을 클릭하면 5개의 데이터 레이블이 모두 선택됩니다.

12. 다시 한 번 "50"을 클릭하면, "50"만이 선택됩니다. 그리고 마우스 왼쪽 버튼으로 클릭해 숫자가 차트와 겹치지 않도록 이동시킵니다. 만약 세밀한 조정을 원할 때에는 Alt 키를 누른 상태에서 마우스를 이동시킵니다.

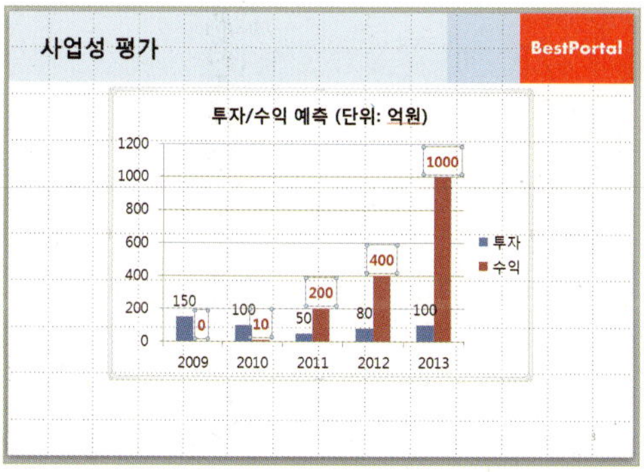

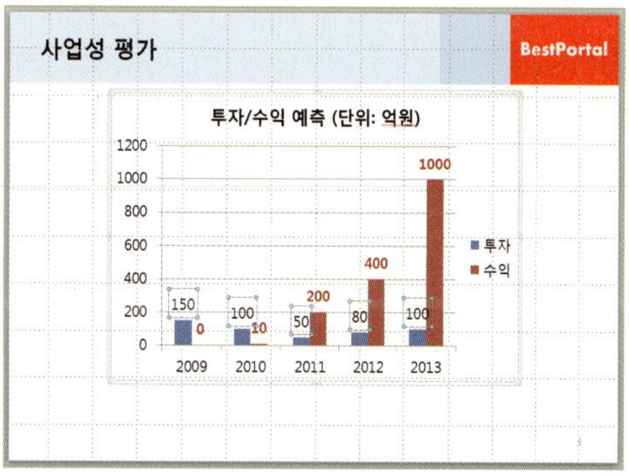

MS PowerPoint

경영 PC 활용: MS Office 2010을 활용한 비즈니스 보고서 작성

부록 MS Outlook 활용: 최고의 비즈니스 의사소통 도구 배우기

Contents

MS Office 2010

부록

MS Outlook 활용: 최고의 비즈니스 의사소통 도구 배우기

이 책의 본문에서는 MS Office 제품군에 속한 소프트웨어 중 비즈니스 보고서를 작성하는 데 가장 주요한 역할을 하는 워드, 엑셀, 파워포인트를 설명하였다. 그럼에도 불구하고, MS Office 제품군의 나머지 소프트웨어 중 아웃룩을 굳이 부록을 통해 소개하는 이유는 아웃룩이 독자들의 회사생활뿐만 아니라 개인생활에서도 아주 유용하게 활용될 수 있다는 판단 때문이다. 아웃룩은 이메일, 일정, 연락처, 작업 등에 대한 관리를 효율적으로 수행할 수 있도록 도와주는 매우 유용한 소프트웨어이다. 회사에서는 일반적으로 회사 내부의 웹 기반 시스템이 아웃룩에 상응하는 기능들을 제공하고 있기는 하지만, 이러한 시스템은 아웃룩이 가지고 있는 다양한 장점들을 커버하는 데 한계가 있다. 이제, 이 부록을 공부하고 아웃룩의 뛰어난 장점들을 맘껏 누려 보자!

1 MS Outlook 소개

MS Outlook은 다음과 같은 기능들을 제공합니다.

- 여러 개의 이메일 계정을 연결하여 이메일을 수신, 작성하고 개인의 컴퓨터에 저장하여 관리할 수 있도록 해 줍니다.
- 일정이나 작업을 관리하고 다른 사람과 일정을 공유할 수 있도록 해 줍니다.
- 다른 사람들의 연락처를 관리할 수 있게 해 줍니다.
- 간단한 메모를 작성하고 관리할 수 있게 해 줍니다.
- 웹브라우저에서 설정한 RSS를 확인할 수 있게 해 줍니다.

2 Outlook 처음 시작하기

Outlook을 처음 시작하면 오른쪽 그림과 같이 실행됩니다. 여기서 **다음** 버튼을 클릭합니다.

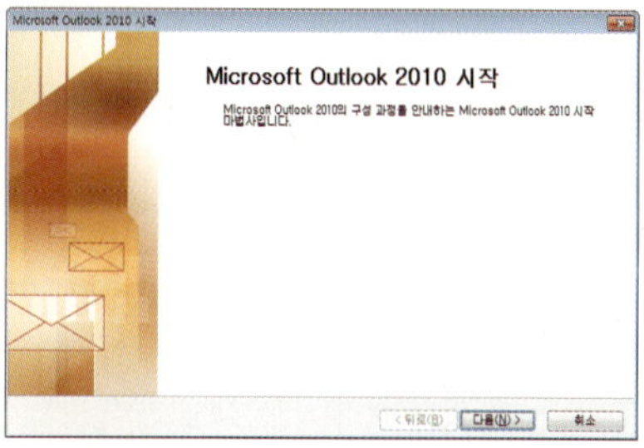

곧바로 이메일 계정을 설정하려면 **예** 를 클릭하고 **다음** 버튼을 클릭하고, 그렇지 않으면 **아니오** 를 클릭하고 **다음** 버튼을 클릭합니다. 여기에서는 **아니오** 를 선택해 봅시다.

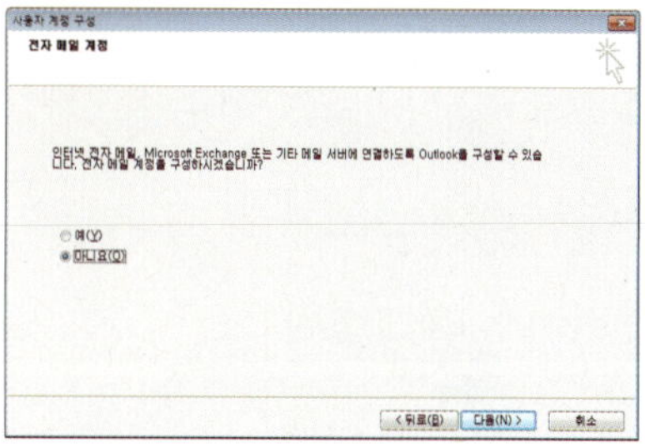

오른쪽 그림과 같은 화면이 나타나면 **전자 메일을 저장하지 않고 계속** 을 체크하고 **마침** 버튼을 클릭합니다.

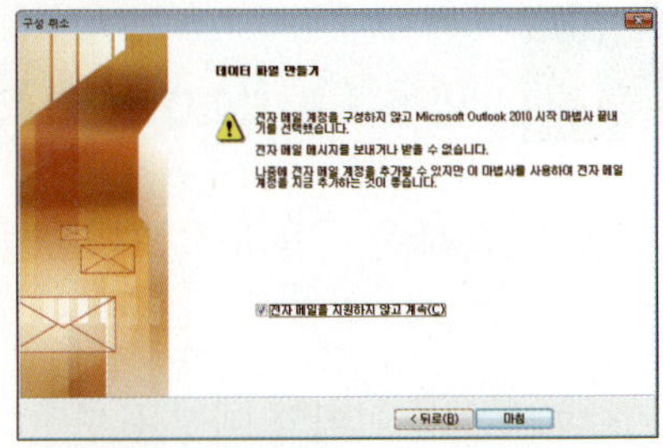

오른쪽 그림과 같이 대화상자가 나타나면 **Microsoft Outlook을(를) 시작할 때 항상 확인** 을 해제합니다. 그리고 Outlook을 이메일 관리를 위한 기본 프로그램으로 사용하려면 **예** 를, 그렇지 않으면 **아니오** 를 클릭합니다.

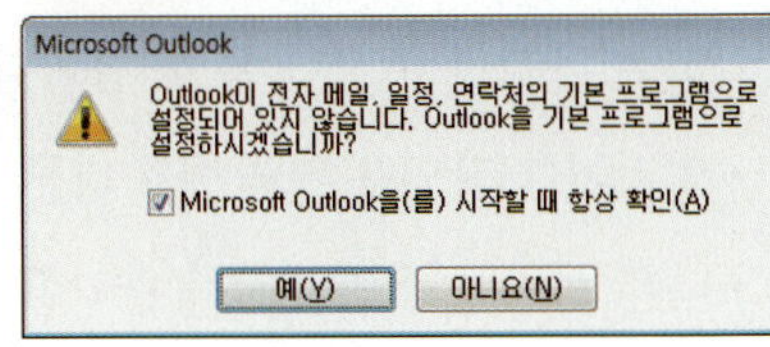

아래와 같은 화면이 나타나면 Outlook을 사용할 준비가 완료된 것입니다.

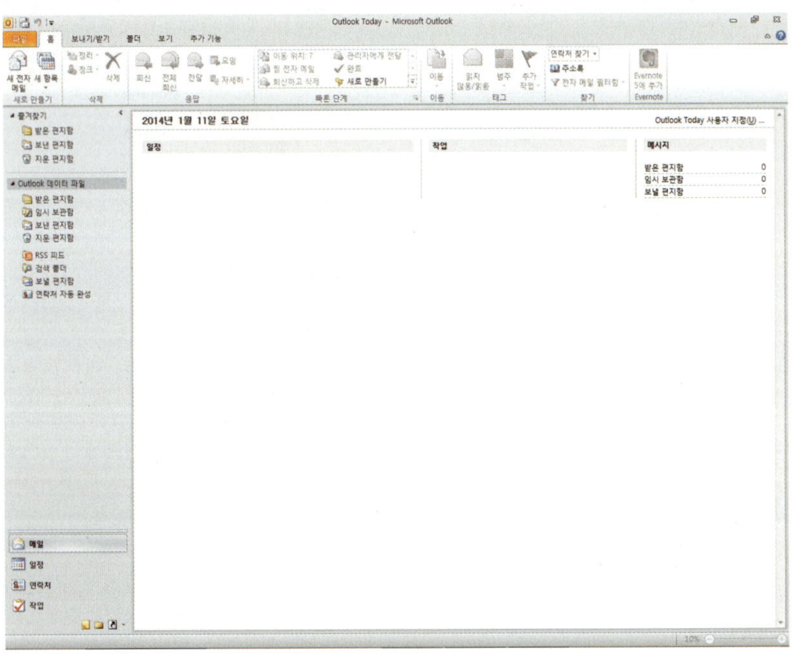

3 이메일 관리 기능 사용하기

3.1 이메일 계정 설정하기

MS Outlook은 여러 개의 이메일 계정을 연결하여 각각의 이메일 서비스에 접속하지 않고 한 번에 모든 이메일을 관리할 수 있는 기능을 제공합니다. 다만 이메일 계정을 MS Outlook에 연결하기 위해서는 이메일 서비스 회사가 POP3, IMAP, Microsoft Exchange와 같은 이메일 프로토콜의 사용을 지원해 줘야 합니다. 현재 Naver, Google과 같은 유명 서비스 업체들은 대부분 POP3나 IMAP을 지원하므로 MS Outlook에서 이메일을 확인하도록 설정이 가능합니다. 마이크로소프트사가 제공하는 Hotmail(Windows Live Mail 또는 Outlook 메일로도 불림)의 경우 '아웃룩 커넥터'라는 소프트웨어를 설치해 줘야 합니다. 기본적으로 계정 설정은 **파일** 탭- **계정 추가** 메뉴를 클릭하면 나타나는 **계정 설정** 대화상자에서 수행할 수 있습니다.

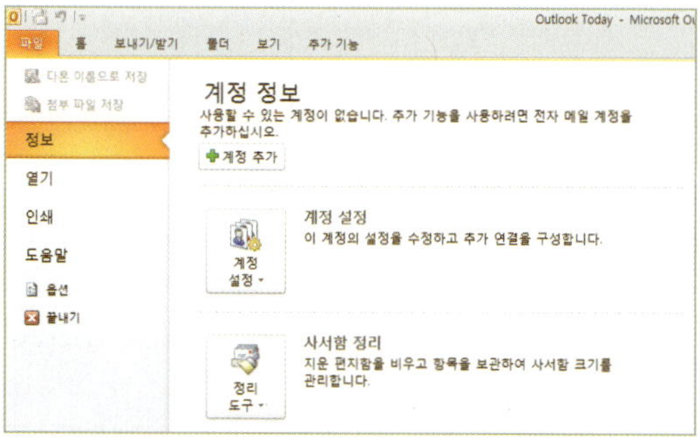

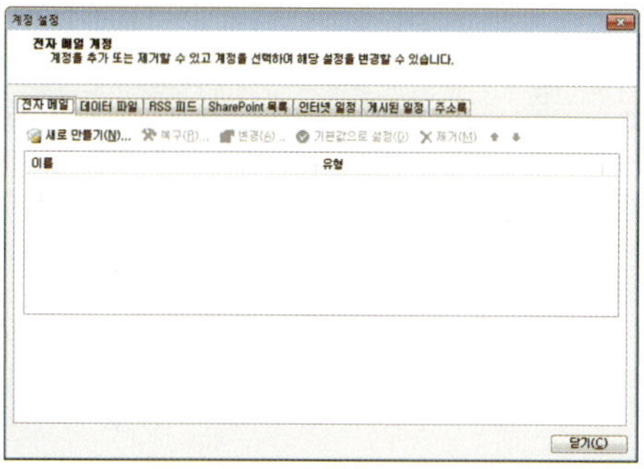

3.1.1 Hotmail 설정하기

1. "계정 설정" 대화상자에서 **전자 메일** 탭에 있는 **새로 만들기** 메뉴를 클릭합니다.
2. 다음과 같은 화면이 나타나면 바로 **다음** 버튼을 클릭합니다.

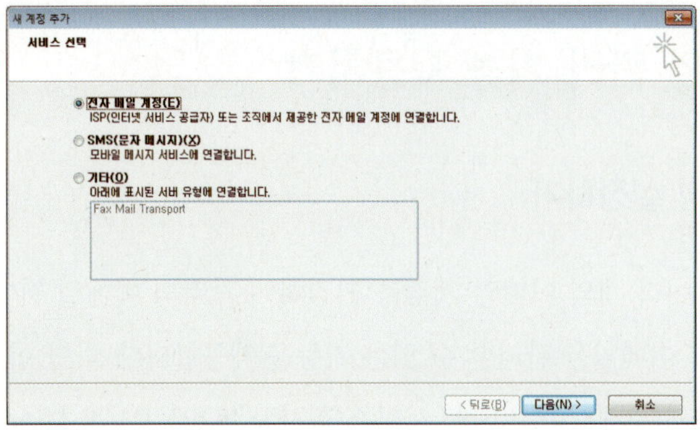

3. "새 전자 메일 계정 추가" 대화상자가 나타나면 각각의 항목을 입력하고 **다음** 버튼을 클릭합니다. 외국에 이메일을 보내는 경우에는 "사용자 이름"을 영어로 입력하는 것이 좋습니다.

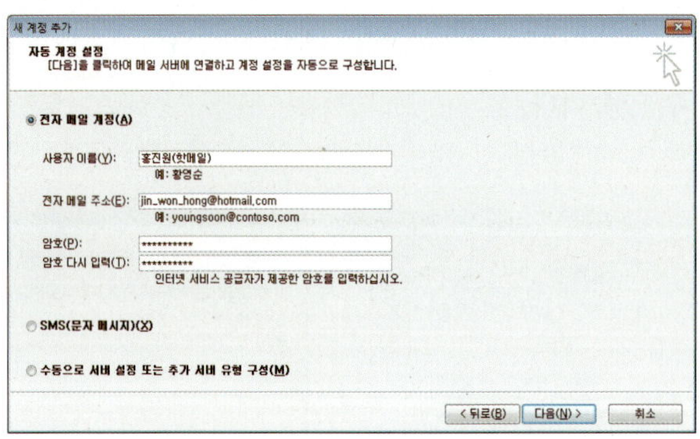

4. 아래와 같은 메시지가 나타나면 **지금 설치** 를 클릭해 Microsoft Outlook Hotmail Connector를 설치합니다.

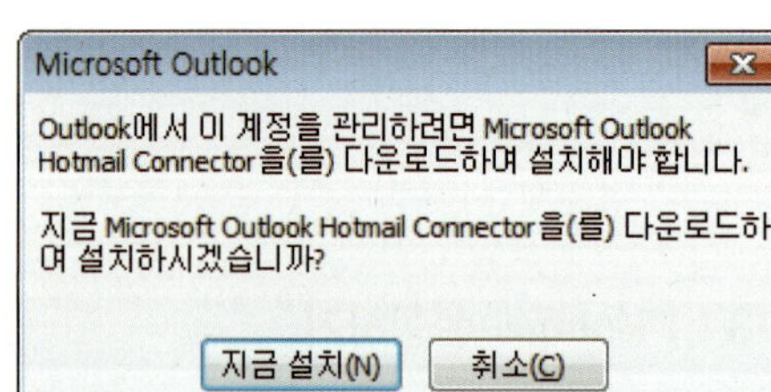

5. 설치가 완료되면 Outlook을 종료하고 재실행합니다. 아래와 같은 메시지가 나타나면 **예** 를 클릭합니다.

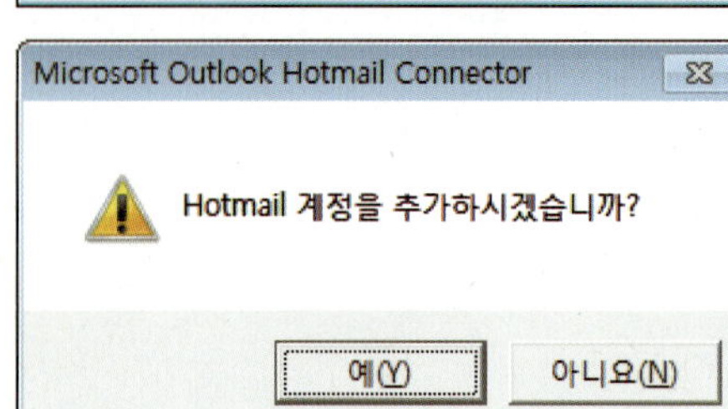

6. 설정창이 나타나면 오른쪽 그림과 같이 입력하고 **확인** 버튼을 클릭합니다.

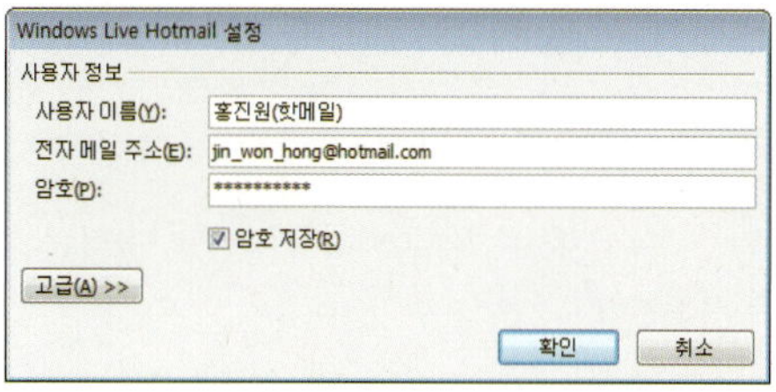

아래 그림과 같이 **메일 폴더** 영역에 Hotmail 계정이 표시되고, 이메일 목록과 이메일의 내용이 화면에 나타납니다.

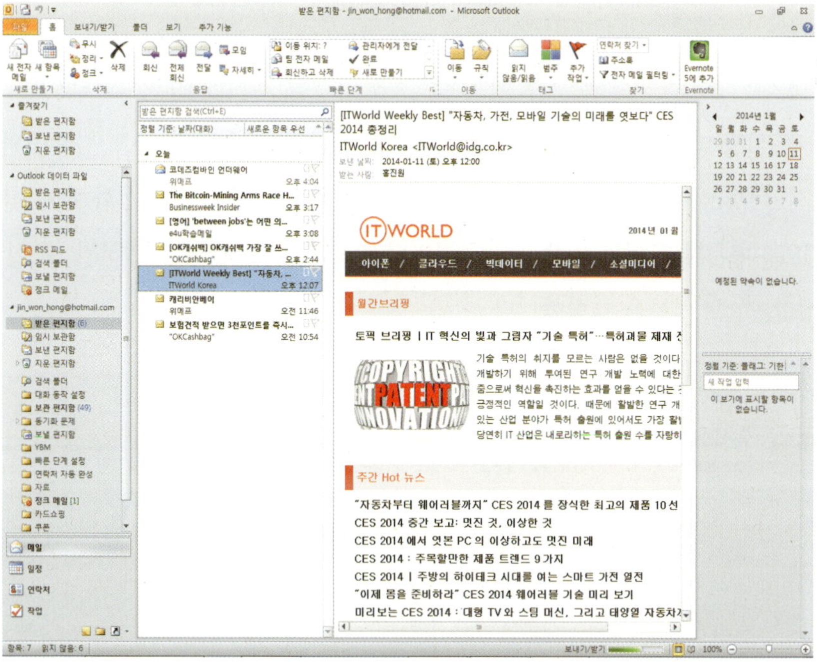

3.1.2 POP3 메일 설정하기

POP3 메일을 설정하는 방법은 이메일 서비스 제공자에 따라 조금씩 차이가 있습니다. 여기에서는 Google의 Gmail을 이용해 POP3 메일을 설정하겠습니다. MS Outlook을 설정하기 전에 우선 Gmail을 POP3를 사용할 수 있는 상태로 설정해 봅시다.

1. Google에 로그인 하고, Gmail로 이동합니다. 그리고 화면 오른쪽 상단에 있는 **환경 설정** 메뉴를 클릭합니다.

2. 환경 설정 메뉴로 이동되면 **전달 및 POP/IMAP** 탭을 클릭하고, **POP 다운로드** 영역에서 **이미 다운로드 된 메일을 포함하여 모든 메일에 POP를 활성화 하기** 를 클릭하고, **POP로 메시지를 여는 경우** 를 **Gmail 사본을 받은편지함에 보관하기** 로 설정한 후, **변경 사항 저장** 버튼을 클릭합니다.

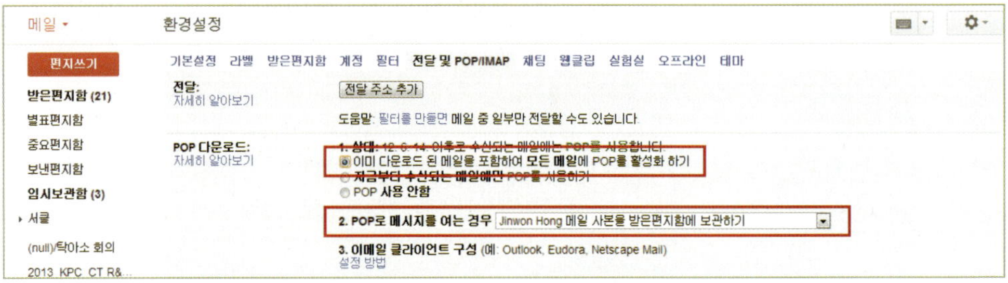

이제 Outlook을 설정해 봅시다.

1. "계정 설정" 대화상자에서 **전자 메일** 탭에 있는 **새로 만들기** 메뉴를 클릭합니다.
2. 다음과 같은 화면이 나타나면 바로 **다음** 버튼을 클릭합니다.

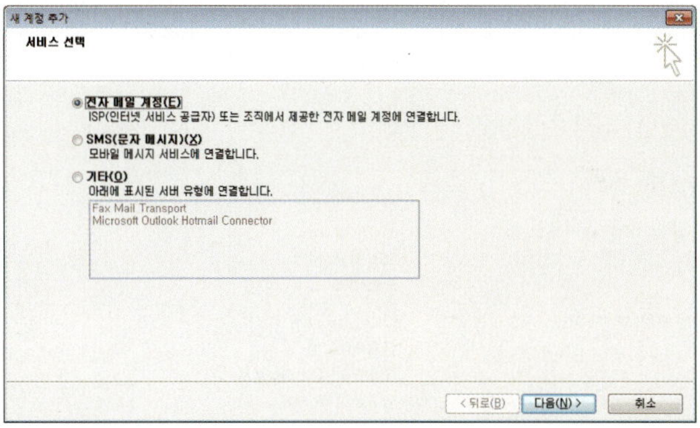

3. "새 전자 메일 계정 추가" 대화상자가 나타나면 각각의 항목을 입력하고, **수동으로 서버 설정 또는 추가 서버 유형 구성** 메뉴에 체크한 후, **다음** 버튼을 클릭합니다.

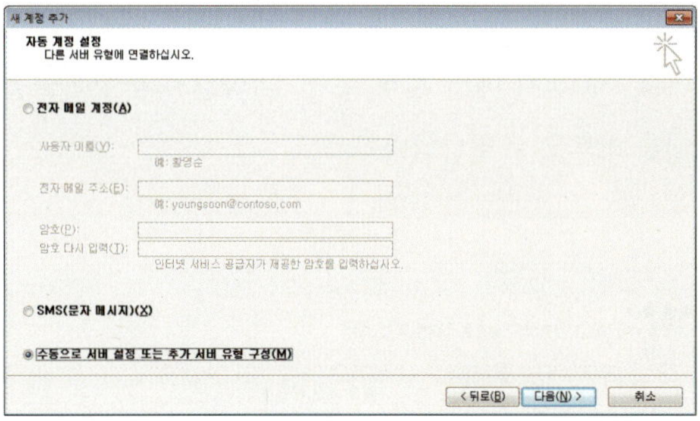

4. **인터넷 전자 메일**에 체크하고, **다음** 버튼을 클릭합니다.

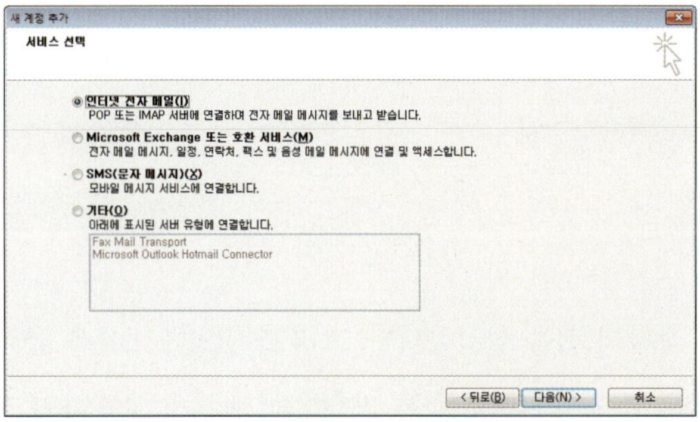

5. Google 웹사이트를 검색하면 아래와 같이 POP3 메일을 설정하는 방법이 제시되어 있습니다.

표준 구성 관련 안내:

받는 메일(POP3) 서버 - SSL 필요:	pop.gmail.com **SSL 사용:** 예 **포트:** 995
보내는 메일(SMTP) 서버 - TLS 또는 SSL 필요:	smtp.gmail.com **인증 사용:** 예 **TLS/STARTTLS용 포트:** 587 **SSL용 포트:** 465
서버 타임아웃	1분 이상이어야 하며 5분을 권장함
이름 또는 표시 이름:	[사용자 이름]
계정 이름 또는 사용자 이름:	전체 이메일 주소(@gmail.com 또는 @your_domain.com 포함)
이메일 주소:	이메일 주소(username@gmail.com 또는 username@your_domain.com)
비밀번호:	Gmail 비밀번호

6. 제시된 설명대로 "새 전자 메일 계정 추가" 대화상자의 항목들을 입력합니다. 그리고 **계정 설정 테스트** 버튼을 클릭합니다.

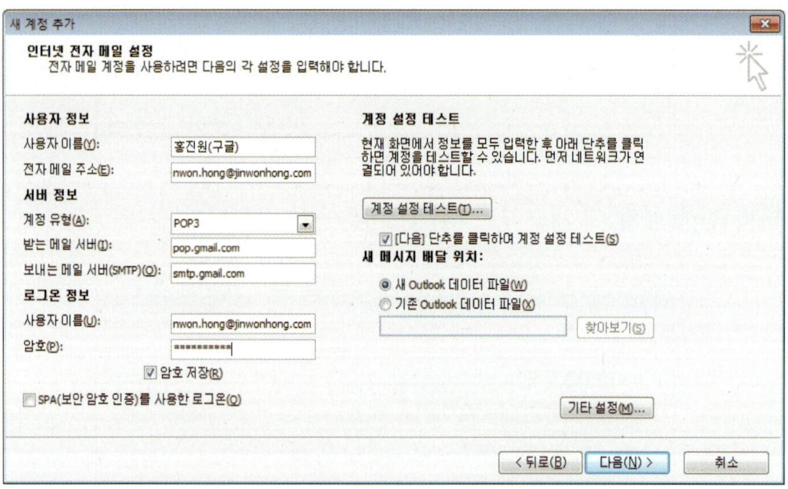

7. 다음과 같이 각각의 탭을 설정합니다. 그리고 **확인** 버튼을 클릭하고, "새 전자 메일 계정 추가" 대화상자에서 **다음** 버튼 및 **마침** 버튼을 클릭하면 계정 설정이 완료됩

니다. **서버에 메시지 복사본 저장** 을 클릭하면 Outlook이 메일을 읽더라도 서버에 메시지가 그대로 남아 있게 됩니다. 이 메뉴에 체크되어 있지 않으면 외부에서 웹을 통해 메일을 확인할 수 없으므로 가능한 체크해 두도록 합니다.

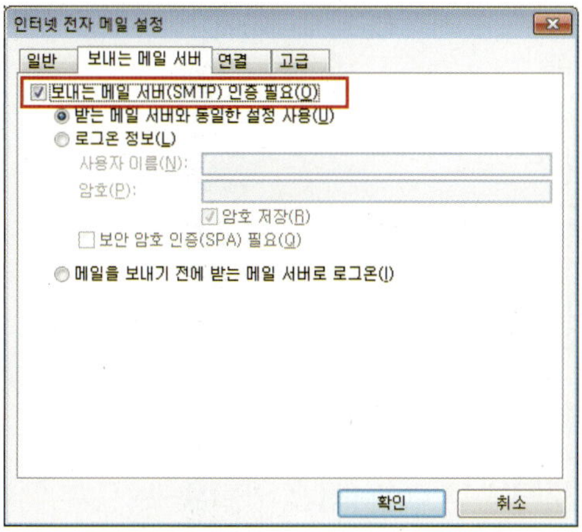

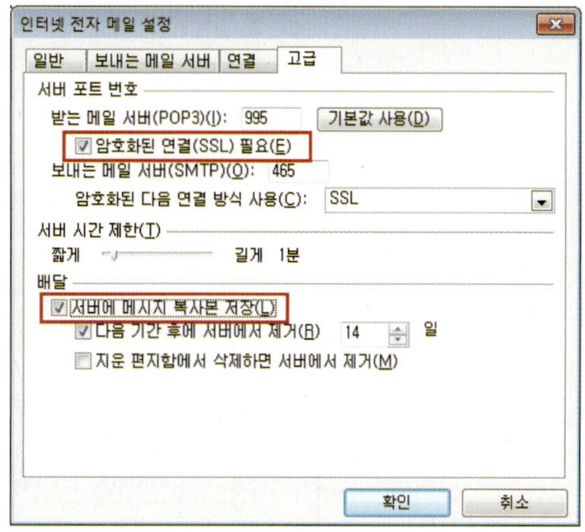

아래와 같이 Google 계정에 대한 폴더들이 생성되고 이메일이 연동되는 것을 확인할 수 있습니다.

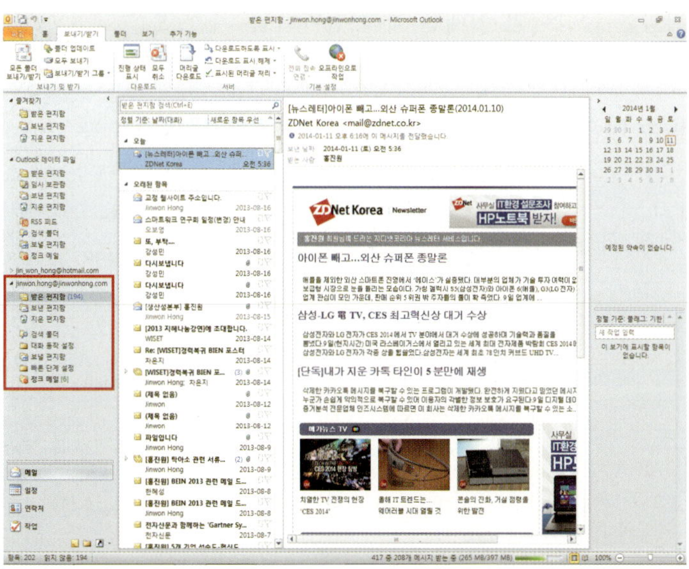

3.2 이메일 확인하기

Outlook의 **메일 폴더** 영역에 있는 메뉴들을 이용하면 이메일들을 확인할 수 있습니다.

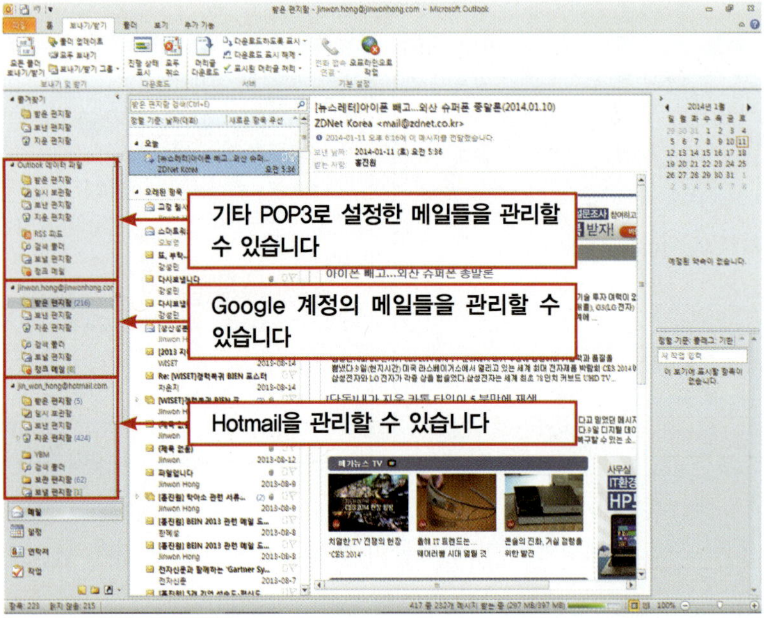

각각의 편지함을 클릭하면 이메일 목록이 나타납니다. 목록에 있는 이메일을 클릭하면 해당 이메일의 내용을 확인할 수 있습니다. 그리고 이메일을 마우스 오른쪽 버튼으로 클릭하면 메일을 삭제하거나 메일을 보낸 사람에게 회신을 보내는 등의 작업을 할 수 있습니다.

3.3 이메일 저장 위치 바꾸기

메일 서비스 제공자로부터 Outlook이 다운로드한 이메일은 컴퓨터의 C 드라이브에 저장됩니다. 이 경우 운영체계에 이상이 생기면 저장되어 있던 이메일 데이터를 모두 잃어버릴 수 있습니다. 따라서 최근에는 컴퓨터의 하드디스크를 C 드라이브와 D 드라이브로 나누고(일반적으로 파티션(partition)을 나눈다고 합니다) D 드라이브에 이메일 데이터를 저장하는 경우가 많습니다. 일반적으로 운영 체계가 이상이 생기면 C 드라이브의 데이터만 잃어버리는 경우가 대부분이므로, 이 방법을 사용하면 이메일 데이터를 보다 안전하게 보관할 수 있습니다.

1. **파일** 탭으로 이동한 후, **정보** 카테고리에서 **계정 설정** 메뉴를 클릭합니다. **도구** – **옵션** 메뉴를 클릭합니다.

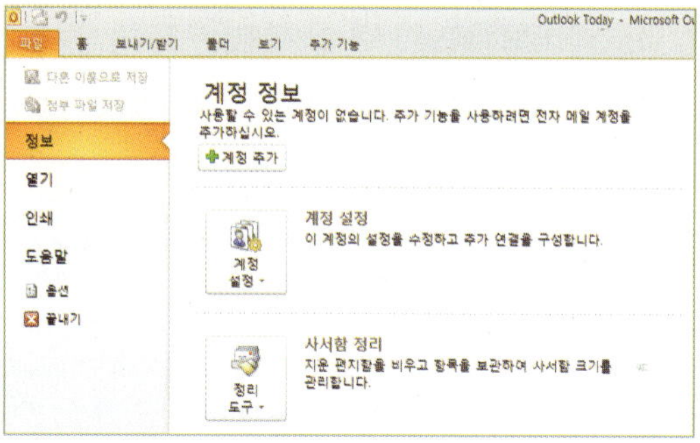

2. "계정 설정" 대화상자가 나타나면 **데이터 파일** 탭으로 이동합니다.

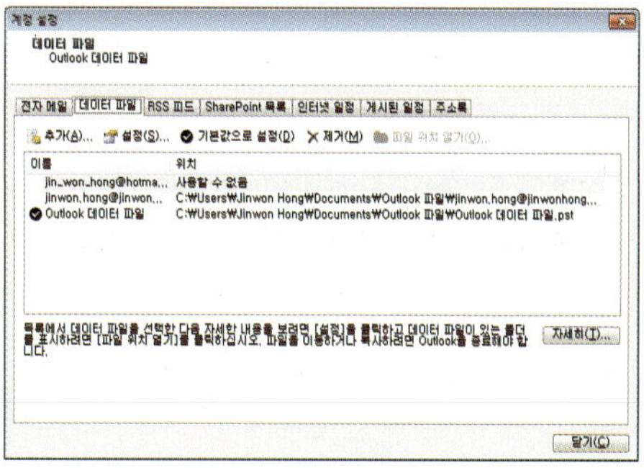

3. 이메일 파일을 생성하고자 하는 위치를 선택하고, 파일 이름을 입력한 후 **확인** 버튼을 클릭합니다.

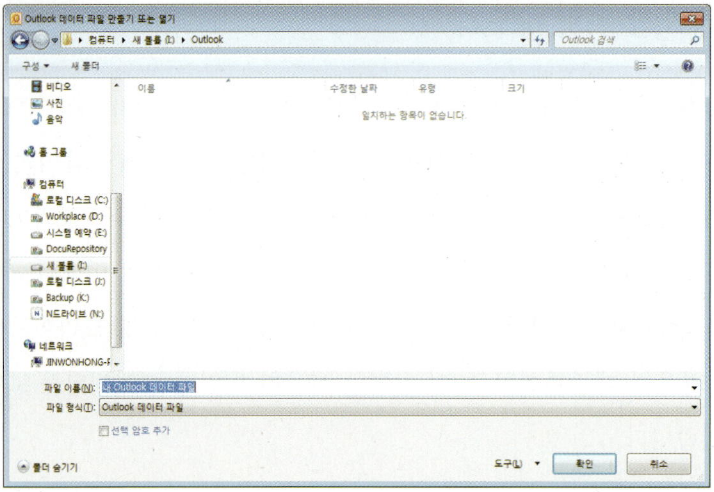

4. **데이터 파일** 탭에 새로운 폴더가 추가되며, 아웃룩의 **메일 폴더** 영역에 **내 Outlook 데이터 파일**이라는 폴더가 새로 생성됩니다.

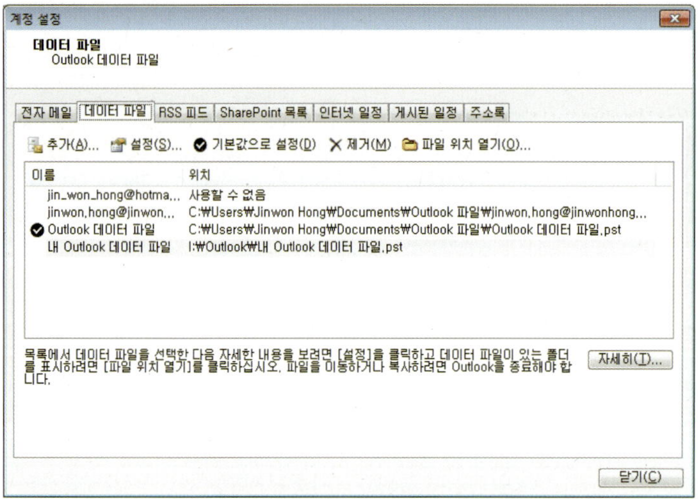

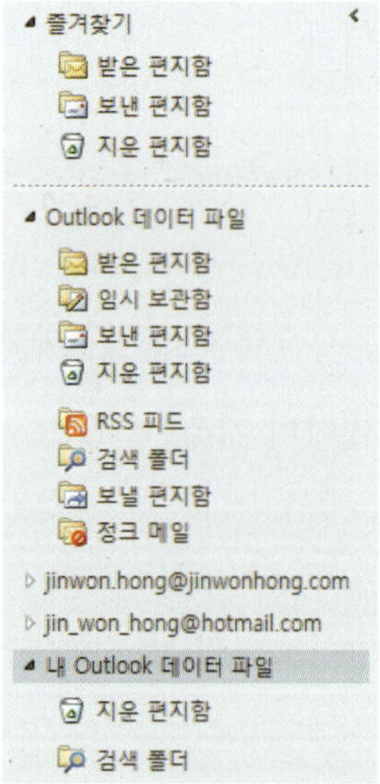

3.4 이메일 폴더 관리하기

새로 생성한 메일 폴더에 새로운 하부 폴더를 만들고 C 드라이브에 있는 이메일들을 새로 만든 폴더로 이동시켜 봅시다. 우선 새로운 폴더를 만들어야 합니다.

1. 새로 만든 메일 폴더를 마우스 오른쪽 버튼으로 클릭하고 **새 폴더** 메뉴를 클릭합니다.

2. "새 폴더 만들기" 대화상자가 나타나면 "이름"에 "받은편지"라고 입력하고 **확인** 버튼을 클릭합니다.

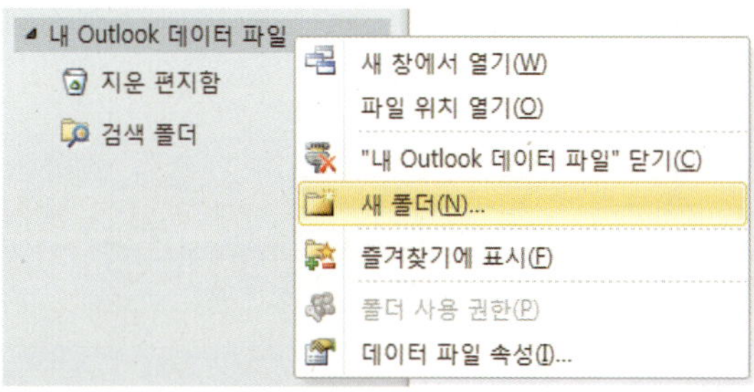

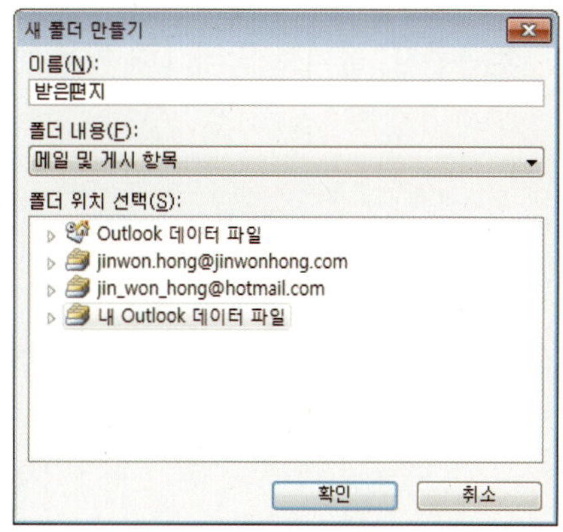

아래 그림과 같이 "받은편지"라는 새로운 폴더가 생성됩니다. 이와 같은 방식으로 계속 폴더를 생성할 수 있고, "받은편지" 폴더 밑에 새로운 하위 폴더를 만들 수도 있습니다. 만약 폴더를 삭제하고 싶으면 해당 폴더를 마우스 오른쪽 버튼으로 클릭하고 **삭제** 메뉴를 클릭합니다.

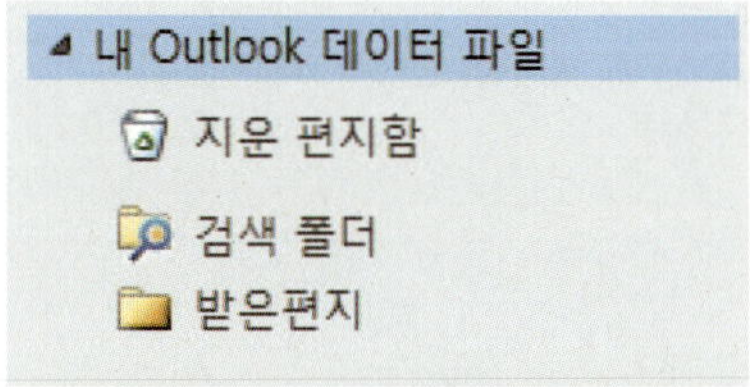

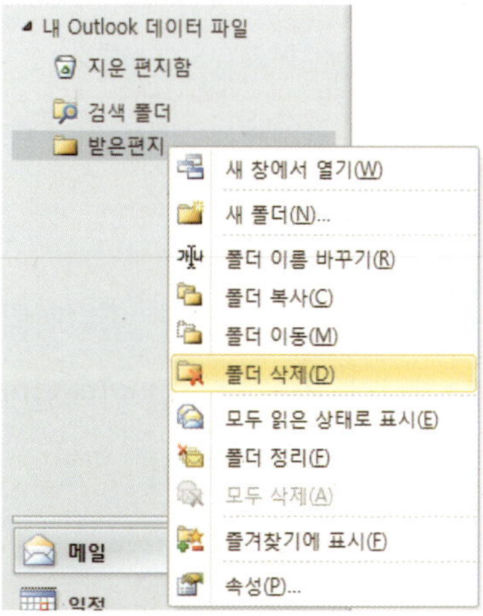

이제 구글 계정(Jinwon.hong@jinwonhong.com)의 **받은 편지함** 에 있는 이메일을 새로 만든 **내 Outlook 데이터 파일 - 받은편지** 폴더로 이동해 봅시다.

1. 구글 계정의 **받은 편지함** 폴더를 클릭합니다.
2. 이동을 원하는 이메일을 마우스 왼쪽 버튼으로 클릭하고, **내 Outlook 데이터 파일 - 받은편지** 폴더로 드래그해 이동시킵니다.

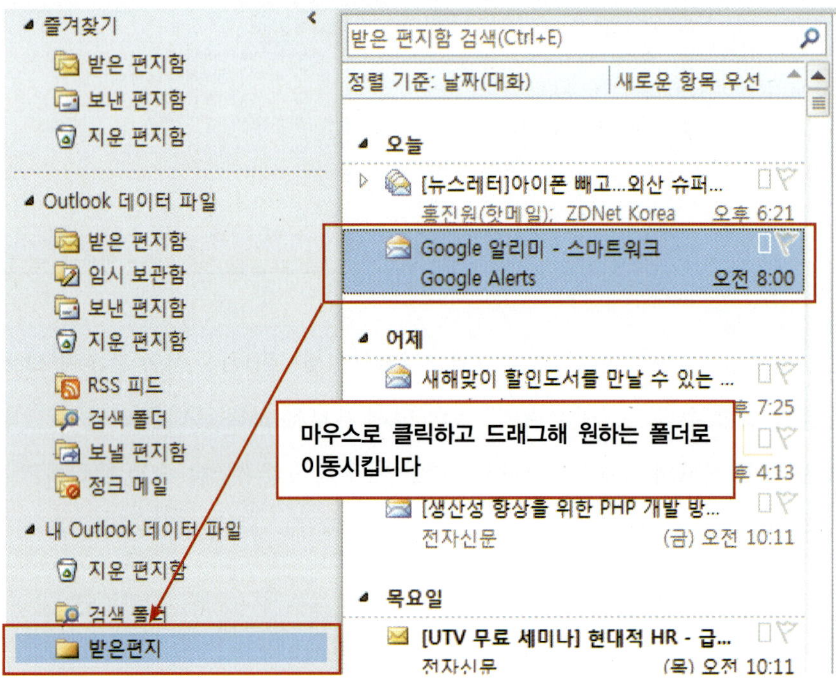

3.5 이메일 발송하기

새로운 이메일을 발송하려면 **홈** 탭의 **새로 만들기** 그룹에 위치한 **새 전자 메일** 메뉴를 클릭합니다. 만약 수신한 이메일에 대해 회신을 하려면 수신한 이메일을 마우스 오른쪽 버튼으로 클릭하고 **회신** 버튼을 클릭해 줍니다.

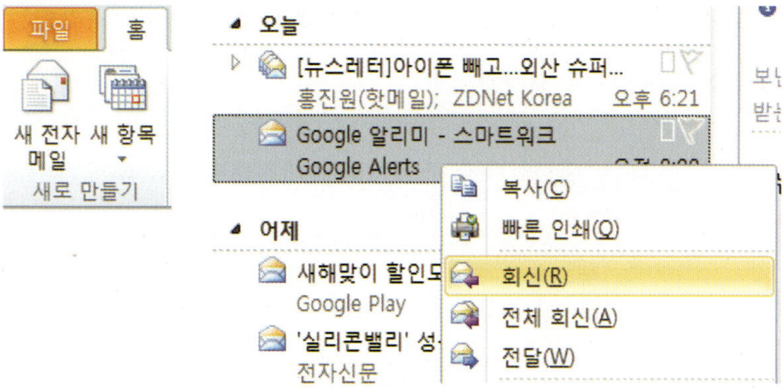

새로 만들기 버튼이나 **회신** 버튼을 클릭하면 아래와 같이 이메일을 작성하기 위한 창이 나타납니다.

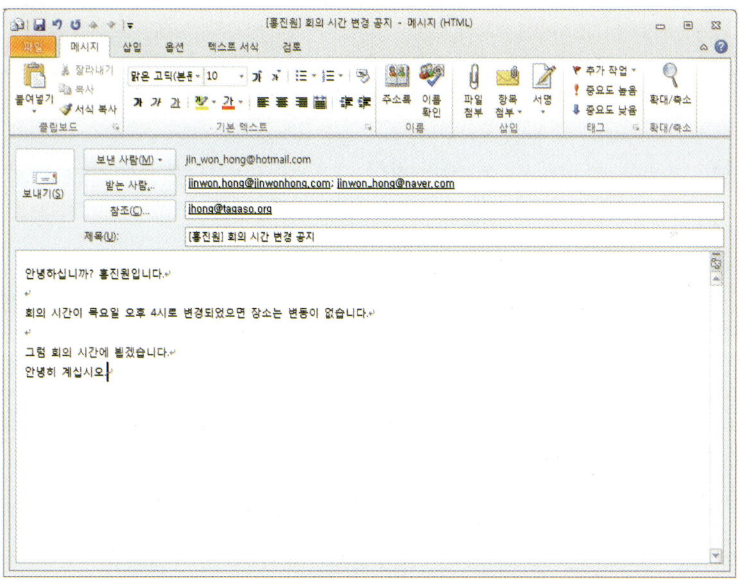

받는 사람 이나 **참조** 버튼을 누르면 "연락처"에 있는 주소 연락처 목록에서 메일을 받을 이메일 주소를 선택할 수 있습니다. 만약 연락처가 생성되어 있지 않은 경우에는 이메일 주소를 직접 입력합니다. 만약 여러 개의 이메일 주소를 입력할 경우에는 ";" 또는 ","로 구분해 줍니다. 이때 **받는 사람** 영역에는 직접적인 업무 대상자를 입력하고, **참**

참조 영역에는 직접적인 업무 대상자는 아니지만 어떻게 업무가 진행되고 있는지 파악하고 있어야 하는 사람의 주소를 입력합니다.

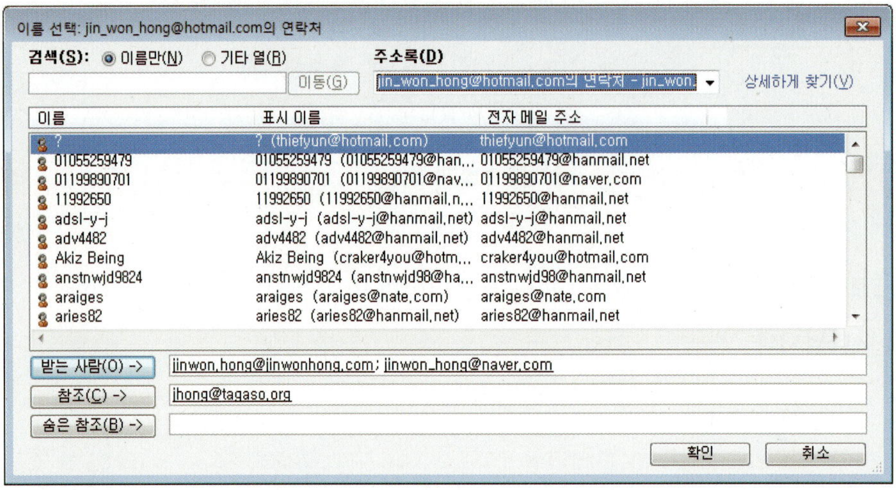

보낸 사람 버튼을 클릭하면 어떠한 메일 계정을 이용해 메일을 발송할 것인지 선택할 수 있습니다.

파일을 첨부할 경우 메일 목록에서 **파일첨부** 메뉴를 클릭합니다. 또는 첨부를 원하는 파일을 이메일 작성창의 내용 입력 영역으로 끌어 놓으면 자동적으로 파일이 첨부됩니다.

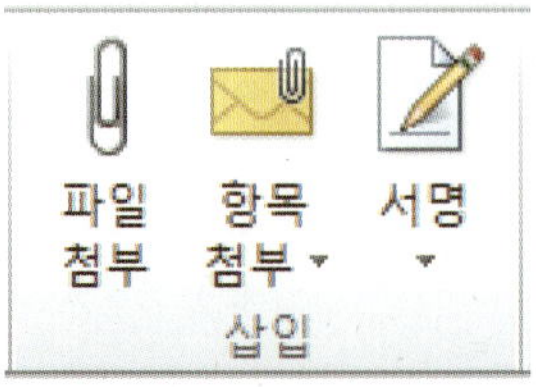

위와 같이 설정하고 **보내기** 버튼을 클릭하면 메일이 발송됩니다.

3.6 이메일 보내기/받기 설정하기

Outlook은 미리 정해진 주기에 따라 이메일이 도착했는지 확인을 합니다. 또는 이러한 주기와 별도로 자신이 원하는 때 이메일을 보내거나 받을 수도 있습니다. **보내기/받기** 탭에서 **모든 폴더 보내기/받기** 메뉴를 클릭하면 모든 이메일 계정에 대해 즉시 보내기와 받기를 수행할 수 있습니다. 이메일 계정별로 이메일 받기를 수행하고 싶은 경우 **보내기/받기 그룹**에서 이메일 계정을 선택하고 **받은 편지함** 메뉴를 선택합니다.

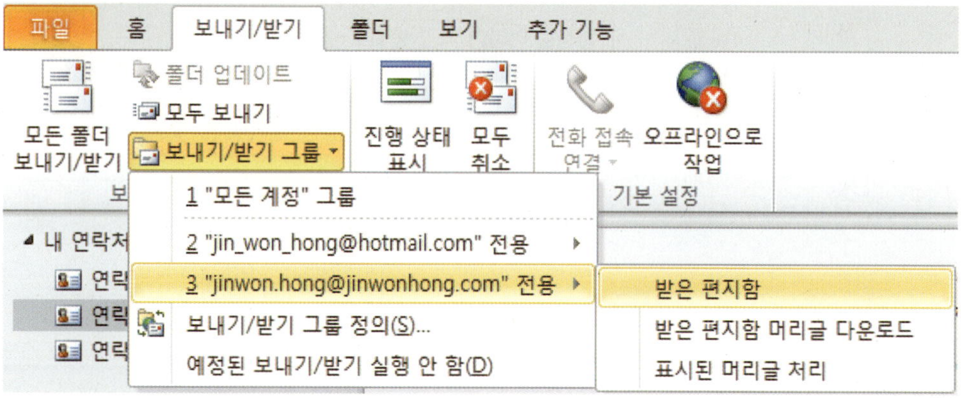

보내기/받기 주기를 직접 설정하고 싶으면 **보내기/받기 그룹 - 보내기/받기 그룹 정의** 메뉴를 클릭하고, "보내기/받기 그룹" 대화상자에서 보내기/받기 실행 주기를 입력해줍니다.

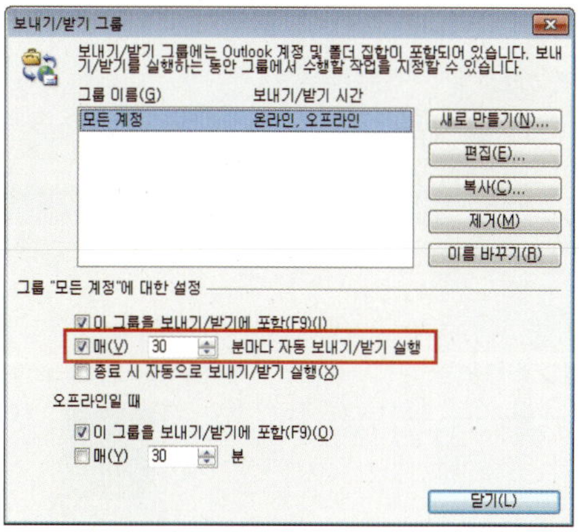

MS Outlook

4 일정 관리하기

Outlook의 오른쪽 하단의 **일정** 메뉴를 클릭하면 일정을 관리할 수 있습니다. 일정은 일별, 주별, 월별로 볼 수 있습니다. 일반적인 상황에서는 주별로 보는 것이 편리합니다.

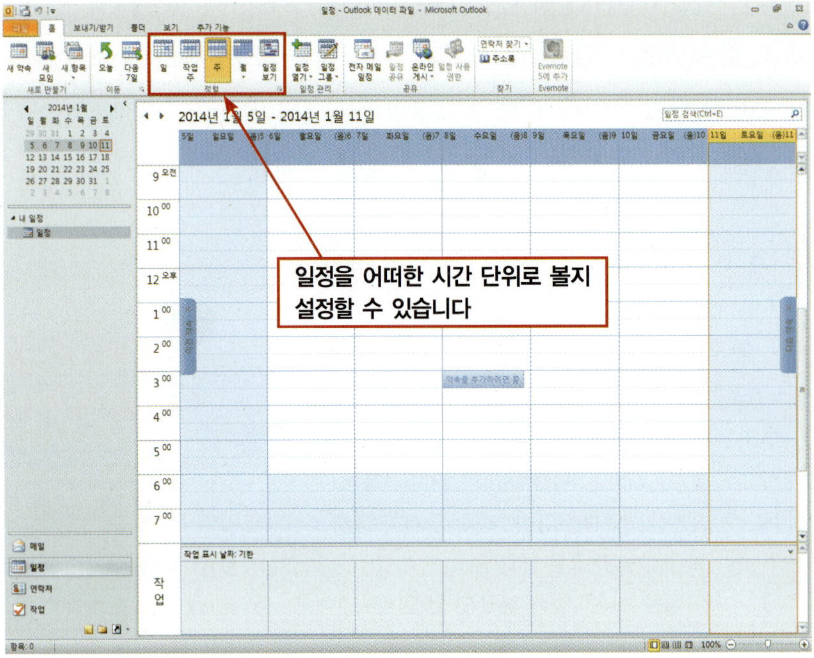

일정을 입력하려면 원하는 시간대를 마우스 왼쪽 버튼으로 드래그한 후, 일정명을 입력합니다.

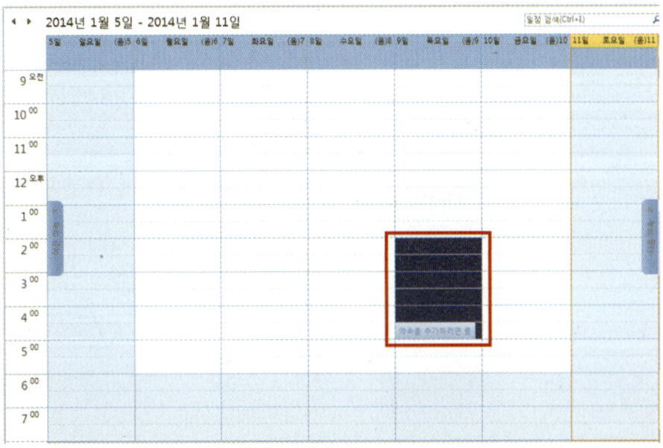

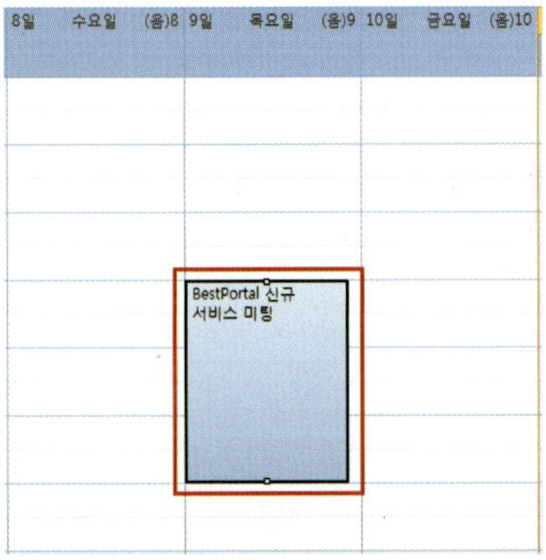

만약 보다 자세한 설정, 특히 반복되는 일정이나 미리 알림을 입력하고 싶으면 입력된 일정을 마우스 왼쪽 버튼으로 더블클릭합니다. 아래와 같은 대화상자가 나타나며, 일정을 보다 자세히 설정하고, 필요한 경우 메모를 입력할 수도 있습니다.

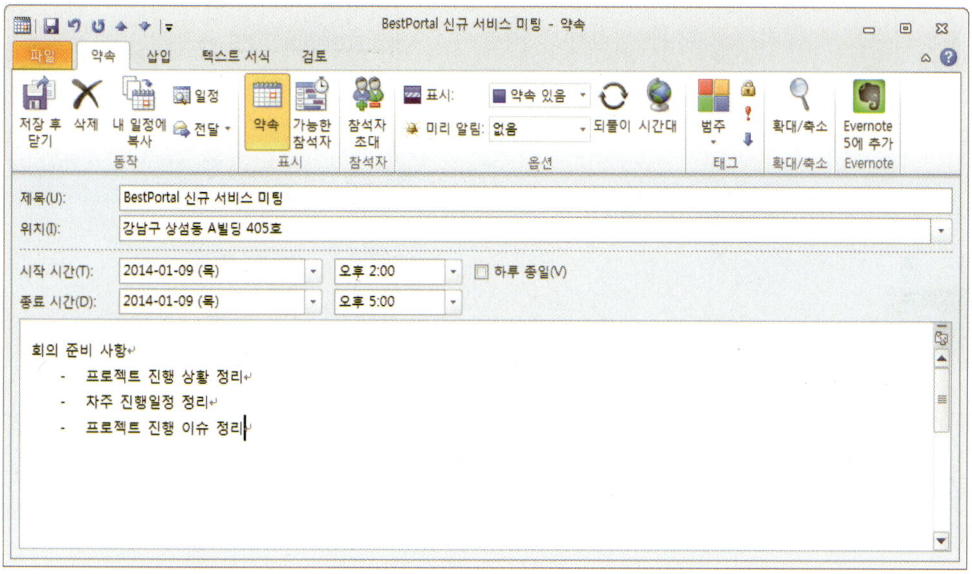

약속 탭의 **되풀이** 메뉴를 클릭하면 아래와 같은 대화상자를 통해 반복되는 일정을 입력할 수 있습니다.

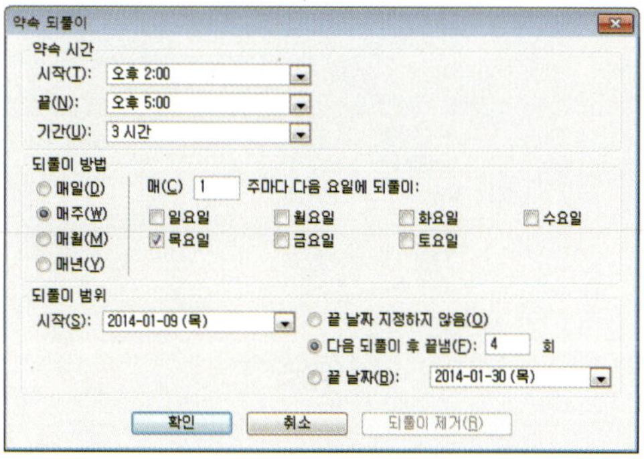

상세 설정을 마친 후에는 **저장 후 닫기** 메뉴를 클릭합니다. 입력된 일정을 삭제하려면 해당 일정을 마우스 오른쪽 버튼으로 클릭하고 **삭제** 메뉴를 클릭합니다. 또한 입력된 일정을 마우스 왼쪽 버튼으로 클릭하고 다른 시간대로 이동시키면 쉽게 일정 시간을 변경할 수 있습니다.

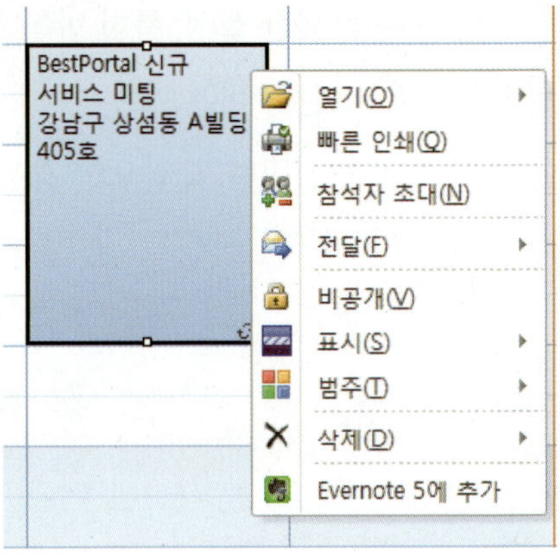

5 연락처 관리하기

Outllok의 오른쪽 하단의 **연락처** 메뉴를 클릭하면 연락처를 관리할 수 있습니다. **연락처** 메뉴를 클릭하고 **새 연락처** 메뉴를 클릭하면 다음과 같은 대화상자가 나타나며 새로운 주소를 추가할 수 있습니다.

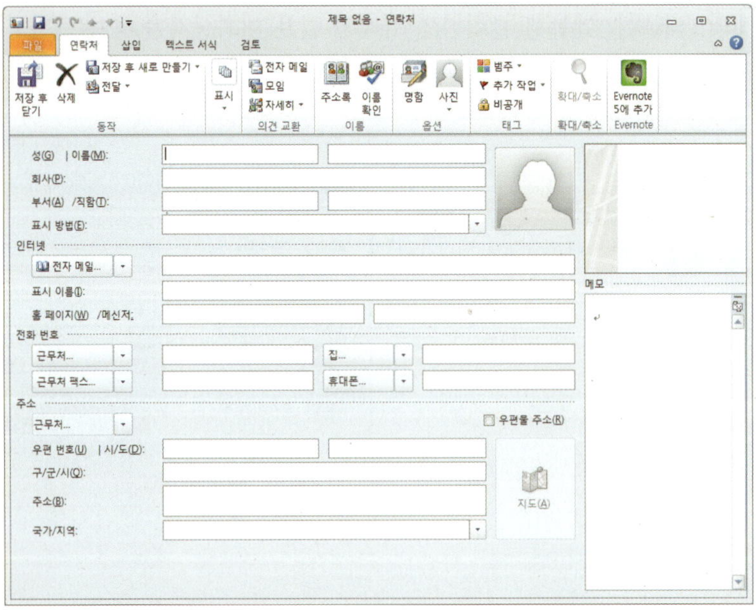

만약 메일을 보낸 사람을 주소록에 추가하고 싶다면 이메일에 나타나는 보낸 사람의 이메일 주소를 마우스 오른쪽 버튼으로 클릭한 후, **Outlook 연락처에 추가** 메뉴를 클릭합니다. 그러면 아래 그림과 같이 손쉽게 연락처에 추가됩니다.

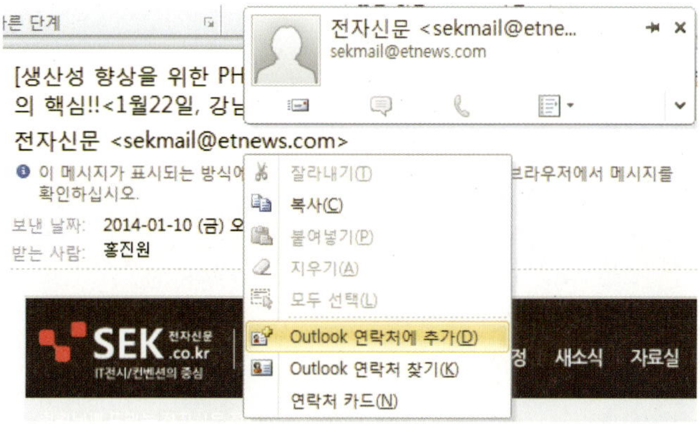

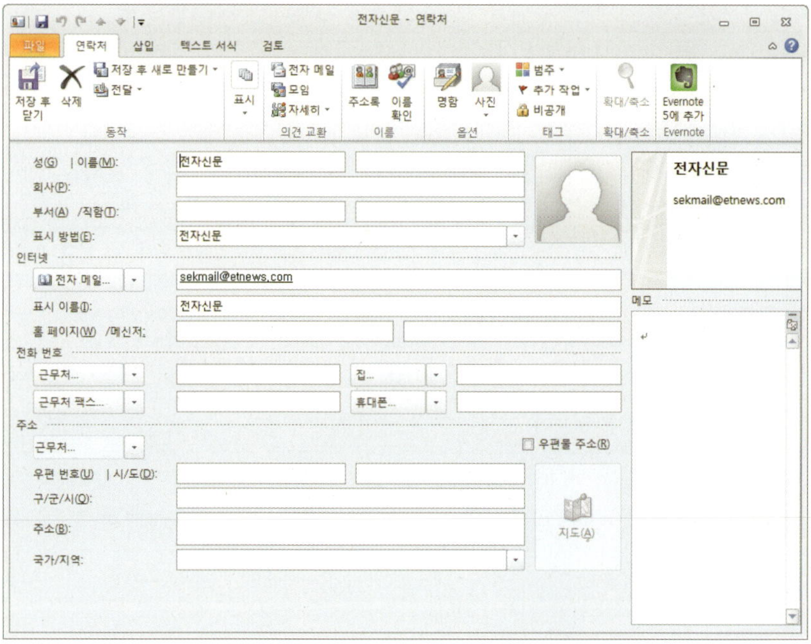

6 작업 관리

Outllok의 오른쪽 하단의 **작업** 메뉴를 클릭하면 작업들을 관리할 수 있습니다. **작업** 메뉴를 클릭하고 **새 작업** 메뉴를 클릭하면 아래와 같은 대화상자가 나타나며 새로운 작업을 추가할 수 있습니다.

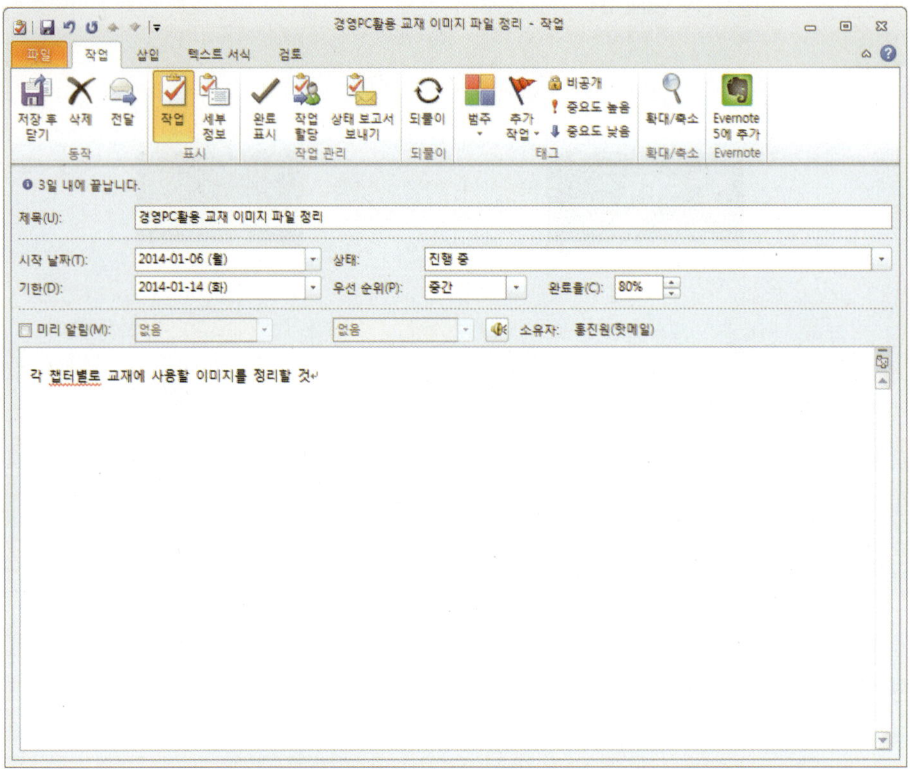

저자약력

홍진원

인하대학교 경영학과 (경영학박사)
한국생산성본부 전문위원 역임
현재 코어날리지네트웍스 수석연구원
현재 (사)한국지식경영학회 총무이사
http://blog.naver.com/jinwon_hong
jinwon.hong@jinwonhong.com

김상곤

서울대학교 전기컴퓨터공학부 (공학박사)
삼성전자 연구원 역임
현재 인하대학교 경영학과 강사
현재 고려대학교 전자및정보공학과 강사
paulka@inha.ac.kr

서우종

한국과학기술원(KAIST) 테크노경영대학원 (공학박사)
PricewaterhouseCoopers(PwC) 컨설턴트 및
포스코경영연구소(POSRI) 연구위원 역임
현재 인하대학교 경영학과 교수
http://wjsuh.inha.ac.kr
wjsuh@inha.ac.kr

저자와의
협의하에
인지생략

경영 PC 활용

2014년 7월 7일 초판 인쇄
2014년 7월 11일 초판 1쇄 발행

저 자 : 홍진원 · 김상곤 · 서우종
발행인 : 정 광 식
발행처 : **비앤엠북스**
서울특별시 금천구 가산디지털1로70 B1-103
등 록 2004. 12. 29. / 제313-2004-00298호
전 화 2627-5710~13, 팩스 2627-5720
홈페이지 www.대학교재.net
이메일 bnmbook@daum.net

가격 27,000원 ISBN 978-89-6821-021-1